SCHATTENWELT

HELDEN UND LEGENDEN DES GOTHIC ROCK

VON DAVE THOMPSON

Der Rock 'n' Roll setzte die gärende Liberalisierung und die überschäumende Energie junger Menschen in der Zeit nach dem Zweiten Weltkrieg praktisch um. Er bewies zudem, dass die Kids nicht mehr länger damit zufrieden waren, auf den allmählichen Tod durch Erwachsenwerden zu warten.
Glamrock wurde in all seinen verschiedenen Ausprägungen zum Soundtrack der sexuellen Befreiung.
Punk kristallisierte das Frustgefühl heraus, das mit der Freiheit einherging, und hielt der Gesellschaft immer wieder das eigene Versagen unter die Nase.
Und Gothic entfesselte den Geist und befreite die Seele.

Die *Reptile House EP* der Sisters of Mercy verkörperte die Essenz all dessen, was später Gothic Rock genannt werden sollte. Hunderte, vielleicht sogar tausende von Bands versuchten, den Geist, den jene fünf Songs (sechs, wenn man die Reprise von „Kiss The Carpet" mitzählt) erstmals einfingen, in eigenen Versionen wiederauferstehen zu lassen. Den Sisters gebührt großer Respekt dafür, dass sie selbst die Finger davon ließen.

Dave Thompson

SCHATTENWELT

Helden und Legenden
des Gothic Rock

übersetzt von Kirsten Borchardt

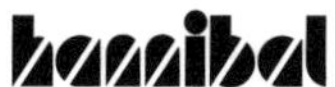

Titel der Originalausgabe:
The Dark Reign of Gothic Rock
Published by Helter Skelter Publishing, London

Lektorat: Martin Weber
Buchdesign und Produktion: bw works
Druck: Artpress Druckerei GmbH, A-6600 Höfen
ISBN 3-85445-236-5

DANKSAGUNG

Der Autor möchte sich besonders bei Bleddyn Butcher und Mick Mercer für die überdurchschnittliche Unterstützung bedanken. Allen, die mehr über Goth erfahren wollen und vor allem noch mehr Fotos von Gothic-Bands sehen möchten, sei Micks hervorragende Webseite wärmstens empfohlen: http://www.mickmercer.com.

Für die Hilfe bei visuellen Materialien gebührt ein großes Dankeschön
Richard Strange, http://www.richardstrange.com, und
Stephen Wilkin, http://www.dharmajester.com.

WIDMUNG

Ein jedes Buch von dieser Größe und diesem Umfang benötigt zu seiner Entstehung die Hilfe einer Armee von Leuten. Ich möchte allen danken, die ihr Scherflein zu diesem Projekt beitrugen, vor allem aber Jo-Ann Greene, die mir Zugang zu ihrem eigenen, Ehrfurcht gebietenden Gothic-Archiv ermöglichte; Amy Hanson, die mir ihr 1998 geführtes Interview mit Love and Rockets zur Verfügung stellte und sich darüber hinaus an unglaublich viele Dinge erinnerte, die ich bereits vergessen hatte; Brian Petera und Barbara Mitchell, die mich mit Begeisterung und Energie unterstützten, und meinem Lektor Sean Body, der einige großartige Ideen und vieles mehr zu diesem Projekt beisteuerte.

Zudem waren zahlreiche Musiker über die Jahre bereit, ihre Zeit dafür zu opfern, um über ihre eigene Rolle in dieser Geschichte nachzudenken: Craig Adams, Daniel Ash, Ian Astbury, Jay und Michael Aston, Kirk Brandon, Budgie, Pete Burns, Nick Cave, Billy Duffy, Nik Fiend, Simon Gallup, Kevin Haskins, Peter Hook, Wayne Hussey, David J, Brian James, Nick Marsh, Stephen Morris, Peter Murphy, Iggy Pop, Dave Roberts, Rocco, Steve Severin, Siouxsie Sioux, Robert Smith, James Stevenson, Colin Stoner, Richard Strange, Bernard Sumner, Dave Vanian, Rozz Williams, Steve Wilkins, Ollie Wisdom und viele mehr.

Zum Schluss noch ein Dankeschön an alle, die dabei mitgeholfen haben, dieses Buchgeschöpf zum Leben zu erwecken: Anchorite Man; Bateerz und Familie; Blind Pew; Barb East; Ella und Sprocket; den sprechenden Mungo Gef; die Gremlins aus dem Hochofen; K-Mart (nein, nicht die Ladenkette); Geoff Monmouth; Nutkin; Snarleyyowl, den Katzengeist; Sonny; Squidge und Grabby; jede Menge Thompsons und Neville Viking.

INHALT

DRITTER TEIL

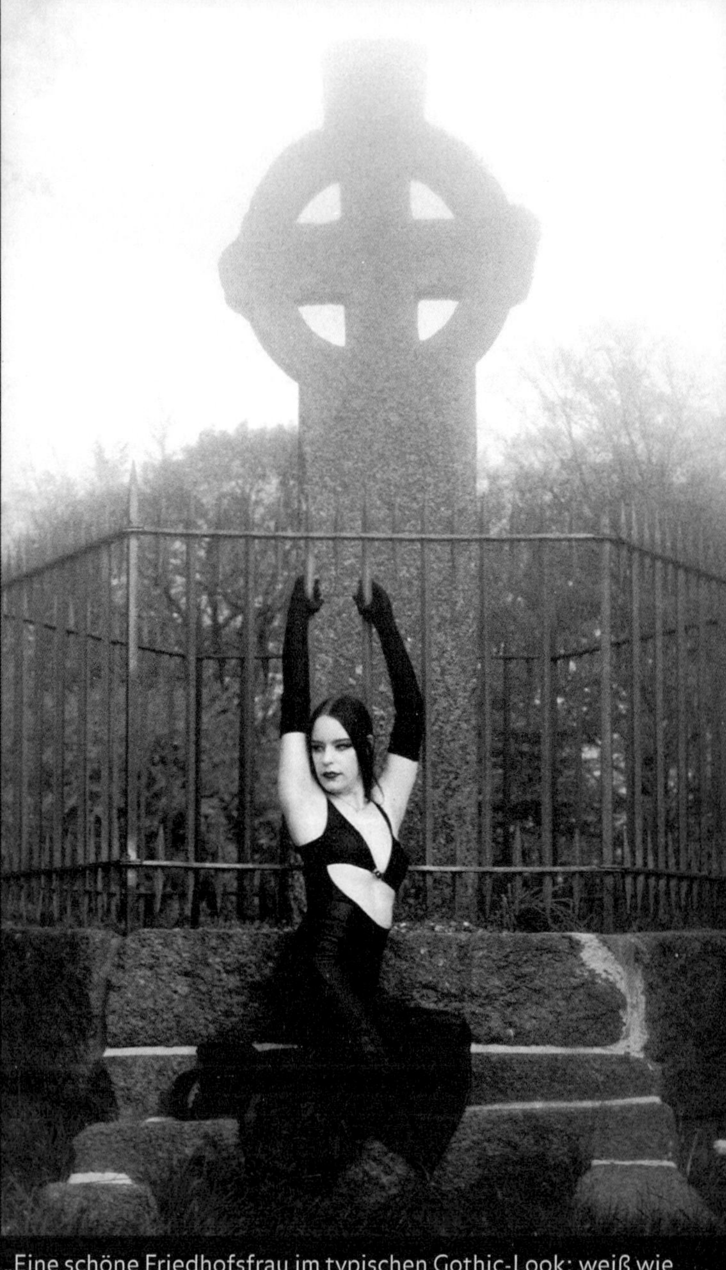

„Eine schöne Friedhofsfrau im typischen Gothic-Look: weiß wie Schnee und schwarz wie Ebenholz"

Foto: Nicole Kunkel, Modell: Katharina Kreft

DER SAMMELBEGRIFF „GOTH“

in dem der Autor über die Eigenschaften von Gothic oder Düsterrock sinniert und nach kritischer Beleuchtung seiner einschränkenden Definitionen in die Vollen geht.

Wenn man zu den Gründervätern dieser Bewegung gezählt wird, steht man damit in einer Reihe mit Größen wie Elvis Presley und den Beatles, Pink Floyd und David Bowie, den Sex Pistols und Nirvana.

Was ist Düsterrock?

Gute Frage. Denn schließlich handelt es sich hier nicht um einen der beliebten Termini, die von Rockhistorikern ständig im Mund geführt werden – Punk oder Glam oder Rockabilly oder Psychedelia, obwohl sich Einflüsse aus all diesen Richtungen darin wiederfinden lassen. Außerdem ist es letzten Endes auch nicht Gothic, Industrial, Heavenly Voices oder Horror Rock, obwohl diese Strömungen in unserer Geschichte ebenfalls eine Rolle spielen.

Stattdessen ist Düsterrock vielmehr ein Sammelbegriff, unter den man eine ganze Reihe der britischen Bands fassen kann, die aus den ersten Punkexplosionen Ende der Siebziger entstanden, dabei aber in ihren Einflüssen auf eine Vielzahl verschiedener Quellen zurückgriffen und sie dann in noch größerer Variationsbreite umsetzten.

Wer hätte bei dem verdrehten, frisch dem Grab entstiegenen Glamrock von Bauhaus gedacht, dass Marilyn Manson eines Tages mit einer ganz ähnlichen Vision Amerika erschüttern würde? Dass die Entwicklung von Southern Death Cult, die ihre indianischen Sounds zu dräuendem Hardrock mutieren ließen, letzten Endes in den kalkulierten Hedonismus von Guns N' Roses mündete? Dass die entfernt an Suicide erinnernden Klangmuster der Sisters of Mercy letztlich die nihilistische Lärmorgie von Nine Inch Nails hervorbrachten? Oder dass die Musikform, die von diesen Bands geprägt worden war, sich über zwanzig Jahre nach ihrem Aufstieg und angeblichen Fall zu einer dynamischen Kunstform entwickelte, die von ihren Vorvätern selbst kaum mehr wiedererkannt wird?

Die Gothics von heute, die schwarz gekleideten, weiß geschminkten, geisterhaften Grabesgesichter, für die Bela stets untot bleibt, haben mit dem Gothic Rock nichts mehr zu tun, der in den ersten schrecklichen Jahren der Thatcher-Regierung in Großbritannien entstand und damals seinen Namen bekam. Sie haben sich genauso weit davon entfernt wie die Krachmacher aus der Industrialszene, die noch immer an den äußersten Rändern des Mainstreams herumlärmen, oder die Britpopbands, die Mitte der Neunziger das Rampenlicht eroberten und heute mit diesem Etikett ebenso unglücklich sind wie Bauhaus und Co. seinerzeit mit dem ihren.

Sie haben wenig gemeinsam, aber sie schulden dem Düsterrock eine ganze Menge. Indem sie diese Schuld jedoch nicht anerkennen (und sie oftmals nicht einmal wahrhaben wollen), sorgen sie dafür, dass der kreative Impuls, der ihre Vorgängerbands einst antrieb, weiter bestehen bleibt – das Bedürfnis, sich stets voranzukämpfen und nie zurückzublicken.

Suede hatten immer mehr von Bauhaus als von Bowie, und vielleicht war das der Grund, weshalb Brett Anderson sich dauernd dagegen wehrte, wenn ihn die Medien einen neuen (und noch dünneren) Thin White Duke nannten. Gene hatten deutlich mehr mit Joy Division gemeinsam als mit den so oft zum Vergleich herangezogenen Smiths und Morrissey, und was Pulp betrifft, so reichen ihre Düsterrock-Verbindungen zurück in die Zeit, als diese Musik noch in ihrer Urform in voller Blüte stand. Ihr Debütalbum *It* gehört zu den kaputtesten Perlen der ganzen Ära. Da spielt es nicht einmal eine Rolle, dass einer ihrer früheren Musiker, der junge Simon Hinkler, später zu Mission ging.

Düsterrock ist somit überall und steckt beinahe überall drin. Aber in diesem Buch geht es nicht um den heutigen Stand dieser Szene, noch nicht einmal immer um die Entwicklung, die bis dorthin geführt hat. Es geht vielmehr um die Untersuchung dessen, was passierte, als ein kleiner Arm des britischen Post-Punk-Kraken nicht mehr in dem Müll über seinem Kopf herumtastete, sondern sich stattdessen bis in die dunkelste Höhle vorwagte und dort darüber nachdachte, was … na ja, was auch immer.

Einige dieser Gedanken waren in der Tat sehr von Gothic beeinflusst. Schauerromantische Archetypen wie Mrs. Radcliffe, Edgar Allen Poe, Mary Shelley, Alice Cooper und Sir Francis Dashwood spielen alle eine Rolle in diesem Stück. Andere wiederum prallten an abertausenden von anderen Tangenten ab – an verquerem Sex, an von Dadaismus beeinflusster Kunst, krankem Humor, philosophischer Literatur, Andy Warhol, Agatha Christie, Fernsehserien wie *Dr. Who* und Vincent Price. Und das war erst der Anfang.

Es war ein Zeitalter … ein Jahrzehnt … Und es begann damit, dass Punk alle Ausdrucksbarrieren niederriss und sich neue Ziele suchte. Da lauerte etwas im Schatten von Siouxsie and the Banshees, Joy Division und den Doctors of Madness, etwas, das sich mit Bauhaus, Cure und den Sisters of Mercy zitternd ins Tageslicht wagte, um dann mit Specimen, Alien Sex Fiend und den Sex Gang Children zum echten Überkult zu explodieren. Seine wahre Blüte erreichte es dann in den amerikanischen Stadien, mit Cult, Mission und Love and Rockets, die selbst nichts anderes waren als die direkten Nachfahren der noch auf

Indianersounds schwörenden Southern Death Cult, der klassischen Formation der Sisters und Belas Jungs von Bauhaus.

Es war aber auch eine Zeit, in der viele Bands entdeckten, dass es manchmal völlig egal war, was sie sagten oder taten – das Publikum schuf sich unabhängig davon sein eigenes Bild. Schon 1982, als das, was wir hier Düsterrock genannt haben, bereits als Gothic bezeichnet wurde, sprach der Banshees-Bassist Steve Severin beinahe all diesen Bands aus der Seele, als er sagte: „Parallel zu dem, was wir machten, entwickelte sich zwar diese Gothic-Kiste, aber wir taten eigentlich etwas völlig anderes als das, was das Publikum sich vorstellte."

Dieses „etwas völlig anderes" wurde schließlich oft zugunsten der Publikumserwartungen an den Rand gedrängt, häufig mit ernsten Folgen. „Das Gothic-Etikett haftete uns immer an", beklagte Bauhaus-Sänger Peter Murphy, „und natürlich versuchten wir schließlich auch, den Vorstellungen der Leute gerecht zu werden. Deswegen war Bauhaus keine lange Karriere vergönnt. Wir sprudelten über vor Energie, aber wenn wir über unsere Musik nachdachten, dann merkten wir, dass wir uns an den Fans orientierten und überlegten, was das Publikum mögen würde." Das Gothic-Publikum.

In den Werken zur Geschichte populärer Musik – diese dicken Wälzer, die von den Regalen der Buchhandlungen mit Titeln wie *Enzyklopädie der Rockmusik* heruntergrinsen – wird Gothic als Modestil beschrieben, der von schwarzer Kleidung, Spitze und dickem weißem Make-up geprägt ist, Gothic Rock hingegen als musikalische Bewegung, die zu dem halben Dutzend aktiver Lebensformen zählte, die Ende der Siebziger in Großbritannien durch den Punk-Urknall entstand.

Wenn man weiterliest, erfährt man, dass diese Stilrichtung etwa drei Jahre lang am Rand des Mainstreams herumlungerte, bis sie von etwas Neuem verdrängt wurde und dann in den Underground abtauchte, wo sie Anfang der Neunziger in der Industrial-Noise-Revolution aufging, die damals in den USA Furore machte.

Bei weiteren Nachforschungen entdeckt man, dass Gothic in dieser Nische einige Jahre lang aufblühte, um dann der landesweiten Hysterie zum Opfer zu fallen, die durch mehrere schlagzeilenträchtige, überbewertete Schießereien an amerikanischen Highschools ausgelöst worden war. Die Mörder trugen Schwarz und kamen nicht mit den Sportskanonen in ihrer Klasse zurecht. Auf ihren Webseiten fanden sich Zitate von Crowley und Manson (Charlie, nicht Marilyn), und in ihrer Garage probten sie mit einer Band, die den schönen Namen Cryptic Corpsefuckers – Kryptische Leichenficker – trug. Für die hysterische Boulevardpresse (andere Printmedien scheint es ja kaum noch zu geben) war Gothic daraufhin gleichbedeutend mit „psychopathisches Arschloch"; die wahren Goths in den USA malten vorsichtshalber Smileys auf ihre Grüfte, noch bevor die erste Schlagzeile draußen war.

Das alles stimmt vermutlich, und wem das genügt, der kann das Buch an dieser Stelle zuklappen. Wie zuvor schon Glam oder später auch Britpop war Gothic Rock letztlich nichts anderes als eine der uniformen Bewegungen, die die britische Popszene mit schöner Regelmäßigkeit hervorzubringen scheint. Während der Blütezeit des Gothic gab es zusätzlich kurzlebige Phänomene wie Power Pop, 2-Tone, Mod, Oi! und die Futuristen, und hört man von denen heute vielleicht noch etwas?

Vor dem Regal mit den sinn- und zwecklosen Wiederveröffentlichungen öffnet wieder einmal der Besitzer eines Plattenladens ein Päckchen mit remasterten CDs der Leyton Buzzards und fragt sich, welcher Teufel ihn geritten hat, sie ins Programm zu nehmen. Spaßeshalber ersetzen wir jetzt mal die Buzzards mit irgendeiner der großen Goth-Bands – Sex Gang Children, Fields of the Nephilim, Ghost Dance, Alien Sex Fiend –, und das Szenario bleibt dasselbe.

Allerdings ist Gothic, wie sich das für ein Genre gehört, dem eine enorme Faszination zugrunde liegt, nicht durch eine so platte Autopsie beizukommen. Schließlich gibt es zwei verschiedene Formen musikalischer Bewegungen: Die einen werden von den Medien geschaffen, durch die Musik oder durch bloßen persönlichen Magnetismus. Die anderen hingegen gab es schon immer, und sie warten lediglich auf den Moment, an dem der Zeitgeist endlich auf sie aufmerksam wird.

Zur ersten Kategorie zählen alle Bewegungen, die zur gleichen Zeit wie Gothic ihren Siegeszug antraten, und auch die meisten Szenen, die sich in der unmittelbaren Nachbarschaft entwickelten. Zur zweiten zählen nur etwa vier.

Da ist zum einen der Rock 'n' Roll von Elvis und Bill Haley, der die gärende Liberalisierung und die überschäumende Energie junger Menschen in der Zeit nach dem Zweiten Weltkrieg praktisch umsetzte. Er bewies zudem, dass sich Teenager nicht mehr länger damit zufrieden gaben, auf den allmählichen Tod durch Erwachsenwerden zu warten.

Punk kristallisierte das Frustgefühl heraus, das mit der Freiheit einherging, und hielt der Gesellschaft immer wieder das eigene Versagen unter die Nase.

Glamrock wurde in all seinen verschiedenen Ausprägungen zum Soundtrack der sexuellen Befreiung.

Und Gothic entfesselte den Geist und befreite die Seele.

Die musikalischen Wurzeln der ersten drei Bewegungen lassen sich relativ deutlich zurückverfolgen. Kurz gesagt: Rock 'n' Roll entwickelte sich aus R & B, der wiederum aus dem Blues entstanden war. Glam ist vergleichsweise jünger, aber nur ein wenig. Erste Grundmuster formierten sich bereits in den Music Halls des viktorianischen England und bekamen im Kabarett der Weimarer Republik zusätzlichen Schliff. Punk gibt es tatsächlich noch nicht so lange, lag aber auch schon zehn Jahre vor dem ersten Akkord der Sex Pistols in der Luft, als nämlich Velvet Underground vom abseitigen Leben in den heruntergekommenen Innenstädten sangen und die Stooges ihre nihilistische Attacke auf den Rest der Menschheit fuhren. Entlang dieser Linien lassen sich die Platten, die Bands und die Ereignisse aufspüren, die den Grundstein für die kommenden Entwicklungen legten.

Die Wurzeln des Gothic sind nicht so leicht objektiv feststellbar und hängen davon ab, ob man darunter einen bestimmten Auftritt, eine Stimmung oder eine Ästhetik versteht. Künstlerisch könnte man mit den finsteren, von Verfall gezeichneten Werken Salvator Rosas beginnen, eines italienischen Landschaftsmalers aus dem siebzehnten Jahrhundert, aber das würde die Diskussion nur unnötig verkomplizieren und intellektualisieren. Musikalisch lassen sich auch in der Klassik gotische Momente entdecken – sie stellen schließlich den Soundtrack zu mehr Horrorfilmen, als man hier wirklich aufzählen möchte. Im Bereich der Populärmusik bleibt weniger Raum für Interpretationen. Hier macht Leonard Cohen den Anfang, der „Duke of Despair", dessen sonore Texte mit Rasierklingen und Kruzifixen durchsetzt waren – und der außerdem mit einem seiner schönsten Songtitel einer der größten so genannten Gothic-Bands zu ihrem Namen verhalf.

Das Werk des britischen Produzenten Joe Meek war stark vom dessen tief verwurzeltem Aberglauben geprägt, noch bevor er sich mit Screaming Lord Sutch zusammentat, der archetypischen Gruselgestalt des britischen Rock. Meek war definitiv für einige weitere Gothic-Archetypen verantwortlich: Bei seinem Titel „Johnny, Remember

Me", der 1960 von dem Fernsehserienstar John Leyton gesungen wurde, handelte es sich um eine äußerst melodramatische, ergreifende und romantische Geschichte, die einerseits das aktuelle Faible für Songs über den Tod bediente, andererseits in den spiritualistischen Glaubensgrundsätzen wurzelte, die Meek und sein Texter Geoff Goddard teilten. Vom Sound her stellte es mit dem übertriebenen Einsatz von Halleffekten und Sturmgeräuschen einen Meilenstein dar.

Auch King Crimson verdienen Erwähnung an dieser Stelle. Ihr 1969 erschienenes Debüt *In The Court Of The Crimson King* verfügte nicht nur über einen hervorragenden Titel und ausgesprochen clever aufgebaute musikalische Strukturen, auf dem Cover wurde zudem mit visuellen Elementen gearbeitet, die an den Lichteinfall in einer gotischen Kathedrale erinnerten, und wenn man das kranke, mutierte „21st Century Schizoid Man" hinter sich gebracht hatte, wurde das Album diesem Bild durchaus gerecht. Und natürlich sollte man auch Nick Drake nicht vergessen, den brillanten Singer/Songwriter, der einen Tränenschleier in Musik verwandelte, wie ihn sich selbst Ian Curtis nicht schöner hätte vom Gesicht wischen können. Drake starb nach nur drei Alben voller wunderschöner Bilder von Verfall und Tod – zu traurig für das Leben und dem Tod nur allzu willig zugetan.

Peter Hammill, der ehemalige Frontmann von Van Der Graaf Generator, dessen über dreißig Jahre umspannende Karriere unglaublich holprig verlief, neigte zwar zu schrecklicher Schulmeisterei, zählt aber dennoch zu den beständigsten Musikern einer Entwicklung, die man als Proto-Gothic-Strömung der Siebziger bezeichnen könnte.

Bevor sich Van Der Graaf 1975 wieder zusammenfanden, spielte Hammill vier Soloalben ein: *Chameleon In The Shadow Of The Night* (1972), *The Silent Corner And The Empty Stage, In Camera* (beide 1974) und *Nadir's Big Chance* (1975), bei dem er bereits Punk vorwegnahm. Diese Platten waren von musikalischen Strukturen, Konzepten und Themen geprägt, die alle später wieder aufgenommen werden sollten, wobei nur Hammills wachsende Überzeugung, seine Ängste seien von Menschen gemacht und nicht etwa göttergleich, ihre Bedeutung ein wenig schmälerte – ironischerweise zu einer Zeit, als sie eigentlich am größten hätte sein können.

Wenn es eine Kunstform gibt, die trotz ihrer Besessenheit mit der Härte des Lebens (sprich: mit dem Tod) gleichzeitig des Eskapismus beschuldigt werden kann, dann ist es Gothic. Dass Hammill beim Aufbau seiner Szenarien zunehmend auf nukleare oder chemische Katastrophen zurückgriff, beispielsweise in der verschachtelten Liturgie „Mediaevil" („God lives in underground silos" – „Gott lebt in unterirdischen Silos"), dem umweltpolitischen Kommentar in „Porton Down" oder der düsteren Sciencefiction-Kulisse von „Fogwalking" („... through what used to be Whitechapel" – „... durch die Überreste des früheren Whitechapel"), isolierte ihn von den Kindern, die er in den vorangegangenen zehn Jahren genährt hatte. Er ist nach wie vor eine bedeutende Figur in der Gothic-Geschichte, obwohl er sich größte Mühe gegeben hat, dem entgegenzuarbeiten.

Hier ist auch Platz für die junge Kate Bush und ihr Singledebüt aus dem Jahr 1978, „Wuthering Heights". Das Thema entstammte Emily Brontës *Die Sturmhöhe,* einer fesselnden Saga über Liebe, Tod und Verrat, die in den kahlen Hochmooren Yorkshires zur Winterzeit spielte und mit dem kompletten Gothic-Szenario ausgestattet war, inklusive hin- und herschlagender Fensterflügel, heulender Winde und Geistererscheinungen. Aber auch ohne diesen Bezug ist „Wuthering Heights" zweifelsohne ein Gothic-Meisterwerk, wenn auch ein ungewöhnliches.

Als die damals Neunzehnjährige erstmals ins Rampenlicht trat, konzentrierte sich die Presse weniger auf die übersinnlichen Texte, die durch Bushs übernatürlichen Gesang weiter betont wurden, sondern sie beschäftigte sich vielmehr mit dem Exotenbonus eines Albums, das nur Hunde und Delfine richtig hören konnten, und mit der edlen Erscheinung der gerade erst ins heiratsfähige Alter gekommenen Schöpferin. Auch der Erfolg der Platte, die immerhin einen Monat lang auf dem ersten Platz der Charts verblieb, ließ die Kritiker nicht verstummen; erst Bushs zweites Album, *Lionheart,* machte unmissverständlich deutlich, dass hier nicht nur ein frühreifes Wunderkind, sondern ein echtes neues Songwritertalent am Werk war. Daraufhin erst wurden auch ihre früheren Songs neu bewertet.

Bush selbst und den echten Fans von „Wuthering Heights" waren diese Überlegungen völlig egal. Der Literaturklassiker hatte keine derart grundlegende und denkwürdige Bearbeitung mehr erfahren, seit ihn Monty Python einige Jahre zuvor als Groteske in einen Leuchtturm verlegt hatten. Dass der größte Teil des Texts kaum verständlich war, verstärkte nur die mystische Hochmoor-Atmosphäre, welche die ganze Performance umgab, als risse der Wind der Sprecherin die Worte vom Mund und ließe nur Silbenfragmente an ihrer statt zurück.

Ironischerweise machte sich Bush zehn Jahre später für die Hitkollektion *The Whole Story* daran, den Gesang neu aufzunehmen, und dabei entpuppte sich der Text als Werk einer sehr jungen und noch sehr ungeformten Künstlerin. In der Originalversion gleicht ihr naives Bedürfnis, schlicht ihre Geschichte zu erzählen, tatsächlich der Motivation, aus der heraus Emily Brontë das einzige Buch ihres Lebens schrieb und veröffentlichte. In der überarbeiteten Version dagegen steckt keinerlei Aussagekraft.

Zu unser aller Glück komponierte das arglose Kind, das uns schon „Wuthering Heights" bescherte, auch „Hammer Horror", einen Tribut – oder zumindest eine Elegie – auf die berüchtigten Filmstudios, deren früher so schockierende Billigproduktionen eine Zeit lang zum britischen Fernsehdauerbrenner an Freitagabenden wurden. Der Titel selbst entstand 1976 und ist auf einem Demotape verewigt, das in Bush-Kreisen heute als *The Cathy Demos* bezeichnet wird; „Hammer Horror" tauchte schließlich auf *Lionheart* wieder auf und wurde Bushs dritte Single.

Der Anfang spielte auf eine der drei Filmversionen von *Der Glöckner von Notre Dame* an, die damals im Umlauf waren (mit Lon Chaney, 1923, Charles Laughton, 1939, und Anthony Quinn, 1957) und von denen keine in England oder gar in den Hammer-Studios produziert worden war, aber dennoch erschuf „Hammer Horror" allein durch den Bezug zum Namen der berüchtigten Studios eine schön bedrohliche Atmosphäre. Mitte der Siebziger war dieser Begriff schließlich zu einer Bezeichnung für ein bestimmtes Filmgenre geworden und wurde für alle Horrorfilme verwendet, bei denen die abgeschlagenen Köpfe noch ein wenig mit den Augen zwinkerten.

Bush gab zu, dass sie nachts das Licht anlassen musste, nachdem sie die ersten Hammer-Horrorfilme gesehen hatte. Auch wenn es echten Kennern dieser Filme schon lange nicht mehr so ging, konnten sich doch viele mit dem generellen Beklemmungsgefühl durchaus identifizieren, wie Peter Murphy zugab: „Bevor ich alt genug war, um ein bisschen schlauer zu sein, waren Hammer-Horrorfilme für mich etwas richtig Schreckliches." Später natürlich, „nachdem ich ein paar gesehen hatte", fand er sie „zum Lachen".

Aber vor allem sah er sie sich weiterhin an. Wie wir alle.

Anfang der Achtziger war „Gothic" daher schon ein wohl bekannter Begriff im Sprachschatz eines jeden Rockkritikers. Aber dabei darf man nicht vergessen: Obwohl eine Reihe von Künstlern (und Umständen) *gothic* war, waren sie *keine* Goths.

Tatsächlich gab es trotz dieser vorangegangenen Entwicklungen keinen Augenblick, an dem die Welt erwachte und feststellte, dass Gothic am Fuß ihres Bettes stand. Ebenso lässt sich beim besten Willen auch nicht der Tag – oder die Woche oder der Monat – bestimmen, an dem bestimmte musikalische und/oder visuelle Parameter aufeinander trafen und damit zum Auslöser einer neuen kulturellen Bewegung, eines Phänomens oder einer Szene wurden.

Erst 1982, vier Jahre, nachdem Vorreiter wie Joy Division und Siouxsie and the Banshees ihre Vinyldebüts vorgelegt hatten, schlossen sich andere Bands absichtlich der Gothic-Rock-Bewegung an, darunter Specimen, Alien Sex Fiend und die Sex Gang Children, die zur Szene rund um den Londoner *Batcave Club* gehörten und sich tatsächlich mit der Maßgabe gegründet hatten, diesen Musikstil weiterzuentwickeln.

Einige der Bands, die sich bereits zuvor eine Karriere aufgebaut hatten, versuchten das zu ignorieren: Sie machten weiter wie bisher und glaubten zuversichtlich, diesen Sturm überstehen zu können. „Der Tag, als man ein Etikett daraus machte und aus den schwarzen Klamotten eine Art Uniform wurde ..., das war für mich ein Trauertag", erklärte der Banshees-Bassist Steve Severin.

Andere Bands wiederum waren stärker beunruhigt und versuchten, sich dieses Etikett möglichst nicht anstecken zu lassen; wieder andere hätten ohnehin, wenn man schon in diesen Schubladen denken will, eher andere Bezeichnungen wie Death Rock, Doom Rock, apokalyptischer Dekadenz-Punk mit Glam-Einflüssen oder was auch immer verdient gehabt.

Tatsächlich haben alle Bands, denen man das Gothic-Rock-Mäntelchen einmal umzuhängen versuchte, nur eins gemeinsam: ihre Weigerung, sich den Grundsätzen des Mainstreams anzupassen – und das auch noch, nachdem ihre eigene Stilistik zum Mainstream geworden war.

Selbst die allgemeine Vermutung, besagte Bands seien von einer gewissen Morbidität geprägt („trübsinnige Wichser", hieß das damals), hält einer genaueren Untersuchung nicht stand. Den Besten von ihnen waren Humor und Blödsinn genauso wichtig wie Horror und Betrübtheit, und ihre Einflüsse lagen ebenso sehr bei T. Rex wie bei Thanatos.

Gothic ist und bleibt jedoch die schnellste und leichteste Art, eine bestimmte musikalische Schule zusammenzufassen, zu der Alien Sex Fiend ebenso gehören wie X-Mal Deutschland, Bauhaus, die Virgin Prunes, Cult und Cure, aber kurzzeitig auch Ultravox und sogar die jungen U2, wenngleich auch nur für einen flüchtigen, aber unglaublich köstlichen Moment – egal, wie weit sich die Musiker selbst von den ursprünglichen stilprägenden Grundsätzen entfernt haben, und egal, wie aggressiv sie sich heute von der Szene distanzieren.

„Du lebst in einer sehr beschränkten Welt, wenn du mich heute noch für einen Goth hältst", fauchte der ehemalige Bauhaus-Frontmann Peter Murphy 1995 einen amerikanischen Interviewer an. „Ich vermute mal, du bist selbst ein Goth, aber für mich ist das lange her, und meine Platten werden heute längst nicht mehr nur von Goths gekauft. Ich denke, du liegst völlig falsch. Wenn ein Künstler einen gewissen Background hat, einen Stammbaum oder eine Vergangenheit, in der eine solche Definition einmal auf ihn zutraf, dann ist es schwer für Journalisten, sich darauf nicht denkfaul auszuruhen und sich darüber klar zu werden, dass das einige Zeit her ist und nur noch entfernte Bedeutung hat. Weil ich nun mal ein gutmütiger Typ bin und mich nicht von Anfang an weigere, über Bauhaus zu sprechen, lade ich dazu wohl auch in gewisser Weise ein. Aber ich habe mich mit meinen drei Alben – nicht dem ersten, das hierzulande nicht erschien, aber mit den drei übrigen amerikanischen LPs – als Solokünstler etabliert. Ich war ausgiebig auf Tournee und habe mich als Peter Murphy durchgesetzt."

Das hat er wohl. Aber reden wir einmal nicht nur von den denkfaulen Journalisten; was ist mit den denkfaulen Fans? Bei den Gigs, auf denen Murphy im Mai 2002 sein herausragendes Soloalbum *Dust* vorstellte, bestand das Publikum aus ebenso vielen schwarz gekleideten, weiß geschminkten Gestalten mit Fangzähnen und langen Mänteln wie aus gutbürgerlichen Pärchen und jugendlichen MTV-Zuschauern.

Offensiv fuhr Murphy fort: „Die Sisters waren vermutlich die archetypische Goth-Band, und Cure könnte man vielleicht in denselben Topf werfen, mal davon abgesehen, dass sie schon vor den Goth-Zeiten aktiv waren; sie waren eine Indie-Band, die konsequent ihren Indie-Weg verfolgt hat. Aber sie haben einen wichtigen Teil des Sounds, der später als Gothic bezeichnet wurde, maßgeblich mitgeprägt."

Das stimmt ebenfalls. Aber Robert Smith glaubt nicht daran, dass seine auffälligsten Fans tatsächlich auch die zahlreichsten sind. In den

Neunzigern und darüber hinaus zählten Cure in den USA zu den beliebtesten Bands. *Wish* kam 1992 bis auf Platz zwei in den Albumcharts, *Wild Mood Swings* stieg 1996 auf Platz zwölf ein und *Bloodflowers* im Jahr 2000 auf Platz sechzehn. Und in der ganzen Welt gibt es nicht genug Goths, um derartige Zahlen zu begründen. Als der *New Musical Express* die Band daher als „typisch Gothic mit einem Hauch von Pop" bezeichnete, war Smith davon völlig unbeeindruckt.

„Wir sind keine echte Goth-Band, wir enttäuschen das Publikum auf zu viele Weisen", überlegte er, und Bassist Simon Gallup fügte hinzu: „Erst entstand dieser Sammelbegriff Goth, und dann wurden ihm bestimmte Bands zugeordnet: Mission – Gott hab sie selig –, die Sisters, Fields of the Nephilim. Aber man kann nicht behaupten, dass *Faith* wie *First And Last And Always* klingt."

Kann man nicht – oder vielleicht doch?

Darum genau geht es hier: um den „Sammelbegriff Goth" und die engen Grenzen, die er zwangsläufig steckt, im Gegensatz zur Ästhetik der Gothic-Mentalität, die sozusagen die Umgebung erschafft, in der Düsterrock funktioniert.

In seiner Einstellung war Gothic zunächst ähnlich gleichmacherisch wie Punk, dessen frühe Beobachter und Chronisten durchaus bereit waren, Ian Dury und Nick Lowe ebenso in ihre Arme zu schließen wie die Adverts und die Sex Pistols – auch sie wickelten ihr schwarzes Mäntelchen um jeden bereitwilligen Sünder. Während jedoch die Entwicklung einer festgelegten „Punk"-Ideologie letzten Endes jeden Künstler ausschloss, der ursprünglich einmal dazugehört hatte (niemand würde heute Elvis Costello als den Dylan des New Wave bezeichnen), blieb Goth stets in engem Kontakt zu seinen Vorvätern. Während also die plötzlich von der Punkbewegung Verstoßenen ihre Karrieren weiterführen konnten, ohne dass sie dauernd an ihre Wurzeln erinnert wurden, gelang es den so genannten Goths nie, die Leichentücher abzulegen. Und das erklärt in vielerlei Hinsicht auch die Aggressivität, mit der viele von ihnen auf diese Kategorisierung reagieren.

Einmal angenommen, ein Meisterkoch hätte kurz nach seinem Schulabschluss für kurze Zeit in einem Imbiss Burger gegrillt, würde man ihn dann immer noch als Fastfoodbräter bezeichnen? Nein.

Einmal angenommen, der Autor von *Oliver Twist* hätte eine Zeit lang Zeitungsartikel über Gerichtsverfahren verfasst, würde man ihn später noch als Gerichtsreporter bezeichnen? Nein.

Weshalb aber nennt man dann den fünfundvierzigjährigen, in Ankara lebenden Produzenten faszinierender Trance-Worldbeat-Sounds, der einmal einen Song über einen Hollywood-Vampir schrieb, weiterhin einen Goth?

Das ist eine der Fragen, die dieses Buch beantworten will. Oder, genauer gesagt, es ist die Antwort, die in diesem Buch die richtige Perspektive erhalten soll.

Der Begriff Gothic Rock wird gern abschätzig verwendet, und seine stilistischen Grenzen werden als einschränkend empfunden. Seine ganze Existenz gilt zumindest unter den Künstlern, die ihn einst erschufen, als eine Art infantile Jugendsünde. Aber in seinem vollen (Dark-Rock-)Kontext ist Gothic weder eine Beleidigung noch eine Beschränkung oder gar lächerlicher Kinderkram. Wenn man zu den Gründervätern dieser Bewegung gezählt wird, steht man damit vielmehr in einer Reihe mit Größen wie Elvis Presley und den Beatles, Pink Floyd und David Bowie, den Sex Pistols und Nirvana. Man gehört zum ausgewählten und furchtbar exklusiven Klub von Künstlern, die nicht nur eine musikalische Richtung begründeten (wie kurzlebig die auch immer gewesen sein mag), sondern sie so sehr mit ihrer eigenen Persönlichkeit, ihrem eigenen Ich erfüllten, dass das eine nicht mehr vom anderen zu trennen ist und man nicht darüber urteilen kann, ohne gleichzeitig über diese Künstler zu sprechen.

Vielleicht wurde Gothic Rock wirklich ein bisschen albern, klischeebeladen und im Lauf seiner Entwicklung schließlich schrecklich verzerrt. Aber was geschah denn mit Glam, Punk oder Rock 'n' Roll selbst? Diese Bewegungen blieben auch nicht rein und unverfälscht. Aber sie überlebten – nicht nur um weiterhin spürbaren Einfluss auf die moderne Rockwelt auszuüben, sondern um die tatsächlichen Grundsteine für all das zu legen, was heute allgemein als Rockmusik gilt. Gothic Rock ist ebenso Teil dieses Konstrukts wie die anderen.

Und dies ist seine Geschichte.

ERSTER TEIL

DOSTOJEWSKIS KINDER

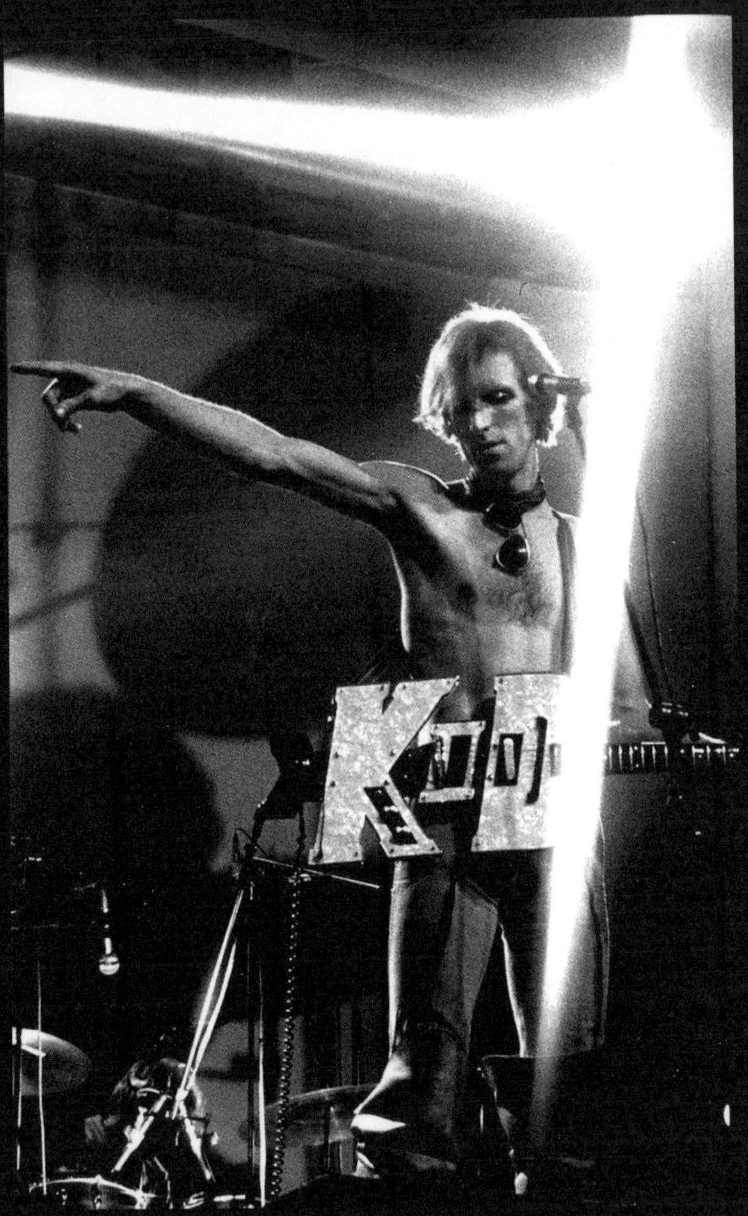

Kid Strange von den Doctors of Madness live im *Friars Club*, Aylesbury, 1976 *mit freundlicher Genehmigung von Richard Strange*

lange, um ihre Bedeutung zu erkennen. Schon Monate bevor der britische Underground durch die Vinylveröffentlichungen von Siouxsie and the Banshees oder Joy Division eine gründliche Umgestaltung erfuhr, verkündete man in der Musikzeitung *Sounds* vom 26. November 1977 das Erscheinen einer neuen musikalischen Kraft, die man in Ermangelung eines passenderen Ausdrucks „New Musick" nannte.

Unter diesen schwammigen Begriff fiel alles Mögliche, von den elektronischen Abenteuern Enos, von Kraftwerk oder der Throbbing Gristle bis hin zur Dubtechnik, die gerade aus Jamaika herüberschwappte, und von den strukturierten Unterwanderungsversuchen europäischer Diskomusik (die vor allem aus Deutschland und speziell von Moroder stammte) bis hin zu dem Klangterrorismus der amerikanischen Artrocker – Devo, die Residents, Suicide und Pere Ubu. Und ob die Journalisten es nun merkten oder nicht, direkt unter ihrer Nase entstand eine Welle von Bands, die das Punkumfeld zwar hervorgebracht hatte, die aber allenfalls noch oberflächlich nach jenen Regeln dieser Bewegung spielten, die sich schnell zu beengenden Gesetzen ausgewachsen hatten.

Die Banshees, Wire, XTC, die Only Ones, Fall, die viel versprechenden, zu der Zeit noch nicht in Erscheinung getretenen Magazine, der brutale Hammersound der heute noch diffamierten Stranglers. Innerhalb von nur zwölf Monaten – und das war schon großzügig betrachtet – war Punk ans Licht getreten, hatte seine Blütezeit erlebt und war auch schon wieder komplett zerfasert. Schon war wieder Schluss mit der im Punk aufgestellten Einfachheitsmaxime, nach der man mit so wenig Akkorden wie möglich geradezu grenzenlos experimentieren konnte. Und die Tatsache, dass die besten dieser Bands wirklich in der Lage (oder zumindest bereit) waren, diese Vorgabe innerhalb der Grenzen einer Vinylsingle zu erfüllen, ließ ihre Leistungen umso größer erscheinen.

Peter Murphy berichtet: „Im Sommer 1977 verbrachte ich eine Weile bei meiner Schwester in Aylesbury, wo ich den Leuten irgendwie auffiel; die hielten mich für einen von diesen interessanten neuen Punkrockern. Dabei war ich überhaupt keiner, eher so eine Art New-Romantic-Vorläufer, und der Einzige, der dort herumrannte und wie ein Außenseiter aussah, ohne dass er selbst es merkte. Die Sex Pistols mochte ich damals überhaupt nicht, ich hatte ihr Spielchen schon durchschaut. Da fehlte etwas. Für mich war das nur überhebliches

ERSTES KAPITEL

DUM DUM BOYS ... UND GIRLS

in welchem Iggy the Idiot vom Rande des Abgrunds zurückkehrt, um all jenen, die gerade hinsehen, eine leuchtende Zukunft zu weisen. Die Doctors entdecken, wohin sich Ratten zum Sterben zurückziehen, Rikki and the Last Days of Earth kümmern sich um das Ende der Welt, und in der Dunkelheit der Nacht entsteht eine Bewegung.

„Als The Idiot *erschien, lag sie einen ganzen Monat lang auf meinem Plattenspieler."*
Pete Murphy

Beginnen wir mit einem Typen namens Dave. Nur Dave, denn das ist zum einen ein Name, den man sich leicht merken kann; zum anderen ist es aber auch ein Name, den du, lieber Leser, dir gar nicht merken musst. Dave lebt in Leeds, aber das spielt wiederum eigentlich auch keine Rolle. Aber irgendwie scheint Leeds für das Folgende doch wichtig gewesen zu sein, und das nicht nur aus musikgeschichtlichen Gründen.

Leeds ist eine seltsame Stadt, voller Komplexe und Unsicherheit, aber gleichzeitig auch dynamisch und selbstbewusst. Sie liegt zwar auf der Sonnenseite der Penninen, kann aber dennoch recht grimmig wirken; dabei verströmt sie eine gewisse Großartigkeit, die sie über die anderen Städte in der unmittelbaren Nachbarschaft – Bradford, Sheffield und so weiter – hinaushebt und es ihr erlaubt, anderswo nach Rivalen und Genossen Ausschau zu halten.

Manchmal sieht sie dabei wehmütig nach Manchester mit seinen Olympia-Träumen und Himalaja-Leistungen hinüber, manchmal streift ihr Blick dabei über die weiten Hochmoore Yorkshires mit ihren Geistern, ihren Heathcliffs und den Reisebussen voller Amerikaner, die ein bisschen Sturmhöhen-Kultur für die daheim Gebliebenen einsacken wollen. Und manchmal horcht sie auch nur in sich hinein, auf die kleinen ehrgeizigen Kunstszenen, die es sich schon immer in ihren Straßen gemütlich gemacht haben.

Dave hat hier studiert, ebenso wie viele andere Schlüsselfiguren der Musikszene – Andy Gill, Hugo Burnham und Jon King von Gang of Four, Green Gartside von Scritti Politti, Frank Tovey alias Fad Gadget, Marc Almond und Dave Ball von Soft Cell, Andrew Eldritch von den Sisters of Mercy oder Simon Denbigh, Gründer der March Violets. Die meisten von ihnen schlossen ihr Studium sogar ab. Dave hingegen stieg ein Jahr vor dem Abschluss aus, um sich stattdessen höheren Zielen zuzuwenden und in einem Plattenladen zu arbeiten. Na also, jetzt wissen wir doch schon einiges über ihn. Und wir können uns gut vorstellen, welche Musik er im Frühjahr 1977 auflegte, wenn er allein im Laden war: Punkrock natürlich.

Aber er blieb nicht beim Punk, sondern ging weit über dessen Grenzen hinaus. Sehr weit. Bei ihm liefen die Bizarros und Devo bereits auf voller Lautstärke, lange bevor Stiff Records die Bands der amerikanischen Gummihauptstadt Akron wie wild zu promoten begann. Er erschreckte herumstöbernde Schulkinder mit den Residents aus San Francisco, als

Third Reich 'n' Roll noch ausschließlich elitären Kritikern bekannt war. Und er verehrte Iggy Pop and the Stooges schon mit Inbrunst, als nur die angesagten Londoner Importläden deren Platten führten.

Nicht vergessen: Das war das Vinylzeitalter, und der Vinylmarkt musste sich gerade von der Ölkrise erholen, als Erdöl so knapp gewesen war, dass die ganze westliche Musikindustrie im Produktionsbereich schwer unter den Folgen gelitten hatte.

Heute muss man es sich nur fest wünschen, dann kommt eine gute Majorlabel-Fee und befreit den nächsten vergessenen Schatz aus einem kalten, staubigen Keller, um ihn remastered, mit liebevollen Anmerkungen versehen und um einen Schwung unbekannter Bonustracks ergänzt wieder neu aufzulegen. Vor fünfundzwanzig Jahren hingegen musste man für die Musik, die man unbedingt hören wollte, hart arbeiten; mehr als das, man musste jeden Plattenladen, den man finden konnte, von oben bis unten durchstöbern, immer in der Hoffnung, dass irgendjemand einmal eines Tages …

Dave war so einer. Er fand natürlich auch nicht alles, aber er hatte ein unnachahmliches Gespür dafür, an den unglaublichsten Orten auf die unwahrscheinlichsten Dinge zu stoßen. Er fuhr nach London, um Peter Gabriels erstes Solokonzert zu erleben, und kam mit Peter Hammills Autogramm nachhause. Er nahm eine Kundenbestellung für das Velvet-Underground-Album *White Light White Heat* auf und entdeckte ein solches Exemplar in hirnzersetzendem Mono auf einem Flohmarkt in Pontefract.

Er war nicht cool, er war auch nicht hip, und er war schon gar kein Punkrocker, jedenfalls nicht nach jenen Maßstäben, die der Rest dieser Clique auf sich selbst anwandte. Aber er kannte sich mit Musik gut aus und begriff eine Menge Dinge, die andere sich lediglich anhörten. Und damit kommen wir wieder zu Iggy Pop.

Anfang 1977 war Iggy Pop eine Legende. Seine letzte „neue" LP, die von David Bowie produzierte *Raw Power,* lag bereits vier Jahre zurück, und in dieser Zeit war Pop komplett in die Gosse abgerutscht, wo er sich nach Kräften bemühte, noch tiefer zu sinken. Lediglich eine postum veröffentlichte Lo-Fi-Aufnahme des letzten, von Ausschreitungen geprägten Stooges-Auftritts, *Metallic KO,* federte seinen Sturz ein wenig ab.

Die Zeit verging damals langsamer als heute. Ein Album pro Jahr war normal; zwei waren auch nicht außergewöhnlich. Selbst die Superstars der damaligen Zeit, die Stones und die vier Ex-Beatles, Led Zeppelin und Genesis, hielten sich daran, einmal im Jahr von sich hören zu lassen – alles andere grenzte an Selbstmord. Klar, Emerson, Lake & Palmer nahmen sich eine Auszeit von drei Jahren, aber im ersten davon waren sie durchgängig auf Tournee, und in den beiden danach veröffentlichten sie ein paar Solosingles. Der Rockstar-Alltag unterschied sich gewaltig von dem, was die verwöhnten Faulpelze heutiger Zeiten gewöhnt sind; beharrliches, hartherziges Schweigen war allein den Toten und den Verrückten vorbehalten. Und nach der Legende, die ihn inzwischen umgab, hätte Iggy durchaus zu beiden Gruppen gehören können.

Aber dann kamen die Dinge in Schwung. Wer sich die Liste beteiligter Musiker auf David Bowies *Low* genauer ansah, die nach ihrer Veröffentlichung im Januar 1977 für unvorhergesehene Verwirrung sorgte, stellte fest, dass Iggy als Backingsänger auf einem der Songs genannt war. Dann ergriff Bowie selbst das Wort und erzählte, wie er seinen alten Freund aus der Psychiatrie geholt hatte, eigentlich nur, um eine einzelne Single aufzunehmen, wobei dann während der Session ein ganzes Album entstand. Es bekam den Titel *The Idiot* und erschien am 12. März, eine Woche, nachdem die beiden Musiker Iggys erste Englandtournee beendet hatten.

Auf die Shows brauchen wir nicht weiter einzugehen. Sie waren selbstverständlich überwältigend. Aber es ist schwer, dem eigenen Ruf gerecht zu werden, zumal, wenn der genau den Erwartungen entspricht.

Allen, die bereits die ersten drei legendären Stooges-Alben kannten (oder vielleicht auch nur die Hits als Coverversionen von den Damned oder den Sex Pistols gehört hatten), war ein großer Teil des Programms vertraut, und die Tracks der neuen Platte dienten allenfalls als Überraschungsfüller zwischen „Raw Power“ und „TV Eye“. Obwohl es eigentlich ja keine Überraschung war, denn Iggy war schließlich der Pate des Punk und hatte den Sound bereits acht lange Jahre zuvor patentiert. Jetzt hatte der Rest der Welt ihn eingeholt, und die neuen Songs schmorten und brannten und knallten und rockten genau, wie alle es erwartet hatten.

Eine leichte Ahnung, dass vielleicht noch etwas anderes in der Luft lag, beschlich Szenekenner, als ungefähr eine Woche vor der Albumveröffentlichung die erste Single erschien. Eine ziemlich seltsame noch dazu. „China Girl“ hatte in der Musikpresse bereits für Schlagzeilen gesorgt, weil es darin eine Zeile gab, in der Iggy von Hakenkreuzen in seinem Kopf und Plänen für die ganze Menschheit sang: „swastikas in my head" und „plans for everyone". Die britischen Rechtsradikalen von der National Front bereiteten sich dabei gerade auf die erste Offensive des Jahres vor, um sich auf den Londoner Straßen der wachsenden antifaschistischen Bewegung entgegenzustellen. Nun hatte man Iggy eigentlich noch nie als Faschisten betrachtet, aber sein Produzent und Koautor Bowie stand da in einem etwas anderen Ruf.

Ein knappes Jahr zuvor war er in einem braunen Hemd und im Mercedes am Londoner Victoria-Bahnhof vorgefahren und hatte die wartende Menge mit dem Hitlergruß beglückt. Natürlich handelte es sich dabei um ein komplettes Missverständnis – er hatte lediglich gewunken, als die Kameras klickten, und er hatte es natürlich nicht ernst gemeint, als er erklärt hatte, ein Musical über Hitlers Propagandaminister Joseph Goebbels schreiben zu wollen. Der gröbste Dreck wusch sich mit der Zeit ab. Ein bisschen blieb jedoch haften, und „China Girl" brachte die Erinnerung an diesen umstrittenen Moment sofort zurück. Das war in gewisser Hinsicht auch gut so, denn je länger man sich intensiv mit der Sprache beschäftigte, umso weniger kümmerte man sich um den Soundtrack drum herum, das dröhnende, bösartige, schicksalsschwere Soundgebäude, das weniger mit den Sicherheitsnadeln gemeinsam hatte als mit den Maschinen, die sie produzierten, großen, hämmernden Maschinen, die erbarmungslos bis in die Nacht hinein arbeiteten. Nein, in der ganzen Aufregung über die Hakenkreuze ging das völlig unter.

The Idiot hingegen bot keinen derartigen Aufschub und ließ keinen Platz für Ablenkungsmanöver. Daves Kollegen ließen ihn auf der Hi-Fi-Anlage im Plattenladen genau drei Songs von der ersten Seite spielen, bevor sie Iggy gegen die ebenfalls auf RCA erscheinenden Hall & Oates ersetzten. Als der Andrang von Schuljungen abgeflaut war, die in der großen Pause in den Laden strömten, machte Dave im Hinterzimmer des Ladens unter seinen Kopfhörern Mittagspause. Und als er schließlich etwa eine halbe Stunde später wieder herauskam, war er von Grund auf erschüttert. Er hatte von der Gegenwart auf die Vergangenheit geschlossen und aufgrund der Livekonzerte so etwas wie die Stooges erwartet. Stattdessen war er mit einem Knall in der Zukunft gelandet, und zwar acht Songs lang.

„Du musst diese Platte jetzt sofort kaufen", sagte er, „und sie eine Woche lang nonstop laufen lassen. Denn wenn du es nicht tust, macht es jede Menge anderer Leute. Und wenn du auch nur den Hauch einer Ahnung davon haben willst, wie es weitergehen wird, wenn es mit Punk wieder vorbei ist, dann musst du wissen, wo Punk herkam. Diese Platte wird alles verändern."

Und er hatte Recht. In jeder Hinsicht.

Wenn man heute auf das Jahr 1977 zurückblickt, dann meint man gern, es sei alles ein lautes, atemloses Brüllen gewesen, Punk von Anfang bis Ende. Anlässlich des Fünfundzwanzig-Jahre-Jubiläums des Punk kramte die britische Musikpresse entzückt all die schrecklichen Dinge wieder hervor, die von der neuen Musik verdrängt worden waren. „In der zweiten Aprilwoche 1975", hieß es erschauernd im Punkrock-Special *Never Mind the Jubilee* des *Q*-Magazins, „war die britische Hitparade in einem üblen Zustand. Nummer eins waren … die Bay City Rollers. Sweet waren einen Platz darunter. Dann kamen … Guys and Dolls … die Goodies … Kenny … Mike Reid. [Und] das war keine untypische Auflistung für die damalige Zeit."

Dann kam Punk, und alle lebten glücklich und zufrieden bis ans Ende ihrer Tage. Oder war es doch etwas anders? Genau (jedenfalls so ungefähr) zwei Jahre später waren ABBA auf Platz eins. Der amerikanische Schauspieler David Soul, bekannt durch die Serie *Starsky & Hutch,* war auf Platz zwei, und dann kamen Manhattan Transfer, Boney M., Billy Ocean und Elvis Presley. Und auch das war keine untypische Auflistung für die damalige Zeit.

In den ersten vier Monaten des Jahres 1977 formierte sich eine Reihe von Punkbands, die ein Konzert nach dem anderen gaben. Aber wenn man sie auch zuhause hören wollte, waren die Möglichkeiten ausgesprochen begrenzt. Die erste Single der Clash, das aufrührerische „White Riot", war gerade erst veröffentlicht, die Sex-Pistols-Single „Anarchy In The UK" schon wieder gestrichen worden, die Stranglers kamen mit „Grip" gerade mal so in die Top Fifty, und die Buzzcocks traten mit *Spiral Scratch* den Do-it-yourself-Boom los.

Schön, die Damned und die Vibrators hatten bereits die zweite Single am Start, und man konnte, wenn man mehr Kicks brauchte, ja auch immer noch auf amerikanische Bands zurückgreifen. Aber selbst in einem Punkmekka wie dem Londoner *Roxy Club* beschallte der Stamm-DJ Rastaman Don Letts die versammelte Horde lieber mit Reggae und Dub. Und außerhalb Londons orientierte sich die Hälfte der frisch gegründeten Bands nicht an der Musik, die sie gehört, sondern an

Bands, von denen sie gelesen hatten – denn in Wahrheit hatten sie in vielen Fällen keinen Ton des neuen Zeitgeists zu Ohren bekommen.

Stattdessen spielten sie so, wie sie sich den Sound dieser Bands vorstellten, und das ist vielleicht eine mögliche Erklärung für die Vielfalt und die Lebendigkeit der Musikszene in den ersten Tagen des Punk. Die Musik entstand in einem halb informierten Vakuum und wurde mit viel Energie herausgerotzt, immer in der Hoffnung, dass es so irgendwie richtig war.

Iggy durchstreifte dieses Vakuum wie eine beutegierige Fledermaus. Er zählte schon so lange zu den Schlüsselelementen der britischen Pop-Psyche, dass sein früherer Selbstzerstörungstrieb auch ohne die Verbindung zu Bowie zu einem festen Teil britischer Musiksprache geworden wäre. Noch bevor *The Idiot* überhaupt erschien, hatten die Damned bereits den Stooges-Titel „I Feel Alright" im Programm, die Pistols spielten „No Fun", und Gaye Advert klebte sich Iggys Foto auf ihren Bass. Und Iggy gab der ganzen Gemeinde gern seinen Segen. „Ich finde es großartig, was die Pistols aus ‚No Fun' gemacht haben", erklärte er einmal. „Es ist, als betrachte man einen Haufen Müll in dem klaren Bewusstsein, dass man ihn selbst so scheiße gemacht hat."

Aber seine Tage als Müllmann waren vorbei. Nur durch Bowies Vermittlung und Einfluss hatte er überhaupt noch einen neuen Plattenvertrag bekommen: RCA gab ihm Ende 1976 eine zweite Chance, nachdem die meisten Szenekenner ihn zu dem Zeitpunkt bereits aufgegeben hatten. Nun musste er beweisen, dass er sie wert war. Das konnte er nur, indem er sich nicht auf demselben Gebiet zu beweisen suchte wie die ganzen anderen kleinen Iggys, die es inzwischen gab, sondern indem er etwas Neues erschuf. Etwas, das man nicht erwartete, etwas, das genauso dramatisch und insgesamt befremdlich wirken würde wie die Musik, die er zu Beginn seiner Karriere geschaffen hatte.

Der erste Song, der bei der Arbeit zu *The Idiot* entstand, war das stampfende, ödipale „Sister Midnight", ein erbarmungsloser, mutierter Funktrack, der sich um ein Riff wand, den Bowies Gitarrist, der brillante Carlos Alomar, eines Tages herausgearbeitet hatte. Bowie selbst hatte nur eine Strophe des Songs, die er Iggy zeigte – und die Geschwindigkeit, mit der sein Freund den Text vervollständigte, um dann genug Material für ein halbes Dutzend weiterer Titel herauszuschleudern, brachte Bowie zu der Überzeugung, dass sie ein Album ins Auge fassen sollten.

Sie unternahmen die ersten Schritte zum Herausarbeiten dieses Monoliths im Château d'Hérouville in der Nähe von Paris, wo Bowie sein eigenes Album *Low* einspielte; von dort aus zog die gesamte Gruppe weiter nach München und schließlich nach Berlin, ins direkt an der Mauer gelegene Hansa-Studio. Es passte alles perfekt zusammen.

„Ich wollte schon immer nach Deutschland kommen", erzählte Iggy voller Begeisterung. „Schon als Kind habe ich alles darüber gelesen. Ich wusste schon immer, dass ich einmal hierher wollte, so, wie andere Typen vielleicht innerlich wissen, dass sie Frauenkleider tragen möchten. Berlin ist eine grüne und schöne Stadt. Ich liebe die Luft, die Straßen, die Menschen dort. Eines Tages möchte ich ganz und gar deutsch sein."

Nun, da er in der Stadt angekommen war, stürzte er sich auf die deutsche Kunst und Kultur: Da gab es den maschinenartigen Puls von Diskomeister Giorgio Moroder, die computerisierte Präzision der Elektronikspezialisten Kraftwerk und eine isolierende Klangmauer, gebaut aus tönenden Ziegeln und Zement, die Baustellen und Schrottplätzen ebenso viel verdankte wie Phil Spector und Joe Meek.

The Idiot war ebenso wie Bowies *Low* (mit der es natürlich unvermeidlich verglichen werden sollte) in der Mitte geteilt. Auf der einen Seite befanden sich die kürzeren Titel, auf der anderen die längeren, epischen Nummern, und es lässt die wahre Größe des Albums erahnen, dass lediglich Bowies eigene Versionen zweier Songs (aus „Sister Midnight" wurde das schlappe „Red Money", und „China Girl" verwandelte sich in leichte Radiokost) seine Bedeutung ein wenig schmälern konnten.

Wenn man das Album über Kopfhörer hört, zielt der unglaublich dichte Mix Bass und Schlagzeug direkt auf den Punkt unterhalb des Solarplexus, der halb knurrende, halb roboterhafte Gesang trifft mitten zwischen die Augen, und die aggressive Power der Gitarrenattacken dringt in jede leere Ecke, die sie finden kann.

Der *New Musical Express* bezeichnete die Platte als „verwirrend" und schuf für sie den Ausdruck „Mekanik Rock". Aber selbst wenn man zu verstehen glaubte, was damit gemeint war, gab es kein Entrinnen vor dem Sperrfeuer, das mit bösester Absicht abgeschossen wurde. Und während man noch unter der Wucht des einen Angriffs schwankte – beispielsweise unter dem mörderisch stampfenden „Nightclubbing", in dem von einem Lieblingstanz namens The Nuclear

Bomb, die Atombombe, die Rede war –, knallte einem schon die nächste Faust zwischen die Augen, das düstere, einen mit der Präzision eines Metrums bedrohende „Funtime", bei dem der Hörer sich wohl nur schwerlich vorstellen konnte, was das Ganze mit Fun oder Spaß zu tun haben sollte. Und bezüglich der schrecklichen, lang gezogenen, über acht Minuten dauernden Schönheit von „Mass Production" oder der täuschenden Nostalgie von „Dum Dum Boys", bei der Bowies Gitarre den eigenen Namen hervorkreischte, schien selbst Iggy überrascht, wozu diese Titel sich entwickelt hatten.

„Wenn David Gitarre spielt, rastet er völlig aus. Kennst du diese kleine Passage in ‚Dum Dum Boys'? Dieses ‚bowieeeeewaaah'? Das ist er, das spielt David. Er kämpft so richtig mit dem Ding – uh! –, um zum Beispiel einen C-Akkord zu greifen. Nach einer Weile kriegt er einen Krampf in den Fingern, sodass wir in der Mitte abbrechen müssen, und er brüllt: ‚Ich weiß nicht, warum ich das überhaupt für dich mache, du Penner!' Wir haben eine ziemlich ruppige Beziehung zueinander."

Als Eno, mit dem Bowie in jener Zeit ebenfalls zusammenarbeitete, nach seiner Meinung zu *The Idiot* gefragt wurde, beschrieb er die Platte als „eine Erfahrung, als würde man in einen Zementblock eingegossen". Iggy selbst wunderte sich angesichts ihres enormen, unerbittlichen Gewichts ganz offen, „wie zwei Freunde eine Platte machen können, die sich so anhört". Während *The Idiot* unaufhaltsam und völlig unerwartet auf die Top Thirty zuhielt, fragten sich viele andere Freunde überall in England, wie sie wohl solche Klänge selbst hervorbringen könnten.

Als Siouxsie and the Banshees ein knappes Jahr später ins Studio gingen, um ihr erstes Album einzuspielen, sagten sie ihrem Produzenten Steve Lillywhite, es solle wie *The Idiot* klingen. Als die Jungs, die Peter Hook liebevoll als „vier Vollidioten aus Manchester" bezeichnete, ungefähr zur gleichen Zeit jene Band erschufen, die später Joy Division heißen sollte, lief *The Idiot* nonstop im Hintergrund – und drehte sich auch zwei Jahre später noch auf dem Plattenteller, als Sänger Ian Curtis sich in seiner Küche erhängte. Der achtzehnjährige Gary Numan ging ins Iggy-Konzert im Londoner *Rainbow* und bezeichnete das Album als „brillant", und der um ein Jahr ältere Peter Murphy gab zu: „Als *The Idiot* erschien, lag sie einen ganzen Monat lang ununterbrochen auf meinem Plattenspieler."

The Idiot war nämlich mehr als nur eine neue Platte. Sie präsentierte eine völlig neue Denkweise. Aufmerksame Beobachter brauchten nicht

Getue, wie von einem meiner Schulkameraden, einem blöden Arsch, der nur Musik machte, weiter nichts. Es war okay, es erfüllte seinen Zweck. Aber letzten Endes hatte es nicht viel zu bieten, es diente nur als Katalysator für etwas anderes, das dann wirklich wichtig wurde."

Bei Punk ging es selbst nach der Sex-Pistols-Definition nicht darum, „ein Punker" zu sein und mit Lederjacke, grün gefärbter Irokesenfrisur und einem mit Sicherheitsnadeln nach Bondage-Manier zusammengehaltenen Müllsack herumzulaufen. Das gehörte natürlich auch dazu, und die Boulevardpresse bekam nie genug von ihren grob gestrickten Leitfäden, wie man diese bedrohlichen Missgeburten identifizieren konnte. Aber darüber hinaus war Punk auch eine gewisse innere Einstellung und Denkweise, eine innere Treue, der Glaube an sich selbst und eine Vision, die nicht nur das Diktat der unmittelbaren Umgebung ignorierte, sondern gleich komplett vermied. Bei Punk ging es darum, sich selbst treu zu sein, und je weiter diese Treue von der Norm abwich, desto näher war man am Ideal des Punk. Jeder konnte sich so anziehen wie die Typen auf der King's Road, dann zu einem Konzert ins *Vortex* gehen und sich zu einer Kreissäge die Lunge aus dem Leib schreien. Der Weg zur eigenen Selbstfindung war ein bisschen schwerer.

Das sagte auch Sex-Pistols-Sänger Johnny Rotten bei seinem Auftritt bei Capitol Radio am 16. Juli 1977, wo er die paar Dutzend Platten auflegen sollte, die ihm persönlich am meisten bedeuteten. Wer einen Blitzkrieg aus kreischenden Gitarren und verächtlichem Nihilismus erwartete, dem stand ein echter Schock bevor. Rotten machte sofort deutlich, dass nicht nur die langweiligen alten Säcke früherer Großtaten all das zu verantworten hatten, was Punk nun ausrotten wollte. Selbstzufriedenheit, Lethargie und Leichtgläubigkeit waren ebenso daran schuld, und diese Sünden hatten von jeher ihre Feinde.

Rottens Sammlung bestand größtenteils aus einer Reihe eigenwilliger Reggaesongs und Teenager-Obsessionen, beinhaltete aber auch ein paar Namen, in denen sich wütende Vorahnung ausdrückte: Captain Beefheart, Tim Buckley, Can, Kevin Coyne und Peter Hammill waren schon lange vor dem Feuersturm des Punk aktiv gewesen, manche schon wesentlich länger als zehn Jahre. Aber sie alle hatten ihr Dasein stets außerhalb des Mainstreams gefristet und sich lediglich kleine Nischen geschaffen. Wenn ihre Gegner abfällig von Kultidolen sprachen, lag schon allein in diesem Ausdruck tiefste Abwertung.

„Es war schon interessant, dass Van Der Graaf von den Punks nie als alte Dinosaurier abgetan wurden und von diesen ‚Tod allen grässlichen Langhaarigen'-Parolen verschont blieben", sagte Hammills Bandkollege Nic Potter dem *Mojo* fünfundzwanzig Jahre später. „Punk hatte auf uns überhaupt keinen Einfluss." Und darin lag in gewisser Weise das Geheimnis, weshalb man sie akzeptierte – Velvet Underground, Kraftwerk, die Residents, die Deviants, Syd Barrett, die Mothers of Invention, Alex Harvey, Roky Ericksons 13th Floor Elevators, die Modern Lovers, Joe Meek, Scott Walker, Hawkwind, Amon Düül II, die Doctors of Madness und ... Iggy Pop!!!

Ob absichtlich oder nicht, ob willentlich oder gezwungenermaßen, sie gingen alle ihren eigenen Weg, kümmerten sich nicht darum, was um sie herum passierte und ignorierten die Marketingstrategien ihrer Zeit. Sie waren Punks, wenn auch zu einer anderen Zeit und mit einem anderen Haarschnitt. Sie nahmen sich Freiheiten, die ihre erfolgreicheren Zeitgenossen niemals in Erwägung zogen, und sie verfolgten Ideale, für die auf dem Markt kein Platz war.

Rückblickend kann man leicht sagen, dass dieser Markt sich änderte, dass das, was einmal als unverkäuflich galt, langsam zu Goldstaub wurde, und das war sicherlich auch wahr. Dass Iggy Pop einmal einen Hit in England verbuchen würde, war 1976 in etwa so wahrscheinlich wie ein Mondspaziergang des Sängers. Vielleicht sogar noch weniger. Als sich 1977 dem Ende neigte, hatte er drei Erfolgsalben zu feiern: *The Idiot,* dann die nachfolgend wieder veröffentlichte *Raw Power* und Iggys eigenes nächstes Album, *Lust For Life*. Die Modern Lovers konnten noch drei Hits mehr einfahren, und Roky Erickson kam bei einem Majorlabel unter. Plattenfirmen, Kritiker und Fans stürzten sich mit einem Mal begeistert auf die Exzentriker der Vergangenheit, als wollten sie die Vernachlässigung der letzten Jahre eilig wieder gutmachen.

Aber nur jene alten Exzentriker wurden derart liebevoll rehabilitiert. Es sollte noch ein paar Jahre länger dauern, bevor eine Band es sich tatsächlich leisten konnte, seltsame Musik zu machen und dennoch halbwegs anständig davon zu leben – und zu dieser Zeit hatten sich die Grenzen für seltsames Verhalten schon so verschoben, dass Normalität beinahe mehr auffiel.

Die Lektionen, die *The Idiot* enthielt, wurden auch im weiteren Verlauf des Jahres 1977 und noch im folgenden gelernt. Ganz gleich, wie viele Bands noch kommen sollten, die ihre eigene Entstehung auf den

Augenblick zurückführten, an dem sie diese Platte zuerst gehört hatten – die damals bereits aktiven Musiker konnten nicht etwa feststellen, dass sich nun plötzlich alle zuvor verschlossenen Türen öffneten. Wenn überhaupt, dann waren sie jetzt noch fester verriegelt als zuvor, wie sich wohl vor allem am grausigen Schicksal einer Band zeigte, die als einzige das, was Iggy auf seinem Album brachte, hätte vorwegnehmen können. Sie wurde nun zur Seite gefegt, und erst ein Jahrzehnt später sollten die Doctors of Madness wieder in der Lage sein, der Welt zu sagen, dass sie alles schon vorher gewusst hatten. Und zu der Zeit gab es sie schon längst nicht mehr.

Die Doctors of Madness traten 1975 ins Rampenlicht, als Glamrock sich gerade zur letzten Ruhe betten wollte. Sie wurden entdeckt, als sie in einem Pub in Londoner Stadtteil Putney eine hart auf den Punkt kommende Kombination aus paranoiden eigenen Songs und madenzerfressenen Coverversionen von Dylan, Reed und William Burroughs zum Besten gaben, und der erfahrene Rockmanager Bryan Morrison nahm sie gemeinsam mit dem Twiggy-Schöpfer Justin de Villeneuve unter seine Fittiche. Letzterer beschrieb die Band, als er sie erstmals der Welt präsentierte, als „einen Siebziger-Abglanz der Berliner Dekadenz der Dreißiger“ – eine durchaus passende Beschreibung, die jedoch nicht unbedingt vollkommen korrekt war.

Die Doctors hatten schon einige Besetzungswechsel hinter sich, und als sie schließlich bekannt wurden, bestanden sie aus einem Quartett von Musikern mit anständigen Pseudonymen, nämlich Kid Strange, Urban Blitz, Pete Di Lemma und Stoner („einfach Stoner“), die nun ihre Tage, wie Stoner erklärte, damit verbrachten, „völlig absurde Pläne zu schmieden und sich ein total abgefahrenes Image auszudenken, das zu den Songs passen sollte, die [Strange] schrieb“.

„Wir arbeiten an einem gewissen kinematografischen Stil, in den ständig wechselnde Bilder hineinfließen“, bestätigte Strange, „und der vielleicht auf rationaler Ebene nicht unbedingt Sinn macht, dafür aber im Gefühlsbereich. Unsere Musik, unsere Show haben ein gewisses kaltes, verdorbenes Feeling, wie dunkle Straßenecken. Wir sind viel fieser als Alice Cooper.“ Außerdem waren sie, wie Stoner stolz betonte, „eine der wenigen Bands, die schon ausgebuht werden, bevor sie einen Ton gespielt haben. So eine Reaktion kriegt nicht jeder.“

Die Natur der Band spiegelte sich zudem in ihrem Make-up, und wer mehr über die kinematografischen Inspirationen wissen wollte, musste sich nur Stoner ansehen, der mehr als nur ein bisschen an Frankenstein erinnerte. Hammer-Horror vom Feinsten.

Der Öffentlichkeit stellten sich die Doctors 1976 als Überraschungsgäste in Twiggys Fernsehshow vor, die eigentümlicherweise zu den mutigsten Musiksendungen der damaligen Zeit zählte. Aber obwohl die Zuschauer hier viel gewöhnt waren – auf Stranges blau gefärbtes Haar und die etwas perversen kniehohen Stiefel waren sie ebenso wenig vorbereitet wie auf eine Band, deren erstes Album den Vermerk BEIM ABSPIELEN DEN GASHAHN VOLL AUFDREHEN tragen sollte.

Bei *Late Night Movies, All Night Brainstorms* (1976) handelt es sich um eine einzigartig kompromisslose Platte, die sich als logische Folgerung einer Philosophie offenbarte, die sich irgendwo im Spannungsfeld zwischen der Paranoia von Velvet Underground, dem Paradies von Roxy Music und der paradoxen Haltung der ganz frühen Cockney Rebel (in der Zeit vor „Make Me Smile") bewegte.

Eine Popband also, die von Tod und Verfall sang? Wie dekadent. Aber die Doctors waren nicht dekadent. Sie waren gefährlich. In dieser Vor-Punk-Ära, als epische Rockmusik die Norm bedeutete, stampfte *Late Night Movies, All Night Brainstorms* über die gesamten bestehenden Regeln hinweg, indem sie die Rockmusik an ihre äußersten Grenzen führte und dort nicht etwa aufhörte, sondern weiterging. Und als Punk schließlich aus der Harnröhre des Glamrock gequetscht wurde, war dies der Sound, der die Schreie erstickte.

Brainstorms bestand aus einer Suite, die eine ganze Plattenseite umfasste, zwei kleineren Schmuckstückchen und einem anständigen Marathontrack, und diese Aufteilung war äußerst vernünftig, weil es kein Album war, das man leicht in einem Stück durchhören konnte. Beide Seiten enthielten Höhepunkte von geradezu schmerzvoller Intensität, beispielsweise das Concerto für Erdbeben-Bass, Nervenenden-Geige und Strahlenalarm-Sirene, das „The Noises Of The Evening" gegen Ende der ersten Seite ankündigte, und die zerstückelten Sprachfetzen und die kratzende Geige, die das epische „Mainlines" am Schluss der zweiten Seite aufbrachen.

Einzeln gehört, vermittelten die Songs einen Effekt, den man als musikalisches Bungeejumping hätte bezeichnen können. In ihrer Gesamtheit brachten sie den Hörer abrupt zu der Erkenntnis, dass gerade jemand alle Verbindungen gekappt hatte. Kaum ein anderes Album trug einen derart passenden Titel.

Bezüglich der Texte hielt sich Strange an die Ziele, die sich seine Band gesetzt hatte, und blieb entsprechend filmisch ausgerichtet. Dass sie gelegentlich an Bowies ähnlich breitwandartig angelegte *Diamond Dogs* erinnerten, war möglicherweise beabsichtigt. Aber im Gegensatz zu *Dogs,* Lou Reeds *Berlin* oder den anderen charmanten Werken jener Zeit, die man gern als deprimierend oder schicksalsschwer beschreibt, hatte die Vision der Doctors auf *Brainstorms* kein Hintertürchen, das eine Flucht gestattet hätte. Den Protagonisten standen die einfachen Lösungen wie Tod oder sich ergeben nicht zur Verfügung, und Schuld war ein Luxus, den sie sich nicht leisten konnten. Die hoffnungsvollste Zeile der Platte lautete: „We just have to sit back and hope for the best" – „Wir können nur abwarten und das Beste hoffen". Und die Zeile, bei der es einem am kältesten über den Rücken lief, war: „The doctors know best" – ‚Die Doctors wissen es am besten".

Das Album ging mit Pauken und Trompeten unter. Nur wenige machten sich die Mühe, herauszufinden, was unter dem Make-up steckte, und noch weniger waren interessiert genug, um die Platte tatsächlich einmal aufzulegen. Die Leute mochten die Doctors of Madness einfach nicht, aber die Band machte unbeirrt weiter und absolvierte im Herbst 1976 eine Reihe von Gigs im Rahmen der *End Of The World*-Tour, einer groß angelegten Show, bei der auf der Bühne Schaufensterpuppen explodierten und bereits einige neue Songs vom als Schnellschuss veröffentlichten zweiten Album *Figments Of Emancipation* zu hören waren. Wieder war alles monumental. Und wieder wurde es ein Flop.

Zwar gaben sie weiterhin recht regelmäßig Konzerte und veröffentlichten mit der rauen Medienschelte „Bulletin" ihre allererste Single, aber davon abgesehen verhielten sich die Doctors 1977 weitgehend ruhig. Ihre trostlosen Traumlandschaften blieben dabei nicht unbewohnt, und auch für ihre Stellung als Lieblingsprügelknaben der Medien interessierte sich bald jemand anders. Zu Beginn jenes Jahres machten sich Ultravox! daran, beides für sich auszuprobieren.

Die beiden Ultravox-Gründer, Sänger John Foxx und Bassist Chris Cross, waren beide begeisterte Roxy-Music-Fans und hatten einander durch eine Anzeige im *Melody Maker* kennen gelernt, in der Foxx explizit nach gleich Gesinnten gesucht hatte. Bei den Vorspielterminen für ihre Band hatten sie sich „beinahe jeden Musiker in London" angehört, so Foxx, bevor sie sich schließlich mit Billy Currie, Warren Cann und

Steven Shears zusammentaten und Mitte 1975 als Tiger Lily erstmals an die Öffentlichkeit traten.

Tiger Lily spielten eine einzige Single ein, eine dunkle, etwas tuntige Version von Fats Wallers „Ain't Misbehavin'", die nirgendwo Beachtung fand, wenn man davon absieht, dass sie 1975 als Titelsong für einen Pornofilm gewählt wurde. Etwas ernüchtert zog die Band eine Reihe von Konzerten durch, die größtenteils im nicht besonders edlen *Doll's House* in der Nähe des Londoner Bahnhofs King's Cross stattfanden, und machte sich nebenbei voller Energie daran, eine Reihe von Songs zu schreiben, mit denen die Tiger-Lily-Schmach getilgt werden konnte.

Der Legende nach änderten sie schließlich ihren Namen in Ultravox!, weil jeder, der den Namen hörte, spontan mit Ablehnung reagierte. „Jeder fand ihn grässlich, deswegen dachten wir, an dem Namen muss was dran sein", meinte Foxx, bevor er einräumte, dass ihre Musik bisher auch nicht unbedingt auf mehr Zustimmung gestoßen war. Beinahe jeden Tag trudelte per Post ein neues Ablehnungsschreiben eines großen Plattenlabels ein, aber dann stieß eine Auswahl von Aufnahmen, die im Sommer 1976 mit dem damals noch unbekannten Produzenten Steve Lillywhite entstanden war, mehr oder weniger zufällig auf Interesse bei Island Records. Das war vielleicht insofern wenig verwunderlich, als zu den größten Einflüssen auf Ultravox! die Crème de la Crème des Island-Katalogs zählte: Roxy Music, Sparks, John Cale, Brian Eno. Und noch bevor das Jahr zu Ende ging, war die Band im Studio und arbeitete an ihrem Debütalbum.

Wenn man bedenkt, dass nur wenige der Vergleichsmöglichkeiten, die später von Kritikern so gern herangezogen wurden, während der Entstehung von *Ultravox!* überhaupt schon existierten, erwies sich das Album als doppelt faszinierender Mix. „It's not like anything I've ever known before" – „es ist anders als alles, was ich vorher erlebt habe", singt John Foxx auf der ersten Single „Dangerous Rhythms", und damit hatte er Recht – jedenfalls zum Teil.

Die Eno-Einflüsse sorgten sicherlich dafür, dass auch ein Hauch der aktuellen Produktionen von Bowie und Iggy spürbar wurde, während der Großteil der Platte sicherlich dem ursprünglichen Konzept der Band entsprach, das sich am Gesamtwerk von Roxy Music entlanghangelte. Wessen Gedächtnis etwas weiter zurückreichte, der erkannte vielleicht auch hier und da Elemente von William R. Stricklands „Computer Love" wieder, und man fragt sich unwillkürlich, ob wohl ein Bandmitglied den Decca-Sampler *Wowie Zowie! The World Of Progressive Music* aus den späten Sechzigern besaß, auf dem diese Perle frei verfügbar war.

Gleichzeitig zeichnete sich bereits die Ankunft des damals noch nicht veröffentlichten *Trans-Europa-Express* von Kraftwerk ab, dessen Sounds hier mit eckiger Naivität vorweggenommen wurden. Der gelegentliche Ausbruch wütender Krachattacken wiederum bewies, dass sich die Band durchaus der nietenbeschlagenen Tumulte bewusst war, die um sie herum explodierten. Als 1976 sich dem Ende neigte und das neue Jahr begann, fanden viele Ultravox!-Konzerte in der gärenden Atmosphäre der sich langsam entwickelnden Punkbewegung ab, und das spiegelte sich schnell in ihrer Musik wider. Selbst in seinen einsamsten Momenten war *Ultravox!* kein Abklatsch von *The Idiot* (oder eine Vorwegnahme – immerhin erschien es zwei Wochen vor Iggys Album). Aber zumindest sollte es einige gemeinsame Freunde finden. Und für Ultravox! bot *The Idiot* keine großen, schockierenden Enthüllungen mehr.

Das Urteil der Musikpresse war vernichtend – es waren die ersten Schüsse einer Breitseite, die letzten Endes dazu führen sollte, dass Foxx das Handtuch warf und Midge Ure die Band in etwas weniger aufgewühlte Wasser steuerte – aber dennoch stieß *Ultravox!* auf einige wenige offene Ohren. Gary Numan beispielsweise spricht heute noch begeistert von dem Album und gibt bereitwillig zu, dass es maßgeblich daran beteiligt war, seine eigene Begeisterung für elektronische Sounds zu wecken. Numan erinnerte zudem auch an ein paar andere verrückte Heilsbringer, ohne die der Lauf der Musikwelt ein anderer gewesen wäre.

Rikki and the Last Days of Earth tauchten ein paar Monate zu spät auf, als dass ihre Interpretation der eigenen bösen Omina als Weissagung hätte durchgehen können, aber sie waren dennoch die erste Band, die in der Lage war, die elektronischen Möglichkeiten und die Soundscapes von *The Idiot* (das überraschenderweise ohne den Einsatz eines einzigen Synthesizers entstanden war) zu einem Ganzen zu verschmelzen und das Ergebnis auf Vinyl dingfest zu machen.

Hier sollte jedoch eine kleine Randbemerkung erlaubt sein. Schon 1974 hatte Ober-Buzzcock Pete Shelley bereits ausgiebig mit einem Oszillator experimentiert und ein mehr als einstündiges Tape mit dem Titel *Sky Yen* aufgenommen, von dem jedoch 1977 nur Gerüchte im Umlauf waren. Future (die sich bald in Human League umbenennen sollten), Cabaret Voltaire, Thomas Leer und viele andere standen bereits in der einen oder anderen Form in den Startlöchern und freuten sich auf eine eisige elektronische Zukunft. Aber auch sie gab es damals eher in der Theorie als in der Praxis, und außerhalb ihrer direkten Umgebung hatte kaum jemand bisher von ihnen gehört.

Rikki and the Last Days of Earth hingegen gaben Mitte 1977 bereits eine Reihe von Konzerten, eröffneten beispielsweise am 29. Juni die allererste Audition Night im *Roxy Club* und traten sechs Wochen später in denselben heiligen Hallen als Headliner in Erscheinung.

Das Quintett – von Kopf bis Fuß in Leder und in Schwarz gekleidet – unterschied sich von seinen Zeitgenossen durch einen synthesizerdominierten Sound und den Gesang von Frontmann Rikki Sylvan, der unverkennbar an Bryan Ferry erinnerte. Es war ein kompromissloser Mix – und zwar so sehr, dass selbst heute noch unweigerlich der Name Rikki and the Last Days of Earth fällt, wenn sich alte Punkrockfans versammeln, um über die Trümmer ihrer Jugend nachzusinnen. Und dann lachen alle. Selbst Leute, die nie einen Song der Band gehört haben, erinnern sich in der Regel daran, dass sie eines der meistgeschmähten Alben der gesamten Punkexplosion der späten Siebziger ablieferten. Denn wie sagte ein Kritiker damals so schön: „Wenn der beste Song das Cover eines alten Rolling-Stones-Songs ist, dann hat man ganz klar ein Problem.“

Dabei war „Street Fighting Man“ nicht einmal annäherungsweise der beste Track der Band, was ihr selbst offenbar auch klar war, da er auf einer B-Seite versteckt wurde. Als aber Sylvans Name nur wenige Jahre später im Kleingedruckten von Gary Numans *Replicas* auftauchte, erinnerten sich überraschend viele Leute daran, was er 1977 getrieben hatte. Heute ist der Sänger allerdings eher für die bahnbrechenden Arbeiten bekannt, die er gemeinsam mit dem jungen William Orbit einspielte, während seine eigene Karriere ein wenig in Vergessenheit geraten ist.

Aber dennoch wusste die Band, die Ende 1977 mit „City Of The Damned“ eine brutal aggressive Single und Anfang des folgenden Jahres ein selbstbetiteltes Album herausbrachte, ganz genau, was sie da tat. Die Welt war kurz vor dem Auseinanderfallen, und sie waren zur Stelle, um den Soundtrack zum Armageddon abzuliefern.

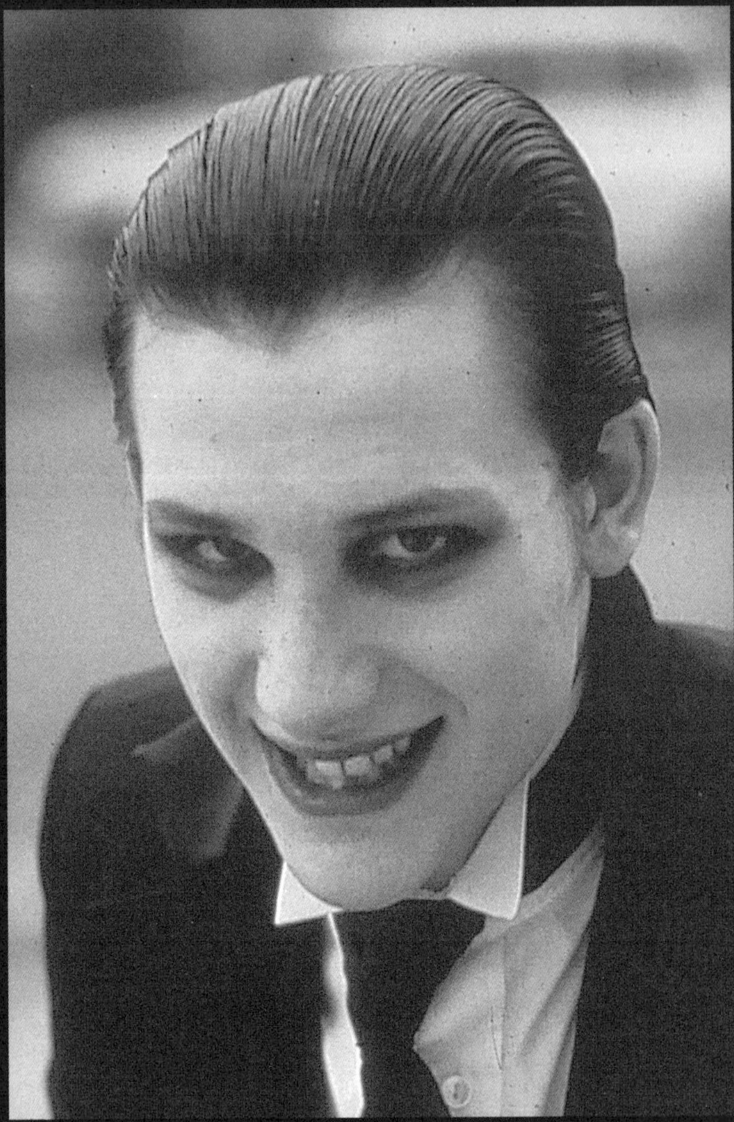

Dave Vanian *Rex Features*

ZWEITES KAPITEL

ERINNERT IHR EUCH NOCH AN RUDOLF HESS?

in dem die New Musick ihren Finger auf den Puls richtig schockierender Dinge legt. Die Eiskönigin wird gekrönt, Magazine legen los, und Warsaw errichten ein paar eigene dunkle Mauern.

„Dave sah sich von Anfang an als so eine Art Vampir. Das war keine Verkleidung, die er anlegte, kurz bevor er auf die Bühne ging, so war er schon, wenn er morgens aufstand, abends ins Bett ging oder wenn er an seinem Auto arbeitete. Er stand voll und ganz hinter diesem Look … und deswegen behielten wir ihn auch bei uns, weil die Leute immer sagten: ‚Hey, der Typ ist ja witzig.' Dabei war er das nicht. Er war vermutlich authentischer als alle anderen [in der Band]."

Rat Scabies

Rikki Sylvan zeichnete seine böse Version aus Dekadenz, Düsternis und Zerstörung in meilenweit sichtbaren Neonfarben. Zu Recht – schließlich war das Ende der Welt keine Angelegenheit, der mit Understatement oder allegorisch zu begegnen war. Gelegentlich klangen die Last Days so verzweifelt wie die letzten Tage, die sie beschrieben, wobei sie eine derartig freudlose Atmosphäre vermittelten, als seien sie sich selbst nicht ganz sicher, ob sie lange genug leben würden, um die Platte überhaupt fertig zu stellen.

Das taten sie. *Four Minute Warning* präsentierte in ihren besten Momenten adrenalingetriebenen, futuristischen Krach; die Instrumentals „For The Last Days" und „No Wave" wiesen zweifelsohne schon den Weg, den New Wave gegen Ende des Jahrzehnts beschreiten würde. „City Of The Damned", „Outcast", „Twilight Jack" und „Victimized" hingegen beschrieben schon vorab die Menschen, die diese Musik einmal vorfinden würde, und ließ ein irrsinniges Land erahnen, das von ausgeflippten Einzelgängern bewohnt war, die wie kettensägenbewehrte Kolosse die Gesellschaft beherrschten.

„Aleister Crowley" war nach der selbst ernannten großen Bestie benannt, deren Lehre zu Sylvans stolzesten Einflüssen zählte, und gab den schattenhaften Wesen, die im gestaltlosen Grau am Rand des Gesichtsfelds herumschwirrten, einen Namen. „Loaded" wiederum war das offenste Zugeständnis an Humor auf dieser Platte und nervte den Hörer nicht wenig: Sylvan spielte die Rolle des ultimativen neureichen jungen Typen und nahm exakt das Yuppietum der Achtziger vorweg.

Die Einflüsse dieses ersten Albums waren natürlich überdeutlich erkennbar – die üblichen Verdächtigen, denen man noch all jene hinzufügen konnte, die jemals die Prophezeiung irgendwelcher Katastrophen mit scharfkantigem Lärm kombiniert hatten, der sich aus Angst, Zorn und Entfremdung zusammensetzte. Der Grund für das Scheitern der Last Days lag darin, dass sie ohne das Sicherheitsnetz von Geschick und Raffinesse vorgingen. Denn als die Welt dann doch nicht unterging – und noch nicht mal dem vorhergesagten Untergang nahe kam –, hörte sich das dann doch alles ziemlich blöd an.

Mitte 1978 hatten Rikki and the Last Days of Earth tatsächlich ihre letzten Tage gesehen und fügten sich ungefähr zur gleichen Zeit in das Unvermeidliche, als zufällig auch die Doctors of Madness erkannten, dass sie ihre Praxis besser dichtmachen sollten.

Das dritte und letzte Album der Doctors, das kühle und monochromatische *Sons Of Survival,* erschien Anfang 1978, und falls sie tatsächlich nicht wussten, dass sie kurz vor dem Ende standen, dann ließen sie sich ihre Unwissenheit nicht anmerken. Ein Jahr war seit dem zweiten Album *Figments Of Emancipation* vergangen, als sie wieder auf der Bildfläche erschienen, aber sie befanden sich noch immer in der Klemme, in die sie sich selbst hineingebracht hatten, und sie kommentierten die ersten zwölf Monate Punkrock mit einer Platte, auf der vor allem über das grauenhaft hohe Alter der Musiker gejammert wurde („here we are the fifties kids, on collision course with thirty" – „wir, die Fünfzigerjahrgänge, gehen nun auf Kollisionskurs mit der Dreißig"), bevor sie dann mit mehr Feuer explodierten als viele Rebellen, die gerade mal halb so alt waren.

Es war schon seltsam, wie gewalttätig damals so etwas wie eine elektrische Geige klingen konnte. Schön, dieses Instrument hatte bei den Doctors schon immer diese Rolle gespielt, aber vorher hatte Urban Blitz seine Psychosen in eine eisige Düsternis getaucht und in das kaum hörbar hingehauchte Versprechen „Ich mache dir Angst, aber ich tu dir nicht weh" (ein Muster, das sich Ultravox interessanterweise mit demselben eisigen Charme zu Eigen machten). Solche Ansprüche wurden auf *Sons Of Survival* allerdings hinweggefegt, und als die Platte schließlich fertig war, wurde plötzlich deutlich, dass diese Last für die gequälten Körper der Doctors zu schwer wog. Blitz' Ausstieg führte unweigerlich zum Ende der Band, aber zuvor beschlossen sie, noch ein letztes Mal entgegen allen Erwartungen kräftig durchzustarten.

Blitz wurde durch Dave Vanian ersetzt, ein Nachtschattengewächs, das zwar nicht dasselbe Instrument übernahm, aber die Band wieder auf die erforderliche Mitgliederzahl brachte. Er war der Sänger der kurz zuvor aufgelösten Damned, Punkrockern der ersten Stunde, die vom beschränkenden Draufhau-Prinzip des Genres derart frustriert waren, dass sie sich mit ihrem zweiten Album auf das Gebiet des Progressive Rock vorwagten (es wurde sogar von Pink-Floyd-Schlagzeuger Nick Mason produziert!). Es war eine überraschende Zusammenarbeit, aber sie machte Sinn. Die Doctors waren tatsächlich die einzige andere noch existierende Band der damaligen Zeit, in der ein Vampir nicht weiter auffiel – wenn auch nur, weil der Rest genauso schrecklich aussah.

Vanian, der mit bürgerlichem Namen David Letts hieß, war eigentlich Totengräber, brachte es aber irgendwann nicht mehr über sich,

Leute unter die Erde zu bringen. Er schloss sich als vierter und letzter Musiker den Damned an, einer Band, die von Gitarrist Brian James und Schlagzeuger Chris „Rat Scabies" Miller gegründet worden war. Beide Musiker hatten sich im August 1976 von London SS verabschiedet, einer legendären Gruppe, die jedoch stets hinter ihren Möglichkeiten zurückgeblieben war. Das Gründerduo hatte, nachdem mit Ray „Captain Sensible" Burns ein Bassist dazugestoßen war, unter dem Namen die Subterraneans bereits einige Gigs als Begleitband für den Journalisten Nick Kent absolviert, bevor Letts als Sänger gewonnen wurde.

Letts änderte seinen Namen daraufhin im Einklang mit dem Land, das er als seine eigentliche Heimat wahrnahm: So, wie er sich anzog, musste er einfach transsylvanisch [Englisch: Transsyl*vanian*] sein. Die Damned rutschten sofort auf eine Stufe mit den Sex Pistols: Beide Bands wurden als Vorboten der damals noch unbenannten Punkwelle wahrgenommen, eine Rolle, der ihre Musik – direkter, lauter, hochprozentiger Drei-Akkord-Lärm – sicherlich nicht entgegenlief.

In Vanian besaßen die Damned allerdings einen Frontmann, der niemals zuließ, dass sie sich von der Punkbewegung völlig vereinnahmen ließen, auch wenn die Gewandtheit seiner Persönlichkeit erst so richtig zutage treten sollte, nachdem das „klassische" Line-up Anfang 1978 an den frühen Belastungen, denen die Band ausgesetzt war, zerbrochen war.

Nicht nur auf der Bühne, sondern auch privat war Vanian stets seiner Rolle gemäß gekleidet – und seine Rolle orientierte sich an dem Bild, das Christopher Lee 1958 im Alter von sechsunddreißig Jahren vorgegeben hatte, als er im ersten von scheinbar zahllosen weiteren *Dracula*-Filmen der Hammer-Studios auftrat. Seit seinem eindrucksvollen Debüt hatte sich Lees Darstellung des Grafen Dracula unumstößlich ins Bewusstsein britischer Kinogänger eingegraben. Wie gut Vanian dies gelang, zeigt sich daran, dass er nach mehr als einem Vierteljahrhundert in einer ähnlichen Rolle ein ebensolches Idol wurde wie sein Vorbild.

Während des kometenhaften Aufstiegs, den die Originalbesetzung der Damned in den ersten eineinhalb Jahren erlebte, machte Vanian keinerlei Anstalten, seine Interessen zu verbergen – dabei war es zu jener Zeit nicht unbedingt üblich, von morgens bis abends und von Kopf bis Fuß als Vampir gekleidet zu gehen. Aber er rückte dieses Faible auch nicht in den Mittelpunkt. Vanians nachtaktive Persönlichkeit fand in der Musik kaum Widerhall. Schön, „Feel The Pain", ein Track vom ersten Album *Damned Damned Damned,* das Anfang 1977 erschien, erinnert vom Sound her ein wenig an Alice Cooper. Aber ansonsten boten Damned auf diesem bahnbrechenden Debüt kaum einen Verweis auf das, was hinter Vanians Maske lag, ebenso wenig wie auch auf dem nächsten, abartig mutigen *Music For Pleasure* aus dem Spätjahr 1977, als die Band bereits kurz vor der Trennung stand. Das enttäuschte zwar den oberflächlichen Beobachter, erwies sich aber rückblickend betrachtet als weise Entscheidung.

Der wiederholte Verweis auf Vanians Äußeres hätte im Rückschluss bedeutet, dass sein Outfit der Band außergewöhnlich erschienen wäre – so, als würde man mit dem Finger auf den Dorftrottel zeigen. Wie sich Brian James erinnerte, sahen Damned das anders: „Wieso hätte man immer wieder davon anfangen sollen? Dave war einfach so. Genauso gut hätten wir einen Song über meine Lederjacke schreiben können." Und die Tatsache, dass die Hälfte des Damned-Publikums tatsächlich Lederjacken trug, unterstützte diese Bemerkung nur. Denn die andere Hälfte war genauso gekleidet wie Vanian.

„Schon lange bevor es einen klar definierten Gothic-Look gab", fügte James hinzu, „kamen Fans zu unseren Konzerten, die wie Dave angezogen waren, und das war damals super, weil wir uns dadurch von dem typischen Punkrockband-Ding abhoben. Bei anderen Bands waren Sicherheitsnadeln, Gespucke und Bondage-Hosen angesagt, aber wenn man zu einer Damned-Show ging, dann stand der halbe städtische Friedhof vor der Bühne."

Rat Scabies fügte hinzu: „Dave sah sich von Anfang an als so eine Art Vampir. Das war keine Verkleidung, die er anlegte, kurz bevor er auf die Bühne ging, so war er schon, wenn er morgens aufstand, abends ins Bett ging oder wenn er an seinem Auto arbeitete. Er stand voll und ganz hinter diesem Look … und deswegen behielten wir ihn auch bei uns, weil die Leute immer sagten: ‚Hey, der Typ ist ja witzig.' Dabei war er das nicht. Er war vermutlich authentischer als alle anderen [in der Band]."

Die einzelnen Stationen der Damned-Karriere sind schon so oft erzählt worden, dass sie fast klischeehaft wirken. Die Damned waren nicht nur die erste Punkband, die mit „New Rose" im November 1976 eine Single veröffentlichte, sie waren auch die Ersten, die ein Album herausbrachten, die im Kinderfernsehen auftraten, in den USA spielten, und schließlich auch die Ersten, die es zu einem zweiten Album brachten.

Aber schlechte Presseberichte und noch schlechtere Geschäftsverbindungen sorgten dafür, dass der Damned-Zug schnell entgleiste.

Während eines Punkfestivals im Londoner *100 Club* im September 1976 geschah es während des Headliner-Konzerts der Damned, dass ein Mädchen im Publikum ein Auge verlor: Sie war von Glassplittern getroffen worden, nachdem eine geworfene Flasche gegen einen Stützpfeiler knallte und zersplitterte. Zwei Monate später ließen sich die Flaming Groovies aus Amerika öffentlich über das ihrer Meinung nach mangelnde musikalische Talent der Damned aus. Im Dezember sorgte dann die ausführliche Presseberichterstattung über die Kabbeleien mit den Sex Pistols während einer gemeinsamen Tournee dafür, dass die Damned bei der Punkrockgemeinde noch mehr an Boden verloren.

Die Musikpresse schoss sich auf dieselbe Linie ein: Für Damned war der Kampf um Anerkennung und Glaubwürdigkeit stets zäh und anstrengend. Ihre Platten kamen nie in die Charts und erhielten nur selten gute Kritiken; wenn sie ihr Verhalten zu erklären versuchten, lösten sie damit noch mehr Feindseligkeit aus. Die Verteidigungsstrategie der Band, ihr gut gelauntes Herumgeblödel stießen auf humorlose Ohren, und nachdem man von allen Seiten auf sie einprügelte, gingen die Damned ihrem Zusammenbruch entgegen.

Im September 1977 täuschte Schlagzeuger Scabies einen Selbstmordversuch vor und stieg aus (er wurde von der späteren Culture-Club-Ikone Jon Moss ersetzt). Im Oktober erschien das zweite Album und erntete erbarmungslos schlechte Kritiken. Im Dezember kündigten ihnen sowohl das Management als auch die Plattenfirma den Dienst. Im Februar löste sich die Band auf. Die Musiker kamen zwar im April noch einmal für ein Abschiedskonzert in London zusammen, aber offiziell waren die Damned im Frühjahr 1978 tot und begraben.

Vanian war der Erste, der die Wiederauferstehung probte, aber nur für extrem kurze Zeit. Eine neue Single der Doctors of Madness war angekündigt worden, komponiert vom Adverts-Frontmann TV Smith (Smith und Strange schrieben gelegentlich gemeinsam Songs), aber „Don't Panic, England" stand von Anfang an unter einem ebenso schlechten Stern wie die neue Linie, die sich mit diesem Titel ankündigte. Das Label der Doctors, Polydor, lehnte die Single ebenso ab wie die Fans die Band in ihrem neuen Look. Sie hatten doch schon einen Frankenstein auf der Bühne, was brauchten sie noch einen Dracula? Vor allem, wenn dessen Funktion allein darin zu bestehen schien, schmollend am Bühnenrand herumzulungern, während Kid Strange weiterhin als Sänger fungierte.

Es dauerte nur wenige Wochen, dann stieg Vanian wieder aus und tat sich erneut mit ein paar Damned-Kumpels zusammen – Doomed nannte sich das Projekt, das beinahe eine Reunion der alten Band war. Die Doctors hingegen lösten sich auf, gaben aber im Oktober ein letztes Konzert im *Music Machine* in London, das – selbst in der grob gekürzten Form, in der es 2001 wieder veröffentlicht wurde – noch einmal all ihre nicht vorhandenen Stärken zelebrierte. Als sie damals zum letzten Mal von der Bühne gingen, konnten sie nicht ahnen, dass ihre große Zeit noch kommen sollte.

Zwei Jahre später, als Strange längst als Solokünstler aktiv war und Stoner bei TV Smiths Explorers spielte, erschienen die Doctors plötzlich allerorten in einem anderen Licht – als hätten sie von Anfang an die richtige Idee gehabt. Strange ritt in einem Interview 1980 entzückt auf diesem Sinneswandel herum: „Ich wäre nie so eingebildet, zu behaupten, dass wir für die Richtung verantwortlich waren, welche die Musik Ende der Siebziger nahm. Aber wir waren sicherlich sehr einflussreich, und dieser Einfluss zeigt sich zunehmend in den Bands, die in den letzten Jahren bekannt geworden sind, Joy Division, die Skids oder die Simple Minds." Letztere standen zu ihrer Schuld – sie kündigten eine Coverversion des Velvet-Underground-Titels „Waiting For The Man" als einen von Richard Strange geschriebenen Song an.

Trotz Stranges Behauptung und des großen Einflusses der Doctors dauerte es lange, bis die von *Sounds* im November 1977 so vollmundig angekündigte neue Musikbewegung von sich reden machte, und noch länger, bis sie richtig zusammenwuchs. Falls das Blatt mit seiner Story versucht hatte, erst dadurch eine „Bewegung" in Gang zu setzen, die aus so vielen äußerst unterschiedlichen Elementen bestand, dann war es damit mit Pauken und Trompeten gescheitert. Kurzfristig jedenfalls.

Alle wichtigen Zutaten standen bereit, das war schon richtig, und der Erfolg von *The Idiot* zeigte, dass sich mit ihnen arbeiten ließ. Aber sogar Iggy selbst wagte es nicht, dieses Album komplett auszureizen, und schickte schon ein halbes Jahr später das rockige *Lust For Life* hinterher – zu einer Zeit, als kaum einer der aufstrebenden jungen Musiker, denen *The Idiot* so viel bedeutet hatte, schon in der Lage war, seinen Gefühlen Ausdruck zu verleihen.

Während die Doctors, Sylvan und Ultravox! weiterhin als einsame Rufer in der Wüste aus Publikumslethargie und Kritikerschelte unterwegs waren, hatten weder Siouxsie and the Banshees (die Coverstars der New-Musick-Ausgabe) noch Joy Division (die damals noch unter dem Namen Warsaw herumlärmten) ihre eigentliche Bestimmung gefunden. Das sollte erst Mitte 1978 geschehen. Bis zur Gründung von Bauhaus sollte es noch ein Jahr dauern, und die einzelnen Puzzleteilchen anderer Bandlegenden – Theatre of Hate, Specimen, Alien Sex Fiend, Southern Death Cult – suchten noch in Durchschnittspunkbands, Marke „Im Dutzend billiger", nach ihrem eigenen Stil.

Nur Magazine, die von Sänger Howard Devoto nach seinem Ausstieg bei den Buzzcocks gegründete Band, begann sich nun im zweiten Jahr ihres Bestehens über die allgemeine Unsicherheit bezüglich der weiteren Entwicklung des Punk hinwegzusetzen, wobei auch Devoto mehr von seiner Abneigung gegen das, was Punk darstellte, inspiriert war, als dass er eine Vision davon hatte, was sich daraus entwickeln könnte.

Im Februar 1977 sagte Devoto dem *New Musical Express:* „Ich habe keine Lust mehr auf Krach, ich bin außer Atem." Er fügte hinzu, er wolle so lange nicht musikalisch aktiv werden, bis er nicht eine Vision entdeckt hatte, die nichts mit Geschwindigkeit zu tun hatte und deren Botschaft nicht herausgebrüllt werden musste. Er fand sie, ebenso wie viele andere, in *The Idiot.* Ende März 1977 wurde der Gitarrist John McGeoch Devotos neuer Partner beim Songwriting.

Am schwarzen Brett des Virgin-Schallplattenladens in Manchesters Newton Street machten sie einen Aushang: MUSIKER GESUCHT FÜR SCHNELLE UND LANGSAME MUSIK. Im August hatten Devoto und McGeoch das Line-up der Band zusammen. Bassist Barry Adamson, Keyboarder Bob Dickinson und Drummer Martin Jackson wurden beim Magazine-Livedebüt am 2. Oktober 1977 aus Anlass des Abschiedskonzerts für den legendären *Electric Circus Club* in Manchester erstmals vorgestellt.

Headliner dieses Abends waren die Buzzcocks, von denen sich Magazine das Equipment für ihre Show liehen, um drei Songs zu spielen: die Eigenkompositionen „Shot By Both Sides" und „The Light Pours Out Of Me" sowie eine Coverversion des Captain-Beefheart-Songs „I Love You, You Big Dummy", den Devoto schon bei den Buzzcocks gepflegt hatte. Einen Monat später, am 28. Oktober 1977, gab die Band ihren ersten richtigen Gig im *Rafters* bei einer Benefizaktion für die Zeitschrift *Manchester Review,* und zum Jahresende waren Magazine bei Virgin unter Vertrag.

„Shot By Both Sides", die überragende Magazine-Debütsingle, erschien Mitte Januar 1978. Es war ein herausfordernder und gleichzeitig eigentümlich verletzlicher Track, bei dem sich Devotos Text mit den beißenden Gitarrenelementen Pete Shelleys verband. Der Titel stammte aus einer Unterhaltung, bei der sich Devoto mit einem sozialistisch eingestellten Freund über eine umstrittene Aktion unterhalten hatte und dabei gewarnt worden war, dass man ihm das ständig vorhalten würde … *shot by both sides*.

Aus den Äußerungen, die Devoto selbst zu jener Zeit machte, ließen sich jedoch noch nicht einmal so nüchterne Erklärungen ableiten. Als die Plattenfirma für den ersten Magazine-Pressetext etwas über das Thema des Songs verraten wollte, blieb auch ihr nichts anderes übrig, als Devotos eigene kryptische Behauptung zu wiederholen, es ginge um den Augenblick, „an dem die Kray-Brüder [zwei berüchtigte Londoner Kriminelle] sich auf dem Marktplatz mit Buddha trafen". Es war klar: Dieses „Magazine" konnte man nicht mal eben schnell auf dem Klo lesen.

Als sich Magazine mit dem Auftritt im *Electric Circus* erstmals in die Öffentlichkeit wagten, gaben Warsaw gerade eine ihrer letzten Shows unter diesem Namen, bevor sie sich für das etwas gefühlsgeladenere Joy Division entschieden.

Ebenso wie Magazine waren sie ein Manchester-Phänomen, und auch bei ihnen hatte *The Idiot* für den entscheidenden musikalischen Impuls gesorgt: Als sich 1977 RCA für die Band interessierte, reichte allein die Vorstellung, auf demselben Label wie Iggy Pop zu sein, um Ian Curtis in begeisterte Zuckungen verfallen zu lassen. Und genau wie Magazine hatten auch sie eine Schwäche für gelegentlich kontroverse Kommentare.

„Erinnert ihr euch an Rudolf Heß?", wollte Ian Curtis vom Publikum im *Electric Circus* wissen, eine Bemerkung, die selbstverständlich Aufmerksamkeit auf eine Band lenkte, die bisher den größten Teil ihres kurzen Daseins nicht nur im Schatten der erfolgreicheren Manchester-Gruppen (die Buzzcocks, Fall, die Drones, die Distractions und Slaughter and the Dogs) verbracht, sondern sich durch eigene Unsicherheiten selbst im Weg gestanden hatte. Und wie sich herausstellte, bekamen Joy Division mehr Aufmerksamkeit, als sie verarbeiten konnten.

Als die Sex Pistols am 20. Juli 1976 in Manchesters *Lesser Free Trade Hall* auftraten, wimmelte es im Publikum von zukünftigen Stars, die in diesem Augenblick alle ihre musikalischen Ambitionen vor Augen hatten. Darunter waren auch Bassist Peter Hook und Gitarrist Bernard Sumner, die Anfang 1977 ihre erste eigene Band zusammenstellten und wenig später Sänger Ian Curtis und Schlagzeuger John Tobac an Bord holten. Letzterer war erst wenige Tage in der Band, als diese sich von Stiff Kittens (ein Name, den Buzzcocks-Frontmann Pete Shelley dem Quartett vorgeschlagen hatte) in Warsaw umbenannte, inspiriert von einem der Tracks auf der unhörbar lustigen B-Seite von David Bowies *Low*.

Bei ihrem Livedebüt am 20. Mai 1977 standen Warsaw neben den Buzzcocks und Penetration ganz unten auf dem Programm einer Show im *Electric Circus*. Zwar wirkten sie noch recht unsicher, aber ihr Auftritt weckte die Aufmerksamkeit des Produzenten Martin Hannett, der damals an der Buchungsagentur Music Force beteiligt war – ihm gelang es, Warsaw eine Reihe weiterer Shows zu vermitteln, darunter auch einige prestigeträchtige Gigs als Vorgruppe. Als sie schließlich so weit waren, ihr erstes Album aufzunehmen, saß natürlich Hannett an den Reglern.

Curtis' Interessen und Einflüsse reichten von den typischen Ikonen wie Iggy Pop und Velvet Underground bis zu härteren Brocken wie Throbbing Gristle. Curtis und Gristle-Sänger Genesis P-Orridge hatten sich 1977 angefreundet, nachdem Curtis das Album *Second Annual Report* der Industrial-Pioniere gehört hatte; im folgenden Jahr, als Warsaw bereits ihren eigenen Sound prägten, verliebte sich Curtis in die Selbstmordbotschaft „Weeping" vom Gristle-Album *DOA*.

Als Magazine auf der Bildfläche auftauchten, wuchs der musikalische Druck auf Warsaw, aber die Band war dem mehr als gewachsen. Genau wie Magazine bauten auch sie auf einen Sound, der ebenso melancholisch wie melodisch war und in dem eine Traurigkeit mitschwang, die Curtis' von Natur aus sonore Stimme beinahe automatisch mit sich brachte. Aber die mit Gitarrensplittern geladenen Songs klangen niemals angepasst – schon lange bevor sie sich Feinheiten wie den korrekten Aufbau einer Songstruktur erarbeitet hatten, wussten Warsaw, wie Dynamik funktionierte, und ihre ersten Studioaufnahmen, die als Demos für die vage interessierte RCA Ende 1977 entstanden, zeigen bereits beinahe alle typischen Elemente, die den Sound der Band später ausmachen sollten. Fast alle.

Nachdem sie innerhalb dreier Monate ebenso viele Schlagzeuger ausprobiert hatten, stieß schließlich Stephen Morris zur Band, die sich nicht mehr Warsaw, sondern Joy Division nannte, nachdem im Herbst eine schlagzeilenträchtige Londoner Band mit Namen Warsaw Pakt aufgetaucht war. Warsaw Pakt wurden berühmt, weil sie die Punkbegeisterung für Schnelligkeit ins Extrem trieben und ihr Debütalbum in einer Rekordzeit von vierundzwanzig Stunden aufnahmen, abmischten, auf Vinyl pressten, verpackten und in die Läden liefern ließen. Warsaw/Joy Division hingegen klangen so, als bräuchten sie dieselbe Zeit, um einen einzigen Mollakkord zu erforschen.

Der Name, ein Vorschlag von Curtis, stammte aus einem billigen Holocaust-Roman, *The House of Dolls* – darin wurde der Bereich des Konzentrationslagers, in dem die attraktiveren weiblichen Gefangenen als Prostituierte arbeiten mussten, als „joy division“ bezeichnet.

Curtis war sich – genau wie bei seinem Heß-Spruch im *Electric Circus* (und wahrscheinlich auch bei seiner eigenen Interpretation von Iggys Hakenkreuz-Vision) – genau darüber im Klaren, welche Wirkung der neue Name haben würde. In Großbritannien war die Politik der Straße gespalten, seit die faschistische National Front im Aufwind begriffen war. Die Punkbewegung hatte bereits deutlich gemacht, dass sich ihre eigene innerste Überzeugung nicht mit den Ansichten der Front vertrug, und von daher war jeder Hinweis darauf, mit den Nazis zu sympathisieren, ein äußerst gefährlicher Schritt. Der Journalist Mick Middles, der beim Gig im *Electric Circus* zugegen war, erinnerte sich hochnäsig, „sehr verärgert über diese blöde Bemerkung“ gewesen zu sein – Beweis genug, dass manche Themen schlicht zu gewichtig sind, um ironisch bearbeitet zu werden. Vor allem, wenn nicht so richtig deutlich wird, ob es sich um Ironie handelt oder nicht.

Joy Division zeigten jedoch keinerlei Reue; mehr noch, sie gingen sogar noch einen Schritt weiter. Ihre Debüt-EP *An Ideal For Living,* die im Juni 1978 erschien, zierte das Foto eines Hitlerjungen. Aber abgesehen von der hysterischen Reaktion, die dieses Material provozierte (das auch absichtlich aus diesem Grund ausgewählt worden war), ging die Weltkriegsfaszination der Band auf verschiedene Quellen zurück. Gitarrist Bernard Sumner erinnert sich, dass er die Schulferien häufig bei seinen Großeltern verbrachte, deren Dachboden eine wahre Schatzkammer für Relikte aus der Zeit des Zweiten Weltkriegs war, und er erklärte: „Solche Dinge machen großen Eindruck. Da fängt man an, sich stark für diese Zeit zu interessieren.“

Ein anderer Bezugspunkt lag in Curtis’ inzwischen wohl bekannter Begeisterung für Throbbing Gristle, die selbst auch nicht gerade

Waisenknaben waren, wenn es darum ging, sich neue Schocktaktiken auszudenken. Und ein dritter Grund offenbart sich vielleicht in dieser Geschichte, die sich rund um das erste Konzert von Joy Division in London ereignete, das im *Moonlight Club* in West Hampstead stattfand.

An einem Tisch in der Nähe der Bar blätterte ein Zuschauer vor dem Gig durch einen Stapel gebrauchter Platten, die er am Nachmittag gekauft hatte. Darunter war auch *The End* von Nico, deren Anblick einen zufällig in der Nähe stehenden Typen dazu veranlasste, herüberzukommen und den Finger über die Tracklist gleiten zu lassen. „Deutschland über alles", sagte er und tippte auf den letzten Titel. „Weißt du, wenn mehr Leute verstünden, was die Gesellschaft zu verbergen sucht, dann würden viel weniger Menschen versuchen, eben das wiederauferstehen zu lassen." Eine halbe Stunde später stand derselbe Typ auf der Bühne – als Leadsänger von Joy Division.

Im Frühjahr und Sommer 1978 waren Joy Division regelmäßig im Raum Manchester auf der Bühne zu sehen. Dabei liefen sie jedoch selten zu der Form auf, zu der sie nach Ansicht ihrer wachsenden Fangemeinde fähig waren: Im April verpatzten sie ihren Auftritt bei der Wandertalentshow Stiff Test/Chiswick Challenge, und ähnliche Enttäuschungen gehörten zur Joy-Division-Erfahrung schließlich dazu.

Im Sommer jedoch verglich Paul Morley vom *New Musical Express* Joy Division bereits mit Siouxsie and the Banshees, wobei das nichts mit missverstandener Bildersprache zu tun hatte – schließlich hatten auch die Banshees bereits einen Flirt mit emotional aufgeladener Nazisymbolik hinter sich. Bei ihrem ersten Auftritt beim *100 Club*-Punkfestival 1976 hatten die Clash ihr Angebot, der neu gegründeten Band ihr Equipment zu leihen, empört zurückgezogen, als Siouxsie mit einem Hakenkreuz-Armband auftauchte und ihre Wohltäter mit diesem Hauch von Nazisympathie gründlich schockierte. Der Auftritt fand schließlich mit den Instrumenten der Sex Pistols statt.

Das Stigma blieb an ihnen haften. Als Siouxsie and the Banshees für den Song „Metal Postcard" eine Rede von Hermann Göring verarbeiteten, hagelte es vernichtende Kommentare – und das nicht, weil der Inhalt dessen, was der fette Transvestit dabei zu Gehör brachte, hetzerischer gewesen wäre als seine üblichen Bemerkungen, sondern schlicht, weil jeder wusste, wer (und was) Göring war, und automatisch die offensichtlichen Schlüsse zog. John Hartfield, der die eigentliche Inspiration zu diesem Titel darstellte, war dabei dem Großteil der kritischen Stimmen so unbekannt wie die meisten anderen antifaschistischen Propagandisten, die in den Dreißigern ins Exil geflüchtet waren.

Die Band sollte diese Kontroversen niemals wirklich hinter sich lassen, aber es gelang ihr, sie zum eigenen Vorteil zu nutzen. In den einsamen, windzerzausten Landschaften ihres Debütalbums *The Scream* hatten Siouxsie and the Banshees dieselbe Mischung aus Atmosphäre und Energie perfektioniert, mit der Joy Division noch herumexperimentierten. Und während die Band aus Manchester schon gelernt hatte, wie man auch jenen Leuten Schauer über den Rücken rinnen ließ, die sich mit warmen Jacken gut isoliert hatten, wussten die Banshees längst, wie man die Heizung komplett abstellen konnte. „Polarkreis-Rock“, schauderte *Sounds,* und die Journalistin Jane Suck empfahl, die Band solle die Konfrontation mit dem Publikum suchen und „ihre Seelen mit [ihrer] Musik zu Eis gefrieren lassen“.

Siouxsie and the Banshees wurden, wie Siouxsie selbst es ausdrückte, gegründet, „um eine Lücke beim *100 Club*-Punkfestival zu schließen. Es ging uns um den reinen Geist der ganzen Sache, und es geschah aus einer spontanen Eingebung heraus – wir wollten eine Band gründen, um diesen einen Platz im Programm auszufüllen, und uns danach wieder auflösen. Es ging also nur um eine Nacht, sozusagen die extreme Umsetzung von Andy Warhols Idee und von der Vorstellung, dass das Jetzt das Einzige ist, was zählt – nicht die Vergangenheit und nicht die Zukunft.“ Aus der einen Nacht waren zwanzig Jahre geworden, als sich Siouxsie and the Banshees nach einem ihrer besten Alben der letzten Dekade tatsächlich trennten (jedenfalls für einige Zeit, 2002 fanden sie wieder zusammen) – die letzten Überlebenden der ursprünglichen Punkbands und eine der wenigen, denen es gelungen war, ihrer ursprünglichen Vision (und vielleicht sogar allen Absichten) durchgängig treu zu bleiben.

Die Originalbesetzung der Band bestand bei besagtem erstem Auftritt beim *100 Club*-Punkfestival aus Siouxsie, dem Bassisten Steve Severin, dem Gitarristen Marco Pirroni, der schließlich bei Adam and the Ants landete, und dem späteren Punkmärtyrer Sid Vicious am Schlagzeug. Sie spielten ein einziges Stück, ein wildes, hypnotisches (und letzten Endes unglaublich amateurhaftes) Medley aus „Knockin’ On Heaven’s Door“, „Twist And Shout“ und einer etwas blasphemischen Interpretation des Vaterunsers – alles improvisiert von Musikern, die noch niemals miteinander auf der Bühne gestanden oder gar gemeinsam gespielt hatten.

Und das sollten sie auch nicht wieder tun. Die Bandmitglieder gingen ihrer eigenen Wege, kaum dass das Konzert vorüber war, nur Sioux, Severin und Manager Nils Stevenson blieben zusammen und dachten vage darüber nach, ein neues Line-up auf die Beine zu stellen, das möglicherweise ausgereift sein würde, wenn im Dezember die *Anarchy*-Tour der Sex Pistols begann. Tatsächlich dauerte es bis zum Juli 1977, bis sich eine stabile Band zusammengefunden hatte, zu der neben den beiden Gründern noch John McKay (Gitarre) und Kenny Morris (Schlagzeug) zählten.

Siouxsie selbst genoss die Kontroversen, die ihre Band auslöste. Mit ihrem zentimeterdicken Make-up und ihren Songs, die sie dem Publikum wie Befehle entgegenschleuderte, wirkte sie wie eine Mischung aus der Eiskönigin von Narnia und Charlotte Rampling in *Der Nachtportier,* eine dürre, schwarze Fantasiegestalt, die den Albträumen der Hörer ihre eigene schlaflose Stimme lieh. „Love In A Void", „Bad Shape", „Overground" – jede Nacht gewann die frostüberzogene Apokalypse der Band mehr an Form, und für jeden, der den messerscharfen Riffs und der antarktischen Attitüde geopfert wurde und sein Leben ließ, gab es einen anderen, der genau begriff, worum es den Banshees ging.

„Wir wollen die Leute einfach nur provozieren", meinte Siouxsie. „So, als ob man über Spastiker lacht. Wir haben einen morbiden Sinn für Humor. Ich glaube, dass jeder kranke Dinge im Grunde lustig findet, wenn er mal ehrlich drüber nachdenkt. Als ich noch jünger war, habe ich nichts anderes gelesen als die billigen Horrortaschenbücher von Herbert Van Thal. Meine Lieblingsfilme waren die Hammer-Filme, vor allem die mit Vincent Price. Seine Art zu spielen ist so billig und offensichtlich, aber gleichzeitig unglaublich wirkungsvoll. Man sollte niemals Angst haben, billig zu sein."

Und das hatten sie nicht. In ihrem Song „Make Up To Break Up" nahmen sie Bezug auf *Nachts, wenn die Leichen schreien,* einen trivialen, Mitte der Siebziger entstandenen Film mit Ernest Borgnine, William Shatner und Ida Lupino, in dem Satan als säureähnlicher Niederschlag die Erde heimsuchte, die Gesichter der Menschen schmelzen und ihre Augäpfel voller Eiter aus den Höhlen treten ließ.

Die Banshees-Version des Beatles-Songs „Helter Skelter" arbeitete all die Botschaften heraus, die Charles Manson im Original gehört haben wollte, ließ aber die grausigen Aktionen der Family im Vergleich wie Hippietheater zum Schuljahresschluss erscheinen. Das Sturm-und-Drang-

Rasseln von „Metal Postcard“ sorgte überall dort für Aufregung, wo ein paar Antifa-Aktivisten gemeinsam Nahrung für ihr Gewissen suchten, und bei „Carcass“ handelte es sich, wie Siouxsie genüsslich dem *Zig Zag* erzählte, um die Geschichte eines Metzgergehilfen, der kein Mädchen abkriegt, sich schließlich in einen Fleischklumpen verliebt und sich zu guter Letzt, um ganz wie das Objekt seiner Begierde zu sein, selbst Arme und Beine abhackt. Wie gesagt: *Man sollte niemals Angst haben, billig zu sein.*

So weit, so Alice Cooper also. Was die Banshees über den üblichen Horror-Rockzirkus hinaushob, war ihre Verweigerung, die Regeln dabei einzuhalten. Frühe Banshees-Songs, darunter auch „Make Up To Break Up“, waren kaum mehr als Lehrbuch-Punkgeschrammel. Aber als sich die Songs allmählich entwickelten und sich die eigenen Ideen der Band herauskristallisierten, begannen sich Riffs, Rhythmen und Texte voneinander abzusetzen, es entstanden schräge Harmoniemuster, und die Akkorde begannen miteinander zu verschmelzen. Während der Konzerte, die die Banshees in der ersten Jahreshälfte 1978 gaben, konnte das Publikum mitverfolgen, wie sich das Tempo verlangsamte, die Atmosphäre vertiefte, die Farben verblassten und die Gefühle reiften.

Es war eine beeindruckende Metamorphose, die sich, wie bei so vielen bedeutenden Rockidolen, zum großen Teil durch glückliche Zufälle entwickelte. Steve Severin räumte ein: „Vieles davon ergab sich einfach so, als wir versuchten, einen eigenen Stil zu finden. Unsere Einflüsse waren die Roxy Musics, David Bowies und T. Rex’, eine verdrehte Auffassung von Sexualität und ein schwarzer Humor, der uns von anderen unterschied. Bei der Gitarre sagten wir John, sie sollte wie eine Kreuzung aus Velvet Underground und der Duschszene in *Psycho* klingen; es hieß nicht: ‚Du musst hier einen a-Moll-Akkord spielen, damit es schön unheimlich klingt.‘ Außerdem waren wir keine besonders guten Musiker, daher hatten wir nichts anderes, auf das wir zurückgreifen konnten.“

Trotz der großen Medienunterstützung, die die Banshees mittlerweile bekamen, begeisterten sich nur wenige Plattenfirmen für die Band. Das Interesse ließ sich nicht einmal durch eine Graffitiaktion erzwingen, bei der die Büros der halben Londoner Musikindustrie mit dem Slogan SIGN THE BANSHEES NOW! – NEHMT DIE BANSHEES SOFORT UNTER VERTRAG! – besprüht worden waren. Der Radiomoderator John Peel versuchte sogar die BBC davon zu überzeugen, die Band auf dem sendereigenen Label, das bisher Fernsehsoundtracks vorbehalten war, herauszubringen, um die Musik irgendwie erhältlich zu machen – erfolglos. Anfang 1978 hatten Siouxsie and the Banshees zwei Sessions für Peels Spätsendung eingespielt, und wenn man das Material einmal betrachtete, dann gab es darunter nur wenig, was nicht auf extremem Konfrontationskurs mit den traditionellen Erzeugnissen des britischen Staatsfernsehens gelegen hätte.

Aber die Band hielt weiter durch, und schließlich wagte es Polydor, das zu tun, wovor andere bisher zurückgeschreckt waren: Man nahm die Banshees unter Vertrag, und das nur wenige Monate, nachdem man die Doctors of Madness fallen lassen hatte – vielleicht die einzige Band im ganzen Land, die sich bereits auf das Territorium der Banshees vorgewagt hatte.

Die Ironie hinter diesem Wechsel ist ebenso unübersehbar wie seine Bedeutung. Trotz ihrer vernichtenden Modernität galten die Doctors weithin als Überbleibsel der alten Zeit, die überraschenderweise die Wachablösung überlebt hatten, als Punk die britische Rockszene überrollt hatte. Die Banshees wiederum repräsentierten die Zukunft, und als sie mit Produzent Steve Lillywhite ins Studio gingen, wussten sie auch schon genau, wie die auszusehen hatte.

Während die Medien sie noch als Punks bezeichneten, orientierten sich die Banshees bereits an *metal motorik*. Manager Nils Stevenson erinnerte sich: „Die Band und ich gingen mit Steve Pizza essen und besprachen alles ... wir gaben ihm eine Liste mit Platten, die er sich anhören sollte." *The Idiot* stand natürlich ganz oben, gefolgt von Bowies *Low* und *„Heroes"*, Eno und Roxy Music – lauter graue Zementplatten aus unterernährtem Feedback, verbrannten Insekten, kreischenden Drähten und gequältem Zwielicht. Das Ergebnis, *The Scream,* reihte sich problemlos in diese heilige Gemeinschaft ein. Gleichzeitig aber eroberte sie sich ihr eigenes Terrain.

Es waren dabei die stillen Sekunden in den Songs, die so beeindruckten – die großen offenen Löcher, die zwischen den Noten gähnten und auf Siouxsies ersten Gesang („Pure") oder den letzten Schrei warteten, ein Aufheulen, das klar machte, weshalb die Band sich nach den Banshees, den mythischen Todesfeen, benannt hatte. Es gab noch einige Verweise auf die rauen Punkwurzeln, vor allem „Carcass" und „Nicotine Stain", die ansprechend hässlich rüberkamen. Aber durch Lillywhites kristallklare Produktion, die jede einzelne Klangnuance von der anderen isolierte, bekamen auch sie eine neue, unglaublich bedrohliche Aura.

Und mit diesem Album war noch nicht Schluss. Es wurde immer besser. Lässt man die uncharakteristisch poppige erste Single „Hong Kong Garden" einmal beiseite, dann bot „Voices" sechs Minuten kalkulierter Bösartigkeit, und die effektüberfrachteten Gitarren und das hypnotische Stakkato erschufen ein spezielles Gefühl der Bedrohung, das perfekt zu Siouxsies genau kalkulierter, vorgetäuschter Unsicherheit zu passen schien – *irgendetwas* flüsterte vor dem Fenster, *irgendetwas* kratzte von drinnen ...

Eine Spur Hitchcock (der Gedanke an *Rebecca* drängt sich auf) schwang in dieser Atmosphäre mit, und ein zarter Hauch von Cathy und Heathcliff war ebenfalls zu spüren, als seien die beiden von Kate Bush befreit worden, um nun anderswo herumzuspuken. Aber vor allem war deutlich spürbar, dass etwas Neues passierte, dass eines Tages die gesamte Musik so klingen würde wie das hier. Jedenfalls die gesamte wichtige Musik. Hinter dem punktgenauen „Voices", dem pulsierenden „Metal Postcard", dem verzweifelten „Suburban Relapse" und dem einsamen „Switch" steckte mehr als nur die Schöpfung neuer Klänge durch eine einzige Band. Sie bezeichneten den Moment, in dem der Ausdruck „Postpunk" tatsächlich eine echte Bedeutung bekam, um dann noch anschaulicher zu werden.

Es wäre jedoch irreführend, wollte man die vage stilistische Vereinbarkeit von Siouxsie and the Banshees und Joy Division (sowie zu einem immer geringer werdenden Teil auch Magazine) als die einzige Quelle eines neu entstehenden Genres ausmachen, auch wenn sich das aufgrund der Presseberichte, die damals den Maßstab für aufstrebende Bands darstellten, anbot.

Als die Banshees 1978 mit der Arbeit an *The Scream* begannen, nahmen XTC und Wire bereits regelmäßig Songs auf, Punishment of Luxury standen schon in den Startlöchern, um das Höllenfeuerwerk „The Puppet" auf die Menschheit loszulassen, und Cabaret Voltaire (aus Sheffield), die Pop Group (aus Bristol), die Gang of Four (aus Leeds), Durutti Column (aus Manchester) und die Simple Minds (aus Glasgow) begannen ebenfalls, sich aus dem Getto des Punk herauszuwagen und immer dunkler werdende Schatten über historische Begriffe wie Melodie, Strophen und erkennbare Songstrukturen zu werfen.

Auch die Struktur des Musikgeschäfts hatte sich so stark verändert, dass sie kaum mehr wiederzuerkennen war. Vor 1976 war es ein Dinosaurier, der von den Majorlabels beherrscht wurde, von denen viele bereits vor der Geburt des Rock 'n' Roll ins Leben gerufen worden waren: EMI, Pye, Decca, Warner, RCA, CBS, Polydor.

Independent-Labels, wie man sie heute kennt, gab es entweder nur in den Geschichtsbüchern (so wie Joe Meeks kurzlebige Firma Triumph und Immediate von Andrew Loog Oldham, die auch nur wenige Jahre durchhielt) oder in den Fieberfantasien von Hinterhof-Folkies und Progressive-Rockern, die ein paar Platten pressen ließen, um diese dann bei Gigs zu verkaufen. Inzwischen war es aber so, dass die großen Labels zwar von Erfolgen träumten, die Indies aber die Musik machten, auf die es ankam.

Peter Murphy, der die ersten fünfundzwanzig Jahre seiner Karriere bei Beggars Banquet, einem der zähesten Indies aus der Punkära, unter Vertrag stand, erklärte: „Plötzlich gab es diese völlig neue Kultur, in der wir alle unsere Ausdrucksmöglichkeiten finden und Kunst machen konnten, ohne dass wir uns vorher durch bürokratische Strukturen oder irgendwelche Agenturen und Institutionen durchbeißen mussten. Es war die absolute Befreiung, die von unten kam; es gab jede Menge Bands, und es waren unheimlich viele Leute beteiligt. Die Leute waren bereit, sich neue Musik anzuhören, es gab ein Publikum, das sich mit der ‚Indie'-Kultur identifizierte, es gab unabhängige Konzertveranstalter, unabhängige Labels, unabhängige Plattenläden, es war einfach großartig."

Es war sehr viel in Bewegung, und es wurden jede Menge Namen gehandelt, die zusammenfassen sollten, was da gerade passierte. Ob die Bands selbst es so sahen oder ob es sich nur in der Fantasie enthusiastischer Journalisten abspielte – es gründeten sich bestimmte Cliquen, und ganze Bewegungen zeichneten sich ab. Mit den Banshees und Joy Division in seiner Mitte war innerhalb all dieser Entwicklungen ein kleines dunkles Etwas entstanden, dessen Charakteristika Paul Morley in einer seiner Joy-Division-Kritiken im *New Musical Express* so beschrieb:

„Sie waren eine nüchterne, düstere Band, die sich vielversprechenderweise auf die Möglichkeiten konzentriert, die sich aus Wiederholungen und plötzlichem Weglassen ergeben. Und das mit einer irreführenden Dynamik ..." Obwohl es sicherlich andere Bands gab, die sich ähnliche Ziele gesetzt hatten, gab es doch nur wenige, die in der Lage waren, diese Stimmung länger aufrechtzuerhalten, ohne sich selbst oder das Publikum damit zu langweilen.

Das Magazine-Debütalbum *Real Life* beschrieb ein Kritiker als die Verbindung zwischen Kraftwerk und Kafka, und es war tatsächlich dunkel und schicksalsschwer, aber dennoch wurden die Vorhänge gelegentlich immer mal wieder zur Seite gezogen – „The Light Pours Out Of Me“ ist nach wie vor die beste Gary-Glitter-Platte, die Glitter selbst nie eingespielt hat. XTC und Wire waren einfach zu flink und wendig, um lange auf einem Fleck zu bleiben und dort darauf zu warten, dass sie die Dunkelheit umhüllte; doch andere Bands hatten andere Bedürfnisse.

Den Banshees gelang es meisterlich und dauerhaft zu vermeiden, dass ihr Sound mit dem anderer Bands in einen Topf geworfen wurde, und sie wehrten sich heftig gegen die Neigung der Presse, bei anderen Bands Banshees-Einflüsse auszumachen. „Vieles von dem, was wir taten“, überlegte Severin, „bezog sich absichtlich auf bestimmte Dinge und sollte nicht grundsätzlich innovativ sein. Wir haben viel gelesen, viele Filme gesehen, und wir haben versucht, die Leute für die gleichen Dinge zu begeistern.“ Und wie sich bald zeigte, waren ihre Bemühungen nicht vergebens. „Als Joy Division auftauchten“, fuhr Severin fort, „dachte ich: ‚Aah.‘ Zum ersten Mal hatte man das Gefühl, dass da etwas passierte.“

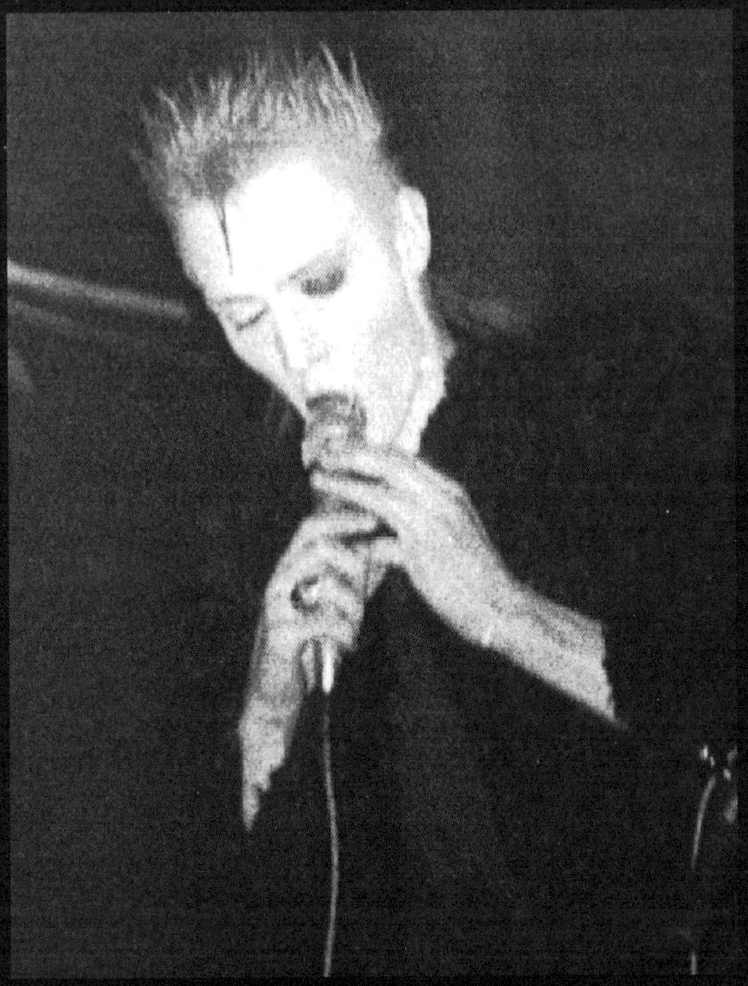

Pete Murphy *Mick Mercer, http://www.mickmercer.com*

DRITTES KAPITEL

TOT, UNTOT

in welchem Manchesters Factory ihre Türen öffnet und Joy Division ungeteilte Freude verbreiten. Und es erweckt den Anschein, als hätte man ein wenig zu früh von Bela Lugosis Tod berichtet. Oder etwa nicht?

„Wir wohnten direkt im Mördermekka der Midlands, in Northampton. Es war eine einzige Leere, diese graue, hoffnungslose, nasskalte britische Inselmentalität. Nicht-Kultur. Wir waren mittendrin, und ‚In The Flat Field' handelte direkt davon, in dieser gottlosen flachen Landschaft zu leben, in diesem linearen, sich nirgendwo erhebenden Bewusstsein, das tatsächlich das Ergebnis dessen zu sein schien, was Nietzsche prophezeit hatte: den Tod Gottes."

Pete Murphy

Im August 1978 setzte sich Roger Eagle, der Clubbesitzer des *Eric's* in Liverpool, mit Tony Wilson in Verbindung, um über ein gemeinsames Projekt zu sprechen. Wilson moderierte damals die Fernsehsendung *So It Goes* und war nicht nur der Manager von Joy Division, sondern auch der selbst ernannte Guru der Szene in Manchester. Eagle schwebte eine Plattenfirma vor, die sich um die beste Musik beider Städte kümmern und damit auch die bitter verdiente Unabhängigkeit von der Londoner Szene betonen würde, wobei die Geschehnisse in der Hauptstadt nach wie vor die Presse- und Radiolandschaft und damit die britische Rockmusik beherrschten.

Die Pläne für ein gemeinsames Label scheiterten, bevor die erste Platte veröffentlicht wurde – tatsächlich war genau diese erste Platte der Grund dafür. Eagle schwebte eine preiswerte Compilation-LP vor, die ganz im Stil der legendären Labelsampler früherer Jahre – *You Can All Join In* bei Island, *Fill Your Head With Rock* bei CBS et cetera – eine Reihe von Bands vorstellte. Wilson hingegen träumte von einer Reihe Vinylsingles in grandioser Verpackung, die schon für Gesprächsstoff sorgen würde, bevor man überhaupt die Musik gehört hatte.

Als die beiden merkten, dass sie sich noch nicht einmal in dieser Hinsicht einig wurden, erkannten sie, wie unwahrscheinlich es sein würde, in anderen Bereichen einen Konsens zu finden. Eagle kehrte zu seinem Eric's-Label zurück, und Wilson rief Factory ins Leben, das sich bald zu einem der wichtigsten Indie-Labels seiner Zeit entwickelte und sich schon in seinen Anfangstagen als bemerkenswertes Unterfangen erwies. Das zeigte die erste Veröffentlichung im Dezember 1978, die tatsächlich eine Doppelsingle war. *A Factory Sample* enthielt jeweils zwei Tracks von Joy Division, Durutti Column und Cabaret Voltaire sowie drei von John Dowie – und präsentierte damit vier Acts, die allesamt zu klassischen Factory-Künstlern werden sollten. Aber nur Joy Division wurden zu einem Meilenstein – nicht nur für ihr Label. Nachdem ihr Bekanntheitsgrad ständig wuchs und ihr Sound schließlich auch kleineren Geistern ein Begriff geworden war, wurden sie zu einer der wichtigsten Bands der gesamten Postpunkszene.

Unknown Pleasures, das Debütalbum von Joy Division, das im April 1979 mit Martin Hannett aufgenommen wurde, war fraglos ein direkter Nachfahre von *The Scream,* wenn auch ein äußerst introvertierter.

Heute mag man kaum glauben, dass das Album seinerzeit zwar die Kritiker überwältigte und überraschte, sich aber nur schlecht verkaufte.

Es sollte zwei Jahre dauern, bis es tatsächlich in die Charts vorstieß, und das war im Grunde kein Wunder. *Sounds* bezeichnete die Platte mit rückblickend eisiger Ironie als das letzte Album, das man vor seinem Selbstmord auflegen würde, und hatte als Überschrift „Death Disco" gewählt, eine Zeile, aus der John Lydons Public Image Ltd. später eine ziemlich ungewöhnliche Hitsingle schmiedete. Der *Melody Maker* verglich die Platte mit einer Rundfahrt durch Manchester, mit „endlosen Reihen von Neonlichtern und Doppelhaushälften, wie man sie von einem schnell fahrenden Auto aus sieht, leer stehenden Fabrikgeländen ... die wie Zähne aus einem orangefarbenen Bus herausgähnen".

Über eines waren sich allerdings alle einig: Joy Division waren schlicht die deprimierendste Band, die die Welt je gesehen hatte. „Das war sehr befremdlich", erinnerte sich Bassist Peter Hook zwanzig Jahre später. „Erst hatte man uns gar nicht wahrgenommen, und plötzlich wurden wir als düsterste Band aller Zeiten gefeiert, das war schon sehr verwirrend." Er habe nie verstanden, fuhr er fort, „warum die Leute uns immer für so traurig hielten, weil für mich alles ausgesprochen aufregend war".

Curtis sah das genauso. Im Kreis seiner Bandkollegen sagte er in der sanften, monotonen Weise, die er bei Interviews stets an den Tag legte, nie mehr als das: Die Dinge seien oft anders, als sie zu sein schienen. „Einige Leute haben gesagt, in [unserer Musik] ginge es nur um Tod und Zerstörung. Aber das ist eigentlich nicht so, da gibt es eine Menge mehr. Keiner unserer Songs handelt von Tod und Schicksal, so was ist doch typisch Heavy Metal." Und Joy Division waren nun einmal alles andere als Heavy Metal.

Dennoch blieben Düsternis und Schwermut weiterhin Mäntel, die sich leicht um die Schultern von Joy Division legen ließen. Die größte Stärke der Band lag in Curtis' Texten und in der Fähigkeit der Band, seine Worte mit der Power ihrer Musik verschmelzen zu lassen. Das führte dann auch dazu, dass Namen wie Peter Hammill, Richard Strange und in späteren Retrospektiven auch Nick Drake genannt wurden, wenn es um die geistigen Väter von Joy Division ging – typisch englische Romantiker, die bereits die emotionale Gleichung begriffen hatten, die ihnen diesen Titel in erster Linie eingebracht hatte.

Die Musik von Joy Division besaß tatsächlich dieselbe ursprüngliche Zeitlosigkeit; an Nick Drake erinnerte dabei vor allem, dass Curtis als Ausgangspunkt seiner kreativen Arbeit ebenfalls die völlige Isolation zu nutzen schien. Sechs Jahre zuvor hatte *Zig Zag* in der Besprechung von Drakes Abschiedsalbum *Pink Moon* erklärt: „Es gibt hier keinerlei Zugeständnisse an die Theorie, dass Musik stets eskapistisch sein sollte. Dieses Album hier präsentiert schlicht die Ansichten eines einzelnen Musikers zu einer bestimmten Zeit, und mehr kann man nicht verlangen." Dieselbe Beobachtung sollte ein ums andere Mal wiederholt werden, als *Unknown Pleasures* sich allmählich ins Bewusstsein drängte.

„Es ist schon komisch", überlegte Peter Hook. „Amerikaner können klasse darüber singen, was für ein schöner Tag gerade ist. Aber bei den Engländern ist es immer ein richtig schlechter Tag." John Cale sagte einmal über das kommerzielle Scheitern von Nicos Album *Marble Index:* „Es ist ein Kunstprodukt. Man kann Selbstmord nicht verpacken." Joy Division und Siouxsie and the Banshees schienen nun zu beweisen, dass das doch möglich war. Man musste nur darauf achten, welches Geschenkpapier man verwendete.

„Größtenteils prägten Joy Division einen einzigartigen Sound", erklärte der Psychic-TV-Frontmann Genesis P-Orridge 1982, „einen neuen Sound innerhalb der allmählich fortschreitenden musikalischen Entwicklung. Sie hatten ihren eigenen, wiedererkennbaren, individuellen Stil. Und dann gab es plötzlich fünfzig andere Bands, die Joy Division mochten und deswegen denselben Stil adaptierten, aber die dennoch nicht denselben Inhalt mitbrachten, weil sie eben nicht Ian Curtis waren."

In der Schule in Northampton wurden Daniel Ash und Peter Murphy allgemein und wenig überraschend als seltsam betrachtet. „Peter hatte grell orangefarbene Haare, die zu allen Seiten abstanden", erinnerte sich Ash. „Er war der Erste in meinem Bekanntenkreis, der diesen Bowie-Haarschnitt trug. Die Fußballspieler wollten ihn dauernd zusammenschlagen, die Mädchen fanden ihn komisch, aber ich fand ihn großartig."

Murphy fühlte seinem besten Freund gegenüber eine ähnliche Begeisterung. „In der Schule liebte ich ihn geradezu. Er war ein toller Kumpel, und er hatte so was Rätselhaftes. Ich bewunderte ihn sehr, und er wusste, dass ich auch irgendwas an mir hatte." Die beiden waren, wie Murphy gern zugibt, „völlig Bowie-verrückt". 1972, als Murphy ein leicht zu beeindruckender fünfzehnjähriger Teenager war, starrte er stundenlang Fotos des Musikers an und war von allem fasziniert, was Bowie zu versprechen schien.

„Da gab es Fotos von Bowie gemeinsam mit der Pantomimentruppe von Lindsay Kemp. Die waren einfach sehr erotisch, aber gleichzeitig wirkte dieser wunderschöne Außerirdische auch asexuell – jedenfalls auf mich. Natürlich hatte das, was tatsächlich in Bowies Kopf vorging, nichts damit zu tun, was ich in meinem Gehirn erschuf, aber das spielte keine Rolle.“ Schon in diesen jungen Jahren hatte Murphy die erste Lektion über Imageaufbau und -wirkung gelernt.

An der Schule gab es einen weiteren Freund, David John Haskins, aus dem wenig später David Jay, heute schlicht David J, werden sollte. Auch er hatte mit seinen Led-Zeppelin-begeisterten Schulkameraden nicht viel gemeinsam. Er und sein jüngerer Bruder Kevin waren stundenlang damit beschäftigt, ihre eigenen Versionen der Hits von Gary Glitter und T. Rex zu perfektionieren, wobei David eine billige Gitarre bearbeitete und Kevin ein winziges Schlagzeug. Ein paar Jahre später wandte David sich Reggae und Dub zu und wechselte von der Gitarre zum Bass, wobei er den bisher gelernten Techniken treu blieb.

Er und Haskins wurden zunehmend selbstbewusster und machten sich schnell als ausgefuchste Rhythmusgruppe einen Namen. Der Geschwistersound kam in unzähligen, heute fast vergessenen Bands zum Einsatz, die gelegentlich in den Arbeiterclubs der Umgebung auftraten. Schließlich liefen sie dabei auch Ash über den Weg. Er hatte sich ebenfalls bereits in einer Vielzahl von Lokalbands ausgetobt, und Mitte 1978 spielten die drei erstmals gemeinsam in einer Band, die den schönen Namen Jackplug and the Sockets trug.

Murphy, der inzwischen in einer Druckerei arbeitete und sich nur noch in seinen Tagträumen mit einer Musikerkarriere beschäftigte, sah Jackplug einmal live in einem Pub in Northampton, war aber von ihrem Repertoire aufgewärmter Rolling-Stones-Coverversionen wenig angetan. Die Namensänderung in Craze verbesserte ihre Qualitäten auch nicht unbedingt, wobei wenigstens die für Punk so typische Begeisterung für blöde Bandnamen nicht mehr so stark zum Ausdruck kam, auch wenn es immer noch schön scheppernd und krachig klang. Im Herbst 1978 hatten die Craze sich aufgelöst, und Ash ging auf die Suche nach neuen Herausforderungen.

Und damit trat Peter Murphy erneut auf den Plan. „Ich machte überhaupt nichts Kreatives, ich war ziemlich unterdrückt. Und dann rief mich Daniel an, der sich gerade von einer Band getrennt hatte, die so ungefähr sein sechster Versuch gewesen war, etwas mit Musik zu machen. Er meinte, er wolle nun etwas ganz anderes anfangen, und fragte, ob ich singen könne. Ich sagte ja. Ob ich schreiben könne. Ja. Woraufhin er meinte, dann sollten wir uns doch mal treffen und schauen, was dabei herauskäme. Und ich wusste, dass ich das konnte. Schon als Kind, wenn ich eine Band, ein Kabarettensemble oder sonst etwas sah, wusste ich, dass ich das besser konnte. Ich sang ständig. Wir probten zusammen, und er sagte, ich hätte eine wirklich gute Stimme. Zwei Wochen später hatten wir unseren ersten Auftritt! Es war geradezu unwirklich. Ein Traum – und reiner Zufall."

Tatsächlich war bereits diese erste Session von enormer Kreativität geprägt. Ash selbst hatte zuvor noch nichts geschrieben – er spielte einfach, was ihm in den Kopf kam, und ließ Murphy mit hallverstärkter Stimme Texte singen, die der aus einer mitgebrachten Zeitung herausgeschrieben hatte. Das funktionierte. „Das wusste ich innerhalb von fünf Minuten, nachdem ich ihn hatte singen hören", erinnerte sich Ash.

„Diese Energie war da", staunte Murphy. „Als wir uns an diesem Wochenende trafen, hatte ich zuvor noch nie meinen Mund vor einem Mikrofon aufgemacht. Aber an diesem Nachmittag schrieben wir siebzig Prozent von ‚In The Flat Field' … nur ich und er mit seiner Gitarre, gleich am ersten Tag unserer Zusammenarbeit. Wir stürmten einfach drauflos."

„In The Flat Field", der spätere Titeltrack des Debütalbums, das aus dieser zögerlichen Verbindung entstand, wurde in vieler Hinsicht das Manifest der gesamten Postpunkbewegung. Es handelte überdeutlich von der Uniformität, unter der die Jugend dieser Zeit litt, von dem öden Grau, das Punk eigentlich hatte wegreißen wollen, letztendlich aber nur umgestaltet hatte.

„Wir wohnten direkt im Mördermekka der Midlands, in Northampton", erklärte Murphy. „Es war eine einzige Leere, diese graue, hoffnungslose, nasskalte britische Inselmentalität. Nicht-Kultur. Wir waren mittendrin, und ‚In The Flat Field' handelte direkt davon, in dieser gottlosen flachen Landschaft zu leben, in diesem linearen, sich nirgendwo erhebenden Bewusstsein, das tatsächlich das Ergebnis dessen zu sein schien, was Nietzsche prophezeit hatte: den Tod Gottes. Es war Furcht einflößend, ein unsicheres Gefühl. Als Kind machte mir das wirklich Angst, und ich fragte mich, wie ich hier würde leben können."

Nun sah er zum ersten Mal in seinem Leben eine Fluchtmöglichkeit. Ashs Begeisterung hatte ihn aufgerüttelt, und er entdeckte, dass sich in ihm Gefühle regten, die er zuvor nie beachtet hatte. Murphy beschloss, der Sache eine Chance zu geben.

Murphy: „Ich glaube, ich fing an zu schreiben, weil ich in dieser isolierten Gegend lebte. Mein Kontakt zur Musik beschränkte sich darauf, dass ich sie hörte. Ich sang allein, ohne Ehrgeiz. Aus dieser negativen Isolation heraus wurde ich plötzlich in diese Kreativitätsmaschine hineingeworfen. Es war wie ein Bruch, ich war frei und wirklich glücklich. Ich kündigte meinen Job. Diese Veränderungen waren faszinierend."

Auf der Suche nach weiteren Mitstreitern rekrutierte Ash prompt die eine Hälfte der früheren Rhythmusgruppe von Craze, Schlagzeuger Kevin Haskins. Als Bassist war zunächst ein anderer Freund dabei, Chris Barber. David J wurde erst einige Monate später eingeladen, blieb in dieser Zeit aber auch nicht untätig. Zumindest einmal, bei einem Konzert im Northampton Teachers Training College, leistete er neben dem noch immer namenlosen Quartett ebenfalls einen Beitrag – unter Anwendung der Cut-up-Technik reihte er Zeitungsschnipsel aneinander und las diese einfach vor. Ansonsten bereitete er sich auf den nächsten Karriereschritt vor: Er hatte sich als Bassist einer Band angeschlossen, die durch die amerikanischen Stützpunkte in Deutschland tourte, und verbrachte jede freie Minute damit, die alten Soulklassiker aus den Sechzigern und die R & B-Nummern einzustudieren, die deren Repertoire ausmachten. Er hatte gerade den letzten Titel bewältigt und bereitete sich auf die Abreise vor, als Ash vorbeikam, um ihm ein Tape seiner neuen Band vorzuspielen. Der Bassist hörte kurz rein und stieg sofort bei der anderen Band aus, um Chris Barber am Bass abzulösen.

Murphy fuhr fort: „Für die anderen war es die zweite oder dritte Band, aber bei ihnen stand das Musikmachen im Mittelpunkt. Als Danny [Ash] und ich mit der Zusammenarbeit begannen, war das ganz anders, und deswegen wollte David unbedingt in der Band spielen. Er sagte damals, er müsse nun alles vergessen, was er zuvor gelernt habe."

J bildete mit seinen Bandkollegen sofort eine Einheit. Er brachte nicht nur seinen persönlichen Stil mit – längst hatte er gelernt, seinen Bass an den richtigen Stellen einzusetzen –, er schlug auch einen Namen vor. Bauhaus 1919 lautete die Bezeichnung für eine Design- und Kunstrichtung der Weimarer Republik, und die Band fand sie einerseits wegen der stilistischen Verweise interessant, aber auch wegen der künstlerischen Exklusivität, die sie dem noch etwas roh behauenen

Repertoire verlieh. Bei ihrem ersten Konzert im *Cromwell Pub* am 31. Dezember spielte die Gruppe viermal „Raw Power“ von Iggy Pop und hoffte, dass es dem Partyvolk im Saal nicht auffiel.

In den ersten Monaten ihres Bestehens machten Bauhaus 1919 für jeden den Aufwärmer, der ihnen das gestattete – meist, ohne den Headlinern dabei groß die Wahl zu lassen. Stattdessen tauchten sie oft unangekündigt bei den Konzerten anderer Bands auf und bauten ihr Equipment auf. In den meisten Fällen kamen sie damit durch, und wenn sie doch jemand deswegen in die Zange nahm, erinnerte sich J: „Wir hatten ja unser ganzes Zeug schon aufgebaut, und dann ließ man uns auch auftreten! Wir haben auf diese Weise als Vorgruppe für jede Menge Bands gespielt!“

Davon abgesehen, komponierte die Band in wildem Tempo eigenes Material, sodass sie nur einen Monat nach ihrem ersten Konzert die ersten Demos zu Plattenfirmen in London schicken konnte. Dabei handelte es sich jedoch nicht um normale Demos. Stattdessen hatte Graham Bentley, ein Freund der Band, für den Mitschnitt einen tragbaren Videorecorder organisiert. Bauhaus 1919 wollten ihren ersten großen Auftritt in der Musikszene mit Stil gestalten.

Leider waren sie mit dieser Taktik ihrer Zeit einige Jahre voraus. Nur wenige der Labels, bei denen Bentley mit seinem Band auftauchte, besaßen ein Gerät zum Abspielen von Videos, und noch weniger wussten, wie man damit umgehen musste. Er sah sich alsbald gezwungen, seinen eigenen Player in die Büros mitzubringen, um dann auf das nächste Problem zu stoßen. Das Gezeigte schien niemandem zu gefallen, und Murphy war dabei offenbar der größte Stein des Anstoßes. Mit seiner eigenwilligen, ungelenken und höllisch nervösen Art zählte er zu jenen Performern, die man entweder sofort großartig findet oder aus ganzem Herzen verabscheut. Jedenfalls war er ganz klar anders als alles, was man zuvor erlebt hatte – und das war zwei Jahre, nachdem Punk alle Grenzen niedergetrampelt hatte, eine reife Leistung. Allerdings nicht unbedingt eine, auf die man stolz sein konnte.

Die Band beschloss daraufhin, die Videogeschichte zu vergessen und sich einer konventionelleren Vorgehensweise zu befleißigen. Sie buchten das winzige Beck-Studio im nahe gelegenen Wellingborough, um ein „normales“ Demo aufzunehmen, das aus fünf selbst geschriebenen Songs bestand: „Boys“, „Dark Entries“, „Some Faces“ und „Harry“ waren darunter, und um sicherzugehen, dass die Leute auch zuhörten, begann das Band mit einem Opus, das sich vom Rest gewaltig unterschied: „Bela Lugosi's Dead".

Der Titel wurde live eingespielt (die Musiker kannten sich mit der Studiotechnik gar nicht gut genug aus, um etwas anderes zu tun), und die Produktion übernahmen Bauhaus ebenfalls selbst. Studiobesitzer Derek Tompkins erkannte schnell, dass nur die Band beurteilen konnte, ob sie das, was sie da vorhatte, auch umsetzte. Daher stellte er den besten Sound ein, den er aus der Technik herausholen konnte, half Ash und J dabei, den Hall und ein paar andere Effekte einzusetzen, und überließ sie dann sich selbst. Knappe zehn Minuten klickender, kratzender, schabender und klagender Klänge später war alles im Kasten. Und es war großartig.

Daniel Ash und David J kam dabei das Verdienst für die ersten Impulse bei der Erschaffung des Titels zu: Ash hatte ein altes Riff von Gary Glitter verlangsamt und sich dann über die Akkorde hergemacht, und J hatte aus der Überlegung, ob Hollywoods größter Vampir wohl überhaupt sterben konnte, einen Refrain entwickelt. Aus heutiger Sicht erscheint das alles sehr einfach und zwingend. Aber Murphys erste Reaktion auf dieses gerade im Entstehen befindliche Juwel zeugte lediglich von Verwirrung. „Am Telefon hörte ich, dass Dave den Text für einen Song geschrieben hätte, der ‚Bela Lugosi's Dead' heißen sollte. Und ich fragte nur: ‚Was? Was für 'n Bela Luigi?' Woraufhin man mich verbesserte: ‚Nein, nein, Bela *Lugosi*.'"

Schon auf dem Papier und, abgesehen von Js Refrainvorschlag, noch ohne Text war „Bela Lugosi's Dead" bereits einzigartig. Zu Anfang dominierte nur Perkussion, ein klopfender, klappernder Rhythmus, in den sich schließlich eine aus drei Tönen bestehende Basslinie hineindrängte, bevor schließlich Ashs verzerrte Gitarre hörbar wurde, die durch geschickten Echoeinsatz atmosphärische Intensität erzeugte.

Die einzelnen Elemente verschmolzen miteinander, aber immer noch hob sich der Vorhang nur langsam. Murphy hatte zwar inzwischen einen passenden Text geschrieben, in dem es von Blut und Fledermäusen angemessen wimmelte, aber dennoch dauerte es eine Ewigkeit, bis seine tiefe Grabesstimme das Zeichen für ihren Einsatz erhielt. Und auch danach vergingen noch Minuten, bevor sich die Auflösung der Spannung auch nur ankündigte, als der Song – wenn man dieses fantastische Konstrukt denn überhaupt so nennen konnte – sich allmählich der Melodie zuwandte.

Es war einer jener gnadenlosen, seltenen Momente, in dem Künstler, Darbietung, Stimmung und Musik so gekonnt miteinander verschmolzen, dass die einzelnen Elemente dieses Stücks untrennbar miteinander verbunden blieben. Gitarren wurden zu Sargdeckeln, die sich knarrend öffneten, der Bass wurde zur Fußangel in einem verlassenen Korridor, das Schlagzeug verwandelte sich in das Geräusch abertausender Fledermausflügel, und Murphy? Murphy war der Graf, tot, untot.

Die Wurzeln des Texts, den Murphy schnell zusammenstellte, nachdem er den Inhalt des Songs begriffen hatte, lagen in einem Thema, über das sich die Band oft unterhalten hatte und bei dem es Murphy zufolge darum ging, „dass Vampirfilme, selbst die Hammer-Horrorstreifen, eine gewisse erotische Qualität haben. Wir redeten über die Sexualität und Erotik von Dracula, die vor allem Jungen, aber auch Mädchen in der Pubertät stark beeindrucken. Auch wenn wir die Hammer-Horrorfilme heute als Kitsch betrachten, nach unseren damaligen Begriffen waren das *echte* Horrorfilme. In ihnen gibt es eine gewisse unterschwellige Unmoral und verdrehte Religiosität, die sehr schön zur pubertären Vorstellung glamouröser Erotik passt." Der Rest, wie es so schön im Film heißt, ist Geschichte.

Bela Lugosi selbst wurde am 20. Oktober 1882 als Béla Blaskó in der ungarischen Stadt Lugos geboren, deren Namen er sich abgewandelt als Künstlernamen zu Eigen machte, als er 1921 nach Amerika kam. Zu dieser Zeit hatte er bereits ein wechselvolles Leben hinter sich – nach dem frühen Tod seines Vaters hatte er zunächst als Bergmann gearbeitet und dann sowohl in Ungarn als auch in Deutschland erste Filme gedreht.

In seiner Wahlheimat hinterließ er zunächst keinen großen Eindruck. Er gab 1923 in *The Silent Command* sein Hollywood-Debüt, aber da er die englische Sprache kaum beherrschte, bekam er lediglich kleine Rollen zugeteilt. Selbst mit denen hatte er Schwierigkeiten: Die Zeilen, die er zu sprechen hatte, lernte er stets rein fonetisch. Es sollte jedoch noch schlimmer kommen. Lugosi erhielt den Auftrag, bei dem Drama *The Right To Dream* Regie zu führen, wurde aber entlassen, nachdem deutlich wurde, dass er sich der Besetzung absolut nicht verständlich machen konnte. Er zog zwar gegen seine Entlassung vor Gericht, aber die Jury verstand ihn ebenso wenig wie seine Schauspieler; er verlor den Prozess und musste seine Besitztümer versteigern, um die Gerichtskosten zu zahlen.

Lugosi blieb der Schauspielerei jedoch unbeirrt weiter treu, und 1927 bekam er endlich eine Rolle angeboten, in der sein liebenswert fehlerhaftes und mit starkem Akzent gesprochenes Englisch tatsächlich gefragt war: die Hauptfigur in einer Broadway-Inszenierung von *Dracula*. Das Stück wurde sofort zum Renner, und Lugosi spielte die Rolle drei Jahre lang, um dann triumphierend nach Hollywood zurückzukehren, wo der Erfolg des Stücks als Film wiederholt werden sollte.

Der legendäre Vampir, dessen Sage ursprünglich aus der Balkanregion in Südosteuropa stammte, hatte sich dabei schon längst als eines der überzeugendsten Schreckgespenster der Menschheit etabliert. Schon im Theaterstück *Die Frauenvolksversammlung* des griechischen Dichters Aristophanes findet sich ein Verweis auf „eine Art Vampir, aufgedunsen durch das Blut seiner Opfer", und in den Legenden dieser Kultur gibt es zudem die Lamien und Empusen – Geschöpfe, die nur dadurch überleben, dass sie einen wesentlichen Teil des Wesens ihrer Opfer verschlingen, sei es das Blut oder die Seele, und die daher in einer gewissen Beziehung zu herkömmlichem Vampirismus stehen.

Im kaiserlichen Rom glaubte man, dass Eulen vampirische Neigungen hätten, wobei ihre Vorgehensweise die typische blieb – in Ovids *Fasti* wird gewarnt, „dass sie des Nachts fliegen und verlassene Kinder angreifen und besudeln, wobei ihre Kehlen vor Blut überfließen". Diesen nächtlichen Besuchern war am besten durch fließendes Wasser vorzubeugen, ein Aberglaube, der sich bis heute erhalten hat.

Vampirlegenden finden sich in den meisten europäischen Kulturen. Allerdings machten sie sich erst rund um 1800 in der Kunst bemerkbar, als der deutsche Romancier Johann Ludwig Tieck eine Novelle verfasste, die 1823 unter dem Titel *Wake Not The Dead* ins Englische übersetzt wurde und sich im englischen Sprachraum großer Beliebtheit erfreute. Offenbar noch zwei Jahrzehnte später war die Geschichte des Burgundenherrschers Walter, dessen Geliebte als Vampir aus dem Totenreich zurückkehrt, im kollektiven Unterbewusstsein aktiv. Es war jedoch dem Genfer Theologen Dr. John Polidori und seinem Roman *Der Vampyr* vorbehalten, der Legende endgültig zu Berühmtheit zu verhelfen.

Mit der Idee zu jenem Buch hatte auch schon Polidoris ehemaliger Freund (und später erbitterter Gegner) Lord Byron gespielt, auf jener schicksalhaften Ferienreise, die auch Mary Shelleys *Frankenstein* hervorbrachte. Als *Der Vampyr* 1819 erschien, enthielt es bereits einen großen Teil der typischen Kriterien, denen alle nachfolgenden Vampire gehorchen mussten. *Der Vampyr* bildete den Auftakt zum Erscheinen einer ganzen Reihe von Untoten, angefangen mit J. M. Ryners *Varney the Vampire or the Feast of Blood* (1845), einem so beliebten Meisterwerk, dass es zunächst in einhundertneun wöchentlichen Fortsetzungen erschien, bevor es zu einem Buch vereint wurde, über *Carmilla* von Joseph Sheridan Le Fanu (1872) bis hin zu Mary Elizabeth Braddons *Good Lady Ducayne* (1896). Und erst danach tat Bram Stokers *Dracula* (1897) aus Transsylvanien den ersten Biss.

Stokers Vampir war zwar auf dem Balkan geboren worden, hatte sich aber die Erziehung und die Manieren eines britischen Gentleman angeeignet, und diese Figur war nicht nur ein Produkt der Recherche des Autors, sondern verdankte einige ihrer Facetten auch Stokers eigener Erfahrung. Im August 1888 arbeitete er als Geschäftsführer für Henry Irving, der das Lyceum Theatre in London leitete und gerade eines der erfolgreichsten Stücke der Saison auf die Bühne gebracht hatte: eine aus Amerika importierte Inszenierung von Robert Louis Stevensons *Der seltsame Fall des Dr. Jekyll und Mr. Hyde.*

Das Stück sorgte schon am Tag der Erstaufführung, dem 4. August, für Aufsehen, und das nicht nur wegen der spannenden Umsetzung, sondern auch wegen der Ekel erregend realistischen Darstellungen der Mordszenen. Als London nur knapp vier Wochen später von fünf brutalen Morden, die in der Kriminalgeschichte heute Jack the Ripper zugeschrieben werden, erschüttert wurde, war der Schauspieler Richard Mansfield, der im Lyceum beide Titelrollen so überzeugend darstellte, der Erste, der unter Verdacht geriet. Als sich schließlich seine Unschuld herausstellte, geriet das Stück selbst ins Kreuzfeuer, weil es hieß, es habe den Mörder überhaupt erst zu seinen Taten inspiriert.

Die Geschichte des Rippers ist wie ein Krimi, bei dem die letzten Seiten fehlen – die Morde wurden niemals aufgeklärt. Auch einhundert Jahre später weiß man nicht, wer der Ripper wirklich war, obwohl heute der Maler Walter Sickert als Hauptverdächtiger gilt. Aber seine Schreckensherrschaft – die, nach modernen Maßstäben gemessen, recht kurz war und lediglich zehn Wochen dauerte – sucht heute noch kollektiv die britische Psyche heim: nicht nur wegen des Geheimnisses, das die Morde heute noch umgibt, sondern auch wegen ihrer ungeheuren Brutalität.

Als Stoker seinen transsylvanischen Grafen eben jene Straßen durchstreifen ließ, in denen sich erst kürzlich der Ripper herumgetrieben hatte, fachte er kalt lächelnd (und man möchte meinen, durchaus mit Absicht) die Ängste vor dem noch immer auf freiem Fuß befindlichen Mörder an. Und die armen Seelen, die diese bestialischen Morde ohnehin einem unbekannten übernatürlichen Wesen zugeschrieben hatten, waren entsetzt von der Vorstellung, dass nun eine andere Gestalt, deren Blutgier keine Grenzen kannte, in der Stadt ihr Unwesen trieb.

Stokers *Dracula* wurde nicht sofort ein Erfolg. Als der Autor 1912 starb, ahnte er nicht, dass sechs von seinen zwölf veröffentlichten Romanen ein solches Eigenleben entwickeln sollten – und schon gar nicht, welche Form dieses Leben annehmen würde.

Schon 1920 hatte der ungarische Regisseur Károly Lajthay *Dracula* für den Film bearbeitet. Leider ist diese erste *Dracula*-Version schon lange verschollen, aber wie erfolgreich sie war, lässt sich daran ablesen, dass nur zwei Jahre vergingen, bevor Friedrich Murnau sich in *Nosferatu* erneut mit diesem Stoff beschäftigte (da es ihm nicht gelang, die nötigen Lizenzen zu erhalten, schrieb er die Handlung ein wenig um). Sechs Jahre später ließ sich der Broadway willig von dem Vampir umarmen, und auch Hollywood war bereit, der grausamen Verführung zu erliegen.

Die Universal Studios, in deren Auftrag der Film entstand, hatten zunächst keineswegs die Absicht, die Rolle mit Bela Lugosi zu besetzen; sie gaben Lon Chaney Jr. den Vorzug, der jedoch an Krebs erkrankte und nicht arbeitsfähig war. Andere Pläne scheiterten ebenfalls. Schließlich war Lugosi der Einzige, der noch zur Verfügung stand, und weder das Studio noch Regisseur Tod Browning sahen eine andere Möglichkeit. Lugosi wurde Dracula – in jeder Hinsicht.

Heute lässt sich die Wirkung, die *Dracula* ausübte, kaum mehr ermessen. Vampirfilme waren für die amerikanischen Kinogänger etwas völlig Neues – *Nosferatu* war außerhalb Deutschlands nur wenig gezeigt worden, und andere Versuche hatten meist noch nicht einmal ein interessiertes Minderheitenpublikum erreicht. *Dracula* entwickelte sich dank der berühmten Broadway-Show zu einem echten Hit an den Kinokassen und wurde aufgrund der düsteren Atmosphäre und der Szenen, die voll mit – damals beispiellosem – Horror und Hässlichkeit waren, noch weitaus bekannter.

Über Nacht hatte sich Lugosi vom nuschelnden Prozesshansel, der einmal eine Affäre mit Clara Bow gehabt hatte, zu einem der gefragtesten Schauspieler in Hollywood gewandelt und war ein internationaler Star, der sich plötzlich in der Lage sah, jede Rolle nach Belieben annehmen oder auch ablehnen zu können.

Er nutzte diese Freiheit weidlich aus, allerdings nicht zu seinem eigenen Vorteil. Unter den Angeboten, die er zurückwies, war auch die Hauptrolle in dem von Regisseur James Whale geplanten *Frankenstein;* Lugosi hatte stattdessen ein Auge auf das Remake von *Der Glöckner von Notre Dame* geworfen, das nach seiner Hauptfigur den Titel *Quasimodo* tragen sollte.

Leider stellte sich heraus, dass *Frankenstein* eine Berühmtheit erlangte, die durchaus mit *Dracula* vergleichbar war, während *Quasimodo* nie verwirklicht wurde. Lugosi, der mit dieser Rolle hatte beweisen wollen, dass er mehr darstellen konnte als stereotype Monstergestalten, erholte sich nie von diesem Schlag. Zwar war er weiterhin sehr gefragt, aber er wurde tatsächlich sehr klischeehaft eingesetzt – wenn nicht als Dracula, dann als geheimnisumwitterter, düsterer Osteuropäer, und nur in wenigen Filmen seiner restlichen Karriere konnte er dieser Schublade entkommen. 1948 durfte er den Augenblick seines größten Triumphs in der Komödie *Abbott und Costello treffen Frankenstein* nur noch als Karikatur darstellen, und offenbar schockierte ihn das Bewusstsein, so tief gesunken zu sein, so sehr, dass er die nächsten vier Jahre der Leinwand fern blieb.

1952 tauchte er wieder auf: Seine Drogensucht war so stark geworden, dass er sich in sein Schicksal ergab und jede Rolle annahm, die sich ihm bot. Tatsächlich steigerte er sich nun derart in seine Rolle hinein, dass er nur noch im Kostüm in der Öffentlichkeit auftrat; die Filme, in denen er mitwirkte, waren dementsprechend darauf ausgelegt, seinen Ruf auszunutzen: *Bela Lugosi Meets A Brooklyn Gorilla, My Son The Vampire, Old Mother Riley Meets The Vampire* sowie einige Filme mit dem exzentrischen Filmemacher Ed Wood, darunter *Glen Or Glenda* und *Die Rache des Würgers*.

1955 begab sich Lugosi freiwillig in eine Klinik, um endlich seine Drogensucht zu überwinden. Es gelang ihm, aber er bezahlte einen furchtbaren Preis dafür. Nachdem er nur wenige Szenen für ein weiteres Wood-Spektakel, *Plan 9 aus dem Weltall,* gedreht hatte, starb Lugosi an einem schweren Herzanfall. Am 15. August 1956 erfuhr die Welt von Bela Lugosis Tod. Fast auf den Tag genau dreiundzwanzig Jahre später wurde sie daran erinnert, dass er sehr wohl noch da war.

Lugosis Genie – und letzten Endes auch sein Untergang – hatte darin bestanden, dass er in dieser einen Rolle über alle Maßen glaubwürdig war. Da war es egal, dass der Graf, wie ihn der Ungar porträtiert hatte, über die Jahre Gegenstand heftigster Parodien geworden war, und das nicht nur von Lugosi selbst, sondern auch noch von zahllosen anderen Möchtegernblutsaugern wie beispielsweise den Großvätern der *Addams Family* und der *Munsters;* Christopher Lee und Damned-Sänger Dave Vanian waren dabei nur die diejenigen, die dies am offensichtlichsten taten. In den Dreißigerjahren, als man im isolationistischen Amerika ohnehin panisch unter jedem Bett ein Monster vermutete, war Lugosis Dracula der Fleisch gewordene Albtraum.

Lugosi gelang es vom ersten Augenblick seines Erscheinens in *Dracula* bis zu seinem Untergang, alle Zweifel zu besiegen, die seine Zuschauer an der doch etwas unwahrscheinlichen Vorstellung von transsylvanischen Blutsaugern hegen mochten – bis in die heutige Zeit. Er war schlicht besser und brillanter, als für ihn selbst gut war. Ironischerweise sollte der Song, der fünfzig Jahre später über ihn geschrieben wurde, ein ähnliches Schicksal erleiden.

Bauhaus triumphierten nicht nur in musikalischer Hinsicht. „Bela Lugosi's Dead" ist zudem eine kulturelle Wasserscheide und bezeichnet den Augenblick, in dem Themen, die schon lange in der Trickkiste des Rock 'n' Roll gelegen hatten, aus ihrer Kultecke herauskamen und allmählich in den Mainstream eingegliedert wurden. Dass es vor Bauhaus schon eine Reihe von Bands gegeben hatte, die sich mit dem Vampirthema beschäftigt hatten und die Fantasie der Öffentlichkeit genauso hätten anregen können, tut dabei nichts zur Sache. Sie hätten es tun können, aber Bauhaus taten es wirklich.

Ihr Geheimnis dabei war Sex. Schon andere Rockmusiker hatten mit Dracula gespielt, aber sie hatten sich ihm stets aus dem Blickwinkel comichaften Horrors genähert. Die Bearbeitung durch Bauhaus war wesentlich verführerischer und baute auf eine tief greifende Erotik, die auf eine kulturelle Wahrnehmung aufsetzte, die selbst erst nach langen Jahren in das allgemeine Bewusstsein gedrungen war.

Die erotische Komponente, die ein unübersehbarer Bestandteil von Vampirgeschichten – und Stokers *Dracula* im Besonderen – ist, war zwar stets unterschwellig vorhanden, wurde aber in den frühen Produktionen kaum angesprochen. Die Tatsache, dass es *Draculas Tochter* gab, lieferte 1936 den ersten offenen filmischen Hinweis darauf, dass Sex auch im Leben eines Vampirs eine Rolle spielen könnte. In dem 1957 gedrehten *Blood Of Dracula* wurde wiederum eher mit der Libido des Zuschauers als mit der des Grafen gespielt – die Handlung spielte in einer Mädchenschule mit allen dazugehörigen Andeutungen.

Erst als sich das britische Hammer-Studio auf blutigere Horrorstreifen konzentrierte und 1960 für *Brides Of Dracula* die Idee mit der Mädchenschule wieder aufnahm, wurde der alte Graf wieder als die sexuelle Allegorie benutzt, die er nach Meinung gelehrter Beobachter heute darstellt. Dass das Studio vielleicht nur zwei enorm umsatzträchtige Genres zum ultimativen Verkaufsschlager kombinierte, wird bei diesen Überlegungen gern außer Acht gelassen. Ende der Sechziger gehörte körperliches Begehren ebenso untrennbar zur Vampirlegende wie die Blutgier. Als 1976 Anne Rices faszinierender Roman *Interview mit einem Vampir* erschien und dem inzwischen recht müde gewordenen Genre tatsächlich wieder neues Leben einhauchte, waren die sexuellen Anspielungen darin vielleicht das am wenigsten überraschende Element in der ganzen Geschichte.

In ihren Bemühungen, die Beliebtheit der Saga zu erhalten, schob Rice eine Reihe von weniger gelungenen Fortsetzungen nach, darunter auch *Der Vampir Lestat* von 1986 – ein Buch, in dem der Held als Rockstar der Achtzigerjahre sein Unwesen treibt. Die Geschichte geriet so hanebüchen, wie zu vermuten war; der Faszination der Originalstory konnte das jedoch nichts anhaben. Und es ist auch kein Zufall, auch wenn man es gern so darstellen würde, dass das eindrucksvollste und, was die Langlebigkeit betrifft, erfolgreichste Vampirimage in der Rockgeschichte auch 1976 geboren wurde, obwohl Rices Werke wohl kaum für Dave Vanians Erscheinung verantwortlich sind. Er hatte sich schließlich schon seit Jahren als Vampir gekleidet und lange vor Beginn seiner Musikerkarriere seine eigene Fantasie weiter dadurch ausgelebt, dass er als Totengräber arbeitete.

Rice machte die Gesellschaft jedoch wieder auf einen ursprünglichen Schrecken und Panikfaktor aufmerksam, den man seit langem aus den Augen verloren hatte, und Bauhaus nutzten diesen Moment trickreich und absichtlich aus, was noch dadurch unterstrichen wurde, dass der Titel tatsächlich völlig anders klang als alles, was Bauhaus ansonsten in ihrem Repertoire hatten.

Kurz nach der Vollendung von „Bela Lugosi's Dead" kehrten Bauhaus ins Studio zurück, um einen großen Teil ihres aktuellen Programms einzuspielen, darunter spätere Klassiker wie „In The Night", „A God In An Alcove", „Dark Entries" und die völlig durchgestylte Version des T.-Rex-Titels „Telegram Sam".

Aber nichts davon klang wie „Bela Lugosi's Dead", nichts davon wich stark von der wilden Postpunk-Attacke ab, die lediglich eine gewisse intellektuelle Düsternis bemerkenswert erscheinen ließ. Das zeigen jedenfalls die Aufnahmen dieser Session, die 1997 unter dem Titel *Live In The Studio, 1979* erschienen. Sie präsentieren den Sound einer Band. „Bela Lugosi's Dead" hingegen ist der Sound eines Lifestyles.

Bauhaus, die das „1919" inzwischen aus ihrem Namen entfernt hatten, leiteten im Mai 1979 alles dafür in die Wege, dass ihr Meisterwerk auf dem kleinen Nordlondoner Indie-Label Small Wonder erscheinen konnte. Im August war der lediglich als Maxi erhältliche Song tatsächlich in den Läden und schickte sich an, die Independent-Charts die nächsten zwei Jahre zu beherrschen – um seinen Schöpfern vermutlich ihr Leben lang wie ein Mühlstein um den Hals zu hängen.

Peter Murphy: „‚Bela Lugosi's Dead' war ein augenzwinkernder Titel, der sich extrem ernst, schwergewichtig und düster anhörte. Aber wenn man mal etwas an der Oberfläche kratzt – ‚Bela Lugosi ist tot, untot' –, war das eigentlich eher albern."

Leider verstand niemand diesen Witz. Von der ersten Kritik bis zum letzten Pflock im Herzen wurde „Bela Lugosi's Dead" nicht auf den offensichtlichen Humor hin geprüft. Stattdessen wurde der Köder mitsamt Haken und Blinker geschluckt. „Stupide Wiederholung … untote Fremdartigkeit … düstere Intensität … geheimnisumwitterter Gesang", schrieb der *Melody Maker* in der Livekritik eines Bauhaus-Konzerts im *Music Machine,* noch bevor eine zweite Platte der Band erschienen war, und bemerkte bereits: „Das Publikum nimmt sie enorm ernst." Als ob das ein Verbrechen wäre! Als ob der Autor selbst gemerkt hätte, wo eigentlich der Witz lag! Tja, so war das eben.

Murphy fuhr fort: „Das Cover von ‚Bela' war ein Szenenfoto aus einem richtigen Gothic-Film, *Das Kabinett des Dr. Caligari.* Mit dieser Ästhetik identifizierten wir uns sehr stark, obwohl wir das nicht wissenschaftlich betrachteten, es lag einfach in der Relativität der Songs und in der Art, wie wir aussahen. Ich sah mir diese Fotos von *Dr. Caligari* an – den Film hatte ich nie gesehen – und meinte: ‚Das bin ich, so sehe ich aus.' Und das war auch so. Ich sah aus wie diese nachtwandelnde Figur, ohne dass ich gewusst hatte, dass es sie gab; es war daher keine Maske oder Nachahmung, wir waren einfach so.

Wir machten allerdings den Fehler, den Song in dieser naiven Ernsthaftigkeit live zu spielen. Das brachte das Publikum dazu, die ganze

Sache viel ernster wahrzunehmen. Die Intensität des Auftritts überschattete schließlich den Humor, der dem Titel innewohnte.“ Bauhaus hatten ein Monster geschaffen. Und dieses Monster machte sich wiederum an die Neuerschaffung von Bauhaus.

Peter Murphy: „Das, was schließlich Gothic Rock wurde, und die Elemente, aus denen diese Musik bestand, waren eine überzogene, ironisch angelegte, kitschige Sichtweise eines Phänomens, das man als klassischen Gothic bezeichnen könnte – Schwarzweißfilme aus den Zwanzigern und so. Es war eine Popmutation, die Neuauflage der oberflächlichsten, kitschigsten Gothic-Aspekte, eine rohe Skizze. Ob es etwas mit Romantik zu tun hatte? Nein. Aber ‚Bela‘ passt in diese Kategorie, weil die intensive Interpretation bei den Auftritten die Ironie darin überlagerte.
Außerdem gingen wir auch ziemlich heftig an die Sache heran. Ich spielte meine Rolle auf sehr ernsthafte Weise. Das war nur ein Weg, um Aufmerksamkeit zu erhalten. Ich war der Clown auf der Bühne ... oder eben der Graf. Es war schon ziemlich pervers, aber so war es nun mal, und deswegen wird das Gothic-Etikett auch immer da sein.“

Zwischen Juli 1979 und dem Jahresende gaben Bauhaus lediglich sechzehn Konzerte, neun davon in London. Und je mehr ihr Selbstbewusstsein auf der Bühne wuchs, desto mehr war sich auch das Publikum bewusst, welche bösen Omina die Band ankündigte – oder anzukündigen schien.

Bei ihren ersten Konzerten waren Bauhaus noch völlig unbeleckt von den theatralischen Einlagen, die ihre späteren Gigs prägen sollten. Aber sie lernten schnell. Am 7. September 1979 spielten Bauhaus im *Marquee* als Vorgruppe für Gloria Mundi, einer seltsam ungestalten Band, deren apokalyptische Post-Glam-Haltung sie in etwa an denselben Abgrund geführt hatte, in dem auch schon die Doctors of Madness verschwunden waren.

Dennoch verfolgten Gloria Mundi zäh weiterhin ihre eigene Vision und hielten an Make-up und Kostümen fest, die schon allein mit Applaus bedacht wurden. Bauhaus, deren Jeans und T-Shirts dem Publikum gerade mal gelangweilte Blicke abgetrotzt hatten, zogen aus dieser Erfahrung ihre Schlüsse. Zwei Monate später, als sie als Headliner ins *Marquee* zurückkehrten, blieben ihre normalen Straßenklamotten brav in der Garderobe. Der Graf war geboren. Und als sie kurz vor Weihnachten wieder in denselben Club zurückkehrten, war festzustellen, dass dieser Look offenbar ansteckend war. Oder aber, wie einer der Anwesenden damals überlegte, es fand irgendwo in der Nähe ein Treffen von Dave-Vanian-Fans statt.

Schon in dieser frühen Phase ihrer Karriere boten Bauhaus eine überwältigende Show, ein visuelles Feuerwerk, das mit einem Knall zu leben begann und dann immer weiter explodierte. Murphy: „Bei uns gab es Make-up, eine Lightshow und einen dynamischen Aufbau – und das alles hatten wir uns selbst ausgedacht. Eine sehr barocke Darstellung, die mit einem Hauch von Theatralik und großer Geste daherkam, und das hatten – oder haben – nicht viele Bands. Das kann man natürlich auch konstruieren, man kann sich aufwändige Kulissen kaufen oder sich in alle möglichen Kostüme stürzen – das ist ja später im Gothic Rock auch passiert – aber das alles kann das reine, spontane Theater nicht ersetzen."

Joy-Division-Sänger Ian Curtis war offenbar derselben Meinung. Murphy fuhr fort: „Wir waren zwar völlig unterschiedliche Acts, aber die Leute erzählten uns von ihnen und ihnen von uns, es gab sehr viel Mundpropaganda." Er erinnerte sich an einen Abend im Januar 1980, als Bauhaus eine Reihe von Auftritten im *Billy's,* einem halb privaten Club in der Londoner Dean Street, absolvierten. „Tony Wilson und Ian kamen vorbei, um sich die Show anzusehen, und es herrschte eine sehr aggressive Atmosphäre – das Publikum war völlig geladen, und als wir auf die Bühne kamen, war totale Konfrontation spürbar, sodass man sich unwillkürlich fragte, ob man wirklich in diesem Raum sein wollte. Und als wir erschienen, sagte Tony: ‚Ooh, ich schau mir doch keine Band mit Make-up an.' Aber Ian sagte, er wolle nicht gehen. Er blieb und sah sich das Konzert an, und wir gefielen ihm. Jedenfalls habe ich das später so gehört."

Das Theater beschränkte sich allerdings nicht ausschließlich auf Schauspielerei. Bei einem der ersten Ausflüge der Band in den Norden wurde Murphy in Manchester der schweren Körperverletzung angeklagt, nachdem er jemanden aus dem Publikum angegriffen hatte, einen Zuschauer, der zielsicher eine Portion Rotz in Murphys offenen Mund gespuckt hatte. Vor Zorn bebend und angeekelt sprang der Sänger von der Bühne, um sich den Schuldigen selbst vorzunehmen, und kehrte dann auf die Bühne zurück. Das Konzert ging weiter, für Murphy war der Vorfall vergessen. Sein Opfer war allerdings weniger nachsichtig.

Nach der Show kehrten Bauhaus in das billige und moralisch vermutlich nicht ganz einwandfreie Hotel zurück, in dem sie untergebracht waren. Murphy trug noch immer seine Bühnenkleidung, die aus nicht viel mehr als einem eng anliegenden schwarzen Gymnastikanzug bestand, als die Polizei in sein Zimmer stürmte, um ihn wegen des Angriffs auf die Spuckeschleuder festzunehmen. Man gab ihm nicht einmal Zeit, sich umzuziehen oder sich einen Mantel mitzunehmen. Daher verbrachte er eine ungemütliche Nacht hinter Gittern und wurde dann am frühen Morgen dem Richter vorgeführt – noch immer gewandet in seinen Konzertklamotten. Das unterdrückte Gelächter von den der Öffentlichkeit zugänglichen Plätzen, wo der Manager der Band und einige Freunde warteten, erhöhte nur sein Unbehagen – ebenso wie die Entdeckung, dass der Rest der Band bereits zum nächsten Auftrittsort weitergereist war.

Murphy wurde nach Zahlung eines Bußgelds wieder auf freien Fuß gesetzt. Bauhaus jedoch sollten die Zelle, die derart intensive Aktionen um sie herum errichteten, nie wieder verlassen können.

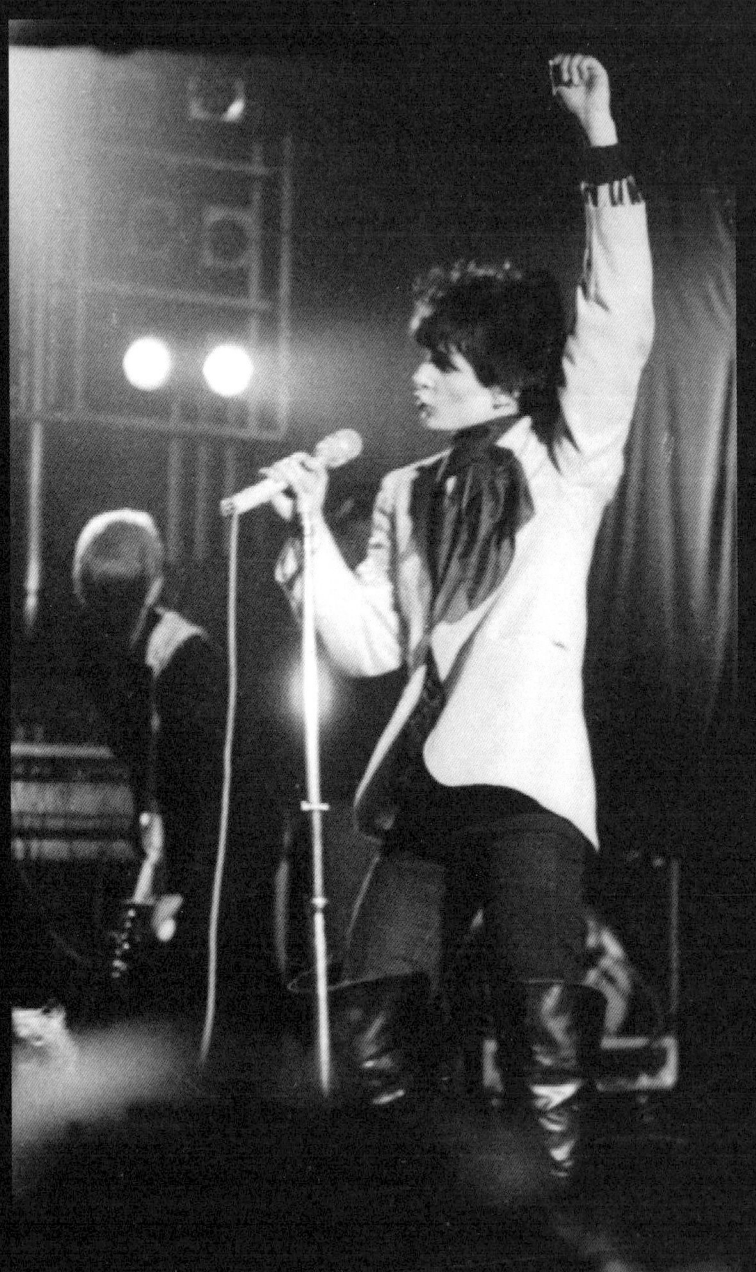

Siouxsie *Mick Mercer, http://www.mickmercer.com*

VIERTES KAPITEL

SIEBZEHN SEKUNDEN DEPRESSION

in dem Robert Smith mit den Cure seine Heilung findet, die Banshees ihren Rhythmus verlieren und Joy Division unbekannten Vergnügungen näher kommen. Wir besuchen das Futurama, und dann sehen wir uns einen Film an.

„Nachdem der Film vorbei war, legte Curtis sein verkratztes Exemplar von The Idiot *auf den Plattenspieler und wartete darauf, dass Deborah nachhause kam …"*

Im März stellten sich Siouxsie and the Banshees der schwierigen Aufgabe, einen würdigen Nachfolger für *The Scream* herauszubringen. Zunächst einmal veröffentlichten sie mit dem eckigen „The Staircase (Mystery)" eine angemessen kompromisslose zweite Single. Mit „Playground Twist" folgte im Juni eine bösartige dritte, die sich mit unverhohlener Freude der Überlegung widmete, dass sich hinter der Unschuldigkeit von Kindern oft ungenutzte Kräfte des Bösen verbergen, da die lieben Kleinen von den erlernten Tabus einer zivilisierten Gesellschaft noch unbeleckt sind (oder sie diese Zivilisiertheit wieder verlieren, wenn man sie sich selbst überlässt, und sich die Geschichte aus *Der Herr der Fliegen* in den Vorstädten wiederholt). Sowohl von der Musik als auch vom Text her steigerten beide Platten die Spannung, mit der das zweite Album der Band erwartet wurde, obwohl die Musiker bereits versicherten, dass sämtliche Erwartungen auf den Kopf gestellt werden würden.

Join Hands, das im August 1979 erschien, war im Gegensatz zur spröden, schlachtermesserscharfen *The Scream* eher dicht gewebt und verschwommen. Diese Bereitschaft zu absichtlicher Richtungsänderung, die sich schon auf diesen beiden Alben manifestierte, machte die Banshees letztendlich zu einer so langlebigen Band. Man wusste nie, was man von ihnen zu erwarten hatte, und hätte man das gewusst, dann hätten sie es nicht getan.

Selbst innerhalb eines einzigen Albums neigte sich die Band zu verschiedenen Seiten, verwies gleichzeitig auf die eigene Vergangenheit, deutete in die Zukunft und richtete sich dauerhaft am äußersten experimentellen Rand des Rockspektrums ein – eine Position, die sie niemals aufgeben sollte.

Allerdings gab es 1979 einen Augenblick, als ihr Überleben tatsächlich auf des Messers Schneide stand.

Am 6. September des Jahres, nur eine Woche nach dem Beginn der Tour zu *Join Hands,* gaben Siouxsie and the Banshees eine Autogrammstunde in einem Plattenladen in Aberdeen, und Gitarrist John McKay und Drummer Kenny Morris verließen dabei wortlos das Geschäft und gleichzeitig die Band, ohne das vorher angekündigt oder offiziell ihren Abschied genommen zu haben.

Später kam heraus, dass es schon in den Wochen zuvor wachsende Spannungen gegeben hatte, und es brauchte nur den richtigen Funken, um dieses Pulverfass explodieren zu lassen. Über den Auftritt in besagtem Plattenladen hatte es ein Missverständnis gegeben, und das reichte völlig aus.

Siouxsie und Severin waren so schockiert und durcheinander, dass sie zunächst überlegten, die ganze Band aufzulösen – die Tournee konnte so ohnehin nicht mehr weitergehen. Aber die Wogen glätteten sich allmählich wieder, und letzten Endes mussten nur vier Konzerte abgesagt werden. Am 18. September, knapp zwei Wochen nach dem Split, waren die Banshees wieder komplett und erneut on the road. Der ehemalige Drummer der Slits, Peter „Budgie" Clark, saß ab sofort am Schlagzeug [offiziell gibt es die Banshees seit 1996 nicht mehr, von der Reunion-Tour 2002 einmal abgesehen; *Anm.*], und die Gitarre übernahm bis auf weiteres ein gewisser Robert Smith, der dann gewöhnlich schon erhitzt und verschwitzt war, weil er sich bereits im Vorprogramm mit seiner Band The Cure ausgetobt hatte. Hier traf sozusagen nach der Meinung späterer Musikwissenschaftler ein Goth auf den anderen. Wobei das nicht ganz stimmte: Zum einen gab es den Terminus „Goth" in der Rockwelt noch gar nicht, und wenn es ihn gegeben hätte, dann hätten Cure nicht hineingepasst – zumindest damals noch nicht.

Über David Bowie, bei dessen Konzert aus Anlass des fünfzigsten Geburtstags er 1997 zu den Ehrengästen gehörte (und einige Strophen einer gefühlvollen Version von „Quicksand" zu Gehör brachte), sagte Smith: „Obwohl ich immer wieder gesagt habe, dass mir viele seiner Sachen – vor allem so was wie Tin Machine – nicht gefallen, ist er der einzige lebende Künstler im Musikbereich, der mich überhaupt irgendwie beeinflusst hat."

Für viele Leute, vor allem (wenn auch nicht ausschließlich) für die Generation, die in den Achtzigern erwachsen wurde, als Cure selbst auf die Bühnen der Welt hinauszogen, nahm Smith eine ähnliche Rolle ein, wie Bowie sie für ihn gehabt hatte. „Trust in me through the closing years" („Vertraue mir, wenn sich die Jahre dem Ende neigen"), sang Smith im Titeltrack des dritten Cure-Albums, *Faith;* tatsächlich besteht auch zwei Jahrzehnte später noch ein starkes Band zwischen Cure und einer Fangemeinde, deren Loyalität in der Rockszene kaum übertroffen wird, und das wirklich auf Vertrauen basiert. Auf Vertrauen und auf einer gesunden Dosis dessen, was Smith als reine Unbeirrbarkeit bezeichnet. Seine Unbeirrbarkeit.

Genau die war es, die aus einer liebenswerten Popgruppe, die von der Presse in den späten Siebzigern als „die Buzzcocks Südenglands" bezeichnet wurde, den dunklen, depressiven Monolithen formte, dessen Schatten noch heute über der Musik der Cure hängt; die dafür sorgte, dass die Band selbst dann noch weitermachte, als sie sich eigentlich schon aufgelöst hatte, und die sie stimmungsmäßig von den höchsten Höhen in die tiefsten Tiefen stürzen ließ – von einem Album zum anderen, manchmal schon von einem Song zum anderen. Smith sagte es selbst: Für ihn zählt, dass er selbst Spaß an seiner Arbeit hat. Und wenn sie anderen auch gefällt, „dann müssen die sehen, wie sie damit klarkommen".

Robert Smith, der zwar im nordenglischen Seebad Blackpool geboren wurde, aber in Crawley, im Londoner Pendlergürtel, aufwuchs, gründete mit dreizehn seine erste Band. Bei den Obelisks spielten bereits zwei zukünftige weitere Cure-Mitglieder, Michael Dempsey und Lol Tolhurst, und die Band war, so Smiths Selbsteinschätzung, „schrecklich". Es dauerte zwei Jahre, bis sie erstmals eine richtige Probe schafften, und inzwischen war die Hälfte der Besetzung schon wieder ausgestiegen. Die andere Hälfte hatte ihre Instrumente getauscht, und die Band hatte sich in Malice umbenannt. Als sie ihr erstes Konzert im Dezember 1976 in Worth Abbey gab, bestand ihr Repertoire aus alten Songs von Bowie, Alice Cooper und Alex Harvey, wobei sie bereits das „Unplugged"-Konzept vorwegnahm: „Man wollte uns dort nur als Folkband buchen, also behaupteten wir, wir wären eine", gab Tolhurst später zu. „Wir arrangierten unser Programm sogar für akustische Instrumente um."

Besagtes Programm bestand unter anderem aus Chip Taylors „Wild Thing", Bowies „Suffragette City", Hendrix' „Foxy Lady", „Jailbreak" von Thin Lizzy, Smiths „A Night Like This" und Tolhursts „Easy Cure". Die Titel wechselten in der folgenden Zeit ebenso schnell wie die Sänger und eine Reihe weiterer Namen. Im Januar 1977 hatte sich die Band nach letztgenanntem Song in Easy Cure umbenannt, im März hatten sie einen Sänger namens Peter O'Toole (natürlich nicht den bekannten Schauspieler), und im April hatten sie das „gewisse Etwas", das für das deutsche Plattenlabel Ariola-Hansa tatsächlich von Interesse war.

In jenem Monat hatte das Label eine Anzeige in der britischen Musikpresse geschaltet, laut der junge Bands ohne Plattenvertrag zu einem Talentwettbewerb eingeladen wurden – und als erster Preis winkte ein Deal mit Hansa. Easy Cure schafften es mit einem Demo, das bei Smith im Wohnzimmer aufgenommen worden war, unter den eintausendvierhundert Einsendungen zu den sechzig Bands zu gehören, die nach London eingeladen wurden, um live in Augenschein genommen zu werden. Am 13. Mai versammelte sich die Band in den Morgan-Studios, um ein paar Songs aufzunehmen; fünf Tage später unterschrieben sie einen Vertrag über eintausend Pfund.

Im Herbst 1977 arbeiteten Easy Cure an dem, was in ihren Träumen zu ihrem ersten Album werden sollte. Den Ausstieg O'Tooles überbrückten sie, indem sie kurzerhand Smith zum Leadsänger beförderten, und schließlich hatte die Band zehn Songs fertig, um sie dem Label vorzuspielen: sieben Eigenkompositionen („Meathook", „See The Children", „I Just Need Myself", „I Want To Be Old", „Pillbox Tales", „I'm Cold" und „Killing An Arab") und drei Coverversionen („I Saw Her Standing There", „Little Girl" und „Rebel Rebel").

Das Label lehnte sie allesamt ab, was Smiths wachsende Überzeugung bestätigte, dass seine Band lediglich aufgrund des Fotos ausgewählt worden war, ohne dass man sich das Demotape jemals angehört hatte. Es war das Jahr des Punk, und Easy Cure waren, ohne sich dabei bewusst an einen bestimmten Trend hängen zu wollen, voll und ganz Kinder ihrer Zeit. Hansa hingegen galt als Spezialist für gut aussehende Teeniebands und grell gekleidete Diskosänger. Punk hatte das Label zu keiner Zeit im Sinn gehabt.

Auf der Suche nach einem kommerziell verwertbaren Kompromiss schickte Hansa die Band erneut ins Studio, um ein paar Rock 'n' Roll-Covers im Stil von Showaddywaddy aufzunehmen. Easy Cure kamen wenig später mit neuen Versionen von „Rebel Rebel" und „I Just Need Myself" zurück und hatten zwei weitere eigene Songs eingespielt; „Smashed Up" und „Plastic Passion". Hansa lehnte sie sofort ab.

Die Beziehung zwischen Band und Label war zum Scheitern verurteilt, und es ging weiter abwärts. Easy Cure hatten sich in den Kopf gesetzt, dass als erste Single der Titel „Killing An Arab" veröffentlicht werden sollte, ein fesselnder, nur wenige Minuten kurzer Titel, der lose auf Albert Camus' Roman *Der Fremde* basierte. Die Manager bei Hansa waren entsetzt – von dem Vorschlag, vom Song an sich und von seinem Titel. Beide Seiten verharrten auf ihrer Position, und ein Jahr, nachdem Easy Cure den Wettbewerb gewonnen hatten, wurden sie vom Label wieder fallen lassen. Die Band feierte diesen Umstand auf ihre eigene Weise: Mit „Do The Hansa" schrieb sie einen Song über diese Erfahrung und verkürzte ihren Namen auf Cure. „Killing An Arab“ blieb aber nach wie vor die erste Wahl für die Debütsingle.

Dieser Titel fehlte zwar auf dem nächsten Cure-Demo, einem Tape mit den vier Songs „Boys Don't Cry“, „10.15 Saturday Night“, „Fire In Cairo“ und „It's Not You“. Dennoch weckte diese Zusammenstellung das Interesse des Polydor-Talentsuchers Chris Parry, der gerade im Begriff war, mit Fiction Records sein eigenes Label aufzubauen. Er lud die Band zu einem Treffen in sein Londoner Büro ein, und bald wurde allen klar, dass Cure die erste Band auf Fiction sein würden. Eine Woche später begannen die Aufnahmen für das erste Album.

Den Rest des Jahres 1978 gaben die Cure eine Reihe von Konzerten; die erste Single sollte kurz vor Weihnachten erscheinen und natürlich „Killing An Arab“ heißen. Fictions Vertriebsfirma Polydor weigerte sich jedoch strikt, auf den 22. Dezember als Veröffentlichungsdatum einzugehen, und Fiction schloss daher einen Alternativvertrag mit Small Wonder, die nun die ersten fünfzehntausend Exemplare, die aus dem Label-Hauptquartier in Walthamstow ausgeliefert wurden, in die Läden bringen sollten, bevor die reguläre Fiction-Platte erschien. Das geschah schließlich im Februar 1979.

Die Single erntete sofort gute Kritiken, auch wenn viele Beobachter der Szene offenbar nicht recht wussten, in welche Schublade sie diese augenscheinlich imagefreie und wurzellose Band stecken sollten. Als ihnen dazu nichts weiter einfiel, schufen sie den Begriff „Anti-Image“ zu diesem Zweck. Smith erinnerte sich daran, wie seine Mutter die ersten Presseberichte über die Band las, sich an ihn wandte und fragte: „Was heißt denn eigentlich Anti-Image?“ Smith musste zugeben, dass er nicht die geringste Ahnung hatte.

Das erste Album der Cure war auch nicht dazu angetan, an dieser verwirrenden Lage etwas zu ändern. Statt eines Bandfotos zierten drei Haushaltsgeräte das Cover von *Three Imaginary Boys:* eine Stehlampe, ein Staubsauger und ein Kühlschrank. Und wenn das Artwork schon obskur war, dann stand die Musik keineswegs dahinter zurück.

Die Songs waren kurz und straff arrangiert. Gelegentlich ging die Musik in eine ähnlich minimalistische Richtung, wie sie auch die frühen Songs der Talking Heads oder von Wire prägte; sie erinnerte in anderen Momenten an die melodischen Elemente und an die Eingängigkeit der Buzzcocks, der Pleasers und der Boyfriends – den Powerpoppern, die, wenn man der Presse im Frühjahr 1979 glauben wollte, das nächste große Ding werden sollten. Cure, so hieß es allgemein, würden ganz vorn mit dabei sein.

Three Imaginary Boys, das zum großen Teil auf jene Songs aufbaute, die bei Hansa auf komplette Ablehnung gestoßen waren, hat dem Zahn der Zeit besser widerstanden als viele andere Platten aus derselben Ära, beispielsweise *At The Chelsea Nightclub* von den Members, das selbst betitelte Debüt der Undertones, *Duty Now For The Future* von Devo oder Nick Lowes *Labour Of Lust.* Allerdings lässt sich aus dieser Sammlung von Songs nur im Nachhinein wohlmeinend die spätere Richtung ableiten, welche die Cure einschlagen sollten, wobei sich die damals so schimmernden Pop-Perlen wie „Fire In Cairo" tatsächlich als Sackgasse erwiesen, zumindest, was Stil und Absicht anging.

„Die Songs auf *Three Imaginary Boys* waren noch sehr embryonal", verurteilte Smith seine Frühwerke später. „Sie wurden einfach runtergespielt. Es waren deshalb so viele Songs auf der Platte, weil wir auf das ganze Material aus den zwei Jahren zuvor zurückgreifen konnten." Die Band selbst bevorzugte dabei die Songs, bei denen sich inmitten einer Diamantmine plötzlich ein düsterer Abgrund auftat: Das süßlich klaustrophobische „10.15 Saturday Night", dessen „drip … drip … drip … drip … dripping" das endlose Tropfen eines Wasserhahns symbolisieren sollte (Massive Attack bedienten sich später für ihr vorahnungsvolles „Man Next Door" desselben Effekts), die nie direkt ausgesprochene, unterschwellige Bedrohung von „Another Day" und das von allen am eindrucksvollsten gelungene „Three Imaginary Boys" mit seiner von Angst durchdrungenen Nostalgie. Die Wurzeln all dessen, was aus den Cure in den nächsten Jahren werden sollte, lagen bereits in diesen frühen Ausprägungen von Smiths Songwriting verborgen.

„Ich habe schon immer Sachen aufgeschrieben, solange ich mich erinnern kann. Ich bin sehr launenhaft und hitzköpfig, aber ich werde dabei nicht gewalttätig. Ich breche dann keinen Streit vom Zaun oder so, ich gehe dann eher weg, und anstatt ein Zimmer zu zerlegen, schreibe ich die Sachen eher auf. Mich befreit das. Ich denke immer, dass meine Texte die Leute gar nicht interessieren werden, weil es darin immer um mich geht und nicht um die Lage der Welt oder irgendwelche Alternativen."

Aber genau das war der Grund, weswegen sich die Leute für die Texte interessierten. Ende der Siebziger begann die wilde, negative Energie, die Punk entfesselt hatte, allmählich wieder abzuebben, und das wurde nur umso deutlicher, da man sich nun einerseits zunehmend verzweifelt dem immer stärkeren Politisieren zuwandte, andererseits völlig der emotionalen und persönlichen Ichbezogenheit frönte (eine Versuchung, die Smith durchaus verstand, von der er sich aber immer dann, wenn sie ihn zu überwältigen schien, gerade eben noch zurückhalten konnte).

Darin genau lag die Erfolgsformel der Band, und nicht in den damals so unvergesslich fantastischen ersten Singles – „Killing An Arab" natürlich, „Boys Don't Cry", das im Juni erschien, und „Jumping Someone Else's Train" aus dem Oktober, in dem sich die Cure über jene lustig machten, die blind irgendwelchen Trends hinterherliefen. Smith selbst gab zu, dass „‚Boys Don't Cry' in einer perfekten Welt ein Nummer-eins-Hit gewesen wäre", aber er war ebenso durch und durch dankbar, dass es keiner geworden war. „Man stelle sich nur vor, anschließend diesen Song immer wieder neu schreiben zu müssen, um den Erfolg zu halten", schüttelte er sich.

„Jumping Someone Else's Train" beeinflusste jedoch ebenfalls die Zukunft der Band. Ihre Besetzung hatte in den vergangenen vierzehn Monaten aus Smith, Tolhurst und Dempsey bestanden, aber Letzterer war mit der düsteren Richtung, welche die Cure seiner Meinung nach einzuschlagen schienen, zunehmend unzufrieden. Der Bassist hatte schon beschlossen, die Band zu verlassen, als die Cure im September 1979 als Vorgruppe von Siouxsie and the Banshees ihre erste große Englandtournee starteten.

Dabei wurde schnell klar, dass die Probleme von Dempsey – und der Cure – im Vergleich zu der Katastrophe, die nun über die Headliner hereinbrach, kaum nennenswert waren.

Am Abend, als die Banshees auseinander brachen, warteten zweitausend Zuschauer in Aberdeen zwei Stunden darauf, dass sich die Hauptgruppe auf der Bühne zeigte. Die Supportbands, die Scars und die Cure, hatten ihre Sets bereits gespielt. Nun mussten Siouxsie und Severin dem Publikum erklären, was passiert war. Severin erinnert sich: „Als der Veranstalter bekannt gab, dass wir nicht auftreten würden, waren die Leute ziemlich in Rage. Siouxsie und ich konnten nichts weiter tun, als rauszugehen und uns zu entschuldigen; wir sagten, dass wir da waren und auch gern gespielt hätten, wenn die anderen beiden nicht abgehauen wären. Das Publikum nahm das recht gut auf und fing an, wieder nach den Cure zu brüllen, die dann tatsächlich erneut auf die Bühne kamen. Das war wirklich gut für sie. Siouxsie und ich fragten, ob die Cure ‚The Lord's Prayer', das Vaterunser, kannten, und wir kamen zu ihnen raus und spielten es ungefähr zehn Minuten lang."

Es sind wohl noch nicht allzu viele Rockmusiker gefragt worden, ob sie das Vaterunser kennen.

„Es ist nichts als ein Witz aus Lärm", erklärte Severin, als *Sounds* auf den gotteslästerlichen Eindruck hinwies, den dieser letzte Track auf *Join Hands* möglicherweise vermittelte. „Wir machten fürchterlichen Krach, und Siouxsie sang ‚Au clair de la lune' dazu. Mich bringt das zum Lachen." Auf Platte hätte es sogar noch großartiger werden können; Manager Nils Stevenson hatte zunächst die Idee gehabt, „The Lord's Prayer" eine ganze Seite einnehmen zu lassen, wobei der unstrukturierte Lärm der Band von einem Chor und einem Orchester begleitet werden sollte, aber dazu kam es aus verschiedenen Gründen nicht. Live wurde das Vaterunser jedoch eine Messe für sich, und als Smith sich bereit erklärte, die Erfahrung allabendlich zu wiederholen, war das Problem der Banshees zunächst einmal gelöst.

Nils Stevenson berichtete: „Siouxsie und Severin hatten die Idee, es mit Robert Smith als temporärem Ersatzmann zu probieren, und überraschenderweise ging er darauf ein. Er spielte jeden Abend zwei Sets, einen mit den Cure und einen als Banshee, und er klappte nicht zusammen, wenn er von der Bühne kam. Allerdings brachte er der Band ein paar schlechte Angewohnheiten bei, es wurde ziemlich gesoffen und jeden Abend herumgeblödelt."

Smith hatte gegen diese Darstellung nichts einzuwenden. Das Herumblödeln ergab sich einfach, erzählte er nach dem letzten Konzert der Tour am 15. Oktober 1979 in London, „weil wir uns immer so in die Sachen hineinsteigern. Manchmal lächle ich. Wenn Budgie und ich Fehler machen, dann sehen wir uns unwillkürlich an und grinsen. Aber das passt ja nicht zum Banshees-Image, oder? Die werden ja immer für so düster und grüblerisch gehalten." Er sollte nur allzu bald feststellen, dass auch ihm gerade diese Zwangsjacke ziemlich gut passte.

Nach Abschluss der Banshees-Tour stieg Michael Dempsey im November 1979 bei den Cure aus und wurde durch Simon Gallup ersetzt; gleichzeitig stieß der Keyboarder Matthieu Hartley zur Band. Diese Besetzung stand nur wenige Wochen später erstmals auf der Bühne, als die nächste Tournee begann, dieses Mal ein Package der drei wichtigsten Bands des Fiction-Labels: Die Associates und die Passions eröffneten die Shows. (Hinter dem vierten angekündigten Act, den Cult Heroes, verbarg sich ein Nebenprojekt der Cure.)

Schon im August 1979 waren bei den Livekonzerten der Cure erste Spuren des zweiten Albums zu erkennen, wobei wohl erst Dempsey, der offen über die Gründe seines Ausstiegs sprach, auch Außenstehende auf die neue Richtung aufmerksam machte, die sich in der Musik allmählich abzeichnete – und auf das sinfonische Gerüst aus Hartleys Keyboards und Gallups fließendem Bass, das nun die Grundlage des Albums bildete. Dennoch enttäuschte *Seventeen Seconds* die Erwartungen.

„Wir hatten zehn Tage Zeit, um die Platte zu machen, weil wir uns keinen elften Tag im Studio leisten konnten", erinnerte sich Smith. „Und ich bin froh, diese Erfahrung gemacht zu haben – zack, ins Studio, ruck, zuck eine Platte machen, wie in der guten alten Zeit. Aber ich erinnere mich auch gut an die Nachteile, an das Gefühl von zu wenig Zeit, zu wenig Geld und zu wenig Zuversicht. Dass ich ausgesprochen frustriert war. Aber es erschien wie eine Ewigkeit."

So lange schien, zumindest nach Ansicht vieler Kritiker jener Zeit, auch die Platte an sich zu dauern. Smith dagegen hielt daran fest, dass es auf *Seventeen Seconds* weniger um die Songs an sich ging als um die allgemeine Stimmung, und die meist vernichtenden Kritiken führte er darauf zurück, dass der für ihn offensichtliche emotionale Inhalt der Platte offenbar an den Journalisten vorbeigegangen war. Das konnte man ihnen allerdings nicht verübeln. Selbst diejenigen, welche die Cure erst kurz zuvor live erlebt hatten, waren nicht auf die Intensität eines Albums vorbereitet, das mit einem winterkalten Instrumentalstück begann, das lose an „Pure" von den Banshees angelehnt war. Ein Album, das mittendrin von den beinahe völlig unmelodiösen zweiundfünfzig Sekunden von „This Final Sound" unterbrochen wurde und dessen erste Single, wie Smith später selbst zugab, ursprünglich allgemein als grässliche Wahl betrachtet wurde. Heute zählt „A Forest" zu den Singleklassikern der frühen Achtziger. Im April 1980 klang es so bösartig undurchdringlich wie alles andere auf der Platte, und Smiths Mimik im dazugehörigen Video, in dem er an einen düsteren Pete Shelley erinnert, machte die Sache auch nicht einfacher.

Seventeen Seconds, ein überwältigend nüchternes Album, erwuchs aus den Songs von *Three Imaginary Boys,* die Smith (der die neuen Titel auf der Hammondorgel komponiert hatte) als die repräsentativsten bezeichnet hatte. „Ich wusste, wie das Album klingen und welche Atmosphäre es verbreiten sollte", meinte er. „Das kann man nicht intellektuell erklären, weil es um echte Gefühle geht, die sich auf dieser Platte wiederfinden." Smith konnte dieses Gefühl nur so in Worte fassen, dass es das Produkt einer „schwarzen Phase" war, wie er es nannte, in der er unter Depressionen litt, sich von anderen Menschen fern hielt und selbst das Schreiben von Songs als Belastung empfand.

Der vorletzte Titel, „At Night", entstand beispielsweise gegen Ende der Banshees-Tour, „als so viele emotionale Wracks durch die Gegend liefen. Er war teilweise einer Kurzgeschichte Kafkas entlehnt, ziemlich nach der Art von Bowie zu seiner Zeit als Thin White Duke – Sachen eben, die in unserem Leben eine gewisse Bedeutung hatten. Ich löste ein paar Satzstücke heraus, baute sie zusammen, und das Ganze ergab Sinn. Dabei hatte ich überhaupt keinen Bock, einen Song zu schreiben." Seinen damaligen Geisteszustand beschrieb er so: „Es war, als ob ich mir selbst zusähe. Ich war zwei verschiedene Personen … An einem Tag wollte ich jemanden umbringen, am nächsten konnte ich mich kaum dazu aufraffen, aufzustehen. Es war grässlich, ich ließ mich selbst völlig los, um diese Songs zu schreiben. Ich kämpfte nicht dagegen an, was man im normalen Leben ja immer tun muss. Ich durchlebte dadurch zwei völlig verrückte Wochen."

Das Album erhielt bestenfalls zurückhaltende Kritiken. „Wer auf *Seventeen Seconds* eine Sammlung toller Popmusik erwartet hat", warnte der *New Musical Express* seine Leser, „der hat wohl eh irgendwas falsch verstanden. *Seventeen Seconds* ist tatsächlich wesentlich schräger in seinen Arrangements und Strukturen, als *Three Imaginary Boys* je hätte sein können. Das Cover besteht aus verschwommenen, unscharfen Fotos, und die Platte an sich macht keine Zugeständnisse, wenn es darum geht, den Hörer auf die derzeitige Position der Cure hinzuweisen." Was ein solcher Kommentar kaum berücksichtigte und was die Cure selbst wohl auch kaum geplant hatten, war die Tatsache, dass *Seventeen Seconds* hervorragend in eine bestimmte Stimmung zu passen schien, die sich 1980 breit machte – musikalisch und auch anderweitig.

Seventeen Seconds erschien im April 1980, als gerade das erste Jahr der Regierungszeit Margaret Thatchers zu Ende ging, die Großbritanniens Politik eine Dekade lang dominieren sollte. Ihre Vision von Konservativismus war noch so frisch, dass jede neue Regierungserklärung das Gefühl von Unterdrückung und Angst noch verstärkte.

Die Arbeitslosigkeit in Großbritannien erreichte die Rekordhöhe von drei Millionen und führte unter anderem dazu, dass zögernd wieder über die Einführung der allgemeinen Wehrpflicht nachgedacht wurde. In Bristol explodierte das Pulverfass des von Rassenproblemen geprägten Stadtteils St. Paul – ein warnender und viel zu leichtherzig ignorierter Vorbote der Unruhen, die im folgenden Sommer das ganze Land erschütterten. In Lewisham, Südlondon, kam es zu Zusammenstößen zwischen den Antifaschisten der Anti-Nazi League und den Rechtsextremisten der National Front. Die Erschütterungen der fundamentalistischen Revolution im weit entfernten Iran wurden auch in London spürbar, als die iranische Botschaft eine Woche lang von gewalttätigen und bewaffneten Verbrechern besetzt wurde.

Egal, von welcher Seite man es betrachtete: Großbritannien rutschte in ein tiefes Loch aus Depression und Verzweiflung. Und während die auf Pop eingeschworenen Radiosender dem nichts anderes entgegenzusetzen wussten als Liquid Gold, Captain and Tennille und das immer weiter in verwirrten Eskapismus abrutschende Mod-Revival, bot *Seventeen Seconds* einen Ausblick auf die Realität, der kaum zu ertragen war – aber besser nicht ignoriert werden sollte. Der *Record Mirror* beschwor in seiner Kritik ein Bild von „den zurückgezogenen, unnormalen Cure, die in kalten, düsteren, leeren Zimmern sitzen und Uhren anstarren", herauf. Das war, jedenfalls nach Ansicht eines Großteils ihres Publikums, das Beste, was sie machen konnten.

Unabhängig von den stilistischen und kulturellen Konnotationen, die diesem Begriff später zugeschrieben wurden, war *Seventeen Seconds* Gothic – im besten Sinn des Worts: trostlos und leer, kühl und eisig.

Dieser Hinweis ist besonders wichtig im Hinblick auf den Ruf, den die Band später bekommen sollte; dabei war es wie bei Bauhaus (deren nächste Single, „Dark Entries", statt auf beklemmende Ängste eher auf polternde Aggression setzte) auch bei den Cure so, dass alle weiteren Hinweise auf Gothic ausschließlich im Auge des Betrachters lagen. Allerdings war in der Zeit vor der Veröffentlichung von *Seventeen Seconds* eine Reihe von Bands zum Vorschein gekommen, für die sich die Vereinnahmung des Zeitgeists vielleicht als weniger glücklicher Zufall erwies.

Anfang Januar 1980 erschien die erste richtige Single von UK Decay, einer der besseren Bands der zweiten Punkwelle, die bei ihren Liveaktivitäten im heimischen Luton mit Bauhaus in Kontakt gekommen waren. Jene hatten damals „Bela Lugosi's Dead" zwar schon aufgenommen, aber noch nicht veröffentlicht, und auf der Rückfahrt von einem Konzert in Northampton wurden UK Decay von echter Ehrfurcht ergriffen, als sie diesen Song auf einer Cassette hörten, die Bauhaus ihnen mitgegeben hatten. Zwar vielleicht nicht über Nacht, aber doch definitiv schneller, als die Außenwelt es mitbekam, entwickelten sich UK Decay vom hoffnungsvollen Ein-Akkord-Wunder, als das sie sich auf den zwei Debüttracks („UK Decay" und „Car Crash") auf einer gemeinsamen EP mit Pneumania gezeigt hatten, zu den düsterdynamischen, kantigen Aggressionsbolzen der *Black 45*-EP.

Eine ähnliche Energie trieb Killing Joke voran, eine Band, die ebenfalls aus den Überresten der Punkbewegung entstanden war und die ersten Monate ihres Bestehens erfolgreich darauf verwendet hatte, Zuschauer zu provozieren. Eine Zeit lang zählte „Bodies" von den Sex Pistols zu ihren favorisierten Livesongs, zum einen wegen des Schockfaktors des Texts, zum anderen wegen des Untergangsrhythmus, den die Band in den Titel hineinzuarbeiten verstand. Der erste Schritt von Killing Joke in die Rockwelt bestand in einer Session mit ausgesprochen beunruhigendem Sound für den BBC-Radiomacher John Peel im Oktober 1979; ihre selbst veröffentlichte Debüt-EP *Almost Red* erschien noch im gleichen Monat, und als das neue Jahr begann, lockten bereits die großen Labels, und Killing Joke erhielten einen Vertrag bei Island Records. Der Deal hielt eine einzige Single lang, für die Wiederveröffentlichung der besagten EP, aber das hatte der Band gereicht, um einen Eindruck zu hinterlassen. Die nächste Single, „Wardance", erschien im März 1980 wieder auf ihrem eigenen Label Malicious Damage und schoss auf Platz vier der Independent-Charts.

Die dritte und vielleicht wichtigste neue Band stammte nicht aus den hypeverseuchten Straßen Londons oder aus der reizarmen Vorstadthölle. Die Virgin Prunes kamen aus Dublin, einer Stadt, die das Schlechteste beider Welten in sich vereinte. Die größten Schrecken dieses Orts milderte die Band dadurch ab, dass sie diese durch das fantastische Kaleidoskop des erfundenen Lypton Village filterte – einer Gemeinde, die von Menschen bewohnt wurde, die nach den Worten von Sänger Fionan „Gavin Friday" Hanvey zwar „als hässlich bezeichnet werden, aber einen starken Charakter haben". Solche Menschen nannte man Virgin Prunes.

Wie die Chronisten später amüsiert feststellten, bot Lypton Village auch den Mitgliedern einer weiteren Dubliner Band, U2, eine Heimat

– Sänger Paul „Bono Vox“ Hewson und Gitarrist Dave „The Edge“ Evans; tatsächlich handelte es sich bei dem Prunes-Gitarristen Dick „Dik“ Evans um keinen Geringeren als Mr. Edges Bruder, der wiederum selbst bei den Frühformationen von U2 gespielt hatte, als sie unter Namen wie Feedback und Hype noch als Coverband in und um Dublin aktiv waren. Dass sich die Wege beider Bands so schnell voneinander trennten, scheint darauf hinzuweisen, dass die Prunes bezüglich der Charaktereigenschaften von Lyptons Bewohnern ziemlich eigen waren und allein das passende Gesicht nicht reichte.

Nach ihrem Konzertdebüt bei einer privaten Party im Vorort Glasneven begann die Band allmählich, sich auf Dublin zu konzentrieren. Die Prunes, die mittlerweile neben Friday und Evans aus zwei weiteren Sängern, Dave-id (alias David Busaras Scott) und Derek „Guggi“ Rowen, dem Bassisten Trevor „Strongman“ Rowan und Schlagzeuger Anthony „Pod“ Murphy bestanden, fanden es zunächst schwer, ganz normale Auftrittsmöglichkeiten zu finden; es war vor allem das eher experimentell ausgerichtete *Project Arts Center,* das der Band immer wieder die Bühne überließ. Dennoch aber verbreitete sich ihr Ruhm über die Irische See, und im März 1980 gab die Band ihren ersten Gig in London, als Vorgruppe für U2 und Berlin bei deren Konzert in der *Acklam Hall.* (Die Kontakte zu U2 sollten sich über die Jahre weiterhin vertiefen: Guggis Bruder Peter erschien später auf den Coverfotos der U2-Alben *Boy* und *War;* Pod arbeitete gelegentlich als Roadie für die Gruppe.)

Dort wurden die Prunes von Dave McCullough von *Sounds* entdeckt, der sie in seiner Konzertkritik als „Mischung aus Glamrock, Punkschock und reiner erfindungsreicher Wut“ bezeichnete: „Eine scharfe, schneidende Musikform, die durchaus an die Banshees erinnert, dabei aber weniger gesetzt ist und stilistisch nicht so eingeschränkt daherkommt.“

Bei der Bühnenshow spielten Homoerotik und Transvestiteneinlagen eine Rolle, und die Musik war mit geisterhaftem Heulen und abgehackten tribalen Rhythmen durchsetzt. Damit boten sie ein in jeder Hinsicht höchst verwirrendes Gemisch, und als die Virgin Prunes am Ende des Monats wieder nach Irland zurückkehrten und ihre baldige Wiederkehr versprachen, da machte dieser jüngste Neuzugang zur wachsenden Postpunkgemeinde durchaus neugierig auf weitere Leckerbissen, die aus dieser Richtung vielleicht noch zu erwarten waren. Zu diesem Zeitpunkt konnte niemand ahnen, wie wenig Zeit noch blieb, um derart intellektuelle Vergnügungen unbeschwert genießen zu können.

Durch die Reaktion der Kritiker wurden sowohl Musiker als auch das Publikum mit einem Schlag auf *Unknown Pleasures* aufmerksam. Für die Bands, die im Kielwasser dieses Albums auftauchten, war ein Vergleich mit Joy Division gleichzeitig eine Ehre und ein fieses Abwatschen. Die Band wurde verzweifelt ernst genommen – in der Kritik von „Dark Entries" von Bauhaus fragte *Sounds* besorgt: „Haben diese neuen Joy-Division-Bands ein soziales Gewissen? Wo hört die Pose auf, und wo fängt die echte Kunst an?"

Vier Monate später allerdings musste diese Frage völlig neu gestellt werden. Nun fragte man sich besser: „Wo endet die Kunst, und wo beginnt das wahre Leben?"

Am Abend des 18. Mai 1980, eines Samstags, verabschiedete sich Ian Curtis von seinen Eltern und kehrte in das Haus zurück, das er bis vor kurzem mit seiner Frau Deborah geteilt hatte und das seit der Trennung der beiden leer stand. Er wollte sich Werner Herzogs Film *Stroszek* ansehen, ohne seine Eltern zu stören – die hatten sich nie sehr für künstlerisch wertvolle Filmklassiker mit Untertiteln interessiert. Schon gar nicht für solche, deren wachsender Schrecken dadurch aufgebaut wurde, dass sich ein Künstler zwischen den zwei Frauen in seinem Leben entscheiden wollte und ihm das nicht gelang – eine Handlung, die eine unheimliche Parallelität zu Ian Curtis' eigenem Leben aufwies. Er und Deborah hatten jung geheiratet, mit neunzehn, aber nach vier Jahren Ehe hatte sich Curtis in Annik Honoré verliebt, die für die belgische Dependance des Plattenlabels von Joy Division arbeitete.

Curtis' Bandkollegen versuchten sich aus dieser Dreiecksbeziehung herauszuhalten. Da sie mit Deborah befreundet waren und ihnen nicht völlig klar war, wie viel Honoré Curtis tatsächlich bedeutete, betrachteten sie das Ganze aus einiger Entfernung. Erst später, nachdem sie Curtis' Texte noch einmal mit anderem Blick betrachtet hatten, verstanden sie, wie schwer ihm der Konflikt zu schaffen gemacht hatte. Aber es war Deborah Curtis selbst, die schließlich in ihrer zehn Jahre später erschienenen Autobiografie *Touching from a Distance* [deutscher Titel: *Aus der Ferne*] öffentlich bekundete, dass „Ians Privatleben vor der völligen Auflösung stand, während es beruflich für ihn immer weiter aufwärts ging". Denn es war nicht nur sein Liebesleben, das auseinander brach.

Eineinhalb Jahre zuvor, als Joy Division gerade versuchten, aus dem Kultgetto zu entkommen, in das sie aufgrund der frühen Kritiken geraten waren, stellte Curtis fest, dass er an Epilepsie litt. Auf der Rückreise vom ersten Konzert von Joy Division in London bemerkte Gitarrist Bernard Sumner, der versuchte, hinten im Bandbus ein wenig zu schlafen, dass Curtis an seinem Schlafsack zerrte. Er zog nun in die andere Richtung, und es kam zu einem kleinen Gerangel, wobei Curtis sich den Schlafsack schließlich um den Kopf wickelte.

Schlagzeuger Stephen Morris hielt den Bus daraufhin am Straßenrand an und sah verwundert zu, wie Curtis – der noch immer in dem Schlafsack steckte – begann, mit den Fäusten zu schlagen, und mit wachsender Wut gegen die Fenster trommelte, bis seine Kraft plötzlich nachzulassen schien. Nachdem er sich beruhigt hatte, ließ Morris den Motor wieder an und fuhr zum nächsten Krankenhaus.

Zuhause setzte Curtis' Hausarzt seinen Patienten auf die Warteliste eines Spezialisten; währenddessen wiederholten sich die Anfälle. Eines Tages kam er von einem Spaziergang mit dem Hund zurück und sah dabei aus, als habe man ihn zusammengeschlagen. Ein anderes Mal verfiel er in einen zombieähnlichen, sprachlosen Zustand, aus dem er sich nicht herausholen ließ. Beide Male handelte es sich um Krämpfe, Extremzustände, die zu den starken Stimmungsschwankungen passten, die von den neu verordneten Medikamenten ausgelöst wurden. „Heute kann man Epilepsie wesentlich besser behandeln", sagte Peter Hook Jahre später. „Damals war es eigentlich ein Wunder, dass der Typ nicht durchdrehte bei den vielen Pillen, die er nahm."

Curtis passte sich an seine Krankheit an, ebenso, wie sich Joy Division dem Ruf anpassten, Verkünder einer Düsternis zu sein, die schwärzer war als der Tod: Unbewusst, aber dennoch äußerst effektiv baute er seine Krämpfe (oder zumindest ihre äußere Darstellung) in seine Bühnenshow ein. „Während der vielen ‚Höhepunkte' des Konzerts", schrieb der *Sounds*-Journalist Mick Middles, „verliert Curtis oft die Kontrolle. Er zuckt plötzlich zur Seite und verwandelt sich, den Kopf in den Händen, in eine zuckende, epileptikerähnliche Masse aus Fleisch und Knochen." Und ebenso plötzlich erholte Curtis sich wieder. Es war ein beunruhigender Anblick, umso mehr, da seine Bandkameraden nie wirklich wussten, was genau vorging. Tanzte er nur? Oder war es wirklich ein Anfall?

Das konnte niemand mit Sicherheit sagen. Als Joy Division im September 1979 in der BBC-Fernsehsendung *Something Else* auftraten, wurde die Telefonzentrale des Senders mit Beschwerden von Zuschauern überhäuft, die an Curtis' Auftritt Anstoß nahmen, wobei die Meinungen, was denn nun eigentlich so beleidigend gewirkt hatte, auseinander gingen: War es, weil er so bekifft wirkte? (Er war keineswegs bekifft.) Oder war es eher das geschmacklose Nachäffen eines epileptischen Anfalls? Aber obwohl die Band versuchte, Curtis' Krankheit nicht öffentlich bekannt werden zu lassen, sorgte die Bühnenshow ihres Sängers immer wieder für Aufsehen. Jahre später erinnerte sich Bernard Sumner an einen Abend, an dem ein paar Fans sich mit einer schlichten Frage an Curtis gewandt hatten: „Bist du der Sänger, der diese Anfälle hat?" – „Ich hätte sie am liebsten umgebracht", gab Sumner zu.

Wie Hook jedoch einräumte, blieb das wahre Ausmaß von Curtis' Krankheit für seine Freunde eine abstrakte Angelegenheit. „Um ehrlich zu sein, ich sah nichts von seiner Krankheit. Wir waren so jung und so erfüllt von dem, was wir taten. Man hätte sicherlich etwas tun können, es wäre die einfachste Sache der Welt gewesen, jemanden aufzuhalten, der so unglücklich war und dem es so schlecht ging. Aber dazu fehlte einfach die Erfahrung."

Er hält jedoch daran fest, dass die Band nicht als Einzige im Dunkeln blieb. „Es war ja nicht so, als wären es nur wir vier Bier saufenden Idioten gewesen, die nicht sahen, was wirklich los war. Wir waren von vielen Profis umgeben, die das auch nicht mitbekamen, und er wurde von Ärzten und Psychiatern behandelt, die offenbar auch nicht merkten, was lief. Heute kann man sich natürlich leicht hinstellen und fragen: ‚Wieso habt ihr nichts gemerkt, ihr Penner?' Aber ich denke, dass man heute über Depression und psychische Erkrankungen einfach besser Bescheid weiß."

Wie Deborah Curtis schon festgestellt hatte, brach Curtis' Privatleben zu einer Zeit auseinander, als es mit seinem öffentlichen Erfolg rasant aufwärts ging und Joy Division im Spätsommer 1979 ihren Status als eine der wichtigsten Bands des Post-Punk-Underground mit zwei Festivalauftritten als Headliner zementierten.

Am 27. August riefen die nordenglischen Zwillingsbastionen von Factory und Zoo Records die besten Bands ihrer jeweiligen Firmenprogramme für das Leigh-Festival zusammen, eine Zusammenkunft der Schwarze-Regenmäntel-Fraktion mit Joy Division, Echo and the Bunnymen, The Teardrop Explodes, Orchestral Manœuvres in the Dark, A Certain Ratio, den Distractions und Elti Fits. Gedacht war das Ganze natürlich und wie immer, um die Unabhängigkeit des nordwestlichen Korridors von der Londoner Musikindustrie zu demonstrieren.

Zwei Wochen später waren Joy Division als Co-Headliner beim etwas weniger engstirnig angelegten Futurama-Festival in Leeds zu sehen, das in der fünftausendfünfhundert Zuschauer fassenden *Queen's Hall* stattfand.

Der geistige Vater des Futurama war der örtliche Promoter und Besitzer des *F Clubs,* John Keenan, der das Festival als erste nationale Veranstaltung aufzog, die der immer größer werdenden Kluft zwischen Punk- und New-Wave-Bewusstsein Rechnung tragen sollte – und der Tatsache, dass sich innerhalb der Musikkultur eine große ästhetische Andersartigkeit entwickelt hatte und ein großes Publikum alles hören wollte, was es in dieser Richtung gab.

Das zukunftsweisende Futurama verteilte sich auf zwei Tage, den 8. und 9. September 1979. Joy Division beschlossen den ersten Abend; die Headliner des zweiten Tages waren die Spacerock-Veteranen Hawkwind, die sich als Vorväter eines neopsychedelischen Musikstils beim Punknachwuchs neuer Beliebtheit erfreuten. Ansonsten tummelten sich im Programm Cabaret Voltaire, die Expelaires (bei denen unter anderem der spätere Bassist der Sisters of Mercy und von Mission, Craig Adams, und Dave Wolfenden von Red Lorry Yellow Lorry mit an Bord waren), Fall, Orchestral Manœuvres in the Dark und Public Image Ltd., die erst zum fünften Mal auf einer Bühne standen. Joy Division steckten sie alle in die Tasche.

Der unaufhaltsame Aufstieg der Gruppe ging weiter. Auf Vorschlag von Genesis P-Orridge veröffentlichten Joy Division als nächste Single das von Martin Hannett produzierte „Atmosphere", das in limitierter Auflage über das Label Sordide Sentimental erschien. Im November konnte sich die Band als Support der Buzzcocks ihrem bisher größten Publikum vorstellen, und im Januar 1980 schrammte die aktuelle Single „Transmission" haarscharf an einem Einstieg in die britischen Charts vorbei.

Im Frühjahr 1980 erschien es fast, als warte die ganze Nation gespannt auf das zweite Album, *Closer,* und auf die damit einhergehende neue Single „Love Will Tear Us Apart". Eine Amerikatournee stand unmittelbar bevor, danach sollte es durch Europa gehen. Wenn Joy Division gewollt hätten, hätten sie ihren Terminkalender bis weit ins nächste Jahr füllen können.

Freunde und Familie erkannten allerdings auch, dass sich in Curtis' Leben ein kalter Hauch von Endgültigkeit geschlichen hatte.

Zwei Jahrzehnte später hob Peter Hook einen der Konflikte hervor, mit denen der Sänger besonders kämpfte. „Er wollte geradezu verzweifelt Dinge tun, für die er nicht geschaffen war. Er wollte in einer Band spielen und forderte sich selbst so sehr, dass ihn diese Anstrengung krank machte. Die zuckenden Lichter machten ihn krank. Er mochte das Herumfahren – aber auch das machte ihn krank, weil er dauernd müde war. Er sollte keinen Alkohol trinken und abends nicht lange aufbleiben. Genau dieses Leben wollte er aber, obwohl seine Krankheit es im Grunde nicht zuließ. Es war eigentlich klar, dass das irgendwann zu einer Katastrophe führen musste."

Für den 4. April 1980 waren Joy Division für zwei Konzerte gebucht; das erste war ein Auftritt im Vorprogramm der Stranglers im *Rainbow* in Finsbury Park, beim zweiten waren sie Headliner bei einem Plattenfirmen-Showcase im *Moonlight Club* auf der anderen Seite Nordlondons. Rückblickend räumten alle Beteiligten ein, dass sie keinen dieser Gigs hätten annehmen sollen. Stattdessen spielten sie alle beide.

Curtis bekam im *Rainbow* einen Anfall und begann sich unkontrolliert zu drehen, bis er gegen das Schlagzeug prallte. Die anderen Musiker trugen ihn, während er noch immer von Krämpfen geschüttelt wurde, von der Bühne und schlossen sich mit ihm ein, bis der Anfall vorüber war. Dann fuhren sie zum *Moonlight Club.* Nach fünf Songs wiederholte sich dort das Ganze.

Die Krämpfe kamen in immer kürzeren Abständen: am 8. April bei einer Show in Bury, eine Woche später dann in Derby, zwei Wochen danach in Birmingham. Die Band scheiterte an einer Krankheit, welche die Medizin nicht unter Kontrolle bekam und die Curtis an den Rand der Verzweiflung brachte. Er hatte bereits einmal versucht, sich zu töten – am Abend vor dem Konzert in Bury. Er hatte eine Überdosis Phenobarbital genommen, ein Medikament, das er gegen seine Anfälle nahm und das so wenig half, sie zu kontrollieren.

Er erzählte Deborah jedoch, was er getan hatte, und sie rief daraufhin einen Krankenwagen. Curtis wurde ins Krankenhaus gebracht, wo man ihm den Magen auspumpte. Als er wenig später eines Abends bei Sumner zuhause war, erzählte er davon.

Der Gitarrist glaubte zu verstehen. Er zitierte einen von Curtis' eigenen jüngsten Texten, die erste Zeile aus „Colony", das für das nächste Album vorgesehen war, und vermutete einen Hilfeschrei hinter Curtis' Aktion. Dessen Antwort sollte ihm immer im Gedächtnis bleiben. „Nein, das war es nicht. Es war kein Hilfeschrei. Ich wusste genau, was ich tat, als ich die Tabletten nahm. Nur wurde mir klar, nachdem ich sie geschluckt hatte, dass ich nicht so viele hatte, wie ich dachte." Er hatte Hilfe geholt, weil er einen Hirnschaden befürchtete. Aber er erklärte nicht, weshalb er sich hatte umbringen wollen, und Sumner gab zu, dass sie niemals wirklich herausfanden, warum er es sechs Wochen später wieder tat.

Aber erst einmal musste Curtis sich einen Film ansehen.

Der Held des Films, der Künstler Stroszek, ist in Amerika, als er seine Entscheidung bezüglich seiner zwei Geliebten fällt. Er beschließt, dass er sich weder für die eine noch für die andere entscheiden kann und will. Dann bringt er sich um. Curtis, der der kommenden US-Tournee mit beträchtlicher Angst entgegensah, konnte genau nachvollziehen, was er fühlte – und stimmte auch mit der Lösung überein.

Nachdem der Film vorüber war, legte Curtis sein verkratztes Exemplar von *The Idiot* auf und wartete, dass Deborah kam. Seit seiner Überdosis war ihre Ehe völlig zerrüttet – Deborah lebte wieder bei ihren Eltern, und als er sie nun anrief und um ein Treffen bat, ging sie davon aus, dass er noch einmal über alles reden wollte. Sie würde später am Abend, nach der Arbeit, vorbeikommen.

Zwar hatte Curtis darauf bestanden, dass sie ihre gemeinsame kleine Tochter Natalie mitbringen sollte, aber das ignorierte Deborah, als sie in den frühen Morgenstunden eintraf. Nachdem ihr klar wurde, dass es nicht mehr viel zu sagen gab, ging sie wieder.

Curtis trank ein wenig Kaffee und leerte dann die Whiskeyflasche, die er in einem Küchenschrank fand. Er schrieb Deborah einen Brief, in dem er von ihrem früheren gemeinsamen Leben erzählte und von der Liebe, die er – trotz Annik – noch immer für sie empfand. Wenn sie den Brief erhielte, fuhr er fort, würde er nicht mehr da sein; er sollte sich um zehn mit den anderen Joy-Division-Mitgliedern treffen, und am Tag darauf würden sie im Flugzeug nach New York sitzen. Er wollte sich nur verabschieden, bevor er ging.

Sonntag Mittag kehrte Deborah in das Haus zurück und sah den Brief auf dem Kaminsims. Erst überkam sie Dankbarkeit darüber, dass er so nett gewesen war, vor seiner Abfahrt noch an sie zu schreiben. Dann sah sie aus dem Augenwinkel, dass er noch immer in der Küche war.

„Was machst du jetzt wieder?“, fauchte sie, aber irgendetwas an seiner Haltung verunsicherte sie, noch bevor sie den Satz vollendet hatte. „Sein Kopf war gebeugt, seine Hände lagen auf der Waschmaschine. Ich starrte ihn an, er war so still. Dann das Seil – ich hatte das Seil gar nicht gesehen. Er hatte die Wäscheleine um den Hals.“ Hinter ihr drehte sich noch immer *The Idiot* auf dem Plattenspieler.

Im Lauf der Zeit kamen weitere Einzelheiten ans Licht. In der Nacht vor seinem Tod hatte Curtis mit Genesis P-Orridge telefoniert und seinen Freund bezüglich seines Geisteszustands in große Besorgnis gestürzt. „Ich rief verschiedene Leute in Manchester an und sagte ihnen, ich hätte wirklich Angst, dass Ian sich umbringen wollte“, sagte P-Orridge später. „Sie lachten mich mehr oder weniger aus und sagten, Ian sei doch immer depressiv und selbstmordgefährdet, so sei er nun mal. Sie brachten mich zu der Überzeugung, dass alles in Ordnung sei und ich lediglich überreagiert hätte.“ (Nach zehn Jahren des Schweigens schrieb P-Orridge schließlich den Psychic-TV-Titel „IC Tears“ über Curtis' Tod.)

Auch Bernard Sumner wird heute noch von den Gedanken über die möglichen Gründe heimgesucht. „Ich habe unzählige Male über Ians Tod nachgegrübelt. Es könnte seine Epilepsie gewesen sein, dass er deswegen Schluss machen wollte. Es hätte auch daran liegen können, dass er sah, wie seine Beziehungen zerbrachen. Vielleicht lag es auch an den Tabletten, die er wegen der Epilepsie nahm, die seine Stimmung extrem beeinflussten – und das war wirklich der Fall. Vielleicht ... war er einfach eine selbstmordgefährdete Persönlichkeit. Aber ich nehme eigentlich an, dass es eine Kombination all dieser Dinge war, die auf einmal zusammenkamen. Denn ich würde heute über Ian Curtis vor allem sagen, dass es ihm nicht wie vielen Sängern heutzutage darum ging, bei *Top of the Pops* aufzutreten und berühmt zu werden. Das war ihm nicht wichtig. Er wollte etwas ausdrücken. Es war keine Show, nichts Aufgesetztes. Er wollte nicht bloß Aufmerksamkeit. Ian Curtis war echt.“

„Ians Tod war ein Schlüsselmoment“, erklärte auch Peter Murphy. „Ich war sehr erschüttert. Es unterstrich und betonte die Vorstellung, dass die Depression, die Krankheit wirklich da waren. Joy Division täuschten niemals etwas vor; Ian nahm nie irgendwelche Posen ein. Er war ein netter Kerl, ein guter Typ. Ich könnte mir vorstellen, dass er ein Dichter war. Ich sah in seinen Augen, dass er in verschiedener Hinsicht offensichtlich nicht glücklich war, aber er hatte auch etwas sehr Authentisches an sich. Er war lediglich im besten Sinn des Worts eine empfindsame Seele. Wenn er auf der Bühne stand, ging es nicht um Unterhaltung."

Nach angemessener Trauerzeit erschien das zweite Joy-Division-Album *Closer* schließlich im Juli 1980, erreichte die Spitze der Independent-Charts und kam in der britischen LP-Hitparade auf Platz sechs. Zur gleichen Zeit wurde auch die letzte Single der Band veröffentlicht, das nun schrecklich prophetisch anmutende „Love Will Tear Us Apart" (das allerdings eigentlich viel fröhlicher klingt, als die Rockgeschichte glauben machen will). Der Titel kam bis auf Platz dreizehn. Joy Division selbst trennten sich sofort nach Curtis' Tod, um sich wenige Monate darauf als New Order neu zu formieren. Ihre Debütsingle „Ceremony" erschien fast genau ein Jahr nach Curtis' Selbstmord.

Es handelte sich dabei um einen der beiden Songs, die bei der allerletzten Aufnahmesession von Joy Division entstanden waren. Zwei Wochen vor Curtis' Tod hatte sich die Band in den Graveyard-Studios (ein Name, der im Nachhinein mehr als ironisch wirkte) in Prestwich eingefunden und mit Martin Hannett zwei aktuelle Titel eingespielt. Der eine war „Ceremony", der andere „In A Lonely Place", ein melancholisches Stück von prophetischer Kraft, bei dem Curtis spontan einige der ergreifendsten Textzeilen herausarbeitete, die er je erschuf – Texte, von denen seine Kollegen sicherlich verfolgt wurden, als sie sich dem Leben ohne ihn stellten. Sie beschrieben einen wartenden Henker und den Moment des Todes, wenn sich die Schnur strafft.

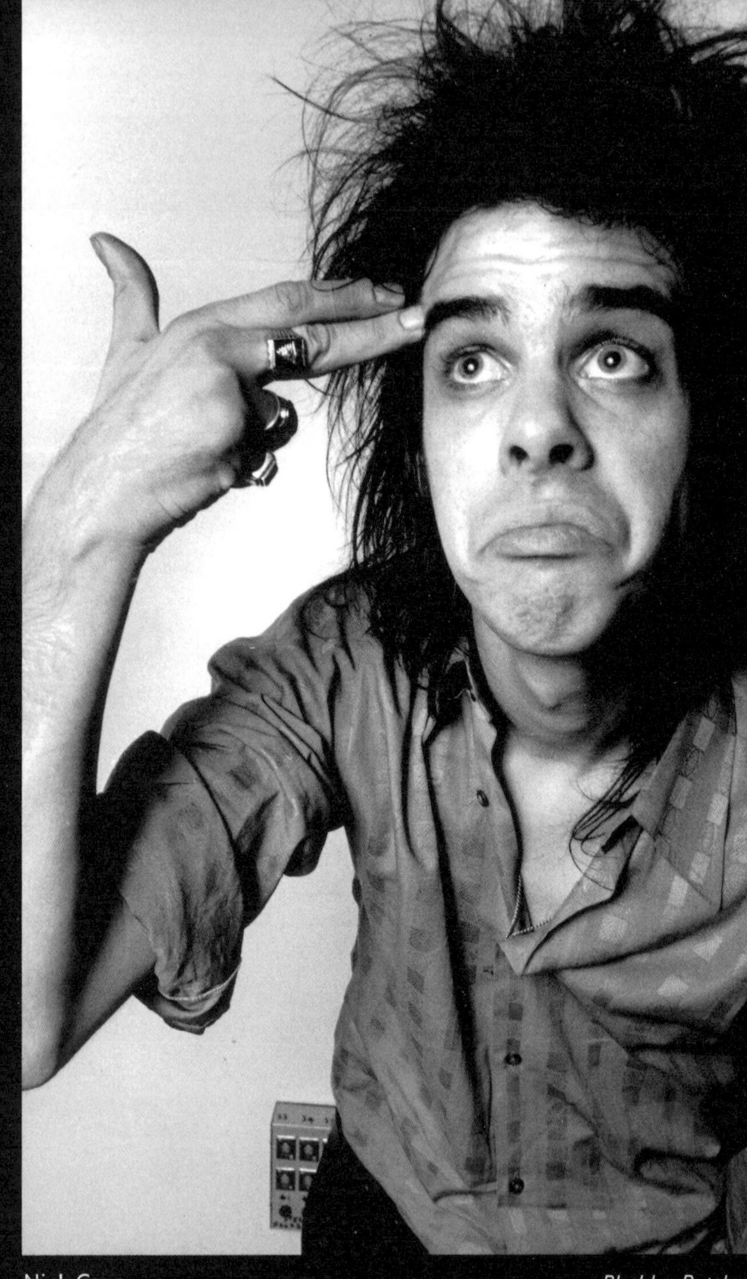

Nick Cave *Bleddyn Butcher*

FÜNFTES KAPITEL

VERSCHIMMELT ODER HEILIG?

in dem Australien eine Birthday Party in London gibt und die britische Hauptstadt zuerst gar nicht in Feierlaune ist. Bauhaus reinigen Ecken, in die andere Gifte gar nicht erst vordringen, und Dave Vanian findet die Erlösung in weiterer ewiger Verdammnis.

„Einerseits hatten wir ein Publikum, das wir durch unsere eigene Arbeit geschaffen hatten. Aber andererseits waren wir auch ein wenig irritiert, neugierig und reichlich verwirrt: Wieso sieht unser Publikum so seltsam aus?"

Pete Murphy

Die unmittelbaren Nachwehen von Ian Curtis' Tod waren beinahe so ernüchternd wie die Ereignisse, die ihm vorausgegangen waren. In der britischen Musikpresse gingen vage Beschuldigungen hin und her, wobei die Kritiker auch über ihren eigenen Anteil am Heraufbeschwören der Tragödie nachdachten („Wo endet die Pose ...?"). Diese Grübeleien kreisten zwar möglicherweise um Themen, die damit absolut nicht in Zusammenhang standen, sich aber mit bemerkenswerter Ausdauer immer wieder aufdrängten.

Hatte man Künstler zuvor ermutigt, sich ganz und gar ihrer Kunst hinzugeben, wurden Bands nun dafür verurteilt, dass sie sich zu ernst nahmen. Hatte man zuvor ein geradezu unerreichbares Maß an persönlichem Ausdruck verlangt, urteilte man nun all jene ab, die versuchten, „etwas Besseres" zu werden.

Im Frühjahr 1980 bestand die Antwort auf unschuldige Gebete in platonischem Gedankensex, wie ihn die Pop Group, Killing Joke und Public Image Ltd. boten – und natürlich auch die Psychedelic Furs, Echo and the Bunnymen und viele andere. Eine Band wie U2, die gerade ihre erste energiegeladene Single auf den Markt geworfen hatte (die übrigens trotz ihrer völlig anderen Klangfarbe auch von Martin Hannett produziert worden war), galt zunächst nur als ein Grüppchen ungehobelter Streithähne. Ein halbes Jahr später hatte sich diese Wertung ins Gegenteil verkehrt: U2 waren zu Standartenträgern für raue Ehrlichkeit und nackte Intensität geworden – schlicht, einfach und auch einfältig –, und die oben genannten alten Helden galten nun als Snobs und Ausgestoßene.

Somit war es genau die richtige Zeit, um ein Monster zu entfesseln, dessen Hass auf diese Kunsthochschulsnobs noch größer war als jener der Rockkritiker – ein Monster, dessen Gewalt dadurch potenziert wurde, dass seine Schöpfer noch elitärer und intellektueller waren als jene, die sie mit solcher Leidenschaft verabscheuten.

Birthday Party war der Name einer australischen Band, die auf der Suche nach dem Gelobten Land, von dem sie in der Musikpresse gelesen hatte, Anfang 1980 nach London gekommen war. Was die fünf Musiker dort tatsächlich fanden, erfüllte sie mit solchem Ekel, dass sie das nächste Jahr damit zubrachten, ihre Wut darüber herauszukotzen. Aktiver Genuss eines Birthday-Party-Konzerts hatte nichts mit Musikgeschmack zu tun – es war die Demonstration kulturellen Untergrundkampfs.

Nick Cave, frühreifer Sohn eines Englischlehrers und einer Bibliothekarin, verbrachte den Großteil seiner Kindheit und Jugend lesend, schreibend und malend. Er sang im Jugendchor der Wangaratta-Kathedrale, und dort kam er auch mit den religiösen Symbolen und Ritualen in Kontakt, die sich später wie ein roter Faden durch sein Werk ziehen sollten. Dort entstand auch die erste Platte, auf der seine Stimme zu hören war – als Teil des Chors, der die Weihnachtslieder „Silent Night“ und „Oh, Little Town Of Bethlehem“ intonierte.

Bis zum vierzehnten Lebensjahr ging Cave auf die örtliche Schule, wo auch seine Eltern arbeiteten – eine offenbar für alle Beteiligten wenig harmonische Erfahrung. Anschließend kam er auf die Caulfield Grammar School, wo er auf genug gleich Gesinnte stieß, um den Grundstein für seine erste Band zu legen: Tracy Pew, Phill Calvert und Mick Harvey teilten Caves Vorliebe für die Sensational Alex Harvey Band und Alice Cooper, schätzten aber wie er auch Johnny Cash, Hank Williams und eben die Düsternis, die sich am Rande jeder Art von Amerikana findet, wenn sie wirklich gut ist.

1976 hatten sich die Boys Next Door, wie sich die vier Jungs inzwischen nannten, bis an die Spitze der noch recht ungeschliffenen australischen Punkrockszene vorgearbeitet, die damals von den importierten Singles und Zeitungen geprägt und mit einem gesunden Schuss postkolonialistischen Abscheus versetzt worden war. Cave dazu: „[Punk] war etwas für die Leute, die wussten, was abging. Wir kannten die Stooges und die MC5 und waren Riesenfans dieser Bands. Uns war klar, wie cool es sein müsste, auf die Bühne zu gehen und sich total danebenzubenehmen; das war Iggys Verdienst. Und das reizte unsere empfindsamen Schuljungenseelen.“

Dennoch, die Boys Next Door hatten sich ihr altkluges Musikverständnis nicht ganz allein erarbeitet. Noch einmal Cave: „In Australien gab es eine Band namens Saints, die einen enormen Einfluss auf uns hatte. Sie kam von Brisbane nach Melbourne, und ihre Konzerte waren eine absolut alarmierende und provozierende Angelegenheit. Die Shows waren einfach komplett anti-Rock. Völlig menschenfeindlich und unglaublich laut. Sie spielten den großartigsten Punk überhaupt. Das war ein Anknüpfungspunkt für uns.“

Mit diesem Bewusstsein war die neue Band in der Lage, die Plattenimporte aufmerksam und kritisch zu beurteilen. „Wir konnten uns mit anderen vergleichen. Die Pistols waren für uns eine großartige

Band, ebenso wie die Ramones. Aber Damned fanden wir scheiße. Wir ließen uns nicht von dieser ganzen Punkgeschichte mitreißen. Wir standen auch auf Countrymusik und auf andere Sachen, Blues zum Beispiel. Das alles vermischte sich miteinander."

Die frühen Gigs der Boys Next Door zeigten jedoch auch eine Band mit soliden musikalischen Fähigkeiten. „Wir spielten noch immer Alex-Harvey-Covers, fünfundsiebzig Prozent unserer Musik bestand aus seinen Songs. Ich meine, wir hatten schon Konzerte gegeben, bevor es mit Punk losging, und wir konnten einigermaßen spielen. Aber wir gaben dennoch recht ruppige, krachige Shows, von daher mussten wir unseren Sound nicht groß anpassen, um als Punkband durchzugehen."

Cave schrieb zu der Zeit bereits seine eigenen Songs, wobei er heute verächtlich über seine Frühwerke spricht: „Das Zeug war grässlich, ich war ein Spätentwickler." Als die Boys Next Door ihre ersten Gigs in Studentenkreisen absolvierten, bestand ihr Set aus altbewährten Klassikern wie „My Generation", „I Put A Spell On You" und „These Boots Are Made For Walking", während frühe Originale wie „World Panic" oder „Masturbation Generation" nicht mehr Aufmerksamkeit verdienen, als ihre Titel vermuten lassen.

Dennoch gelang es der Band dank ihrer inzwischen angesagten nihilistischen Tendenzen schnell, mehr und mehr Anhänger zu finden: Das Indie-Label Suicide nahm drei Songs der Boys Next Door („Masturbation Generation", „Boy Hero" und „These Boots") auf ihre 1978 veröffentlichte Compilation *Lethal Weapons,* wobei der Sinatra-Song gleichzeitig als Single erschien. Die Sache kam ins Rollen.

Mushroom, die Mutterfirma von Suicide, hatte bereits Interesse an den Boys Next Door bekundet und bot ihnen im Frühjahr 1978 etwas Aufnahmezeit in einem Studio an – erste Sessions für ein Album, von dem die Band selbst kaum wusste, dass es entstand. Es war keine angenehme Erfahrung. Cave erklärte: „Wir hatten schon früh mit den Machenschaften korrupter Manager und Plattenfirmen zu tun, wir lernten unsere Lektionen von Anfang an. Wir bekamen einen Produzenten – einen Vollidioten von einer Band namens Skyhooks, der von überhaupt nichts eine Ahnung hatte. Wir hatten einen Manager, der uns eines Tages ins Büro holte und sagte: ‚Hört mal, Jungs, ich habe mit London telefoniert, die sagen, Punk sei out, Powerpop sei in.' Und dann zeigte er uns Bilder von Klamotten, die wir seiner Meinung nach anziehen sollten. Und unsere Plattenfirma hatte auch nicht den geringsten Durchblick."

Die Band reagierte auf die einzig mögliche Weise: Sie lebte ihre Frustration auf der Bühne aus und geriet dort regelmäßig so unelegant außer Kontrolle, dass sie schnell in jedem Club, der etwas auf sich hielt, Hausverbot hatte. Anfang 1979 – inzwischen war der Gitarrist Rowland Howard zu ihnen gestoßen – hielten die Boys Next Door nicht nur deswegen weiter durch, weil sie an ein gemeinsames Schicksal glaubten, sondern schlicht aus Trotzigkeit.

Ihr Debütalbum, *Door Door,* das sowohl aus neuem Material als auch den verhassten frühen Sessions bestand, erschien im Mai 1979. Die Band selbst wollte nichts damit zu tun haben. „Wir konnten ganz anständige Konzerte geben, aber die Platte gibt absolut keinen Hinweis darauf, was uns als Band ausmachte", beklagte sich Cave. „Es war von einem Typen produziert, der uns diesen Powerpopsound verpassen sollte. Zu der Zeit waren wir noch Kids. Wir mussten dem Kerl seinen Willen lassen und weitermachen. Ich musste meine Vocals allesamt doppelt aufnehmen, bei ‚Masturbation Generation' beispielsweise. Das war auch so eine seiner Ideen – jede Zeile zweimal auf exakt genau dieselbe Weise zu singen, damit meine Stimme etwas voller klang."

Verzweifelt bestrebt, sich dem Zugriff von Mushroom Records zu entwinden, an die sie weiterhin vertraglich gebunden waren, gingen die Boys Next Door in den Untergrund. Ihre nächste Veröffentlichung, eine gemeinsame Single mit den ebenfalls aus Melbourne stammenden Models, entstand in Phill Calverts Schlafzimmer auf einem Vierspurgerät und erschien unter dem Namen Torn Ox Bodies. Erst Ende des Jahres konnten sie wieder unter eigenem Namen auftreten; sie unterschrieben bei Missing Link, wo sie die explosive EP *Hee Haw* von der Kette ließen. Aber die Band war sich bewusst, dass weitere Aktionen in Australien reine Zeitverschwendung waren.

Sie lasen noch immer die englischen Musikzeitungen und wurden grün vor Neid, wenn sie sich die dortige Szene vorstellten, die an jeder Straßenecke zu blühen schien. Selbst die Bandnamen waren unglaublich großartig: Echo and the Bunnymen, Joy Division, Siouxsie and the Banshees, Psychedelic Furs, The Teardrop Explodes, Orchestral Manœuvres in the Dark, Dalek I Love You. Sie beschlossen, Australien eines Tages – am besten schon bald – zu verlassen und sich diesem illustren Zirkel anzuschließen.

Am 16. Februar 1980 gaben die Boys Next Door im Melbourner *Crystal Ballroom* ihr letztes Konzert in Australien, wobei sie gleichzeitig mittels einer neuen Single – „Mr. Clarinet“ – ihren neuen Bandnamen bekannt gaben: Birthday Party. Nur wenig später, am 23. März, schlurften sie mit versammelter Mannschaft zum *Lyceum Ballroom* in London, wo einhundert Jahre zuvor Bram Stoker und *Jekyll and Hyde* ihr Unwesen getrieben hatten, um sich dort die angesagten Bands, von denen sie gelesen hatten, bei einer Monsterveranstaltung mit den Furs, den Bunnymen, The Teardrop Explodes und A Certain Ratio anzusehen. Sie fanden es ätzend.

„Die standen alle bloß da, spielten ihre Gitarren und sangen“, maulte Gitarrist Rowland Howard später. „Das war öde und langweilig.“ Aber, wie Cave Jahre später zugab, zumindest war es besser als die Welt, die sie gerade hinter sich gelassen hatten, das Haifischbecken der kapitalistischen australischen Plattenindustrie. „Wir hatten einen Manager, der uns ausgenommen hat wie Weihnachtsgänse. Das ganze Geld, das Birthday Party je verdienten, geht heute noch an ihn … na ja, jetzt nicht mehr, aber zehn Jahre lang lief das noch so. Von Anfang an hatten wir mit diesen Dingen zu kämpfen, und daher fällten wir schon früh eine Entscheidung: niemals mit einem Produzenten zu arbeiten, komme, was wolle. Den Manager schossen wir ab. Wir wechselten die Plattenfirma, und wir wussten mittlerweile, worauf wir da achten mussten. Wir hatten unsere Lektionen gelernt, bevor wir nach England kamen, da wussten wir schon ziemlich gut Bescheid.“

Zumindest glaubten sie das. Birthday Party, die in ein paar engen Hotelzimmern abseits der Gloucester Road untergekommen waren, verbrachten die ersten Tage in London mit einem Touristenbummel zu den typischen Sehenswürdigkeiten, während Cave für einen Kurztrip nach Paris reiste. Aber das Geld ging schnell zur Neige, und auch nachdem die ganze Band in ein Einzimmerapartment in Earls Court gezogen war, wurde das Leben nicht leichter. Rowland Howard fand einen Job als Tellerwäscher, Mick Harvey arbeitete beim Nahrungsmittelhersteller Lyons, und Keith Glass, der de facto als ihr Manager agierte, war jeden Tag unterwegs, um eine Plattenfirma aufzutreiben, die sich für fünf gestrandete und allmählich verzweifelnde Australier interessierte.

Es war eine Sisyphusarbeit. Rough Trade überlegte ein bisschen und übernahm zumindest den Vertrieb für die neue Importsingle „Mr. Clarinet“, aber der Rest der britischen Plattenindustrie war vollauf mit der heimischen Szene beschäftigt, die so lebendig war wie seit Jahren nicht mehr. Weshalb hätte man Talente aus Übersee importieren sollen, wenn man jeden Tag nur in den Veranstaltungskalender zu blicken brauchte, um als Erste die Stars von morgen zu erkennen?

Die Woche vor Ian Curtis' Tod kann da als typisches Beispiel dienen: Samstag spielten die Only Ones im *Electric Ballroom,* Sonntag die Cure im *Rainbow.* Montag präsentierte Brian James seine neue Band, die Hellions, im *Nashville,* Dienstag spielten Any Trouble im *Hope & Anchor,* Mittwoch kam Elvis Costello in diesen Club. Donnerstag lief der Sex-Pistols-Film *The Great Rock 'n' Roll Swindle* an, und wenn man in eine frühe Vorstellung ging, schaffte man es abends noch zu Bauhaus in den *Moonlight Club.* Freitag gaben TV Smiths Explorers ihr insgesamt erst zweites Konzert im *Music Machine.* Bei all dem, was sich direkt vor der Haustür abspielte, lag Australien wirklich am anderen Ende der Welt.

Vielleicht lag es an ihrer Hartnäckigkeit, vielleicht hatten sie lediglich Glück. Aber allmählich begann sich das Blatt für Birthday Party zu wenden, und seltsamerweise begann diese Veränderung unmittelbar nach dem Tod von Ian Curtis.

Zunächst waren Birthday Party auf Pop Group gestoßen, eine Band, die – wenn man unkonventionelle Musik einmal mit konventionellen Ohren betrachtete – noch dissonanter klang als Cave und Co. Dann gelang es Phill Calvert, dem britischen Kultradiomacher John Peel ein Exemplar von *Hee Haw* zuzuspielen, und der setzte die Platte regelmäßig in seiner Sendung ein. Ein Jahr zuvor war er bereits von *Door Door* recht beeindruckt gewesen, und er war begeistert, als er hörte, dass die dazugehörige Band derzeit in London war. Wohin Birthday Party sich auch wandten, plötzlich war es, als würden sich die Tore der Stadt endlich für sie öffnen und zum ersten Mal seit langer Zeit neue Ideen willkommen heißen. Das musste man der Band nicht zweimal sagen.

Am 29. Juni 1980, sechs Wochen nach Curtis' Tod und fast genau sechs Monate nach ihrer Ankunft in England, traten Birthday Party im *Rock Garden* als Vorgruppe der inzwischen längst vergessenen Temporary Title erstmals in London auf. Elf Tage später spielten sie als Support der Mo-Dettes im *Moonlight Club.* Im September entstand ihre erste Peel-Session. Die Wartezeit war vorüber.

Die dritte Single von Bauhaus (die zweite für ihr neues Label 4AD), das eckige „Terror Couple Kill Colonel", erschien Ende Juli 1980, als die Band, die seit Januar ununterbrochen unterwegs gewesen war, beschloss, eine kleine Konzertpause einzulegen.

Sie verließen sich schon lange nicht mehr auf die Szene in London. Im Februar hatten Bauhaus ihr erstes Konzert im Norden Englands, im *Eric's* in Liverpool, gegeben. Im März reisten sie erstmals ins europäische Ausland, und im April begann eine längere Tour durch Großbritannien. Die Kritiker spalteten sie dabei so gründlich, als hätten sie mit einer Axt zugeschlagen.

Einige Journalisten bekundeten ihre uneingeschränkte Zuneigung. Im *Zig Zag* konnten neugierige Leser erfahren: „Ein Livekonzert von Bauhaus kann einen gottesfürchtigen Vorstadtjungen völlig aus der Fassung bringen. Ich wusste nicht, wohin ich mich wenden sollte, ich wusste nur, dass ich den Mann mit dem Mikrofon keinen Augenblick aus den Augen lassen durfte."

Andere Schreiber hatten nichts als Verachtung für sie übrig, wie Peter Murphy später sagte. „Ich erinnere mich an eine Kritik, in der es hieß: ‚Bauhaus halten sich wohl für die Velvets nach der Heiligsprechung, dabei sind sie höchstens eine verschimmelte Version der Sweet.'"

Tatsächlich wetteiferten viele Kritiker während des ersten Karrierejahrs der Band darum, wer den unappetitlichsten Vergleichsrahmen für die Band ersinnen konnte. Sie gehörten, maulte der *Melody Maker,* „zu der wachsenden Zahl verwegener Bands, die offenbar glauben, dass sie mit der Schöpfung eines komischen, orientierungslosen Sounds irgendwas zu ihrem oder unserem Wohlbefinden oder der Musik im Allgemeinen beitragen können". Sie steckten „auf dem eingefahrenen New-Musick-Gleis fest", sie waren „aufgewärmte Banshees-Reste", sie waren alles Mögliche. Aber die kleinen Leichenschänder draußen kapierten, worum es ging. „Visuell machten Bauhaus alles richtig", schrieb *Sounds*. „Dramatisches Blitzgewitter nach Hammer-Horror-Art, Lichtkegel wie beim Luftangriff, selbst festgehaltene Stroboskope, schwarze Fäden, Make-up und Problemfrisuren …, [und] die Masse bejubelte sie wie heldenhafte Eroberer."

„Terror Couple Kill Colonel", dessen Titel aus der Überschrift eines Zeitungsberichts über den Mord an einem pensionierten britischen Offizier in der Bundesrepublik entlehnt war, kam bis auf Platz fünf in den britischen Indie-Charts und war damit der bisher größte Hit von Bauhaus (der Höhenflug von „Bela Lugosi's Dead" war leider zu Ende gegangen, bevor die offizielle landesweite Indie-Hitliste ins Leben gerufen worden war). Es bot zudem einen Vorgeschmack auf ein Album, das mit so viel Spannung erwartet wurde wie kaum ein anderes in jenem Jahr, das Bauhaus-Debüt *In The Flat Field* – wobei diese Spannung von den Musikblättern allerdings nicht gerade geschürt wurde.

Dort wurde *In The Flat Field* erst niedergemacht, dann gefeiert und dann wieder niedergemacht. „Neunmal bedeutungsloses Gejammer und Gedresche ohne auch nur einen Hauch eines interessanten Elements", ärgerte sich der *New Musical Express*. „Auf ihren Singles haben Bauhaus durchaus mal die eine oder andere gute Idee gezeigt, aber wie dieses Album beweist, haben sie diese beiden Einfälle jetzt wohl verbraucht." *Sounds* zeigte ebenso wenig Verständnis: „Mit dabei ist ein Leadsänger, der schlechte Gedichte schreibt ... und der gemeinsam mit seiner Band in dem Irrtum gefangen ist, die Jugendfreizeitheim-Version von Joy Division für Mountain zu halten." Erst wenn man sich das Objekt von so viel Schimpf und Häme einmal anhörte, wurde klar, was für einen kompletten Blödsinn Bauhaus da inspiriert hatten – und die Tatsache, dass sie solche Hasstiraden auslösten, sagte eigentlich mehr über ihre Qualitäten aus, als es die lobhudelndste Kritik je hätte tun können.

In The Flat Field zählt noch immer zu den mutigsten Alben seiner Zeit. Der erste Titel, „Double Dare", wagte sich mit seinem Arpeggio-Gitarrenintro und den Bleep-Geräuschen in Bereiche vor, die noch nicht einmal die Banshees bisher erkundet hatten. Es war ein chaotischer Mix aus unheilschwangeren Bassläufen, Trommelwirbeln und herausfordernden Schreien, den die Band komplett von ihrer ersten Peel-Session Anfang Januar entliehen hatte, nachdem sie feststellte, dass sich diese Aufnahme schlicht nicht übertreffen ließ.

David J erinnert sich daran, wie er die Session zum ersten Mal hörte, als er mit einem kleinen, voll aufgedrehten Transistorradio in Soho auf der Straße stand. „Es wurde direkt vor unserem Auftritt im *Billy's* gesendet. Wir liefen die Straße entlang, absolut überglücklich und richtig dadurch aufgeputscht." Neun Monate später hatte der Song noch immer dieselbe gewalttätige Spannung, und auch heute, zwanzig Jahre danach, gehört „Double Dare" nach wie vor zu den soundtechnisch aufregendsten Platten aller Zeiten – das musikalische Äquivalent zu Sex in einem Bombenflieger.

Der Titeltrack des Albums – den Murphy und Ash bereits bei ihrer ersten gemeinsamen Probe geschrieben hatten – brachte den schizoiden Pop, wie ihn die Banshees etwa zur *Scream*-Zeit perfektionierten, clever auf den Punkt und brach mit einem überwältigenden Donnergrollen aus Drums und Bass aus den Boxen. „God In An Alcove" dokumentierte die Zerstörertaktik der frühen Bauhaus: Scharfkantige Gitarren schnitten sensengleich in einen Trance erzeugenden Bass, während der Gesang den Text wie eine Schlinge zu umspielen schien. „St. Vitus Dance“ zuckte und zappelte so abgehackt hin und her wie ein echter Veitstanz, und „Stigmata Martyr“ faszinierte mit dem durchgängigen Rhythmus und der durchdringenden Gitarre.

Es war ein erschütterndes Album, das vor Kreativität übersprudelte, das sich nichts schenken ließ und selbst keine Gefangenen machte. Selbst die Tatsache, dass der immer noch bekannteste Track der Band, „Bela Lugosi's Dead“, fehlte, tat seiner Qualität keinen Abbruch (Bauhaus, die Small Wonder für ihre erste Chance immer noch sehr dankbar waren, erlaubten dem Label, die Exklusivrechte an dem Song für zwanzig Jahre zu behalten). *In The Flat Field* schoss schnell an die Spitze der Independent-Charts und kam sogar für eine Woche in die offizielle LP-Hitparade, wo es sich mit den besten Produkten des musikalischen Mainstreams messen durfte.

In einer Welt, die plötzlich auf Insekten abzufahren schien (wie Adam and the Ants gerade bewiesen, denen es im allgemeinen Postpunktaumel gelungen war, ihren Status als Presseparias umzukehren), war der Erfolg von Bauhaus komplett – mehr noch: Sie hinterließen sogar Spuren auf der anderen Seite des musikalischen Spektrums. Denn tatsächlich wies „Ant Invasion“ von Adams Ameisen, das einen Monat nach *In The Flat Field* erschien, ein sich wiederholendes Gitarrenmuster auf, das geradewegs aus einem Bauhaus-Stück entlehnt zu sein schien, während der Gesang sich in Bereiche vorwagte, die stark nach Peter Murphy klangen. Im Gegenzug wilderte die nächste Bauhaus-Single in echtem Ants-Revier – sie entschieden sich für ein Cover der T.-Rex-Nummer „Telegram Sam“, ein Relikt aus frühen Tagen, das inzwischen ein intensives, bedrohliches Eigenleben entwickelt hatte.

Zum ersten Mal seit den misslungenen, lange zurückliegenden Demospielereien begaben sich Bauhaus für diesen Track wieder ins Reich der Videos. Gemeinsam mit dem Regieteam Don Letts und Mick Calvert richteten sie sich ganz in der Nähe des 4AD-Büros im Heizraum des Fulhamer Schwimmbads ein und ließen sich umgeben von Dampf und Wasserrohren filmen.

Diese eher wenig symbolbeladene Umgebung erschuf ein überraschend eindrucksvolles Bild: „Telegram Sam“ fing nicht nur die erstickend klaustrophobische Atmosphäre ein, für die Bauhaus berühmt waren, sie verstärkte sie sogar noch und legte eine neue Imageschicht über die Band, die ohnehin schon mit verschiedenen Wahrnehmungen anderer Leute belegt worden war. Und tatsächlich, auf der B-Seite der Single setzte sich die Band auf „Crowds" mit diesem zentralen Problem auseinander. „What do you want of me?", fragte Murphy überaus charmant. „What do you want of me … you fickle shits?" – „Was wollt ihr von mir, ihr launischen Scheißer?"

Es war eine paradoxe Situation, deren Widersprüche sie nicht auflösen konnten, wie Murphy Mitte der Neunziger erklärte. „Einerseits hatten wir ein Publikum, das wir durch unsere eigene Arbeit geschaffen hatten. Aber andererseits waren wir auch ein wenig irritiert, neugierig und reichlich verwirrt: Wieso sieht unser Publikum so seltsam aus?" Natürlich blickte ihnen die Antwort aus jedem Garderobenspiegel entgegen, aber Bauhaus hatten längst aufgehört, dort hineinzusehen. „Uns war nicht bewusst, wie wir aussahen. Nach einer Weile wird man immun gegen die Schockwirkung des eigenen Outfits, da wird das die Norm."

Eines Abends ging Murphy auf dem Weg zum *Electric Ballroom* gemeinsam mit dem Bauhaus-Lichttechniker Plug durch den Nordlondoner Stadtteil Camden Town. Sie sahen, wie das Publikum zum Club strömte, und Murphy erinnert sich: „Ich drehte mich zu ihm um und sagte: ‚Du meine Güte, die Leute sehen heutzutage wirklich komisch aus.' Und er lachte bloß: ‚Das sagst gerade *du*'?"

Während Bauhaus gerade ihr erstes Album feierten, bereiteten sich Damned voll neuer Energie auf ihr viertes vor und genossen es, von ziemlich demselben Publikum verehrt zu werden, das Bauhaus so verwundert hatte.

Seit sich die Originalbesetzung 1978 in alle Winde zerstreut hatte, war Gitarrist Brian James der Einzige – von Dave Vanians Flirt mit den Doctors of Madness einmal abgesehen –, der auf seinen Füßen gelandet war. Er hatte Tanz Der Youth gegründet, deren Name eine Verbeugung vor Roman Polanskis Vampirkomödie darstellte; James besaß ein Poster von diesem Film, auf dem der Titel in deutsch-englischem Mischmasch als *Tanz Der Vampires* gedruckt stand. James: „*Tanz Der Vampires* – das klang einfach toll. Daher nahm ich das *Tanz Der* und überließ die Vampire ihrem eigenen Schicksal."

Tanz Der Youth bekamen nie die Aufmerksamkeit, die sie eigentlich verdienten, und nach nur einer Single und einer wenig glücklich ausgewählten Verpflichtung als Support für Black Sabbath lösten sie sich wieder auf. James' alten Damned-Kollegen erging es 1978 kaum besser. Aus Rat Scabies' White Cats und Captain Sensibles King wurde nichts, und im September hatten die beiden sich unter dem Namen Les Punk für einen Gig im *Electric Ballroom* wieder mit Vanian zusammengetan (Lemmy von Motörhead sprang kurzfristig als Bassist ein).

Offenbar war der Auftritt eine angenehme Erfahrung. Die drei beschlossen zusammenzubleiben und rekrutierten zunächst Henry Badowski und dann Alistair Ward (früher bei den Saints) als Bassisten. Während sie mit James wegen der Rechte am ursprünglichen Bandnamen verhandelten, gaben sie eine Hand voll Konzerte als Doomed. Am 7. Januar 1979 standen sie dann wieder als Damned auf der Bühne, im *Greyhound Pub* in Croydon.

Das neue Jahr brachte den reformierten Damned zögerlich erste Erfolge. Drei Singles – „Love Song", „Smash It Up" und „I Just Can't Be Happy Today" schafften es in die britischen Top Fifty; das Album *Machine Gun Etiquette* schrammte haarscharf an den Top Thirty vorbei.

Diese Platte beschäftigte sich dabei größtenteils mit dem, was bei den Damned – einer ruppigen Punkrocktruppe mit einem gesteigerten Gespür für das Absurde – schon immer in ihrer Natur gelegen hatte. Gelegentlich zeigte sich einmal ein Element, das darüber hinausging. Man hätte, wenn man gewollt hätte, etwas akademisch Betuliches ausmachen können, beispielsweise im instrumentalen „Smash It Up (Part One)", das auf seltsame Weise spätere Cure-Riffs vorwegnahm. „I Just Can't Be Happy Today" und „Anti-Pope" enthielt ein paar respektlose Textideen. „Machine Gun Etiquette", der Titeltrack, wies mit seinen dreisten Verweisen auf Gary Glitters „Rock 'n' Roll" auf die Verschmelzung aus dem Chaos des Punk und der Affektiertheit des Glam hin, die längst zu einem integralen Bestandteil der Postpunksounds geworden war – jedenfalls dort, wo man stilistische Grenzen nicht allzu verbissen sah.

Vanian gab zwar nach wie vor den ewigen Vampir, aber insgesamt waren Damned 1979 noch recht orientierungslos. Doch im Verlauf des nächsten Jahrs erkannte das Quartett, dass die ergebenen Blutsauger unter den Bauhaus-Fans nur einen kleinen Teil des visuellen Zirkus darstellten, der sich inzwischen um eine ausgewählte Hand voll Bands versammelt hatte. Während Damned an ihrem nächsten Album arbeiteten (das, obwohl eigentlich ohne Titel, passenderweise den Namen *The Black Album* – im Kontrast zum *White Album* der Beatles – erhalten sollte), lag das Schicksal buchstäblich in ihren eigenen Händen. Und wie die Geschichte zeigt, wussten sie ihre Chance zu nutzen.

Henrik Poulsen, ein langjähriger Damned-Begleiter und Herausgeber des traditionsreichen Fanzines *Neat Damned Noise,* beschreibt *The Black Album* als „Paten aller Gothic-Alben", und mit dieser Auffassung steht er nicht allein ... eigenartigerweise. Der Neuling wird sich vermutlich wundern, weshalb so viel Aufheben von dieser Platte gemacht wird, wenn er einen Abend lang versucht, sich an das Material heranzutasten, und dabei Songs wie „Drinking About My Baby", „Lively Arts", die besoffene Beach-Boys-Anleihe „Silly Kids Games" und auch das viel versprechend betitelte „Wait For The Blackout" an ihm vorbeirasen, ohne dass ein einziger Beerdigungsakkord oder hohler Glockenschlag zu hören wäre.

Aber das geheimnisvolle „Twisted Nerve" entspricht einer Gothic-Definition, wie man sie vielleicht in einem Comicheft finden *könnte,* wenn prophetische Texte über einen quengelnden Bass und ein geisterhaftes Saxofon fließen. Das hervorragende „13th Floor Vendetta" beschwor die wartenden Gespenster („the organ plays till midnight" – „die Orgel spielt bis Mitternacht", was für ein schönes Bild!), auch wenn das Klavier an Bowie zu *Aladdin Sane*-Zeiten erinnerte. „Dr. Jekyll And Mr. Hyde" erzählte dann wenigstens die Geschichte, die man hier erwarten würde.

So weit, so verwirrend. Mitte der Neunziger erinnerte sich Dave Vanian in einem Radiointerview an diese Zeit: „Nach *[Machine Gun Etiquette]* hatten wir eine sehr experimentelle Phase, und die Titel wurden schlicht entsprechend unseren damaligen Möglichkeiten gestaltet. Wir arbeiteten mit vier oder mehr Leuten an diesen Sachen, daher wusste man nie, was dabei herauskommen würde." Deshalb war die Band wohl ebenso überrascht wie das Publikum, als sie mit „Curtain Call" aufwarteten, einem siebzehn Minuten langen Werk, das eine ganze Seite der Doppel-LP einnahm und in eine grandiose Klangwelt aus gruseliger Orgel, atmosphärischer Gitarre und Dave Vanians vielleicht ausdrucksstärkstem Gesang entführte. Bei jeder Band hätte „Curtain Call" als überwältigendes Experiment gegolten, aber von Damned, die nie in dem Ruf gestanden hatten, mit derart Grand-Guignol-würdigen Gesten aufzuwarten, war es doppelt beeindruckend.

Hier nahm zudem eine Reihe von Gothic-Fantasien ihren Anfang, die wohl nie entstanden wären, hätte Vanian solche Gedanken nicht geradezu nahe gelegt – und sie dann weiter gepflegt, mit der wachsenden Überzeugung, dass er, wie seine Bandkollegen ja schon wussten, tatsächlich so war, wie er aussah.

Poulsen: „Dave ist in Interviews so oft nach seinem Aussehen gefragt worden, und jedes Mal hat er es vermieden, darauf zu antworten oder wirklich etwas dazu zu sagen. Ich habe nie davon gehört, dass er direkt dazu Stellung genommen hätte – seine Standardantwort ist, dass er schon immer so war, dass es sich nicht um ein Image handelt, sondern dass er einfach so ist – rund um die Uhr. Wenn er beispielsweise gefragt wird, ob er wirklich in einem Sarg schläft und so, dann lenkt er ab und redet über etwas anderes. Aber er war unzweifelhaft ein riesiger Einfluss auf viele Goths, vor allem optisch."

Musikalisch haben Damned ihr Gothic-Publikum nur mit kleinen Verweisen bedient – Songtitel wie „Grimly Fiendish" oder Albumnamen wie *Grave Disorder* klangen zwar oberflächlich kompatibel, wurden den eigentlichen Gothic-Erwartungen aber nicht gerecht. Schließlich war es dieselbe Band, die auch Songs wie „Edward The Bear" und Alben wie *Strawberries* auf Platte bannte.

Dennoch erhielten die Gothic-Feuer durch jene Gerüchte neue Nahrung, die sich um die Aufnahmen von *The Black Album* rankten. Es entstand in nur drei Wochen gleich nach der letzten Europatournee der Damned, und zwar in den Rockfield-Studios in Monmouthshire, wo es, wie die Band schnell feststellte, spukte.

Bassist Paul Gray, der nach *Machine Gun Etiquette* dazugestoßen war, erzählte später von den eigentümlichen Geschehnissen dort. „Es war ein seltsamer Ort. An einem heißen Sonntagnachmittag gingen wir einmal den Berg zu dem alten Haus hinauf. Rat hatte seinen Hund dabei, und der fing plötzlich an, schrecklich zu heulen, zu zittern und den Schwanz einzuklemmen. Wir schleppten ihn gegen seinen Willen auf diesen Berg, und als wir oben in dem Haus waren, beschlossen wir, uns dort bei offenen Türen und Fenstern ein Video anzusehen.

Plötzlich flog alles mit einem Knall zu, und es wurde kalt; der Hund rastete total aus. Es war sehr unheimlich. Später in der Nacht, als ich gegen drei aufstand, um pinkeln zu gehen, fiel die Tür hinter mir zu und ließ sich nicht mehr öffnen – und das war sehr seltsam, weil es kein Schloss gab, sondern nur einen Riegel. Ich dachte, dass mich jemand verarschen wollte, weil es sich anfühlte, als ob etwas gegen die Tür drückte, aber außer mir war niemand im Raum. Plötzlich ging sie dann wieder auf – das war schon komisch. Die Studiobetreiber sagten uns später, Black Sabbath hätten dort vor Jahren Séancen veranstaltet und seien abgehauen, als irgendwelche Sachen durch die Zimmer flogen ...“

Welche Elementargeister während der Aufnahmen der Damned dort auch immer herumgespukt haben mochten, auf *The Black Album* hatten sie jedenfalls keine negativen Auswirkungen: Damned konnten damit den Erfolg seines Vorgängers weiter ausbauen und den ersten Eintrag in die Top Thirty der britischen Albumcharts feiern (es stürmte später, nachdem sich das Chiswick-Label entschlossen hatte, sich nicht mehr von einem Major sponsern zu lassen und wieder richtig Indie zu werden, nachträglich die Independent-Charts und erreichte dort 1982 Platz dreizehn).

Ebenso wichtig war jedoch, dass es die Gothic-Regel bestätigte, die in Literatur und Kunstgeschichte von jeher beherzigt wurde, die aber die Musikpresse in ihren Bemühungen, bestimmte Bands auf diesen Bereich festzunageln, noch immer nicht begreifen wollte: Schicksal, Tod und Düsternis mussten nicht ausschließlich in deprimierender Weise dargestellt werden. Und auch wenn Damned nicht die erste Band waren, der man das Gothic-Etikett anheftete, so waren sie doch die Ersten, die ihre Energien bewusst auf die allmählich entstehende Musikrichtung konzentrierten, die später so genannt werden sollte.

Humor – oder zumindest eine gewisse gut gelaunte Leichtigkeit – zeichnete auch das Futurama II aus, das wieder in Leeds am Wochenende des 13. und 14. September 1980 stattfand. Siouxsie and the Banshees, die Psychedelic Furs, Echo and the Bunnymen, Clock DVA und Durutti Column boten die erwartungsgemäß düstere Kost, aber Wasted Youth gaben sich eher wie die glambeeinflussten Zwittersöhne von Keith Richards und spalteten die Regenmantelfraktion gründlich. Wer das überstanden hatte, bekam es mit Altered Images zu tun, deren Sängerin Clare Grogan mit idiotischem Grinsen und hüpfendem Tanz wie eine Mischung aus Siouxsie Sioux und einer verwöhnten Göre aus gutem Haus wirkte. U2 ließen kriegerisch ihre wachsenden Muskeln spielen, und zu guter Letzt, gegen drei Uhr morgens, tauchte sogar noch Gary Glitter auf, als wolle er demonstrieren, dass auch er eine (zugegeben höchst überraschende und wohl nicht recht zu erklärende) Rolle im Postpunk-Universum spielte. Noch heute lässt sich das Bild von mehreren tausend äußerst ernsthaften Trauerklößen, wie die Medien es gern zeichneten, kaum mit dem Anblick vereinbaren, den das gesamte, zu „Remember Me This Way“ schunkelnde Publikum bot, das sich keinesfalls schämte, Freudentränen zu vergießen, und begeistert um die Rosen kämpfte, die Glitter von der Bühne warf.

Dabei kam Futurama II auch theoretisch zur rechten Zeit, mehr noch als die erste Veranstaltung im Jahr zuvor. Leeds an sich explodierte gerade vor Postpunk-Idealismus, und sein pochender Puls übertrug sich auf das ganze Land, während die Stadt ein ausgefallenes, elektronisch interessiertes Talent nach dem anderen auf die Straßen schwemmte.

Kommerziell betrachtet hatten sich Gang of Four und die Mekons dabei außerhalb der Stadtgrenzen gewagt, aber innerhalb begannen zwei ehemalige Kunststudenten die Szene zu beeinflussen, Marc Almond und Kris Neate, die das örtliche Nachtleben um ein neues Clubprojekt bereicherten. Es fand jeden Montag im *Warehouse* statt, einer Superdisco, die ein gewisser Mike Wyen eröffnet hatte. Almond zufolge hatte das *Warehouse* die beste Sound- und Lichtanlage in ganz Nordengland und war zudem der Treffpunkt der bestaussehenden Trendsetter, was Stil und Mode betraf – „Glitterati, die von fern und nah anreisten, um den schnell zur Legende werdenden Hedonismus dort zu erleben“. Almond und Neate machten diesen Hedonismus (fast) allen Interessierten zugänglich.

Die Montags-Clubnacht war ursprünglich als Leeds' Antwort auf die überall in London aus dem Boden schießenden hippen „Niteries“ gedacht, von denen die beiden in den Musikzeitungen gelesen hatten. „Clubs wie das *Blitz, Hell* oder *Le Beat Route* waren der letzte Schrei“, erinnerte sich Almond. „Dort tanzten die Leute in völlig verrücktem, außerirdischem Make-up und bizarren Outfits. Eine neue Bewegung zeichnete sich ab, die ihre eigene Musik, Veranstalter, Designer und Bands hatte, wie Spandau Ballet, Visage oder Landscape.“

Aber London war weit weg, zu weit für einen einzigen Partyabend, und „daher entwickelten wir die Idee, eine eigene Clubnacht mit elektronischer alternativer Musik zu machen, deren Schwerpunkt auf neuer elektronischer Dance Music, alternativem Funk, Industrial, Postpunk und Disco liegen sollte. Wir lockten alle Alternative-Freaks in Leeds, aus ihren Löchern zu kommen und sich aufzubrezeln.“

Nicht nur aus Leeds. Schon bald zog das *Warehouse* auch Besucher aus weiter entfernten Städten wie Sheffield, Bradford und sogar Manchester und Liverpool an, deren heimische Szenen sonst von grauen

Regenmänteln und düsteren Visionen beherrscht wurden. Im *Warehouse* dagegen gab es Glitzer und Glamour. Solange man sich auf die neue Musik konzentrierte, konnte dabei nichts schief gehen.

Almonds eigene Band, das Duo Soft Cell, das er Anfang des Jahres mit Dave Ball gegründet hatte, gab sein erstes Livekonzert im *Warehouse* zu Beginn der Montags-Clubnächte, umgeben von einem DJ-Programm, das sich zwischen Bowie, Throbbing Gristle und Donna Summer bewegte. Ihr Set enthielt bereits spätere Soft-Cell-Klassiker wie „Facility Girls" und „Metro Mr. X" sowie das Show-Highlight „Martin", dessen Text von George Romeros Film über einen Teenagervampir inspiriert worden war. Wenige Wochen später waren sie zu einer Lokalgröße geworden, die ihren Platz beim Futurama II problemlos behaupten konnte. Noch ein knappes Jahr weiter, und sie standen an der Spitze der britischen Charts, als neue Könige der New-Romantic-Szene, in die sich ihre *Warehouse*-Nächte so impertinent hineingedrängelt hatten. Die Szene aus Leeds hatte ihre ersten New-Musick-Superstars gefunden. Jetzt war Crawley am Zug.

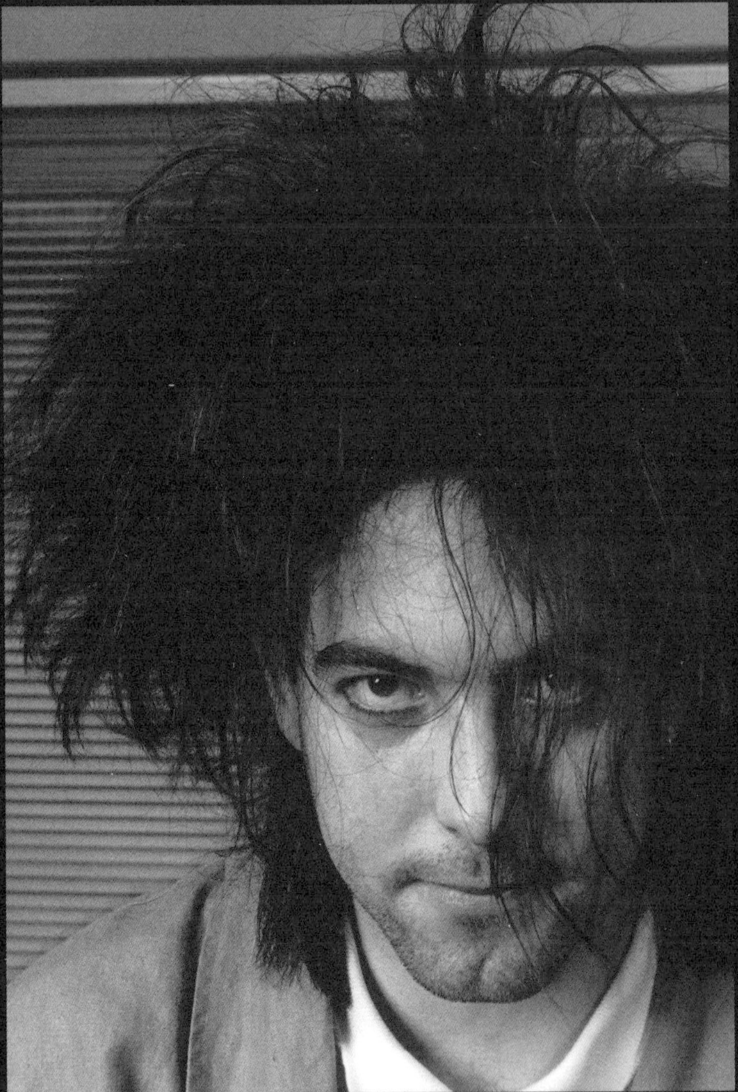

Robert Smith von den Cure *Bleddyn Butcher*

SECHSTES KAPITEL

ERNST SEIN UND SPASS HABEN

in dem Bauhaus sich *Mask*ieren und die Party immer beliebter wird. Auf *Faith* stellen die Cure fest, dass außer Glauben nichts geblieben ist, und die Irren übernehmen das Nonnenkloster.

„Mich hat es immer sehr gestört, dass der Ausdruck Gothic so pervertiert wurde, denn zumindest noch 1979, als unser zweites Album entstand, sprachen wir über Edgar Allan Poe und andere Gothic-Themen. Das, was später zum typischen Grufti-Look wurde, gab es damals noch gar nicht."

Steve Severin

„*Faith* sollte eine sehr positive Platte werden“, betonte Robert Smith, kurz nachdem bei einer Peel-Session im Januar 1981 klar geworden war, dass dieses dritte Cure-Album alles andere war als das. Tatsächlich hätte er angesichts dieser durch und durch niederschmetternden Aufnahme noch nicht einmal hinzufügen müssen: „Aber sie entwickelte sich dann zu etwas ziemlich Morbidem.“

Dabei hatte er Recht: Ursprünglich hatte alles ganz fröhlich angefangen. Dann allerdings hatten widrige Umstände die Band in die Zange genommen. Eine Reihe von Demos, die Ende September 1980 entstanden war, wurde verworfen, als sich zeigte, dass die Songs sich nicht wie erhofft entwickelten. Als die Band sich aufs Neue an die Arbeit machte, war Lol Tolhursts Mutter unheilbar erkrankt, und Smiths Großmutter starb.

Als er Jahre später über die Entstehung des Albums nachdachte, räumte Smith ein, dass *Faith* begonnen hatte, ihn zu beherrschen – lange bevor ihm klar wurde, dass er selbst seine Schöpfung kontrollieren musste.

Smith, der katholisch erzogen worden war, stellte fest, dass sein eigenes Religionsverständnis schon längst von seinem erwachenden Verstand verdrängt worden war. Es war daher reine Ironie, dass er nun selbst für viele Hörer zur Ikone geworden war – und dass *Faith,* ausgerechnet das Album, mit dem er seine eigenen spirituellen Dämonen austreiben wollte, sich zum Instrument seiner Demagogie entwickelte.

„Es ist ein beunruhigendes Gefühl, dass die Leute in sich selbst ein Bedürfnis nach jemandem wie mir aufgebaut haben“, überlegte er. Aber schlimmer noch war die Erkenntnis, wofür sie ihn brauchten. „Ich hasse die Vorstellung, dass man für sein Publikum stirbt, [aber] ich geriet da sehr schnell hinein ... es gab diese Vorstellung, Ian Curtis sei der Erste gewesen, und ich würde ihm bald folgen.“ *Faith,* ein Album voll unversöhnlicher Energie, änderte nichts an diesem Konzept.

Im Nachhinein erschien es, als sei alles rund um *Faith* sorgfältig vorherbestimmt worden, und es schien auch, als drehe sich alles um das gruselige Coverfoto von Bolton Abbey in der Nähe von Shipworth in Yorkshire. Der geisterhafte, skelettartige Sound der Band hallte düster über genau eine solche Landschaft, und die ersterbende Stimme am Schluss der LP hing noch lange in der Luft, auch wenn die Platte sich schon nicht mehr drehte. „There is nothing left but faith“ – „Nichts bleibt außer dem Glauben“, hieß es da. Aber was ist, wenn von Anfang an kein Glaube da ist? Der Titeltrack war derart intensiv, dass Smith, als die Band den Song 1987 wieder aus der Mottenkiste holte und nach fünf Jahren erstmals wieder live spielte, auf der Bühne unkontrolliert zu weinen begann. Zwei Jahre später, als die Welt von dem Massaker auf dem Tiananmen-Platz in Peking erfuhr, entfesselte er eine fünfzehnminütige Version, die er den Toten widmete. Bis heute spielen Cure diesen Song nur dann, wenn das Konzert besonders gut gelaufen ist.

Rückblickend gab Smith zu: „Es war ganz lustig, dass man uns für so verbiestert hielt, denn so konnten wir uns eine Intensität leisten, die man ansonsten vermutlich als künstlich betrachtet hätte.“ So lustig das auch sein mochte, die Kehrseite dabei war, dass die Band mit diesem düsteren Album zwölf Monate lang leben musste. „Wir gingen damit auf Tour, und wie sich zeigte, war es die einzige Platte, mit der wir das besser nicht hätten tun sollen. Ein Jahr lang lebten wir mit dieser schicksalsschweren, halbreligiösen Platte. Wir trugen sie sozusagen, wo wir auch hingingen, wie Sack und Asche. Es war kein besonders angenehmes Jahr.“

Die Isolation, in die Cure sich selbst begeben hatten, verstärkte sich noch durch ihre Entscheidung, sich von der üblichen Praxis im Rockbereich zu verabschieden und ohne Supportband auf Tour zu gehen. Als es im April 1981 losging, eröffnete ein Film die Shows. *Carnage Visors* war ein halbstündiger Zeichentrickfilm, den Simon Gallups Bruder Richard gedreht hatte und dessen Soundtrack von den Cure höchstselbst eingespielt worden war – ein Soundtrack, dessen dunkle Intensität genau die richtige Atmosphäre für *Faith* schuf, noch bevor die Band auf die Bühne kam.

„In ihren besten Momenten“, das gab auch der *New Musical Express* zu, „überwältigt die religiöse, andächtige Anteilnahme [der Cure] und ihr langsamer, gemessener Rhythmus mit einer Präzision und Disziplin, die wirklich atemberaubend und tatsächlich religiös sind.“ Eben diese Präzision und Disziplin haben dafür gesorgt, dass *Faith* unter allen Cure-Alben immer noch die größte Reinheit besitzt. Es ist ihr Meisterwerk und die Vollendung all dessen, was sie in der Vergangenheit versprochen hatten – und in der Zukunft noch leisten sollten. Man könnte sagen, dass jedes spätere Cure-Album schlicht eine andere Nuance von *Faith* nahm und sie ausfeilte, bis sie ihre reinste Form erreichte.

Es ist zudem zweifelsohne ihr düsterstes und atmosphärischstes Werk. Smith erläuterte: „Ich habe immer versucht, Platten wie aus einem Guss zu machen, die eine bestimmte Atmosphäre bis zur Neige auskosten. Wenn man etwas bis auf den Grund erforschen will, dann braucht man mehr als einen Song dafür. Deswegen mag ich die Alben von Nick Cave oder *Ummagumma* von Pink Floyd. Mir gefällt viel Musik, die auf Wiederholungen setzt. Benediktinergesänge oder indische Mantras. Diese Musikarten basieren auf langsamen Wechseln und lassen zu, dass man bestimmte Elemente richtig lang ausbaut."

Daher besaß *Faith* nicht einmal einen Hauch von Kommerzialisierung, noch nicht einmal, wenn man die Maßstäbe einer Zeit anlegte, in der sich Bands wie Bauhaus, die Banshees oder Birthday Party trotz aller gegenteiligen Beteuerungen an den jüngsten Normen innerhalb der Postpunkgemeinde orientierten. *Faith* überschattete sie alle wie eine riesige, dunkle Klangkathedrale, in die nur ganz schwache kleine Lichter glommen. Und verglichen mit *Faith* wühlten andere Bands lediglich bei voller Beleuchtung in den Katakomben herum.

Was nicht heißen soll, dass sie dabei nicht durchaus interessante Objekte entdeckten. Bauhaus, die von 4AD zum größeren Mutterlabel Beggars Banquet gewechselt hatten, weil die winzige 4AD-Organisation eine so groß gewordene Band nicht mehr adäquat betreuen konnte, feierten im März 1981 ihren ersten britischen Hit mit „Kick In The Eye" – zur gleichen Zeit, als *Faith* zu seinem dumpfen Schlag ausholte. Für eine Band, die normalerweise von der Musikpresse verabscheut wurde, war das eine reife Leistung – und kein Zufallstreffer. Im Sommer erreichte die nächste Bauhaus-Single, „The Passion Of Lovers", die Top Sixty, und zum Jahresende kam das zweite Album, *Mask,* in die Top Thirty der Albumcharts.

Nach den noch nicht völlig ausgereiften Versuchen von *In The Flat Field* zeigte *Mask* endlich das ganze Potenzial der Band. Seine kantige Tiefe spiegelte nicht nur die Qualität ihrer Livekonzerte, sondern zeigte auch die ganze Furcht erregende stilistische Bandbreite, die von Maschinengewehrrhythmen bis zu Grabesatmosphäre reichte und von der Glamrock-Achterbahn zu zeitlosem Horror. „Hollow Hills" basierte auf einer Legende aus Cornwall und den unheimlichen Wichten, die in den Hügeln hausten – eine Geschichte, so zeitlos wie eines von Grimms Märchen und so wenig totzukriegen wie die Opfer besagter Hügelwichte. Murphy dazu: „Die Leute glauben, dass in diesen Hügeln große Höhlen sind, in denen die Unterwelt ihre Feste feiert. Wenn man in eine von ihnen gerät, wird man zur Unsterblichkeit verdammt."

Gelegentlich stand der Band der eigene Ehrgeiz im Weg – weniger wenn es um die musikalischen Fähigkeiten ging als vielmehr bei der Kreativität. Sowohl „Muscle In Plastic“ als auch „Mask“ waren eher verkünstelt als atmosphärisch, obwohl der Titeltrack wieder durch ein spektakuläres Video aufgewertet wurde – ein bizarres surrealistisches Horrorstück, das die Regisseure Chris Collins und Ken Lawrence gegenüber von einer Polizeiwache in Northampton aufgenommen hatten. Aus kommerzieller Sicht eine scheinbar sinnlose Übung, da „Mask“ nie als Single im Gespräch war – und das zunehmend der hauptsächliche Grund für Videodrehs wurde. Aber die Nachwelt urteilt wesentlich milder – dieses Video bietet möglicherweise den zugänglichsten Einstieg in die Welt der eigenen Einflüsse und Vorstellungen von Bauhaus.

Bauhaus, die zu Beginn des Jahres vor größtenteils staunenden, aber vorwiegend wohlmeinenden Zuschauern in den USA gespielt hatten, verbrachten 1981 die meiste Zeit damit, Europa abzugrasen und dabei eine Reihe von Shows abzuliefern, bei denen es ihnen gelang, so gut wie jeden Abend einfach brillant zu sein. Im Hinblick auf die spätere Legendenbildung gab es jedoch neun besonders herausragende Gigs in jenem Juni – unter anderem deswegen, weil dort Birthday Party mit von der Partie waren.

Birthday Party, deren selbstbewusst zur Schau getragene Arroganz kaum darüber hinwegtäuschen konnte, wie viel sie den Headlinern zu verdanken hatten, stellten auf dieser Tour ihr offizielles Debütalbum *Prayers On Fire* vor. Im September 1980 hatten sie bei 4AD sozusagen das Erbe von Bauhaus angetreten und die Wartezeit bis zum ersten Album mit der Wiederveröffentlichung der Single „The Friend Catcher“ und einer selbst betitelten Compilation von Aufnahmen ihrer Australienzeit überbrückt. Beide hielten den Topf am Kochen, während die Band über Weihnachten nach Australien zurückkehrte; im März war sie wieder in London, und als die Single „Nick The Stripper“ im April erschien, kamen die Dinge rund um Birthday Party allmählich in Schwung.

Die britische Presse war, was Cave und seine Freunde anging, in zwei Lager gespalten. Die eine Fraktion strafte sie mit größter Verachtung und ging davon aus, dass sie kalkuliert auf den Joy-Division-Zug aufgesprungen waren, auf den sich auch Bauhaus geschwungen hatten. Anderen wiederum erschien es, als ob Birthday Party etwas wesentlich Vergeistigteres darstellten, das viel bedeutungsvoller war als die heimischen Krachmacher. Angesichts der langen, dürren Gestalten mit ihrem wilden Schock schwarzen Haars und ihren spitzen Stiefeln, die einem an dem ausgemergelten Quintett zuerst ins Auge fielen, ließ sich der *Melody Maker* zu einer äußerst poetischen Beurteilung hinreißen, die den Ton kommender Lobreden entscheidend prägte: „Fünf verrückte Seelen werfen sich tapfer in einen Strudel klanglicher Intensität, der durchaus den Eindruck vermittelt, der dritte Weltkrieg würde in einem Bunker ausgetragen." In der Tat.

Den Musikern von Birthday Party selbst hingegen schien es herzlich egal zu sein, was man von ihnen hielt. Sie reagierten verächtlich, zynisch und grob, wenn man sie im direkten Gespräch lobte; versuchte man sie niederzumachen, machten sie sich darüber lustig. Tatsächlich kalkuliert war jedoch ihre Entscheidung, ihre zweite Peel-Session im April 1981 mit einem akustischen Erdbeben zu versehen, das prompt auch als Single ausgekoppelt wurde und den Titel „Release The Bats" trug. „Lasst die Fledermäuse los": Das war natürlich ein Spruch, der durchaus von Bela Lugosi hätte kommen können. Wenn man genauer hinhörte, klang das Ganze auch ein bisschen nach „Bela Lugosi's Dead". Allerdings kam dank der Aura rund um die Band kaum jemand auf den Gedanken, den Song langsam genug abzuspielen, um das festzustellen.

Die vergleichsweise exotische Herkunft von Birthday Party spielte bei ihrer Glorifizierung natürlich auch eine gewisse Rolle. Noch waren Bands wie die Triffids, die Go-Betweens oder Midnight Oil noch nicht in Großbritannien aufgetaucht, und die Überreste der Saints spielten in Indie-Kreisen keine Rolle mehr – von daher war eine australische Rockband zu der Zeit in England schon etwas Außergewöhnliches. Nachdem man sie früher als Provinzler aus den Kolonien abgetan hatte, bauten Birthday Party ihre Herkunft nun zu ihrem Vorteil aus; sie behaupteten, ihre Wurzeln lägen in einer derartig isolierten Kultur, dass sich ihnen Einsichten in die menschliche Natur erschlössen, die der Durchschnittsbrite aus den Vororten niemals erfassen würde. Vertrauensselig, wie die Leute nun mal sind, kaufte man ihnen das glatt ab.

Caves ureigener Lyrik gelang es zudem, Dinge auszudrücken, die sich eigentlich nicht in Worte fassen ließen. Es war ein wortreicher, seltsamer Stil, und oft genug schien es, als sei er in Gefahr, im um ihn herum wütenden Mahlstrom unterzugehen, aber Cave gelang es stets, durch seine Poesie zu beeindrucken, ganz egal, wie viel Mühe seine Bandkollegen sich dabei gaben, ihn zu übertönen. Es war ein Cocktail von eisiger Effektivität, der wiederum für geteilte Meinungen sorgte. Für die Fans der Band waren Caves Worte in Stein gemeißelt. Für ihre Gegner – na schön, es war für eine Rockband keine Sünde, sich um ein bisschen Bedeutung zu bemühen. Aber musste man es denn gleich mit so viel Gewalt versuchen?

Auf der Bauhaus-Tour wagten sich Birthday Party erstmals ernsthaft aus der Hauptstadt hinaus, und die Band lernte schnell, dass das extreme Verhalten des Londoner Publikums, an das sie sich mittlerweile gewöhnt hatten – während die eine Hälfte sie bewunderte, brüllte die andere Hälfte dem Krach von der Bühne Beschimpfungen entgegen –, in der Provinz nicht unbedingt die Regel war.

Die Tour begann am 17. Juni 1981 in Newcastle und führte dann nach Liverpool, Nottingham, Aylesbury, Brighton, Leeds, Reading und Cambridge. Das Publikum setzte sich ausschließlich aus Bauhaus-Fans zusammen, und die Supportbands – außer Birthday Party waren noch die Lounge-Punks Subway Sect dabei – waren für die Zuschauer bestenfalls Kuriositäten, von denen sie in der Presse gelesen hatten, und schlimmstenfalls eine nervtötende Verzögerung vor dem Headliner, die möglichst schnell zu Ende gehen sollte. Von allen Seiten blickten Birthday Party schlecht gelaunte Gesichter entgegen, neugierig, ob die Band es trotz größten Widerstands schaffen würde, sie zu beeindrucken. Für jeden neuen Bekehrten, der meinte, die Rückkehr des Messias erlebt zu haben, gab es drei andere, die nach kurzer Zeit an die Bar gingen und besserwisserisch davon überzeugt waren, dass die Fans der Band unter den Londoner Kritikern ja wohl keine Ahnung hatten. Wie üblich.

Die Situation wurde für Birthday Party zusätzlich durch die besonderen Umstände bezüglich der Beleuchtung erschwert. Bauhaus hatten als Headliner ihre eigene Lightshow dabei, und anders als üblich hätten beide Supportbands sie nicht nutzen können – wenn sie das überhaupt gewollt hätten. Um für eine stärkere Schattenbildung zu sorgen, bestand die Lichtanlage von Bauhaus lediglich aus fünf hellen Spotlights, zwei für Murphy und je einer für seine Bandkollegen. Die unglücklichen Vorgruppen hatten keine andere Wahl, als das Saallicht anzuschalten, und die grelle Beleuchtung ruinierte prompt die letzte Chance von Birthday Party, auch nur so etwas Ähnliches wie eine Atmosphäre aufzubauen.

Am 27. Juni 1981 in Cambridge war es sogar noch schlimmer – draußen war es noch hell, als Birthday Party auf die Bühne kamen, und die Fenster im *Corn Exchange* waren groß und hoch. Der Auftritt wirkte, als ob ein paar Verrückte in einer Turnhalle probten.

Dennoch war es ein bemerkenswertes Konzert – immerhin war es der letzte Abend dieser Tour (sie hatten bereits zwei Tage zuvor in London gespielt), und das musste wild gefeiert werden. Zunächst stürmten Birthday Party gegen Ende des Bauhaus-Auftritts die Bühne, warfen Murphy zu Boden und malten ihm einen riesigen Penis auf die Brust; dann kamen beide Bands zusammen, um bei einer ungeprobten Zugabe den alten Peggy-Lee-Klassiker „Fever" zu verstümmeln. Murphy und Cave wechselten sich bei den Vocals ab, während sich die Musiker mit ungebremster Wildheit duellierten, sodass nur eine Frage blieb: Hatte denn an diesem Abend niemand im Publikum die Voraussicht besessen, einen Cassettenrecorder einzuschmuggeln?

Was aber trieben Siouxsie and the Banshees währenddessen? Sie sahen nachdenklich zu und warteten auf den richtigen Moment zum Zuschlagen. Gegen Ende der *Join Hands*-Tournee hatten sie den Magazine-Gitarristen John McGeoch als Ersatz für Robert Smith angeworben, und anschließend hatte die Band sofort mit der Arbeit an *Kaleidoscope* begonnen, ihrem dritten Album, das nach den heftigen Attacken der zwei Vorgängerplatten offener geriet. Aber als es darum ging, die Verantwortung für all das zu übernehmen, was die Banshees einmal losgetreten hatten, verweigerte Steve Severin freundlich wie immer jede Kooperation.

„Ich finde [unseren Sound] überhaupt nicht in den Sachen anderer Künstler wieder. Mich überrascht es, wenn man andere mit uns vergleicht – mir selbst fällt das nie auf. Wenn man nicht wirklich eins zu eins kopiert, ist es sehr schwer, Elemente unserer Musik woanders einzuflechten. Wir selbst wurden auf diese Szene eigentlich erst aufmerksam, als Joy Division aufkamen. Wenig später kamen dann Echo and the Bunnymen, und da spürte man schon, das etwas im Gange war."

Und Bauhaus?

„Würde man ja an und für sich denken, aber das war eigentlich mehr wie Bowie und Lindsay Kemp."

Die Geschichte gibt ihm Recht. Durch die Besetzungsänderungen geriet *Kaleidoscope* vom Sound her völlig anders als die früheren Werke, wobei die Singles „Happy House" und (in geringerem Maß auch) „Christine" noch am ehesten an ihren alten Sound anknüpften. Wie Ray

Stevenson 1986 in seinem *Siouxsie & the Banshees Photo Book* bemerkte, „waren die dicken Gitarrenbatzen verschwunden, und Morris' schweres Schlagzeug war durch Budgies eher verspielte und clever durchdachte Perkussion ersetzt worden. Die Texte waren zwar nicht weniger düster als früher, [aber] die Banshees stützten das Album nun auf Melodien, die den Songs mehr Kraft gaben."

Severin sah das auch so. „Bei *Kaleidoscope* experimentierten wir mit psychedelischen Elementen, ähnlich wie die frühen Pink Floyd. Solche Sounds fanden wir damals großartig." Aber während der Sand allmählich durch das Jahresglas von 1981 rann, stellten die Banshees fest, dass sie doch noch nicht ganz bereit waren, ihrer ursprünglichen Eisigkeit und Bösartigkeit ganz zu entsagen.

Das hatte teilweise seinen Grund im plötzlichen Auftauchen der vielen kleinen Siouxsies auf Englands Straßen. Wohin man auch sah, überall guckten einem wild toupiertes schwarzes Haar und Augen-Make-up im kriegerischen Pandabärenstil entgegen, und Scharen von Sues verzierten ihren Vornamen mit einem „sie". „Das war nur ein Look von vielen, die sie hatte", erinnert sich Severin. „Aber das prägte sich den Leuten wohl als der einzig wahre ein." Nachdem also 1981 die erste Welle lauter geklonter Siouxsies unterwegs war, beschloss das Original (das diese Situation wahlweise schmeichelhaft oder grässlich fand), dass es an der Zeit war, die Leute daran zu erinnern, wie das alles eigentlich angefangen hatte.

Siouxsie and the Banshees stellten ihr viertes Album, das Monumentalwerk *juju,* im Februar 1981 bei einer Session für John Peel vor und spielten dabei vier Songs („Halloween", „Voodoo Dolly", „Into The Light" und „But Not Them") – in einer Intensität, die deutlich machte, dass die Band nach wie vor prächtig in der Lage war, das aufzubauen, was Severin scherzhaft als „Gruselatmosphäre" bezeichnete. Natürlich, betonte er, war das augenzwinkernd gemeint, aber tief drinnen steckten eine gewisse Überzeugung und das Gefühl, dass die Seele der Banshees immer ein wenig mit dem Grab verbunden bleiben würde, ganz egal, in welche Richtung ihre musikalische Reise führte.

Severin: „Wir haben immer mal wieder versucht, davon wegzukommen. Alle paar Monate dachten wir uns ein neues Etikett für uns aus, wie zum Beispiel Glamabilly. Während unserer ganzen Karriere war es stets so, dass wir immer dann, wenn man uns zu sehr in eine Schublade zu stecken versuchte, absichtlich in eine andere Richtung gingen, um die Erwartungen der Leute ein wenig in die Irre zu führen, weil das doch immer ein wenig albern schien. Aber es hat mich doch immer sehr gestört, dass die Bezeichnung Gothic so pervertiert wurde, denn zumindest noch 1979, als unser zweites Album entstand, sprachen wir über Edgar Allan Poe und andere Gothic-Themen. Das, was später zum typischen Grufti-Look wurde, gab es damals dabei noch gar nicht."

juju war sozusagen der Versuch der Band, den Begriff Gothic wieder zu seiner ursprünglichen reinen Form zurückzuführen, bevor es zu spät war, und „Monitor", der letzte Titel auf der ersten Seite, fasste genau zusammen, was die Banshees dachten: „Sit back and enjoy the Real McCoy" – „Entspannt euch und genießt das Wahre und Echte".

Natürlich kehrten Siouxsie and the Banshees nie wieder derart offen zu diesen alten Weidegründen zurück. Stattdessen bewegten sie sich in den fünfzehn Jahren, die zwischen *juju* und der Auflösung der Band 1995 lagen, in viele verschiedene Richtungen.

Von den revisionistischen Kunstgriffen des Coveralbums *Through The Looking Glass* bis zum schrillen *Peek-A-Boo* mit seinen Kabarettelementen (ein Tiefpunkt, der sie beinahe ihre gesamte Glaubwürdigkeit kostete), von der einsamen Herzlosigkeit von *Superstition* bis zur gloriosen Wiederauferstehung auf dem Abschiedsalbum *The Rapture* weigerten die Banshees sich nicht nur, ihrem Ruf gerecht zu werden, sie weigerten sich schlicht zur Kenntnis zu nehmen, dass sie diesen Ruf überhaupt hatten. Siouxsie selbst vollzog stilistisch mehr Verwandlungen als Margaret Hamilton (die Schauspielerin, die trotz vieler anerkannt guter Rollen in verschiedenen Hollywood-Filmen doch immer nur als die gemeine Hexe aus *Der Zauberer von Oz* bekannt blieb). Nein, die Banshees wurden nie wieder richtig Goth. Aber das hatten sie – ebenso wie die Damned nach ihrem *Black Album* – auch nicht mehr nötig. *juju* blieb dessen ungeachtet ein unanfechtbarer Archetyp für dieses Genre.

Severins Ablehnung der gesamten Entwicklungen, die sich rund um die selbst ernannten Wächter der Banshees-Düsternis vollzogen, wird von fast all seinen Zeitgenossen geteilt – Robert Smith und Nick Cave hatten beide ebenso wie Severin nur Verachtung für die nahenden Veränderungen übrig. Peter Murphy fasste es am deutlichsten zusammen: „Es gab Bands, die später einer Bewegung zugerechnet wurden, die man Gothic Rock nannte. Aber zu der Zeit waren wir einfach Leute, die da reingerieten, die wirklich genialen Krach fabrizierten und Spaß daran hatten und die ihre Fantasien auslebten, worin die auch immer bestehen mochten."

Severin fügte hinzu: „Was mich bei dieser Gothic-Geschichte am meisten wundert, ist, dass die Leute dazu neigen, sie so absolut ernst zu nehmen. Sie sind so völlig humorlos, und deswegen kann ich damit überhaupt nichts anfangen. Mit den Banshees hat das jedenfalls nichts zu tun."

Von wegen. Die Banshees hatten damit zu tun, und wie. Severin meinte es nicht unbedingt abwertend, als er sagte: „Wir wollten bei diesem Spiel nicht mitspielen, und die Fans merkten das. Also fingen sie an, selbst aktiv zu werden. Und als die Sisters of Mercy auf der Bildfläche erschienen, war es, als ob das Publikum plötzlich selbst auf der Bühne stand."

Das Auftauchen der Sisters of Mercy Ende 1980 zählt zu jenen entscheidenden Ereignissen der Goth-Geschichte, die komplett von geheimnisvollen Schleiern umgeben sind – mit völliger Absicht. Bei der Band handelte es sich um das geistige Kind eines gewissen Andrew Taylor, wie er damals noch hieß – ein verwöhntes Offiziersbalg, das in Oxford studiert hatte und sich bewusst das poetische, altmodische Wörtchen „eldritch" (wörtlich: unheimlich, schauerlich) mit seinem gruseligen Flair als Künstlernamen wählte. Die Wurzeln der Band lagen in Leeds, wohin Eldritch schließlich übersiedelt war, nachdem er in Oxford einen Abschluss in Französisch und Deutsch gemacht hatte, aber feststellen musste, dass die nächste Sprache seiner Wahl dort nicht angeboten wurde.

Nur an der Universität Leeds konnte man Mandarin lernen, und er stürzte sich mit wilder Begeisterung auf das neue Studium. Sein Enthusiasmus ließ ein wenig nach, als er feststellte, dass zum erfolgreichen Abschluss dieses Studiengangs ein Jahr Auslandsaufenthalt in Peking gehörte. Der Sisters-Legende zufolge (das mag stimmen oder nicht) wollte er zwar Chinesisch sprechen, aber noch lange nicht unter Chinesen leben. Also brach er das Studium nach dem ersten Jahr ab und richtete sein Augenmerk stattdessen auf das Nachtleben der Stadt.

Die dortige Szene, die seit zwei Jahren in wildem Schwung war, schwächelte derweil noch kein bisschen. Musikalische Kräfte, die von der Londoner Presse allenfalls als kurzlebige Trends betrachtet wurden, hatten sich in Leeds in kleinere Kultrichtungen aufgesplittet – als Damned 1980 in Leeds auftraten, waren mehr Vampire im Publikum, als sich selbst Dave Vanian je hätte träumen lassen, und in mehr Varianten, als man allgemein für denkbar gehalten hätte.

Leeds kochte geradezu über vor Musik – von den elitären Höhen des *Warehouse* bis hinunter zur grundsoliden Basis von Musikpubs wie dem *Faversham Arms*. Noch tiefere Niederungen gab es weiter außerhalb, beispielsweise in den Kneipen rund um Headingley, wo jede Band auf die Bühne durfte, solange sie wie eine Band aussah, wenn sie aus dem Bus stieg. Musik durchdrang jeden Bereich der Jugendkultur dieser Stadt und prägte grundlegend das Bewusstsein seiner jungen Leute.

Die Vorstellung, dass Andrew Eldritch dazu jemals irgendetwas beitragen würde, das über bloße Anwesenheit hinausging, erschien selbst ihm zunächst völlig abwegig. „Aus dem Musikunterricht wurde ich ausgeschlossen", erinnerte er sich Jahre später, „und man sagte mir, dass ich da nie auch nur das Geringste begreifen würde. Das nahm ich auch ohne weiteres hin. Ich konnte nicht einmal Blockflöte spielen."

Aber dann lagerte ein Freund sein Schlagzeug bei Eldritch im Keller ein, und der konnte es sich nicht verkneifen, spaßeshalber einmal darauf herumzudreschen. Allmählich brachte er sich genügend Grundlagen bei, um in einer Reihe örtlicher Pubbands spielen zu können. Ihm wurde außerdem schnell klar, dass er eine Eigenschaft besaß, die kein anderer Drummer mitzubringen schien. „Ich war der einzige Schlagzeuger in ganz Leeds, bei dem man sich darauf verlassen konnte, dass er niemals auf die Becken schlagen oder Tom-Tom-Wirbel trommeln würde … schon allein deshalb, weil ich das überhaupt nicht konnte." Als einer seiner Freunde, der Gitarrist Gary Marx, über die Gründung einer Band nachdachte, bei der genau diese Qualität gefragt war, wandte er sich daher sofort an Eldritch.

Das ungewöhnliche Duo probierte ein Jahr lang ein bisschen herum, ohne dass viel dabei herauskam – einem Interview im Fanzine *Propaganda* zufolge vergingen sechs Monate, bevor sie merkten, dass sie einen Sänger brauchten. „Und es war reiner Zufall", behauptete Eldritch, „dass ich das wurde. Weil ich nicht gleichzeitig singen und trommeln konnte, kauften wir einen Drumcomputer. Hätte es eine Maschine für die Vocals gegeben, wäre alles vielleicht ganz anders gekommen."

Der Schlagzeugcomputer, der den Namen Doktor Avalanche erhielt, wurde das dritte und zunächst auch letzte Mitglied der Band, die sich inzwischen nach einem Lieblingssong vom ersten Leonard-Cohen-Album die Sisters of Mercy nannte. Einige Wochen später, im

November 1980, veröffentlichten sie ihre erste Single, „Damage Done", die in einer Auflage von eintausend Stück auf ihrem eigenen Label Merciful Release erschien. (Das einprägsame Logo, das Eldritch selbst entworfen hatte, entstammte einem medizinischen Lehrbuch und stellte charmanterweise die Linien für die Autopsieschnitte am menschlichen Kopf dar.)

„Damage Done" verriet reichlich Ehrgeiz, aber wenig andere Qualitäten, war aber zumindest stark vom Punkfunk inspiriert, wie ihn Gang of Four produzierten, und es reichte aus, um von der überregionalen Presse wahrgenommen zu werden, wobei es wegen seiner Ungewöhnlichkeit mit Argwohn betrachtet wurde. Robbi Millar von *Sounds* erfasste die herrschende Stimmung wohl am besten, als er meinte: „Manchmal frage ich mich, worauf Ian Curtis die Welt zusteuern ließ, als er starb ... Der Joy-Division-Zirkus hat uns jedenfalls nicht verlassen, und seine Vorstellungen werden von Tag zu Tag düsterer."

Eldritch selbst stand der Platte zunehmend feindlich gegenüber – ein Jahr später, als Bassist Craig Adams zu den Sisters gestoßen war, meinte er: „Es war eine in jeder Hinsicht andere Band, und den Song sollte man am besten vergessen."

Dass es der Band gelungen war, Adams als Bassisten anzuwerben, war in dieser frühen Entwicklungsphase ein großer Coup. Immerhin hatte Adams 1979 schon auf der Bühne der *Queen's Hall* gestanden und das Publikum des ersten Futurama-Festivals als Keyboarder der Expelaires erfreut, einer Band, die es bereits zu einer Reihe von Singles auf dem Liverpooler Zoo-Label und im Juni 1979 zu einer Peel-Session gebracht hatte. Er stieg jedoch aus, als sich die großen Labels für die Band zu interessieren begannen und er feststellen musste, dass er das einzige Mitglied war, das sich über diese Aufmerksamkeit freute.

Anschließend arbeitete er mit dem Synthie-Duo Exchange und nahm ein Demo mit Jon Langford von den Mekons auf (bei denen die Expelaires oft im Vorprogramm gespielt hatten), aber das Abenteuer langweilte ihn bereits, als er Eldritch eines Abends im *F Club* traf und mit ihm ins Gespräch kam. Wie sich dabei herausstellte, teilten sie die Begeisterung für einen völlig verzerrten Basssound – ideal für Adams, der noch keine einzige Note spielen konnte.

Mit Adams und dem kurzfristig ebenfalls zur Band gehörenden Langford gaben die Sisters am 16. Februar 1981 ihr erstes Konzert im Vorprogramm der damals noch sehr spannenden Thompson Twins im Alcuin College der University of York. Es war erwartungsgemäß eine eher ungeschliffene und ruppige Show, die aber gut genug ankam, um den Sisters einige Folgeauftritte in Leeds und Umgebung zu ermöglichen.

Die wenigsten davon lohnen der Erinnerung, nicht einmal jene am 2. Juli 1981 im *F Club,* als Iggy Pop flüchtig die Umlaufbahn der Sisters streifte. An besagtem Abend hatte Iggy kurz zuvor in der etwas größeren Universität gespielt und war dann in den Club gekommen, um ein bisschen abzuschalten. Leider kam niemand auf den Gedanken, seine Reaktion darauf festzuhalten, dass die Sisters ein recht stilisiertes Cover seines Songs „1969" im Programm hatten. Ihr damaliger Set enthielt zudem Titel wie Cohens „Teachers" oder „Sister Ray" von Velvet Underground und verriet ihre Einflüsse noch ausgesprochen deutlich.

Dennoch wuchs ihr Bekanntheitsgrad. Sie hatten eine kleine Fangemeinde, ein Partisanengrüppchen, deren erstaunlicher Verbrauch an Amphetaminen in seltsamem Gegensatz zum Beerdigungsrhythmus stand, den die Band teilweise von sich gab. Je größer diese Fangemeinde wurde, desto mehr Veranstalter waren an der Band interessiert. Und im September ließ sich der Karrierefortschritt der Sisters bereits daran messen, dass sie es ins Programm des Futurama III geschafft hatten, das am Wochenende des 5. und 6. September 1981 stattfand.

Dort waren sie gemeinsam mit einer anderen Band zu erleben, die sich zeitgleich mit den Sisters entwickelt hatte, aber plötzlich mit einem solchen Ruck durchstartete, als hätte sie Feuer an die Zündschnur gelegt. Theatre of Hate waren die Schöpfung von Sänger und Gitarrist Kirk Brandon, dessen letzte Band, Pack, zwischen 1979 und 1980 eine Reihe von Singles und eine EP eingespielt hatte, die von der Kritik recht wohlmeinend aufgenommen worden waren. An der Basis waren sie recht beliebt, aber letztlich ging es für Pack nicht recht voran, und sie lösten sich auf, als Brandon ausstieg, um zusammen mit dem ehemaligen Strapps-Bassisten Stan Stammers eine neue Gruppe zu gründen.

Zu ihnen stießen Drummer Luke Rendle und der kanadische Squashmeister und klassisch ausgebildete Saxofonist John Lennard, und Ende 1980 bewegten sich Theatre of Hate vorsichtig erstmals auf die Bühnen der Londoner Clubs.

Der Krach, den die Band von sich gab, wurde bald noch von dem Lärm übertroffen, den ihr Publikum machte. Theatre of Hate, die ihr schneidendes Manifest zum Thema „Mensch und Gesellschaft" zu einem Geräuschangriff herausschleuderten, der zu zwei Teilen aus sterbendem Punk, zwei Teilen neu aufkommendem Goth und einem Teil vulkanischem Tribalismus bestand, zogen unmittelbar alle möglichen Verrückten an. Sie waren durchaus vergleichbar mit UK Decay und Killing Joke, erreichten aber durch die schiere Energie von Brandons Persönlichkeit eine wesentlich höhere Ebene.

Leider erlebte die Band in ihrer zweijährigen Karriere eine Menge Ärger. Das leicht kommunistische Flair des von der Band gewählten Logos sorgte mit Songtiteln wie „The Klan", „Judgement Hymn", „The Wake" und „Freaks" dafür, dass Theatre of Hate als Band betrachtet wurden, die auf der dünnen Schneide der Revoluzzerklinge tanzte.

Ihre Shows waren chaotisch, und oft kam es zu Zwischenfällen, weil ihre Fans offenbar überhaupt nicht in der Lage waren, zwischen Militanz und Veitstanz zu unterscheiden. Jeden Abend wuchs die Schar ihrer Anhänger um ein paar neue Gestalten an, die man euphemistisch als „Ruhestörer" bezeichnen konnte: kleine Fascho-Skinheads für den Hausgebrauch, universell einsetzbare Schlägertypen und enttäuschte Fußballhooligans – insgesamt eine alarmierend explosive Mischung, die der bandeigenen Einstellung von Toleranz völlig zuwiderlief.

Doch im November 1980 begann auch für Theatre of Hate eine glücklichere Phase. Sie veröffentlichten mit „Original Sin" ihre erste Single, die sich direkt in die Seele bohrte, und verzierten den U-Bahnhof Hatton Cross mit dem erinnerungswürdigen Graffito, das besagte: „Theatre of Hate leben in deinen Träumen, und sie werden dich töten."

Eine wilde neue Single erschien wenig später, „Rebel Without A Brain", und begleitete die Veröffentlichung des ersten Albums *He Who Dares Wins – Live At The Warehouse,* das in Leeds, der Theatre-of-Hate-Hochburg, aufgenommen worden war. Es waren bereits reichlich illegale Mitschnitte von ihren Konzerten im Umlauf, und über die Jahre erschien eine Reihe „offizieller Bootlegs", um den Bedarf eines weiterhin sehr aktiven Untergrundmarkts zu stillen – Aufnahmen, die sich stets durch den intensiven Geräuschteppich eines höchst aktiven Publikums auszeichneten.

Die dritte Single der Band, „Nero", erschien im Juli 1981. Sie verkaufte sich recht gut – wie auch schon ihre Vorgänger –, und während sich die Qualität der Livekonzerte immer weiter herumsprach, erregten Theatre of Hate die Aufmerksamkeit des Clash-Gitarristen Mick Jones. Die Clash hingen 1981 ein wenig in der Luft, und Jones hatte reichlich Zeit, um Theatre of Hate bei der Aufnahme eines Songs zu unterstützen, der unbestritten zu den klassischen Singles jenes Jahres zählen sollte: „Do You Believe In The West World?“.

Bei diesem Song quälte sich ein wilder Kriegsschrei über einen Burundi-Trommeldonner, bei dem Adam-Fans zitternd in ihre Ameisenhügel geflohen wären, aber dieser Mix erreichte die britischen Top Forty, und plötzlich waren Theatre of Hate in aller Munde. Futurama war da schlicht die nächste Sprosse auf der Leiter.

Das dritte Futurama-Festival fand dabei nicht mehr im heimischen Leeds statt, sondern in Stafford, und zeichnete sich diesmal durch ein fantastisches – wenn auch vom Konzept her weniger einheitliches – Line-up aus: Gang of Four, Bauhaus, das PiL-Seitenprojekt Human Condition, die Cure-Labelkollegen Passions, Theatre of Hate, OK Jive, Adrian Borlands Sound, die Lines, Felt, Simple Minds, Bow Wow Wow, Doll By Doll, die Virgin Prunes, Eyeless In Gaza, UK Decay, der seit neuestem solo aktive Richard Strange, A Flock of Seagulls …

Vierzig Bands in zwei Tagen illustrierten die Kluft, die sich in einer Szene aufgetan hatte, die selbst aus einer gähnenden Leere heraus geboren worden war. Es schockierte niemanden, dass das Publikum an diesem Wochenende ständig zwischen Zuschauerraum und Bar pendelte, je nachdem, welche Band (oder welche Art von Band) gerade auf der Bühne stand. Man war entweder ein Gutelaunemensch oder ein Depri-Jünger. Letztere verehrten natürlich die Sisters.

Derselbe Graben zeigte sich auch drei Wochen später, als eine ähnliche Show in Leeds stattfand, das Daze of Future Past, bei dem sogar einige derselben Bands auf dem Programm standen: Gang of Four, Theatre of Hate, B-Movie und Bauhaus traten auf, neben den Cure, den Bunnymen und ein paar durchreisenden Amerikanern, den Cramps und Wall of Voodoo, die einige der auffälligeren Lücken füllten.

Wieder war es das Publikum, das die meiste Aufmerksamkeit auf sich zog, zumindest für Bauhaus – ein Publikum, das sich scheinbar plötzlich und deutlich spürbar zu einer erkennbaren Gruppe zusammenschloss.

Dabei hatte sich diese Gruppe schon seit einiger Zeit versammelt – die ersten Presseberichte über Bauhaus hatten bereits die Beinahe-Uniform aus Fischnetz, Spitze, Rüschenhemden und spitzen Schuhen kommentiert, die im Publikum vorzuherrschen schien. Vor kurzem dann hatten Beobachter sich über die überwältigende Hingabe dieser Schar gewundert. Aber Peter Murphy erinnerte sich: „Es dauerte etwa ein Jahr, bevor uns klar wurde, dass wir ein großes Publikum anzogen, Postpunks, die sich in etwas verwandelten, das wir Wildebeests, wilde Kreaturen, nannten. Wir spielten [auf diesem] Festival und schlappten auf die Bühne, um unseren Auftritt zu geben ... macht Platz für die Headliner ..., und plötzlich war da dieses Geräusch, wie eine Stampede, die direkt auf uns zuhielt, und da waren sie alle und strömten auf die Bühne zu. Wir dachten nur: ‚Du meine Güte, was haben wir da getan?'"

Was sie getan hatten? Sie und jene anderen Bands, deren Flirt mit einer bestimmten Ästhetik, bestimmten Theaterelementen und Düsternis plötzlich und unerklärlich zu einer erkennbaren Richtung geworden war, waren dabei, einem Terminus Leben einzuhauchen, der schon seit einigen Jahren zum Vokabular der Rockkritiker gehörte, dabei gleichzeitig unwiderstehlich beziehungsreich und frustrierend vage blieb, einer Bezeichnung, die so atmosphärisch wie stickig und so lebendig wie inhaltsleer war. Aus einem Adjektiv wurde ein Substantiv. Gothic wurde zu Goth. Und für die Bands, die es bereits in seinen Klauen hatte, sollte nichts mehr so sein wie früher.

ZWEITER TEIL

FLEDERMÄUSE?

1982–1984

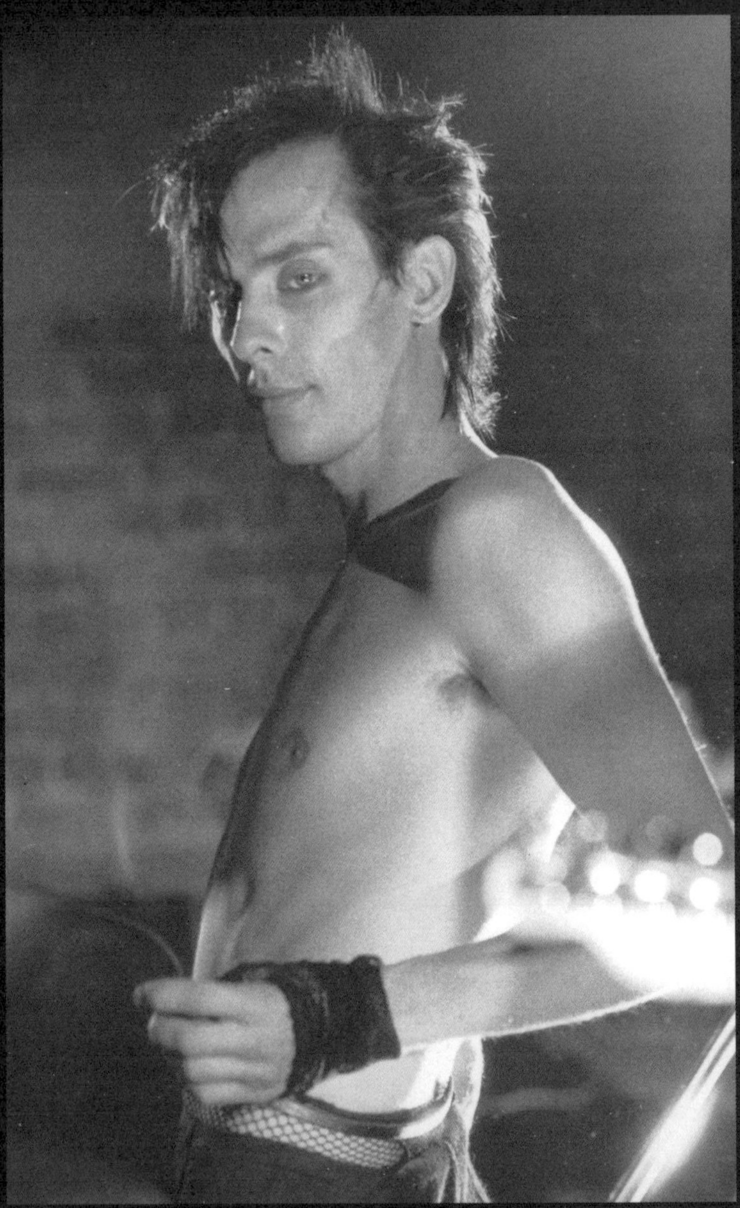

Peter Murphy bei der Performance von „Ziggy Stardust"

Bleddyn Butcher

SIEBTES KAPITEL

RELEASE THE BATS – DIE FLEDERMÄUSE SIND LOS

in welchem wir innehalten, um die vergangenen Ereignisse Revue passieren zu lassen und zu überlegen, wie sie sich auf die Zukunft auswirken werden. Wir lernen einen Cult aus Bradford kennen und zwei Brüder aus Wales. Bauhaus landen einen Hit, und bei Cure wird's pornografisch.

„Mit anderen weißen Kids in der Schule hatte ich nichts gemein. Ich konnte nicht über Fußball oder Musik reden, und sie wussten nicht, wer Bowie war, Slade oder T. Rex, von daher gab es da gar nichts. Aber mit den Indianern gab es eine Menge Gemeinsamkeiten – ich fühlte mich mehr im Einklang mit ihren Überzeugungen. In den Büchern über das indianische Leben fand ich mehr Antworten als in dem Zeug in der Schule, und als ich älter wurde, wurden auch meine Fragen immer genauer."

Ian Astbury

Das Wort „Gothic" taucht immer wieder in der frühen Bandgeschichte von Joy Division auf, in den Medien ebenso wie auch im direkten Umkreis der Band. Als Tony Wilson, der Chef des Factory-Labels, im September 1979 zusammen mit Joy Division in der BBC-Sendung *Something Else* zu sehen war, beschrieb er die Band im Vergleich zum Mainstream als „Gothic". Im darauf folgenden Monat beschwerte sich Penny Kiley in *Sounds:* „Der Ausdruck ‚Gothic' ist eine reichlich überstrapazierte Beschreibung des Genres, aber der Effekt von Joy Division ist derselbe wie der … der Banshees."

Die Anhänger der Band ließen sich nicht beirren. In einem oft zitierten Interview kurz nach dem Erscheinen von *Unknown Pleasures* beschrieb Produzent Martin Hannett den Sound der Band gegenüber der Journalistin Mary Hannon als „Tanzmusik mit unterschwelligen Gothic-Elementen". Im gleichen Artikel fachte Bernard Sumner das begriffliche Feuer weiter an, indem er als Lieblingsfilm *Nosferatu* nannte, während Hannon selbst die Band als „Gothic im Sinne des zwanzigsten Jahrhunderts" bezeichnete.

Ein Jahr später spukte der Ausdruck noch immer durch die Rockredaktionen. Der *New Musical Express* überschrieb seine Rezension von *In The Flat Field* von Bauhaus im November 1980 mit dem hübschen Wortspiel „Gothick as a brick" [das auf das englische Sprichwort „thick as a brick" Bezug nimmt, das im Deutschen dem Ausdruck „dumm wie Bohnenstroh" entspricht; *Anm. d. Ü.*]. Der Text dazu definierte Bauhaus als das neueste Produkt eines „harten, punkig-modernistischen Schwarzweiß-Crossovers … kurz davor, einen potenziell riesigen Markt anzuzapfen, der sich durch die früheren Arbeiten von Siouxsie and the Banshees … [und] Joy Division aufgetan hat".

Aber es sollten weitere zwölf Monate ins Land ziehen, bevor Abbo von UK Decay einem europäischen Magazin jenes Interview gab, in dem er sich, wie er gegenüber Steve Keaton von *Sounds* 1982 bestätigte, nachweislich als erster Musiker über einen Musikstil namens Gothic Rock ausließ.

UK Decay hatten kurz zuvor, im Oktober 1981, ihr Debütalbum *For Madmen Only* veröffentlicht, und Abbo versuchte verzweifelt die Musik seiner Band zu beschreiben, die, wie er zuvor bereits erklärt hatte, weder Dance noch Alternative, weder New Pop noch Mod war. Er erklärte dabei: „Plötzlich gab es eine ganze Reihe von Bands – uns, Killing Joke, Bauhaus –, und plötzlich fingen die Leute an, über eine

Szene zu reden." Keaton gegenüber sagte er: „Ich erinnere mich, dass ich erklärte, wir würden auch auf diese Gothic-Geschichte stehen, und dann lachten wir darüber, dass wir Platten nur in Form der Unholdgestalten auf Kirchendächern machen und überhaupt nur in Kirchen auftreten sollten. Natürlich haben die das alles gedruckt. Ein halbes Jahr lang war alles ruhig, und dann fragten plötzlich alle, was das denn für eine Gothic-Geschichte sei, auf die ich da abfahren würde. Das war ein kompletter Witz!"

Allerdings einer, der nicht besonders lustig war. In seiner Biografie über die Velvet-Underground-Chanteuse Nico (unter deren Rock die aufstrebende Bewegung enorm viel von ihrer Bildersprache hervorzauberte, deren Name hier aber durch jeden der so genannten Gothic-Acts ersetzt werden könnte) zitierte Autor Richard Witts einen Promoter, der für sie Ende der Siebziger einige Shows buchte.

„Sie war die Ikone einer ganzen Generation von Zombies in Regenmänteln. Man bekam das Gefühl, dass man sie eher für einen Friedhof hätte buchen sollen als für Clubs. Ihre Tourneen hätten von Beerdigungsunternehmen gesponsert werden können. Ich schlug den Veranstaltern immer vor, draußen ein Poster aufzuhängen: ‚Zu den ersten einhundert Tickets ein Päckchen Rasierklingen gratis!' Weißt du, wie deprimiert sie war? Sie war deprimierter als Joy Division, und deren Sänger hat sich aufgehängt. Ich ließ bei ihren Gigs immer einen Leichenwagen vorfahren, nur für den Fall der Fälle."

„Hahaha", kommentierte Witts. Generell sind „humorige" Bemerkungen wie diese bei jeder musikalischen Szene schnell zur Hand, wenn man sie aus einem apathisch-verächtlichen Blickwinkel betrachtet. Das war nicht anders als bei den sicherheitsnadelbewehrten Vogelscheuchen des Punk, den abartigen Perversionen des Glam oder den ungewaschenen Acidheads der späten Sechziger. Selbst die Beatles wurden einmal als langhaarige Faulenzer betrachtet, denen ein paar Jahre in der Armee gut getan hätten, um sie auf den rechten Weg zu führen. „Es heißt ‚Yeah, yeah, yeah, SIR', Sie erbärmlicher Armleuchter!"

Das Komische an Stereotypen ist, dass in ihnen oft ein wahrer Kern steckt. Viele Hippies drückten sich vorm Baden, viele Punks waren tatsächlich nicht besonders gepflegt, und, jawohl, in die Fenster eines gotischen Schlösschens fällt nicht allzu viel Licht hinein. Und überhaupt gibt es ja auch gar nicht so viele Fenster – die wurden alle vor Jahren zugemauert, als die erste Frau des Hausherrn verrückt wurde. Klar.

Davon abgesehen war Nico in der Zeit, als die meisten ihrer Jünger sie letztendlich auf der Bühne sahen – in ihren schon arg gebeutelten mittleren Jahren –, stets die perfekte, Fleisch gewordene Goth-Vision. Und auch jene Künstler, die sich nicht zu Unrecht als die Gründerväter des Gothic Rock bezeichnen, verweisen stets auf die als Christa Päffgen geborene Sängerin, wenn es um die Anfänge geht.

„Nico nahm mit *Marble Index* oder *The End* das erste echte Gothic-Album auf", bestätigt Peter Murphy. „Nico war Gothic, aber wenn die anderen Hammer-Horror waren, war sie Mary Shelley. Beide schufen einen *Frankenstein* – aber der, den Nico schuf, war echt."

„Nico hat es wirklich erlebt", nickt auch Ian Astbury von den Cult. „Es besteht eine direkte Verbindung von den Velvets zum Punk." Und eine ebensolche Verbindung gab es zwischen Punk und Gothic Rock. Nicos Karriere folgte zwar einem wesentlich verschlungeneren Pfad, als solche historischen Wahrheiten überhaupt erfassen können, aber dennoch geriet ihre Reise zweifelsohne zeitlos.

Nico schien anfangs wenig Aussicht auf Erfolg im Musikgeschäft zu haben, weder in ihrer Zeit mit den Velvets noch in der Phase ohne sie – zumal, wenn man die Solokarriere betrachtet, die sie in London 1965 unter den Fittichen von Rolling Stone Brian Jones und seinem Manager Andrew Loog Oldham anstrebte. Zwar hatte sie eine angenehme Stimme und ein Ohr für traurige Songs, aber ihre statuenhafte Schönheit und ihr deutscher Akzent unterschieden sie deutlich von den gerade angesagten Sängerinnen, die zu der Zeit in den New-Yorker Clubs unterwegs waren. Die drei von Nico gesungenen Songs auf dem ersten Album der Velvet Underground sind zwar inzwischen ins musikalische Walhalla aufgestiegen, fielen aber damals kaum jemandem auf. Erst ihre brillante Rolle in Andy Warhols *Chelsea Girls* brachte das Label der Velvets, MGM, dazu, ihr einen Solovertrag zu geben. Aber das Album, das 1968 dann erschien, war zunächst einmal wenig mehr als ein Platzhalter, ein Seitenprojekt für Velvet-Hörige und die erste Zeile in Jackson Brownes Lebenslauf.

Es dauerte ein weiteres Jahr, bis Nico aus diesem Schatten heraustrat, als nämlich *The Marble Index* erschien. Damals galt die Platte als unhörbar und unverkäuflich, heute eilt dem Album ein in jeder Hinsicht außergewöhnlicher Ruf voraus.

Matt Johnson, der spätere Gründer von The The, war so beeindruckt, dass er seine erste Band nach dieser LP benannte. Der *Rolling*

Stone war so verwirrt, dass man *The Marble Index* dort zusammen mit *Born To Be,* der jüngsten Veröffentlichung von Melanie, besprach. Der *New Musical Express* seufzte schlicht: „Ich kann kein einziges Wort verstehen."

Nur rückblickend lässt sich das Album begreifen. *The Marble Index* war in seiner alterslosen, geschlechtslosen, hoffnungslosen Weise der Beginn eines Triptychons, dessen Vollendung weitere fünf Jahre dauern würde, und es kündigte jene Nico an, die heute von der Welt vergöttert wird, die jungfräuliche Eiswalküre, die ihr unheimliches Harmonium erklingen ließ und dazu von mittelalterlichen Mysterien sang, die noch heute größtenteils unergründlich erscheinen.

Seine Höhepunkte sind ebenso zahlreich wie seine Prophezeiungen: „Frozen Warnings", das, wie der Titel schon andeutet, besonders eisig geriet, widmete sich dem Bild des Außenseiters, wie es den Großteil von Nicos besten Songs prägt, und zählte zehn Jahre später zu den Songs, die man als Goth einfach kennen musste. Das wiederholt auftauchende Bild der „frozen borderline", der gefrorenen Grenze, hat eine bedrückende Intensität: Erstmals erscheint es in den a cappella gesungenen Strophen, um dann, wenn die Instrumente einsetzen, näher zu kommen, bis sich die dichten Soundeiszapfen mit dem Kirchenharmonium, der Beerdigungsviola und Nicos durchdringendem Grusel-Garbo-Gesang verbanden.

1971 folgte *Desert Shores,* Nicos wohl perfektestes Album, das mit dem Schlusstitel „All That Is My Own" auch ihren ergreifendsten Song enthielt. Produzent (und ehemaliger Velvet-Mitstreiter) John Cale hatte dafür eine überwältigende Instrumentierung gewählt: Eine Militärfanfare trieb den Song mit krachender Perkussion und wirbelnden Rhythmen nach vorn. Aber Nico dominierte den Track mit ihrem Wechsel zwischen harschen, sehnsuchtsvollen Melodien und kindlich gesprochenen Passagen – zwei Songs in einem, die sich beide um die wehmütige Bitte rankten, sie am Ufer der Wüste zu treffen – „meet me on the desert shore". Größte Gänsehaut war die Folge – als würde ein Sandstrahler tief gehende Romantik zugunsten greifbarer Einsamkeit wegblasen.

Nico sagte später über diesen Song, er sei ein Spiegel ihrer damaligen Gemütsverfassung gewesen. Zu der Zeit lebte sie in selbst gewähltem Exil, wurde offenbar von den Black Panthers verfolgt und war dabei, ganz und gar in die Heroinabhängigkeit abzurutschen. Drei Jahre lang erschien kein weiteres Album. „All That Is My Own" hatte daher einen gewissen Requiemcharakter, und das Treffen am Wüstenufer war ihre einzige Hoffnung auf Erlösung. Sie sollte sie niemals finden.

1974 erlebte sie ein kurzes Comeback mit *The End*. Die Reaktion darauf war zunächst von den abfälligen Kommentaren geprägt, die ihrer schrägen Neuinterpretation des Titeltracks, der im Original von den Doors stammte, entgegenschallten, und zudem sorgte ihre (eigentlich sehr hübsch geratene) Version des Deutschlandlieds (im Ausland noch aus der Nazizeit besser bekannt als „Deutschland über alles") für Empörung. Als sie darauf mit einer möglicherweise nicht besonders überlegten und noch dazu falsch aufgefassten Bemerkung über Jamaikaner und Kannibalen reagierte, war ihr Schicksal besiegelt. Ihr Label Island ließ sie fallen, und ihr Publikum, sofern es das überhaupt gab, wandte sich von ihr ab. Nico wurde zur Legende – um eines Tages zurückzukehren.

Während des Aufstiegs von Siouxsie and the Banshees hatte Siouxsie selbst Nico stets als einen der wenigen Einflüsse genannt, die in ihrem eigenen Gesangsstil und ihren textlichen Vorlieben überhaupt auszumachen waren. „Nico hatte etwas Überirdisches an sich, was durch den chorartigen Sound ihrer Orgel noch verstärkt wurde", erklärte Siouxsie. „Mich faszinierten zudem die Fotos von ihr auf den Platten – sie war so schön. Es war das erste Mal, dass ich eine derart tiefe Stimme hörte, und das hat mich sehr beeindruckt. Sie war wie ein gereifter dunkler Engel."

Nico kehrte 1978 auf die Bühne zurück und gab ein von der Kritik gut beurteiltes Konzert in Paris. Einige Wochen später spielte sie auch in England.

Es hätte ein Triumph werden sollen. Im Universum des Punk wurden Velvet Underground allgemein als eine der einflussreichsten Bands aller Zeiten betrachtet, und sowohl Lou Reed als auch John Cale waren bei ihren Tourneen von daher auf uneingeschränkte Bewunderung gestoßen. Aber die Buchungsagentur Rough Trade, die Nicos Konzerte organisierte, hatte die Wirkung unterschätzt, welche die echte Nico-Erfahrung auf ihre ernsthaften jungen Bewunderer haben würde.

Bei ihrer ersten Show als Support für Siouxsie and the Banshees am 19. April 1978 in Londons *Music Machine* und auch zehn Tage später, als sie zwischen den Adverts und den Killjoys nur mit Stimme und Harmonium auf die Bühne musste, war die Femme fatale gezwungen, sich recht würdelos zurückzuziehen, weil es während ihres Auftritts Dosen und Gläser hagelte.

Es sollte noch schlimmer kommen. Im September luden die Banshees Nico ein, im Vorprogramm ihrer nächsten Englandtour zu spielen – der ersten, seit sie mit „Hong Kong Garden" aus ihrem Kultgetto ausgebrochen und in den provinziellen Punkmainstream vorgedrungen waren. Dabei begegneten die Headliner einem Publikum, das, wie es Steve Severin formulierte, „noch nie bei einem Punkkonzert gewesen war. Nico war die Letzte, die sie zu hören erwartet hatten."

Wieder wurde sie von einem Hagel aus Beschimpfungen und Flaschen begrüßt, und nach nur wenigen Konzerten brach Nico die Tour ab. Bei ihrem letzten Auftritt in Cardiff bot sie dem Publikum jedoch noch einmal so richtig Paroli. Bevor sie von der Bühne ging, starrte sie auf die buhenden Zuschauer hinunter, richtete sich zu ihrer vollen Größe auf und erklärte: „Wenn ich eine Maschinenpistole hätte, würde ich euch alle abknallen." Einige Jahre später sagte sie: „John Cale wurde ganz in der Nähe geboren. Von diesen Leuten hätte ich mehr erwartet."

Erst nach dem Treffen mit dem jungen korsischen Musiker Philippe Quilichini wendete sich Nicos Schicksal. Sie zog gemeinsam mit Quilichini, seiner Freundin Nadett Duget und Antoine Giacomoni, einem befreundeten Fotografen, in eine Wohnung in London und begann in den nächsten Jahren an ihrer fünften LP zu arbeiten. Sie erhielt den bewusst ironisch gewählten Titel *Drama Of Exile* und war absichtlich mit Rockelementen gewürzt – als wollte sie sich selbst vom Sockel stoßen.

„Diese ganzen langsamen Sachen waren ziemlich langweilig", sagte Nico über ihre früheren Alben. „Und als ehemaliges Mitglied von Velvet Underground war Rockmusik für mich einfach etwas, das ich irgendwann ausprobieren musste, wenn auch nur für ein Album." Die Platte entstand in den Gooseberry-Studios im Londoner Stadtteil Tulse Hill mit einer Band, die aus Quilichini, dem Gitarristen Muhammad Hadi, Schlagzeuger Steve Cordona, Ian Durys Saxofonisten Davey Payne und Andy Clarke bestand, dem Keyboarder, der bereits auf David Bowies Album *Scary Monsters* positiv aufgefallen war. Die ersten Früchte von Nicos Wiederauferstehung mündeten Anfang 1981 in die Single „Saeta".

Das Album erschien einige Wochen später und brachte Nico die positivsten Kritiken ihrer ganzen Karriere ein. Dieses Mal, so schien es, war die Welt für sie bereit – und was noch wichtiger war: Nico war bereit für die Welt.

Sie zog nach Manchester, wo ihr Einfluss auf die dortige Szene, die aus ihrer Bewunderung für die Velvets nie einen Hehl gemacht hatte, ungefähr ähnlich einzuschätzen war, als hätte Jesus sich im bibeltreuen Mittleren Westen Amerikas niedergelassen. Sie begann, überall kleine Gigs zu geben. In den folgenden neun Jahren bis zu ihrem Tod 1988 gab Nico schätzungsweise mehr als eintausendzweihundert Konzerte, die zwar durchaus auch in New York oder in Berlin stattfanden, aber hauptsächlich in jenem Kreis kleiner Theater und Clubs, in denen auch die Bands auftraten, die sie bisher nur aus der Ferne bewundert hatten. Am 28. Oktober 1981 kam sie im *Fagins* in Manchester sogar zu Bauhaus auf die Bühne und spielte mit ihnen eine ruppige Version von „Waiting For The Man", dem Velvet-Underground-Klassiker, den sie selbst für *Drama Of Exile* neu aufgenommen hatte.

Davon war nicht jeder uneingeschränkt beeindruckt. Ian Astbury, der das Konzert miterlebte, erinnert sich: „Peter Murphy musste sie stützen, weil sie so zugedröhnt war!" Aber er zählt einen anderen Auftritt Nicos, im Januar 1985 im Londoner *Dingwalls,* zu den besten Liveshows, die er je besuchte, und 2000 schrieb er den schlicht „Nico" betitelten Song auf *Beyond Good And Evil* von den Cult für sie.

Für die meisten Zuschauer war es allerdings schon allein das Eintrittsgeld wert, dass sie einer solchen Legende nahe sein konnten. Davon abgesehen gab Nico im Durchschnitt mehr gute als schlechte Konzerte, bei denen sie meist bei der Auswahl ihrer Songs bis zum ersten Velvet-Album zurückging, aber auch niemals Angst davor hatte, neues Material auszuprobieren. Ganze neun offizielle Livealben dokumentieren diese letzten Jahre, und auf zwei Videoaufzeichnungen ist sie zudem in ihrer ganzen atmosphärischen Wucht zu erleben.

Nico war daher ein perfektes Beispiel für die Musik und das Image, das Goth an den Tag – beziehungsweise an die Nacht – legen sollte. Wer sich zum einen an diesem Muster und zum anderen an jenen Bands orientierte, die Anfang der Achtziger offenbar dasselbe Feld beackerten – ob nun Joy Division oder Siouxsie and the Banshees, Bauhaus oder die gerade erst aufkommenden Sisters of Mercy –, würde es naturgemäß nicht einfach haben. In der zweiten Dezemberhälfte 1981 traten die ersten Kinder dieser eigenwilligen Verbindung ins Rampenlicht.

Am 30. Dezember 1981 standen Gene Loves Jezebel am ICA [Institute of Contemporary Arts] erstmals auf einer Londoner Bühne und wurden vom *Melody Maker*-Journalisten Steve Sutherland begeistert gefeiert. Sechzehn Tage zuvor hatten Southern Death Cult ihr erstes Londoner Konzert gegeben, als Support für Chelsea im *Marquee*. *Sounds*-Autor Steve

Keaton hatte zwar ihren Namen falsch mitbekommen und nannte sie *Sudden* Death Cult, machte das aber wieder wett, indem er sie als eine der herausragendsten neuen Bands des ganzen Jahres bezeichnete.

Obwohl die Ausrichtungen der beiden Bands nicht unterschiedlicher hätten sein können, was Bildsprache und Sound betraf, war es doch eine Zeit, in der Image – und nicht Inhalt – den Gruppen ihr Brandzeichen aufdrückte, und zwar so, dass man das verbrannte Fleisch meilenweit riechen konnte.

Steve Keaton war tatsächlich grenzenlos begeistert. „Der Sänger ist seltsam, sehr seltsam“, schrieb er über seine erste Begegnung mit Southern Death Cult. „Da gehen einem die Augen über. Sein Gesicht (ich nehme mal an, dass er eins hat), ist hinter einer Lawine roten und schwarzen Haars und Bommeln aus Kaninchenfell versteckt, und er wandert in echter Western-B-Movie-Manier über die Bühne. Dicht, rhythmisch und irgendwie ursprünglich … die Musik spiegelt die intensiven indianischen Motive wider. Später fand ich heraus, dass [der Sänger] Ian heißt.“

Das entsprach tatsächlich der Wahrheit, aber besagter Ian begründete seinen Stil mit tiefgründigeren Erlebnissen als dem aufmerksamen Konsumieren alter John-Wayne-Wiederholungen im Fernsehen. Ian Astbury kam in Heswall im nordenglischen Cheshire zur Welt, verbrachte aber den Großteil seiner Teenagerzeit in Kanada, einem Land, das ihn entscheidend prägte.

„Es ist schon viel darüber geschrieben worden, dass mich die nordamerikanische Indianerkultur und -religion sehr beeinflusst haben. Das begann in Kanada – dort kam ich mit der Lebensweise, den religiösen Überzeugungen und Verhaltensweisen der Indianer in Kontakt.“ Mit zwölf Jahren besuchte er erstmals ein Indianerreservat, aber in dem Wissen um die typisch journalistische Vorgehensweise fügte er schnell hinzu: „Ich saß nicht etwa in einem Auto und fuhr an einigen sterbenden Indianern vorbei, als ich sechs war, sodass sich einer von ihnen meiner Seele bemächtigte – es gibt einige Parallelen, die mir wirklich total auf den Nerv gehen. Nein, ich besuchte das Mohawk-Reservat, und was ich dort sah, hat mich wirklich sehr beeindruckt.
Damals hatten die Kids alle lange Haare und ritten auf Pferden. Ich weiß noch, wie ich neben diesem alten Mann saß, der einen dieser typischen großen Hüte mit einer Adlerfeder trug und eine Pfeife rauchte, und es haute mich um, wie friedvoll er war, so völlig im Einklang mit

allem um ihn herum. Die Kinder tobten total wild, spielten Lacrosse, rannten mit ihren Hunden durch die Gegend und trugen keine Schuhe. Für uns war es ein Schulausflug, und die ganze Zeit laberte so ein steifer Lehrer etwas wie: ‚1763 schlossen die Mohawks ein Abkommen mit den Briten, bla, bla, bla.' Aber ich saß einfach in diesem Langhaus, und es war alles wunderbar. Ich hatte noch niemals ein Urvolk in seinem ursprünglichen Lebensumfeld erlebt, und das war nun wirklich überwältigend. Das Aufregendste, was man in Großbritannien zu Gesicht bekommen kann, ist doch eine Kuh, wenn man mal aufs Land fährt. Diese extrem exotische, tiefsinnige Kultur hat mich vor allem deswegen so beeindruckt, weil ich mit den anderen weißen Kindern auf meiner Schule nichts gemeinsam hatte. Ich konnte nicht über Fußball oder Musik reden, und sie wussten nicht, wer Bowie war, Slade oder T. Rex, von daher gab es da gar nichts. Aber mit den Indianern gab es eine Menge Gemeinsamkeiten – ich fühlte mich mehr im Einklang mit ihren Überzeugungen. In den Büchern über das indianische Leben fand ich mehr Antworten als in dem Zeug in der Schule, und als ich älter wurde, wurden auch meine Fragen immer genauer. Ich las immer mehr. Das ist ein Element in meinem Leben, das seit meinem zwölften Lebensjahr konstant geblieben ist."

Astbury verließ die Schule 1978, als er sechzehn war, und meldete sich zur kanadischen Armee – angelockt von den Werbespots, die „Mädchen, Waffen, Reisen" versprachen. Achtundzwanzig Tage später quittierte er den Dienst. „In meiner Jugendzeit ging es bei mir ziemlich drunter und drüber. Ich war mehr oder weniger gezwungen, die Rolle meines Vaters zuhause zu übernehmen, weil meine Mutter schwer krebskrank war (sie starb an Astburys siebzehntem Geburtstag); mein Vater war praktisch nie daheim, weil er arbeitete. Also musste ich mich um meinen Bruder und meine Schwester kümmern. In unserer dysfunktionalen Familie liefen eine ganze Menge scheußlicher Geschichten, die man mit sentimentalem Streichorchester unterlegt erzählen könnte."

Schließlich kehrte Astbury nach Großbritannien zurück. „Ich hatte die Sex Pistols im kanadischen Fernsehen gesehen. Da hatten sie sich wohlgemerkt schon aufgelöst oder waren gerade dabei, aber diese ganze Punkszene wirkte so spannend, dass ich unbedingt selbst erleben wollte, wie sie wirklich war."

Unter dem Namen Ian Lindsay (als Künstlernamen hatte er den Mädchennamen seiner Mutter gewählt, den er bis zum Wendepunkt seiner Karriere im Januar 1984 beibehielt) streifte Astbury zunächst einmal durch Glasgow, die Heimatstadt seiner Mutter, bevor es ihn nach Liverpool verschlug, wo er bei verschiedenen Bands mitmachte, die allesamt nicht vom Fleck kamen. Er erinnert sich nur noch an eine einzige davon, die Send No Flowers hieß.

Danach zog Astbury in die nordirische Hauptstadt Belfast, wo er als Frontmann bei den ebenso unbekannten Children of Lust einstieg, aber Ende 1981 war er wieder in England, wo er sich mit einigen gleich gesinnten Punks ein Haus in Bradford teilte und sich alle möglichen Konzerte ansah – vor allem jene, in die er umsonst hineinkam.

„Ich bin mal nach Sheffield zum *Limit Club* gefahren, um mir dort Generation X anzusehen", erinnert er sich. „Ich hatte meinen Schlafsack dabei, kampierte über Nacht vor dem Club und bekam daher mit, wie am folgenden Nachmittag die Band dort ankam."

Generation X standen zu dieser Zeit, auf der dreiwöchigen letzten Tour, bei der sie das Album *Kiss Me Deadly* vorstellten (das noch immer zu Astburys Lieblingsplatten zählt) kurz vor der Auflösung; Sänger Billy Idol war schon verstärkt daran interessiert, sich dem Starstatus zuzuwenden, der ihn als Solokünstler seiner Meinung nach auf der anderen Seite des Atlantiks erwarten würde. Aber er blieb stehen und sprach mit dem Jungen, der draußen wartete, und als Astbury ihn fragte, ob er ihn umsonst ins Konzert bringen könnte, sagte Idol ja. Jedenfalls, sofern es Astbury nichts ausmachen würde, an diesem Abend als Roadie für Gitarrist James Stevenson mit anzufassen. Astbury war einverstanden.

Wieder zuhause in Bradford, träumte Astbury weiter vom eigenen musikalischen Erfolg, und allmählich schälten sich aus einer, wie Astbury selbst sagt, chaotischen Kombination verschiedener Persönlichkeiten und musikalischen Vorlieben Southern Death Cult heraus, eine Band, die zunächst aus Astbury, Drummer Haq „Aki" Qureshi, Gitarrist David „Buzz" Burrows und Bassist Barry Jepson bestand.

Die indianische Symbolik, die Astbury so am Herzen lag, spielte natürlich – wenn auch gefiltert durch die englischen Punkeinflüsse – bei Southern Death Cult eine gewisse Rolle, als sie im Dezember 1981 als eine der heißesten jungen Bands der Zeit in Bradford erstmals auf sich aufmerksam machten. Astbury betrachtet diese Phase rückblickend mit ungläubigem Staunen.

„Es ging alles unheimlich schnell, vor allem ganz am Anfang. Das erste Konzert, das ich je gab, wurde vom Regionalfernsehen für die

Sendung *What Is Life* gefilmt, eine Dokumentation über Jugendkultur und Jugendarbeitslosigkeit. Das war schon echt irre – ich kam zum ersten Mal in meinem Leben auf eine Bühne und wurde gleich gefilmt. Ich weiß nicht, ob der Beitrag jemals wirklich gezeigt wurde, aber die Crew begleitete uns drei Tage lang und filmte uns und unser Leben, wo wir abhingen, was wir so machten, und dabei hatten wir nur drei Songs! Wir waren zu diesem Zeitpunkt auch vielleicht gerade erst drei Wochen zusammen."

Zumindest fasste Astbury dadurch genug Mut, um regelmäßig nach London zu fahren und dort die Werbetrommel für seine Band zu rühren. „Das haben wir oft gemacht, entweder per Anhalter oder aber mit einem Überlandbus, mit unseren Schinken-Tomaten-Sandwichs und einer Tasse Tee mit Milchpulver drin und diesen Busfahrern, die vorn auf ihrem Platz dauernd sangen. Es war ätzend!

Das erste Mal hatten wir ein kleines Demoband dabei, das wir zuhause im *Art Centre* aufgenommen hatten, eine Cassette mit vier Tracks, die uns vielleicht acht Pfund gekostet hatte. Das Ding war echt übel und grauenhaft, aber die paar Songs, die wir damals hatten, waren drauf, und wir hatten auch noch ein paar Fotos, die ein Kunststudent von uns gemacht hatte. Naiv, wie wir waren, hatten wir eine Tasche mit drei Kopien von dem Demo und vier Fotos dabei. Ich weiß noch, wie wir dann bei RCA, CBS, EMI rumsaßen … wir klapperten die ganzen großen Labels ab, hockten in der Lobby und warteten stundenlang. Einmal waren wir bei RCA und warteten auf jemanden aus der A&R-Abteilung. Da hielten wir die Rezeptionistin noch für wichtig, und die ließ uns da drei Stunden sitzen. Sie wollte uns Bescheid sagen, ‚wenn er Zeit hat', also hockten wir da.

Bei CBS kam gerade Claire Grogan von Altered Images die Treppe runter, und wir: ‚Wow! Claire Grogan von Altered Images!' Wir stürzten auf sie zu und baten sie, unser Demo an jemanden weiterzugeben. ‚Klar', sagte Claire und ging die Treppe wieder hinauf, kam dann aber gleich wieder runter und behauptete, es wäre niemand da. Blöde Kuh. Schließlich kamen wir zu Cherry Red. Als wir reinkamen, sagte der Typ gleich zu uns: ‚Oh, Scheiße, schon fünf Uhr, ich muss los.' Aber er nahm das Band, hörte es sich gleich in unserer Gegenwart an und sagte: ‚Hey, nicht schlecht – gebt mir mal eure Telefonnummer, und wenn wir interessiert sind, melden wir uns. Lasst mir das Tape mal da.' Und wir: ‚Das können wir nicht, das ist unser letztes!' Aber tatsächlich rief er uns ein bisschen später an, und wir vereinbarten ein Treffen in einem Pub in der Nähe vom Bahnhof King's Cross."

Als das geschah, waren die Dinge allerdings schon ein wenig ins Rollen gekommen, und Southern Death Cult hatten ihr besagtes London-Debüt am 14. Dezember 1981 im *Marquee* bereits hinter sich. Es war die insgesamt fünfte Show der Band: „Wir waren vier Monate zusammen und hatten sechs Songs." Den Gig hatte der Bruder von Drummer Qureshi, ein Promoter aus Bradford, organisiert. „Wir bekamen dreißig Pfund für den Auftritt, aber die haben wir uns wirklich verdient. Erst steckten wir noch in Bradford in einem Schneesturm fest und schafften es nur mit Müh und Not nach London. Als wir dort ankamen, flippte [Chelsea-Sänger] Gene October richtig aus. Der Laden war total fertig, es waren ungefähr dreißig Leute da, und es war das Aufregendste in meinem ganzen Leben. Nein, stimmt ja nicht – noch aufregender war es die Woche zuvor beim Chelsea-Gig in Leeds gewesen, als Gene auf der Bühne bekannt gab, dass wir im Londoner *Marquee* ihre Vorgruppe sein würden. Wir sahen uns alle an und dachten: ‚Wow, jetzt haben wir es geschafft!'"

Aus Sicht der Band war der eigentliche Auftritt eine Katastrophe. „Ein Freund von uns sprang auf die Bühne und zog alle Gitarrenkabel raus. Wir hatten bloß sechs Songs, brauchten aber zehn, also spielten wir ein paar davon zweimal. Wir waren noch längst nicht ausgereift, waren schlecht und amateurhaft." Dennoch erschien in der Woche darauf die Konzertkritik in *Sounds,* „und die war super. Da hieß es, wir seien der neue Messias, eine Sensation und so weiter, und darauf folgte eine Massenhysterie."

Das Angebot von Cherry Red war ziemlich einfach. „Sie sagten, wir könnten fünfhundert Pfund für die Verlagsrechte bekommen, und wir fragten: ‚Oh, wow, für jeden?' Aber es war für die ganze Gruppe. Es war schon eine Menge Geld, aber wir wollten darüber nachdenken. Unser Drummer war ziemlich clever, und er sagte, fünfhundert für uns alle sei Schwachsinn. Also lehnten wir ab."

Das Konzert im *Marquee* machte die Band außerdem mit einer weiteren Facette des Livealltags vertraut, an die sie zuvor noch nie gedacht hatten. „Da kam dieser Typ auf uns zu, stellte sich vor und sagte, er käme von einer Agentur, einer Buchungsagentur, und er würde uns gern vertreten. Ich hatte überhaupt keinen Schimmer, was eine Buchungsagentur machte, ich dachte, die würden sich um Licht und Verstärker und so was kümmern. Deswegen sagte ich: ‚Nee, wir brauchen keine PA und kein Licht', und dann fuhren wir zurück nach Bradford."

Es dauerte einen Monat, bis Astbury seinen Fehler erkannte. „Ich rief den Typ an, und der sagte gleich als Erstes: ‚Gott sei Dank meldet ihr euch. Wir haben alles Mögliche versucht, um euch zu erreichen – wir haben euch probeweise mal für fünf Konzerte mit Theatre of Hate gebucht.' Und ich nur: ‚Ach du Scheiße!' Ich war total schockiert, total hin und weg! Ich ließ den Hörer fallen, warf den Kerl aus der Leitung und rief sofort alle anderen an. Wir haben uns fast in die Hosen gemacht." „Do You Believe In The West World", der Hit ihrer Headliner, geisterte noch immer durch die Szene. Sie hatten nach wie vor gute Beziehungen zu den Clash, mit denen sie gerade gemeinsam auf Tour gewesen waren, und Mick Jones hatte die gerade abgeschlossene Produktion ihres neuen Albums *West World* betreut. Jetzt wagten sich Theatre of Hate an Clubs und Hallen heran, in denen sie sonst nur als Vorgruppe gespielt hatten, und Southern Death Cult sollten sie dabei begleiten.

Der Ausflug mit Theatre of Hate, der vor fünfhundert Zuschauern in der Keele University begann, war für Southern Death Cult kurz, machte aber Eindruck – jedenfalls bei Billy Duffy, dem zunehmend unzufriedenen Leadgitarristen der Headliner. Astburys wilde Bühnenpersönlichkeit überzeugte ihn sofort. Duffy erinnert sich: „Er war absolut phänomenal. Und lauter als die ganze Band zusammen!" Als die fünf Gigs vorüber waren, hatten Theatre of Hate Southern Death Cult weitere zehn Auftritte angeboten.

Eine Peel-Session, die im Mai 1982 entstand und ihnen eine neue Möglichkeit bot, ihre Waren feilzubieten, beschleunigte den Aufstieg von Southern Death Cult zusätzlich. Im Juli waren sie für zwei wichtige Showcases von Theatre of Hate und auch Clash engagiert, und im Herbst unterschrieben sie für eine Single bei Situation 2, einem Label, das zu Beggars Banquet, der Heimat von Bauhaus und Birthday Party, gehörte. Es war jedoch noch weitaus bezeichnender, dass Situation 2 auch die andere Newcomertruppe an Bord hatte, die im Dezember letzten Jahres erstmals von sich reden gemacht hatte: Gene Loves Jezebel.

Die ersten Schritte unternahm die Band, aus der einmal Gene Loves Jezebel werden sollte, 1981 im walisischen Porthcawl, der Heimatstadt der Zwillingsbrüder Michael und Jay Aston. Ursprünglich nannten sie sich Slavaryan, ein Name, der Michael zufolge stark von Joy Division beeinflusst war. „Wir spielten mit den Begriffen Slawen und Arier, dem Rassenkonflikt, und uns gefiel die Dualität, die dahinter steckte. Außerdem hatte dieser Naziquatsch etwas Düsteres an sich, das war eben der Joy-Division-Einfluss. Wir gaben den Namen dann aber wieder auf, weil er uns letztlich zu düster war … Bauhaus, die hatten auch so einen germanischen Namen. Wir Briten sind davon besessen."

Slavaryan, die zunächst aus den Astons und Gitarrist Ian Hudson bestanden, gaben nur eine Hand voll Konzerte, darunter einen halbwegs legendären Auftritt mit Crass, der ein unrühmliches Ende fand, als eine Schlägerei im Publikum ausbrach, die sich bis auf die Bühne ausdehnte. Dass es mit Slavaryan nicht weiterging, lag allerdings vor allem daran, dass Michael Aston Mitte 1981 beschloss, nach London zu ziehen. Als Jay mit Hudson im Schlepptau schließlich ebenfalls dort ankam, hatte Michael bereits den Schlagzeuger James Chater (dessen Großvater zufällig niemand Geringerer war als der Besitzer des durch Led Zeppelin berühmt gewordenen Studios von Hedley Grange) und Bassist Steve Radwell angeworben.

Mit ihren ausgefallenen Frisuren und ihrem extravaganten Stil erregten die Zwillinge bereits Aufsehen, bevor sie überhaupt eine Bühne betraten. Tatsächlich gab ein aufstrebender Regisseur, der die beiden gern für einen Film über die Londoner Clubszene gewinnen wollte, den Anstoß für den auffälligen Namen des neuen Projekts. Jay Aston: „Man stellte mir diesen Regisseur vor, und er dachte, mein Name sei Jezebel – vielleicht lag das an meinem Waliser Akzent. Jedenfalls rannte ich nicht rum und behauptete, ich hieße so!"

Der Name blieb jedoch hängen, ebenso wie ein anderer Spitzname, den Michael sich nach einem Beinbruch eingefangen hatte. „Er humpelte eine Zeit lang so herum wie Gene Vincent. Und dann fiel einem meiner Freunde auf, dass Michael und ich zwar immer wieder heftige Streitereien hatten, aber letzten Endes doch auf einer Seite standen. ‚Ihr liebt euch echt, ihr haltet immer zusammen', hieß es, und ich machte daraus Michael loves Jay, Gene Loves Jezebel."

Der Name wurde im Dezember 1981 offiziell, als die Astons gefragt wurden, was auf den Postern für ihren ersten Gig stehen sollte, den sie im Vorprogramm der Higsons und der Electric Guitars am 30. Dezember am ICA spielten. Jay dazu: „Wir wussten ja, dass Bauhaus und Killing Joke immer ganz in Schwarz waren, also dachten wir, wir machen alles ganz bunt, wir gehen in genau die andere Richtung. Und wir wollen auch keinen Namen, der nur aus einem Wort besteht, wir wollen etwas Längeres."

Ursprünglich wollte die Band hauptsächlich eine Plattform für Performancekunst bieten und nicht nur Musik machen: „Als Gene Loves Jezebel anfingen, war die Band eine Möglichkeit für Jay und mich, unsere Persönlichkeit darzustellen", erklärte Michael. Aber schnell setzten sich andere Einflüsse durch. „Wir sind aus Südwales, wo es eine sehr lebendige Geschichte gibt – die ganzen Camelot-Legenden, die Gesangstradition, die Geschichten um den Bergbau. Die Menschen blicken auf die Vergangenheit, auf ihre Legenden und Gedichte, und das hat uns geprägt. Davon abgesehen war unsere Musik sehr, sehr deprimiert, dunkel und sehr lyrisch. Es war eigentlich eine tolle Zeit – zum einen, weil uns nicht klar war, wo es eigentlich hinging, zum anderen, weil uns nicht bewusst war, was wir eigentlich taten. Es war eine unschuldige Zeit."

Ebenso wie Southern Death Cult legten auch Gene Loves Jezebel einen furiosen Karrierestart hin. Der *Melody Maker*-Journalist Steve Sutherland sah besagtes erstes Konzert und begann sofort, die Band zu unterstützen („Ich habe die Zukunft gesehen, und ich glaube, ich geh mal mit ihr essen"). Situation 2 ließ sich beim zweiten Konzert der Band sehen, und als sie zum dritten Mal auf einer Bühne standen, hatten Gene Loves Jezebel bereits einen Plattenvertrag und planten die Veröffentlichung einer Single, „Shaving My Neck", deren Sound ein wenig an die dissonante Doppelleadgitarre der Virgin Prunes erinnerte. Und am 24. Februar 1982, nur zwei Monate nach ihrem ersten Konzert, waren Gene Loves Jezebel als Vorgruppe von Bauhaus gebucht, ihren Labelkollegen, die sich gerade auf ein Leben unter dem hoffnungsvollen Banner einer herausragenden Hitsingle einstellten.

Jedenfalls dachte man, dass es allmählich so weit war.

Bauhaus waren entschlossen, endlich in die Top Thirty vorzudringen, und das ließ sie sogar mit ihrem alten Prinzip brechen, keine Außenstehenden zu ihren Sessions einzuladen. Sie engagierten den Produzenten Hugh Jones, um ihnen bei „Spirit", einer neuen und selbstbewusst spritzigen Single, zu helfen.

Es war eine unangenehme Erfahrung. Normalerweise arbeiteten Bauhaus im Studio recht schnell und brauchten nur wenige Wochen, um ein Album fertig zu stellen. Die Aufnahmen von „Spirit" dauerten neun Tage, während die Band und ihr Produzent erbittert miteinander stritten – und Jones jedes Mal gewann. Als die Single endlich fertig war und allmählich auf Platz zweiundvierzig, ihre höchste Position in den britischen Charts, zukroch, waren Bauhaus nicht einfach nur erleichtert, dass ihre Träume von der Eroberung der Hitparaden mit einem Knall zerplatzt waren – sie planten sogar, den Song noch einmal komplett neu aufzunehmen, in der Hoffnung, dass die Single in ihrer jetzigen Form dem großen Mülleimer ewigen Vergessens anheim fallen würde.

Die Chart-Ambitionen der Band bedeuteten dabei keinesfalls, dass sie sich von ihren frühen Konzepten des Kunst-Guerillakriegs verabschiedet hätte. Im Gegenteil: Ihre wachsende Beliebtheit ließ sie nur umso radikaler werden.

Um den Abnutzungserscheinungen zu entgehen, die selbst die bestgeölte Maschine irgendwann ereilen können, beschlossen Bauhaus, keine konventionellen Setlists mehr zu verwenden und stattdessen verstärkt auf ihr bereits gut geschultes Improvisationstalent zu setzen – für das Publikum oft eine frustrierende, aber sicherlich lehrreiche Erfahrung.

Jede Band gibt den Fans die Chance, live noch einmal die alten Lieblingssongs erleben zu können. Bauhaus gaben ihnen zudem vielfach einen Ausblick auf neues Material – wenn Murphy auch zugestand, dass das nicht unbedingt aus völlig selbstlosen Motiven heraus geschah. „Es lag im Grunde daran, dass wir so deprimiert waren", versicherte er. Ein weiterer Grund war der, dass die Band davon überzeugt war, dass das Publikum niemals die Oberhand gewinnen dürfe. Es sollte stets eine gleichberechtigte Partnerschaft sein.

„Wenn man seine Musik offen darlegt, ist das eine Gemeinschaftsanstrengung", fügte Murphy hinzu. „Der Künstler darf nie so arrogant sein, zu glauben, dass er derjenige ist, der darüber befinden kann. Das ist vielmehr das Publikum; man selbst wird dabei gewissermaßen zum Diener. Aber die andere Gefahr dabei ist, dass man sich den Wünschen des Publikums irgendwann kriecherisch fügt, und dagegen muss ein Künstler in erster Linie kämpfen – er darf seine Arbeit nicht verleugnen, ihre Projektion hingegen schon." Die Medien und in gewisser Hinsicht auch die Fans hatten Bauhaus ein Etikett verpasst. Auf ihren Konzerten taten Bauhaus 1982 ihr Möglichstes, um dieses Etikett abzuschütteln.

Zu den eigentümlichsten Aktionen, zu denen sich die Band – oder zumindest Murphy – hinreißen ließ, gehörte die Beteiligung an einer Werbekampagne des Cassettenherstellers Maxell, der Murphy sein Gesicht für Anzeigen und äußerst einprägsame Fernsehspots lieh, wobei er eine diebische Freude an der Verunsicherung der Zuschauer hatte. Das Unternehmen hatte dem Vernehmen nach wohl zunächst den Japan-Frontmann David Sylvian gewinnen wollen und sich erst an Murphy gewandt, als der Blondschopf nicht zu kriegen war. Murphy hingegen musste man das Angebot nicht zweimal machen.

„Es war wunderbare Kunst, es war ein richtig subversives Statement, und die Leute fragen sich alle: ‚Wer ist das? Das kann doch nicht sein!' Ich bekam nur ein paar Tausender dafür, ich machte das aus reiner Eitelkeit und weil mir die Vorstellung gefiel, dass die echten Hardcore-Bauhaus-Fans ihren Fernseher anschalten und dann dieses fantastisch aussehende Model sehen würden – mich! Das würde ihnen so richtig zu denken geben – von wegen: ‚Wie ist der denn drauf?' Dann fingen die Leute auf der Straße an, mich als das Maxell-Gesicht zu erkennen, und das war eine hervorragende Möglichkeit, neue Türen zu öffnen. Ich sagte dann, dass ich auch Sänger bei Bauhaus war, und sie kamen dann oft und sahen sich die Konzerte an – die Aktion war wunderbar geeignet, neue Leute anzusprechen."

Auch andere richteten ihr Augenmerk auf die Band. Der Filmregisseur Tony Scott sah Bauhaus im BBC-Fernsehen mit „Bela Lugosi's Dead" und „Kick In The Eye" und engagierte sie prompt, damit sie ihren Auftritt für seinen kommenden Film, den Vampirstreifen *Begierde*, wiederholen konnten.

Die Bauhaus-Szene nahm das Motiv des in einen Käfig gesperrten Sängers wieder auf, das die Band bei „Telegram Sam" schon genutzt hatte. Der Auftritt wurde am 22. März 1982 im *Heaven* abgefilmt – der Film, in dem unter anderen David Bowie und Catherine Deneuve mitwirkten, erschien etwa ein Jahr später. Die Rolle der Band im fertigen Film war zu großen Teilen dem Schnitt zum Opfer gefallen und enthielt nur noch ein paar Ausschnitte von Murphy selbst. Aber die Ironie, dass ein Song über einen Filmvampir für einen Vampirfilm genutzt wurde, war dennoch köstlich. Dem Gothic-Image schadete das natürlich auch nicht.

Bauhaus – wieder zurück im Studio und noch immer überzeugt, dass sie die Beratung eines Außenstehenden nötig hatten – engagierten für die aktuellen Albumaufnahmen Derek Tompkins, dessen visionäre Laisser-faire-Präsenz ihnen bereits bei „Bela Lugosi's Dead" geholfen hatte, wobei er diesmal hauptsächlich als Vermittler zwischen der Band und ihrem Toningenieur Ted Sharp agieren sollte. Eine Zeit lang überlegten sie sich sogar, in Tompkins' eigenes Beck-Studio zu gehen, und ließen diesen Plan erst wieder fallen, als Tompkins selbst sie davon überzeugt hatte, dass es schlicht nicht das Equipment bot, das sie brauchten.

Stattdessen mieteten sie sich im Rockfield ein, in das Spukstudio, in dem der jüngste Triumph der Damned entstanden war, und eben jene Präsenz, die deren Erfolg zu verantworten hatte, stand nun tatsächlich bereit, um auch Bauhaus auszuhelfen. Das Album *The Sky's Gone Out,* das hier entstand, gilt allgemein als das beste von Bauhaus – als die Platte, die alles umfasste, wofür die Band stand, und alles, wozu sie in der Lage war. Und endlich war auch eine Hitsingle mit dabei.

Als sie nach London zurückgekehrt waren und dort noch ein wenig Zeit im Studio abbummelten, kamen Ash und Haskins auf die Idee, spontan eine ruppige Version von David Bowies „Ziggy Stardust" aus den Boxen zu knallen, als witziger Tribut an jene Künstler, mit denen sie in beinahe jeder Kritik verglichen worden waren. Das Band lief dabei mit, und J war absolut überwältigt, als er die Aufnahme wieder abspielte. In Kürze war eine Session für John Peel geplant – diesen Song in die Sendung zu integrieren, das würde ein Spaß werden!

Ash erinnert sich: „Wir hatten noch einige Aufnahmen in den Trident-Studios gemacht, wo auch Bowie viele seiner frühen Alben aufgenommen hatte, und als wir ins Büro zurückkamen, spielten wir dem Mädchen an der Rezeption, das ein echter Bowie-Freak war, ‚Ziggy' vor. Wir sagten ihr, wir hätten den Song auf einem unbeschrifteten Tape gefunden, es sei ein ganz seltener Bowie-Outtake, und sie kaufte uns das komplett ab. Was ja auch unsere Absicht war."

Die Peel-Session war ebenso überzeugend – so sehr, dass die Band, als es um die nächste Single ging, keine Hemmungen hatte, die Aufnahme von der BBC auszuborgen. Zusammen mit einer Version von Enos „Third Uncle" aus derselben Session und einer gemeinsam mit Nico in Manchester entstandenen Livefassung von „Waiting For The Man" wurde „Ziggy Stardust" als Opener auf der *Covers*-EP veröffentlicht (der vierte Track, „Party Of The First Part", war witzigerweise eine Eigenkomposition) und schoss sofort in die Top Twenty. *The Sky's Gone Out,* das vom Erfolg dieser Single profitierte und das zunächst in limitierter Auflage mit beigelegtem Livealbum erschienen war, schaffte es mühelos auf Platz drei.

Musikalisch gesehen war *The Sky's Gone Out* so einzigartig wie jede andere Platte im Bauhaus-Gesamtwerk. Vom Theateraspekt her bewegte sich die Band jetzt auf einem Territorium, das in der Rockmusik keine realistischen Referenzpunkte mehr besaß. „Wir summten geradezu vor Hochspannung", erinnert sich Murphy. „Die Energie, die diese Band verströmte, war einfach unglaublich. Absolut leicht entzündlich und sehr auf Konfrontation aus. Man konnte die Atmosphäre mit den Händen greifen, wenn Bauhaus in der Nähe waren. Das war manchmal auch etwas schwierig, aber das lag an uns. Wir maßen dem, was wir taten, und den Türen, die wir aufbrechen würden, viel zu viel Bedeutung bei. Aber eigentlich gab es gar keine Türen. Wir brachen nur durch. Ohne Türen – die fehlten. Wir brachen durch und durch und durch."

Wie Murphy bereitwillig zugibt, waren diese Durchbrüche umso aufregender, als Bauhaus sich im Klaren waren, dass sie nicht allein dastanden. „Es war eine richtig heftige Zeit. Überall kamen neue Wahnsinnsgenies zum Vorschein und legten die Grundsteine für richtig aufregende Dinge."

Das Problem mit Wahnsinnsgenies ist in der Regel nur, dass sie selten lange genug überleben, um sich an den Früchten ihrer Arbeit zu erfreuen.

Die *Faith*-Tournee war kaum vorbei, und mit „Charlotte Sometimes" war eine neue (auf keinem Album erhältliche) Single erschienen, die den Ruf der Cure als Kultliteraten weiter festigte, da war die Band auch schon wieder im Studio und begann mit den Vorbereitungen für ihr viertes Album, *Pornography*. Wenn *Faith* schon keine Gefangenen gemacht hatte, wie ein Kritiker schaudernd angemerkt hatte, dann wusste *Pornography* nicht einmal mehr, wo die eigenen Verbündeten standen. Es zog aus, alle auszulöschen.

„Es fällt mir schwer, an diesem Album etwas Versöhnliches auszumachen", klagte der *Melody Maker,* als das Album im April 1982 erschien. Dieses Urteil wurde von der gesamten Musikpresse wiederholt, wo man vom neuen Cure-Album offenbar alles Mögliche erwartet hatte, aber nicht, dass es derartig hasserfüllt und giftig war. *Pornography,* fuhr der *Melody Maker* fort, „stößt wie ein U-Boot in Tiefen vor, die Menschen normalerweise nicht erreichen können. Es ist schlicht ungesund. ‚One Hundred Years' ist der am wenigsten deprimierende Track und der einzige, der lediglich düster ist."

Die Cure-Biografin Jo-Ann Greene stellte später fest, dass *Pornography* im Grunde wesentlich positiver klang als sein Vorgänger. Aber es war auch „weitaus gewalttätiger" – ein Statement, auf das Smith selbst einging und korrigierend erklärte: „Es war eigentlich nicht gewalttätig. Es ging mehr um die Unfähigkeit zur Gewalt. Es war die Umsetzung von Unfähigkeiten – die Musik konnte gar nicht aggressiv genug sein, um aus diesen Grenzen auszubrechen." Wobei er selbst zugibt, dass nur wenige Alben mit schicksalsschwereren ersten Zeilen aufwarten als „it doesn't matter if we all die" – „es ist egal, ob wir alle sterben".

„Das Album handelte von Dingen mit weit reichenden Auswirkungen", versuchte Smith galant zu erläutern. „Es setzte sich mehr mit dem Schrecken auseinander, den die Menschen in ihrem Alltag erleben, nehme ich an." Wie tief dieser Schrecken nachempfunden wurde, zeigte sich wohl auch daran, dass Cure keine andere Wahl hatten, als sich ihm selbst auszusetzen – als könnten sie den Albtraum nur dann beschreiben, nachdem sie ihn am eigenen Leib erfahren hatten.

Später räumte Smith ein, dass der Bogen, den die Karriere der Cure bis dahin genommen hatte, bis zu einem gewissen Grad geplant war, und er gab auch zu, dass das Schicksal, das am Ende der Reise ihrer harrte, schon beim ersten Album festgestanden hatte. „Wenn wir nach *Three Imaginary Boys,* das ich sofort zu hassen begann, tatsächlich ein Dreijahresprojekt wie von *Seventeen Seconds* bis zu *Pornography* durchziehen wollten, dann war das unmöglich etwas, das wir halbherzig tun konnten – das hatte ich erkannt. Daher stürzten wir uns in einen Lebenswandel, der sich schnell als Teufelskreis erwies." Leider war es zur Zeit der Entstehung von *Pornography* dann so, „dass wir überhaupt keinen Spaß daran hatten und alles sinnlos schien, weil wir es nämlich nur noch für andere taten, und da brach alles zusammen".

Die Aufnahmesessions für *Pornography,* die Anfang 1982 stattfanden, waren „schrecklich, chaotisch ... aber auf keine gute Art. Sie liefen auf sehr gemeine, anarchistische Weise ab. Ganz ehrlich, an vieles erinnere ich mich gar nicht mehr. Aber es kam eine meiner absoluten Lieblingsplatten dabei heraus."

Damit steht er nicht allein. Höchstwahrscheinlich wird es Cure niemals gelingen, der dreiköpfigen Hydra aus *Seventeen Seconds, Faith* und *Pornography* zu entfliehen, einem Dreigestirn aus erbarmungslosem Druck und einer Kraft, dass bereits das bloße Hören das Gefühl vermittelt, gleichzeitig gereinigt und bestraft worden zu sein. Wobei allerdings ein richtiger, echter Fluchtversuch Smiths vor diesen Werken noch unwahrscheinlicher ist.

Tatsächlich gab Smith 2000 bezüglich des gerade erschienenen Albums *Bloodflowers* zu, er sei absichtlich zu Arbeitsmethoden zurückgekehrt, wie er sie beim letzten Stadium von *Pornography* ausprobiert hatte: eine Diktatur, bei der er seine Bandkollegen lediglich als zusätzliche Instrumente betrachtete, die er nach Belieben stimmen und einsetzen konnte. Nur ein einziges anderes Cure-Album sei unter ähnlichen Bedingungen entstanden, behauptete er: das 1989 veröffentlichte *Disintegration*. Es ist kein Zufall, dass diese Platte neben *Pornography* zu den größten Werken der Band zählt.

Wie schon seine Vorgänger war auch *Pornography* in den britischen Albumcharts recht erfolgreich, und wie aus den Vorgängern wurde auch aus *Pornography* eine Reihe von, wie Smith fand, hoffnungslos unpassenden Singles ausgekoppelt (die sich jedoch wiederum recht ordentlich verkauften). Aber im Gegensatz zu früheren Alben enthielt es den Sound einer Band, die sich selbst in Fetzen riss, als wollte sie nur mal sehen, wie weit sie die einzelnen Stücke würde schleudern können. Smith sagte später selbst: „Wenn man weltweit nur fünfzigtausend Platten verkauft, muss man etwas Extremes tun, um aufzufallen." Cure beschlossen, sich selbst zu zerstören.

Natürlich, behauptet Smith inzwischen einigermaßen überzeugend, gibt es in der Welt eine große Masse von Cure-Fans, für die diese Alben keine größere Bedeutung haben als andere Platten auch; die so genannten Hardcorefans, für die sie eine Art heiligen musikalischen Gral darstellen, halten seiner Meinung nach lediglich ein Symbol in Händen, dessen eigene Zauberkräfte sich im Strom der Zeiten und Gezeiten verflüchtigt haben.

„Der Unterschied zwischen heute und damals – wann immer das war – ist, dass früher alles rein autobiografisch war. Ich schrieb ausschließlich über Dinge, die mich so sehr fertig machten, dass ich einen Song darüber machen musste. Heute kann ich Situationen verwenden, die mich nicht aus dem Gleichgewicht bringen – manchmal habe ich eine musikalische Idee und schreibe dann einen Song drum herum, aber das habe ich in der Anfangszeit nie getan. Das interessierte mich

überhaupt nicht, ich wollte nur meinen eigenen Standpunkt rüberbringen und sagen: ‚So oder so fühle ich über diese Sache.' Die Musik diente nur als Hintergrund.
Wenn man sich den alten Platten aber mal ganz nüchtern nähert und sie auf ihre eigentlichen Qualitäten untersucht, dann können sie mit den späteren Alben nicht mithalten, nicht einmal gefühlsmäßig, und vom Songwriting her schon gar nicht. Die späteren Alben haben eine gewisse Vollständigkeit, die auf den frühen einfach nicht da ist.
Man kann nicht davon ausgehen, dass jemand, der sich *Staring At The Sea* oder *Galore* gekauft hat [Compilations, die das erste beziehungsweise zweite Cure-Jahrzehnt dokumentierten], *Faith* besorgt, sie sich anhört und sagt: ‚Oh, das hat mein Leben verändert.' Auch wenn man sich *Wish* gekauft hat, beschließt man danach wahrscheinlich nicht, den Backkatalog zu durchforsten und sich *Seventeen Seconds* zuzulegen. Es sind immer noch gute Alben, aber es sind eher die älteren Fans, die diese Sachen am liebsten mögen, weil sie jünger waren, als wir sie aufgenommen haben." Smith spricht sie dabei nicht aus, die alte Weisheit von der ersten Liebe, über die man nie hinwegkommt (angesichts des textlichen Inhalts von *Pornography* sicher eine kluge Entscheidung), aber diese Vorstellung vermittelt sich auch so.

Diesem Argument kann man nur aus persönlicher Sicht widersprechen, schon allein, weil die Songs selbst überaus intensiv und persönlich sind. Aber gleichzeitig sind sie universell, und man kann sich mit den Ängsten, von denen Smith singt, durchaus identifizieren, ohne die eigene Psyche dieselben Seelenqualen erfahren zu lassen, die Ian Curtis erduldete.

Pornography war ein quälendes Album. Die Tour dazu, die den Titel *14 Explicit Moments* trug und am 18. April 1982 begann, ist in die Rockgeschichte eingegangen als die aus persönlicher Sicht katastrophalste Tournee, die eine Band je unternahm. „Die Tour war wie eine Wiederholung des schlimmsten Films, den du je gesehen hast", erzählte Smith später schaudernd. „Jeder, der daran beteiligt war, flippte irgendwie aus, die Persönlichkeiten verformten sich. Sie schienen alle auf einen Schrecken zurückzufallen, der in ihnen hauste, und es gab viele Ausbrüche körperlicher Gewalt. Wir brachten einfach unser Leben auf die Bühne. Es war eine schreckliche Zeit, die mich eineinhalb Jahre lang wirklich sehr seltsam werden ließ. Es war alles zu intensiv und deprimierend, alles lief verkehrt, wir traten auf der Stelle, ich und Simon

[Gallup, Bassist] gerieten dauernd aneinander, und wir hatten keine Rückzugsmöglichkeiten. Ich war sehr stolz auf *Pornography,* aber niemand außer mir mochte die Platte."

Als Gallup Cure schließlich nach dem Ende der Tour am 11. Juni 1982 in Belgien verließ (er sollte später wieder zurückkehren), machte Smith sich daher nicht einmal die Mühe, Ersatz für ihn zu finden. Was ihn betraf, so gab es die Cure nicht mehr.

Wie sich später herausstellte, steckte hinter der Bandauflösung im Juli 1982 jedoch lediglich die Tatsache, dass man getrennte Wege ging. Smith und Tolhurst blieben übrig, um weiter die Fahne hochzuhalten. Und das war, wie sich zeigen sollte, mehr als ausreichend. Aber in jenem Augenblick sah die ganze Angelegenheit gar nicht gut aus.

Als das Magazin *Flexipop* für eine kostenlos beigelegte Flexidisc um einen exklusiven Cure-Track bat, rückte Smith „Lament" heraus, einen Song, den er allein mit Banshee-Bassist Steve Severin aufgenommen hatte und der für Cure weniger repräsentativ war als für ein Nebenprojekt, an dem Smith und Severin gerade bastelten: den psychedelisch angehauchten Glove. Als er wieder eine Bühne betrat, stand er ebenfalls neben Severin, als Siouxsie and the Banshees ihn nämlich im November 1982 als Ersatz seines Ersatzmanns John McGeoch anheuerten.

„Wenn ich jetzt über [Cure] rede, dann ist das, als würde man sich auf ein altes Spielzeug oder Spiel besinnen, dessen Regeln man vergessen hat", meinte Smith. „Gibt es Cure überhaupt noch? Das habe ich mich auch schon gefragt."

Dabei hätte er in jenem Sommer nur einmal mittwochs die Dean Street entlanggehen müssen, und der Anblick der vielen kajaläugigen, wuschelhaarigen, im Friedhofsstil gekleideten Seelen hätte ihm diese Frage zweifelsfrei beantwortet.

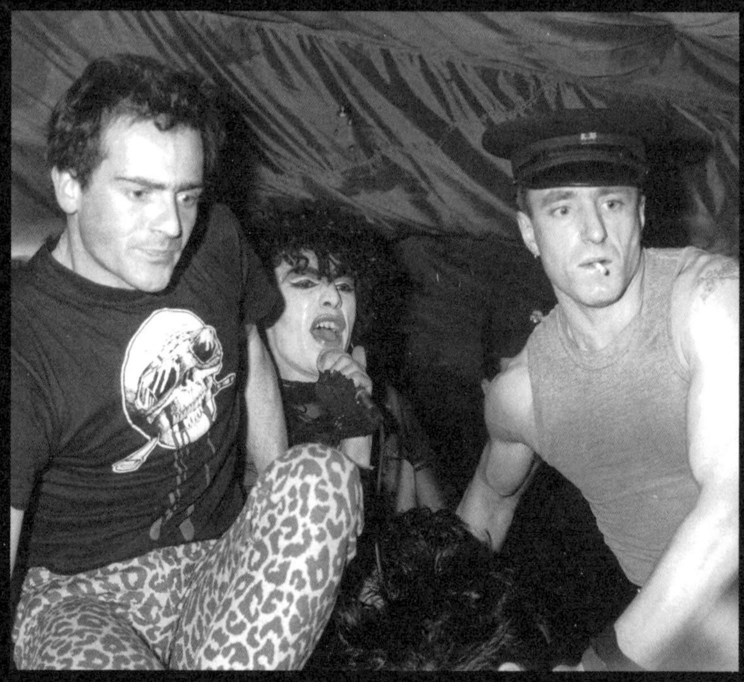

Geschmackvoll gekleidete Batcave-Rausschmeißer beschützen Specimen-Sänger Ollie Wisdom vor den Massen

Bleddyn Butcher

ACHTES KAPITEL

TOD MIT MAUERN

in dem ein Besuch im Batcave, dem Specimen-Hauptquartier, beschrieben wird, wo man Sex Gangs und Sex Fiends kennen lernt. Währenddessen fällt im Theatre of Hate der letzte Vorhang. Für Southern Death Cult geht es gewaltig aufwärts, für Birthday Party eher abwärts, und die Sisters schmieden den richtigen Sound für den Angriff auf die Massen.

„Die Leute, die wir in den Anfangstagen des Batcave kannten, waren eine sehr bunt gemischte Gruppe ... Andere, die Medien, klammerten das einfach aus, weil sie davon nichts wissen wollten. Für sie sollte Gothic nur eins sein: Gothic. Aber das Batcave explodierte in tausende, in Millionen kleiner Fragmente."

Nick Wade

„Bei den Gigs passierten komische Sachen. Kinder wurden geboren. Ein Mädchen bekam auf der Toilette ihr Baby. Und einmal kam so ein Typ hinter die Bühne und sagte: ‚Ihr seid meine Lieblingsband. Ich bin gerade aus dem Knast entlassen worden, ich habe meinen Vater und meine ganze Familie umgebracht. Und ich liebe euch so sehr, ich werde euch auch umbringen!' Wir hatten jede Menge solcher Leute."

Dave Roberts, Sex Gang Children

Am 21. Juli 1982 eröffnete eine Band namens Specimen im Londoner West End das Batcave, eine Clubnacht, die nun immer mittwochs den Spielplan des *Gargoyle Club* bereicherte, in dem ansonsten Stripshows liefen. An diesem Tag dachte keiner von ihnen daran, dass nur wenig später schwarz gekleidete, weißgesichtige, fangzahnbewehrte und Bela-geschädigte Gestalten in ordentlichen Beerdigungsprozessionen, die über die ganze Dean Street reichten, vor der Tür auf Einlass warten würden.

Nick Wade, einer der ersten Angestellten des Clubs, erklärte: „Das Batcave war eine echte Alternative zu allem anderen, was zu der Zeit so lief, eine andere Spielart des Indie-Spektrums. Es bot die perfekte Möglichkeit, Dinge zu tun, die eigentlich keinen Sinn machten. Ich stand schon immer auf Alice Cooper, aber ich mochte auch Salvador Dalí, und daher nutzte ich die Gelegenheit, um etwas visuell Aufregendes für ein Publikum zu schaffen, das selbst ebenso aufregend anzusehen war.

Und es war wunderbar. Ich möchte rückblickend keinen Tag ändern. Die Grundlage war die bekloppte Idee, dass viele, viele Leute – Fotografen, Modedesigner, Musiker, Maler, alle möglichen Gestalten aus allen möglichen Lebensbereichen – zusammenkommen würden, um sich gegenseitig zu unterstützen. Die Leute, die wir in den Anfangstagen des Batcave kannten, waren eine sehr bunt gemischte Gruppe … Andere, die Medien, klammerten das einfach aus, weil sie davon nichts wissen wollten. Für sie sollte Gothic nur eins sein: Gothic. Aber das Batcave explodierte in tausende, in Millionen kleiner Fragmente."

Specimen wurden 1980 in Bristol gegründet, obwohl Sänger Ollie Wisdom auf den Straßen Londons kein Unbekannter war. Drei Jahre zuvor war er auf dem Höhepunkt der Punkbewegung Frontmann der Unwanted gewesen, einer Band, die im März 1977 gegründet worden war und deren Platten- und Livedebüt am gleichen Tag stattfand, als der Punksampler *Live At The Roxy* im gleichnamigen Club mitgeschnitten wurde. Im Hinblick auf dieses Konzert hatte die Band auch darauf verzichtet, sich, wie ursprünglich geplant, Smak zu nennen – eine kluge Entscheidung.

Die Unwanted, die auf besagtem Sampler ein chaotisches Highlight darstellten, rangierten in der Punkbewegung unter „ferner liefen" – trotz ihrer unbestreitbaren Größe, die sich unter anderem darin zeigte, dass sie beispielsweise in den brodelnden Katakomben des *Roxy* die

Ohren- und Augenzeugen ihres Auftritts sprachlos zurückließen, weil sie so grottenschlecht waren – Komödianten, die über die eigenen Unzulänglichkeiten lachten und sich dann über das Publikum amüsierten, weil das so offensichtlich geschockt war.

Aber die Ablehnung der Kritiker, der Mangel an kommerziellen Chancen und immer weniger Zuspruch zu den meist tatsächlich wunderbaren Liveshows forderten ihren Tribut. Als die Unwanted sich 1978 auflösten, war jedes Instrument bei ihnen von mindestens zwei verschiedenen Musikern gespielt worden (darunter John Ashton und Vince Ely, später bei den Psychedelic Furs), manche von wesentlich mehr.

Specimen waren vergleichsweise stabiler. Die Kernbesetzung formierte sich bei ihrem ersten Konzert, bei einem Straßenfest anlässlich der Hochzeit von Prinz Charles und Lady Diana am 29. Juli 1981, und sie blieb während der Bandkarriere größtenteils unverändert: Wisdom, Gitarrist Jon Klein und Bassist Kevin Mills. Zu ihnen stieß bald darauf Drummer Jonathan Trevithick, und Ende 1981, nach einem letzten Konzert in Bristol in einem Nachtclub namens *Scamps,* zogen Specimen auf der Suche nach neuen Kicks nach London um. Neue Kicks fanden sie nicht, also beschlossen sie, selbst welche zu schaffen.

Klein gab später zu, dass die Gründung der Band letzten Endes aus dem Bedürfnis erfolgt war, wieder auf die Füße zu kommen: Wisdom war zuvor ein halbes Jahr durch Afrika gereist, während Klein nach einer Rückgratverletzung gerade erst aus dem Krankenhaus entlassen worden war. „Specimen waren gewissermaßen unser Weg zurück in die Zivilisation“, sagte er, ohne angesichts der Ironie dieser Aussage auch nur mit der Wimper zu zucken.

Specimen – aus Überzeugung stets theatralisch und bereit, die eigene Glam-Begeisterung völlig ungehemmt auszuleben – studierten eine Liveshow ein, die vor Lebendigkeit, einer Fülle von Kostümen, Spinnweben und Kaleidoskopfarben nur so strotzte und die auch zu Zeiten von Adam Ant und Bauhaus selbst aufgeschlossenen Betrachtern einen Schock versetzte.

Der Vergleich mit Oberameise Adam war dabei nicht so weit hergeholt. In ihren besten Momenten bedienten sich Specimen bei tribalen Mustern, wie sie auch die Ants verwendeten – wie beispielsweise beim pumpenden „Tell Tail“ und „Kiss Kiss Bang Bang“. Aber während Adams Lebhaftigkeit direkt auf alte Pantomimemuster aufsetzte, holten sich Specimen ihre visuellen Anregungen aus den dunklen Abgründen der Popkultur – aus alten Monsterfilmen, neuen Fetischideen und ganzen Eimern metaphorischen Bluts.

Schon nach wenigen Shows, die Specimen als Vorgruppe im *Lyceum* oder im *Dingwalls* gaben, stellten sie fest, dass ihre wilde Auffassung von Unterhaltung in den konventionellen Londoner Auftrittsmöglichkeiten auf wenig Gegenliebe stieß. Anfang 1982 war die Band daher dazu übergegangen, sich eigene Shows zu buchen, wobei sie das, was sie bescheiden „Events" nannte, häufig im *Embassy,* einem Afterhours-Club auf der Bond Street, veranstaltete.

Das Publikum, auf das sie es von Anfang an abgesehen hatten, fand schnell den Weg zu ihnen – schon nach dem ersten „Event" konnte die Band einen Verlagsvertrag mit Rusty Egan abschließen, einem der Hauptakteure der New-Romantic-Szene, der inzwischen zum Konzertveranstalter mutiert war. Die Entscheidung, solche Shows auf regulärer Basis zu veranstalten, war jedoch nicht nur für die Band eine zwingende Weiterentwicklung: London brauchte sie ebenfalls. Die konventionelle Konzertszene war zwar noch nicht tot, aber schon recht angeschlagen – viele der neuen Läden, die dem Punk eine Plattform geboten hatten, waren inzwischen schon längst wieder geschlossen. In den traditionellen Veranstaltungsorten für Clubkonzerte – *Marquee, Dingwalls, 100 Club, Greyhound* und so weiter – hatte sich seit zehn Jahren nichts geändert, und auch die Bands, die dort gebucht wurden, entsprachen nach wie vor den alten Mustern.

Aber auf den Straßen pulsierte eine neue musikalische Kraft, eine, die nicht bloß eine Bühne zum Auftreten suchte, sondern ein richtiges Zuhause. Ein Zuhause, wie das Batcave es schließlich bot. Klein fuhr fort: „Wir suchten für die verschiedenen Bereiche des Clubbetriebs ein Team zusammen. Leute, die sich mit dem Buchen von Kabarettkünstlern und Bands beschäftigten, die für die Dekoration sorgten und sich um die Presse kümmerten. Ursprünglich reagierte die englische Musikpresse sehr gut auf unsere Pläne, hatte im Vorfeld bereits über uns berichtet, und als wir aufmachten, war der Laden voll. An unserem ersten Abend war die Schlange vor der Tür zweihundert Meter lang, und diese Schlange gehörte von nun an als fester Bestandteil zur Szene."

Das Batcave überwältigte die Besucher sofort nach dem Eintreten. Mit einem winzigen Lift ging es vier Stockwerke nach oben, wo man durch einen Durchgang in Sargform in einen kleinen Raum gelangte, der gleichzeitig Kino, Kabarett, Theater, Disko und Liveclub zu sein schien. Binnen weniger Monate, so Klein, „sah es so aus, als hätten wir den Kreis endlich durchbrochen".

Zwar ließen sich Specimen bei der Weiterentwicklung ihrer effektgeladenen Bühnenshow, die nach den vorsichtigen Worten des *New Musical Express* irgendwo zwischen Bauhaus, den New York Dolls und dem frühen Marc Bolan anzusiedeln war, sorgfältig Zeit, aber an Ehrgeiz fehlte es dennoch nicht. Zwei Wochen vor der Eröffnung des Batcave veröffentlichten sie ihre erste Aufnahme – nicht auf Vinyl oder Cassette, sondern auf Video, indem sie den unbestreitbaren wilden Geist ihrer Konzerte auf der Videosingle „Returning From A Journey" einfingen. Der *NME* bezeichnete sie als „uneleganten Rock mit Transvestitentouch", was die Band als eine Ehre und nicht als Ablehnung betrachtete, zumal sie sich bewusst war, dass sich das Publikum, auf das sie es abgesehen hatte, von guten Reviews im *NME* nicht unbedingt beeindrucken ließ.

Der Charakter des Batcave war so vielschichtig wie die Einflüsse seiner Gründer. Leder, Spitze und sein Monsterfilm-Dekor schienen zwar jene zu bestätigen, die darin einen typischen Goth-Club sehen wollten, aber eigentlich war das Batcave eher der Nachfolger des Cabaret Futura, einer thematisch ähnlich gelagerten Clubnacht, die der Doctors-of-Madness-Frontmann Richard Strange von 1980 bis 1981 einmal wöchentlich veranstaltet hatte.

Das Cabaret Futura befand sich nur wenige Meter entfernt vom *Marquee Club* und teilte sich sein Zuhause mit einem indischen Restaurant – sowohl das Publikum als auch die Gerüche des einen waren oft auch im jeweils anderen zu finden. Aber das schien niemanden zu stören. Für die Clubgänger war es schön zu wissen, dass nur eine Treppe entfernt ein gutes Currygericht zu haben war, und für die Restaurantgäste war es beruhigend, dass es sich beim Cabaret nicht um einen stinknormalen Rockclub handelte. Tatsächlich betonte Strange, die bloße Existenz des Clubs sei eine Herausforderung für das Rockbusiness gewesen, „die klar deutlich machte: Es geht auch anders. Wir versuchten, von dem etablierten Programm wegzukommen, das aus zwei Bands bestand, zu denen das Publikum erst rein- und dann wieder rausgeschoben wurde, wie auf einem Fließband."

Kissing the Pink, Richard Jobson (der ehemalige Frontmann der Skids, der sich später als galliger Dichter etablierte), Everest the Hard Way, Eddie & Sunshine sowie Soft Cell in ihren Anfangstagen spielten alle dort (ebenso wie die frisch gegründeten Pogues, die allerdings keinen großen Eindruck hinterließen). Ein Abend im Cabaret bestand in der Regel aus Darbietungen verschiedener Richtungen, von Pantomimen und Performance-Art-Dichtern bis zu Filmvorführungen und Theaterstücken – alles war möglich, außer öde Rockbands, die ihr eingefahrenes Programm abspulten.

Auch im Batcave ging das Programm weit über Livemusik hinaus. Transvestitenshows, Schlammringen, Feuerschlucker und klassische Kultfilme wurden ebenfalls geboten – im Grunde alles, was eine Fluchtmöglichkeit vor der immer glatter werdenden und von einer einzigen Clique beherrschten Szene bot. Der war schließlich schon die New-Romantic-Bewegung zum Opfer gefallen, die sich rund um das Billy's, eine andere *Gargoyle*-Clubnacht, entwickelt hatte, die sich im Übrigen auch am Cabaret Futura orientierte.

Strange hatte seinen eigenen Laden 1982 zugemacht, weil er es leid war, ständig gegen die fortschreitende Verwässerung einer musikalischen Stimmung anzukämpfen, die einmal sehr viel versprechend begonnen hatte, aber nun in die Glitzerwelt der New Romantics abgerutscht war, in der Frisuren wichtiger waren als härene Hemden. Das Batcave nahm diesen Kampf von neuem auf.

Specimen spielten am Eröffnungsabend, aber sie waren nicht unbedingt repräsentativ für das, was der Club zu bieten hatte – darin hätte ja keinerlei Sinn gelegen. In den ersten Monaten bot das Batcave eine Bühne für die horizonterweiternden Shows von Test Department, die hier am 4. August 1982 ihr allererstes Konzert gaben, von Brilliant, der neuen Band des Killing-Joke-Bassisten Youth, die am 15. September spielte (beide Bands waren später auf der Batcave-eigenen Compilation vertreten), und Zerra 1, die am 6. Oktober ihr Konzert gaben.

Der Club flirtete sogar mit seiner eigenen Antwort auf Bankräuber Ronnie Biggs, dem die Sex Pistols wieder zu neuem Ruhm verholfen hatten, als Michael Fagin mit seiner Band Red Lipstique dort auftrat. Noch vor der Eröffnung des Batcave hatte Fagin am 7. Juli 1981 weltweit Schlagzeilen gemacht, weil er in den Buckingham-Palast eingebrochen war, sich bis ins Schlafzimmer der Queen vorgearbeitet und sich dann mit einer Flasche Wein ans Fußende ihres Betts gesetzt hatte, um darauf zu warten, dass sie aufwachte. Fagin war nun seit einer Woche auf Bewährung wieder auf freiem Fuß und ließ sich im Batcave als Volksheld feiern, dem allerdings kein langer Ruhm beschieden war.

Für ein weiteres gelegentliches Highlight sorgte Marc Almond, der ja einmal selbst Clubnachtveranstalter war, dann die Top Forty gestürmt hatte und nun mit seinem Mambas-Nebenprojekt auf die Bühne kam. Es war schließlich ein großes, dunkles Geheimnis, dass Almonds Songwriting hinter den Glitzerhits und Ohrwurmsynthesizern von Soft Cell absolut nicht dem durchschnittlichen Teeniebop-Futter entsprach, und auch sein Look – schwarz geleckt, mit knochenweißen Klunkern und einem lasziven Grinsen, das geradezu in sein Gesicht gemeißelt zu sein schien – ging eher in Richtung de Sade als in Richtung Duran.

Aber die Popkids liebten ihn, und diese Liebe bescherte ihm die Freiheit (und vor allem das Budget), seiner verderbten Seite freien Lauf zu lassen. Die beiden Doppelalben, die er mit Marc and the Mambas einspielte – *Untitled* und *Torment And Toreros* –, boten selbst für Almonds Verhältnisse und gemessen an seinen bisherigen und kommenden Werken ein spannendes Aufeinandertreffen kommerziellen Selbstmords und selbstverliebter Nachgiebigkeit gegenüber eigenen Launen. Diese acht Seiten Vinyl boten ein Wechselbad aus psychischem Exorzismus und körperlicher Erleichterung, Garagensound-Flamenco und emotionalem Industrial, Beiträge von Banshee Steve Severin und dem finsteren Jim Thirlwell, perfekte Pein und nagenden Nihilismus. Von all den abertausenden von Happenings, die sich im Batcave ereigneten, zählte der Mambas-Auftritt, der keinerlei Rückschlüsse auf den eigentlichen Job ihrer Schöpfer zuließ, zu den ehrlichsten.

Aber mal abgesehen von Almond und Specimen waren die Sex Gang Children die erste so genannte Batcave-Band, der es gelang, ins Bewusstsein des Mainstreams vorzudringen. Natürlich stöhnten sie angesichts des restlichen Ballasts, den dieser Begriff mit sich brachte – Frontmann Andi Sex Gang war derselben Meinung wie Nick Wade, als er die Ziele der Band und des Batcave wie folgt zusammenfasste: „Die Verkörperung des menschlichen Geists. Wenn man keine Kontrolle mag und keine Mittelmäßigkeit, wenn man nicht drauf steht, wie die Dinge laufen, und wenn man den Meinungen und Ausdrucksmöglichkeiten wieder Freiheit geben will, fragt man nicht lang und spielt das Spiel auch nicht mit, um nach oben zu kommen. Dann legt man es darauf an, alles zu zerstören, was sich einem in den Weg stellt."

Die Sex Gang Children formierten sich Anfang 1981 rund um Sänger Andi und Bassist Dave Roberts, zu denen Gitarrist Terry McLeay und Drummer Rob Stroud stießen. Roberts war vorher bei Panic Button gewesen, einer Gruppe, die vor allem dadurch bekannt wurde, dass zwei ihrer Mitglieder später zum ersten Line-up von Kirk Brandons Spear of Destiny gehörten, aber Roberts gab bereitwillig zu: „Als Andi und ich die Band gründeten, wussten wir überhaupt nicht, wo es langging. Eigentlich konnten wir nicht mal spielen. Ich war Gitarrist, aber einen Gitarristen hatte Andi schon, also übernahm ich den Bass."

Die Entstehungsgeschichte des Bandnamens war, verglichen damit, etwas spannender. „Sex Gang Children" war ein Ausdruck von William Burroughs, den bereits Bow Wow Wow in einem Song verarbeitet hatten und den ein gewisser „Boy" George O'Dowd sozusagen mitnahm, als er sich nach nur zwei Liveshows im Februar 1981 von dieser Band verabschiedete. Dort war er einer von zwei Sängern gewesen, und er träumte davon, diese Rolle allein zu übernehmen, und zwar in seiner eigenen Band, einer extravaganten Popgruppe mit Reggaeeinflüssen, die er gemeinsam mit dem früheren Damned-Drummer Jon Moss und Bassist Mikey Craig auf die Beine stellen wollte. Nachdem schon im Frühjahr ein Plattenvertrag bei EMI winkte, überlegte sich George, dass sie mit einem Namen wie Sex Gang Children wohl nicht weit kommen würden. Moss hatte zwar gleich bei der ersten Probe erklärt, es sei von Vorteil, einen sexy Namen zu haben, aber der hier war einfach nicht „kommerziell" genug. Sex Gang Children wanderte in den Papierkorb.

So wäre es jedenfalls gekommen, hätten nicht Sex Gang und Roberts, die mit ihrer eigenen, noch unbenannten Band in der Nähe des *Elephant and Castle* probten, von der Sache gehört. Andi rief O'Dowd sofort an und fragte, ob er den Namen für seine eigene Band bekommen könnte, und Boy George gab dazu gnädigerweise gern sein Einverständnis.

Als die Medien nach der Herkunft des Namens fragten, dachte sich die Band jedoch schnell eine etwas weniger prosaische Geschichte aus. „Du musst mal in ein Sozialwohnungsgetto gehen, wo viel Armut herrscht", riet McLeay einem *Sounds*-Journalisten. „Da hängen Kids in Gangs miteinander rum, getrieben von dem gemeinsamen Bedürfnis, etwas anzustellen. Das ist ein sexueller Trieb. Das sind die idealen Sexgangs."

Die Sex Gang Children, deren Musik sich lose auf einen Mix aus dem Biss von Bauhaus und den Sisters of Mercy sowie dem Heulen der Virgin Prunes und Gene Loves Jezebel berief, etablierten sich als eine Art Hausband im *Clarendon* von Hammersmith, einem Club, der

– offenbar unbewusst, aber mit bemerkenswerter Energie – zu einer Heimat für eine ganze Reihe von Bands wurde, die sich später im Batcave oder seiner Szene etablierten. Flesh For Lulu in einer frühen Phase, Danse Society, die jungen Lords of the New Church und die noch immer im Aufwind befindlichen Southern Death Cult – sie alle standen dort auf der Bühne. Die Sex Gang Children hatten einen ihrer ersten Auftritte am 16. April 1982 im Vorprogramm von Astbury und Co. absolviert.

Die Sex Gang spielte aber auch am Royal College of Art, als Support für Johnny Thunders im *Zig Zag Club* und im *Embassy*. Als es jedoch schließlich darum ging, das erste Album einzuspielen – eine Liveaufnahme, die nur im Cassettenformat erhältlich war –, entschied man sich doch dafür, die einzigartige Atmosphäre des *Clarendon* auf Band festzuhalten. *Naked* erschien im Mai bei Rough Trade und war mit einem Preis von zwei Pfund ein echtes Schnäppchen. Es verband die donnernde Perkussion von Adam and the Ants und Theatre of Hate mit einem Hauch von Johnny Rotten beim Gesang, einem Quäntchen Bauhaus beim Bass und einer Spur Banshees, was die Gitarre betraf.

Im Großen und Ganzen also wenig Überraschendes, aber es war eine faszinierende Kombination, musikalisch wie auch optisch. „Andis Augen sind heller als Spotlights, und er trägt sein orangerot gefärbtes Haar im Kakadu-Stil", schwärmte *Sounds* von einem Konzert im Juni im *Embassy Club*. „Die Gitarristen fallen in Leder, Unterhemden und Melonen über ihre Instrumente her. Sie sehen aus wie Punks, die auf der Kunsthochschule waren."

Auch Ian Astbury war das Publikum der Sex Gang aufgefallen, und er hatte diesbezüglich eine überraschende Enthüllung parat: „Andi Sex Gang zog sich an wie ein Banshees-Fan. Deswegen nannte ich ihn immer Gothic Goblin, den Gothic-Kobold, weil er klein und dunkel war. Er hörte gern Edith Piaf und lauter so morbides Zeug, und er lebte in einem Hochhaus in Brixton, das Visigoth Towers hieß. Deswegen war er der Gothic Goblin, und seine Fans waren die Goths. Und daher kommt auch der Ausdruck Goth."

Das mag stimmen oder nicht, jedenfalls erwiesen sich diese Fans schnell als ebenso eigenwillig wie die Band, die sie verehrten. Roberts fuhr fort: „Aus irgendeinem Grund hatten wir ein sehr gewaltbereites Publikum. Vielleicht lag es daran, dass die Musik so schnell und laut war, jedenfalls lief es selten mal rund, und bei den Gigs passierten komische Sachen. Kinder wurden geboren. Ein Mädchen bekam auf der Toilette ihr Baby. Und einmal kam so ein Typ hinter die Bühne und sagte: ‚Ihr seid meine Lieblingsband. Ich bin gerade aus dem Knast entlassen worden, ich habe meinen Vater und meine ganze Familie umgebracht. Und ich liebe euch so sehr, ich werde euch auch umbringen!' Wir hatten jede Menge solcher Leute."

Das sah zwar nach einem ganz simplen Fall von Ursache und Wirkung aus – seltsame Musik zieht nun mal seltsame Leute an –, aber das war Roberts zufolge keineswegs die Absicht der Band. „So war das nicht gedacht. Die Musik war nicht absichtlich dissonant, das lag nur daran, wie wir spielten. Ich konnte nicht Bass spielen und wusste gar nicht, wie ich da anfangen sollte, also machte ich mich als Erstes an die leichtesten Saiten, die hohen, und das soll man eigentlich nicht. Andi liebte komische Rhythmen, die er dann einfach zusammenbastelte. Rob, unser Drummer, fragte dann immer, was er machen sollte, weil er eigentlich ein ziemlich straighter Schlagzeuger war. Es war schon interessant, wie sich das alles entwickelte."

Und ebenso interessant war, wie es danach weiterging. „Wir mochten uns eigentlich nicht besonders", erinnerte sich Roberts, als er an die erste John-Peel-Session der Sex Gang zurückdachte. „Wir hatten uns ungefähr eine Stunde lang angekeift, als der Toningenieur sich umdrehte und sagte: ‚Die letzte Band, die sich hier so aufgeführt hat, waren die Troggs.' Danach haben wir nie wieder eine Radiosession gemacht."

Trotz derartig chaotischer Reibereien setzten sich die Sex Gang Children schnell durch. Das Label Illuminated trat binnen weniger Wochen nach der *Naked*-Veröffentlichung an sie heran; ihre erste Single, *Beasts,* eine EP mit vier Tracks, stand im August 1982 in den Läden. Wenige Tage später stand sie allerdings schon nicht mehr da, nachdem irgendjemand gemerkt hatte, dass die Band keine Genehmigung zur Verwendung des Diane-Arbus-Fotos auf dem Cover eingeholt hatte. Da offenbar ein größerer Gerichtsprozess deswegen drohte, wurde die Platte kurzzeitig aus dem Handel genommen, um das Cover auszutauschen. Aber dennoch erfüllte *Beasts* alle Hoffnungen, die man für die Single haben konnte: Sie kam bis auf Platz acht der britischen Indie-Charts und tummelte sich das ganze nächste Jahr über stets in den Hitparaden.

Auch in anderen, weiter entfernten Kreisen wurde man auf die Band aufmerksam. Tony James, der zwischen seinem Engagement als Bassist der gerade untergegangenen Generation X und der Gründung seines clever durchdachten Projekts Sigue Sigue Sputnik ein wenig in der Luft hing, war von den Sex Gang Children so beeindruckt, dass er ihre nächste Single, „Into The Abyss", produzierte, die im Oktober 1982 erschien.

Er wusste natürlich um den Ruf der Band, und er bezog sich augenzwinkernd darauf, als er das Studiolicht durch Kerzen ersetzte und darauf bestand, dass die Musiker komplett geschminkt im Studio spielen sollten. Wie Rob Stroud sich später beklagte, war das „lächerlich", aber es verfehlte nicht seine Wirkung. „Into The Abyss" wurde zu einer der atmosphärischsten Singles des Jahres, auf dem die Ant-Attacke, die der Band als Basis diente, etwas zurückgefahren wurde, während die Aura ungebremster Kreativität, die nun um das Batcave herum pulsierte, wesentlich stärker zur Wirkung kam.

Die Clubnacht war in jenem Herbst in aller Munde. Bei der BBC war man vielleicht ein wenig enttäuscht, dass man den Club bei den Dreharbeiten zur Halloween-Ausgabe der Sendung *Riverside* nicht voll gestopft mit Stars vorfand, aber dennoch war die Gästeliste des Batcave in der Regel so lang wie die Leinenbinden einer Mumie. Boy George, Ian Astbury, die Virgin Prunes, Gary Glitter, Ultravox, Jimmy Pursey, Siouxsie and the Banshees, Lydia Lunch, Marc Almond, Vince Clarke, Nick Cave, Wayne County und die späteren Sigue Sigue Sputnik zählten allesamt zu den Stammgästen.

Allerdings war nicht jeder haltlos begeistert von dem Club. Im Gegensatz zu vielen seiner Zeitgenossen, deren Namen und Fotos ständig in der Abhänger-Rubrik im *New Musical Express* auftauchten, war Robert Smith kein großer Batcave-Fan. „Wir gingen hin, weil wir umsonst reinkamen; außerdem herrschte eine gute Atmosphäre, und die Leute waren sehr nett. Aber die Musik war grässlich! Diese ganze Romantisierung des Todes! Jeder, der einmal selbst mit dem Tod konfrontiert worden ist, weiß, dass daran überhaupt nichts Romantisches ist." Dass *Pornography* nach wie vor zu den Dauerbrennern auf der Playlist des Clubs gehörte, verlieh seinen Worten eine gewisse pikante Note.

Ian Astbury sah den Club wesentlich positiver. „Das Batcave war sehr vielseitig, es war nicht nur ein dunkler Death-Rock-Club. Specimen waren zwar die Hausband, und die waren schon sehr düster, aber sie waren genauso von der Todeskultgeschichte beeinflusst wie von der *Addams Family*. Sie waren wie Bowie mit Todestouch."

Diese großzügige Haltung konnte er sich leisten. Im Monat der Batcave-Eröffnung feierten Southern Death Cult die ersten acht Monate ihres kometenhaften Aufstiegs mit einem Supportgig für Clash im *Brixton Fair Deal,* und auch wenn die Fans der Headliner das nie zugeben würden: Die Newcomer fegten Joe Strummer und Co. von der Bühne. Manche Bands werden für den Erfolg geschaffen, andere müssen ihn sich erkämpfen. Southern Death Cult gehörten zu den wenigen, die dafür geboren waren.

Im September 1982 gehörten Southern Death Cult zu den Attraktionen des Futurama IV, das im *Deeside Leisure Centre* stattfand. Weiters spielten die Damned, Gene Loves Jezebel, Dead Or Alive, New Order, Danse Society und die March Violets, eine Band aus Leeds um den Studenten Simon „Detroit" Denbigh, die mit dem Gig noch die Veröffentlichung ihrer ersten EP *Religious As Hell* feierte, die auf dem Merciful-Release-Label der Sisters of Mercy erschienen war.

Im darauf folgenden Monat konnten Southern Death Cult ihren Erfolg noch weiter ausbauen: Sie waren als Vorgruppe für die kommende Bauhaus-Tournee engagiert worden, deren Headliner sich gerade an ihren neuen Starstatus gewöhnten: „Ziggy Stardust" hatte inzwischen die Charts erobert. Sie waren zwar nicht die erste vermeintliche Gothic-Band, die bei *Top of the Pops* auftreten durfte – das hatten Siouxsie and the Banshees schon längst hinter sich. Aber sie waren die Ersten, die in der renommierten BBC-Chartssendung erschienen, seit die Szene einen Namen bekommen hatte, und als sie im Anschluss an diesen explosiven Auftritt ihre Tournee begannen, machte ein großer Teil des Publikums bei diesen Konzerten seine erste Gothic-Erfahrung.

Southern Death Cult waren bestens gerüstet, von der daraus entstehenden Furore zu profitieren. Astbury dazu: „Über Nacht entwickelten sich Southern Death Cult von einer Band, die im *Marquee* vor dreißig Leuten spielte, zu einem Act, der das *Heaven* mit dreitausend Zuschauern ausverkaufte, während weitere sechshundert vor der Tür randalierten. [Diskjockey] Peter Powell stürzte eine Treppe hinunter. Boy George war da. U2 saßen in unserer Garderobe. Es war der echte Wahnsinn."

Die lang erwartete erste Single von Southern Death Cult, „Fatman", erschien im Dezember 1982, erreichte Platz dreiundvierzig in den britischen Charts und übernahm zu Beginn des neuen Jahrs die Spitze der Indie-Hitparade.

Eigentlich hätte das den Anlass zu wilden Freudenfeiern geben sollen. Astbury erinnerte dieser zeitliche Ablauf jedoch an etwas anderes. Genau zwölf Monate zuvor hatten Theatre of Hate diese Position innegehabt – und wo waren die jetzt? Ein halbes Jahr nach „West World" und nur wenige Wochen, nachdem sie mit Southern Death Cult unterwegs gewesen waren, hatte Billy Duffy die Band verlassen. Noch ein halbes Jahr später stiegen auch Brandon und Stammers aus, um die ausgesprochen majestätischen – und der Ursprungsband absolut unähnlichen – Spear of Destiny zu gründen. Sie hatten zu schnell zu viel Erfolg gehabt. Southern Death Cult steckten nun in genau derselben Falle.

Astbury behielt seine Befürchtungen zunächst für sich. Das Batcave erlebte einen Höhenflug nach dem anderen – es erschien idiotisch, wenn nicht sogar tollkühn, jetzt das Boot ins Wanken zu bringen. Im Club präsentierten sich regelmäßig neue Künstler, im ganzen Land entstanden neue Gothic-Bands, und Ende 1982 war der Andrang allabendlich so stark angewachsen, dass die Clubnacht in eine größere Lokalität umziehen musste.

Zu Beginn des neuen Jahrs hatte sich das Batcave im obersten Stock des *Subway Club* am Leicester Square eingerichtet, wo es sich den Platz mit einem neuen amerikanischen Armeejeep teilte, der aus irgendeinem Grund neben der Bar geparkt war. Als es auch hier zu eng wurde, zog man in den angesagten Nachtclub *Forberts* um und dann in die *Cellar Bar,* die hinter dem *Heaven* in der Nähe des U-Bahnhofs Charing Cross gelegen war.

Unabhängig von der jeweiligen Location sorgten Specimen nach wie vor regelmäßig für Live-Entertainment; die Sex Gang Children folgten an zweiter Stelle. Die ersten Superstars, die direkt aus der Batcave-Szene hervorgingen, waren allerdings Alien Sex Fiend, die Band von Nick Wade, als der sich schließlich davon verabschiedete, Jacken entgegenzunehmen und Handrücken zu stempeln, und es vorzog, selbst einen der Gründe zu bieten, weshalb überhaupt Jacken abgegeben und Hände gestempelt wurden.

Wade hatte bereits vor der Gründung von Alien Sex Fiend eine lange, wenn auch nicht besonders spektakuläre musikalische Karriere hinter sich. In London hatte er in einer Reihe wenig bekannter Bands gespielt, deren Bemühungen vor allem Wades Begeisterung für Alice Cooper in seiner klassischen Phase dokumentierten: Die Earwigs waren nach einem der ersten Decknamen von Coopers eigener Band benannt, Mr. and Mrs. Demeanour hingegen nach einem Track des Cooper-Albums *Easy Action.*

Eines von Wades anderen Projekten, Demon Preacher (später die Demons oder gelegentlich auch nur Preacher genannt), brachte es zumindest auf drei Singles. 1978 erschien „Little Miss Perfect", das von der Geschichte der kurzzeitig berühmten Joyce McKinney inspiriert war, die einen Priester entführt und ihn dann für Sexspiele angekettet hatte. 1979 folgte die EP *Royal Northern* und im September 1980 „Action By Example". Dabei verfügten Demon Preacher über recht wenig Aussagekraft, bewegten kaum etwas und hatten absolut nichts mit dem Sound gemein, den Alien Sex Fiend entfesseln sollten. Aber vielleicht haben Soundarchäologen in späteren Zeiten Spaß daran, sie irgendwo auszubuddeln.

Wade hatte sich inzwischen den Namen Nik Fiend zugelegt, eine Identität, die er mit Make-up und Kleidung weiter perfektionierte. In ebenso faszinierender Aufmachung begleitete ihn eines Abends seine Frau Christine in den Club. Wade erinnert sich: „Ich kam gerade so weit, sie als meine Frau vorzustellen, und Ollie Wisdom sagte gleich: ‚Ah ja, Mrs. Fiend' – und der Name blieb haften."

Die Wades gründeten Alien Sex Fiend 1982, als sie sich mit dem Gitarristen David „Yaxi High-rizer" James und dem Schlagzeuger Johnny „Haha" Freshwater zusammentaten, um einen Großteil dessen aufzunehmen, was ihr erstes Album werden sollte, das später als *The Lewd, The Mad, The Ugly And Old Nick* als Cassette erschien – noch bevor sie am 24. November 1982 ihr Livedebüt im Batcave gaben.

Sie kamen beim Clubpublikum sofort bestens an und standen schon in der folgenden Woche wieder auf der Bühne, sodass sie ihr Album mit einer Reihe Liveaufnahmen ergänzen und noch vor Weihnachten im Batcave zum Verkauf anbieten konnten. Als die Sex Gang Children am Jahresende als Headliner auf dem Christmas-on-Earth-Festival im *Lyceum* spielten, rutschten Alien Sex Fiend ebenso wie Ritual und die Sisters of Mercy mit Leichtigkeit ebenfalls ins Programm (das Erscheinen der Vibrators und Under Two Flags war da schon weniger leicht nachvollziehbar). Es dauerte einige Jahre, bis die Begeisterung der Fiends für elektronische Soundspielereien und Spacerock sie aus den Klauen der Gothic-Szene befreien konnte. In ihren Anfangstagen waren sie ganz klar ein neues gruseliges Gaslicht in der größten Show auf dem ganzen Planeten.

Für die Sisters of Mercy ging mit Christmas on Earth ein Jahr zu Ende, in dem die Band endgültig nicht mehr hinter den eigenen Fähigkeiten zurückblieb und entsprechend übersehen wurde, sondern sich in einem Scheinwerferlicht wiederfand, wie sie es sich nicht einmal in den kühnsten Träumen vorgestellt hatte.

Die Sisters, bei denen zunächst immer noch alles wie in quälender Zeitlupe voranzuschreiten schien, hatten im März 1982 ihre zweite Single, „Body Electric", veröffentlicht. Rückblickend betrachtet, besitzt dieser Song ebenso wie sein Vorgänger wenig von der schneidenden Power, mit der die Band später Erfolge feierte. Stattdessen war er eher ziemlich krachig und basierte auf einem kantigen, dumpf pulsierend programmierten Drumbeat, ergänzt durch eine Reibeisengitarre und Eldritchs Stimme, deren imponierende Qualitäten jedoch im Mix weitgehend untergingen.

Bei all dem besitzt diese Aufnahme dennoch eine ungeschliffene Energie, die sie über viele andere Platten ihrer Zeit erhebt – es war, als strahlte sie glühende Hitze aus, die mit nadelspitzer Sicherheit genau ins Zentrum traf, wobei ihre Wirkung durch den Text, der Eldritch so besessen zeigte wie keinen anderen dieser frühen Phase, weiter verstärkt wurde. Kein Wunder, dass die Zeile „This place is death with walls" – „Dieser Ort ist Tod mit Mauern" sich in der britischen Clubszene der damaligen Zeit besonderer Beliebtheit erfreute.

Etwa zu derselben Zeit wurde das Line-up der Sisters durch einen weiteren Gitarristen, Ben „Gunn" Matthews, verstärkt. Allerdings durchlief die Band eine recht schwierige Zeit. Das eigene Label, Merciful Release, litt an solchem Geldmangel, dass es sich nicht einmal die Pressung der Platte leisten konnte; stattdessen erschien sie auf dem Label des Mekon-Musikers Jon Langford, CNT (Confederación Nacional del Trabajo).

Die Single avancierte zur Single der Woche im *Melody Maker,* aber trotz solcher Erfolge bei den Kritikern war es schwierig, Auftrittsmöglichkeiten zu finden. Der spätere BBC-Radiomoderator Andy Kershaw, der damals für den Entertainmentbereich an der Universität in Leeds verantwortlich war, war nur einer von vielen, die sich standhaft weigerten, die Band zu engagieren, und als Bassist Craig Adams beschloss, eine kurze Auszeit zu nehmen, um auf den Kanarischen Inseln als Fotoassistent zu arbeiten, verpasste er nur einen einzigen Gig.

Die Medien verpassten sie offenbar alle. Zwar äußerte sich der *Melody Maker* begeistert über das Konzert der Band am 5. Februar 1982 im Vanburgh College in York, aber dass sie am 7. Juni im Londoner *Venue* im Vorprogramm von Nico spielte oder am 10. Juli Birthday Party im *Zig Zag Club* unterstützte, übersah die Presse völlig. Birthday Party allerdings nicht: Nach seiner Meinung über die Sisters befragt, erklärte Mick Harvey, sie seien die schlechteste Band gewesen, die je in ihrem Vorprogramm gespielt hätte. Wenn die Sisters tatsächlich, wie viele Szenebeobachter später gern behaupteten, absichtlich schwarz gekleidet auf den bereits fahrenden Goth-Zug aufgesprungen waren, um so ganz kühl geplant zu Ruhm und Reichtum zu gelangen, dann hatten sie zumindest eine ziemlich lange und landschaftlich wenig reizvolle Strecke für ihren Weg zum eigenen Stardasein ausgewählt.

In Leeds waren sie allerdings tatsächlich Superstars, und sie verfügten über ein grenzenloses Selbstbewusstsein. Zu einer Zeit, in der viele Bands bestrebt waren, die Barrieren zwischen Publikum und Künstler niederzureißen – ein Überbleibsel aus der Punkära –, verlegte sich gerade Eldritch auf eine arrogante Distanziertheit, die an die Haltung hochnäsiger Landadeliger grenzte, die sich fernab ihrer Besitztümer bei Hof amüsierten.

Mit der dritten Single traten die Sisters dann endgültig aus dem Schatten. Im Frühjahr 1982 war Eldritch dem Gitarristen der Psychedelic Furs, John Ashton, begegnet, als beide Bands in Leeds auftraten; im September leistete Ashton den Sisters im Studio Gesellschaft, als sie „Alice" aufnahmen – ein Titel, der bereits bei ihrer ersten John-Peel-Session im Monat zuvor wilde Begeisterung ausgelöst hatte. Der Song, geprägt von einer düsteren Gitarrenspirale, die energiegeladen mit Doktor Avalanches absolut gnadenlosem Metronom Schritt hielt, ist bis heute einer der faszinierendsten Sisters-Tracks, dessen Text aus einer Reihe von Mehrdeutigkeiten besteht, die mit wissenden Hinweisen auf Sex, Drogen und Tarot gespickt sind – alles, um die Realität erträglich erscheinen zu lassen.

Noch besser war die B-Seite, die ebenfalls mit Ashton entstand. Tatsächlich ist der Einfluss seiner eigenen Band in der pulsierenden Wildheit von „Floorshow" mehr als deutlich erkennbar, und auch wenn eine Maschine nie in der Lage sein würde, an die schneidende Power des Furs-Drummers Vince Ely heranzureichen, unternahm Doktor Avalanche zumindest einen eindrucksvollen Versuch.

Auch Eldritchs Gesang schwang sich in puncto Tonumfang und Ausdrucksfähigkeit zu neuen Höhen auf und bewies den Zweiflern, dass er zu mehr in der Lage war als der eindimensionalen Monotonie, die seine vokalistischen Leistungen ansonsten auszeichnete. Das Herzstück des Songs lieferte jedoch ein altmodischer Tanzrhythmus („slow, slow, quick, quick, slow" kommandierte Eldritch dazu), der sich perfekt mit dem Achterbahntext verband, dessen verrückte Metrik allein schon hypnotische Wirkung erzielte. Wie der Titel schon vermuten ließ, entführte der Song in die Szenerie eines Nachtclubs: „Floorshow“ fing den aufregenden Hedonismus eines Abends ein, um am Schluss aber die Kultur, die dahinter stand, in Bausch und Bogen zu verdammen: „It's populist, got mass appeal / the old religion redefined / for the facile, futile totally blind“ – „Sie ist populistisch und spricht die Massen an / die alte Religion in neuer Auflage / für die Hohlen, Oberflächlichen und vollkommen Blinden“.

Es war eine fantastische Veröffentlichung, die alles Lob verdiente, das sie bekam. „Alice“ kletterte auf Platz sechsundzwanzig der britischen Indie-Charts. *Sounds* nahm die Band daraufhin aufs Cover, was ihr endlich die Möglichkeit bescherte, auch in London eine Reihe von Gigs zu buchen.

Beim ersten fand sie sich in einer Gesellschaft wieder, die heute noch verwundert: Am 28. November 1982 hatte sie sich im *Electric Ballroom* einen Platz zwischen der Reggaetruppe Aswad und den heute längst vergessenen Maximum Joy erobert. Fünf Abende später hatte sie es etwas leichter, als sie im Vorprogramm von UK Decay im Klub Foot des *Clarendon* auf der Bühne stand. Aber ihren ersten richtig großen Auftritt hatten die Sisters of Mercy bei Christmas on Earth, das damals das bisher größte Ereignis der so genannten Gothic-Bewegung darstellte.

Es sollte natürlich nicht das letzte bleiben, aber es gab seinen so genannten Vorvätern ein wenig Zeit zum Nachdenken. Zum Jahresausklang schlug der *New Musical Express* Nick Cave vor, einen Artikel für die Weihnachtsausgabe zu schreiben und sich darin mit der neuen Welle von Bands zu befassen, die möglicherweise auf den Einfluss von Birthday Party zurückzuführen war und die ein kühner Redaktionsassistent als „Superdeath-Bande“ betitelte.

Cave lehnte diplomatisch ab. Erst als die Zeitung ihn immer wieder darauf ansprach, gab er schließlich nach. In seinem Text schlug er schließlich einen langen spitzen Nagel in das Herz aller seiner Kinder. Jede Band – „Papiertiger“ nannte er sie –, „die sich an irgendetwas anderem orientiert als an ihrer ureigenen individuellen Vision, ist keinen Pfifferling wert. Birthday Party sind grundsätzlich so etwas wie eine nomadische Schnecke ..., ihre Schleimspur ist ihre Kunst, und ... ihrer inhaltlichen Thematik sind sie sich kaum bewusst, die sich ohnehin allein auf uns selbst bezieht – und dafür entschuldigen wir uns nicht im Geringsten.“

Danke, Nick. Dir auch frohe Weihnachten.

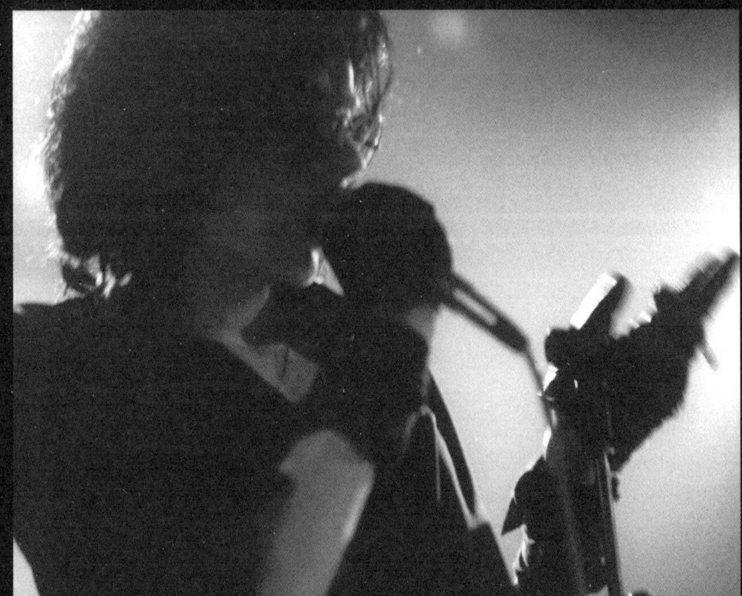

Andrew Eldritch *Bleddyn Butcher*

NEUNTES KAPITEL

JUNGE GLIEDER, DUNKLE LIEDER

in dem von der allmählich fortschreitenden Verbreitung eines lieb gewordenen Todeskults berichtet wird, während der Süden nordwärts wandert, Bauhaus nachhause gehen und Cure die Arbeit einstellen. Die Party ist vorbei, und die Banshees sind ausgeflogen. Aber die Sex Gangs spielen weiter mit ihren liebenswerten Gnadenschwestern, und Lulu kriegt eine Portion Fleisch.

„Sie waren nicht mehr die verdorbenen Kinder eines bösen Dave Vanian, sie waren nicht mehr die verblödeten Nachfahren der Addams *und der* Munsters. *1983 war Gothic eine wilde Verherrlichung von Fantasie und Magie, Schönheit und Eleganz, und nur wenige, die mit der Szene in dieser Zeit in Berührung kamen, blieben von dieser Erfahrung unberührt."*

Das Interesse der Plattenfirmen an Southern Death Cult erreichte allmählich seinen Höhepunkt. Fast hätte EMI die Band unter Vertrag genommen (in den firmeneigenen Manchester-Square-Studios waren bereits einige Demos entstanden); sie arbeitete auch kurz mit Produzent Mike Hedges, der mit ihnen neue Versionen der bereits auf Situation 2 veröffentlichten Songs „Fatman" und „Moya" aufnahm. Astbury zufolge machte auch CBS ein Angebot. „Sie versprachen uns einhunderttausend Pfund fürs erste Jahr, aber ich ließ mich nicht darauf ein."

Es lag nicht am Geld, dass er zögerte. Astbury war vielmehr zu der Überzeugung gelangt, dass Southern Death Cult das Ende ihrer persönlichen Möglichkeiten erreicht hatten. „Ich las irgendwann eine Besprechung im *NME,* ich glaube, von einem Konzert im *Manchester Poly,* die mehr oder weniger besagte, dass wir noch einen langen Weg vor uns hatten, bevor wir wirklich etwas leisten würden. Das brachte mich echt zum Nachdenken. Ich wollte mich viel stärker mit der Musik beschäftigen, denn bis zu diesem Punkt drehte sich so vieles um den ‚Erfolg' – es war alles so überwältigend schnell gegangen, und ich wollte mit den Füßen auf dem Boden bleiben.
Ich wollte mich stärker mit dem Songwriting auseinander setzen. Mir war die ganze Sache so verdammt ernst, und alle anderen erzählten immer nur: ‚Hey, wenn wir noch ein paar Monate zusammenbleiben, dann können wir die Pistols-Nummer abziehen und alle Leute abzocken.' Auf so etwas antwortete ich, dass wir in einem halben Jahr gar nicht mehr da sein würden. Damals hatten einige Bands dicke Verträge unterschrieben und waren elendiglich gefloppt, weil sie an den riesigen Erwartungen gescheitert waren, die man ihnen aufgebürdet hatte. Aber das ist sowieso ein britisches Phänomen, dass die jungen Bands von der Presse gleich so unter die Lupe genommen werden. Die stehen dann unter so großem Druck, die Zeitungen machen sie fertig, und da bleibt gar kein Ausweg. Unter solchen Umständen kann man sich nicht entwickeln. Man kann nicht nach Amerika, weil einen dort noch niemand kennt, und auch in Europa kann man höchstens in kleinem Rahmen auf Tournee. Ich wollte nicht, dass es uns so geht. Deswegen löste ich die Band auf."

Das Konzert am 26. Februar 1983 in Manchester war das letzte, das Southern Death Cult jemals gaben. Einen Monat später gaben sie ihre Auflösung bekannt. Bassist Jepson gründete gleich wieder eine neue Band, Getting the Fear, aus der sich später die bemerkenswerten Into

A Circle entwickelten. Aus Aki war zehn Jahre später ein etablierter Techno-Remixer geworden, der neben vielen anderen Projekten 1993 auch einen Hitremix aus „Serpent's Kiss" von Mission zauberte. Und Astbury musste sich trotz aller Bemühungen mit internationalem Erfolg herumschlagen. Der letzte Eintrag im Kapitel Southern Death Cult erfolgte allerdings ein Vierteljahr nach ihrer Trennung, als Beggars Banquet ein schlicht mit dem Bandnamen betiteltes Album veröffentlichte, das aus so unterschiedlichen Quellen wie der einen Single, den BBC-Radiosessions, den Demos aus den Manchester-Square-Studios, den Aufnahmen mit Mike Hedges sowie drei Livetracks bestand, die auf einem Cassettenrecorder mit Handmikrofon im Dezember 1982 in Manchester aufgenommen worden waren. Astbury sah das mit Grausen. „Das Album war wirklich das Hinterletzte."

Bauhaus, die erneut im Rockfield-Studio saßen und bei ihren Sessions immer weniger zustande brachten, dachten inzwischen ähnlich über ihre eigene Arbeit.

„Ziggy Stardust", ihr Top-Twenty-Hit, hatte vieles für die Band verändert, vor allem ihre eigenen Erwartungen. Die Bandmitglieder waren wirklich entsetzt, als die nächste Single, die Peitschennummer „Lagartija Nick", schon auf dem mickrigen vierundvierzigsten Platz hängen blieb – trotz eines zweiten, fesselnden Auftritts bei *Top of the Pops*. Die Spannung verstärkte sich, als jeder der Musiker seine eigenen Vorschläge vorbrachte, wie es mit der gerade erst in Schwung gekommenen Karriere wieder weiter nach oben gehen könnte, und es wurde noch kritischer, als Murphy wegen einer Lungenentzündung ins Krankenhaus musste. Seine Bandkollegen gingen einfach ohne ihn ins Studio und nahmen genug Material für ein komplettes Album auf – inklusive des Gesangs, den einstweilen Ash und J übernommen hatten.

Als Murphy zu ihnen zurückkehrte, schäumte er vor Wut. Da der Rest der Sessions zunehmend von Zwist und Streitigkeiten geprägt war, zeichnete sich deutlich ab, dass Bauhaus am Rand der Auflösung standen.

Welch schlechte Vibes die Band bei den Aufnahmen umgaben, zeigte sich unter anderem im Februar, als BBC-Moderator David Jensen sie in seine Show einlud. Statt bei dieser Gelegenheit frisches Material vorzustellen, das die Neugier auf das nächste Album hätte wecken können, wurde nur ein einziger neuer Titel ausgestrahlt, die kommende Single „She's In Parties". Bei den übrigen zwei Songs handelte es sich um eine nur wenig veränderte Version von „Terror Couple Kill Colonel" und ein hastig eingespieltes Cover des alten Garagenklassikers „Night Time". Hinweise darauf, womit Bauhaus demnächst aufwarten wollten, wurden vorsichtig unter Verschluss gehalten – wohl auch, weil die Band selbst sich diesbezüglich alles andere als sicher war.

„She's In Parties" erschien wie geplant im April 1983. Es war der vielleicht kommerziellste Titel von Bauhaus, dessen eingängige Melodie von Haskins' donnerndem Schlagzeug und Js pulsierendem Bass vorangetrieben wurde, während Ashs schimmernde, zitternde Gitarre elektrische Impulse beisteuerte und der Chamäleongesang alle Facetten zwischen evokativer Zerbrechlichkeit und Friedhofshorror bot. Der Song tanzte bis auf Platz sechsundzwanzig – eine ordentliche Leistung, die aber offenbar nicht ausreichte.

Im Vorfeld zur Veröffentlichung des vierten Albums, das den passenden Titel *Burning From The Inside* trug, waren Bauhaus durch Europa und Asien getourt, und das hatte die Bandmitglieder davon abgehalten, sich gegenseitig an die Kehle zu gehen. Die Unzufriedenheit blieb jedoch bestehen. Eine dreiwöchige Englandtournee im Juni machte das Ganze nur noch schlimmer, und als Bauhaus Anfang Juli nach London zurückkehrten, kursierten bereits überall Gerüchte über einen bevorstehenden Split.

Die Band bestätigte sie, als es in einem Londoner Hotelzimmer am Vorabend der zwei Abschlusskonzerte im *Hammersmith Palais* zu wüsten gegenseitigen Schuldzuweisungen, zornigem Türenknallen und bitteren Tränen der Betrogenheit kam. Bauhaus beschlossen, Schluss zu machen. Das letzte Konzert im *Palais* am 5. Juli 1983 war gleichzeitig der für lange Zeit letzte Auftritt von Bauhaus, und als David J nach einer überwältigenden Zugabe mit sechs Songs (die natürlich mit „Bela Lugosi's Dead" ihren krönenden Abschluss fand) von der Bühne ging, hatte er für das Publikum nur drei Wörter übrig: „Ruhet in Frieden."

Burning From The Inside erschien eine Woche später.

In gewisser Hinsicht war dieser Zusammenbruch unvermeidlich, wie Murphy inzwischen meint. „Während unserer gesamten Karriere waren Bauhaus-Auftritte stets eine höchst angespannte Angelegenheit. Ich kam mir bei fast jedem Gig vor wie das Lamm, das man zur Schlachtbank führt. Mit der Energie, die ich rausließ, brachte ich mich jedes Mal fast um, aber ich glaube, dass uns gar nicht klar war, wie intensiv das alles war. Wir wurden zu Opfern der Energie, die wir selbst entfesselten, und uns schützte leider keinerlei Weisheit – wir wussten nicht, wie wir das kontrollieren sollten. Wir hatten das Atom gespalten und keine Ahnung, was wir nun damit anfangen sollten. Und am Schluss waren wir einfach verstrahlt."

Cure, Southern Death Cult und Bauhaus – in nur einem Jahr hatte die Gothic-Szene drei ihrer wichtigsten frühen Vertreter verloren. Der einzige Trost für trauernde Betrachter lag in dem Wissen, dass meist nicht nur aller guten, sondern eben auch aller schlechten Dinge drei sind. Was allerdings hier nicht stimmte. Im August 1983, nur einen Monat nach dem Bauhaus-Split, erklärten auch Birthday Party das Ende der Band. Die anderen Trennungen waren völlig unerwartet über die Fans hereingebrochen, aber bei Birthday Party hatte man schon ungefähr ein Jahr lang damit gerechnet. Als sie endlich einen Schlussstrich zogen, war das eher so etwas wie ein Gnadenschuss.

Genau zwölf Monate zuvor, im August 1982, waren Birthday Party von London nach Berlin übersiedelt. „Wir verabscheuten alles, was mit London zu tun hatte", ekelte sich Cave. „Für uns war die Stadt eine der größten Enttäuschungen unseres Lebens gewesen. Wir hatten in Australien so viel davon gelesen, wie toll und aufregend dort alles war, und als wir dort endlich ankamen, fanden wir eine schreckliche und völlig verkrampfte Gesellschaft vor."

Ihr Entschluss wurde durch verschiedene Ereignisse in der ersten Jahreshälfte verstärkt. Anfang 1982 waren die Musiker kurz nach Australien zurückgekehrt, um ihr nächstes Album aufzunehmen und nebenbei vielleicht auch die Batterien wieder aufzuladen. Nun aber mussten sie voll Entsetzen zusehen, wie Tracy Pew wegen Trunkenheit am Steuer zu acht Monaten Freiheitsstrafe verurteilt wurde, und voll Zorn miterleben, wie Phill Calverts Engagement für die Band und ihre Zukunft schwand. Als Cave dem Schlagzeuger mitteilte, dass Birthday Party nach Berlin übersiedeln wollten, stand für ihn schon fest, dass Calvert zu diesem Umzug nicht eingeladen werden würde – und das war auch besser so, denn Calvert hatte nicht die geringste Absicht, mitzukommen. Er trennte sich von der Band, als die sich nach Beendigung ihrer Englandtournee aus London davonmachte.

Bei besagter Tour hatte die Band das neue Album *Junkyard* präsentiert, wobei Magazine-Bassist Barry Adamson für Pew einsprang. Mit dem Album konnte sie dabei zufrieden sein: Mit Platz dreiundsiebzig in den britischen Albumcharts wurde es zur erfolgreichsten

Birthday-Party-Platte überhaupt. Die Tour gestaltete sich allerdings weniger erfreulich: Der Ticketverkauf verlief schleppend, und die Zuschauer waren kaum beeindruckt. Nur wenige Tage nach dem letzten Konzert im Londoner *Venue* am 5. August 1982 war die Band auf dem Weg nach Deutschland.

Wenn man sich allerdings das Interview mit Cave durchlas, das in der gleichen Woche im *New Musical Express* erschien, dann wurde deutlich, dass bei Birthday Party mehr im Schwange war als nur eine neue Adresse und ein neuer Drummer. „Wir betrachten das, was wir bisher geleistet haben, als so total und vollständig, dass dem nichts mehr hinzugefügt werden kann", erklärte Cave. „Birthday Party sind tiefer gegangen, als wir alle für möglich hielten. Aber wenn wir noch eine Platte im gleichen Stil herausbringen sollten, würden wir die Effektivität dessen, was wir zuvor getan haben, verwässern und verringern."

Er sprach von einem radikalen neuen musikalischen Stil, „unglaublich spannungsvoll, langsam, sehr langsam, sehr seelenvoll und sehr deprimierend" – die Vorlage für seine ersten Soloalben. Dass sich das Hinscheiden von Birthday Party zwölf qualvolle Monate hinzog, lag daran, dass Cave sich nur langsam über seine eigene unmittelbare Zukunft klar wurde.

Die Band trennte sich zunächst von 4AD und knüpfte erste Kontakte mit Mute Records, die sie prompt im direkt an der Mauer gelegenen Berliner Hansa-Studio unterbrachten, um nun die erste Birthday-Party-Platte nach dem neuen Muster zu produzieren, die *Mutiny*-EP. Dort bekamen sie Gesellschaft von Blixa Bargeld, dem Chef der berüchtigten Industrial-Pioniere Einstürzende Neubauten. Die Australier hatten aus ihrer Faszination für die Berliner Band nie einen Hehl gemacht – noch bevor sie einander jemals trafen, hatte Cave von Bargeld geschwärmt und ihn als „einen Mann auf der Schwelle zur Großartigkeit, einen siegreichen Napoleon inmitten seiner Beute, einen erobernden Cäsaren bei der Musterung seiner Truppen, einen Jesus mit ausgebreiteten Armen auf dem Kalvarienberg" bezeichnet. Zunächst hatte offenbar nur Cave allein das bemerkt, doch man kann mit Fug und Recht sagen, dass die beiden sich zum richtigen Zeitpunkt über den Weg gelaufen sind – die Begegnung mit Bargeld sollte Caves Karriere entscheidend beeinflussen.

Während Cave sich dieser neuen Freundschaft widmete, ging es mit einer alten immer weiter abwärts. Irgendwie kämpften sich Birthday Party durch eine US-Tournee, aber es waren Risse im Gebälk erschienen, die nicht mehr zu kitten waren. Am Vorabend ihrer Australientournee verließ Mick Harvey die Band.

Überrumpelt, wenn auch nicht wirklich überrascht, suchten die verbliebenen Musiker nach Ersatz und holten Des Hefner von den Marching Girls an Bord, und so ging die Tour wie geplant vonstatten. Doch damit kehrte keine Ruhe ein, denn nun begann Rowland Howard sein allgemeines Missfallen an der gesamten Entwicklung zu erklären – ein weiterer Riss im wackeligen Gefüge tat sich auf. „Mir ist klar geworden, dass sich Birthday Party in den letzten Jahren in erster Linie zu einem Vehikel für Nick entwickelt haben", beklagte sich der Gitarrist. Er stieg im Juli 1983 aus, und mit seinem Abschied wurde das Unvermeidliche offiziell.

Birthday Party waren vorbei und sollten auch nur noch ein einziges Mal wiedererweckt werden, im Londoner *Town and Country Club* am 1. September 1992. Die Bad Seeds, Caves zu der Zeit bereits altgediente Truppe, gaben eines ihrer Konzerte, als Cave plötzlich erklärte: „Jetzt möchte ich euch gern etwas Geschichtsunterricht erteilen." Mit den Birthday-Party-Veteranen Rowland Howard und Mick Harvey sowie dem ehemaligen Triffids-Bassisten Martin Casey als Ersatz für den inzwischen verstorbenen Tracy Pew stand der Geist des vergangenen Jahrzehnts wieder auf und stampfte seinen Weg durch „Wild World", „Dead Joe" und „Nick The Stripper". Dann wurde er wieder zur Ruhe gebettet, um vermutlich nicht wiederaufzuerstehen.

Warum auch? Als Cave 2001 über sein Repertoire und seinen Ruf sinnierte und gefragt wurde, wie er auf Fans reagiere, die mit dem schwerfälligen Vortrag seiner jüngsten Soloalben *(The Boatman's Call* und *No More Shall We Part)* nicht viel anfangen können und sich die Galle und Pisse früherer Zeiten zurückwünschen, schäumte der Sänger:

„Es gibt immer irgendwelche komischen Fans, die den guten alten Zeiten von Birthday Party nachweinen, die jammernd mit *Junkyard* im Arm in der Ecke sitzen und sich wünschen, es könnte alles wieder so wie früher sein. Aber ich weigere mich, mich von etwas drängen zu lassen, was mir als eine konservative und im Grunde reaktionäre Einstellung gegenüber Musik erscheint. Ich möchte mich den Strömungen, die aktuell da sind, hingeben, und ich bin sehr dankbar, dass ein großer Teil unseres Publikums mich dabei gern begleitet."

Wie er betonte, machte er nun erwachsene Musik für erwachsene Hörer und hielt daran fest, dass der Nick Cave des einundzwanzigsten Jahrhunderts, der mit sonorer Stimme zu einem Publikum sang, das er mit den hier offenbarten bodenlosen Tiefen seiner Seele völlig in seinen Bann zog, absolut nichts mehr zu tun hatte mit dem ausgeflippten, wilden, durchgeknallten und kaputten Typ, der einmal durch Londons Straßen gestreift war. Dieser Nick Cave hatte sich nicht umsonst Nick the Stripper genannt, die geistigen Mauern von reaktionären Punkern niedergerissen und sie aus dem Schutt finsterer Gassen, Bombenkrater und Schlachthäuser wieder aufgebaut. Doch eine Frage weigerte er sich zu beantworten: Welcher der beiden würde letzten Endes am meisten bewegt haben? Vielleicht musste er das auch gar nicht beantworten. Die besagten komischen Fans, die sich an seinen frühesten Werken festhielten, hatten das wohl schon für ihn erledigt.

Der beinahe zeitgleiche Abschied von vier großen Schlüsselbands des Genres hätte das Ende des Gothic Rock einläuten können. Aber die Szene wurde nach wie vor bestens vom Batcave versorgt und lag in den sicheren Händen von Specimen, Sex Gang, Sex Fiend und vielen, vielen anderen, sodass ihr dieser Verlust nicht einmal besonders nahe ging. Für viele Zuhörer waren die lieben Dahingeschiedenen lediglich extreme musikalische Spielarten, wie sie sich schnell in der Gothic-Szene entwickelten, wenn man den künstlerischen Schaffensprozess ein Weilchen ohne Aufsicht ließ. Dabei gab es im Zentrum der Bewegung durchaus Bereiche, in denen derartiger Wildwuchs eher bekämpft und durch sorgsam geplante Anlagen ersetzt wurde, die dennoch ausgesprochen vielseitig und unterschiedlich gerieten.

Im Frühjahr 1983 erschien das Debütalbum der Sex Gang Children, *Song And Legend,* das für zwei Wochen die Spitze der britischen Independent-Charts übernahm und schließlich zwei Hitsingles hervorbrachte, den Titeltrack und das sich langsam steigernde „Sebastiane“ mit seiner geheimnisvollen Geige.

Gene Loves Jezebel hingegen hatten sich ein Jahr lang mit internen Problemen und ständig wechselnden Line-ups herumgeschlagen, schafften es nun aber endlich, würdige Nachfolger für das brillante „Shaving My Neck“ zu produzieren: Im April 1983 erschien der Heuler „Screaming For Emmeline“ (im Juni gefolgt von „Bruises“), und im Anschluss begannen sie eine Englandtournee mit X-Mal Deutschland, auf der sie bereits einen Ausblick auf die Qualität ihres kommenden Debütalbums *Promise* gaben.

Überall in Großbritannien (und auch in anderen Ländern) gründeten sich nun neue Bands im Gothic-Stil – darunter einige hoffnungslose Naivlinge, die allein die Stilistik auf die Bühne gelockt hatte, andere wiederum bestanden aus recht erfahrenen Musikern, die sich aus ihren alten Projekten lösten, um eigene Visionen zu verwirklichen.

Allein aus dem produktiven Umfeld von Gene Loves Jezebel entstand eine Reihe neuer Bands. Gitarrist Albio DeLuca gründete mit Abbo von den kürzlich erst aufgelösten UK Decay die Band Furyo, die einiges Potenzial hatte. Die Bassistin Julianne Regan, die den Jezebels beigetreten war, nachdem sie sie als Journalistin für *Zig Zag* interviewt hatte, gründete später All About Eve, und Jezebel-Drummer Dick Hawkins stieß zur Skeletal Family, einem Goth-Verband aus der Ortschaft Bingley in Yorkshire, der dafür sorgte, dass Leeds seinem Ruf als Gothic-Hauptstadt des englischen Nordens weiterhin gerecht wurde. Dort verstärkten sie die Szene, die von den Sisters of Mercy beherrscht wurde, in der sich aber längst eine Reihe anderer Bands tummelte.

Die March Violets, die praktisch überall sonst ignoriert wurden, waren in West Yorkshire echte Superstars. Seit sie ihren primitiven, drumcomputergeprägten Sound im Sommer 1982 auf ihrer ersten Platte für Merciful Release festgehalten hatten, war im November eine zweite Single für Eldritchs Firma entstanden, „Grooving In Green", bevor es zwischen Sänger Simon Denbigh und Eldritch böses Blut gab und die Band daraufhin ihre Platten auf dem eigenen Rebirth-Label herausbrachte.

„Crow Baby", das im März 1983 erschien, war die letzte Single, die in der Originalbesetzung mit den Sängern Denbigh und Rosie Garland, Bassist Loz Elliott und Gitarrist Hugh eingespielt wurde, und sie wurde ihr bisher größter Hit, der bis auf Platz sechs der Independent-Charts schoss und zumindest ein paar Monate lang dafür sorgte, dass die March Violets als ernst zu nehmende Nachrücker gehandelt wurden.

Auch von einem anderen Projekt aus der Leedser Szene erwartete man sich große Dinge. Red Lorry Yellow Lorry, 1982 von Sänger Chris Reed und Drummer Mick Brown gegründet, hatten eine beeindruckende Mischung aus Postpunk-Neurosen und kantiger Düsternis perfektioniert – als ihre erste Single erschien, zählten zudem Bassist Paul Southern und Gitarrist Dave Wolfenden zur Band, wobei Letzterer wie auch Craig Adams früher bei den Expelaires gespielt hatte.

Drei zwischen 1982 und 1983 erschienene Singles und zwei herausragende Peel-Sessions trieben die Karriere von Red Lorry Yellow Lorry weiter voran. Dabei überraschte es weniger, dass sie so mühelos einen Singleklassiker nach dem anderen ablieferten, als vielmehr, dass es bis 1984 dauerte, bis sie mit dem hymnischen „Hollow Hills“ ihr echtes Meisterstück ablieferten. Wie die March Violets konnten sich auch Red Lorry Yellow Lorry letzten Endes nicht durchsetzen. Aber wenn man der Musikpresse der damaligen Zeit Glauben schenkte, dann wartete eine gloriose Zukunft auf sie.

Die Karriere der Sisters of Mercy war währenddessen so richtig in Schwung gekommen. Das Jahr 1983 begann mit einer Reihe von Konzerten in Nordengland, wo die Band traditionell die größte Fangemeinde besaß, dann folgte im März eine weitere BBC-Session für David Jensen, und mit „Anaconda“ wurde zum zweiten Mal einer ihrer Songs Single der Woche, diesmal in *Sounds*.

John Ashton trat erneut in Erscheinung, um die nächste Veröffentlichung zu finanzieren, eine Zwölf-Inch-EP für das amerikanische Braineater-Label, die den Startschuss für den allmählichen Aufstieg der Sisters in den Staaten geben sollte. Im Anschluss war die Band auch endlich in der Lage, ihre erste richtige Tournee zusammenzustellen, die sie kreuz und quer durch Großbritannien führte und ihnen auch ihre erste Headliner-Show in London bescherte. Das Konzert im *Lyceum,* erklärte Eldritch nur wenig später, sei das beste gewesen, das sie bisher gegeben hatten.

Die *Reptile House*-EP, die als Nächstes erschien, wurde im *New Musical Express* wieder als Single der Woche ausgezeichnet. Rückblickend muss jedoch gesagt werden, dass diese Platte noch weit größere Ehren verdient gehabt hätte. Bis dahin hatten die Medien zwar darauf bestanden, dass es eine Gothic-Rock-Bewegung gab, aber die Sache hatte den kleinen Schönheitsfehler, dass sich kein bestimmter Sound ausmachen ließ, der dazugehört hätte. Das änderte sich mit *The Reptile House,* angefangen mit der wunderbar langsam aufgebauten dreieinhalbminütigen Instrumentalpassage, die dem schwergängigen „Kiss The Carpet“ vorausging, über die giftige Intensität von „Lights“, „Fix“ und „Valentine“ bis zu „Burn“, das nur von den ätherischen Backingvocals davor bewahrt wurde, in völlige Verzweiflung zu verfallen.

Alles, was Gothic Rock je sein würde, fand sich auf dieser einen EP – all das, was hunderte, wenn nicht tausende von Bands danach in ihren eigenen Variationen wieder umzusetzen versuchten, nutzte diese fünf Songs (sechs, wenn man die Reprise von „Kiss The Carpet“ mitrechnet) als Blaupause. Es spricht für die Sisters, dass sie selbst niemals darauf zurückgriffen.

Während die Sisters ihrer Zukunft entgegenstrebten, waren Specimen nach wie vor mit dem Umsturz der Gegenwart beschäftigt und tauchten einen der – im wahrsten Sinn des Worts – heiligen Veranstaltungsorte Londons in ein Meer von Schwarz. Inzwischen ergänzt um Synthesizerspezialist Johnny „Slut" Melton, einen Batcave-Stammgast, der sich schnell zu dem entwickelte, was Jon Klein liebevoll „das böse Gesicht von Specimen" nannte (und der zudem das flüsternde, prophetische „Hex" mit Ultravox-würdigen düsteren Synthesizerschichten verzierte), gab die Band größere Konzerte im *Heaven,* spielte als Vorgruppe für die Rockabilly-Helden Meteors im *Lyceum* und eroberte dann die Sankt-Pauls-Kirche in Hammersmith bei einem Abend, der auf den Handzetteln als „Nacht der brennenden Märtyrer – Blasphemie, Lüsternheit und Blut" angekündigt wurde. Wie zu erwarten war, wurde die leidenschaftliche Energie des Konzerts den Erwartungen voll und ganz gerecht.

Von dort aus ging es weiter in die USA, wo Specimen zwei Nächte lang den Keller der New-Yorker *Danceteria* auf den Kopf stellten, um dann ihre irre Show im *CBGB's* und im *Eastside Club* in Philadelphia zu präsentieren. Nach ihrer Rückkehr in die Heimat konnten sie dann endlich ihre Drohungen wahr machen und einen Majorlabel-Deal unterschreiben. Wenig später erschien auf London Records „The Beauty Of Poisin", ihre von einem beeindruckenden Gitarrenriff geprägte Debütsingle, die unglaublicherweise unter Mitarbeit von Musikern des London Philharmonic Orchestra entstanden war.

Zudem arbeitete man an den Vorbereitungen für ein ganzes Batcave-Album, auf dem natürlich vor allem Specimen und Alien Sex Fiend zum Zug kommen sollten, das aber auch einen lebendigen Überblick über all die anderen Geschmäcker bieten sollte, die das Batcave bediente.

Sex Beat und Meat of Youth (ein neues kurzlebiges Projekt von Abbo) entsprachen ebenso wie die Headliner dem Typus, der sich inzwischen als Gothic-Archetyp herauskristallisiert hatte. Andere hingegen liefen diesem Muster absichtlich zuwider.

Test Department spielten mit atonalem Krach, mit metallischen Schlägen und brutalem Hämmern, bis eine Art musikalisches Stahlwerk dabei herauskam. Patti Paladin klang wie die Bowery-Version einer frühen Lene Lovich, und der geläuterte Punker Jimmy Pursey spuckte zu einem knisternden Schlagzeugtrack bittere Poesie aus. Brilliant präsentierten anstößigen Funk, der sich reichlich bei Public Image Ltd. und alten Killing-Joke-Sachen bediente, und die Venomettes, die Marc Almond bei seinen jüngsten Projekten als Streichquartett unterstützt hatten, lieferten ein wehmütiges, schräges Stück Kammermusik ab, das mit furchtsamen Geigen und zögerlichem Klopfen daherkam.

Young Limbs And Numb Hymns erwies sich daher nicht als die Batcave-Bibel, die Außenstehende aufgrund des Gothic-Image erwartet hatten, aber das war natürlich auch von Anfang an nicht beabsichtigt gewesen. „Seht durch den trägen schwarzen Regen einer kühlen Nacht in Soho", hieß es im Begleittext. „Ignoriert die Verlockung der abertausend Neonglühwürmchen. Hört nicht hin, wenn die Bordsteinschwalben ihr Lied singen. Kommt und folgt mir in das Reich zwischen Himmel und Hölle. Hier findet ihr einen Club, der sich selbst in seinen fieberheißen, schlangengleichen Bewegungen verliert. Einige haben das Batcave auf einen Sockel gestellt, aber für die Wissenden ist klar, dass ihm selbst nichts lieber ist, als andere von eben diesem herunterzuholen. Es ist der Rächergeist der Nightlife-Abgründe, ein Schatten, der groß über die Londoner Halbwelt fällt. Es fordert falsche Idole heraus. Es wird überdauern."

Young Limbs blieb in jenem Jahr nicht die einzige Platte, auf dem die Szene gefeiert wurde: Dave Roberts, Gitarrist der Sex Gang Children, stellte seine eigene Kollektion der größten Seltsamkeiten bei Sound und Stil für das Album *The Whip* zusammen.

Die Sex Gang war selbst mit „Oh Funny Man" vertreten, und ein Duett zwischen Andi und Soft-Cell-Sänger Marc Almond, das zwanghaft erregte „Hungry Years", machte erneut deutlich, dass die Szene mit durchaus mainstreamtauglichen Momenten aufwarten konnte. Der Ursprung von *The Whip* lag dabei, wie Roberts betonte, „in einer blöden Idee, die ich eines Nachts in einem Club hatte".

Dennoch traf der Sampler einen Nerv, wohl auch, weil seine Beiträge ausgesprochen breit gefächert waren. Play Dead waren ebenso vertreten wie Brilliant (schon wieder), außerdem eine Reihe von Projekten aus dem Damned-Quartier, die erste und einzige Soloaufnahme von Dave Vanian, „Tenterhooks", sowie Naz Nomad & the Nightmares, hinter denen sich das psychedelische Garagenrock-Alter-Ego der Damned verbarg. *The Whip* – insgesamt ein konventionellerer Sampler als der vergleichsweise stärker irritierende *Young Limbs* – erreichte im Mai 1983 Platz drei in den Indie-Charts und verschaffte

Carcrash International (einem Nebenprojekt von Roberts, das er zusammen mit Lester Jones von Crisis seit 1981 pflegte) mit dem Titeltrack sogar einen kleinen Hit.

Das Batcave hatte es in die Plattenläden geschafft – jetzt fehlte nur noch eine Tour. Im Juni 1983 zogen Specimen und Alien Sex Fiend mit der ganzen Entourage und der kompletten Einrichtung los, die zum Batcave gehörte. Jeden Abend nahmen sie sich einen anderen britischen Club vor, der gründlich abgedunkelt und umdekoriert wurde, bis er den speziellen Hauch des Grabs vermittelte, von dem alle Welt sprach. Es war eine sensationelle Darbietung, wie selbst die ausgebufftesten Veranstalter zugeben mussten, und sie lockte die faszinierendsten Goths, die man je gesehen hatte, aus ihren Grüften.

Sie waren nicht mehr die verdorbenen Kinder eines bösen Dave Vanian, sie waren nicht mehr die verblödeten Nachfahren der *Addams* und der *Munsters*. 1983 war Gothic eine wilde Verherrlichung von Fantasie und Magie, Schönheit und Eleganz, und nur wenige, die mit der Szene in dieser Zeit in Kontakt kamen, blieben von dieser Erfahrung unberührt.

Die Fiends waren nur bei einer Hand voll Konzerte dabei und verabschiedeten sich dann frühzeitig, um die Veröffentlichung ihrer Debütsingle „Ignore The Machine“ vorzubereiten. Ihren Platz nahmen Flesh For Lulu ein, eine Band, deren Einflüsse von den Rolling Stones bis zu den New York Dolls reichten, vermischt mit einer Prise Stooges, damit es nicht zu langweilig wurde.

Flesh For Lulu gab es schon seit 1981 – zur Besetzung rund um den Gitarristen Nick Marsh gehörten dabei Bassist Philip Ames, Mark Ambler, der zuvor bei der Tom Robinson Band Keyboards gespielt hatte, und Schlagzeuger James Mitchell. Im darauf folgenden Jahr war die Band regelmäßig in London und Umgebung live zu sehen, und im September 1982 nahm sie eine Session für John Peel auf, die noch ein wenig unsicher geriet. Einen echten Eindruck hinterließ sie tatsächlich erst, nachdem Marsh das Line-up komplett umgebaut und sich Ende des Jahres mit dem früheren Wasted-Youth-Gitarristen Rocco zusammengetan hatte.

Rocco und Marsh lernten einander kennen, als es mit Wasted Youth allmählich bergab ging, und kaum dass es die Band nicht mehr gab, begannen sie mit ihrer gemeinsamen Arbeit: Wasted Youth gaben ihr letztes Konzert am 6. Dezember 1982 im *Venue,* und die frisch auferstandenen Flesh For Lulu, jetzt mit Bassist Glen Bishop und Schlagzeuger James Mitchell, waren Ende Januar am Start.

Dabei hatte die Band keineswegs beabsichtigt, zur Gothic-Szene gerechnet zu werden. „Wir wurden wegen unseres Aussehens mit hineingezogen. Wir sind da ein bisschen in die Falle gegangen. Das Image gefiel uns, und deswegen zogen wir das durch. Ich meine, Johnny Cash trägt auch immer Schwarz, und auf unserem ersten Album war ein Countrysong enthalten. Für mich fing diese Gothic-Geschichte mit Bands wie Bauhaus und den Banshees an, das war eine Bewegung, die in schwarzen Klamotten und mit stacheligen schwarzen Haaren herumlief, und so eine Atmosphäre, als ob man eine Nico-Platte hört. Wir waren immer sehr unglücklich über dieses Etikett, weil wir uns nicht auf ein bestimmtes Publikum beschränken wollten. Die Banshees, die Sisters, Bauhaus ... verglichen mit denen waren wir eine straighte Rockband."

Das waren sie in der Tat, aber was zählte, war das Image, und das ihre – mit dem aufgetürmten schwarzen, mit Gel steif frisierten Haar, leichenweißem Make-up und den schwarzen Lederklamotten – passte einfach zu schön. Nicht einmal Roccos Vergangenheit konnte den starken Eindruck wieder ausbügeln, den ihre Gesichter hinterließen.

Zudem gab sich die Band keine besonders große Mühe, derartige Missverständnisse aus der Welt zu schaffen. Nach dem Batcave-Abenteuer gingen sie mit den Sisters of Mercy auf Tour – und wurden anschließend natürlich noch mehr über denselben Toupierkamm geschoren. Ende 1983 unterschrieben Flesh For Lulu einen Vertrag bei Polydor, nachdem man auch bei diesem Unternehmen beschlossen hatte, sich am Majorlabel-Rennen um den Gothic Rock zu beteiligen.

Ihre erste EP, *Roman Candle,* war ein mächtiges, selbstbewusstes Debüt, das trotz aller gegenteiligen Beteuerungen der Band nur zu gern in Gothic-Gewässer tauchte. Die meisterliche Single „Subterraneans" sowie das selbst betitelte erste Album zeigten dagegen schon eher, dass man versuchte, seinen Horizont ein wenig zu erweitern – selbst der *Melody Maker* stellte anerkennend fest, „dass ihre Tage als schlechter Witz am falschen Ende der Gothic-Skala gezählt sind. In dieser Laune könnten sie die ganze Welt erobern."

Zumindest Polydor glaubte nicht daran. Das Label ließ sie wieder fallen, nachdem „Restless", ihre darauf folgende Single, nichts bewegt hatte, und die Lulus versandeten bis Mitte des folgenden Jahres erst einmal im Nirgendwo. Als sie 1984 mit der auf dem Indie-Label

Hybrid erschienenen EP *Blue Sisters Swing* wieder auftauchten, hatte sich in ihrer jüngsten Karriere außer einem Besetzungswechsel nicht sehr viel getan. Bassist Bishop war ausgestiegen und von Kevin Mills ersetzt worden, der früher bei den ehemaligen Mentoren der Lulus, Specimen, gespielt hatte, mittlerweile aber zu der Überzeugung gekommen war, dass es jener Band niemals gelingen würde, die ausgetretenen Pfade zu verlassen, auf denen sie sich jetzt bewegte.

Die zweite Specimen-Single, die Neuaufnahme der Videosingle „Returning From A Journey", war komplett untergegangen – ein offenkundiger Beweis dafür, dass London Records einfach keine Ahnung hatte, was mit der Band anzufangen war. Labelkollegen wie Bananarama oder Blancmange kamen überaus mühelos in die Charts, aber offenbar machte es bei Specimen zu viel Arbeit, ihnen beim Sprung über die letzte Hürde zum kommerziellem Erfolg zu helfen.

Weitere Aufnahmen blieben einstweilen unveröffentlicht, und die Hoffnungen auf einen Karrierestart in den USA zerschlugen sich nach nur zwei Platten auf dem völlig irritierten Sire-Label, der *Batastrophe*-EP (einer „Best of" bisheriger Songs) und der Single „Kiss Kiss Bang Bang", auf deren Covertext die Band in einen Topf mit Hanoi Rocks und Kiss geworfen wurde. Als Mills seinen Hut nahm, hatten Sire und London offenbar bereits vergessen, dass es Specimen jemals gegeben hatte. Und als Johnathon Trevithick ausstieg und von Chris Bell ersetzt wurde, war Batcave nur noch der Ort, wo Batman lebte. Die Fans blieben ihnen zwar treu und sorgten dafür, dass Specimen-Konzerte zuhause wie auch im Ausland stets gut besucht waren, aber sie hatten keine andere Wahl, als eine Veröffentlichungspause einzulegen – ironischerweise etwa zur gleichen Zeit wie die Sex Gang Children, die ebenfalls feststellen mussten, dass Plattenfirmen und Verträge nicht zwangsläufig die Träume ihrer Künstler erfüllen.

Der Vertrag der Sex Gang mit Illuminated lief im Juni 1983 aus, zu einer Zeit, als trotz der allgemeinen Medienschelte eine Reihe großer Labels auf sie aufmerksam geworden war und sie umwarb. Die Band war so überzeugt von ihren Qualitäten, dass sie alle Angebote ablehnte, in der Überzeugung, dass jeden Augenblick etwas noch Besseres um die Ecke biegen würde. Was dann leider nicht passierte.

Roberts dazu: „Die Majors wollten, dass wir das Wort ‚Children' aus dem Bandnamen entfernten, und wir sagten damals: ‚Leckt uns am Arsch.'" Nun gibt es einem vielleicht ein ganz gutes Gefühl, wenn man angesichts der großen kommerziellen Angebote an seinen hochfliegenden Prinzipien festhält, aber leider bringt es einen meist nicht weiter. Die Plattenfirmen suchen schlicht neue Bands, und wenn die eine nicht mitspielen will, dann tut's eben eine andere – zumal die vielen Bewerber gute Gründe hatten, den Namen Sex Gang Children entschärfen zu wollen.

In den vergangenen eineinhalb Jahren war die englische Südküste vom so genannten Brighton-Vergewaltiger terrorisiert worden, einem pädophilen Verbrecher, dessen Untaten die britische Boulevardzeitung *The Sun* schließlich zu der sensationalistischen Schlagzeile SEX GANG CHILDREN verleitete. Selbst vor diesem Hintergrund war die Band zu keiner Namensänderung zu überreden. „Wir waren absolut dickköpfig", bedauert Roberts.

Zudem gab es Probleme mit ihrem früheren Label. Illuminated hatten verzweifelt darauf gehofft, dass die Sex Gang Children ihren Vertrag erneuern würden, wenn auch vielleicht nur jeweils von einer Platte zur nächsten. Die Band lehnte ab, und Roberts zufolge rächte sich das Label, indem es die Nachricht nicht weitergab, dass Island Records ein umfassendes Vertragsangebot unterbreitet hatte, das offenbar noch nicht einmal an irgendwelche Bedingungen geknüpft war. „Und ab da ging alles dem Ende entgegen."

Rob Stroud ging als Erster – eines Tages erschien er einfach nicht mehr zu einem Konzert. (Später tauchte er bei Aemotii Crii, einer Band aus Colne in Lancashire, wieder auf.) Er wurde zunächst durch Steve Harle ersetzt, bevor der ehemalige Theatre-of-Hate-Drummer Nigel Preston den Job bekam. Im September 1983 erschien beim Indie-Label Clay mit „Mauritia Mayer" eine neue Single, der Vertrag war jedoch nur auf diese eine Platte beschränkt. Seit dem ersten Album hatte sich ein beeindruckender Berg von neuem Material angesammelt, zu dem auch neue Sessions mit Tony James gehörten (inklusive des Herzschlagsongs „Ecstasy And Vendetta" und des wieder an die Ants erinnernden Heulers „Draconian Dream") – für ein zweites Sex-Gang-Album sah es gut aus. Allerdings hatte sich die Besetzung gerade ein wenig gefestigt, als Preston einen Anruf von Billy Duffy bekam.

Seit er Ian Astbury bei der Tournee kennen gelernt hatte, die Theatre of Hate mit Southern Death Cult gegeben hatten, waren Duffy und der Sänger eng befreundet – seit es Southern Death Cult nicht mehr gab, enger denn je. Astburys musikalische Vorstellungen tendierten inzwischen in eine wesentlich stärker rockorientierte Richtung, als es die tribale Ausrichtung von Southern Death Cult je zugelassen hätte, und über diese Dinge philosophierten er und Duffy lauthals in einer Wohngemeinschaft in Brixton, die nach der Sperrstunde zu einem beliebten Treffpunkt für viele der so genannten Goth-Bands geworden war. Der Legende zufolge erklärte Astbury schließlich, eine Band mit Billy gründen zu wollen. Noch am selben Tag tauchte er mit seinen Klamotten in der Hand vor der Haustür des Gitarristen auf.

Die beiden beschlossen sofort, den Bekanntheitsgrad von Southern Death Cult zumindest versuchsweise für die neue Band zu nutzen – sie nannten sie daher Death Cult und machten sich auf die Suche nach einer Rhythmusgruppe.

Zuerst fiel ihre Wahl auf Stan Stammers, Duffys Basskollegen bei Theatre of Hate, der jedoch ablehnte. Daraufhin wandten sie sich an Darren Murphy von Wasted Youth. Es stellte sich jedoch heraus, dass er nicht zu ihnen passte, und schließlich einigte man sich auf den Schlagzeuger Ray Taylor-Smith und den ehemaligen Gitarristen Jamie Stewart am Bass, die beide gerade die drittklassige Goth-Truppe Ritual verlassen hatten.

Es dauerte nur wenige Wochen, und die Presse stürzte sich auf die neue Band. Death Cult, die den alten Vertrag mit Situation 2 wiederbelebt hatten und daraufhin vom Mutterlabel Beggars Banquet übernommen wurden, fanden sich bereits auf dem Cover des *NME* wieder, kaum dass die neue Besetzung feststand. Beggars reagierte mit der vorgezogenen Veröffentlichung der ersten vier Songs auf einer EP mit dem Titel *Death Cult,* und in der Woche darauf gab die Band ihr Livedebüt im norwegischen Oslo.

Es folgten eine Hand voll Gigs in Europa, einige kleinere Konzerte in Schottland und ein paar Auftritte bei europäischen Festivals – erst im Herbst gaben Death Cult ihre ersten England-Gigs, als sie eine kleine Tournee in Swansea begannen, die vierzehn Tage später, am 18. September, mit der Show beim fünften und letzten Futurama-Festival zu Ende ging. Auf dem Programm standen außer ihnen beispielsweise auch die Bay City Rollers.

Von außen betrachtet sah es so aus, als wollten Death Cult genau da wieder anknüpfen, wo die alte Band aufgehört hatte, aber die innere Dynamik stimmte noch nicht ganz. Drei Tage nach dem Futurama stieg Taylor-Smith aus. Nigel Preston, mit dem Duffy in ihrer gemeinsamen letzten Band so gut zusammengearbeitet hatte, erschien der ideale Ersatz. Wie das Leben so spielt – in diesem Fall letzten Endes nicht zum Besten –, wechselte Taylor im Gegenzug daraufhin zu den Sex Gang Children. Monate später musste er die Band jedoch verlassen, als nach ihrer ersten Amerikatour bei der Rückreise nach London herauskam, dass sich der aus Sierra Leone stammende Drummer illegal in Großbritannien aufgehalten hatte. Er wurde in sein Heimatland abgeschoben; Dave Roberts nahm zu der Zeit ebenfalls seinen Hut.

Andi und McLeay hielten die Sex Gang Children noch ein paar Monate länger am Leben und nahmen für Illuminated eine weitere Single auf, „Draconian Dream", die mit dem Produzenten Simon Boswell (der früher bei der Powerpop-Hoffnung Advertising gespielt hatte) und einer neuen Rhythmustruppe eingespielt wurde, die aus Cam Campbell und Kevin Matthews bestand. Boswell lieferte zudem einen Remix von „Deiche", der B-Seite der alten Single „Into The Abyss", der den Sex Gang Children im Juli 1984 endlich einen Independent-Hit bescherte. Die Band löste sich einige Wochen später auf.

Für Death Cult war es jedoch seit Herbst 1983 unablässig vorangegangen. Im Oktober erschien ihre zweite Single, „God's Zoo", während zudem für David Jensen ihre erste und einzige BBC-Session entstand und die nächste Englandtournee begann. Ein triumphales halbes Jahr fand im Dezember seinen würdigen Abschluss, als Death Cult ihren ersten großen Fernsehauftritt in der renommierten Rockmusiksendung *The Tube* feiern konnten.

Das war in der Tat ein großes Ereignis, über dessen wahre Bedeutung sich nur Astbury und Duffy im Klaren waren. Über Weihnachten waren sie beide nach Nordamerika gereist – Astbury besuchte seinen Vater in Kanada, Duffy machte Urlaub in New York. Bei ihrer Rückkehr waren beide überzeugt, dass ihre Zukunft in den USA lag. Ganz gleich, was in Großbritannien passieren würde – sie mussten den Durchbruch in den Staaten schaffen.

„Und das wäre uns mit einem Namen wie Death Cult nie gelungen", gab Astbury zu. „Der war zu Gothic, zu düster, und in den USA konnte damit niemand etwas anfangen. Zudem warf uns das in einen Topf mit viel zu vielen Bands, die gerade auf dem absteigenden Ast waren mit dieser Geschichte um Positive Punk. Wir wollten einen Namen, mit dem es nach oben ging."

Das Jahr 1984 war zwei Wochen alt, als bei einem Auftritt im englischen Fernsehen klar wurde, welches Ergebnis seine diesbezüglichen

Überlegungen gehabt hatten. Die Band wurde als Cult angesagt – nicht mehr, nicht weniger. Die Verstärker wurden auf volle Lautstärke gedreht, und Astbury, der sich des großen Schritts komplett bewusst war, den er bezüglich seines Image machen wollte, tanzte über die Bühne, das Gesicht halb bemalt, mit halb flatternder Kleidung und vor einem Publikum, das ihn zur Hälfte ungläubig anstarrte. Den alten Ian mit der Kriegsbemalung gab es nicht mehr – er war jetzt zum harten Rocker geworden.

Die Sisters of Mercy hatten ihre ersten Besuche in den USA bereits hinter sich: Im September 1983 waren sie in New York, im Oktober in Los Angeles und San Francisco gewesen. Nach ihrer Rückkehr veröffentlichten sie ihre nächste Single, ihre bisher ehrgeizigste Platte. Sie hatten sich völlig von dem Sound verabschiedet, der noch auf *The Reptile House* vorgeherrscht hatte – mit „Temple Of Love“ ging Eldritch in eine völlig andere Richtung. Dieser energiegeladene, druckvolle Track sollte die bisher stets loyale Fanbasis der Band gründlich spalten.

Mit seiner kristallklaren Gitarre, dem fesselnden Gesang und dem donnernden Refrain erwies sich „Temple Of Love“ als durch und durch eingängig und leicht verdaulich – womit die Band sich musikalisch kalkuliert einen großen Schritt aus dem halbdunklen Kultbereich herausbewegte, der ihm bisher die größten Fans eingebracht hatte.

Für Ben Gunn erschien das *zu* kalkuliert. Er warf seinen Bandkollegen vor, „die Dinge plötzlich zu ernst zu nehmen“ und „Ausverkauf zu betreiben“, und er stieg aus, um sich an der Universität Liverpool einzuschreiben und lediglich spaßeshalber noch musikalische Projekte zu betreiben, darunter eine kurzlebige Band namens Torch.

Seine Ablehnung war zwar durchaus nachvollziehbar, doch allen Bedenken zum Trotz erfüllte „Temple Of Love“ sämtliche Erwartungen, die Eldritch in den Song gesetzt hatte. Es trug die Band wie ein Sturmwind in die oberen Sphären des Underground-Erfolgs, und nur das ungeheure Durchhaltevermögen von „Blue Monday“ von New Order konnte es von der Spitze der Indie-Charts fern halten. Wären die Sisters in der Lage gewesen, ihren Plattenerfolg sofort mit einer Tour zu untermauern, hätten sie vielleicht das scheinbar Unmögliche schaffen und die neue Ordnung vom ersten Platz verdrängen können. Stattdessen hockten sie gezwungenermaßen in ihrem Probenraum und suchten fieberhaft nach einem neuen Gitarristen, versuchten aber, sich nicht allzu sehr unter Druck setzen zu lassen.

Die Sisters of Mercy waren allerdings nicht die einzige Band, die überraschenderweise freie Musikerstellen ausgeschrieben hatte. Zwar blieb Robert Smith noch bis 1984 Mitglied von Siouxsie and the Banshees, aber er und Lol Tolhurst stellten fest, dass es ihnen schwerer fiel als erwartet, sich dauerhaft von den Cure zu verabschieden.

Das hatte sich erstmals bereits im Oktober 1982 gezeigt, vier Monate, nachdem die Band zerbrochen war, und zu einer Zeit, in der Smith vehement dementierte, dass es die Cure in irgendeiner Form noch gab. In diesem Monat berief Fiction-Boss Chris Parry ein Treffen ein, um die beiden bei einem Gespräch wieder zur Vernunft zu bringen. Sie erschienen unwillig und unkooperativ in seinem Büro – als sie gingen, hatten sie allerdings tatsächlich zugestimmt, den Bandnamen wiederzubeleben. Parry musste jedoch ein Zugeständnis machen. Smith war fest entschlossen, den Mythos Cure mit was immer sie als Nächstes taten, komplett zu zerstören. Um zu beweisen, wie ernst es ihm damit war, präsentierte der zurückhaltende Star die nächste Single der Band, „Let's Go To Bed".

Dieser locker-flockige, poppige Lovesong war tatsächlich das absolute Gegenteil all dessen, was die Cure zuvor veröffentlicht hatten – so sehr, dass Smith selbst kurz vor Erscheinen Zweifel bekam und überlegte, ob er ihn wirklich unter dem Namen seiner Band herausbringen wollte. „Ich setze mich nie hin und sage: ‚Jetzt schreibe ich einen Song'", erklärte er Jahre später. „Ich kann nicht so kalkuliert herangehen und absichtlich einen Song über dieses oder jenes Thema schreiben. Das habe ich auch schon gemacht, aber dabei kommen Sachen heraus wie ‚Let's Go To Bed', die sehr oberflächlich sind. In bestimmter Hinsicht sind sie gut, aber sie haben keinen Widerhall."

Doch genau darum ging es ja. Smith wollte das trübsinnige Image der Cure zerstören, und nichts hätte weiter davon entfernt sein können als das verspielte „Let's Go To Bed" mit seinem Ohrwurmrefrain und dem lustigen Du-du-du der Backgroundvocals. Aber weil er sich von all dem distanzierte, was den Fans einmal lieb, teuer und heilig gewesen war, erfand er die Cure nicht nur völlig neu, er hauchte der Band neues Leben ein und holte sie von einem von Düsternis umwehten Sockel, auf dem sie sich so lange gegrämt hatte. Damit erhielten sie ein luxuriöses Geschenk, dessen sich nur sehr weniger Künstler je erfreuen können – die Möglichkeit, noch einmal ganz von vorn anzufangen und immer wieder Tabula rasa machen zu können.

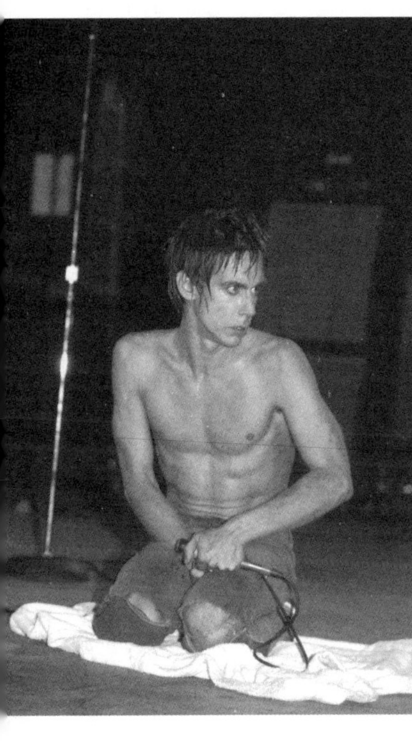

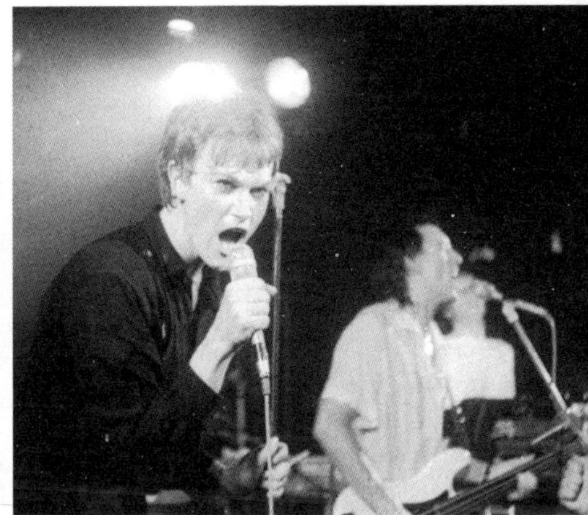

Oben: Ultravox mit John Foxx im *Marquee*
Mick Mercer, www.mickmercer.com

Links: Iggy Pop auf der Bühne, etwa zur Zeit von *The Idiot*
Lynne Goldsmith/Corbis

Unten: Die Doctors of Madness live im *Olympia* am 31. Dezember 1975 (von links nach rechts: Urban Blitz, Peter Di Lemma, Kid Strange und Stoner) *Mit freundlicher Genehmigung von Richard Strange*

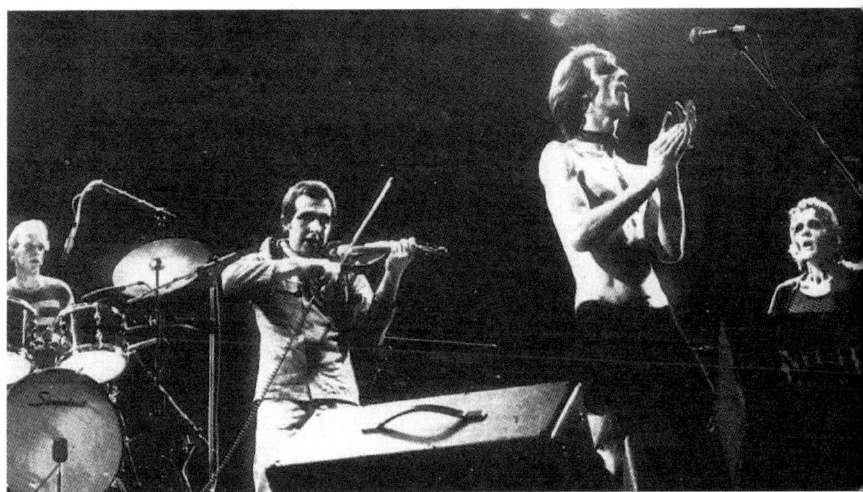

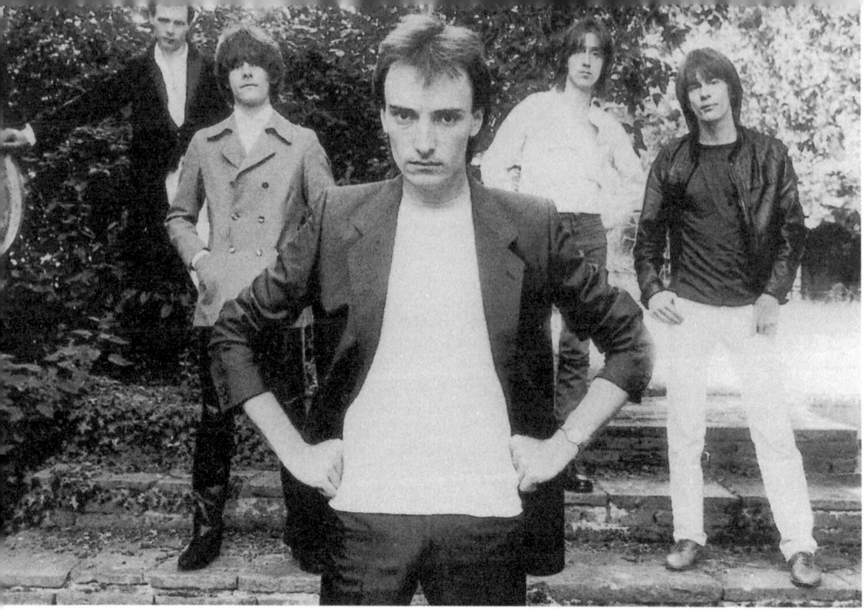

Rikki Sylvan mit den Musikern seines KRL-Albums (von links nach rechts: Stephen A. Wilkin, Andy Prince, Rikki Sylvan, Mark Laff, Mike Taylor) *Mit freundlicher Genehmigung von Stephen A. Wilkin*

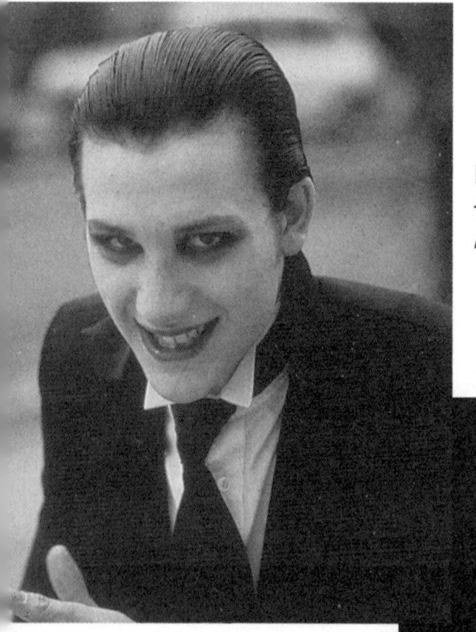

Links: Eine zögerliche Identifikationsfigur: Dave Vanian von Damned
Rex Features

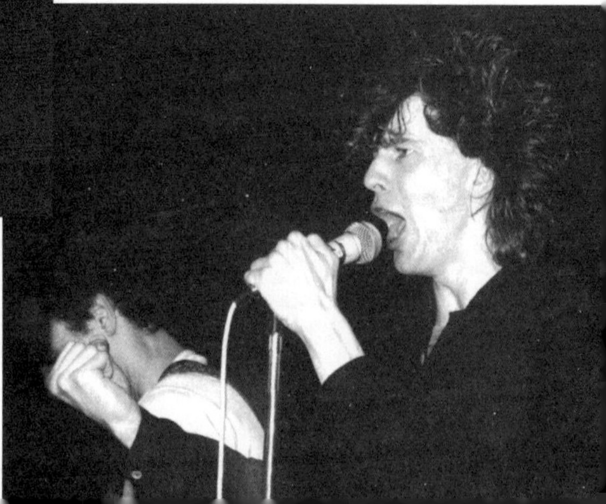

Rechts: UK Decay
Mick Mercer, www.mickmercer.com

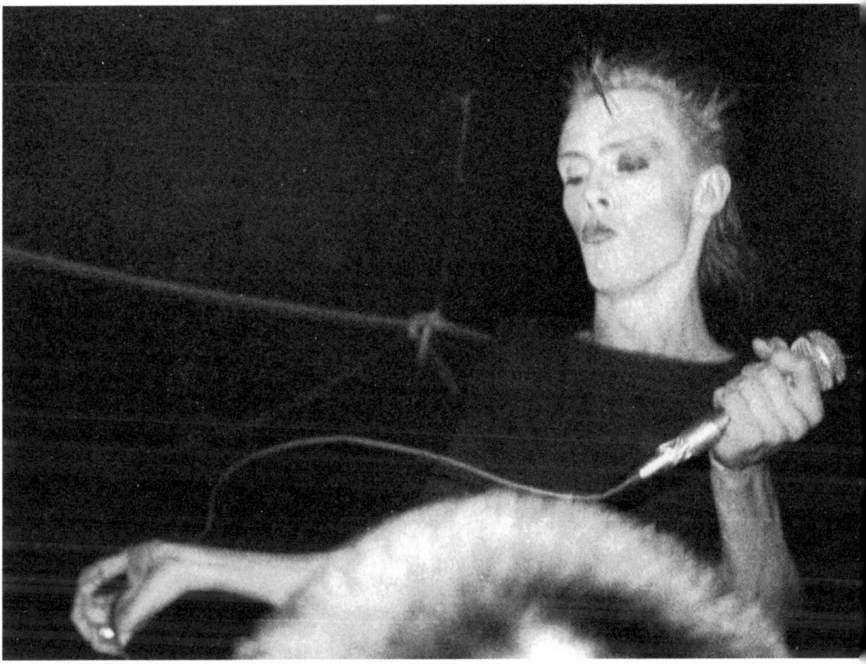

Oben: Peter Murphy von Bauhaus live im *Rock Garden* 1982
Mick Mercer, www.mickmercer.com

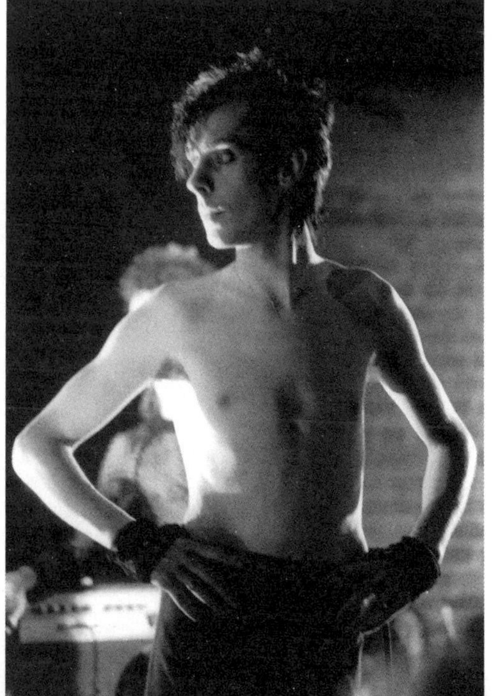

Links: Peter Murphy von Bauhaus, etwa zur Zeit von „Ziggy Stardust"
Bleddyn Butcher

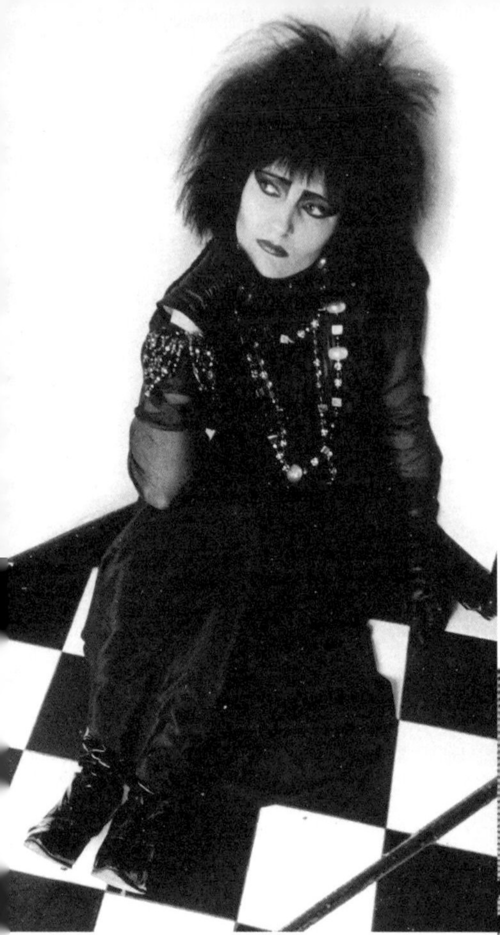

Links: Siouxsie
Bleddyn Butcher

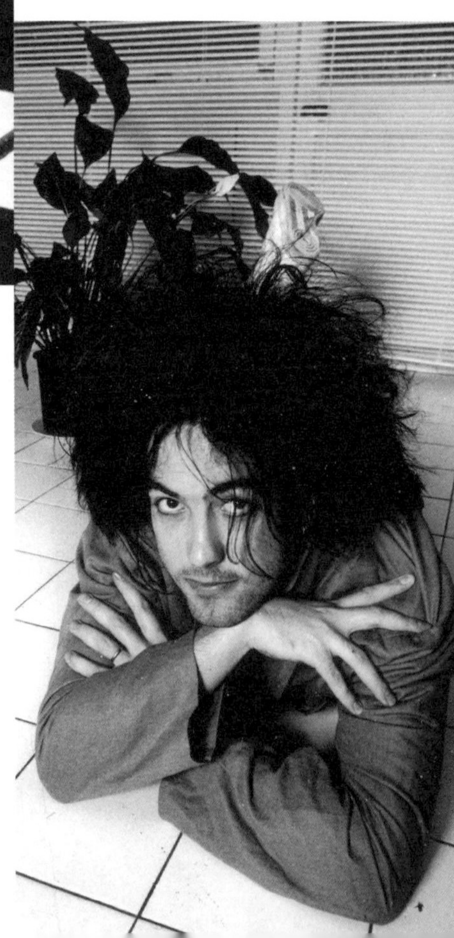

Rechts: Robert Smith von Cure
Bleddyn Butcher

DIE VERSCHIEDENEN PHASEN DES IAN ASTBURY

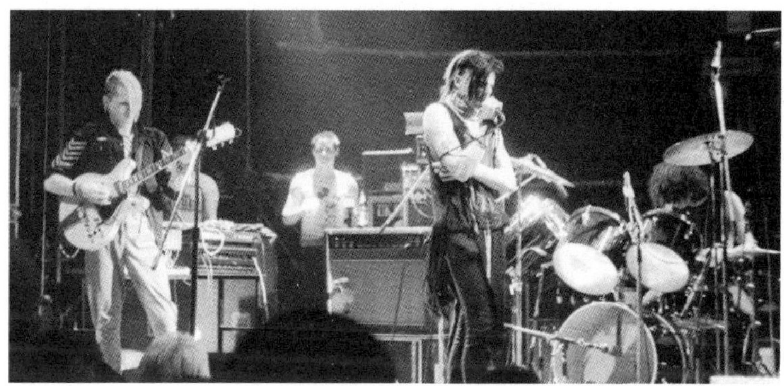

Southern Death Cult im *Zig Zag Club.* Vorn von links nach rechts: David Burrows, Ian Astbury, Haq Qureshi *Mick Mercer, www.mickmercer.com*

Rechts: Death Cult. Von links nach rechts: Ian Astbury, Billy Duffy, Jamie Stewart, Nigel Preston
Bleddyn Butcher

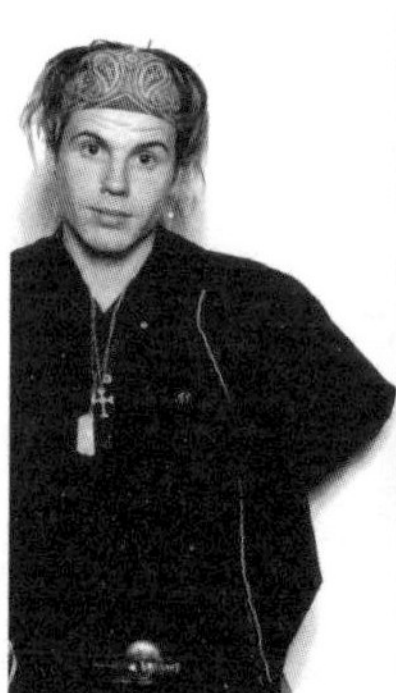

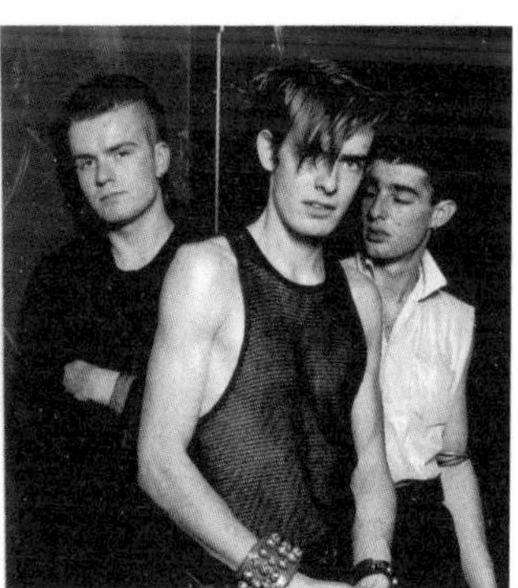

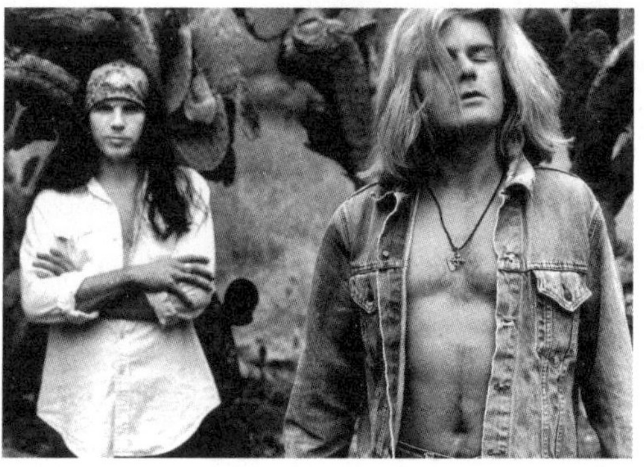

Links: The Cult: Astbury und Duffy
Bleddyn Butcher

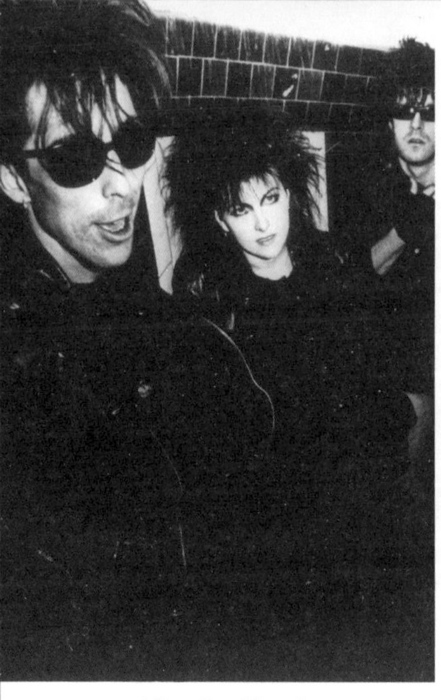

Alien Sex Fiend
Mit freundlicher Genehmigung von Cherry Red Records

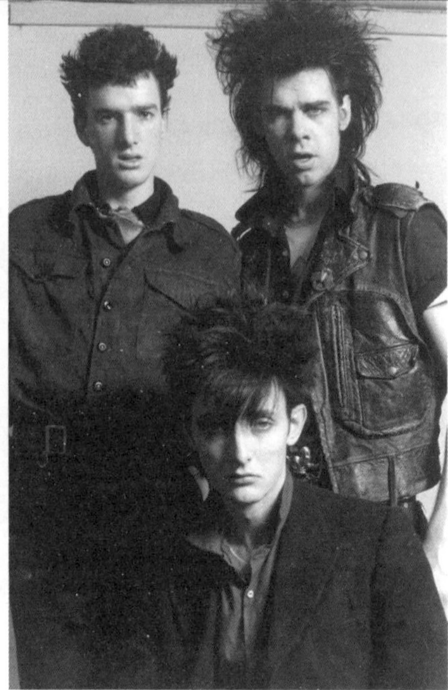

Birthday Party: Mick Harvey, Rowland S. Howard, Nick Cave
Bleddyn Butcher

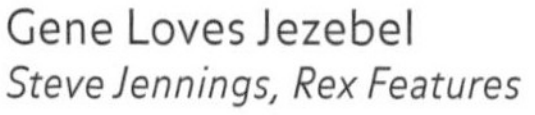

Gene Loves Jezebel
Steve Jennings, Rex Features

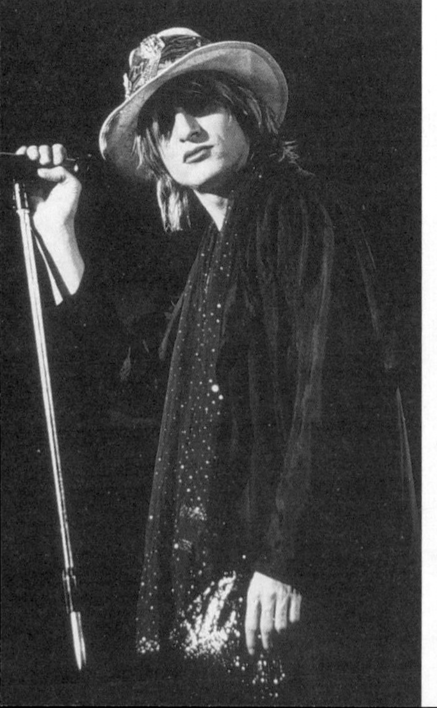

Specimen-Sänger Ollie Wisdom
Bleddyn Butcher

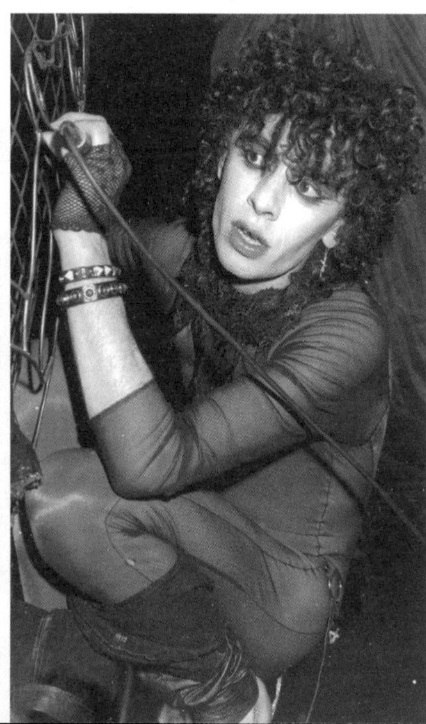

Rechts: The Mission (von links nach rechts: Simon Hinkler, Mick Brown, Craig Adams, Wayne Hussey)
Bleddyn Butcher

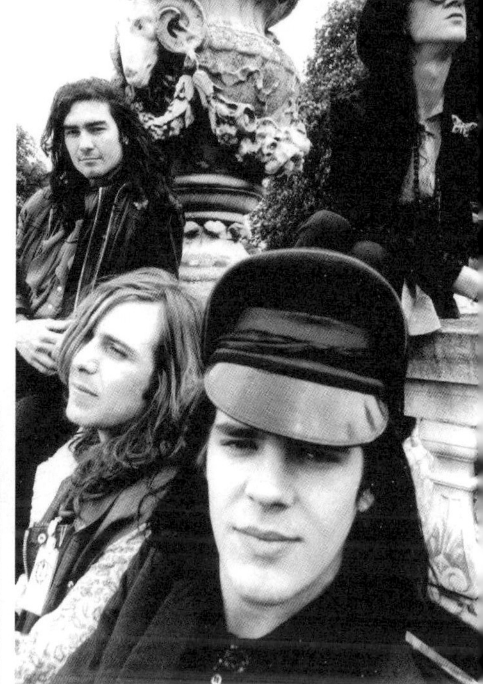

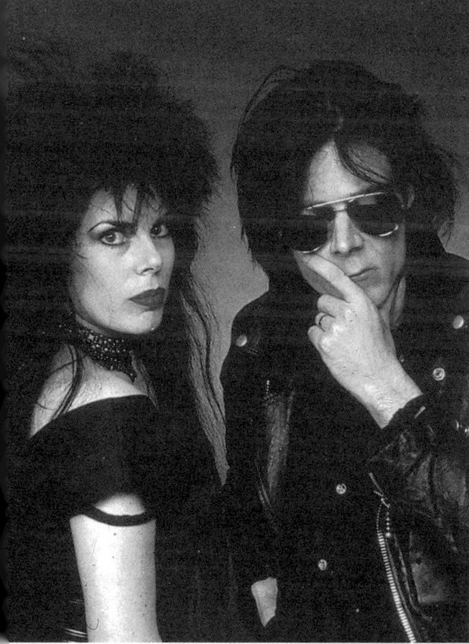

Links: Sisters of Mercy: Patricia Morrison und Andrew Eldritch
Fotografiert von Brian Rasic, Rex Features

Rechts: Julianne Regan und Tim Bricheno von All About Eve. Bricheno war zudem bei einem der späteren Line-ups der Sisters of Mercy mit an Bord.
Mick Mercer, www.mickmercer.com

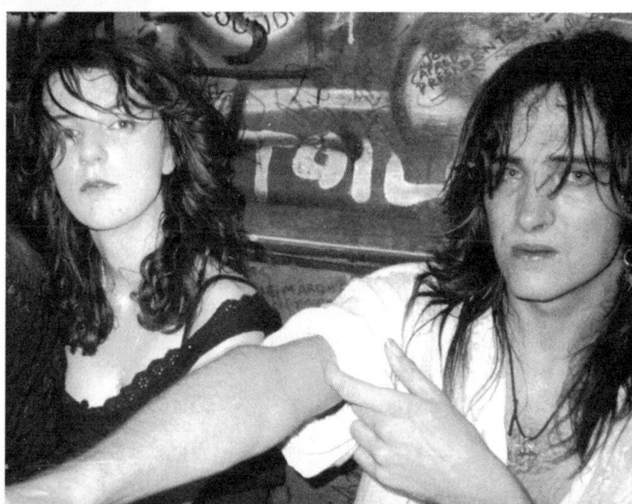

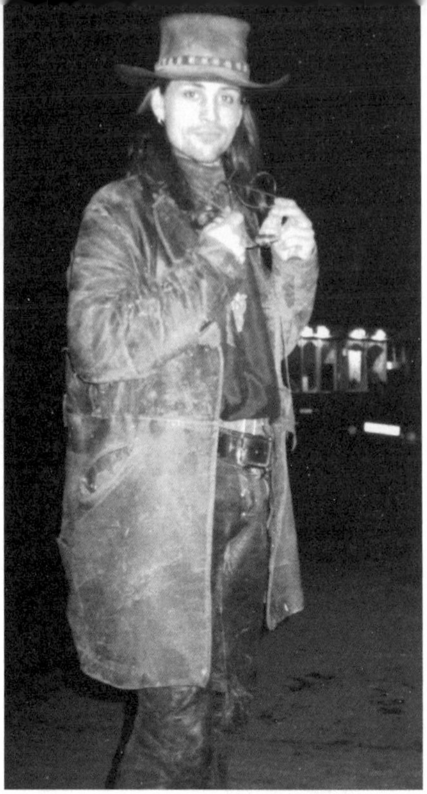

Carl McCoy von Nephilim
Mick Mercer, www.mickmercer.com

Unten: Fields of the Nephilim *Bleddyn Butcher*

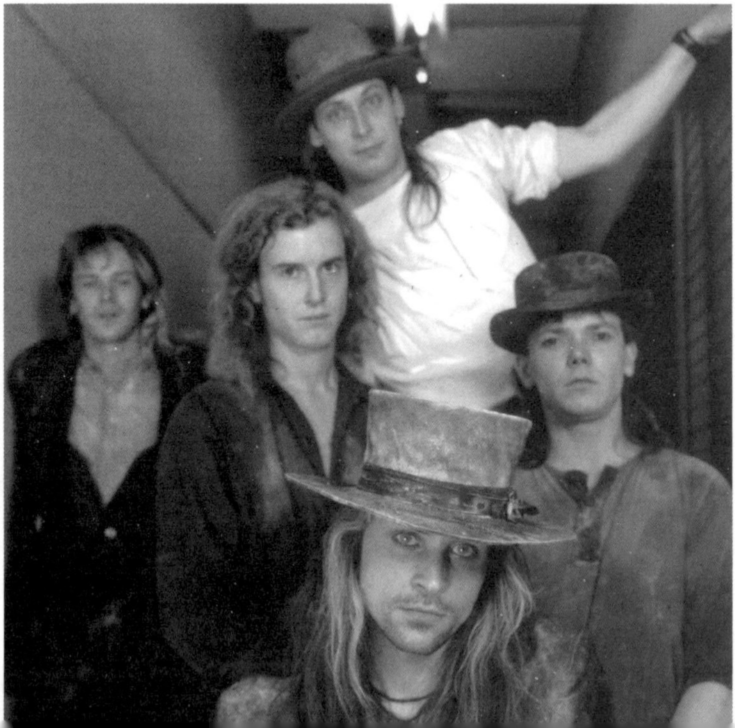

Indem er so eindrucksvoll bewies, dass es so etwas wie eine „typische“ Cure-Platte überhaupt nicht gab (eine Behauptung, die durch die nächsten beiden Singles, „The Walk“ und „The Lovecats“, sowie die bahnbrechenden Videos, die diese Titel unterstützten, weiter untermauert wurde), verschaffte Smith den Cure eine Option, die bisher nur David Bowie mit der ständigen Neuerfindung seiner selbst erfolgreich genutzt hatte: in Bewegung bleiben, sich dauernd verändern und die Leute verwirren. Solange die Zuhörer fasziniert genug waren, um sich mit der Band bewegen und verändern zu wollen, konnte sie mit allem durchkommen.

Smith und Tolhurst, die zu Promotionzwecken auf die Schnelle ein Line-up für die Cure aus dem Boden gestampft hatten, ergriffen die Gelegenheit mit beiden Händen. Sie fassten die drei Singles unter dem Begriff „fantasy trilogy“ zusammen und versprachen nun wiederum eine Rückkehr in den Abgrund, wobei Smith warnte: „Wenn *Pornography* euch bis an den Rand der Klippen geführt hat, wird das nächste Album euch hinunterstürzen.“

Das tat es natürlich nicht – dazu war es tatsächlich gar nicht in der Lage. Die Cure waren 1983 eine völlig andere Formation als noch zwölf Monate zuvor. Es waren neue Mitglieder an Bord, Smith hatte neue Ideen, und die Band selbst hatte eine neue kommerzielle Kraft erlangt. Zwar hatte es „Let’s Go To Bed“ nur bis auf Platz vierundvierzig geschafft, aber „The Walk“ hatte nur knapp die Top Ten verpasst, und „The Lovecats“ war bis auf Platz sieben geschossen. *Japanese Whispers,* ein Minialbum, auf dem alle drei Singles und ihre B-Seiten zusammengefasst waren, wurde zu einem Verkaufsschlager der kommenden Vorweihnachtszeit – durch und durch *wonderfully, wonderfully, wonderfully pretty,* genau wie die Lovecats.

Aber nicht alle ausgemusterten Krieger waren so versessen auf Erneuerung. Zum Jahresende wurde auch ein Projekt verwirklicht, das seit Anfang 1983 im Batcave immer wieder einmal diskutiert worden war. Die New-Yorkerin Lydia Lunch hatte sich vor einiger Zeit in London niedergelassen und war seitdem zu einem Dauergast im Batcave geworden. Marc Almond beschrieb sie als „klein, mit roten Lippen, üppig und in schwarzer Spitze, die ihren Busen zur Geltung brachte. Genau der Typ Frau, der mich einerseits faszinierte und mir andererseits Angst machte.“

Almond lernte Lunch im Batcave kennen. „Ich wusste zwar noch nichts davon, aber Lydia hatte Pläne für mich. Sie hatte sogar schon die nächsten neun Monate meines Lebens durchgeplant, ob mir das gefiel oder nicht." Sie plante eine Kabarettveranstaltung zu Halloween in der New-Yorker *Danceteria,* mit einem Line-up, neben dem sich selbst ein guter Abend im Batcave wie *Pop Idol* [der englischen Variante von *Deutschland sucht den Superstar; Anm. d. Ü.*] ausnahm.

Nick Cave sollte drei Monate nach dem Auseinanderbrechen von Birthday Party seinen ersten Auftritt als Solokünstler geben. Jim Thirlwell wiederum war das Mastermind hinter dem dissonanten, provokanten Foetus-Projekt. Almond selbst, der angesichts des drohenden Endes von Soft Cell eine Auszeit nahm, war bestrebt zu beweisen, dass seine jüngsten Kollaborationen mit Psychic TV und Andi Sex Gang ein ebenso wahrhaftiges Zeugnis seines Geschmacks und seiner Fähigkeiten ablegten wie die poppigen Leckereien, die seine eigene Band zu Gehör gebracht hatte. Lunch selbst war ein Spektakel, bei dem niemand mit Sicherheit vorhersagen konnte, was als Nächstes passieren würde. Diese Kombination, die sich für nur drei Nächte in New York und in Washington, D. C., zusammentat, versprach als Immaculate Consumptives einen Extrem-Event, der sich zu etwas entwickeln sollte, was selbst die Beteiligten vorab nicht erahnten.

Die vier Künstler waren einander allesamt nicht fremd. Lunch und Cave hatten einander bereits auf der ersten US-Tournee von Birthday Party in New York kennen gelernt – aus ihrer Freundschaft war die Lunch-Party-Gemeinschaftsproduktion *Drunk On The Pope's Blood* erwachsen. Foetus und Cave waren schon befreundet gewesen, als beide noch in Australien aktiv waren, und Almond und Foetus arbeiteten seit etwa einem Jahr miteinander, seit sie gemeinsam in der britischen Fernsehsendung *The Tube* aufgetreten waren, wo ihre Version des Suicide-Songs „Ghostrider" ahnungslosen Zuschauern des Nachmittagsprogramms höchstwahrscheinlich den Schrecken ihres Lebens eingejagt hatte. Foetus zählte zudem zu der verrückten Schar, die sich bei Marc and the Mambas ausgetobt hatte.

Planungen für den Event liefen den ganzen Sommer über. Cave und Almond fanden sich brav bei Lunch zuhause im Londoner Stadtteil Baron's Court oder in Thirlwells Hochhauswohnung in Brixton ein, um das gemeinsame Programm vorzubereiten. Lunchs ursprüngliche Idee, sich von einem ölverschmierten, eine Brechstange schwingenden Cave oral vergewaltigen zu lassen, wurde schließlich zugunsten musikalischerer Schwerpunkte fallen lassen, aber dennoch war klar, dass es sich nach wie vor um eine äußerst unkonventionelle Angelegenheit handeln würde.

Die Show war in vier miteinander verbundene Soloauftritte unterteilt. Im Hintergrund lief dabei ein Band, dessen Musik in nur einer Woche von den Musikern eingespielt worden war, die in letzter Zeit mit Cave und Almond gearbeitet hatten: Blixa Bargeld, Barry Adamson und Mick Harvey von Caves noch in Entstehung begriffenen Bad Seeds sowie Annie Hogan von Marc and the Mambas.

„Jeder von uns bildete ein Duett mit den anderen", fuhr Almond fort. Er und Lunch präsentierten ihren Titel „Misery Loves Company", bevor, wie Almond sich erinnerte, „Nick auf die Bühne kam und allen anderen die Show stahl". Caves Set bestand aus nur zwei Songs, seinem unheilvollen Cover von Presleys „In The Ghetto" und der Eigenkomposition „A Box For Black Paul", einem schleppenden, klaviergeprägten Titel, der das Ende von Birthday Party betrauerte.

So war es jedenfalls geplant gewesen. Tatsächlich kam „Black Paul" nur ein einziges Mal komplett zu Gehör, am letzten Abend der Consumptives. Beim ersten Auftritt in der *Danceteria* ruinierte Foetus das Klavier und trat das unschuldige Instrument während seines Auftritts tot, sodass Cave lediglich den Presley-Song bringen konnte.

Am zweiten Abend riss Foetus sich zusammen, und das Klavier überlebte, allerdings verlor Cave auf halbem Weg das Interesse und eröffnete dem Publikum plötzlich: „Und jetzt geht es noch fünf Minuten so weiter." Foetus bemerkte später: „Das hat mich echt angekotzt, damit war die Atmosphäre sofort kaputt. Aber Spaß gemacht hat es trotzdem."

Im Anschluss an die Solosongs kamen alle vier Musiker gemeinsam auf die Bühne und prügelten sich durch eine ruppige Version des Almond-Titels „Body Unknown". Almond und Foetus sangen und trommelten, Cave brüllte, und Lunch erwürgte ihre Gitarre. Es war eine erschütternde Darbietung, die jedoch niemals wiederholt werden sollte. Die Immaculate Consumptives gingen nach der dritten Show ihrer eigenen Wege.

Cave: „Lydia hatte stets diese großartigen Einfälle für irgendwelche Projekte, und sie war immer schnell dabei, andere Leute zum Mitmachen zu bewegen. Die Immaculate Consumptives zählten dabei meiner Meinung nach zu ihren besseren Ideen. Aber ich weiß nicht, ob ich den Nerv hätte, noch einmal bei so etwas mitzumachen. Lydia arbeitet auf diesem Kunstevent-Gebiet. Ich wäre heute nicht mehr bereit, so viel Aufwand in drei Shows zu stecken, die nie aufgenommen wurden, und darauf lief es hinaus."

Tatsächlich gibt es einen Mitschnitt – Almond selbst besitzt ein Bootleg-Video von einer der Shows, das er allerdings nie angesehen hat. „Ich habe eine schöne Erinnerung daran. Wenn ich es jetzt wiedersähe, würde ich vielleicht denken: ‚O Gott!'" Dem stimmte Cave völlig zu. „Es war besser, den Legendenstatus dieser Shows zu erhalten – ohne dass man sich anhörte, wie es wirklich war."

Inzwischen ranken sich unzählige Legenden um dieses Projekt, dessen historische Bedeutung – da sind sich alle Beteiligten einig – die Qualität der Konzerte an sich weit übertrifft. Selbst zur damaligen Zeit bewiesen die Immaculate Consumptives allerdings all jenen, die auf solche Details Wert legten, dass es trotz der rapiden Kommerzialisierung der „Gothic"-Bewegung und ihres Abrutschens in typische Rock 'n' Roll-Klischees weiterhin Randbereiche gab, in denen so viel verrückte Kreativität herrschte wie immer.

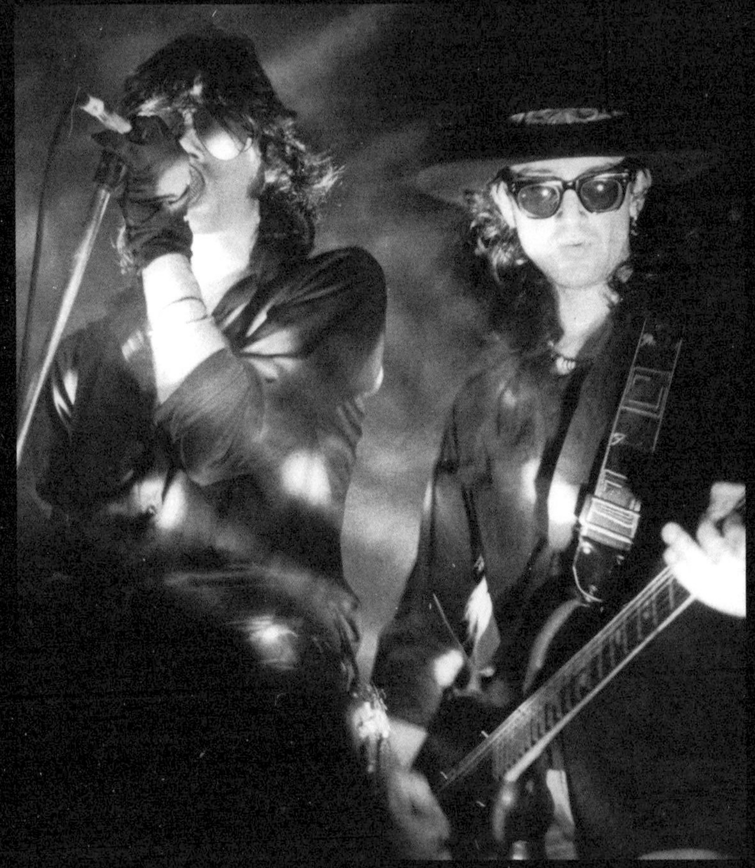

Andrew Eldritch und Wayne Hussey von den Sisters of Mercy
Barry Plummer

ZEHNTES KAPITEL

MEHR PORNO ALS GRAFIK UND KULTIGER ALS CULT

in dem heimischer Hass sich in einen transatlantischen Traum verwandelt und eine ganze Generation der Jagd nach dem Yankee-Dollar verfällt. Die dabei Erfolgreichen kehren nie wieder in die Hallen ihrer Väter zurück; die anderen versuchen, ungesehen nachhause zu schleichen.

„Love *von den Cult verkaufte sich in Großbritannien mehr als zweihunderttausendmal und brachte mühelos zwei weitere Hitsingles hervor: ‚Rain', das im Oktober 1985 Platz siebzehn erreichte, sowie das neu bearbeitete ‚Revolution', das im Dezember auf Platz dreißig kam. Dennoch war es der Erfolg in den Staaten, der wirklich zählte.* Love *kam in den USA auf Platz siebenundachtzig, und weder Cult noch ihr Plattenlabel Sire zweifelten auch nur im Geringsten daran, dass dieser Erfolg sich beim nächsten Mal mit ein bisschen mehr Einsatz noch durchaus verbessern ließe. Die Band beschloss, dass dieses nächste Mal ‚jetzt' sein würde."*

Die neu gegründeten und frisch aufs letzte Wort verkürzten Cult veröffentlichten im Mai 1984 ihre erste Single. „Spiritwalker" unterschied sich dabei nicht dramatisch von all dem, was zumindest Astbury zuvor bereits geleistet hatte. Und das traf auch auf *Dreamtime,* das dazugehörige Album, zu. Ein weiteres Jahr sollte vergehen, und zwei weitere Singles sollten erscheinen, bevor Cult tatsächlich bereit waren, ganz und gar ins Gelobte Land von Bombast und harten Riffs zu übersiedeln.

Was sie vorhatten, spürte man allerdings trotzdem. „Jetzt wissen wir es!", freute sich der *Melody Maker* in der Kritik zum Cult-Konzert im *Lyceum* im November 1984. „Nächstes Jahr um diese Zeit sollten Cult richtig groß sein. Das hymnische Flair ihrer langsameren Songs, der hemmungslose Einsatz von Trockeneis, die Art und Weise, mit der Billy Duffy sogar beim Gitarrestimmen den Eindruck vermittelt, etwas Wichtiges zu tun – alle entscheidenden Elemente sind vorhanden. Nächstes Jahr um diese Zeit ..."

Astbury las diese Worte und stimmte ihnen voll und ganz zu. Für ihn stellte sich dabei jedoch eine andere Frage: Würden der *Melody Maker* und der Rest der britischen Musikpresse dabei irgendeine Rolle spielen? Großbritannien war letzten Endes nur eine winzige Insel. Jenseits seiner Grenzen lag eine ganze Welt, und auf die konzentrierten sich seine Ambitionen zusehends. So, wie eine Schwalbe noch keinen Sommer macht, macht eine gute Kritik noch keine Karriere. Vor allem, wenn alles andere, was über Cult geschrieben wurde, sich in negativen Kommentaren zu überbieten schien.

Billy Duffy gab einmal zu, dass er – wären Alarm nicht gewesen – Selbstmord begangen hätte: „Sie waren die Einzigen, die noch miesere Kritiken bekamen als wir." Astbury sah das auch so. „Wir wurden von der britischen Presse unglaublich niedergemacht. Ich glaube, es lag daran, was ich in Interviews so erzählte und wie ich mich auf der Bühne gab – das war ziemlich selbstbewusst und wirkte auf manche Leute wohl etwas distanziert und arrogant.

Sie kamen damit nicht klar, dass ich mit neunzehn oder zwanzig schon ein Leben hinter mir hatte wie sonst vielleicht ein Sechzigjähriger. Aber als ich neunzehn oder zwanzig war, wollte ich nicht über das reden, was ich gerade erlebt hatte. Die Energie meiner Auftritte war eine direkte Reaktion auf die Art und Weise, wie ich aufgewachsen war. Das lag damals aber erst so kurz zurück, dass es mir gar nicht traumatisch oder komisch vorkam – so war einfach mein Leben.

Hätte ich diese ganzen Sachen damals zur Sprache gebracht, hätten mich die Leute vielleicht besser verstanden und begriffen, dass vieles, was ich sagte und tat, nicht aufgesetzt war, sondern tatsächlich aus tiefem Gefühl und eigener Erfahrung kam. Wahrscheinlich überdeckten die Erfahrungen, über die ich sprach, den Kinderglauben."

Dass Cult einige Verachtung, oft sogar Hass entgegenschlug, war deutlich spürbar. Wenn andere Bands über die Bühne stolzierten und den dicken Max markierten, nannten die Kritiker das schauspielerisches Können. Bei Astbury schien man davon auszugehen, dass er wirklich so war – ein blöder Gockel. Und als der Stern der Cult immer höher stieg, verstärkte sich dieser Eindruck entsprechend.

Astbury fuhr fort: „Mit uns wurde ganz schön Schlitten gefahren. Als wir kurz vor den Aufnahmen zum *Love*-Album standen, hatte ich so viel Scheiße abgekriegt, dass mich das ziemlich fertig machte und es wirklich sehr wehtat. Mir war es so wichtig, dass ich in England akzeptiert wurde, aber stattdessen wurde ich dauernd lächerlich gemacht, kritisiert und niedergemacht."

Diese heftige negative Reaktion bestärkte Cult natürlich nur in ihrer Überzeugung, sich stärker auf die USA zu konzentrieren. Als sie schließlich mit den Aufnahmen zu ihrem zweiten Album, *Love,* begannen, das stark von Breitwandgitarren, einer wuchtigen Produktion und wild herausgebrüllten Refrains geprägt war, da wussten sie, dass sie endlich den Schlüssel zur Schatzkammer in Händen hielten.

Für die Sisters of Mercy hingegen war Amerika nur ein weiteres Land, in dem sie einen Fuß auf den Boden zu bekommen suchten – ein Ehrgeiz, den sie mit dem gleichen egoistischen Desinteresse verfolgten, das sie in allen übrigen Bereichen an den Tag legten.

Bis zum heutigen Tag wundern sich viele Sisters-Fans darüber, dass ausgerechnet Wayne Hussey als Ersatz für Ben Gunn angeheuert wurde – eine brillante Wahl natürlich, aber komisch war es irgendwie doch. Vielleicht wusste Eldritch selbst nicht genau, was die beiden zueinander zog. Ehrgeiz hatte sicherlich eine Menge damit zu tun. Vor Husseys Einstieg und trotz des gelegentlichen Massenappeals der Band waren die Sisters ausschließlich eine Kultband gewesen, die zwar durchaus einen größeren Hörerkreis ansprach, aber letzten Endes auf das beschränkt war, was Steve Severin als „Sammelbegriff Goth" bezeichnet hatte. Obwohl Husseys Auge für das, was Zyniker „die große Chance" nennen mögen, zu der Zeit noch nicht so recht geschärft war, hatte er sich dennoch schon längere Zeit mit kommerziellem Denken auseinander gesetzt. Auch wenn sich Eldritchs Beiträge zu den Sisters in der Zukunft kaum veränderten, so bedeutete seine Bereitschaft, Hussey in musikalischer Hinsicht freie Bahn zu lassen, dennoch, dass sich ein leichtes Lächeln über das Höllenantlitz der Sisters zog.

Zudem rückte Hussey die Band in ein Scheinwerferlicht, in dem das optische Image ebenso entscheidend war wie der akustische Gegenpart. Wie sich das für eine gute Gothic-Band gehörte, hatten die Sisters nichts gegen schwarze Klamotten – dennoch legten sie in ihrer Anfangszeit noch keinen großen Wert auf ihr Outfit. Hussey hingegen verwendete offenbar ebenso viel Aufmerksamkeit auf die Garderobe wie auf die Musik der Band, und es entstand ein völlig neuer Look, ein düsterer Spaghettiwestern-Stil, der zu einem Prototyp wurde, aus dessen Schatten weder Hussey noch Eldritch jemals wieder richtig heraustreten würden.

Dass diese visuellen Merkmale – ob nun in der reinen, Sisters-geprägten Form oder in den immer weiter verwässerten Ausprägungen, die andere Künstler für sich annahmen – dabei völlig oberflächlich waren, spielte keine Rolle. Das Erscheinungsbild einer erfolgreichen Band ist schließlich ebenso sehr ein Spiegel der Zeit, in der es entsteht, wie alles andere. Egal, wie lautstark eine Band behauptet, sich den Zwängen des Showbusiness entziehen zu wollen – selbst das natürlichste Image ist letztlich eine Marketingstrategie, ob nun unbewusst oder bewusst. Die Sisters of Mercy wählten diese Kleidung ebenso wie die anderen Bands, die ihnen in dieser kleinen Ecke der Welt nachfolgten, nicht etwa deshalb, weil sie ihre Persönlichkeiten widerspiegelte, sondern weil sie das zeigte, was das Publikum ihrer Meinung nach für ihre Persönlichkeiten halten sollte. Und während Eldritch diese Wahrheit bereits begriffen hatte, waren doch Husseys Ankunft und die anschließende Generalüberholung der gesamten Band nötig, um diese Theorie in die Realität umzusetzen.

Wayne Hussey, der in Bristol geboren und dort als gläubiger Mormone erzogen worden war, verabschiedete sich mit achtzehn von dem Traum, den seine Eltern für ihn gehegt hatten – nämlich Missionar zu werden –, und zog 1976 nach Liverpool. In der lebendigen Postpunkszene, die ständig neue Bands hervorbrachte, eroberte er sich bald seinen eigenen, wichtigen Platz.

Seine erste Band, Foxglove and the Ded Byrds, mutierte zu den Walkie Talkies, die 1978 mit „Rich And Nasty“ eine einzige Single herausbrachten. Hussey gab daraufhin Gastspiele bei Hambi and the Dance und David Knopov; er versuchte sich sogar kurzfristig als Solokünstler und steuerte das unheilschwangere „Trip To The Dentist“ zum Sampler *And The Dance Goes On* bei.

Für kurze Zeit zog er nach Newcastle, wo er sich gemeinsam mit dem ehemaligen Buzzcocks-Drummer John Maher und Joy-Division-Produzent Martin Hannett den Invisible Girls anschloss, der neuen Band der Penetration-Sängerin Pauline Murray. Man veröffentlichte ein selbst betiteltes Album und die EP *Searching For Heaven,* dann löste Murray die Band 1981 wieder auf. Hussey kehrte nach Liverpool zurück und stieg bei Dead Or Alive ein, der gerade im Aufwind befindlichen Band von Pete Burns.

Als Gründungsmitglied der inzwischen legendären Mystery Girls mit Pete Wylie und Julian Cope war der androgyne Burns schon ein bekanntes Gesicht in der Liverpooler Szene, noch bevor ihm ein gestohlenes Keyboard zulief und er sich überlegte, „dass man damit doch irgendetwas machen müsste“. Dieses „irgendetwas“ wurde Nightmares In Wax, eine Diskoband mit frühen Gothic-Elementen, die in der ausdrücklichen Absicht ins Leben gerufen worden war, die „schlechteste Gruppe der Rockgeschichte“ zu werden, sich dann aber schnell zu einer der bedrohlichsten entwickelte.

Nightmares In Wax veröffentlichten nur eine einzige Platte, die brüllend laute und aufregend subversive EP *Birth Of A Nation*. Der erste Song darauf war „Black Leather“, ein hektischer Mix aus Iggy Pops „Sister Midnight“ und „That's The Way (I Like It)“ von KC and the Sunshine Band, der als homoerotische Hymne auf schmierige Motorradrocker angelegt war. „Black Leather“ sollte, wenn auch in einer etwas abgemilderten Fassung, zur Blaupause für den Großteil jener Werke werden, die Burns in den folgenden fünf Jahren kreierte.

Burns gründete Dead Or Alive im April 1981, zehn Minuten, bevor die Band in einer Radiosendung erscheinen sollte – aus der letzten, zuvor häufig wechselnden Nightmares-Besetzung übernahm er Keyboarder Marty Healy, Gitarrist Mitch und die Bassistin Sue James. Auf dem Liverpooler Inevitable-Label erschienen die von Ian Broudie produzierten Singles „I'm Falling“ und das quirlige „Number Eleven“, bevor Burns mit Black Eyes seine eigene Firma gründete, die dann zwei weitere Großtaten dunkler Tanzbarkeit veröffentlichte: „The Stranger“ und die EP *It's Been Hours Now.*

Mitch und Sue James wurden wenig später durch Hussey und den Bassisten Mike Percy ersetzt, und nachdem Dead Or Alive zum regelmäßigen Bestandteil der Independent-Charts geworden waren, begannen auch die großen Plattenfirmen, sich für sie zu interessieren. 1982 spielten sie als Headliner beim Futurama-Festival; im Dezember unterschrieben sie einen Vertrag bei Epic.

Auf „Misty Circles" öffnete sich der bisher dichte Sound und wurde verstärkt tanzbarer und clubfreundlicher, und die ursprünglich so wichtigen Doors-Keyboards gerieten zugunsten pumpender BPM-Perkussion zunehmend in den Hintergrund. Es war Burns' bisher beste Leistung, und er erntete begeisterte Kritiken. Zudem begann die Presse, Burns der Revolution androgyner Zwitterwesen zuzuordnen, die Boy George gerade losgetreten hatte, obwohl Burns seit drei Jahren mit seiner Frau Lynne verheiratet war. Er reagierte mit beißendem Witz, etablierte sich damit schnell als einer der zitierfähigsten Männer seiner Zeit und sorgte dafür, dass es Dead Or Alive nie an Schlagzeilen mangelte.

Auch mit den Verkaufszahlen ging es aufwärts. Im Verlauf des nächsten Jahrs veröffentlichten Dead Or Alive zwei weitere Singles, „What I Want" und „I'd Do Anything", während sie nebenbei ihr erstes Album, *Sophisticated Boom Boom,* fertig stellten. Daher gehörte ein unfassbares Selbstvertrauen dazu, dass Hussey die Band direkt vor der Veröffentlichung des Debüts verließ, kaum dass das Video zur nächsten Single abgedreht war: Dead Or Alive präsentierten nun tatsächlich eine Coverversion von „That's The Way (I Like It)", die sich prompt zum echten Hit entwickelte.

Hussey hatte, wie er später erklärte, genug davon, dass seine Bandkollegen sich nicht dazu bereit zeigten, ihre Show auch live vorzustellen: In seinen zwei Jahren bei Dead Or Alive hatten sie höchstens sechs Konzerte gegeben. So faul sollte er nie wieder sein.

Er verbrachte eine Woche damit, die Angebote anderer Bands zu sichten – darunter auch eins von Holly Johnson, der gerade eine Gruppe zusammenstellte, die später als Frankie Goes to Hollywood Erfolge feiern sollte. Dann kam der Anruf von Eldritch, und im September 1983 sagte Hussey zu.

Seitdem war ein halbes Jahr ins Land gegangen, ohne dass die Sisters of Mercy auch nur einen Pieps von sich hören ließen – ein halbes Jahr, in dem den Fans nichts anderes übrig blieb, als Gerüchten zu lauschen und sich in Spekulationen zu ergehen. Sie hätten sich aufgelöst, hieß es, sie hätten ihre Richtung komplett geändert oder sich Bärte wachsen lassen und den schwarzen Klamotten komplett abgeschworen. Als Eldritch schließlich sein Schweigen brach, um am 7. April 1984 im Birminghamer *Tin Can Club* die neue Besetzung zu präsentieren, hing eine dicke Wolke der Erwartung in der Halle, die dichter war als das gesamte eingesetzte Trockeneis.

Sie wurde nicht enttäuscht. Es stimmte zwar, dass Eldritch sich einen Bart hatte wachsen lassen, einen ziemlich buschigen sogar. Aber das Bündel neuer Songs – „Train", „Walk Away", „Body And Soul" und viele andere – war mehr als nur eine Ergänzung der altbewährten Titel, die weiterhin gespielt wurden; die sahen daneben leichenblass aus, wie Hussey in einem *Sounds*-Interview im Spätjahr betonte. Die älteren Songs, sagte er, „waren großartig, wurden aber nie so umgesetzt, dass sie ihr ganzes Potenzial ausgeschöpft hätten. Ich meine, seit ich in der Band bin, achten wir wesentlich stärker auf Arrangements und solche Dinge. Es wird nicht mehr lediglich eine Gitarrenfigur durch den Verzerrer geschickt, es werden auch Ornamente und Strukturen geschaffen."

Ob das nun aber die Richtung war, die Eldritch selbst für die Sisters geplant hatte, ist eine Frage, die wohl nie beantwortet werden wird. Der giftige Split, der dieses Kapitel der Bandkarriere beendete, lässt vermuten, dass dem nicht so war. Einige Beobachter haben die Vermutung geäußert, dass es zu Eldritchs sorgfältig konstruiertem Plan gehörte, diesen frühen Flirt mit dem kommerziellen Mainstream bis zu diesem Ausmaß zuzulassen – um sozusagen die Kiddies mit einem gut durchdachten Sturmangriff melodiöser Liedchen anzulocken und sie dann mit seinen eigentlichen Absichten zu konfrontieren. Und wehe jenen, die es wagten, sich ihm dabei in den Weg zu stellen.

Das Konzert in Birmingham war zunächst das einzige, das die Sisters in England gaben, bevor sie für sechs Shows in die USA reisten. Doch Anfang Mai waren sie wieder in England und bewiesen bei sechzehn überwältigenden Gigs, was in ihnen steckte. Rund um den Höhepunkt der Tour, der Show im Londoner *Lyceum,* machte die Nachricht die Runde, dass die Sisters die nächste Sprosse der Karriereleiter erklommen und einen Deal mit dem Majorlabel Elektra an Land gezogen hatten.

Es handelte sich dabei nicht um das erste Angebot einer großen Plattenfirma, das die Band erhielt, es war jedoch das erste, das ihnen die komplette künstlerische Freiheit gewährte, die Eldritch hinsichtlich der Entwicklung der Band für unabdingbar hielt. Musik, Merchandise, Artwork, selbst das Design des Labels (natürlich das Merciful-Release-Logo) unterstanden allein seiner Entscheidung – eine Vereinbarung, die letzten Endes zu einer der verfahrensten Pattsituationen in der Geschichte der Musikindustrie führen sollte. Dabei begann im Juni 1984 alles sehr positiv mit der Veröffentlichung der nächsten Sisters-Single „Body And Soul".

Nun, da sie von einer großen Plattenfirma finanziert wurden, war ihnen der Eintrag in den Independent-Charts verwehrt. Sie trösteten sich damit, dass sie es in die normale britische Hitparade schafften, wo „Body And Soul" bis auf Platz sechsundvierzig stieg. „Walk Away", das spontan die Wartezeit auf das Album verkürzen sollte, weil Eldritch aus Erschöpfung zusammengebrochen war und die Platte nun doch nicht wie geplant im Herbst fertig wurde, kam im Oktober sogar noch einen Platz höher. Im gleichen Monat führte die *Black October*-Tour die Sisters durch Großbritannien und sogar für ein paar Konzerte nach New York (wo Eldritch sich seinen berühmten schwarzen Hut kaufte), bevor es in Holland und Deutschland weiterging. Das Vorprogramm bestritten Cult, die beim Publikum bestens ankamen.

First And Last And Always, das längst fällige Debütalbum der Sisters, erschien schließlich im März 1985, zwei Tage, nachdem im Club der Glasgow University die Tournee mit dem schönen Motto *Tune In, Turn On, Burn Out* begonnen hatte.

Wie man angesichts der Konzerte bereits hatte vermuten können, war es ein überwältigend energiegeladenes Album, aber stark den Strophe-Refrain-Strophe-Strukturen verhaftet, die Hussey in den Sound der Sisters eingearbeitet hatte. Es gab durchaus Momente, in denen dieses Gefüge langweilig zu werden drohte – die scheinbar endlose und vor allem sinnlose Wiederholung, wie sie in Tracks wie „No Time To Cry" oder „Walk Away" auftauchte, ließ nicht erwarten, dass diese Platte sich zum Immer-wieder-Hören eignete, und die ständige Verwendung leicht erkennbarer Klangmuster (wie dem „Oh oh oh" der Backingvocals) war schlicht ermüdend. Die Höhepunkte des Albums und die Songs mit der längsten Halbwertszeit waren daher bezeichnenderweise jene, bei denen Husseys Popgespür fest von Eldritchs Begeisterung für Atmosphäre regiert wurde: „Marian" und „Some Kind Of Stranger" gehören nicht nur zu den besten Songs dieser Platte, sondern allgemein zu den besten Titeln der Sisters of Mercy überhaupt.

Derartige Kritik, wie sie das Album zweifelsohne verdiente, spielte zu jener Zeit jedoch keine Rolle. Jenseits der schieren Begeisterung, die das erste Album der Band wie selbstverständlich auslöste, besteht kein Zweifel, dass *First And Last And Always* all das enthielt, was Gothic Rock darstellte (oder vor allem darstellen wollte) und es weiter verfeinerte. Zwar wurden weder das Album noch die Tour besonders wohlmeinend von der Presse aufgenommen, aber selbst die hässlichsten Kommentare wurden schnell geschickt so umgedreht, dass sie den Sisters zum Vorteil gereichten. Als ein Kritiker die Band als die besoffenen und unehelichen Nachfahren von Led Zeppelin bezeichnete, nahmen die Sisters sofort das Songungeheuer „Kashmir“ auf das Intro-Tape auf, das vor ihren Konzerten lief.

Auf die Reaktion des Publikums hatte die Haltung der Presse jedoch keinen Einfluss – jede Show war ausverkauft, und überall hätte man sie am liebsten noch einmal für eine Zugabe von Konzertlänge wieder herausgetrommelt. Die Freude der Band über diese Begeisterung wurde jedoch durch das Wissen getrübt, dass Gary Marx sich nach dem letzten Konzert am 1. April in Brighton verabschieden würde. Die sprichwörtlichen „persönlichen Differenzen“ forderten ein neues Opfer.

Tatsächlich war Marx noch einen weiteres Mal mit den Sisters of Mercy zu sehen. Am 2. April trat die Band live in der BBC-Sendung *Old Grey Whistle Test* auf und spielte „Marian“ und „First And Last And Always“, wobei sie das sonst so stickige Studio kräftig mit Trockeneis einnebelten.

Marx tauchte später mit seiner eigenen Band, Ghost Dance, wieder auf. Vor den Sisters lagen währenddessen noch geplante Konzerte in Europa und den USA. In der kurzen einwöchigen Pause, die dazwischen lag, konnte unmöglich ein Ersatzgitarrist gefunden werden, und so zog die Band als Trio los. Sie erfüllte ihre Aufgabe mit so viel Präzision, dass verschiedene Magazine sie beschuldigten, mit Playback zu arbeiten.

Die Sisters besaßen in dieser dreiköpfigen Formation eine brutale Schönheit, die sich in früheren Besetzungen lediglich angedeutet hatte. Ihre Shows, die von einer sehr schlichten Lightshow und zentnerweise Trockeneis geprägt waren und zu einer Zeit, als „mehr“ automatisch als „besser“ galt, bedingungslos minimalistisch ausgerichtet waren, gaben zwar optisch nicht viel her, aber dennoch gab es etwas zu sehen: drei in Rauch gehüllte Gestalten, inzwischen stets angetan mit Hüten und Ponchos, wie sie auch in einem Peckinpah-Film nicht weiter aufgefallen wären. Und so wirkten sie auch schon, bevor sie Songs zu spielen begannen, wie das Instrumentalstück „Phantom“, das mit seiner dürren Melodie sämtliche Geister von *Zwei glorreiche Halunken* wiederauferstehen ließ, oder die Coverversion von Dylans „Knockin' On Heaven's Door", die auf dem Soundtrack zu Peckinpahs *Pat Garrett jagt Billy the Kid* zu hören gewesen war. Eine Reihe anderer Bands hatte sich an diesem angespannten, erwartungsvollen Feeling versucht, das den Grundstein der Sisters-Erfahrung bildete. Doch nie zuvor war es mit derartig eisiger Berechnung eingefangen worden.

Während der dreieinhalb Wochen langen *Trans-Europe Excess*-Tour gab die Band fünfundzwanzig Konzerte auf dem Kontinent, dann ging es nach nur zehn Tagen Pause weiter nach Amerika, wo sie nach dem Eröffnungsgig in Long Beach in San Francisco, L. A., Chicago und Detroit spielte, bevor sie im New-Yorker *Ritz* ihre Abschlussshow gab.

Inzwischen war es innerhalb der Band zu neuen Spannungen gekommen. Auf der einen Seite stand Eldritch, auf der anderen standen Hussey und Adams, die den Kampf wieder aufgenommen hatten, dem bereits Marx zum Opfer gefallen war. Der Konflikt kreiste natürlich um den nächsten Schritt der Band. Hussey wollte mit einer stärkeren Hinwendung zum Mainstream noch mehr Herzen und Köpfe erobern, während Eldritch einen Rückzug in weniger populistische Bereiche beabsichtigte und davon ausging, dass aufgrund der inzwischen aufgebauten Reputation der Band dabei kein Rückgang der Beliebtheit zu erwarten sei.

Bei derartig unterschiedlichen Vorstellungen – wie unterschiedlich sie waren, zeigte sich spätestens auf den nächsten Veröffentlichungen der beiden Parteien – war klar, dass es keine sachliche Diskussion über diese Themen geben konnte. Während sie jedoch zumindest über mögliche Kompromisse nachdachten, produzierten die Spannungen zwischen den dreien einige der besten Auftritte der Band, wie die dabei entstandenen Bootlegs einwandfrei beweisen.

Aber die bitteren Auseinandersetzungen heizten die Gerüchteküche unvermeidlich an – in einem so großen Konflikt war eine gütliche Einigung auf lange Sicht unmöglich. Und dann gaben die Sisters ihrem nächsten Konzert in der Londoner Royal Albert Hall am 18. Juni 1985 auch noch einen Namen, der ironisch auf jenes Festival der Rolling Stones Bezug nahm, das sechzehn Jahre zuvor ein katastrophales Ende genommen hatte: *Altamont – A Festival of Remembrance*. Es war schwer, das nicht als Vorzeichen zu werten.

Was eigentlich als Höhepunkt gedacht war, erwies sich als das genaue Gegenteil. Nicht nur dass die Show unerklärlicherweise nicht ausverkauft war – die Band machte sich nicht einmal die Mühe, eine Zugabe zu geben. Der Set ging zu Ende, das Saallicht ging an, das Equipment wurde abgeschaltet – selbst die Kameras, die das Ereignis unter der Regie von Mike Mansfield gefilmt hatten, wurden abgebaut. Der größte Teil des Publikums war bereits auf dem Weg nachhause, als die Sisters dann doch noch auf die Bühne kamen und sich in ein absolut manisches Medley aus „Ghostrider" und „Louie Louie" stürzten. Die Gerüchteküche brodelte weiter … was würde nun kommen?

Zunächst flogen die Sisters wieder in die USA, um dort das Video zu „Black Planet" zu drehen: Ein paar lustige Minuten lang kurvte Eldritch im Monkee-Mobil über den Ventura Freeway, während Hussey und Adams auf dem Rücksitz ein Schläfchen hielten. Als das im Kasten war, kehrte Adams allein nach Leeds zurück, während Eldritch und Hussey nach Hamburg verschwanden, um dort zu zweit neues Material zu schreiben. Die Auseinandersetzungen dauerten jedoch an.

Die drei kamen im September 1985 wieder zusammen, um mit den Proben für das nächste Album zu beginnen, aber die Situation verschlimmerte sich zusehends. Schließlich hielt Adams es nicht mehr aus und nahm seinen Hut. Einen Tag später tat Hussey dasselbe.

War das nun das Ende? Nein – nur wenige Tage später, am 21. September, kamen Eldritch und Hussey bei einem Konzert der Skeletal Family in Hamburg auf der Bühne wieder zusammen. Aber der Waffenstillstand währte nur kurz. Eine Woche danach gab Merciful Release eine offizielle Erklärung heraus, laut der sich die Sisters of Mercy getrennt hatten. Natürlich im Guten.

Während die Sisters auseinander brachen, marschierte ihre ehemalige Vorgruppe, Cult, mühelos im Riesentempo weiter voran. In einer Konzertkritik Ende 1984 hatte der *Melody Maker* das leicht an U2 erinnernde „Hollow Man" als mögliche nächste Single ausgemacht – glücklicherweise ließen Cult sich davon nicht beirren. Stattdessen wurde „(She Sells) Sanctuary" ausgekoppelt – bis heute die beste Platte, die sie je gemacht haben, und schlicht die Essenz all dessen, was Cult jemals darstellten oder darstellen würden.

Der Titel war auf äußerst dynamische Gitarrenläufe aufgebaut, die sich mit Astburys wohl tiefschürfendstem Text verbanden – das dazugehörige Video konnte mit noch mehr Trockeneis aufwarten als die Sisters. „(She Sells) Sanctuary", das im Mai 1985 erschien, war dabei die offenste Reverenz an die Goth-Szene, von der sie sich allmählich zu verabschieden begannen. Sie erreichten damit die Top Twenty der britischen Charts – was deutlich bewies, dass es eine Menge Plattenkäufer gab, denen völlig egal war, was ihnen die Musikpresse erzählte.

Dennoch war es eine harte Zeit für die Band. Nigel Preston wurde immer unzuverlässiger, wobei ein Großteil seiner Probleme auf Drogen zurückzuführen war. Da nun die Sessions für das neue Album geplant waren, standen Astbury, Duffy und Stewart vor einer schweren Entscheidung. „Schließlich warfen wir Nigel raus, bevor die Aufnahmen begannen", berichtete Astbury später und räumte damit schweigend ein, dass eine eher proaktive Lösung der Situation möglicherweise besser entsprochen hätte.

Prestons letzte Aufnahme mit den Cult war eine BBC-Session, die am 16. Juni 1985 entstand und zehn Tage später in der Show von Janice Long ausgestrahlt wurde. Nach „Spiritwalker" gab es einen Vorgeschmack auf drei explosive neue Songs, „Big Neon Glitter", „Revolution" und „All Souls Avenue", die allesamt auch eher Cult-unerfahrenen Hörern bestätigten, dass die packende Leidenschaft von „(She Sells) Sanctuary" keinesfalls eine Eintagsfliege gewesen war.

Auf *Love* wurde Preston von Mark Brzezicki ersetzt, der zuletzt bei Stuart Adamsons Schottenrockern Big Country getrommelt hatte, aber der dramatische Stilwechsel am Schlagzeug war nur einer von vielen, die bei den neuen Aufnahmen zum Tragen kommen sollten.

Astbury hatte in seiner Bühnenkleidung bereits seit einiger Zeit mit psychedelischen Anleihen geliebäugelt, und das übertrug sich auf sein Songwriting – nun machte sich seine Begeisterung für die Doors oder Hendrix in der Musik bemerkbar. Bei einem inoffiziellen kleinen Gig im *Alice in Wonderland* in der Londoner Dean Street präsentierten Cult unter anderem eine ruppige Version von Hendrix' „Hey Joe" und wagten sich dann an Sixties-Klassiker wie „I Can't Explain", „Steppin' Stone" oder „Wild Thing". Von dort war es nur noch ein Katzensprung bis zum knisternden Blues von Led Zeppelin oder Free. Während der folgenden Tourneen von Cult, die sie mit dem früher bei Julian Lennon beschäftigen Drummer Les Warner im September 1985 nach Japan und im Dezember in die USA führten, setzten sich diese Einflüsse immer stärker durch.

Love verkaufte sich in Großbritannien mehr als zweihunderttausendmal und lieferte zudem zwei weitere Hitsingles („Rain" kam im Oktober 1985 auf Platz siebzehn, das neu abgemischte „Revolution" im Dezember auf Platz dreißig). Aber hauptsächlich kam es ihnen auf den Erfolg in den USA an. Dort erreichte *Love* Platz siebenundachtzig der Albumcharts. Sowohl Cult als auch ihr amerikanisches Label Sire waren davon überzeugt, dass die Band mit etwas differenzierterem Profil das nächste Mal noch besser abschneiden könnte. Und die Band entschied, dass dieses nächste Mal „jetzt" sein würde.

Auch Gene Loves Jezebel blickten begeistert mit großen Augen über den Atlantik – aus ganz ähnlichen Gründen wie Cult. Nach dem recht romantischen Start war ihre Beziehung mit der britischen Presse ebenfalls schnell gegen die Wand gefahren worden. Die Medien zeigten sich inzwischen äußerst desinteressiert, aber noch stärker schadete es der Band, dass sie sich mit der allmächtigen BBC angelegt hatte.

Begonnen hatte es damit, dass Gene Loves Jezebel versucht hatten, im Mai 1984 eine Peel-Session abzusagen. Bassist Steve Marshall hatte überraschend die Band verlassen, und die Astons hatten daraufhin darum gebeten, die Session zu verschieben – die BBC hatte abgelehnt. Schließlich fanden die Aufnahmen statt, und Jay übernahm dabei den Bass, aber wie Michael unzufrieden feststellte, „war die ganze Session völlig daneben. Wir hatten ihnen gesagt, dass wir nicht bereit waren und die Aufnahmen nicht machen könnten, aber sie weigerten sich, den Termin zu verschieben, und behaupteten, wir seien unprofessionell. Die ganze Geschichte war eine Katastrophe." Schlimmer noch, sie wurde zum Ausgangspunkt einer Fehde, die das Standing der Gruppe in Großbritannien für den Rest ihrer Karriere stark beeinträchtigte. Michael ist überzeugt: „Die BBC spielte danach nie wieder etwas von uns, weil wir ihnen wegen der Session blöd gekommen waren."

Die Beziehung zu ihrem Label Beggars Banquet war ebenfalls auf dem Nullpunkt angelangt. Bei zwei Aufnahmesessions mit renommierten Produzenten, John Cale und Steve Harley, war nichts herausgekommen, das dem Label brauchbar erschien. Jay berichtet: „In ihren Augen verschwendeten wir ihr Geld, ohne dass wir greifbare Ergebnisse lieferten. Die Sachen mit Cale waren nichts geworden, die mit Harley auch nicht, und dann hatten wir noch Songs mit [dem Produzenten] John Brand aufgenommen, die ihnen aber auch nicht gefielen. Also sagten sie bei Beggars irgendwann: ‚Zum Teufel mit euch.' Und das war's. Wir wurden in die Warteschleife gesteckt."

Im folgenden Jahr versuchte die Band ihren alten Status zurückzuerobern. Pete Rizzo wurde als neuer Bassist gewonnen, der ehemalige Drummer von Klaxon 5, Marcus Gilvear, übernahm das Schlagzeug, und nachdem ein gewisses Maß an Stabilität wiederhergestellt war, machten die Astons Beggars-Banquet-Boss Martin Miller ein Angebot, dem er, wie sie hofften, nicht würde widerstehen können: Sie würden ihm ein großartiges Album liefern, egal, wie groß das Budget sein würde, das er dafür locker machen konnte.

So entstand das von John Leckie produzierte *Immigrant,* das Mitte 1985 erschien. Es war zudem das erste Album von Gene Loves Jezebel, das – über Geffen – in den USA veröffentlicht wurde. Anfang Oktober ging die Band auf ihre erste Amerikatournee.

Amerikaerfahrung hatten Gene Loves Jezebel dabei durchaus. Für die letztendlich wenig erfolgreichen Sessions mit John Cale waren sie im Januar 1984 bereits nach New York gereist, und Jay erinnerte sich: „Den einen Tag versuchten wir, irgendwie mit der Arbeitslosenunterstützung über die Runden zu kommen, und am nächsten Tag waren wir in New York. Und das machte genauso viel Spaß, wie ein paar Jungs aus Wales da eben haben können. Wir hatten eine tolle Zeit, alle liebten uns, und wir waren echt abgefahrene Typen. Es war eine aufregende Phase, die ziemlich gut zusammenfasste, was eigentlich überhaupt so spannend an der Band war, aber vielleicht haben wir die Leute auch nur mit unserer Art und Weise schockiert."

Sein Bruder stimmt dem zu: „Das war eine der ausgeflipptesten, erschreckendsten und faszinierendsten Erfahrungen meines Lebens. Ich war der Einzige, der da in New York nüchtern war, und das sagt ja wohl alles. Es war unser Einstieg in die Abgründe der Unterwelt." Diese dunklen Regionen sollten sie nun also weiter erforschen, und – wie das bei Gene Loves Jezebel nun einmal so war – es verlief auch hier nicht alles nach Plan. Wie Michael berichtet, hatte die Tour gerade erst begonnen, „als Ian Hudson einen Nervenzusammenbruch bekam. Er schnitt sich die Pulsadern auf und versuchte, im sechzehnten Stock aus dem Fenster zu springen."

Hudson, der einzige Musiker, der noch von der Urbesetzung übrig war, wurde nachhause geschickt, während die übrigen Bandmitglieder sich überlegten, wie es nun weitergehen sollte. Michael schlug schließlich vor, sich mit James Stevenson in Verbindung zu setzen, dem schillernden Ex-Gitarristen von Chelsea und Generation X, der damals mit Hot Club unterwegs war, einer Punk-Supergroup aus Szenegrößen der zweiten Reihe wie Glen Matlock und Steve New von den Rich Kids sowie dem ehemaligen Clash-Drummer Terry Chimes. Stevenson wusste wenig über Gene Loves Jezebel – *Immigrant* hörte er zum ersten Mal, als er im Flieger nach New York saß. „Ich ging zu meinem Platz und legte die Cassette ein", erinnerte er sich, „und dann dachte ich als Erstes: ‚Ach du liebe Zeit, was ist *das* denn?'" Er musste das Album dreimal hören, bevor er beschloss, nicht aus dem Fenster zu springen, sondern es einfach mal drauf ankommen zu lassen.

„Er hatte ungefähr drei Songs gelernt, als es für ihn mit einer Tour von sechzig Konzerten losging", erinnerte sich Jay. Um Stevenson den Einstieg etwas zu erleichtern, berichtete Michael, „spielten wir immer dieselben Songs und tauschten nur die Texte aus. Nach ein paar Shows hatten wir dann alles im Griff."

Unmittelbar vor ihrer Abreise in die USA hatten Gene Loves Jezebel eine Single aufgenommen, die zu ihrer Rückkehr im November erscheinen sollte. „Desire" war völlig anders als alles, was die Band zuvor ausprobiert hatte und bestand aus einem knallharten Mantra, das auf eine Frage-Antwort-Struktur und den effektiven, knapp auf den Punkt gespielten Gitarrenangriff Ian Hudsons aufsetzte. Der Song landete nicht nur in den Top Five der britischen Indie-Charts, er wurde auch ein gern gespielter Titel bei den amerikanischen Collegeradiosendern und öffnete der Band sowohl in kreativer als auch in kommerzieller Hinsicht einige Türen, durch die sie schnell hindurchschlüpfte.

In Großbritannien betrachtete man Gene Loves Jezebel immer noch als Überbleibsel der Kunsthochschul-Gang der frühen Achtziger – für eine andere Sichtweise war man zu engstirnig. Für die US-Tournee hatte es kaum Promotion gegeben, und entsprechend schlecht war sie besucht (nur zweihundertzweiundachtzig Zuschauer fanden den Weg in den *First Avenue Club* in Minneapolis mit seinen eintausendzweihundert Plätzen), aber dennoch überzeugte diese Reise die Band, dass es dort ein potenzielles Publikum gab, das nur darauf wartete, sie kennen zu lernen – und Geffen war der gleichen Meinung. Tatsächlich bestätigte sich diese Überzeugung nur wenig später.

Amerika zeigte sich insgesamt all jenen Bands gegenüber sehr offen, die in ihrer britischen Heimat von den Medien längst in die schwarze Zwangsjacke gesteckt worden waren. Auch Cure hatten das Chaos der letzten zwei Jahre hinter sich gelassen und beschlossen, ihre Karriere geradewegs wieder aufzunehmen. So geraden Weges jedenfalls, wie eine Band mit Robert Smith das fertig bringen konnte.

Auf ihre bisher bizarrste Single, das völlig ausgeklinkte, durchgeknallt-psychedelische „The Caterpillar", folgte im Mai 1984 das fünfte Cure-Album, *The Top*. Die Band befand sich zu dieser Zeit auf ihrer bisher längsten Englandtournee, auf der sie problemlos die größten Konzerthallen des Landes ausverkaufte.

Dabei war die Platte für diesen Erfolg nicht wirklich geschaffen. Smith gab zu, sie sei „total gestört": Sie bestand aus einem wilden Mix an Stilrichtungen und Sounds, der kein bisschen an die früheren Alben erinnerte, die sich stets auf eine bestimmte Richtung konzentriert hatten. Smith vergaß dabei offensichtlich seine frühere Drohung, die nächste Platte werde „noch pornografischer als *Pornography*" sein, und räumte ein: „Ich glaube, unterbewusst beschloss ich, bei *The Top* alles anders zu machen. Es erinnert mehr an unsere erste LP als an alle anderen, jedenfalls was die vielen verschiedenen Stimmungen und Stilistiken betrifft. Inhaltlich ist es wiederum völlig anders."

Das Geheimnis lag zum einen in neu gewonnener Stabilität, aber auch in der selbstbewussten Entscheidung, innerhalb des Cure-Gefüges weiter experimentieren zu wollen. Smith hatte seine Hü-und-hott-Beziehung zu den Banshees ad acta gelegt und sich auch bezüglich anderweitiger Seitenprojekte zurückgehalten – sein einziges Engagement der letzten Zeit bestand in einem Gastauftritt bei der Debütsingle des Videoregisseurs Tim Pope, der mit „I Want To Be A Tree" ein augenzwinkerndes, völlig skurriles Werk ablieferte.

Vor allem hatte die Band endlich eine feste Besetzung gefunden und bestand nun aus Smith, Tolhurst, den wieder zurückgekehrten Ex-Mitgliedern Porl Thompson und Simon Gallup sowie dem Thompson-Twins-Drummer Boris Williams. *The Top* feierte noch Charterfolge, als bereits die Arbeit an einem neuen Album, *The Head On The Door,* begann.

Den Titel hatte Smith einem Albtraum entlehnt, der ihn in seiner Kinderzeit häufig heimsuchte, und musikalisch kehrte er damit zu der Intensität zurück, wie Cure sie vor dem Split perfektioniert hatten, wenn auch die Themen inzwischen andere geworden waren. Auf dem Album befanden sich einige von Smiths eingängigsten Songs, darunter das überschäumende „In-between Days" und das noch aus der Malice-Ära stammende „A Night Like This", es zeigte sich aber auch eine nackte Spontaneität, die zuletzt auf *Seventeen Seconds* sichtbar gewesen war. Tatsächlich handelte es sich, wie Smith später berichtete, bei acht dieser Songs um die jeweils ersten Takes, die bei den Aufnahmen entstanden waren, „und so haben wir seit jenem Album nicht mehr gearbeitet".

Es sollte ein weiteres Jahr dauern, bis Cure abseits der bereits eroberten Kultgemeinde auf der anderen Seite des Atlantiks Eindruck schinden konnten. Aber für Historiker, die den Beginn der lang anhaltenden Liebe der Band zum Land der unbegrenzten Möglichkeiten auf eine bestimmte Zeit festnageln wollen, steht fest, dass sie mit den bunten Videos und den vielfarbigen Songs begann, die *The Head On The Door* in die Charts der Collegeradios brachten und der Band ihr bisher bestverkauftes Album bescherten.

Allerdings fanden nicht alle, die den Atlantik überquerten, dort tatsächlich das Land, in dem – glaubt man den schönen Werbebotschaften – Milch und Honig fließen. Und wieder andere wollten sich diese fabelhafte Gegend nicht einmal ansehen.

Anfang 1985 hatten Specimen endlich die Trennung von London Records hinter sich gebracht. Sie unterschrieben sofort beim neu gegründeten Label Trust und veröffentlichten dort das donnernde, aber etwas altbacken klingende „Sharp Teeth, Pretty Teeth" – ihre letzte Single. Sie schlich bis in die Top Thirty der Indie-Charts, aber es war klar, dass England nichts von Specimen wissen wollte.

Das Batcave war noch immer loyal, aber was nützte das noch? Die Zeit, als die Clubnacht ein größeres Publikum angesprochen hatte als eine Hand voll neugieriger Touristen, lag über ein Jahr zurück, und seitdem war sie so weit geschrumpft, dass sie wieder im *Gargoyle* stattfand – eben dort, wo sie einst die ersten zögernden Schritte gemacht hatte.

Der Abstieg von Specimen war unaufhaltsam. Bei ihrem Konzert als Headliner im *Underground* in Croydon wurden sie im April 1985 von der eigenen Vorgruppe an die Wand gespielt, einer unerfahrenen Glam-Revival-Truppe namens Sexagisma. „[Specimen] legten recht energiegeladen los, rutschten dann schnell ins Belanglose ab, und am Schluss der Show hatte ich alle Nettigkeiten vergessen, die ich jemals über sie hatte sagen wollen", schrieb der *Melody Maker* in der Konzertkritik. Überraschend war dabei eigentlich nur, dass die Zeitung es überhaupt für nötig gefunden hatte, einen Journalisten über den Gig berichten zu lassen.

Der nächste Schlag für die Band war der Ausstieg Chris Bells, der beschlossen hatte, lieber zu Gene Loves Jezebel zu wechseln, denen schließlich eine leuchtende Zukunft bevorstand. Nachdem Bell nun gen Westen, nach Amerika, blickte, war Ollie Wisdom klar, dass auch die Specimen die Flucht antreten mussten. Als er erklärte, mit der Band nach San Francisco umzuziehen, wo er Specimen innerhalb der örtlichen Gothic-Szene wieder neu aufbauen wollte, waren seine Bandkollegen entsetzt. Sie brauchten keine neue Adresse, sie brauchten neue Impulse.

Specimen wurden in alle Winde verstreut. Gemeinsam mit Matthew Seligman von den Soft Boys und dem späteren Stereo-MC's-Frontmann The Head gründete Jonny Slut die Band Playpen. Jon Klein tauchte zwei Jahre lang ab und 1987 bei Siouxsie and the Banshees in deren *Peek-A-Boo*-Phase wieder auf, bei denen er blieb, bis sie sich sieben Jahre und drei Alben später auflösten.

Nur der neu zur Band gestoßene Drummer, der Bone-Orchard-Veteran Tim „Rim Tim Cheese" Huthert, beschloss, seinem Frontmann nach Amerika zu folgen, wo er schnell feststellte, dass selbst das Gelobte Land seine Versprechen nicht immer einhielt. Sie nahmen noch eine weitere Single auf – eine Zwölf-Inch, auf der die Band kaum noch erkennbar war und die lediglich ausgerechnet in Kanada erschien –, aber dann war Schluss. Ebenso, wie das Batcave kaum beachtet und betrauert Mitte 1985 seine Pforten schloss, war wenige Monate später auch die Zeit von Specimen vorbei.

DRITTER TEIL

DER HIMMEL HAT SICH VERDÜSTERT

1986–2002

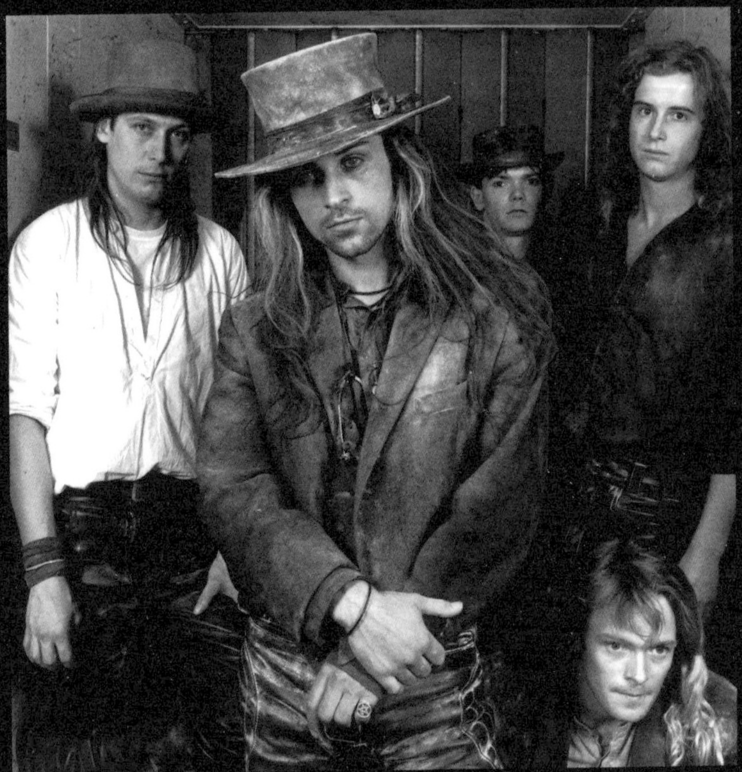

Fields of the Nephilim *Bleddyn Butcher*

ELFTES KAPITEL

AUFBRUCH DER MISSIONARE

in dem geschildert wird, wie zwei sich bekriegende Schwestern ihrer eigenen dunklen Wege gehen, während zwei Bauhauser dem Licht entgegenstreben. Aber wir stellen auch fest, dass Ruhm in einem sehr bitter schmeckenden Kelch kredenzt werden kann.

„Wenn die Sisters of Mercy je wegen zu schnellen Fahrens angezeigt würden, dann wären die Fields of Nephilism [sic] Beweisstück Nummer eins. Sie arbeiten mit Trip-Hammer-Bass, krachenden Drums und einer an Robert Smith erinnernden Gitarre, wie sie die Sanftmütigen und Unheiligen so sehr lieben. Diese Elemente jagen sich atemlos im Kreis, bis die Band von der Bühne verschwindet. Das Schweigen, das sich daraufhin ausbreitet, ist mehr auf Schock als auf alles andere zurückzuführen. Wer als Letzter ausblendet, ist ein Feigling."

Melody Maker

Den Sisters war es gelungen, mühelos jene eng gesteckten Grenzen zu überwinden, die auf dem Gothic-Feld gezogen worden waren. Darin lag der Schlüssel zu ihrem Erfolg – und letztlich auch zu ihrem Abstieg. „Es wurde viel darüber berichtet, dass Andrew [Eldritch] und ich nicht miteinander auskamen", meinte Wayne Hussey. „Aber es war eine fruchtbare ... Beziehung, und wir begriffen, dass das, was wir gemeinsam hatten, sowohl visuell als auch musikalisch enorm stark war."

Mit der Reputation der Band war er natürlich nicht unbedingt besonders glücklich. „Vom Erscheinungsbild her waren wir eigentlich keine Goth-Band. Die Leute nahmen sich ein Stückchen von der Art, wie Andrew sich oder ich mich anzog, oder sie hatten vielleicht gesehen, dass wir lauter Armreifen am Handgelenk hatten oder dergleichen. Und das schütteten sie dann alles zusammen." Allerdings gab er bereitwillig zu, „dass wir uns möglicherweise gelegentlich zu ernst nahmen". Diese Ernsthaftigkeit war es – und die Stärke des von ihnen aufgebauten Image –, die es den Sisters ermöglichte zu überleben, als alle anderen Weggefährten längst andere Weidegründe gesucht hatten.

Mitte der Achtziger war die Gothic-Szene ein Scherbenhaufen. Das Batcave war Vergangenheit, und mit ihm waren alle Bands verschwunden, die einmal an vorderster Front gestanden hatten – erbarmungslos zermahlen unter dem Gewicht von Erwartungshaltung und Stereotypisierung.

Die Sisters waren tot, und die einzelnen Bandmitglieder schienen für den Augenblick zufrieden, sich beim Umgang mit Elektronik auf ihre Faxgeräte zu beschränken. Aus den Trümmern von Bauhaus war einstweilen nichts anderes entstanden als die noch nach ihrer Richtung suchenden Tones On Tail von Daniel Ash und das vom Unglück verfolgte Projekt Dali's Car, das Peter Murphy zusammen mit Mick Karn von Japan gegründet hatte. New Order, der Phönix, der aus der Asche von Joy Division auferstanden war, bediente inzwischen die Tanzflächen und tobte sich in den Remixstudios von New York und London aus.

Nick Cave brachte noch immer seine düsteren, schwermütigen und apokalyptischen Visionen an den Mann oder die Frau, aber dabei war er sich zunehmend des intellektuellen Kultstatus bewusst, der ihn selbst von den ehrgeizigsten Vertretern der billigen Horrorfraktion trennte. Cult, Cure und Gene Loves Jezebel konzentrierten sich auf die Vereinigten Staaten, wobei sie den Teer und die Federn, mit denen die britische Presse sie bis dahin immer wieder mal verziert hatte, wohlweislich zuhause gelassen hatten. Um es kurz zu machen: Die Szene war ausgelöscht.

Aber es *gab* nach wie vor ein Publikum – ein großes, unbewegliches Publikum, das nicht bedient wurde. Wenn die alten Lehrer schon kein Interesse mehr daran hatten, ihm etwas vorzuspielen, dann blieb den Schülern nichts anderes übrig, als selbst vor die Tafel zu treten. Darunter befand sich auch ein musikalisch noch nicht besonders eingespieltes, dafür aber perfekt durchgestyltes Grüppchen früherer Zauberlehrlinge, das ausgerechnet unter dem bald höchst berüchtigten Namen Mission seine ersten Schritte unternahm.

Im heimischen Dörfchen Stevenage in Hertfordshire gründeten der Gitarrist Paul Wright, sein trommelnder Bruder Nod und Bassist Tony Pettit 1983 ihre eigene Mission, nachdem ein früheres Projekt, das den schönen Titel Perfect Disaster getragen hatte, auseinander gebrochen war. Obwohl ihnen letztendlich eine höchst interessante Zukunft beschieden sein sollte, kam diese Mission zunächst gar nicht recht voran, und der Name wurde wieder abgelegt. Das Ursprungstrio jedoch blieb zusammen und holte sich zusätzlich einen Saxofonisten an Bord, der auf den possierlichen Namen Gary Whisker hörte. Richtig los ging es allerdings erst, als Sänger Carl McCoy an Bord kam, der sich seine ersten Sporen angeblich in einer Reihe von lokalen Reggaebands verdient hatte.

McCoy war es, der schließlich den richtigen Namen für die Band fand, einen, der ihrem beabsichtigten Modus Operandi bedeutend mehr entsprach als der bisherige. Der Ausdruck Fields of the Nephilim entstammte dem Alten Testament – genauer: Genesis 6:4 –, wo er einen Stamm von Riesen bezeichnete, die, auf die Erde losgelassen, Schrecken und Zerstörung verbreiteten. Das weckte schon einmal hohe Erwartungen, aber die Band war fest entschlossen, sie zu erfüllen. In einem amerikanischen Radiointerview gab McCoy 1988 zu: „Niemand weiß so richtig etwas über die Nephilim, das liegt ziemlich im Dunkeln. Wir haben ‚Fields' dazugesetzt, wobei es eher um Magnetfelder geht, die sich um die Nephilim zusammenziehen, nicht etwa um grüne Auen."

Musikalisch orientierten sie sich an einer entfernten Idealvorstellung der Sisters of Mercy, deren Image sie komplett inklusive der Hüte übernahmen. Derart ausgestattet, begannen die Fields of the Nephilim, regelmäßig in den Clubs von Hertfordshire die Runde zu machen, bis sie sich eine örtliche Fangemeinde aufgebaut hatten und es sich lohnte, im Eigenverlag eine erste Platte, die EP *Burning The Fields,* zu veröffentlichen. Die wiederum überzeugte das Indie-Label Jungle, den Vertrieb zu übernehmen, und nachdem Mr. Whisker durch den zweiten Gitarristen Peter Yates ersetzt worden war, konnten Fields of the Nephilim 1985 zudem ein Engagement als Vorgruppe der Punklegenden Chelsea an Land ziehen.

Weitere Tourneen mit Flag of Convenience und Balaam & the Angel gaben der Band zusätzlich Gelegenheit, sich ihrem auserwählten Publikum vorzustellen. Im September 1985 waren die Fields als Support bei einem der seltenen London-Besuche der amerikanischen Goth-Freaks Christian Death gebucht worden. Obwohl sich das Gefühl verstärkte, dass sich im Land allmählich eine Bewegung formierte, blieb der *Melody Maker,* der das Konzert im Vorbeigehen kommentierte, stur unbeeindruckt: „Wenn die Sisters of Mercy je wegen zu schnellen Fahrens angezeigt würden, dann wären die Fields of Nephilism [sic] Beweisstück Nummer eins. Sie arbeiten mit Trip-Hammer-Bass, krachenden Drums und einer an Robert Smith erinnernden Gitarre, wie sie die Sanftmütigen und Unheiligen so sehr lieben. Diese Elemente jagen sich atemlos im Kreis, bis die Band von der Bühne verschwindet. Das Schweigen, das sich daraufhin ausbreitet, ist mehr auf Schock als auf alles andere zurückzuführen. Wer als Letzter ausblendet, ist ein Feigling."

Die Hüte faszinierten die Band weiterhin, und allmählich setzten sich auch die Ponchos und die Lederhosen durch, die den Bezug zum namenlosen Fremden aus den Eastwood-Filmen noch deutlicher werden ließen. Metaphorisch gesehen wurden über staubige Straßen rollende Gestrüppkugeln wichtiger als Trockeneis, und auch die Fields of the Nephilim verbeugten sich vor Ennio Morricone: Sie ließen den Mundharmonikaklassiker aus *Spiel mir das Lied vom Tod* vor ihren Konzerten laufen und knüpften damit an Eldritchs Verarbeitung von *Zwei glorreiche Halunken* in „Phantom" an. Als Fields of the Nephilim selbst als Headliner durch die Clubs zogen, bildeten ihre Fans (die sich selbst Bonanzas nannten) ein so schön schwarzes Publikum, wie es sich die Sisters nicht besser hätten wünschen können.

So weit, so Merciful. Zwar war die Kritik nicht unberechtigt, dass es sich bei den Fields of the Nephilim lediglich um einen Abklatsch der Sisters handelte, aber da die Originale sich gerade nicht blicken ließen, fiel das nicht so schwer ins Gewicht. Schließlich wollte nicht jeder immer wieder dieselben alten Platten hören oder nur in der Vergangenheit leben. Fields of the Nephilim übernahmen den vertrauten Sound, machten ihn sich zu Eigen und kamen damit durch. Mitte 1986 gab ihnen Situation 2 einen Vertrag und schickte sie mit ihren Beggars-Banquet-Labelkollegen Gene Loves Jezebel auf Tour.

„Power", die erste Single der Band für das Label, kam bis auf Platz vierundzwanzig in den britischen Indie-Charts. Aber erst „Preacher Man", das zu Beginn des nächsten Jahres erschien, und die Wiederveröffentlichung von *Burning The Fields* im darauf folgenden Sommer zeigten an, welche Faszination die Fields tatsächlich vermittelten. Beide Singles erreichten Platz zwei, während die Nation nun gespannt auf das erste Fields-Album wartete.

Diese Wartezeit wurde allerdings durch ein reichliches Angebot anderweitiger Ablenkungen angenehm verkürzt.

Über ein Jahr nach dem Split der Sisters of Mercy präsentierte Gary Marx 1985 nun sein neues, lang erwartetes Projekt Ghost Dance, das er gemeinsam mit der Sängerin Anne-Marie Hurst ins Leben gerufen hatte; Hurst hatte zuvor die Skeletal Family verlassen, die gerade einen Vertrag bei Chrysalis unterschrieben hatte. Paul Etchell, der ehemalige Bassist der Citron Girls, und ein Drumcomputer namens Pandora komplettierten das Line-up.

Für Marx stellte Ghost Dance zunächst ein Vehikel für jene Songs dar, die er ursprünglich für die Sisters of Mercy geschrieben hatte, darunter beispielsweise die frühen Singles „River Of No Return", „Yesterday Again" und „Grip Of Love", die allesamt zu Sisters-Zeiten entstanden waren. Ghost Dance teilten zudem deren augenzwinkernde Herangehensweise an die Auswahl von Coverversionen. „Both Ends Burning" von Roxy Music, „Radar Love" von Golden Earring und der Yardbirds-Titel „Heart Full Of Soul" fanden alle einen Platz im Repertoire der Band und machten sich dort ebenso gut wie die legendären Sisters-Versionen von „Emma" von Hot Chocolate, Dolly Partons „Jolene" oder „Gimme Shelter" von den Stones.

Dieser enge musikalische Rahmen wurde Ghost Dance jedoch spätestens zu klein, als sie sich anschickten, einige der dynamischsten, druckvollsten und absichtlich schrägsten Songs ihrer Zeit zu verfassen. Nachdem sie sich 1986 mit John Grant zudem einen „echten" Schlagzeuger und mit Richard Steel (der später zu Spacehog ging) einen zweiten Gitarristen zugelegt hatten, entzogen sie sich den offensichtlichen Vergleichen immer stärker. Aber dennoch sorgte die Tatsache, dass die

Sisters of Mercy sich nach wie vor nicht blicken ließen (jedenfalls nicht in einer Form, die auch tatsächlich den Sisters entsprochen hätte), dafür, dass Ghost Dance es sich ähnlich wie Fields of the Nephilim im verwaisten Thronsaal der Gothic-Szene recht gemütlich einrichten konnten.

Tatsächlich hielt Andrew Eldritch an der Behauptung fest, die Sisters seien längst tot und vergessen – aber das war lediglich eine Taktik, um Zeit für eine komplette Richtungsänderung zu gewinnen.

Bei der Trennung der Sisters hatten sich beide Parteien darauf verständigt, dass keine von ihnen bei den neuen Projekten versuchen würde, aus dem alten Bandnamen Kapital zu schlagen. Hussey und Adams brachen diese Vereinbarung allerdings schon mit ihrem ersten Konzert im *Alice in Wonderland* am 20. Januar. Sie traten als Sisterhood auf und schienen noch mehr Salz in Eldritchs Wunden reiben zu wollen, als sie mit Simon Hinkler einen Gitarristen an Bord holten, der sich ursprünglich um die vakante Stelle bei den Sisters beworben hatte, die letztlich Hussey übernahm. Mit Mick Brown von Red Lorry Yellow Lorry hatten sie zudem einen echten Drummer verpflichtet.

Brown hatte die Lorries verlassen, als die Band noch die Veröffentlichung ihres Debütalbums *Talk About The Weather* feierte; er wurde durch Chris Oldroyd (früher bei Girls At Our Best) ersetzt, während die Band nach wie vor mit dem großen Durchbruch flirtete, der ihnen – da waren sich ihre Fans wie ihre Feinde einig – unmittelbar bevorzustehen schien.

Das Sisterhood-Projekt von Hussey und Adams hingegen stand offenbar von Anfang an unter einem schlechten Stern. Schon der besagte erste Gig fiel reichlich katastrophal aus. Zwar hatten sie ein Programm zusammengestellt, das bereits spätere Klassiker wie „Wasteland“, „Severina“ und „Serpent’s Kiss“ enthielt (Songs, die entweder neu verfasst oder von Hussey für das geplante zweite Sisters-Album geschrieben worden waren), aber das dreiviertelstündige Konzert fiel zum einen der Betrunkenheit der Akteure zum Opfer, zum anderen der Tatsache, dass das Publikum ausschließlich alte Sisters-Sachen hören wollte.

„Diesen Kram spielen wir nicht mehr“, erklärte Hussey verärgert, aber die Leute pöbelten weiter. Unter den Zuschauern befanden sich unübersehbar Dave Vanian, der vor Lachen in der DJ-Kabine zusammengebrochen war, und Eldritch selbst, der selbstzufrieden in sich hineinlächelte, während der Abend seinem endgültigen Untergang entgegensteuerte.

Die Schlacht hatte begonnen. Eldritch holte sofort zum Gegenschlag aus: Er rief seinerseits ein Projekt namens Sisterhood ins Leben und veröffentlichte unter diesem Namen sofort eine Single, „Giving Ground (r.s.v.)", die gemeinsam mit Lucas Fox, dem ersten Motörhead-Schlagzeuger, und einem Sänger namens James Ray entstanden war, von dem es der Legende nach heißt, er sei ein unbekannter Sisters-Fan gewesen, der Eldritch eines Tages eine Cassette geschickt hatte.

Vom alten Line-up der Sisters war bei „Giving Ground", das insgesamt weniger ein richtiger Song als vielmehr ein schleppendes Unglück war, lediglich Doktor Avalanche noch dabei. Eldritch sang noch nicht einmal selbst, sondern überließ das Ray. „Giving Ground" war dennoch überall ausverkauft, wobei böse Zungen behaupteten, es seien auch nur zweihundert Singles gepresst worden. Auf alle Fälle wurden aber genügend Exemplare umgesetzt, um an die Spitze der Indie-Charts zu gelangen.

Aber wollte Eldritch unter diesem neuen Namen wirklich zu neuen Ufern aufbrechen? Oder war es nur der erste Schachzug im Kampf um den alten Bandnamen, der in den nächsten zwei Monaten für reichlich Schlagzeilen in der europäischen Musikpresse sorgte, als Eldritch und Hussey sich zornig gegenseitig beleidigten? Begeistert, dass sie das Forum für diese unschickliche Rangelei bieten durften, tauften die britischen Musikzeitungen diesen Konflikt die „Corporate Wars", den Firmennamen-Krieg.

Eine Woche nach dem Konzert im *Alice in Wonderland* nahmen die Hussey/Adams-Sisterhood vier Songs für die BBC-Sendung *Janice Long Show* auf: Neben knackigen Versionen von „Severina", „Sacrilege" und „And The Dance Goes On" zeigte ein überzeugendes Cover von Neil Youngs „Like A Hurricane", dass diese Band wohl doch mehr zu bieten hatte als einen Fetzen Leichentuch, der im Wind flatterte. Die Session wurde schließlich unter der Bezeichnung Wayne Hussey and Craig Adams Band ausgestrahlt, aber nur wenige Tage später waren die beiden mit ihren Mitstreitern wieder als Sisterhood unterwegs, als sie ihre erste Tour im Vorprogramm von Cult absolvierten, bei der zwölf Konzerte in Europa auf dem Programm standen.

Bei den Sisterhood-Musikern handelte es sich, von Hinkler einmal abgesehen, samt und sonders um erfahrene Konzertveteranen, sodass sich die Band, obwohl sie erst so kurze Zeit bestand, den Tourneeanforderungen schnellstens gewachsen zeigte. Die Hallen, die in der

Regel zwischen zwei- und fünftausend Zuschauer fassten, bestärkten sie nur in ihrem Ehrgeiz und vergrößerten ihr Selbstvertrauen. Zwar bestand das Publikum, mit dem sie es zu tun hatten, zu einem großen Teil aus ebenso begeisterten Sisters-Fans wie jenen, auf die sie im *Alice in Wonderland* gestoßen waren, aber generell schienen die Zuschauer bereit, der neuen Formation eine Chance zu geben. Als Sisterhood nach England zurückkehrten, fühlten sie sich stark genug, um es mit jedem aufzunehmen.

Mit jedem außer Eldritch allerdings. Er hatte in ihrer Abwesenheit nicht auf der faulen Haut gelegen, aber inzwischen die Geduld mit der ganzen Sache verloren und verkündete nun lauthals, es gäbe sieben Anklagepunkte gegen das Unternehmen seiner Meuterer: Er drohte mit Klage und Prozess. Hussey und Adams beschlossen, das sei der Moment, um das Handtuch zu werfen. Aber erst nach einer letzten trotzigen Geste.

Für Ende Februar kündigten Sisterhood drei Konzerte in England an – in London, Birmingham und Leeds –, wobei sie ihr Publikum in einem vorsichtig formulierten Nachsatz auf den Plakaten darauf hinwiesen, dass es sich dabei nicht um Eldritchs Band handelte. Eldritch versuchte, das letzte Konzert mit einer Unterlassungsklage zu verhindern, aber die Mühe hätte er sich sparen können. Nach einem atemlosen Set im Londoner *Electric Ballroom* am 27. Februar bedeutete Hussey den Fans, einen Augenblick zu schweigen, und verkündete: „Dank Andrew Eldritch heißen wir nun nicht mehr Sisterhood." Ein Transparent entfaltete sich an der Rückwand der Bühne, und nachdem die Roadies es entwirrt und glatt gezogen hatten, wurde es von den Bühnenlichtern angestrahlt, um den neuen Namen der Band zu enthüllen: „The Mission".

Eldritch hatte gewonnen, und er war sich nicht zu schade, das richtig auszukosten. „Offenbar", hieß es in der jüngsten Presseerklärung von Merciful Release, „haben Wayne und Craig entdeckt, dass erfolgreiche Bands Platten statt Haftungsbeschränkungen veröffentlichen und in Konzert- statt Gerichtssälen auftreten. Eine wahrlich unangreifbare Logik. Wir gehen davon aus, dass ihr neuer Name nichts mit dem kommenden Album Andrew Eldritchs zu tun hat, das schon seit einigen Monaten den Arbeitstitel *Left On Mission And Revenge* trägt."

Hussey antwortete, dass der Name in der Tat völlig unabhängig von Eldritchs geplanter Platte entstanden und vielmehr von einer

Firma für Gitarrenverstärker inspiriert worden sei. Jedenfalls ließ Eldritch die Sache fallen und kümmerte sich ab sofort um seinen eigenen Kram. Weil erfolgreiche Bands eben Platten veröffentlichen.

Den Namen Sisterhood behielt er einstweilen bei, und auch Ray und Fox blieben weiterhin an Bord. Eldritch vervollständigte das neue Line-up mit der Bassistin Patricia Morrison (mit der er befreundet war, seit ihre letzte Band, Gun Club, mit den Sisters auf Tour unterwegs gewesen war) und dem Suicide-Frontmann Alan Vega, von dem unter anderem der Sisters-Konzertknüller „Ghost Rider" im Original stammte. In dieser Zusammenstellung begannen sie sofort mit der Arbeit am ersten (und einzigen) Sisterhood-Album *Gift*. Eldritch beschritt mit diesem Album wiederum Wege, die er zuvor noch nie gegangen war – nur das herrliche, klaustrophobische „Colours" erinnerte noch ein wenig an die Sisters vor ihrem Split. Dafür sorgte der Auftakt der Platte sofort für neuerliche Gerüchte: Bei den Ziffern „zwei, fünf, null, null, null", die Morrison zu Beginn von „Jihad" sprach, handelte es sich angeblich um genau die Summe, die Mission laut gerichtlicher Anordnung nach einem weiteren Rechtsstreit an Eldritch hatten zahlen müssen, bei dem es dieses Mal um die Rechte an den Songs gegangen war, die für das zweite Album geschrieben, aber nicht verwendet worden waren. (Einem anders lautenden Gerücht zufolge bezeichnete diese Summe den Vorschuss, den Eldritch für das Album erhalten hatte.)

Hussey bekam aber schließlich auch Gelegenheit, sich ein wenig zu rächen, als ihn *Sounds* in bester Absicht einlud, die Platte zu besprechen. Wie zu erwarten war, äußerte er sich dabei wenig begeistert, wobei er nicht nur Eldritchs geistige Gesundheit infrage stellte, sondern in Anspielung auf den Titel auch bemerkte: „Dieses unwillkommene *Geschenk* enthält keinerlei Anzeichen von Talent" [„gift" ist das englische Wort für „Geschenk"; *Anm. d. Ü.*].

Dabei war seine deutliche Ablehnung nicht nur darauf zurückzuführen, dass er eine alte Rechnung begleichen wollte. Zwar möchte die Gothic-Geschichtsschreibung heute aus *Gift* gern ein phänomenal unterschätztes Album machen, das seinen Zeitgenossen bezüglich Sound und Substanz um Lichtjahre voraus war, aber selbst die Kritiker, die sich aus dem Partisanenkrieg herausgehalten hatten, verdammten das Album in Bausch und Bogen. Eldritch tat so, als mache ihm das überhaupt nichts aus, und kündigte mit „This Corrosion" eine neue Single an, die angeblich sofort erscheinen sollte, wozu es dann allerdings nicht kam.

Abgesehen von Morrison hatten sich Sisterhood inzwischen wieder verflüchtigt. Vega war nach New York zurückgekehrt, und James Ray hatte mit Performance und später, 1989, Gang War, seine eigenen Bands gegründet (Singles beider Gruppen erschienen bei Merciful Release). Eldritch sagte also die Veröffentlichung der Single ab und zog sich in die vertrauten Gefilde Hamburgs zurück.

Von dort aus beanspruchte er erneut den Namen Sisters of Mercy, aber es dauerte ein weiteres Jahr, bevor die Band etwas von sich hören ließ und die geplante Single tatsächlich erschien. In der Zwischenzeit starteten Mission mächtig durch.

Bezüglich der Medienberichterstattung, die es rund um die Sisters gegeben hatte, meinte Wayne Hussey: „Siouxsie, die Cramps und Bauhaus, bis zu einem gewissen Grad sogar Cure entsprachen dem archetypischen Bild des Goth mehr als wir [die Sisters].“ Mission beschlossen jedoch, diesen Stier bei den Hörnern zu packen. „Die frühen Mission waren wahrscheinlich schon Goth“, überlegte er weiter. „Songs wie ‚Sacrilege‘ und ‚Serpent's Kiss‘ [das sich auf Aleister Crowleys Roman *Moonchild* bezieht] waren in dieser Hinsicht schon belastendes Material, oder?“

Das waren sie wohl. Aber von Anfang an hatten Mission ihre Gothic-Version mit einem echten Sinn für Humor ausgestattet und beispielsweise dafür gesorgt, dass die archetypischen Merkmale in den Songs offenkundig vorhanden waren, aber gleich so überdeutlich, dass man schon ziemlich blöd sein musste, um den Witz dahinter nicht zu kapieren.

Allerdings hatten sie dabei natürlich ihre Rechnung ohne die Musikpresse der Mittachtziger gemacht, die Mission schnell in dieselbe Schublade steckte wie Cult und sie zu den Prügelknaben ihrer musikalischen Ära machte, auf die im Lauf ihrer Karriere mit wachsender Fantasie immer wieder aufs Neue eingeknüppelt wurde.

Der Band war das herzlich egal. Angetrieben von einer unheiligen Dreifaltigkeit aus Speed, Koks und Acid und von einem Publikum ermuntert, dessen eigene Identität ebenso klar definiert war wie die der Band, stellten Mission plötzlich fest, dass sie nichts mehr falsch machen konnten, weder in Großbritannien noch auf dem Kontinent.

Und dort, auf dem Kontinent, erhielten auch die loyalsten Fans der Band unbeabsichtigt ihren Namen, eine Bezeichnung, die heute noch in Gegenwart von Mission mit Ehrfurcht geflüstert wird. Als Hussey und Co. auf ihre erste große Europatournee gingen, folgte ihnen eine kleine Armee ergebener Fans bis in die entlegensten Winkel. An der deutschen Grenze geschah es dann, dass ein Fan gestoppt, kontrolliert und schließlich mit einem Kommentar durchgelassen wurde, den er zwar im Großen und Ganzen nicht verstand, der aber irgendwie wie „Eskimo“ klang. Der Name blieb hängen.

Der Loyalität der Eskimos war es zu verdanken, dass selbst der schlappste Mission-Gig zu einer gefeierten Show wurde, wobei es ein paar Monate lang so aussah, als ob ihre Unterstützung niemals mit dem belohnt werden sollte, wonach sich alle Beteiligten am meisten sehnten: mit richtigen, echten, offiziell veröffentlichten Platten. Hussey und Adams standen dabei als ehemalige Mitglieder der Sisters of Mercy noch bei WEA unter Vertrag. Obwohl das Label offensichtlich keinerlei Interesse an der neuen Band und ihrer Musik hatte, erschien es unwahrscheinlich, dass man sie aus ihren Verpflichtungen entlassen würde.

Stattdessen kam es bei den frühen Verhandlungen mit dem Unternehmen zu immer bizarreren Vorschlägen und Empfehlungen, mit denen man die Band zu etwas formen wollte, was für WEA irgendwie verkäuflich erschien – das reichte von einer kompletten Reunion der Sisters bis zum Einsatz eines neuen Leadsängers. Man schlug ihnen Peter Murphy vor, Gavin Friday von den Virgin Prunes, Andi Sex Gang und den Modern-Romance-Sänger Sal Solo, aber Mission blieben hart. Sie hatten sich zusammengetan, um Husseys Songs zu spielen. Da war es nur natürlich, dass er sie selbst singen würde, und wenn seine Stimme nicht den WEA-Qualitätsstandards entsprach, dann war das eben deren Ansicht.

In dem verzweifelten Bemühen, sich freizupressen, veröffentlichten Mission eine Single über das Independent-Label Chapter 22 aus Birmingham. „Serpent's Kiss“ war ein Überbleibsel aus den Sessions fürs zweite Sisters-Album und war ebenso wie das neu komponierte „Wake (RSVP)“ als Demo für WEA aufgenommen und von der Firma bezahlt worden. Die Band riss sich das Tape dessen ungeachtet unter den Nagel, und im Mai 1986 kletterte die Platte auf Platz eins der Independent-Charts – die erste Debütsingle aller Zeiten, die einen solchen Start hinlegte.

„Serpent's Kiss“ war ein fantastischer, krachiger Rocksong, eine Explosion unverwässerter Begeisterung und Freude – schlicht eine der besten Mission-Singles überhaupt. Auf der Rückseite fand sich mit „Wake“ ein sogar noch überwältigenderer Song, dunkel und atmosphärisch und genauso beerdigungsmäßig, wie der Titel – „Totenwache“ – nahe legte. Es wurde gemunkelt, dass der Text an Eldritch gerichtet war, und auch, dass Husseys Stimme absichtlich noch mehr in den Keller rutschte, um diesen Eindruck zu verstärken. Hussey kommentierte das nicht weiter. Ein diplomatisches Wort hätte letztlich ebenso vernichtend sein können wie alle Versuche, das abzustreiten.

Drei Tage, bevor publik wurde, dass „Serpent's Kiss“ es auf Platz eins geschafft hatte, drehten Mission ihr erstes Video. Dazu gingen sie in einen nahe gelegenen Park und spielten Fußball, während Adams sie im Kostüm eines Pantomime-Teufels durch die Gegend jagte. Es wurde ein übermütiger Clip, herrlich amateurhaft und entzückend kindisch, der die Band an ihrer „ernsthaften“ Seite wieder einmal kräftig durchkitzelte und der so lustig geriet, dass die wöchentliche Musiksendung *The Chart Show* des britischen Fernsehsenders ITV jede Gelegenheit nutzte, um das Filmchen noch einmal laufen zu lassen.

Im Anschluss an die Single begannen Mission ihre erste Englandtournee unter dem Motto *Expedition I,* deren zwölf komplett ausverkaufte Konzerte problemlos bewiesen, dass hier eine Band auf dem Weg nach oben war. WEA überzeugte das allerdings nicht, und daran änderte auch eine weitere Single über Chapter 22 nichts. „Garden Of Delight“ stammte ebenfalls aus dem Fundus alter Sisters-Songs und machte sich im Juni daran, die Herrschaft von Mission über die Indie-Charts zu untermauern.

Diese Single schaffte es nicht nur ihrerseits bis an die Spitze, sie verlieh auch „Serpent's Kiss“ neuen Schwung, und für eine denkwürdige Woche lagen die beiden Songs der Band Seite an Seite auf Platz zwei und drei. „Garden Of Delight“ schrammte außerdem die Top Fifty der offiziellen britischen Charts, und jetzt endlich rührte WEA sich. Dort wollte man die Band nicht, man mochte sie nicht und verstand sie nicht einmal. Na los, haut schon ab.

Mission unterschrieben im Juli 1986 bei Mercury und kehrten sofort wieder ins Studio zurück. Im Oktober war ihre erste Majorlabel-Single, „Stay With Me“, auf dem Weg in die Top Thirty, und das erste Album der Band, das im Sommer in nur fünf Tagen entstanden war, stand im November in den Läden und hatte zu Weihnachten die Top Twenty der nationalen Albumcharts erreicht.

God's Own Medicine enthielt dabei wenige Überraschungen, aber es knallte ordentlich – seine Elemente waren schließlich während eines Jahres zusammengeschmiedet worden, das Mission größtenteils auf Tournee verbracht hatten, während der diese Songs im Enthusiasmus des Publikums gehärtet worden waren. Daher stieg mit „Wasteland", dem triumphalen Opener, ein riesiger sinfonischer Titel auf, als ob ein überreich geschmückter Vorhang entrollt würde, der in weniger kundigen Händen die Show an sich in den Schatten gestellt hätte. Für Mission hingegen war es nur der erste Schuss einer Salve, die auf jeden sprachlichen und musikalischen Trick aus dem Gothic-Lexikon zurückgriff, aber stets den Bedürfnissen der Band maßgeschneidert angepasst blieb.

Mit ihren Texten beeindruckten Mission nicht besonders – eine Schwäche, die immer deutlicher wurde, je mehr sich Hussey von den ursprünglichen Goth-Klischees abwandte und immer mehr auf Softporno-Beschreibungen zurückgriff. Was sie jedoch den Rest ihrer Mitbewerber (die Spitze wie das Feld) mindestens um Kopfeslänge überragen ließ, war ihr intuitives Verständnis dafür, wie der Sound zum Aufbau einer bestimmten Atmosphäre einzusetzen war. Mission wirkten riesengroß, weil sie so riesig klangen, wegen ihrer turmhohen Gitarrenwellen, die an Hymnenstrände brandeten, während Husseys Stimme mit biblischer Inbrunst sehnsüchtig, beschwörend oder fordernd vom Berg herunterschallte. Selbst in ihren albernsten Momenten – von denen es in ihrem Werkkatalog eine ganze Reihe gibt – transportierten Mission eine gewisse Bedeutsamkeit, und man musste schon eine sehr verbitterte Seele sein, um davon nicht berührt zu werden.

Mission bewährten sich auf jeder Bühne. Beim Reading-Festival im August fegten sie die Konkurrenz komplett vom Platz – *Expedition I* war zu einer der meistdiskutierten Tourneen des Jahres geworden. Selbst die Eskimos liefen zur Höchstform auf: Als die Band sich in ihre Fassung von „Like A Hurricane" stürzte, begannen diese ansonsten eher trägen Gestalten, eine ausgesprochen fotogene menschliche Pyramide aufzubauen, die vor der Bühne hin und her schwankte, bis sie unter dem schieren Gewicht der wachsenden Zahl von Beteiligten und dem Druck der Menge schließlich zusammenbrach. Ein anderes Grüppchen unter den beinharten Fans, der so genannte Sausage Squad, machte ihrem Namen alle Ehre – und schleuderte Würstchen auf die Bühne. Auf die Band kam es bei diesen Events gar nicht an. Das Publikum war sehenswert.

Das konnte man nun bei den verschiedenen Gelegenheiten bewundern. Mit einem Exklusivkonzert für Fanklubmitglieder am 28. Oktober im *Rock City* in Nottingham begann die erste Welttournee von Mission – oder *World Crusade,* Weltkreuzzug, wie ihr eigener wuchtiger Titel lautete. In einem halben Jahr gaben sie mehr als einhundert Konzerte in vierzehn Ländern. Die Musiker konnten dabei zudem ihren Ruf als echte Rock 'n' Roll-Chaoten untermauern: Sie zogen eine Spur von verwüsteten Hotels, entjungferten Mädchen und begeisterten Drogenhändlern hinter sich her.

Während Mission sich alle Mühe gaben, den üblichen Rockwahnsinn mit der Erfindung neuer bacchantischer Höhepunkte zu krönen, meldete sich eine andere Legende – oder zumindest deren Überreste – auf leisere Weise zurück. Sie präsentierten sich nun, getrennt, als stärker und offensichtlich auch glücklicher, als sie je vereint gewesen waren, und hatten offenbar beschlossen, es Cult, Cure und Gene Loves Jezebel gleichzutun, indem sie sich von Großbritannien abwandten und alles daransetzten, in den USA eine Karriere aufzubauen, die in ihrer Heimat nicht möglich gewesen wäre.

Für Daniel Ash und Kevin Haskins hatte der kurze Ausflug mit Tones On Tail, die sie 1982 mit dem Bauhaus-Roadie Glen Campling gegründet hatten, wenig gebracht – es waren ein paar hervorragende Singles dabei herausgekommen sowie das leider völlig unterbewertete Album *Pop,* das lediglich bei Hardcorefans Beachtung gefunden hatte. David Js zögerlichen Versuchen, solo wie auch im Verbund (in diesem Fall mit Jazz Butcher und dem echten Bauhaus-Künstler René Halkett) kreativ aktiv zu werden, war ein ähnliches Schicksal beschieden gewesen.

Auch Peter Murphy ließ, von Unsicherheit geplagt, seine Solomuskeln spielen. Dali's Car, seine interessante, wenn auch nicht unbedingt inspiriert daherkommende Zusammenarbeit mit Mick Karn von Japan, hatte der Welt nichts Spannenderes hinterlassen als *The Waking Hour,* ein seltsames Album voller missverstandener Kunstinstallationen, das letzten Endes weniger durch das Zusammentreffen zweier Künstler auffiel, sondern vielmehr durch die Covergestaltung, ein Gemälde von Maxwell Parish, das rein zufällig auch die letzte Moody-Blues-Platte zierte.

Im englischen Fernsehen probierte Murphy es in der Kultursendung *Riverside* zudem mit einem Mix verschiedener Medien, als er

„Hollow Hills" von Bauhaus mit modernem Tanz kombinierte, aber auch damit war er wenig erfolgreich. Und während er ebenso in Schweigen verfiel wie seine Bandkollegen, begann es in der Gerüchteküche zu brodeln: Bauhaus kämen wieder zusammen, hieß es.

Daraus wurde allerdings nichts. Murphy fand ein anderes Betätigungsfeld. Er tat sich mit dem Multiinstrumentalisten Howard Hughes (früher bei den Associates) zusammen und begann mit den Demos zu einem neuen, jetzt konsequent als Soloplatte designten Albums. Haskins, Ash und J, die gerade den gewissen Zusammenhalt neu belebten, den sie bei den ersten Sessions zum letzten Bauhaus-Album schon gespürt hatten, ließen sich jedoch nicht so schnell entmutigen.

Bei den Proben Ende 1984 kam das Trio immer wieder auf eine düstere, funkverzierte Version des alten Temptations-Knallers „Ball Of Confusion" zurück. Den Song hatte ursprünglich J vorgeschlagen, wobei es sich um eine der ersten Platten handelte, die er sich jemals gekauft hatte.

J: „Wir waren auf dem Weg zu unserem Probenraum und überlegten, was wir tun sollten – vielleicht selbst einen Song schreiben? Für uns war wichtig, dass die Dinge überhaupt wieder ins Rollen kamen, und so beschlossen wir schließlich, diese Coverversion zu nehmen. Textlich passte die sehr in die damalige Zeit ... Mitte der Achtziger. Und sie hat einen großartigen Riff, sehr solide. Also entschieden wir uns dafür. Eine Woche lang konzentrierten wir uns nur auf diesen Titel und nichts anderes, dann gingen wir direkt ins Studio und nahmen ihn auf."

Den Namen Love and Rockets entlieh sich das Trio aus einem Underground-Comic von Jaime und Gilbert Hernandez. Die erste Single stand nun schon fest, und als man sich Gedanken um eine Vision für die Band zu machen begann, die darüber hinausging, orientierte man sich einmal mehr an den Freuden ihrer Kinderzeit und besann sich auf das goldene Zeitalter des Glam, das nun schon zehn Jahre oder mehr zurücklag.

Damals waren die drei gerade erst Teenager gewesen, und Ash überlegte: „Dieses Alter hat doch etwas Besonderes an sich, so mit dreizehn, vierzehn, wenn man zum ersten Mal mit Rockmusik in Berührung kommt, wenn sie alles andere an den Rand drängt und ein Teil von dir wird." Er erinnerte sich, wie er das erste Mal Roxy Music sah: „Eno spielte ein Tamburin, aber ein dreieckiges! So was hatte ich noch nie gesehen, das war so seltsam!" In dieser Zeit verliebte sich Ash zum ersten Mal, als er an einer Bushaltestelle stand und ein Mädchen im Glam-Look, mit Schminke und Federboa, vorüberging. „The Seventh Dream Of Teenaged Heaven", der Titeltrack des ersten Love-and-Rockets-Albums, entstand aus diesem nie vergessenen Anblick.

Zwar ist seine Bedeutung über die Jahre ein wenig geschwunden, aber wenn man *Seventh Dream* wieder einmal auflegt, spürt man auch heute noch den emotionalen Kitzel einer Platte, die während des ersten Schritts hin zu einer schönen neuen Welt entstand und Schwindel erregende psychedelische Muster zeigt, die geschickt von dunklen Absichten ablenken, die in ihrer Schwärze selbst die Visionen von Bauhaus in den Schatten stellen. Sie stellte zudem die Weichen für das Schicksal und den Ruhm ihrer Schöpfer, und das auf so clevere Art, dass *Seventh Dream* zu den verkanntesten Debütalben der Achtziger zählt. Es zeigte die verschiedenen Stimmungen, vom gitarrendominierten „The Dog End Of A Day Gone By" bis zum schillernden, sexgeladenen Glamrock des Titeltracks, während das bedrohliche „The Game" mit seinem kinderliedartigen Pendelrhythmus eine opiumschwangere Atmosphäre erzeugte, die der Kiffermusik der ursprünglichen Psychedeliker in nichts nachstand.

Dem Album gingen zwei Singles voraus, „Ball Of Confusion" im Mai 1985 und das selbst komponierte „If There's A Heaven Above" im September. Die britische Presse gähnte nur, und das Publikum maulte über das Fehlen des typischen Bauhaus-Sounds, aber Love and Rockets war das egal. Ohne dass die Band je das Studio verlassen hatte, war „Ball Of Confusion" in Kanada in die Top Ten gekommen. Im September gab die Band ihr erstes Konzert in Boston, Massachusetts.

Bevor ein Jahr später mit *Express* Album Nummer zwei erschien, tourten Love and Rockets dreimal durch die USA, gaben jedoch nur zwei Konzerte in England – im *Marquee* und im *Astoria* in London.

Auch Gene Loves Jezebel stürmten Kilometer fressend durch Amerika. 1986 erschienen zwei Singles, „The Sweetest Thing" im März und „Heartache" im Juni, die den Erfolg von „Desire" weiter ausbauen konnten. Zudem hatte sich James Stevenson am Vorabend ihrer im April beginnenden US-Tournee entschlossen, Vollzeit zur Band zu stoßen, was ihrer Entwicklung zusätzlichen Schwung gab.

Die Singles dienten als Appetithäppchen für das nächste Album, *Discover,* das trotz seiner chaotischen Entstehungsgeschichte überraschend geschlossen und strukturiert wirkte. Jay Aston erinnert sich:

„Wir arbeiteten wirklich häppchenweise – ein paar Stunden im Londoner *Roundhouse,* ein paar Stunden im *Rockfield,* ein paar Stunden an anderen Orten – wo sich gerade eine Möglichkeit ergab." Eine noch größere Unterbrechung entstand dadurch, dass Produzent Gary Lyons zu Beginn der Aufnahmen einem Herzinfarkt erlag. Die Platte wurde schließlich mit Toningenieur Mark Dearnley fertig gestellt, und Jay meinte: „Es ist faszinierend, wie zusammenhängend das Album wirkt, wenn man bedenkt, wie zusammengewürfelt es entstand."

Der Stoff, der sie zusammenhielt, war Ehrgeiz – und der perfekte Mix aller Partys, Sounds und Stilrichtungen, die je durch die Träume der Jezebel-Musiker gegeistert waren. Stadionrockgitarre, Bauhaus-Soundexperimente, Pop und Goth verbanden sich zu einer wahrlich unvergesslichen Melange, die zusätzlich durch eine noch unvergesslichere Single abgerundet wurde: eine Neuaufnahme von „Desire", bei der Stevenson eine wahrhaftig mördermäßige Gitarrenarbeit ablieferte, die wie eine Maschinengewehrsalve aus glitzernden Licks, Riffs und Soli daherkam.

„Die Leute hatten gar nicht gemerkt, wie gut ‚Desire' war, als ich den Song schrieb", sagte Jay. „Wir wollten es neu einspielen, und Geffen war derselben Meinung. Also steckten sie uns mit dem Produzenten Pete Walsh zusammen, und er machte seine Arbeit wirklich hervorragend." Der Song, der im Oktober 1986 erschien, bewirkte in England gar nichts. In den USA schoss er bis auf Platz sieben in den Dance-Charts.

Nachdem sie den Sommer zuhause in England verbracht hatten, kehrten Gene Loves Jezebel anschließend in die USA zurück, um dem Aufstieg ihrer Single zuzusehen – und gleich die Ernte dieses Erfolgs einzufahren. Die drei Monate währende Tournee war überall ausverkauft: sechshundert Zuschauer in Phoenix, eintausendzweihundert in Hollywood, fast eintausendfünfhundert in Seattle. Am 15. November spielten sie in New York, und das *Ritz* war bis auf den letzten Platz besetzt. Den größten Triumph bildete jedoch der Abschluss der Tour, als sich viertausendvierhundert Fans ins *Hollywood Palladium* quetschten.

Während Gene Loves Jezebel ihren größten Hit feierten, planten Cure gerade den Greatest-Hits-Angriff auf die USA mittels einer Compilation ihrer bisherigen Singles – eine bemerkenswerte Leistung für eine Band, deren echte Charterfolge noch nicht einmal eine EP gefüllt hätten, witzelte Smith selbst.

Standing On A Beach (die CD und das dazugehörige Video erhielten beide den Titel *Staring At The Sea*) bildete ein Rundum-glücklich-Cure-Paket für den Singlesfan. Jeder Track darauf war auf Fünfundvierziger-Platten erschienen, ob er nun tatsächlich für dieses Medium geeignet war oder nicht, wie Smith selbstkritisch anmerkte. Aber vielleicht lag gerade darin die Stärke des Albums, dass es Cure in jeder ihrer Ausformungen zeigte, vom kantigen Tempo von „Primary" bis zur verrückten Albernheit von „The Lovecats" und von der Naivität der ersten Single „Killing An Arab" bis hin zur klaustrophobischen Atmosphäre von „Close To Me".

„Bei *Standing On A Beach* ging es uns darum, den Leuten zu sagen: ‚Hey, ihr würdet vielleicht keins unserer Alben kaufen, aber das ist ein Überblick über unsere Sachen, und die gefallen euch vielleicht doch'", erklärte Smith. „Und das hat funktioniert. Für viele Leute war es das erste Cure-Album, das sie kauften, und denen gefiel, was sie da hörten. Viele davon kauften anschließend andere Alben und stellten fest, dass sie diese Songs ebenfalls mochten. Das Album war so wie eine alte Garage, in der man sich umsieht und plötzlich etwas wiedererkennt, ‚Lovecats' vielleicht: ‚Das kenne ich, das habe ich doch im Auto schon ein paarmal gehört.' Sie kauften kein Cure-Album, sondern Songs, die sie kannten."

Sowohl in England als auch weltweit entwickelte sich die Compilation zum bisher größten Erfolg für die Band und brachte sogar eigene Hits hervor. Smith hatte nämlich den Gesang zu „Boys Don't Cry" neu aufgenommen und veröffentlichte diese Version nun erneut als Single, die prompt den Top-Twenty-Status erreichte, den sie schon vor Jahren verdient gehabt hätte.

Noch stärker zeigte sich die Innovationskraft der Band in ihrer aktuellen Liveshow, die im August 1986 für das Video *Cure In Orange* eingefangen wurde. Und während *Standing On A Beach* Cure an die Spitze ihrer Profession führte, war es ihrem nächsten Studioalbum *Kiss Me Kiss Me Kiss Me* überlassen, den Beweis dafür zu erbringen, dass sie sich dort oben mühelos behaupten konnten.

TRALIA $1.25/NEW ZEALAND $1.50 (inc GST)/MALAYSIA $2.95/USA $1.95 (by air) SPAIN 230pts

MELODY·MAKER

THE RETURN OF THE
SISTERS OF MERCY

ELDRITCH

HEAD · ANTHRAX
THE SUGARCUBES
CARMEL
HAMBURGER HILL
PET SHOP BOYS ALBUM

LIVE
NEW ORDER
ECHO & THE
BUNNYMEN

Der *Melody Maker* feiert die Rückkehr von Mister Sister

ZWÖLFTES KAPITEL

BACCHANAL UND CHAOS

in dem wir alles über Eve erfahren, Mission und Cult die Freuden bacchantischer Lebensart entdecken und die Fields beginnen, sich in England einen Namen zu machen. Mister Sister kehrt zurück und träumt vom radioaktiven Fallout über Amerikas Mittlerem Westen, und die Jezebels kämpfen in der Zwangsjacke des kommerziellen Erfolgs um ihre Existenz.

„[‚This Corrosion'] ist direkt an jemanden gerichtet, und man muss kein Genie sein, um herauszufinden, wer gemeint ist, obwohl der Betreffende selbst wohl eine Weile dazu brauchen wird. Ich finde es peinlich, wenn ich dabei zusehen muss, wie Menschen sich für ihre absurde Vorstellung von Rock 'n' Roll erniedrigen."
Andrew Eldritch

Rund um Weihnachten 1986 bereiteten Mission mit „Wasteland" ihre nächste Single vor, die Hochdruck-Powerrock pur enthielt. Die Band feierte das mit einer Belastungsprobe, vor der zart besaitetere Musiker sicherlich zurückgeschreckt wären. Ihnen stand ihr erster Fernsehauftritt bevor, in der Channel-Four-Sendung *The Tube,* die in einem Studio in Newcastle aufgezeichnet wurde. Auf dem Weg dahin geriet die Band in einen der schwersten Schneestürme, die das Land seit Jahren erlebt hatte.

Die Autobahn war gesperrt, und in ganzen Landesteilen war der Verkehr zum Erliegen gekommen. Aber Mission kämpften sich durch, begleitet von einer Armee von Eskimos, die ihren Namen nun in der Tat zu Recht trugen. Das für diesen Abend eigentlich geladene Saalpublikum hatte es nicht bis ins Studio geschafft. Um die leeren Plätze zu füllen, griff man daher auf die Eskimos zurück, die mit ihrer Begeisterung prompt für eine derart elektrisierende Atmosphäre im Studio sorgten, wie sie die Show selten erlebt hatte. In der folgenden Woche erreichte „Wasteland" Platz elf der britischen Charts.

Am 18. März 1987 begannen Mission ihre *World Crusade II* mit einem Konzert in Sheffield – nur fünf Tage, nachdem die vorherige Tour, *World Crusade I,* zu Ende gegangen war. Es war ihr bisher ehrgeizigstes Unternehmen, das sie erstmals auch in die USA führte, wo sie sich nur zu gern der britischen Invasion anschlossen, die gerade in die Staaten eingefallen war. Vor ihrer Abreise hinterließen sie zuhause noch eine ihrer am meisten geschätzten (wenn auch kommerziell nicht unbedingt erfolgreichsten) Singles, das melodiöse „Severina".

Der Titel war zwar ohnehin schon ein gelungener Song, er gewann aber zusätzlich durch den faszinierenden Gesang von Julianne Regan von All About Eve. Zwar gelang es Mission auch nach einem packenden Auftritt mit „Severina" bei *Top of the Pops* nicht, in England über Platz fünfundzwanzig hinauszukommen, aber zumindest intensivierte sich bei dieser Sendung das Band zwischen All About Eve und Mission. Hussey produzierte die dritte Single seiner Kollegen, „Our Summer", und Mick Brown spielte bei der Session Schlagzeug.

Die Musikpresse hatte sich zwar immer noch auf die dunkle Seite des Gothic Rock eingeschossen, aber All About Eve waren definitiv die richtige Band, um auch deren hellere Seiten zum Leuchten zu bringen.

Regan hatte ihre berufliche Karriere bereits in unterschiedliche Richtungen geführt. Ursprünglich hatte sie als Journalistin für das

Magazin *Zig Zag* gearbeitet, war dann aber zur anderen Seite übergelaufen und hatte kurzzeitig den Bassisten-Schleudersitz bei Gene Loves Jezebel ausgefüllt, als die Band in ihren Anfangsjahren noch reihenweise Musiker verschlissen hatte.

Ihr Einfluss war hauptsächlich bei der ersten BBC-Radiosession für David Jensen im Juni 1983 stark hörbar, bevor sie sich dann verabschiedete, um bei den kurzlebigen Persian Flowers mitzumischen und unter dem Pseudonym Nursemaids für den Sampler des Fanzines *Artificial Life* einen Solosong einzuspielen.

Anfang 1984 arbeitete Regan mit Manuela Zwingmann, der ehemaligen Schlagzeugerin von X-Mal Deutschland, und dem Bassisten Richard Jackson zusammen, bevor sie über eine Anzeige im *Melody Maker* Tim Bricheno kennen lernte. Seine letzte eigene Band, Aemotii Crii, war vor allem dadurch aufgefallen, dass der frühere Sex-Gang-Children-Drummer Rob Stroud mit von der Partie war, aber die Band hatte sich kaum jemals aus den heimischen Gefilden des kleinen Örtchens Colne in Lancashire herausgewagt. Als sie es Mitte 1984 schließlich für ein recht wohlmeinend aufgenommenes Konzert im Batcave doch einmal tat, war es gleichzeitig ihre letzte große Tat. Aufgrund von Managementproblemen trennten sich Aemotii Crii am nächsten Tag.

All About Eve, deren Namen sich vom alten Bette-Davis-Film *Alles über Eva* ableitete, hatten zwar bereits ihr eigenes Label mit dem hübschen Namen Eden gegründet, steckten aber noch in den Kinderschuhen, als erst Jackson und dann Zwingmann ausstiegen. Regan und Bricheno ersetzten Ersteren durch Andy Cousin, einem weiteren Aemotii-Crii-Veteranen, und Letztere – dem Gebot der Stunde gehorchend – durch einen Drumcomputer.

Im März 1985 traten All About Eve mit der Single „D For Desire" erstmals in Erscheinung. Der Song erinnerte deutlich an die Cocteau Twins, die zu jener Zeit gerade eine besondere Phase musikalischer Besessenheit durchlebten. Wenig später gaben All About Eve ihr erstes Konzert als Support für Chatshow in einem Pub in der Nähe von King's Cross in London, und bald spielten sie regelmäßig im *Underground* in Croydon. Eine Tour mit Play Dead zum Jahresschluss machte sie einem größeren Publikum bekannt.

Weiter ging es im Schneckentempo voran. Fast ein ganzes Jahr verstrich, bevor All About Eve ihre zweite Single, „In The Clouds", im Frühjahr 1986 veröffentlichten, und ein weiteres, bevor sie sich mit

Hussey für „Our Summer“ zusammentaten. Doch das war das Ende der kleinen Schritte für die Band. All About Eve und Mission gingen gemeinsam auf Tour, Mission-Manager Tony Perrin begann die Eve-Geschicke zu lenken, und nachdem die vierte Single, „Flowers In Our Hair“, an die Spitze der Indie-Charts gekommen war, winkte ihnen prompt ein Vertrag mit Mercury, wo schließlich auch Mission untergekommen waren. Schließlich wurde alles, was Mission berührten, unweigerlich zu Gold. Und da musste es doch mit All About Eve genauso laufen, oder?

Mission selbst waren derweil wieder unterwegs in den USA. Sie standen kurz davor, den Status von Rockstars zu erreichen, wie ihn sich U2 nur wünschen konnten, und das gaben U2 selbst ohne weiteres zu. Bono, nicht gerade für unbedachte Übertreibungen bekannt, setzte Hussey selbst davon in Kenntnis, dass Mission seiner Meinung nach groß rauskommen würden. Hussey wusste natürlich sofort, was er meinte.

Doch leider kommt manchmal auch die schönste Achterbahnfahrt knirschend zum Stehen. Für Mission kam dieser Moment am 15. Mai 1987 nach einer einjährigen Spaßfahrt und in der Mitte einer einundvierzig Konzerte umfassenden US-Tournee, welche die Band mit einem Selbstvertrauen, das die menschliche Belastbarkeit komplett ignorierte und alle bisher in der Rockgeschichte gemachten Erfahrungen in den Wind schlug, in einundvierzig Tagen hatte absolvieren wollen. In Großbritannien konnte man in ein paar Stunden mühelos von einer Küste zur anderen fahren. Im amerikanischen Mittelwesten konnte man ein paar Tage lang unterwegs sein, ohne auch nur eine Stadt zu Gesicht zu bekommen. Selbst in einem Privatjet ist es eine reife Leistung, ohne Unterbrechung jeden Tag in einer anderen Halle zu spielen. In einem Bus ist es beinahe übermenschlich. Mission, die bereits ein Jahr lang ohne Pause mit Volldampf unterwegs gewesen waren, stellten dabei fest, dass sie zerbrechlicher waren, als sie selbst gedacht hatten.

Vor allem Adams war im Verlauf der Tour immer weniger belastbar geworden. In Los Angeles drehte er schließlich durch und stürmte in den frühen Morgenstunden über den Sunset Strip in Hollywood, wo er von einem Polizeiwagen erfasst wurde, der gerade gerufen worden war, um nach dem durchgeknallten, barfüßigen Engländer zu sehen, der mitten auf der Straße herumtanzte.

Wie durch ein Wunder blieb Adams unverletzt und kam auch ohne eine Anzeige davon, aber er verbrachte den Rest des Tages damit, sich einen Drink nach dem anderen zu genehmigen. Dann, eine Stunde vor dem Konzert, schnappte er sich seinen Pass und floh. Nur drei Stunden später saß er im Flieger nach England und hinterließ das komplette Chaos für seine Bandkollegen. Das Konzert an besagtem Abend sagten sie natürlich ab. Die Frage war allerdings, was mit den zwanzig anderen geschehen sollte, die noch vor ihnen lagen.

Die Show würde weitergehen. Soundtechniker Pete Turner bot an, für ein paar Tage einzuspringen, und ein amerikanischer Freund namens Surf übernahm die späteren Konzerte. Aber auch wenn die unmittelbare Zukunft gerettet war – dazu zählten inzwischen auch einige Konzerte im Vorprogramm der Psychedelic Furs –, so fiel die Langzeitprognose nicht besonders rosig aus.

Mission waren jedoch nicht die einzige Band, die im Sommer 1987 durch die USA unterwegs war. Auch Cult waren on the road, wobei besonders Ian Astbury sich alle Mühe gab, der Ehre gerecht zu werden, die Wayne Hussey ihm mit der B-Seite der Single „Stay With Me“ erwiesen hatte. Darin bezeichnete er Astbury als seinen „Blood Brother“, der das Gleiche dachte, das Gleiche träumte und sich, wenn es um wildes Rockerverhalten auf Tour ging, auch genauso benahm wie er.

Großbritannien spielte in den Plänen von Cult keine Rolle mehr. Sie gaben 1986 lediglich drei Konzerte dort, ein Einzelkonzert in der Londoner Brixton Academy und zwei Festivals in Glasgow und Milton Keynes im Vorprogramm der Simple Minds. Ihren einzigen anderen Auftritt absolvierten sie wieder in der *Janice Long Show,* bei der sie am 3. März vorab vier neue Songs vorstellten: „Love Removal Machine“, „Conquistador“, „Electric Ocean“ und „King Contrary Man“.

Das Album, auf dem sie später zu hören waren, zeichnete sich durch eine besonders schwierige Entstehungsgeschichte aus. Astbury, der sich immer noch vor den Attacken der heimischen Medien zu schützen suchte, hatte sein Heil im Alkohol gefunden, und die zu erwartenden Folgen blieben nicht aus. „Ich bin noch immer viel zu empfindlich, was Kritik betrifft“, verteidigte er sich. „Mir tat das wirklich weh, es machte mich eine Zeit lang völlig fertig, und ich begann noch heftiger zu trinken als je zuvor.“

Der Cult-Mythos besagt, dass Astbury bei den Sessions für *Electric* fast ständig weggetreten war, und er selbst gibt zu: „Als wir *Electric* einspielten, war ich jeden Tag bei den Aufnahmen betrunken. Diese Platte ist wie mein böser Zwilling, sozusagen Mr. Hyde, während *Love* Dr. Jekyll war. Wir haben die ganze Zeit nur gesoffen. Ich war ständig hackedicht und kann mich überhaupt nicht daran erinnern, irgendwann auch mal nüchtern gewesen zu sein."

Begonnen hatten die *Electric*-Sessions in Richard Bransons luxuriös ausgestatteten Manor-Studios in der Nähe von Oxford unter der Leitung von Steve Brown, der bereits *Love* produziert hatte. Aber nur wenige Wochen nach Fertigstellung hatten Astbury und Duffy das Gefühl, dass der Platte etwas fehlte. Brown, beklagte sich Duffy, war wieder nach demselben Muster verfahren wie bei *Love*. „Aber wir hatten uns geändert."

Im November 1986 flog er mit Astbury nach London, wo Def-Jam-Boss Rick Rubin sich bereit erklärt hatte, die wichtigsten Titel des Albums noch einmal neu abzumischen. Aus der Remixsession wurden schließlich komplett neue Aufnahmen, und letzten Endes verwarfen Cult das gesamte zuvor erarbeitete Material und fingen unter Rubins Anleitung noch einmal von vorn an. Vier Monate nach dem geplanten Veröffentlichungstermin von *Electric* erschien im Februar 1987 mit „Love Removal Machine" die erste Frucht dieser Arbeit. Die nächste Single, „Lil' Devil", wurde wenig später, zeitgleich mit dem Album selbst, veröffentlicht, und dann gingen Cult auf Tour.

Auf einer kurzen Englandtournee stellten sie sich in leicht veränderter Besetzung vor. Jamie Stewart hatte die Rhythmusgitarre übernommen, und Kid Chaos, früher bei Zodiac Mindwarp, stand nun am Bass. Drei Jahre waren vergangen, seit sie als Vorgruppe von Big Country in der Wembley-Arena gespielt hatten, und jetzt standen sie wieder vor den hohen Rängen – diesmal wohlverdient als Headliner.

Wichtiger war jedoch die Entwicklung, die sich in Amerika vollziehen sollte. *Electric* verschaffte der Band erstmals einen Eintrag in den Top Forty, und die Videos zu den Songs der Platte sind heute noch ein fester Bestandteil des Musikfernsehens. Vor allem aber war *Electric* mit seinem herrlichen Gitarrenkrach, den aufrüttelnden Refrains, den überwältigenden Glam-Einflüssen und seinen Texten, die sich hauptsächlich mit den billigen Vergnügungen des Rock 'n' Roll-Lifestyles zu beschäftigen schienen, ganz deutlich der Wegbereiter für die Glam-Metal-Welle, die sich anschickte, die zeitweilig stagnierende Musikszene in den USA in der zweiten Hälfte der Achtziger gründlich durchzuschütteln.

„Das war gar nicht unsere Absicht“, behauptete Astbury, „aber es war natürlich ein schönes Gefühl. Die ganze Szene veränderte sich, und wir wurden ein Teil davon. Wahrscheinlich war es unvermeidlich, weil es schien, als ob Punk in den Achtzigern gescheitert sei. Plötzlich war Phil Collins allgegenwärtig ... Phil Collins war Buddha, Mick und Keith, Bruce Springsteen, Sting, Eric Clapton ... die Live-Aid-Gesellschaft übernahm die Herrschaft, und jüngere Bands kamen nicht mehr nach oben, weil diese Hierarchie kein Durchkommen ermöglichte. Ich meine, wie schafft man es, an Phil Collins vorbeizuziehen?

Dann hatten Ende der Achtziger Bands wie Metallica oder Guns N' Roses ihren Durchbruch, und die Rapszene kam ins Rollen. Plötzlich passierte wieder etwas, und wohin diese Entwicklung auch immer führen würde, zumindest fand eine Wachablösung statt. Die Siebziger-Rocker mit ihren Spandexhosen verabschiedeten sich, und die Pudelrocker der Achtziger rückten nach. Allerdings dauerte es nicht lange, und die neuen Gesichter glichen den alten bis aufs Haar – Guns N' Roses sind heute selbst das Establishment, und wir standen eine Zeit lang ganz gefährlich an derselben Schwelle.

Aber es machte auf gewisse Art auch Spaß, so nah am Abgrund entlangzurasen. Wir hatten da eigentlich nichts zu suchen, aber wir fanden es ziemlich aufregend, uns in dieser Welt umzusehen, uns mit diesen Leuten zu messen und festzustellen, dass wir gar nicht so schlecht dabei abschnitten. Das war wirklich unglaublich.“

Cult waren in dieser Besetzung 1987 unablässig in den USA auf Tournee. Im Frühjahr und Sommer zogen sie dort mit Billy Idol durch die Sportarenen und spielten fast vier Monate lang jeden Abend vor einem Publikum mit vier- bis fünfstelligen Zuschauerzahlen. Nachdem sie derart um neue Fans geworben hatten, zogen sie erneut los, dieses Mal als Headliner, wobei die noch unerfahrenen Frischlinge von Guns N' Roses sie als Vorgruppe begleiteten. Es war eine Tour, die Stoff für endlose Rocklegenden bot und die ebenso viele Histörchen über betrunkene Aussetzer wie über demolierte Hotelzimmer zu bieten hatte. Als Cult im März 1988 endlich eine Tourneepause einlegten, waren sie ebenso erledigt wie kurz zuvor Mission.

Gene Loves Jezebel hatten derweil mit einer völlig anderen Art von Chaos zu kämpfen. Der Erfolg von „Desire“ hatte die Band enorm unter Druck gesetzt, und vor allem auf den Zwillingen lastete eine ungeheure Erwartungshaltung. Zum ersten Mal in ihrem Leben mussten sie sich mit einem Thema auseinander setzen, dessen Existenz sie zuvor noch nicht einmal geahnt hatten, nämlich mit der Frage, wie weit sie für ihren Erfolg wirklich gehen würden.

Michael Aston: „Für mich war es schwer, [Pete] Rizzo und [Chris] Bell meine Ziele zu vermitteln, weil sie aus der Mittelklasse kamen und einen bourgeoisen Background hatten. Daher verstanden sie nicht, was Michael Aston antrieb. Jay verstand das auch nicht, weil er bei so was auch eine sehr puritanische Einstellung hat. Für ihn musste ein Song Harmonien haben, die Bridge musste da- und der Refrain dorthin. Aber ich komme mehr aus der Schule von Patti Smith, wo die Emotionen, der Vortrag und das, was man rüberbringt, viel wichtiger sind als die Summe bestimmter Teile.

Auf der Bühne bin ich der Schamane. Jay fragt mich immer, weshalb ich nicht still stehen kann. Aber mir ist es egal, ob ich wie Isadora Duncan auf LSD aussehe, ich muss meine Gefühle ausdrücken. Ich komme von der Performancekunst, ich habe am ICA gearbeitet und viele Künstler erlebt. Für mich ist es etwas sehr Großes, Überwältigendes, wenn man zum Beispiel sieht, wie jemand zu Musik tanzt und sich dabei wirklich ausdrückt."

James Stevenson stand dabei diesen Zielen Michael Astons ebenfalls im Weg. Jay schwärmte: „James liegt mit mir musikalisch fast genau auf einer Wellenlänge. Ich kann ihm etwas vorspielen, und er kann es in etwas völlig anderes umsetzen. Wir mögen beide interstellare Gitarren, diesen Sound, der einen einfach umwirft, aufweckt und hoffentlich sogar zum Weinen bringt. So, als ob man sein Leben feiern möchte."

Michael hingegen konnte den Gitarristen einfach nicht verstehen: „Ich erinnere mich, dass ich einmal mit James zusammensaß und schockiert herausfand, dass er Bob Dylan nicht mochte. Mir ist egal, was die Leute über Dylan sagen, er ist einfach ein fantastischer Texter. Das nicht zu begreifen ist, als würde man sagen, dass Picasso in der Kunst keine Rolle spielt. Ich will nicht sagen, dass Dylan so gut ist wie Picasso, es gibt sicher viele bessere Dichter, aber die Kombination aus seiner Musik, seiner Präsentation und allem anderen, das muss man einfach anerkennen. Aber James liebt die Velvet Underground, und das kann ich nicht nachvollziehen. Wir hatten schlicht eine unterschiedliche Philosophie. Rückblickend betrachtet war die Entscheidung, James in die Band zu bringen, vielleicht eine unserer schlechtesten, vor allem, was die Arbeitsbeziehung zwischen Jay und mir betraf."

„Musikalische Differenzen" bezeichnen im Musikgeschäft eine Vielzahl verschiedener Sünden, von Persönlichkeitskonflikten bis zur Abhängigkeit von bestimmten chemischen Substanzen, aber in diesem Fall verbarg sich dahinter genau das, was der Begriff wortwörtlich bedeutete, und daran zerbrach die Band allmählich. Als Gene Loves Jezebel wieder ins Studio gingen, um das nächste Album aufzunehmen – die Platte, die sie nach Meinung ihres Labels Geffen in den USA endgültig groß rausbringen würde –, war Michael Aston „unglücklich und verzweifelt. Also verließ ich die Band. Ich mag James als Mensch sehr, aber ich denke, er hat unsere Vision wirklich eingeschränkt, weil er sich zu der eher poppigen Seite hin orientierte, die Jay vertrat, wobei die nur einen Teil seiner musikalischen Interessen darstellt. Meiner Meinung nach verloren Gene Loves Jezebel dadurch das Künstlerische, und ich mit meiner Sichtweise, bei der es um Kunst und Performance ging, wurde völlig ausgegrenzt."

Sein Bruder stimmte dem zu – mit Einschränkungen. „Mike hat Recht, James hat uns in eine leicht poppigere Richtung geführt. Er kommt aus einer ganz anderen Ecke als Mike und ich. Manche Leute haben gesagt, das Genie von Gene Loves Jezebel zeigte sich an den Sachen, die James und ich gemeinsam machten, andere Leute schätzen die dunklen Seiten mehr. ‚Stephen' [aus *Immigrant*] ist der klassischste Song, den ich je geschrieben habe, ein sehr düsterer Titel, und das hat etwas sehr Schönes an sich, etwas Verletzliches. Aber auch in den poppigen Sachen findet sich diese Verletzlichkeit. Ich denke, beim kreativen Prozess bezieht man sich immer auf den Punkt, an dem man im Kopf gerade ist. Man kann dann die richtig dunklen Bereiche erforschen, aber man kann auch durchatmen, die Selbstmordgedanken beiseite schieben und sich an einem Lichtblick, einem Funken festhalten.
Was den Leuten an den Sachen von James und mir nicht gefiel, war oft unsere Melodieverliebtheit. Wir haben uns da stets gegenseitig inspiriert, und darin lag für mich das Geniale, aber viele Leute haben das nicht verstanden. Sie wollten lieber eine grausige Vergewaltigungsgeschichte oder dergleichen hören, das war ihnen wichtig. Für mich gibt es immer diese andere Seite, beispielsweise die Genialität der perfekten Popsingle."

Genau diese Popsingles wünschte sich natürlich Geffen für das nächste Album, *House Of Dolls*. Jay Aston: „Man vergisst, welchen Druck die Plattenfirma bezüglich dieser Platte auf uns ausgeübt hat.

Sie hatten viel Geld ausgegeben, und für dieses Geld wollten sie ein Produkt sehen. Es ging nur ums Geschäft. Es war ein Albtraum."

Als die Aufnahmesessions näher rückten, ging Geffen auf die Suche nach einem passenden Produzenten, der die Magie der Band zur Geltung bringen würde. Man einigte sich auf Jimmy Iovine, der bereits eine Reihe von Megamillionensellern zu verantworten hatte, von Dire Straits bis Stevie Nicks und von den Simple Minds bis Joan Jett. Das Abenteuer war nach einer einzigen Single wieder vorbei. Nachdem „Motion Of Love" zu jedermanns Zufriedenheit fertig gestellt worden war, wie man glaubte, erfuhren Gene Loves Jezebel zu ihrem Entsetzen, dass Geffen bei Iovine einen völlig neuen Mix bestellt hatte, der schließlich erstellt wurde, als die Band nicht einmal im Land weilte. Jay Aston erinnert sich schaudernd: „Als ‚Motion Of Love' aus L. A. zu uns zurückgeschickt wurde, hatte es sich in einen grässlichen kleinen Song verwandelt, überhaupt nicht wiederzuerkennen. Das Original war reinste Joy Division. Und jetzt kam der Song als hübsche kleine Popnummer zurück."

Die Band weigerte sich, je wieder mit Iovine zu arbeiten, und schlug nun ihrerseits Produzenten vor. Vor allem Michael Aston machte sich für Dave Allen stark, der die letzten Cure-Alben produziert hatte; wenn das nicht ging, dann sollte es wieder John Leckie sein. Geffen ignorierte ihn völlig. Stattdessen schlug man vor, erneut mit dem „Desire"-Produzenten Peter Walsh zu arbeiten, und der Rest der Band, der einfach allmählich mit der Arbeit anfangen wollte, stimmte zu. Es war eine Entscheidung, die sie bald bereuten.

„*House Of Dolls* war eine Platte, die eigentlich niemand von der Band wirklich mochte", sagte Jay. „Die Songs sind großartig, die haben uns immer, wenn wir sie live gespielt haben, viel Spaß gemacht, egal, in welcher Besetzung. Aber unserer Meinung nach konnte das Album die Songs nicht richtig einfangen. Uns gefiel die Produktion nicht, sie war zu glatt, und damit waren wir schon bei der Entstehung nicht einverstanden. Man hat uns sehr verarscht, und man darf nicht vergessen, dass in den Achtzigern Produzenten echte Alleinherrscher waren. Bei ‚Gorgeous' wurde völlig unsinnig geschnitten, der Song ist überhaupt nicht mehr verständlich. Das war so frustrierend. Plötzlich waren wir gezwungen Sachen zu singen, die wir gar nicht singen wollten."

Die Frustrationen verstärkten sich immer mehr, bis sie schließlich durch einen überraschenden Schlag ein Ende fanden. Nachdem zwei

Songs im Kasten waren, verließ Michael Aston die Band. Seine Bombe platzte nur wenige Tage, bevor Jay dieselbe hatte zünden wollen. „Ich wollte die Band verlassen. Das war mein ursprünglicher Plan. Nur bekam Michael die ersten Vorzeichen in den falschen Hals und dachte, wir wollten *ihn* loswerden. Und plötzlich stand ich da mit einer Band, die ganz und gar auf meiner Seite war – oder mich ausgesucht hatte, weil sie mich für das Pferd hielt, auf das es sich eher zu setzen lohnte."

Bei Geffen ließ man sich von diesem Durcheinander weiter nicht beeindrucken – derartiges Chaos machte für die Plattenfirma keinerlei Unterschied. *House Of Dolls* erwies sich als überwältigendes Album, zumindest was die damaligen Soundstandards betraf. Eine wasserdichte Rhythmusgruppe, glitzernde Gitarren, heulender Gesang, der aufregende Laszivität versprühte – das alles zeigte, dass sich die Band meilenweit von *Promise, Immigrant* oder selbst *Discover* wegentwickelt hatte. Aber dennoch traf sie nach wie vor mitten ins Herz Amerikas. „Motion Of Love", „Suspicion" und „20 Killer Hurts" erwiesen sich allesamt als Dauerbrenner in den Clubs und bei MTV; „20 Killer Hurts" schaffte es sogar bis in eine Folge von *Miami Vice*. Und aus der Sicht des Labels war das alles, worauf es ankam.

Zwar hatte Michael Aston bei den Aufnahmen nur eine sehr kleine Rolle gespielt, aber er blieb nach wie vor ein entscheidender Bestandteil der Band – umso mehr, da nun die Promoter und Bookingagenturen zu arbeiten begannen und Gene Loves Jezebel eine sechsmonatige Welttournee organisiert hatten. Sie sollte zu Beginn zwei Monate lang durch die amerikanischen Stadien führen, wo die Band gemeinsam mit Echo and the Bunnymen und New Order eingeplant war, dann ging es weiter nach Südamerika, Japan und Europa, bevor man dann im Januar 1988 wieder in die USA zurückkehren und weitere drei Monate lang durch Clubs und kleinere Hallen ziehen würde. Die Brüder willigten ein, die Vergangenheit zu begraben, und beschlossen eine Reunion. Das kleine Problem dabei war, dass sich die Vergangenheit weigerte, dauerhaft in ihrem Sarg zu bleiben.

Auf der Tournee verstärkten sich die Spannungen zwischen den Zwillingen. Wenn sie nicht stritten, sprachen sie gar nicht miteinander. Als die Band schließlich im Frühjahr 1988 wieder nachhause zurückkehrte, hatte Michael Aston den festen Entschluss gefasst, nach Los Angeles zu ziehen, wo er eine Solokarriere in Angriff nahm. Jay blieb in London, um sich um die Band zu kümmern. Zwar kamen sie Ende

1988 wieder zusammen, nachdem sie ein halbes Jahr Abstand voneinander hatten gewinnen können, aber es war offensichtlich, dass sich in dieser kurzen Zeit an ihrem Verhältnis nichts geändert hatte. Eine Hand voll unzusammenhängender Sessions mit dem Produzenten Steve Brown endeten in nervenaufreibendem Durcheinander, und Michael Aston stieg wieder aus – dieses Mal für immer.

Allerdings hatte diese letzte Amerikatournee insofern auch ihr Gutes, als sie einem Aufsteiger die Türen öffnete. Flesh For Lulu ergriffen diese Gelegenheit mit beiden Händen.

Die Lulus waren als Nachzügler auf der amerikanischen Rockszene erschienen, ebenso wie sie – zumindest nach Meinung missliebiger, gehässiger Kritiker – erst reichlich spät auf der britischen Gothic-Szene aufgetaucht waren.

Ihr zweites Album, *Big Fun City,* bestätigte zwar nicht alle Hoffnungen, die ihr brillantes Debüt geweckt hatte, machte sie aber definitiv auch nicht zunichte. Die Medien reagierten mit Zurückhaltung, allerdings vor allem, weil Gerüchte kursierten, dass Flesh For Lulu schon wieder vor der Auflösung standen, eine Vermutung, die neue Nahrung bekam, als die Band das nächste Jahr über kaum etwas von sich hören ließ. Ende 1986 startete sie jedoch wieder durch, mit einer engelsgleichen neuen Single, die den Titel „Idol" trug. „Siamese Twist" folgte im Jahr darauf, bevor Flesh For Lulu selbst die zynischsten Zweifler mit ihrem dritten Album zum Schweigen brachten, das den selbstbewussten Titel *Long Live The New Flesh* trug.

Die Lulus standen inzwischen bei Beggars Banquet unter Vertrag und hatten sich sozusagen als schräge Popband neu erfunden, wobei sie bei Bedarf nach wie vor in der Lage waren, in dunkle Wasser einzutauchen (beispielsweise in das Death-Country-Opus „Dream On Cowboy"). Sie genossen es aber auch, mit schlichten überschäumenden Melodien Erinnerungen an Sixties-Hits wach werden zu lassen. Sie hatten gerade ein Jahr damit verbracht, das neue Album zu promoten, als sie die Möglichkeit bekamen, ihre Labelkollegen Gene Loves Jezebel auf ihrer US-Tournee zu begleiten.

Zwar nutzten die Lulus das Durcheinander bei den Headlinern nicht direkt aus, aber sie lieferten Auftritte ab, die mit Sicherheit wesentlich leichter konsumierbar waren als die oft von Reizbarkeit und Zorn geprägten Darbietungen von Gene Loves Jezebel. *Long Live The New Flesh* schob sich daraufhin in die Top Seventy in den USA, zu einer

Zeit, als man die Verkäufe in Großbritannien an einer Hand abzählen konnte, was in etwa auch dem dortigen Bekanntheitsgrad der Band entsprach. „Und im Lauf der Zeit vergaßen wir England ganz einfach", meint Rocco. „Die englische Presse gab uns nie eine Chance." Amerika wiederum konnte gar nicht genug von ihnen bekommen.

Die Fields of the Nephilim zeigten sich Ende der Achtziger erstaunlich kraftvoll. Seit Beginn des Jahres 1987 hatte sich die Band auf die Veröffentlichung ihres Debütalbums *Dawnrazor* vorbereitet, das im Mai veröffentlicht wurde und sich in Großbritannien und allmählich auch im restlichen Europa an die Spitze der Charts vorkämpfte.

Dawnrazor erwies sich als Album mit Schwächen, das gelegentlich kurzsichtig und – wenn man in solchen Bahnen dachte – heftig abgekupfert daherkam, aber es besaß alle Qualitäten, die man angesichts der Liveshow der Band hätte erwarten können – zwar in das Korsett der Studiodisziplin gezwängt, aber dennoch locker und schimmernd genug, um die Faszination der Konzerte einzufangen. Der Gesang konzentrierte sich größtenteils auf ein lautes Knurren, die Gitarren heulten dunkle Hymnen heraus, und bei diesen Ingredienzen bot es sich an, die Fields als neue, wenig einfallsreiche Reiter der Apokalypse abzutun. Aber gleichzeitig steckte in diesem Stück Vinyl eine brennende Überzeugung, die befürchten ließ, dass man sich sofort in einen bekehrten Fan verwandeln würde, wenn man nur einmal den Kritikerblick außer Acht ließ und sich dem herrlichen Krach der Fields einfach nur so hingab.

Tatsächlich passierte in vielen Fällen auch genau das. „Power", das vom Album ausgekoppelt und für den Soundtrack des italienischen Horrorfilms *Demons 2* lizenziert worden war, kam an die Spitze der britischen Indie-Charts, und die wiederveröffentlichte *Burning The Fields* machte es ihm nach. Auch Deutschland erlag dem Charme der Fields of the Nephilim. In England zählten sie zunächst einmal vor allem zu den Helden des ansonsten erwartungsgemäß langweiligen Reading-Festivals, und wer sich die Mühe gab, ein wenig über den Tellerrand dessen hinauszublicken, was ihm von den jeweiligen Musiksendern vorgesetzt wurde, entdeckte schnell, dass Fields of the Nephilim mit einigen der bemerkenswertesten Videos der damaligen Zeit aufwarten konnten.

„Preacher Man" entstand beispielsweise mit Richard Stanley (dem Schöpfer der apokalyptischen Filmvision *Mark 13*), der Zombies, Mutanten, Cowboys und Friedhöfe über den Bildschirm flimmern ließ, während „Blue Water" eine Atmosphäre verströmte, die stark an *Mac-*

beth erinnerte – beide Clips zählen zu den besten ihres Genres. Aber wie das Magazin *Helter Skelter* feststellte: Man musste sich schon viel Mühe geben, um sie zu Gesicht zu bekommen – im Fernsehen liefen sie jedenfalls nicht.

„Na ja, es war nicht unbedingt die Art von Video, die leicht akzeptiert wird, nicht wahr?", meinte Pettit dazu. „Die meisten Videos heutzutage sind Livemitschnitte, bei denen jeder richtig toll aussieht, lächelt und sich klasse fühlt, und sonst gibt's noch Autos und Frauen und so weiter. Wenn man mit etwas kommt, das ein bisschen anders ist, will das keiner wissen. Im Moment scheint es in erster Linie darum zu gehen, solche Videos zu machen … man muss gar nicht über die Musik nachdenken, so wie bei Stock, Aitken und Waterman und diesem ganzen Scheiß. Es gibt einfach nur einen Beat, und dazu rennen irgendwelche Leute rum und lachen. Wobei ich damals eigentlich erwartete, dass die Leute bei Sendern wie Channel Four [ein britischer Privatsender, der in den Achtzigern mit unkonventionellem Programm begann; *Anm. d. Ü.*] mehr Hirn hätten und vielleicht was anderes probieren würden." Wie sich herausstellte, war man dort aber auch nicht abenteuerlustiger als bei *Top of the Pops*.

1987 gingen die Fields auch erstmals in den USA auf Tournee, obwohl dieser Ausflug im Gegensatz zu den groß angelegten Unternehmen anderer Bands, die dort unbedingt den Durchbruch schaffen wollten, bewusst klein gehalten wurde, um, wie Pettit sagte, „nur einmal auszuprobieren, wie wir dort überhaupt ankommen würden". Fields of the Nephilim waren dabei darauf bedacht, ihre Fühler auszustrecken, aber möglichst unversehrt wieder nachhause zurückzukehren, und stellten deshalb lange vor Tourneebeginn ihre Bedingungen. Es sollte, wie Pettit erklärte, „keine große Werbekampagne und keinen Hype" geben, eine wichtige Überlegung, „weil RCA, bei denen wir in den USA unter Vertrag standen, es ja auch hätten übertreiben können. Sie hätten versuchen können, uns den Leuten aufzudrängen, und so eine Band sind wir nun mal nicht. [Aber] die Reaktion war positiv …" Nach ihrer Rückkehr führten die Fields ihren langsamen Aufstieg daheim fort.

Andrew Eldritch beobachtete die Szene ähnlich distanziert, während er sich auf einen neuen Sprung vorbereitete, mit dem er den Namen der Sisters of Mercy ein für alle Mal für sich beanspruchen und sich erneut als Garant für fiebrige Großartigkeit ins Spiel bringen wollte. Inzwischen hatten ihn alle Mitstreiter außer Patricia Morrison und dem stets getreuen Doktor Avalanche verlassen, aber der Produzent Jim Steinman erbot sich, den Mangel an Bandmitgliedern wettzumachen, und in Eldritchs Hamburger Domizil wurden nun die Pläne für ein derart absichtlich protziges Projekt geschmiedet, wie es das in der bisherigen verwickelten Geschichte der Sisters noch nicht gegeben hatte.

Nachdem Eldritch oft mit der Bemerkung zitiert worden war, Motörhead seien eine der wichtigsten Bands der jüngsten Zeit, hätte man erwarten können, dass sich eine solche Einstellung auf den Sound auswirken würde. In diesem Licht erschien Steinman eine höchst bizarre Wahl – aber war er das wirklich? Die Bedeutung von Motörhead lag schließlich nicht in ihrer Fähigkeit, mühelos jede Schmerzgrenze zu durchbrechen, sondern im schieren Bombast und der Wuchtigkeit ihres Sounds und im Aufbau riesiger, uneinnehmbarer Sinfonien, die in Power-Trio-Tarnung daherkamen. Steinman hielt sich an genau diese Formel, drehte sie nur noch durch den Wolf größerer klanglicher Komplexität. Der Produzent, der im Gefolge von Todd Rundgren erstmals als Verantwortlicher für Meat Loafs genial übertriebene *Bat Out Of Hell* ins Rampenlicht getreten war und danach eine Reihe ausgewählter anderer gigantomanischer Projekte abgeliefert hatte (unter denen sich Bonnie Tylers „Total Eclipse Of The Heart" ebenso befand wie seine ausgesprochen durchgeknallten Soloveröffentlichungen), hatte die Adrenalinpumpe ebenso fest im Griff wie Lemmy. Und diesen Griff, meinte Eldritch, mussten die Sisters zu spüren bekommen.

„This Corrosion", das Eldritch als „Macht, die dem Unglück ins Gesicht lacht" beschrieb, erschien im September 1987. Der Song segelte auf den Wellen eines breiten, opernhaften Backgrounds (der von der vierzigköpfigen New York Chorale Society gestellt wurde) und zwang selbst den zynischsten Zuhörer, so etwas wie Spannung und Ehrfurcht zu empfinden. Im Grunde war es ein neuer Schlag gegen Mission, obwohl Eldritch sich ein wenig kokett gab, als dem *Melody Maker* verriet: „Es ist direkt an jemanden gerichtet, und man muss kein Genie sein, um herauszufinden, wer gemeint ist, obwohl der Betreffende selbst wohl eine Weile dazu brauchen wird. Ich finde es peinlich, wenn ich dabei zusehen muss, wie Menschen sich für ihre absurde Vorstellung von Rock 'n' Roll erniedrigen."

„Wake (RSVP)" war damit überaus angemessen beantwortet worden, aber in „This Corrosion" steckte weitaus mehr als zickiges Giftversprühen. Zum Beispiel eine gewisse „geniale Dämlichkeit", wie Eldritch grinsend erklärte. Oder sein „Bombast", diese effektive Wuchtigkeit, die es vom Klang her zu einer der beeindruckendsten Aufnahmen seiner Zeit machte. Dazu wurde der Song von einem Video begleitet, bei dem Stuart Orme Eldritch und Morrison in nasse Lederkleidung gesteckt hatte und sie vor einer Industriebrache in den Londoner Docklands abfilmte, und auch dieser Clip war ausgesprochen einprägsam und einzigartig. Dabei hätte er direkt noch dramatischer ausfallen können: Eldritchs eigentliche Vision hatte Einstellungen von in Käfigen gehaltenen Amerikanern vorgesehen, die von rebellierenden Menschen aus Nahost verhöhnt wurden. Die Plattenfirma, die an die Richtlinien von MTV und gewisse politische Empfindlichkeiten dachte, bestand allerdings darauf, diese Szenen herauszuschneiden.

Leider erstreckte sich Eldritchs Zusammenarbeit mit Jim Steinman lediglich auf einen weiteren Titel des kommenden Sisters-Albums, das ebenso gewaltige „Dominion/Mother Russia", ein überbordendes Gebilde aus krachenden Drums, opernhaften Chören, Stentorstimmen und einem Rhythmus, der jedem Marathon gewachsen war.

Die Albumversion (für die Single wurde der Titel editiert) ist ein mächtiges Stück Musik, ein erhabenes Werk, in dem eine mit Hinweisen auf die Tschernobyl-Katastrophe gespickte antiamerikanische Haltung verborgen war. Für das Video zum Song reisten Eldritch und Morrison in die antike Stadt Petra, um dort einen Abenteuerclip mit halbwegs kohärenter Handlung zu filmen. Aber in einem Interview mit dem *Melody Maker* malte Eldritch das Bild, das er eigentlich im Kopf gehabt hatte: nämlich wie Amerikaner „sich in ihren Wohnwagensiedlungen zusammenkauern, während Mütterchen Russland auf sie niederregnet. Sie haben das verdient."

Floodland erschien im November 1987 und wurde einstimmig zum Meisterwerk erklärt, das sich meilenweit von dem Stil entfernt hatte, mit dem die Sisters ursprünglich bekannt geworden waren. Es hielt tatsächlich all das bereit, was Eldritch zu zeigen versprochen hatte, nachdem er das „tote Holz", wie er es nannte, weggeschnitten hatte – ein Ausdruck, der klar darauf hinwies, wie er sich eine funktionierende „Band" vorstellte. Die Sisters of Mercy waren allein seine persönliche Vision.

Zwar waren das Album und die daraus ausgekoppelten Singles äußerst erfolgreich – „Dominion" und „Lucretia, My Reflection" (das laut Eldritch als Willkommensgruß für Patricia Morrison gedacht gewesen war) folgten „This Corrosion“ in die britischen Top Twenty –, aber Eldritch weigerte sich dennoch, das Album live vorzustellen. Stattdessen lehnte er sich zurück und ließ die Videos die Arbeit machen, wobei die Szenerie aus „Lucretia, My Reflection“, die eine Baumwollfabrik in Bombay zeigte, das Muster für sämtliche Industrialclips der nächsten fünf Jahre vorgab. Diese unerwartete Haltung stellte schnell klar – ebenso wie die giftigen Seitenhiebe der unveröffentlichten Szenen von „This Corrosion“ oder seine Idee hinter „Mother Russia“ –, dass dieses Pferdchen aus dem Gothic-Stall keineswegs im Sinn hatte, in Amerika die verlockenden grünen Yankee-Dollars abzugrasen.

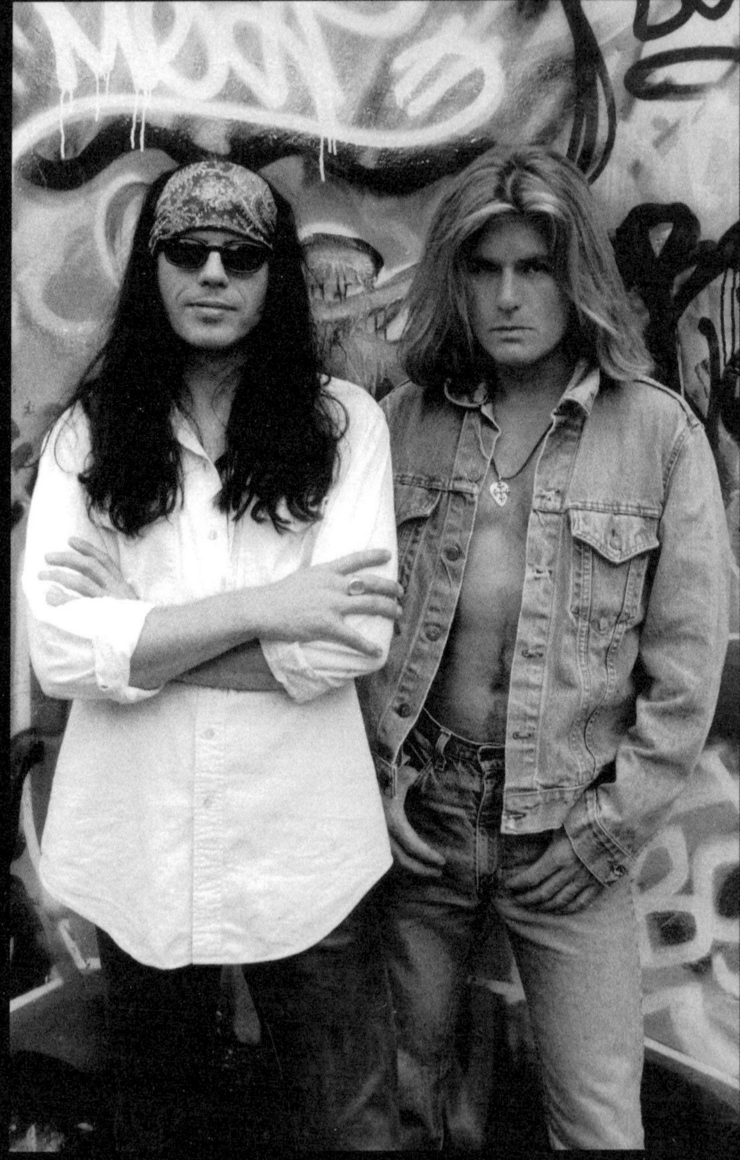

Ian Astbury und Billy Duffy von Cult *Bleddyn Butcher*

DREIZEHNTES KAPITEL

FÜNFZIG APPARATE UND EIN SCHWARZES HERZ

in dem der Leser erfährt, weshalb plötzlich Singles von den Cure, den Cult und drei Bauhaus-Vierteln zu den bestverkauften Platten in den USA gehören. Die Sisters und die Jezebels finden ebenfalls eine neue Bestimmung, aber es ist nicht immer nur Hochmut, der vor dem Fall kommt – manchmal sind es auch Hits.

„Und so waren nur Billy und ich noch übrig und mussten uns miteinander auseinander setzen. Zu dieser Zeit entdeckten wir die Schulden und den ganzen schief gelaufenen Papierkram, die wir noch aus der Vergangenheit mit uns rumschleppten. Wir bekamen Streit mit unserem neuen Manager, und irgendwann war die ganze Sache nur noch reinster Zynismus. Es war schrecklich. Wie so eine Geschichte aus einem dieser alten B-Movies, wo irgendwie so fünfzig medizinische Apparate ein einziges winziges schwarzes Herz am Leben erhalten."

Ian Astbury

Während die Sisters sich mit voller Absicht den musikalischen Anforderungen des Rock'n' Roll-Lifestyles entzogen, versuchten Mission endlich, Abstand von dessen körperlichen Auswirkungen zu gewinnen.

Anfang August 1987 waren die Tourneen zunächst einmal vorbei, und nur noch ein Auftritt als Headliner beim Fünfundzwanzig-Jahre-Jubiläum des Reading-Festivals unterbrach eine Ruhephase, in der die verbliebenen drei Musiker damit beginnen konnten, die verbrannten Brücken zwischen ihnen und Adams zu reparieren und ihn (nicht völlig gegen seinen Willen) zurück zur Band zu locken. Gemeinsam machte man sich an die Aufnahmen des zweiten Albums.

Die Sessions, die auf dem alten Spielplatz von Cult, den Manor-Studios, stattfanden, dauerten fast bis zum Jahresende. Mission waren bemüht, eine Platte abzuliefern, die nicht nur allen Erwartungen gerecht werden würde, die seit dem Debüt auf ihnen lasteten, sie sollte auch die gern geäußerte harte Kritik an den musikalischen Fähigkeiten der Band von einer ganz neuen, verwirrenden Seite beleuchten – schließlich hatte es stets geheißen, Mission seien (wie schon die Sisters of Mercy vor ihnen) nichts weiter als eine Neuauflage von Led Zeppelin und ebenso wie diese haarigen Rockdinosaurier geneigt, auf übertriebene Unglaubwürdigkeiten und bedeutungslosen Symbolismus zurückzugreifen. Prompt holten Mission den Led-Zeppelin-Bassisten John Paul Jones als Produzenten an Bord.

Im Vorfeld hatte man sich einander äußerst vorsichtig angenähert. Mission sprachen Jones an, nachdem sie gehört hatten, dass er zur Erweiterung seines Horizonts über die Arbeit mit „neuen" Bands nachdachte. Jones hingegen war zu Anfang wenig begeistert, da ihm die Presseberichte über die Band zunächst nicht gerade den besten Eindruck vermittelt hatten. Nachdem er *God's Own Medicine* gehört hatte, bekam er zwar eine etwas bessere Meinung, doch die erhielt wieder einen Dämpfer, als er im Elland-Road-Stadion von Leeds United einen wenig überzeugenden Mission-Auftritt im Vorprogramm von U2 miterlebte.

Als er die Band jedoch kennen lernte, änderte er seine Einstellung erneut; für Mission veränderte das Treffen mit Jones ihre ganze Perspektive, was die Studioarbeit betraf. Tim Palmer, der Produzent ihres ersten Albums, hatte ihnen erlaubt, über die Songs so schnell und wild herzufallen, wie sie wollten. Jones hingegen arbeitete mit peinlicher

Genauigkeit und konnte Tage damit verbringen, auch das kleinste Detail eines Songs perfekt auszufeilen.

Mission gingen auf jede seiner Anweisungen ein – einzig und allein Jones' Bedenken angesichts des nach wie vor ungezügelten Amphetaminkonsums der Musiker sorgten während der Sessions gelegentlich für leichte Spannungen. *Children,* dem die hymnische Single „Tower Of Strength" vorausging, erschien im März 1988 und bewies, dass sich diese neue Herangehensweise bezahlt gemacht hatte. Mission waren immer noch klar erkennbar sie selbst, umgeben von einem augenzwinkernden Hauch von Gothic-Klischees und schamlosen Siebziger-Rockexzessen. Darüber hinaus aber war *Children* das beste Zeppelin-Album, das Page und Co. nie eingespielt hatten – im positivsten Sinn.

Es war zudem eine äußerst persönliche Platte. Vor kurzer Zeit war Hussey zum ersten Mal Vater geworden, hatte sich aber inzwischen von der Mutter seiner Tochter Hannah getrennt. „Man spürt das Schuldgefühl eines Vaters, der nicht bei seinen Kindern lebt", ergänzte Hussey traurig.

Die Tiefe seiner Gefühle wurde jedoch noch von den weiten Klanglandschaften übertroffen, die diese Platte prägten. *Children* war eine sinfonische Rockerfahrung, und ihr Höhepunkt bestand wiederum in einer der Coverversionen, die Mission wie immer mit kluger Hand gewählt hatten. Als ob die Botschaft nicht auch so schon stark genug gewesen wäre, hatte sich die Band als Abschlusstitel die Ballade „Dream On" der amerikanischen Rockgiganten Aerosmith ausgesucht, die als hübsche Zusammenfassung ihrer Ambitionen gelten konnte.

Das ebenso offensichtliche wie überwältigende „Hymn (For America)" hingegen kam mit einem Riff daher, das direkt aus dem Fundus von Cult hätte stammen können und hier eine unheilige Allianz mit dem galoppierenden Rhythmus von „Immigrant Song" von Led Zeppelin einging. Die erste Strophe begann mit einem markerschütternden Schrei, und für das gewisse hymnische Flair sorgte ein Grundschulchor. Aber nur die Zeit – und die nächste US-Tournee – würde zeigen, ob sich dieses Land tatsächlich so leicht erobern ließ.

War die letzte Welttournee schon ein Riesenunternehmen gewesen, dann wurde es jetzt noch eine Nummer größer: Mission waren ein Jahr lang unterwegs und spielten dabei in sechsundzwanzig Ländern. Die Tour begann im Februar 1988 in Großbritannien (die neueste Besetzung von Mick Browns alter Band, Red Lorry Yellow Lorry, war als

Vorgruppe mit dabei) und führte dann hinaus in die weite Welt, auf eine Reise, von der nur gelegentliche Nachrichtenfetzen die Heimat erreichten, wenn sie von einem neuerlichen Konzerttriumph berichteten, von einem neuerlichen Backstage-Abenteuer und neu dazugewonnenen Fans, die ins Netz von Mission gelockt worden waren.

Schwierigkeiten gab es bei einer Reihe von US-Gigs, die Hussey und Co. dabei als Support von John Paul Jones' Led-Zeppelin-Kollegen Robert Plant absolvierten. Dieses Publikum wusste überhaupt nichts damit anzufangen, dass die Band die „Dream On"-Hymne gecovert hatte, und wartete danach ungeduldig auf das Ende ihres Auftritts. Aber Plant selbst liebte die Band und erklärte ihnen sogar, von allen Zep-Bewunderern, die er je gesehen hatte, kämen Mission dem Ideal seiner alten Gruppe am nächsten.

Mission gaben nun auch ihre ersten Headliner-Shows in den USA, wobei sie sich Balaam & the Angel als offenbar passendste Vorgruppe mit ins Boot geholt hatten, und auf dieser Tour gelang es ihnen erstmals, dieselbe Verbindung mit dem amerikanischen Publikum aufzubauen, die sie in Europa bereits geschaffen hatten. Sie waren nun raus aus den „Enormodomes", wie Brown die großen Hallen verächtlich nannte, und spielten in Clubs, in denen die Zuschauer ihren Schweiß riechen konnten, und dort erlebten Mission die größten Triumphmomente ihrer bisherigen Karriere (jedenfalls seit den frühen Clubgigs mit voller Eskimo-Unterstützung), was ihnen Lob von allen Seiten der Musikindustrie einbrachte.

Wahrscheinlich lag es nicht allein an „Hymn (For America)" – kein einzelner Song konnte so etwas leisten, wenn er nicht gerade ausgekoppelt und zur Monster-Hitsingle wurde. Aber die Art und Weise, die Romantik, mit der Mission das Land der unbegrenzten Möglichkeiten umwarben, ließ keinen Zweifel daran, dass sie das nächste Mal bis in höchste Höhen vorstoßen würden.

Auch Peter Murphy fuhr derweil die Ernte seiner sorgfältigen Karriereplanung ein.

Ganz ähnlich wie bei Love and Rockets hatte auch die Post-Bauhaus-Karriere Murphys mit einer radikalen Richtungsänderung und einer äußerst druckvollen Coverversion begonnen, nämlich mit „Final Solution" von Pere Ubu. Sie deutete bereits an (ebenso wie die im darauf folgenden Jahr veröffentlichte dynamische Neubearbeitung des Magazine-Glitterkrachers „The Light Pours Out Of Me"), dass der

Sänger sich ungeachtet der Hypotheken seiner Vergangenheit ganz und gar von den engen Grenzen seines bisherigen Image verabschieden würde.

Murphys Solodebüt *Should The World Fail To Fall Apart* erschien Mitte 1986 und erntete freundliche Kritiken, verkaufte sich aber nur schlecht – ein kurzes Gastspiel auf Platz zweiundachtzig der britischen Albumcharts schlug keine besonders hohen Wellen. Fairerweise muss gesagt werden, dass das Album tatsächlich hohe Ziele hatte, diese aber nur selten verwirklichte, und das trotz einer kurzen Reunion von Murphy und Ash, die unter besonders überraschenden Vorzeichen stattfand.

„Movement Of Fear" vom Tones-On-Tail-Album war, wie es allgemein hieß, als bösartiger Schlag gegen Murphy gedacht und wohl auch so verstanden worden. Murphy drehte den Text des Songs nun so um, dass er sich gegen seinen Autor, nämlich Ash, richtete, und schlug mit „The Answer Is Clear" zurück, wobei er dann sein Opfer dazu einlud, an dem Song mitzuwirken. Wie Murphy später amüsiert erzählte, ließ der Gitarrist es auf der Aufnahme so richtig krachen.

Trotz des offenkundigen Misserfolgs von *Should The World Fail To Fall Apart* zeigte sich bald, dass Murphy aus mindestens ebenso hartem Holz geschnitzt war wie Love and Rockets.

Zwar war es ihm nicht gelungen, das Album auf dem amerikanischen Markt zu veröffentlichen, aber dennoch beschloss Murphy, in den USA auf Tour zu gehen, und gab seine ersten Konzerte dort im Februar 1987 in Boston; achtzehn weitere Gigs folgten. Die Tour wurde ein großer Erfolg – wesentlich größer als die Konzerte in Großbritannien, wo das Meer leerer Sitzreihen beredtes Zeugnis darüber ablegte, mit welcher Schnelligkeit sich das einst so loyale Bauhaus-Publikum anderen Attraktionen zugewandt hatte. Murphy bemühte sich daher, die amerikanischen Konzertbesucher für ihre Treue mehr als reichlich zu belohnen.

Zwar konzentrierte sich das Liveprogramm größtenteils auf die in den USA unbekannte *Should The World Fail To Fall Apart,* aber Murphy fand stets Zeit, ein paar alte Lieblingssongs mit einzubauen und integrierte beispielsweise „The Passion Of Lovers", „Spirit", „Kick In The Eye" und „She's In Parties" in den Set. Murphy war auch nicht abgeneigt, kleine Häppchen von „Bela Lugosi's Dead" mit einfließen zu lassen – gerade genug, um die Leute von den Sitzen zu reißen, bevor er wieder die Bremse zog und in eine andere Richtung weiterdampfte.

Er erzeugte damit eine fantastische Spannung, die wahrlich großes Theater bot.

Aber damit wurde auch eine Erwartung geschürt, die Murphy eigentlich nicht wieder befriedigen wollte. Nach seiner Rückkehr begann er mit dem früheren B-Movie-Keyboarder Paul Statham neue Songs zu schreiben, und sein zweites Album, *Love Hysteria,* war geprägt von seiner neuen musikalischen Leidenschaft für die so genannte Weltmusik, die er kürzlich für sich entdeckt hatte.

Völlig überraschend war diese Entwicklung dabei nicht. Dead Can Dance, eine Band, die er seit ihrer Gründung bewundert hatte, setzten häufig Ethnoelemente ein, und Murphys spätere Ehefrau, die türkische Tänzerin Beyhan Foulkes, hatte ihm nicht nur die Ohren für die Musik ihrer Heimat geöffnet, sondern sorgte auch dafür, dass er sich der Fallen bewusst wurde, die sich beim Eintauchen in eine andere Kultur ergaben, wenn man nicht erst die Subkulturen kennen lernte, die mit dazugehörten.

„Das passiert in der Türkei schon viel zu oft", erklärte Murphy. „Man nennt es dort Arabesque, und dieser Ausdruck bezeichnet ein Mischmasch verschiedener Quellen, eine Verfälschung, die dort überhaupt nicht respektiert wird. Daraus habe ich gewissermaßen etwas gelernt. Heute wirkt so etwas leicht abgedroschen, es wurde viel zu oft benutzt und nicht immer mit Geschick, obwohl es Musiker gibt, die eine wunderbare Hand dafür haben, wie etwa Dead Can Dance. Aber da ich es nun mal nicht ordentlich hinbekomme, halte ich mich lieber davon fern und betrachte die Sache realistisch."

Murphy, der inzwischen mit den 100 Men eine solide Begleitband zusammengestellt hatte, präsentierte im Februar 1988 das mitreißende, ohrwurmträchtige „All Night Long", eine fantastische Single, die auf ein orientalisches Motiv und eine fast perfekte Hookline aufbaute, die dramatisch und hymnisch zugleich wirkten.

Auf der Maxisingle befand sich zudem Murphys Tribut an das Album, mit dem so vieles begonnen hatte: eine Coverversion von Iggy Pops „Funtime". Aber „All Night Long" schaffte es nicht in die Charts. Dennoch hatte ihm seine erste US-Tournee in Amerika ein Kultpublikum eingebracht, und da die Alternative-Rock-Sendung *120 Minutes* auf MTV das Video zu „All Night Long" regelmäßig zeigte, wurde sein neues Album bald mit ähnlicher Spannung erwartet, die man auch Love and Rockets entgegenbrachte. Wie er damals erklärte, hatte er nun zum ersten Mal das Gefühl, als eigenständige Persönlichkeit behandelt zu werden. Bauhaus waren natürlich noch immer da; bei einem Interview mit MTV lautete die erste Frage: „Peter Murphy, was ist es für ein Gefühl, schon zu Lebzeiten zur Legende geworden zu sein?" Aber dennoch war die Band nun nicht mehr die einzige Quelle seines Ruhms.

Das zumindest zeigte sich auf der *Love Hysteria*-Tour, als die schwarz gekleideten, noch deutlich Bauhaus-verbundenen Massen, aus denen das Publikum bei der ersten Tournee größtenteils bestanden hatte, nun die Minderheit bildeten, wohingegen immer mehr Studenten kamen, die das Video kannten, die Platte gehört hatten und sich daraus ein Bild von Murphy gemacht hatten.

Love and Rockets erlebten eine ähnliche Verjüngungskur. Sie waren 1987 in den USA auf Tour gewesen und hatten das Jahr mit *Earth, Sun, Moon* beschlossen, das sich als lebendiger Gegensatz all dessen erwies, was das letzte Album *Express* ausgemacht hatte, aber es war ein faszinierender Kontrast. Während *Express* die psychedelische Ausrichtung des Vorgängers beibehalten und dann die Schlinge um den Hals von acidgefärbten Rocksongs wie „Kundalini Express" und „It Could Be Sunshine" zugezogen hatte, bevor man sich bei „An American Dream" oder „Life In Laralay" wieder bekifftem Folk zuwandte, hätten große Teile von *Earth, Sun, Moon* aus einer Session von Stevie Winwoods Band Traffic Anfang der Siebziger stammen können, die anschließend von Ozric Tentacles abgemischt worden waren. „Das", erklärte Ash, „lag daran, wo die Platte entstand. Mit *Express* hatten wir ein elektrisches Album abgeliefert. Daher beschlossen wir, als Nächstes eine Platte zu machen, die von Akustikgitarren in ländlicher Atmosphäre geprägt sein sollte, und dementsprechend nahmen wir auch auf dem Land auf. *Express* wurde in London eingespielt. Wir nutzen jedes Mal eine andere Umgebung, damit die Inspiration frisch bleibt."

Und nun machte sich die Band erneut an eine Umgestaltung ihres Sounds. Der größte Teil des Jahres 1988 verstrich, während Love and Rockets an ihrem vierten Album werkelten, und in der Öffentlichkeit erschienen sie nur kurz unter dem Pseudonym der mit Hummelkostümen verkleideten Bubblemen, Alter Egos ganz im Stil der Residents, deren Cartoonköpfe bereits im Innencover des letzten Albums aufgetaucht waren und die nun ihre Single „The Bubblemen Are Coming" veröffentlichten.

Love and Rockets selbst ließen im Januar 1989 wieder von sich hören, als die EP *Motorcycle* erschien, die sich nach den vielen ruhigen Momenten von *Earth, Sun, Moon* deutlich von ihrem Vorgänger unterschied. Die vier dissonanten und elektronischen Songs von *Motorcycle,* die bei aller Synthesizerlastigkeit ihre Energie aus den Gitarren holten und von Ashs Saxofon aufgebrochen wurden, boten mit ihrer intensiven Mischung aus House, Trance und Industrial eine Brücke zwischen den verschiedenen Stilrichtungen und einen Katalysator für Metamorphosen. Ganz nebenbei hatten sie eine erdbebenmäßige Hammerwirkung.

J erklärte die Wandlung der Band: „In London 1988 war Acid House absolut angesagt, und wir hörten sehr viel Piratensender, die diese Musik spielten – das war für uns total interessant. Dieser Einfluss findet sich auf Songs wie ‚Bike Dance'." Doch nicht nur dieser Titel, auch „So Alive" war davon geprägt, eine der Monstersingles der späten Achtziger in den USA, die sich 1989 zu einem der größten Hits entwickelte – und zu einem der längsten Nägel zum Sarg einer Band.

„So Alive" erschien im Frühjahr 1989 in den USA und schoss sofort in die oberen Ränge der US-Charts, wo die Single unglaublicherweise bis auf Platz drei kam. Das vierte Album der Band, das den spannenden Titel *Love And Rockets* erhielt, erreichte im September Platz vier. Ein großartiger Coup, zumal er völlig unerwartet kam.

Es war eine Zeit, in der „Alternative" noch nicht von den Medien hochgeschaukelt worden war und der Mainstream alles verschlang, was auf den großen Erfolg hinarbeiten wollte. Bands wie Love and Rockets – aber auch Cult, Mission, Gene Loves Jezebel, Flesh For Lulu und all die anderen kleinen Acts, die aus der britischen Postpunkszene herausgekrochen waren und die Bezeichnung „Gothic Rock" in Großbuchstaben in ihren Empfehlungsschreiben stehen hatten – wurden noch immer als sich selbst erhaltende Anomalie betrachtet. Diese Bands wurden von ihrem Publikum als bestgehütetes Geheimnis der Welt angesehen, während ihre Gegner jeden neuen Hit als Eintagsfliege werteten und ihre Plattenfirmen grundsätzlich an ihnen verzweifelten.

Robert Smith erklärte einmal ohne einen Anflug falscher Bescheidenheit: „Unsere Plattenfirma mag uns nur, wenn wir Platten verkaufen." Und das war höchstwahrscheinlich korrekt. Im Augenblick verkauften Love and Rockets Platten – ebenso wie Cure. Jede Menge. Ihre Plattenfirmen mochten sie vermutlich sogar sehr.

Das Doppelalbum, das Cure im Mai 1987, genau ein Jahr nach der Hitkollektion *Standing On A Beach* veröffentlichten, trug den Titel *Kiss Me Kiss Me Kiss Me* und erschreckte zweifellos einen großen Teil der Langzeitfans allein durch seinen Umfang und seine Vielseitigkeit. Ihre enttäuschten Schreie waren allerdings kaum hörbar – sie gingen im Getrampel eines völlig neuen Cure-Publikums unter, das aus allen Ecken des Globus heranströmte.

Innerhalb eines Jahres – oder maximal eineinhalb – hatte die Band Europa, Japan und schließlich auch die USA erobert. Dort war *Standing On A Beach* bis in die Top Fifty gekommen, *Kiss Me* schaffte es sogar in die Top Forty. Die faszinierenden Videos, mit deren Hilfe die Band gemeinsam mit Regisseur Tim Pope einige der beeindruckendsten Bildwelten des Jahrzehnts entwickelte, liefen auf MTV rauf und runter. Die jüngste Cure-Single „Just Like Heaven" (das ursprünglich als Titelmelodie für eine französische Fernsehshow geschrieben worden war) erwies sich als echter Radiohit, und die amerikanischen Rockhörer schickten den Song ebenfalls in die Top Forty.

Als Cure sich Mitte 1988 schließlich wieder zusammensetzten und mit der Entwicklung der Songs begannen, die ein knappes Jahr später das achte Studioalbum der Band ausmachen sollten, geschah das in dem Wissen, dass sie sich kommerziell gesehen auf ihrem bisherigen Höhepunkt befanden.

Dieses Hochgefühl machte jedoch schon zu Beginn der Sessions einer gewissen Besorgnis Platz. Bisher hatten sie ihre größten Singleserfolge mit Songs gefeiert, die bei anderen Bands vielleicht als lustige Spaßplatten mit Exotenbonus gegolten hätten: „The Lovecats" mit seinem swingenden Rhythmus und den Mitsing-Einlagen, der durchgeknallte Dancepop von „Why Can't I Be You?" (ein lasziv-gespenstisches Liebeslied, das durch das dazugehörige Video noch subversiver wirkte) und „Hot Hot Hot!!!", dessen unverfälschter Jazzpop dieselbe Art von Zeitmaschine durchlaufen hatte, aus der auch die Sparks, die Lieblingsexzentriker der Siebziger, zu ihrer Zeit „Looks Looks Looks" hervorgezaubert hatten. Ihrem Ruf nach waren Cure die größten Schwarzseher und Düstermänner. Ihre größten Hits gingen allerdings in die genau entgegengesetzte Richtung.

Bei den jüngsten Aufnahmen führte der Weg jedoch keinesfalls zu den freundlichen, hellen Weiden, auf denen Cure kürzlich noch gegrast hatten. Wenn Smith über die neue Platte sprach, dann verglich er sie schon im Anfangsstadium mit *Faith* oder *Pornography* – Alben, von deren Existenz die neu hinzugewonnenen Fans der Band oft nicht die geringste Ahnung hatten. Älteren Fans gab das durchaus Anlass zu Besorgnis, denn die fragliche Phase hatte schließlich mit dem völligen Zusammenbruch von Cure geendet. Als sich am Titel der neuen Platte – *Disintegration* – ablesen ließ, dass Smiths Gedanken in eine ähnliche Richtung gingen, schrillten überall die Alarmglocken.

Aber Smith hatte jede Menge Themen, über die er schreiben konnte. Sein dreißigster Geburtstag stand direkt bevor – am 21. April 1989 –, und er gab zu, dass ihm dieses Ereignis schwer zu schaffen machte. Viele Songs, die schließlich auf *Disintegration* landeten, waren ursprünglich möglicherweise für Smiths lang versprochenes Soloalbum vorgesehen gewesen, das ebenfalls eine Reaktion auf das drohende Schicksalsdatum darstellte. Er hatte seit Jahren über dieses Projekt nachgedacht, und nachdem er im August seine langjährige Freundin Mary geheiratet hatte, zog er sich in das neue Haus der beiden an der englischen Südküste zurück und begann Songs für besagte Soloplatte zu schreiben.

„Ich stellte die Songs dem Rest der Band vor und hatte geplant, dass ich sie selbst verwenden würde, wenn die anderen etwas dagegen haben würden, sich wieder den Cure von vor acht Jahren zu nähern. Es wäre mir ganz recht gewesen, wenn ich diese Songs hätte allein bearbeiten können. Diese Platte besitzt dieselbe Kontinuität und dieselben Themen wie unser früheres Material. Ich wollte keine Songs schreiben, die nicht in diese Stimmung passten. Sicher wird man sie mit den früheren Alben vergleichen, aber ich persönlich halte sie für weitaus besser."

Der Unterschied zwischen der Vergangenheit und der Gegenwart war jedoch enorm. Smith räumte ein: „Dinge, die mir zu schaffen machen, scheinen nicht zu verblassen, sondern vielmehr immer deutlicher zu werden. Mich quälen immer noch dieselben Sachen, aber heute schreie ich in meinen eigenen vier Wänden, nicht in der Öffentlichkeit. Heute ist die Band für meine Schreie da."

Einer der Schlüsselmomente in der Entwicklungsgeschichte von *Disintegration* ergab sich, als Smith sich eines Abends hinsetzte und *Faith* noch einmal anhörte. Zum ersten Mal seit langer Zeit ließ er sich wieder richtig in das Album fallen, und er gab später zu: „Es brachte mich ziemlich durcheinander. Ich merkte, dass ich überhaupt nichts gelöst hatte. Ich hatte schon vor einiger Zeit den Punkt erreicht, an dem ich keinerlei spirituellen Glauben mehr besaß, und wusste, dass ich etwas anderes finden musste, irgendeine Form von Erleichterung, damit nicht alles unerträglich würde."

Das für *Disintegration* bestimmte Material drehte sich, wie er erklärte, zum größten Teil „um das Alter – was passiert, wenn man älter wird, die Unfähigkeit, noch genauso intensiv zu empfinden wie zuvor, und dieses ständige Gefühl von Verlust, das einen entweder deprimiert oder auch nicht. Für mich war siebzehn immer ein perfektes Alter, und ich renne deswegen jetzt zwar nicht dauernd heulend durch die Gegend, aber mir machen solche Dinge einfach zu schaffen." Der letzte Schwung Songs für die Platte entstand „zu einer Zeit, als ich mich absolut schrecklich fühlte. Ich war mir überaus bewusst, dass ich auf die Dreißig zuging, und mir wurde klar, dass ich nicht mehr zwischen meinen verschiedenen Persönlichkeiten hin und her jonglieren wollte. Ich wollte mir nicht dauernd Gedanken über die Unterschiede zwischen dem öffentlichen und dem privaten Ich machen müssen."

Dabei handelte es sich natürlich um ein prägendes Thema von *Seventeen Seconds,* die Smith mit zwanzig geschrieben hatte, als er begriff, „dass wir nicht mehr jung sind". Für Smith war es nicht ungewöhnlich, sich völlig neuen Bereichen zuzuwenden – eine derart kompromisslose Rückkehr zu bereits erforschten Wegen war wesentlich erstaunlicher. Er war allerdings wild entschlossen, es diesmal richtig zu machen. Auf *Disintegration,* betonte er, würde er „zum letzten Mal über innere Auflösung schreiben, weil jetzt nichts mehr übrig ist, was man darüber sagen könnte. Ich habe zum letzten Mal über Dinge geschrieben, die mir so zu schaffen machen. Jetzt sind sie alle verschwunden."

Produzent Dave Allen setzte hinzu: „Bei *Disintegration* versuchten wir, eine lange, einheitliche Gedankenstrecke zu schaffen – daher ist die Platte absolut nicht abwechslungsreich." *Disintegration* war wie eine Prüfung für jene Fans, die Cure vielleicht über ihre jüngsten Poperfolge kennen und lieben gelernt hatten, die ihnen die Singles von *Head On The Door* und *Kiss Me Kiss Me Kiss Me* beschert hatten.

„Ich möchte, dass die Leute Cure aus den richtigen Gründen mögen", erklärte Smith, „weil es anders ist als alles andere und nicht besonders leicht zugänglich. Es mag eine etwas heftige Verallgemeinerung sein, aber die Leute, zu deren liebsten Cure-Alben *Pornography* und *Disintegration* zählen, sind in der Regel aufmerksamer und haben mehr über die Dinge nachgedacht." Was den beständigen Ruf der Band betraf, sie würde todtraurige, zumindest aber trübsinnige Songs spielen, sagte er: „Meiner Meinung nach liegt es nicht in der Natur des Menschen, inspiriertes Material über glückliche Momente zu schreiben. Die sollte man einfach genießen. Dafür kann man in seiner Trauer richtig baden."

Die Aufnahmen waren harte Arbeit. Die Band spielte viele Nächte durch, was sie seit *Pornography* nicht mehr getan hatte. Smith: „Es wurde ziemlich intensiv. Wir setzten Songs wie ‚Disintegration' in eine Tonart, die ich nicht singen konnte, sodass das Singen für mich tatsächlich schmerzhaft war. Unter körperlichen Gesichtspunkten klingt so etwas richtig gut."

Smith legte es nicht nur absichtlich darauf an, die Musikgeschichte zu wiederholen, er beschwor auch andere Dämonen aus der Vergangenheit der Gruppe wieder herauf. Kurz nach Vollendung des Albums wurde Lol Tolhurst – neben Smith der Mitbegründer der Band und das einzige andere Mitglied, das in ihrer bisher zwölfjährigen Geschichte stets mit an Bord gewesen war – unter lautem und zornigem Geschrei vor die Tür gesetzt.

„Etwa nach der Hälfte der Aufnahmen zu *Disintegration* zeigte sich, dass es nicht besonders gut lief", erzählte Tolhurst später. „Ich fühlte mich in mir selbst nicht wohl, und ich nehme an, die Cure-Psychose schlug wieder zu. Und wie! Mir kam es so vor, als hätte sich das gesamte Cure-Ethos ein wenig verschoben. Es wurde sehr undemokratisch, und viele Leute im Umfeld der Band, die Plattenfirma zum Beispiel, fanden das besser so, weil sie es dann nur noch mit einer Person zu tun hatten. Das nahm mich ziemlich mit – schließlich hatte ich über die Jahre viel von meinem Leben für die Band geopfert."

Sein Rauswurf erschien verblüffend, zumal Tolhurst sofort daranging, mit Presence eine eigene Band zu gründen, deren Debütalbum *Inside* nach Meinung vieler Beobachter mehr nach Cure klang, als Cure das manchmal selbst taten, und das wesentlich mehr Aufmerksamkeit verdient gehabt hätte, als es schließlich bekam. Dass sein Abschied Cure anscheinend nicht im Geringsten berührte, schien seine Sicht der Dinge zusätzlich zu bestätigen. Wenn man Cure nun hörte, vernahm man tatsächlich nur noch die Stimme einer Person.

Tolhurst wurde durch Perry Bamonte ersetzt, und die neue Cure-Besetzung entstieg kurz nach Smiths Geburtstag im April 1989 der selbst gewählten Isolation, um die erste Single des Albums, das gespenstische „Lullaby", bei *Top of the Pops* zu präsentieren.

Es war ein umstrittener Auftritt. Es hieß, das Make-up der Musiker, das sich an den Spinnen-Albträumen des „Lullaby"-Videos orientierte, sei zu „Furcht einflößend" für die jungen Zuschauer der Sendung, und das führte zu einer Auseinandersetzung mit dem Produzenten der Show, die in eine Pattsituation mündete. Eine Zeit lang schienen Cure kurz davor, das Studio einfach zu verlassen – schließlich willigten sie aber ein, die Schminke zu entfernen.

Wie sich herausstellen sollte, hatte sich der Einsatz wenigstens gelohnt. „Lullaby" wurde zu ihrem bisher größten Hit, der in Großbritannien sogar bis in die Top Five kam. Im Monat darauf, als die *Prayer*-Tournee begann, stand *Disintegration* auf Platz drei, ebenfalls die bisher höchste Platzierung für ein Cure-Album. Und als wollte es den musikalischen und kommerziellen Höhenflug der Band in dieser Zeit noch bestätigen, kam auch das Livealbum *Entreat*, das während der Tour aufgenommen wurde und größtenteils aus *Disintegration*-Material bestand, in Großbritannien bis auf Platz zehn.

In Europa waren Cure nun unbestrittene Festival-Headliner – selbst Mission, die sich vernünftigerweise während des Jahres weitgehend bedeckt gehalten hatten, konnten bei den drei großen Shows im Mai als Special Guests allenfalls mithalten; außer ihnen standen weitere Kultbands wie die Pixies und die Sugarcubes auf dem Programm. Daheim füllten Cure längst mühelos die größten Stadien.

Doch erst in den Vereinigten Staaten würde sich tatsächlich ermessen lassen, wie groß die Beliebtheit der Band inzwischen war. Noch bevor die US-Tournee begann, hatte sich *Disintegration* bis auf Platz zwölf der Albumcharts emporgearbeitet und löste eine ungeahnte Cure-Mania aus, die Smiths Vogelnestfrisur und seinen verschmierten Lippenstift im Sommer auf das Titelblatt praktisch jeder Zeitschrift brachte, die auch nur im Entferntesten mit Musik zu tun hatte.

Noch spektakulärer war die Tatsache, dass die Single „Love Song", die sich in Großbritannien mit einem mageren achtzehnten Platz hatte zufrieden geben müssen, den Erfolg des Albums in den Vereinigten Staaten sogar noch übertraf. „Love Song" jagte „So Alive" von Love and Rockets die Charts hinauf, überholte die britischen Kollegen sogar noch knapp und erreichte den zweiten Platz. Plötzlich war an der Größe von Cure nicht mehr zu zweifeln – und es war ebenso klar, dass hinter ihnen eine Flutwelle herrollte, die kaum noch einzudämmen war.

Wie allerdings schon viele andere vor ihnen hatten feststellen können, ist ein so hoher Platz auf der Leiter nicht unbedingt bequem. Großer Erfolg bringt auch eine große Verantwortung – und ein Heer von Buchhaltern, Promotern und PR-Fachleuten, die sich plötzlich um das Banner scharen und ihre unendliche Liebe und lebenslanges Engagement beteuern. „Jungs, ich fand euch von Anfang an großartig", sagen sie dann mit so offenherzigem Augenaufschlag, dass man ihnen fast glauben könnte, dass sie es diesmal ehrlich meinen. Manche Bands schafften es, sich von solchen Speichelleckern fern zu halten. Für andere war der Stress einfach zu groß.

Am 22. Juni, einen Monat nach dem Siegeszug von „So Alive" in den US-Charts, starteten Love and Rockets die nächste Amerikatournee mit einem Konzert im kuschelig-gemütlichen und äußerst prosaisch getauften *Tupperware Auditorium* in Kissimmee, Florida. Einen Monat später endete sie im ebenso riesigen *Irving Meadows Auditorium* in Kalifornien. Weitere vier Wochen später waren sie schon wieder on the road und spielten bis Ende September weitere Gigs.

Es war ein anstrengendes Unterfangen. Für eine Band, die zuvor nie mehr als zwei Wochen am Stück unterwegs gewesen war, erwiesen sich die fünfundvierzig Shows des Sommers als eine Tour de Force, die alle Nerven bloßlegte. „Als die letzten Auftritte anstanden", erinnert sich Haskins, „redeten wir kaum noch miteinander."

Love and Rockets wurden sehr schnell richtig groß. RCA konnte dieses Glück kaum fassen. Noch einmal Schwung holen, Jungs, und ihr werdet die größte Band der Welt. Die Zahlenverdreher stellten für den kommenden Winter bereits die nächste Welttournee zusammen, mit der die Band endlich in die Stadien und Sportarenen vordringen würde, die als Zeichen des echten Superstarstatus gewertet werden.

Aber Love and Rockets spielten nicht mit. „Das Label und auch die Promoter machten schon ziemlich Druck", erinnert sich David J. „Es war gewissermaßen auch verlockend, zumal auch ziemlich große Summen gehandelt wurden. Aber wir hatten dabei kein gutes Gefühl." Das letzte Konzert der Tournee im September beendeten sie – angefeuert durch den Beifall von zehntausend amerikanischen Jugendlichen – als Zugabe mit einem hastig improvisierten Clash-Cover, „Should I Stay Or Should I Go". Bleiben oder gehen – die Antwort war klar.

Sie wollten nicht in Fußballstadien spielen, sie wollten nicht zu Superstars werden und statt Kult wie Cult werden. Während man bei ihrem Label verzweifelt die Hände rang und die Berater unter düster zusammengezogenen Brauen zu ihnen hinübersahen, gaben Love and Rockets ihren Entschluss bekannt. Sie wollten sich ein Jahr Auszeit nehmen, um sich auf Soloprojekte zu konzentrieren. Aus einem Jahr wurden schließlich drei, bevor das Trio wieder versuchen sollte, das einmal geschaffene Monster zu reanimieren.

Flesh For Lulu waren auf der Achterbahn, die sie in derart großer Geschwindigkeit plötzlich nach oben gerissen hatte, ins Schleudern geraten. Der Titel „I Go Crazy", der für den Soundtrack von John Hughes' jüngstem Teeniefilm *Ist sie nicht wunderbar?* lizenziert worden war, hatte der Band ein Publikum erschlossen, mit dem sie nie gerechnet hatte – ein Publikum, das im Anschluss an *Pretty In Pink* den Alternative Rock entdeckt hatte und dessen Finanzkraft, die sich im Erfolg von Cure und Love and Rockets bereits zeigte, jetzt von jedem Label im Land umworben wurde.

Zwar blieben sie in Großbritannien bei Beggars Banquet, aber anstatt sich in den USA mit RCA, deren üblichem Geschäftspartner, zusammenzutun, unterschrieben Flesh For Lulu dort bei Capitol und fanden sich wenig später in Australien wieder, wo sie im Studio von INXS ihr nächstes Album aufnehmen sollten – für die hatte es schließlich auch so funktioniert.

Für die Lulus tat es das leider nicht. „In dieser Zeit machte sich der Spaltpilz in der Band breit", bedauerte Rocco. „James und Kev standen auf einer Seite, Nick und ich auf der anderen. Als wir zurückkamen, sagte Nick, er steige aus, und ich sagte: ‚Ja, ich auch.' Aber dann bekamen wir das Angebot, Ende 1989 eine US-Tournee mit Public Image zu machen, daher suchten wir neue Musiker [den Bassisten Mike Steed und Schlagzeuger Hans Persson] und machten weiter. Aber die Tour war eine idiotische Idee. Und das war in den Augen der Öffentlichkeit der Anfang von unserem Ende. Wir wollten eigentlich überhaupt nicht spielen – im Grunde hatten wir keine Ahnung, was wir überhaupt wollten."

Das Album *Plastic Fantastic* brachte der Band daher nicht, wie Capitol gehofft hatte, den Durchbruch, sondern vielmehr den Zusammenbruch. „Es war zu klinisch", sagte Rocco. „Alle Ecken und Kanten waren abgeschliffen worden, es war völlig überproduziert. Einfach grässlich!"

Flesh For Lulu lösten sich ein knappes Jahr später auf, obwohl Marsh und Rocco weiter miteinander arbeiteten und 1995 als Infidels wieder auf der Bildfläche erschienen. Gemeinsam mit dem Bassisten Dave Blair und dem Schlagzeuger Al Fletcher änderten sie ihren Namen in Gigantic, nachdem sie feststellen mussten, dass es bereits andere Infidels in Kanada gab.

Zunächst umwarb sie das Disney-Tochterlabel Hollywood, aber Gigantic unterschrieben schließlich bei Columbia, für die sie das Album *Disenchanted* mit dem Mission-Produzenten Tim Palmer aufnahmen. Auf dem europäischen Kontinent kam die Platte zwar gut an, im angloamerikanischen Raum hingegen ging sie völlig unter, und nach Tourneen mit Bush und den Goo Goo Dolls lösten sich Gigantic 1998 auf. Barker ließ kurzzeitig mit dem Technoprojekt Space Police von sich hören, bevor er sich 2000 mit Rocco erneut zu einer Neuauflage von Flesh For Lulu zusammentat, die jedoch zunächst keine neuen Songs einspielte.

Für andere Bands war die Selbstzerstörung längst etwas ganz Normales geworden, sodass die fällige Runderneuerung nicht bei Bedarf, sondern sozusagen automatisch erfolgte. Nach etwa sieben Jahren Phönixdasein hatten sich Cult daran gewöhnt, mit schöner Regelmäßigkeit in Flammen aufzugehen. Die Wiederauferstehung geriet jedes Mal wieder schmerzhaft, und das Wissen, dass diese Übung stets aufs Neue wiederholt werden würde, zehrte dabei besonders an den Nerven.

Die unmittelbarsten Opfer der jüngsten Unruhen im Cult-Lager waren das Managementteam sowie Kid Chaos und Les Warner, die alle Anfang 1989 ihren Hut nehmen durften. Chaos (oder Haggis, wie er sich inzwischen nannte) gründete mit den Four Horsemen sofort eine neue Band. Warner hingegen focht seine Entlassung gerichtlich an, und während Astbury und Duffy daran festhielten, dass er von Anfang an nur für begrenzte Zeit engagiert worden war, behauptete Warner, er sei als vollwertiges Mitglied in die Band aufgenommen worden und habe daher eine wesentlich höhere Entschädigung verdient als die zweitausend Dollar und das neue Schlagzeug, das ihm Cult angeblich angeboten hatten.

Astbury, Duffy und der ihnen treu ergebene Stewart waren derweil nach Los Angeles umgezogen und suchten dort nach einer neuen Rhythmusgruppe und neuen Managern, hielten aber auch Ausschau nach einem neuen Produzenten, dessen Vision es ihnen vielleicht ermöglichen würde, die nächste Sprosse der Karriereleiter zu erklimmen. Dafür wählten sie schließlich Bob Rock, der sich vor allem mit seiner Arbeit für Aerosmith einen Namen gemacht hatte. Jamie Stewart kehrte an den Bass zurück, der Sessiondrummer Mick Curry übernahm das Schlagzeug, und in dieser Formation reiste die Band nach Kanada, um mit den Aufnahmen zu beginnen.

Sonic Temple, das im April 1989 über die Musikwelt hereinbrach, zählt zu den umstrittensten Werken im Albumkatalog von Cult. Zwar erwarben sie mit dieser Platte den Respekt der Heavy-Metal-Fans, die sie schon seit so langer Zeit hofierten, verloren jedoch den letzten Rest von „Alternative"-Credibility, den sie noch besessen hatten. Die Marketingkampagne von Beggars Banquet in Großbritannien machte ebenfalls keinen Hehl daraus, dass man verstärkt die Metal-Gemeinde anzusprechen suchte – schließlich waren der Erstauflage der Platte sogar Aufnäher beigelegt, wie sie von den Schwermetallern gern zum Verzieren ihrer Kutten verwendet werden. Ein Aufwand, der sich lohnte: *Sonic Temple* schaffte es in England auf Platz drei und in den USA auf Platz zehn.

Auch mit den folgenden Singles, mit „Fire Woman" und der emotionsgeladenen Ballade „Edie (Ciao Baby)", die dem verstorbenen Warhol-Superstar Edie Sedgwick gewidmet war, schossen Cult auf beiden Seiten des Atlantiks in die Charts.

Jetzt war die Zeit für den entscheidenden Angriff gekommen. Mit Matt Sorum am Schlagzeug begannen Cult am 29. April 1989 eine US-Tournee als Special Guests im Vorprogramm der *Damaged Justice*-Tour von Metallica. Ihre eigene *Prayer*-Tour schloss sich unmittelbar an diese Gigs an.

„Die *Damaged Justice*-Tour von Metallica war völliger Wahnsinn", gab Astbury zu. „Es war der Höhepunkt der Rock'n' Roll-Dekadenz, wo nichts ausgelassen wurde, die weißen Lines kilometerlang waren, reihenweise Hotelzimmer demoliert wurden und die Groupies Schlange standen. Was auch immer man sich vorstellen konnte, wir lebten es aus. Ich war bei allem mittendrin, und jede Nacht war etwas los. Jede Nacht war wie im Bordell, wie in einem fahrenden Hurenhaus. Wo wir auch waren, es ging die Post ab." Und überall ließ er ein kleines Stück seiner Persönlichkeit in den Trümmern zurück.

Am 6. September 1989 spielten Cult bei den MTV Video Music Awards, bevor es wieder nach Europa ging, diesmal im Vorprogramm der überraschend wiederauferstandenen Aerosmith. Erneut umgab die Band ein Hauch von Zerstörung, wenn auch eher menschlich als musikalisch. Astbury erinnert sich, wie er Jason Bonham traf, dessen Band als Vorgruppe für die nächste US-Tournee von Cult vorgesehen war, und dabei erfuhr, dass man dem jungen Drummer geraten hatte, nicht in Astburys Nähe zu kommen, „weil ich angeblich einen schlechten Einfluss haben sollte, auf John Bonhams Sohn."

Das Schlimme war dabei, dass das vielleicht sogar stimmte. „Es gab Zeiten, in denen ich völlig von der Rolle war. Ich kam ein paarmal in den Knast, und bei irgendeiner anderen Geschichte, als ich mich danebenbenahm, kugelte ich mir die Schulter aus. Ein paar Narben habe ich auch. Und das war ja wichtig. Wenn ich richtig durchdrehte, sorgte irgendjemand immer dafür, dass ich wieder auf meinen Platz verwiesen wurde."

Das zeigte sich in Kopenhagen, wo Astbury angeblich einen Fan zusammenschlug, der ahnungslos seine langjährige Freundin Renee Beach (die übrigens im Video zu „Edie" die zentrale Rolle übernommen hatte) angesprochen hatte. Das war ein Schritt zu viel. Beach verließ ihn und kam nie zu ihm zurück. „Es war eine verrückte Zeit", erinnerte sich Duffy später. „Ian stand völlig neben sich. Er hatte sich von seiner Freundin getrennt und war zwei Wochen lang nonstop betrunken."

Im November 1989 kehrten Cult nach England zurück, wo ein Gig in der Wembley-Arena auf dem Programm stand. Zunächst mussten sie jedoch feststellen, dass reichlich Ärger auf sie wartete. Bei der Präsentation ihrer aktuellen Single „Sun King" in der Fernsehsendung *Jonathan Ross Show* schien Astbury völlig die Kontrolle verloren zu haben – und war davon abgesehen auch in einer erbärmlichen Verfassung. Bevor die Kameras ihn aus dem Blickfeld verloren, kniete er auf dem Boden und hämmerte sein Mikrofon in die Bühnenbretter, während die Band die ersterbenden letzten Akkorde von „Born To Be Wild" herausheulte – ausgerechnet diese ultimative Bikerhymne, die plötzlich üblerweise zu einem Macho-Abgesang eines Mannes mutierte, der viel zu lange an seinen eigenen Ruf als trinkfester harter Rocker geglaubt hatte.

Dennoch war es nicht Astbury, der am nächsten Morgen Schlagzeilen machte, sondern Billy Duffy, der in der Sendung mit einem T-Shirt erschienen war, das ein spiegelverkehrtes Hakenkreuz zeigte. Das trat eine Kontroverse los, bei der völlig vergessen wurde, dass Duffy zur Hälfte jüdischer Abstammung war.

Im neuen Jahr starteten Cult die nächste US-Tournee in Tempe, Arizona, die erst Ende März wieder zu Ende ging. Als sie in ihrem letzten Hotelzimmer ihre Sachen packten und auf den Heimflug warteten, hatte jeder von ihnen tief in seiner Seele einen Entschluss gefasst: Cult waren vorbei.

„Im Grunde trennte sich die Band", erklärte Astbury. „Wir waren fertig, völlig ausgebrannt. Unsere ganzen Beziehungen lagen in Trümmern, ich hielt mich nur noch mühsam aufrecht und war ein völlig ausgebranntes Wrack." Anfang des Monats starb Astburys Vater. Zwei Wochen später starb auch Andrew Wood, Sänger der aus Seattle stammenden Band Mother Love Bone, der zu Astburys engsten Freunden zählte. Der Sänger war völlig am Boden zerstört: „Ich konnte einfach nicht mehr. Mein Verhältnis zu Billy [Duffy] war ungeheuer belastet. Matt Sorum wurde eine hohe Summe geboten, um bei Guns N' Roses einzusteigen, und er sagte sich wohl, dass das ein wesentlich sichererer Posten war, und ging. Jamie Stewart wurde von seiner Frau sozusagen am Kragen aus unserer schwarzen Welt herausgezogen und verwandelte sich in einen braven Hausmann, der heute als Produzent viel glücklicher ist. Und so waren nur Billy und ich noch übrig und mussten uns miteinander auseinander setzen. Zu dieser Zeit entdeckten wir die Schulden und den ganzen schief gelaufenen Papierkram, die wir noch aus der Vergangenheit mit uns rumschleppten. Wir bekamen Streit mit unserem neuen Manager, und irgendwann war die ganze Sache nur noch reinster Zynismus. Es war schrecklich. Wie so eine Geschichte aus einem dieser alten B-Movies, wo irgendwie so fünfzig medizinische Apparate ein einziges winziges schwarzes Herz am Leben erhalten."

Und seiner Meinung nach war es an der Zeit, sämtliche Stecker zu ziehen.

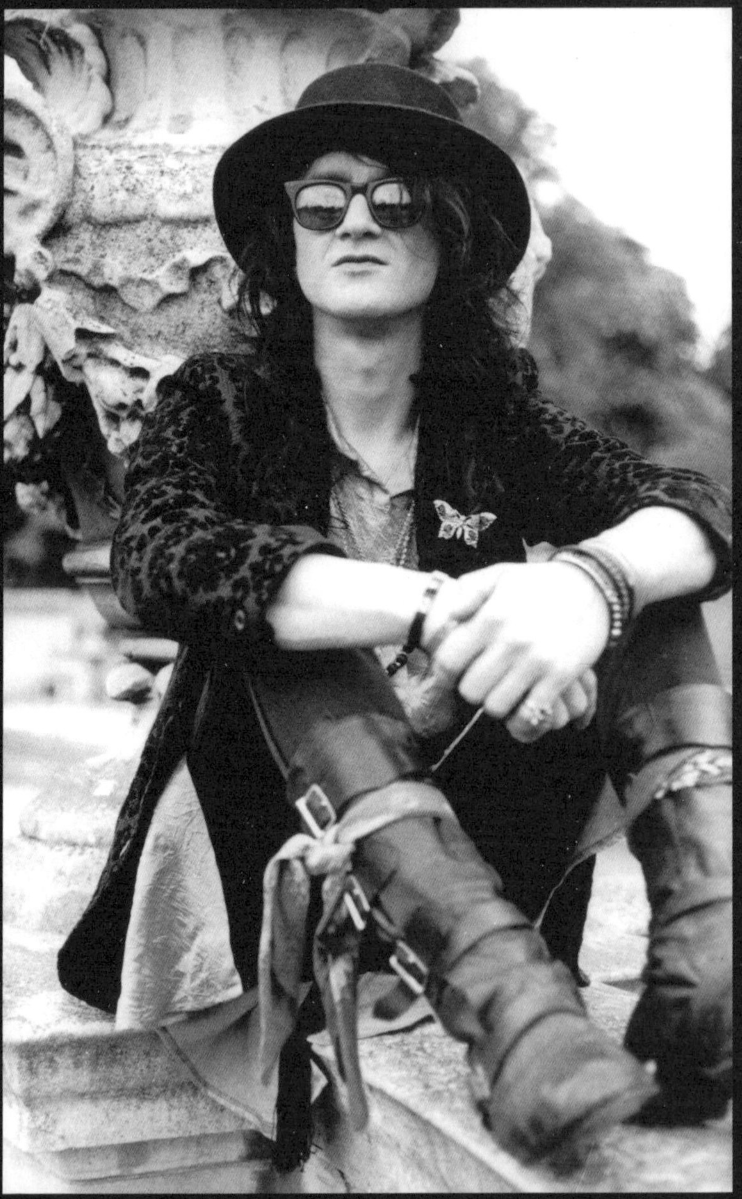

Wayne Hussey von Mission *Bleddyn Butcher*

VIERZEHNTES KAPITEL

DER GROSSE ZUSAMMENBRUCH

in dem wir sehen werden, welch hohen Tribut die frühen Neunziger von den Größten und Besten forderten, während ein dicker Dunst von Teen Spirit die Luft schwer werden ließ.

„Einige der Leute, die zur selben Zeit wie wir ihren Durchbruch hatten, hatten inzwischen eine höhere Stufe der Karriereleiter erreicht ...“ – Depeche Mode, R.E.M., die Replacements, U2 natürlich. „Aber alle anderen wurden von dieser Entwicklung überrollt, darunter auch wir. Wir waren noch immer eine Alternative-Band, aber es hatte sich alles verändert, es war plötzlich wieder ‚Rock‘ geworden, lange Haare waren wieder in, man streckte wieder die Fäuste in die Luft, kaufte Brezeln und brüllte: ‚Here we go!‘ Die Musiklandschaft hatte sich verändert, und für das, was wir machten, gab es keinen Platz mehr. Unser Stil war zu musikbetont und abgehangen.“

Robyn Hitchcock

Nachdem Ian Astbury nun gezwungen war, über ein Leben nach Cult nachzudenken, begann er auch das Leben rund um die Band in neuem Licht zu sehen. Er betrachtete das Business, in dem er die letzten zehn Jahre seines Lebens verbracht hatte und das durch ein immer stärker fokussiertes Marketing dafür gesorgt hatte, dass jede Band in einer kleinen Schublade steckte, aus der es kein Entkommen gab. In der britischen Musikpresse wurden Cult noch immer als Gothic-Rocker abgetan – oder zumindest als Gothic-*Macho*-Rocker –, und das Jahre, nachdem sie sich von sämtlichen Attributen dieses Genres gelöst hatten. Mit diesem Problem standen sie nicht allein.

Das Schubladendenken herrschte nicht nur im Gothic Rock. Jede Band wurde irgendeinem Genre zugeteilt, und für jedes Genre gab es ein Stereotyp. Die Zeiten, in denen eine Band einfach auf die Bühne kommen und Rockmusik machen konnte, waren vorbei. Jetzt mussten sie klar definieren, welche Art von Rock das sein sollte, bevor ihnen überhaupt irgendjemand zuhörte. Aber nicht nur die Medien bestanden auf diesem idiotischen Spiel. Die Bands selbst begannen, sich entlang bestimmter Linien aufzustellen– für jeden gab es eine Kategorie, und da gehörte er dann auch unfehlbar hinein.

„Als ich mir die Szene ansah, stellte ich fest, dass es zwischen jungen Musikern überhaupt keine Übereinstimmung mehr gab", berichtete Ian Astbury. „Das Gemeinschaftsgefühl, das während der Punkära aufgekommen war, existierte nicht mehr.

Ich war sehr fasziniert von N.W.A, als die bekannt wurden, weil sie mich wegen ihrer radikalen Einstellung sehr an Punk erinnerten. Ich mochte Ice-T, und ich hatte mir auch ein paar Konzerte von Soundgarden angesehen, die mir ebenfalls gefielen, aber es war so: Es gab so viele Gruppen, die zwar alle zur Gegenkultur gehörten, die aber nichts voneinander mitbekamen, weil sich jeder nur auf sein eigenes Lager konzentrierte. Sie steckten alle in den eigenen Schubladen und bekamen von der Präsenz der anderen überhaupt nichts mit. Es gab keine Verbindung zwischen Rap und Rock, zwischen Rock und Alternative und schon gar nicht zwischen Folk und traditioneller Musik. Es war alles komplett durchformatiert, Crossover gab es nicht, und das deprimierte mich unglaublich …

Ich unterhielt mich mit meinem Agenten darüber, dass es doch eine fantastische Idee wäre, all diese verschiedenen Gruppen bei einem Konzert zusammenzubringen, um den Leuten zu zeigen, was in unserer

Generation insgesamt so läuft, damit wir uns nicht länger mit Phil Collins und Bruce Springsteen herumschlagen müssten. Ein Konzert, bei dem die verschiedenen Möglichkeiten vorgestellt und die Verbindungen zwischen ihnen verdeutlicht würden. Er fand die Idee großartig."

In den folgenden sechs Monaten begann dieser Traum allmählich die Gestalt von zwei riesigen Crossover- und Gegenkulturfestivals anzunehmen, denen Astbury den Namen Gathering of the Tribes gab. Sie fanden schließlich am 6. Oktober 1990 im *Shoreline Amphitheatre* im kalifornischen Mountain View und am 7. Oktober im *Pacific Amphitheatre* in Costa Mesa statt und präsentierten tatsächlich die Crème de la Crème dessen, „was in unserer Generation insgesamt läuft" – beispielsweise die Cramps, die Charlatans, Soundgarden, Queen Latifah, Steve Jones, das American Indian Dance Theater, die Indigo Girls und Michelle Shocked. Und es blieb noch Zeit, um die innige Freundschaft zu einer Band zu erneuern, die Astbury über die ganze Zeit trotz des Cult-Durcheinanders weiter gepflegt hatte: Mission gehörten beim Gathering ebenfalls mit dazu.

Am Schluss des allerersten Mission-Konzerts, als die Band sich öffentlich von ihrem Namen Sisterhood verabschiedet hatte, waren Astbury und Billy Duffy auf die Bühne geklettert, um die Newcomer als „die Zukunft des Rock" zu feiern. Jetzt, ein halbes Jahr nach der Veröffentlichung ihres dritten Albums, *Carved In Sand,* sah es ganz so aus, als sollte diese Weissagung endlich in Erfüllung gehen.

Wayne Hussey machte keinen Hehl aus der Tatsache, dass *Carved In Sand* vor allem deshalb zu einem derart ambitionierten Werk geriet, weil es durch den überwältigenden Welterfolg des drei Jahre zuvor erschienenen *The Joshua Tree* von U2 inspiriert war. Auch er war der Meinung, dass die Rockmusik viel zu lange schon in Stillstand verharrte und sich nicht nur anderen Stimmungen und Formen öffnen, sondern auch die Möglichkeit bieten sollte, auf einem einzigen Album jede erdenkliche Gefühlsregung darzustellen.

Dass das ging, hatte *The Joshua Tree* trotz all seiner entsetzlichen Überladenheit und beinahe albernen Melodramatik erfolgreich bewiesen. U2 hatten durch dessen Mischung aus gütiger Kampfeslust, pointierter Polemik, zügelloser Freude und einigen wirklich großartigen Melodien einen Status der Unangreifbarkeit erlangt. *Carved In Sand,* das wieder mit Tim Palmer produziert wurde, der schon *God's Own Medicine* betreut hatte, war bewusst dazu angelegt, etwas Ähnliches zu vollbringen. Wenn man die achtzehn Songs betrachtete, die während der einjährigen Aufnahmezeit entstanden, hatten Mission auch zweifelsohne eine vergleichbare Ebene erreicht, eine Ebene, die sie kurz berührten, bevor sie dann plötzlich den Boden unter den Füßen verloren.

Die Höhepunkte des Materials von *Carved In Sand* waren in der Tat unangreifbar gut: Das bittere „Amelia“ hatte Hussey in einem Augenblick des Zorns verfasst, nachdem er den Fanbrief einer jungen Frau gelesen hatte, die von ihrem Vater missbraucht worden war. „Butterfly On A Wheel“ war herzerwärmend romantisch geraten und erzählte von der kürzlich gescheiterten Liebe zwischen Simon Hinkler und All-About-Eve-Sängerin Julianne Regan. Und „Mercenary“ war eine entzückend giftige Abrechnung mit der ehemaligen Roadcrew der Band, die geschlossen in das Lager Andrew Eldritchs übergelaufen war, der mit den wiedererweckten Sisters of Mercy seine erste Tournee seit fünf Jahren plante.

Bei „Into The Blue“ und „Deliverance“ griff Hussey sogar auf alte Gothic-Elemente zurück – die Texte spiegelten seine Begeisterung für Marion Zimmer Bradleys Roman *Die Nebel von Avalon,* in dem die Sage von König Artus neu erzählt wurde. „Es ist ein tolles Buch“, schwärmte er, „das mich sehr inspirierte und die Texte stark prägte. Vielleicht zu sehr. Aber es ist eines der wenigen Bücher, die wirklich dazu führen, dass man seine ganzen bisherigen Denkmuster infrage stellt.“

Als die Band schließlich überlegen musste, wie viel von diesem reichen Schatz tatsächlich auf eine einzige CD passen würde, konnte Hussey ein wenig Prahlerei nicht widerstehen: „Wenn das nächste Album nur halb so gut ist, wie wir denken, dann wird es weltweit mächtig einschlagen.“

Und das hätte vielleicht wirklich geschehen können. Aber irgendetwas fehlte, die Songs fügten sich nicht so ins Gesamtkonzept, wie man hätte erhoffen können, und die Atmosphäre wurde zu schnell aufgebrochen. Schließlich gab Hussey selbst zu, was die Kritiken angedeutet hatten und Insider ebenfalls murmelten: *Carved In Sand* war nur halb so gut, wie es hätte sein können. Die fehlende Hälfte lag noch im Studio. Sie hatten die falschen Songs ausgesucht.

Um diesen Fehler möglichst schnell auszubügeln, veröffentlichten Mission im Oktober 1990, kurz vor dem Auftritt beim Gathering of the Tribes, ein zweites Album. *Grains Of Sand* enthielt die restlichen Titel der Sessions, und tatsächlich war hier die Magie zu spüren, die zuvor gefehlt hatte. Aber es war zu spät. *Carved In Sand* hatte immerhin Platz sieben in den britischen Albumcharts erreicht. Aber die Singles „Butterfly On A Wheel", „Deliverance" und „Into The Blue" hatten jene Höhen allenfalls gestreift, die Mission erreichen wollten, und *Grains Of Sand* schaffte es gerade noch in die Top Thirty. Mission hatten den richtigen Augenblick verpasst und ihre Chance ungenutzt verstreichen lassen.

Live hatten sie jedoch nach wie vor den richtigen Biss. Von den kürzlich aufgelösten Red Lorry Yellow Lorry war Dave Wolfenden als Rhythmusgitarrist zu ihnen gestoßen, der den sinfonischen Breitwandsound mit dynamischer Angriffslustigkeit ergänzte, und die *Deliverance*-UK-Tournee, die am 1. März 1990 in Leeds begann, brachte der Band einige der überschäumendsten Kritiken ihrer ganzen Karriere ein und hinterließ allerorten ein völlig erschöpftes Publikum.

Die Eskimos und die Würstchenwerfer der Sausage Squad waren längst in der riesigen Fangemeinde aufgegangen, die Mission inzwischen erworben hatten, wenn auch unter Protest. Als der *New Musical Express,* auf den zuvor stets Verlass gewesen war, wenn es um Mission-Verrisse ging, plötzlich eine Kehrtwendung vollzog und das Wembley-Konzert als Meisterleistung feierte, sprach er damit für jene Massen, die sich um die ungekämmten Hardcorefans der ersten Stunde geschart hatten.

Hinter diesen Triumpherlebnissen standen die alten Dämonen allmählich wieder auf. Alkohol und Kokain nahmen auf dieser Tour überhand und führten zu Streitereien und Unsicherheiten, wie sie seit den frühen Tagen der Band nicht mehr aufgetreten oder vielmehr seitdem unterdrückt worden waren. Damals, 1986, hatte man am Schluss der Sisterhood-Tournee mit Cult Simon Hinkler aus der Band geworfen, als seine Bandkollegen die Überzeugung gewonnen hatten, dass es zwischen ihnen nie wieder irgendwelche Übereinstimmungen geben würde. Natürlich hatte man ihn nach nur wenigen Tagen wieder zurückgeholt, und seitdem war alles ruhig gewesen.

Jetzt allerdings war es eher so, dass Hinkler den Rest der Band als diejenigen betrachtete, die nicht mehr ins Konzept passten. Am 21. April 1990, am Morgen nach einem von Spannungen geprägten Auftakt der jüngsten Nordamerikatournee der Band, packte Hinkler in Montreal seine Sachen zusammen und ging. Die Band erfuhr erst von seinem Verschwinden, als ein Mitglied der Roadcrew eine Mitteilung von der Rezeption erhielt, die schlicht lautete: „Mr. Hinkler lässt sich entschuldigen und teilt Ihnen mit, dass er für den Rest der Tour nicht mit dabei sein wird."

Für die übrigen Konzerte wurde Dave Wolfenden zum Leadgitarristen befördert, während seine eigene Rolle von Malcolm Treece übernommen wurde, der ansonsten bei der Vorgruppe Wonder Stuff spielte. Einen Monat darauf, als es zu den Festivals in Europa ging, machte er Platz für Tim Bricheno von All About Eve, der seine angestammte Band nach drei Jahren voller – leider stets nur kleiner – Hits verlassen hatte, um verstärkt seinem Interesse an sperrigem Sixties-Folk weiter nachzugehen. Auch Regan orientierte sich zunehmend in diese Richtung – 1992 erschien sie sogar als Special Guest der Erztraditionalisten Fairport Convention bei deren jährlichem Cropredy-Festival. Bricheno wiederum spielte zu dieser Zeit wieder schneller und lauter als seit Jahren.

Für Mission war das Auf und Ab jedoch noch nicht vorbei. Als der dritte Abschnitt der *Deliverance*-Tournee sie im Oktober 1990 erneut in die USA führte, war Bricheno schon wieder ausgestiegen, und Mission waren mit dem vierten Rhythmusgitarristen innerhalb von sechs Monaten unterwegs: Paul Etchell, den sie bei Ghost Dance abgeworben hatten.

Ghost Dance selbst hatten zwischen 1986 und 1987 große Erfolge in den Indie-Charts gefeiert und schienen jetzt vor einem vergleichbaren Sprung in den Mainstreamsektor zu stehen, nachdem Chrysalis sie unter Vertrag genommen hatte und ihre Single „Down To The Wire" in England sofort auf Platz sechsundsechzig kam. Das im Sommer 1989 folgende Debütalbum bewegte jedoch nur wenig, und schließlich erfuhr die Band während einer Europatournee, dass ihr Label sie fallen lassen hatte. Etchells Weggang war der Tropfen, der das Fass zum Überlaufen brachte, und Ghost Dance lösten sich auf.

Tim Bricheno hingegen bewies, dass die Welt sozusagen ein Dorf ist – er spielte inzwischen bei den Sisters of Mercy.

Ende 1989 war das Gerücht aufgekommen, dass Andrew Eldritch, Patricia Morrison und der frühere Gitarrist der Only Ones, John Perry, gemeinsam an einem neuen Sisters-Album arbeiteten. Doch fast zur gleichen Zeit verließ Morrison die Band und machte keinen Hehl daraus, dass sie weder in künstlerischer noch in finanzieller Hinsicht mit ihrem Status zufrieden gewesen war. Sie hatte, wie sie sagte, lediglich dreihundert Pfund im Monat dafür erhalten, dass sie in der Band blieb, und sie bezeichnete Wayne Hussey, Craig Adams und Gary Marx als

„die einzigen drei Menschen auf der Welt, die je begreifen werden, was mit mir geschehen ist".

Eldritch ging über ihre Beschwerden ebenso hinweg wie über die ihrer Vorgänger und widmete sich weiter den Plänen für die neue Platte. Er verlegte die Sessions der Band, zu der nur noch Perry, der Hamburger Gitarrist Andreas Bruhn und natürlich der gute Doktor Avalanche zählten, nach Dänemark; als Produzent war wiederum Jim Steinman vorgesehen.

Dann trat er erst im Februar 1990 wieder in Erscheinung und verkündete mit kaum verhohlener Schadenfreude eine neue Inkarnation der Sisters of Mercy, zu der nun noch der bisher völlig unbekannte Bruhn gehörte, aber auch der berühmt-berüchtigte Tony James, der bereits bei Chelsea und bei Generation X gespielt und dann Sigue Sigue Sputnik gegründet hatte, die von aller Welt niedergemacht worden waren – außer von den wenigen Fans, die den visionären Charakter des völlig überzogenen Verarsche-Projekts erkannt hatten. Tim Bricheno und die frühere Sängerin der Mike Oldfield Group, Maggie Reilly, vervollständigten die Besetzung.

Eldritch erläuterte: „Ich kenne [James] schon lange, und er spielte bei Generation X genau dieselbe Art von Basslinien wie heute. Ich dachte mir, dass das sicherlich ein paar Leute nerven würde, und das ist schließlich ein hilfreicher Bonus. Wir werden ja sehen, ob er sich bewährt, aber ich denke schon. So etwas wie Sigue Sigue Sputnik kann man nur einmal machen, und daher muss er sich in seinem Leben wohl noch auf andere Art Selbstachtung erarbeiten." Übrigens hatte James Eldritch im Jahr 1982 die Rolle des Sputnik-Frontmanns angeboten – Eldritch hatte abgelehnt.

Exakt vier Jahre nach dem letzten Sisters-Konzert, dem *Festival of Remembrance* in der Royal Albert Hall, erschienen Eldritch und seine neuen Mitstreiter beim Bizarre-Festival auf der Loreley, um die aktuellen Pläne der Band zu verkünden: ein neues Album für den Herbst und im Anschluss eine Tournee. Mehr taten sie jedoch nicht – Eldritch, James und Bruhn kamen auf die Loreley-Bühne und verlasen die Tourdaten. Ein Augenblick, der zu den wirklich bizarren Highlights des Events zählte.

Erst vier Monate später enthüllte die Single „More", wie diese neue Sisters-Besetzung klang. Wie zu erwarten war, hatte sie den Breitwandsound der *Floodland*-Singles beibehalten, ihn allerdings um einen harten, heftigen Gitarren-Frontalangriff ergänzt, der die Band mit voller

Wucht zu Monsters-of-Rock-Kandidaten erklärte, und das sogar, bevor das dazugehörige Video erschien, das Eldritch als „Fellini-Parodie des typischen Heavy-Metal-Clips" bezeichnete.

Dieser Vorgeschmack erwies sich als durchaus typisch für die LP, was den Sound und auch die Optik betraf. *Vision Thing* war zwar tatsächlich fertig aufgenommen worden, bevor Bricheno oder James zur Band gestoßen war, aber sie basierte dennoch stark auf den „Bassriffs mit acht Schlägen pro Takt", die James laut Eldritch produzierte. Das Album erschien Ende Oktober, und im Vergleich mit diesem neuen Werk wirkte sogar *Floodland* gewissermaßen unterproduziert.

Bruhn reizte seine „Panzerangriff-Riffs" bis an die Schmerzgrenze aus und erzeugte dabei eine Atmosphäre von Aggression und Wut, die beinahe die Lautsprecher zum Schmelzen brachte und dem Album einen äußerst zeitgemäßen Klang verlieh. 1990 bereiteten sich die USA darauf vor, einen Zusammenschluss verschiedener Staaten in einem Kriegseinsatz im Persischen Golf anzuführen, um den Irak, der kurz zuvor in den Nachbarstaat Kuwait einmarschiert war, wieder aus dem Land zu vertreiben. Der Titeltrack „Vision Thing" nahm dabei mit dem damaligen US-Präsidenten George Bush senior den Vater des jetzigen Amtsinhabers aufs Korn, parodierte seine Reden (der Ausdruck „vision thing" an sich stammte von Bush) und verspottete den offenbar erblichen Glauben, dass jegliches Problem mit dem Einmarsch einer weiteren Armee zu lösen sei.

Die daraus entstandene Platte versprühte eine Industrial-Energie, die über ein Jahr lang unerreicht bleiben sollte, bis eine neue Welle amerikanischer Lärmstrategen dem Weg von Ministry folgten. Ministry selbst hatten *Vision Thing* so gut verinnerlicht, dass sie dem Video mit dem eigenen, ebenso gegen Bush gerichteten Song „New World Order" auf ihre Weise Tribut zollten.

Wer zudem noch immer über die wahren Gründe der Auseinandersetzung zwischen Eldritch und Hussey nachgrübelte, bekam – falls überhaupt noch nötig – auf diesem Album weitere Denkanstöße. Während die Sisters of Mercy mit ihrem Sound und ihrer Bildersprache einen martialischen Frontalangriff vorantrieben und dabei eine Energie entwickelten, deren Echo in der Gothic-Industrial-Szene noch ein Jahrzehnt und länger nachhallen sollte, waren Mission erfüllt von Herzschmerz, Hobbits und großspurigen Akustikhymnen. Jeder Gedanke an eine Wiedervereinigung, die angesichts derart verschiedener Spielwiesen ohnehin wohl zum Scheitern verurteilt gewesen wäre, verbot sich nach der wuchtigen Eröffnungsattacke von „Vision Thing“ von selbst.

Um dem Sound noch mehr Wucht zu verleihen, wurde zudem der ehemalige Keyboarder von Big Audio Dynamite, Dan Donovan, gewonnen, und mit ihm an Bord starteten die Sisters of Mercy eine Tour, die zunächst mit Aufwärmgigs in Irland, Brasilien und Jugoslawien begann und dann offiziell am 16. November in Hamburg eröffnet wurde. Ihr Liveprogramm, das neben Songs aus der ganzen bisherigen Bandkarriere auch erprobte Coverversionen wie „Gimme Shelter“ und „Jolene“ enthielt, wirkte wie ein gewalttätiger Exorzismus der vier schweigsamen Jahre, ein Noise-Fest, das ohne große Entschuldigung gelegentlich fast oder auch ganz in Thrash überging.

Es war lediglich eine kurze Tour, die nur zehn Tage später mit zwei Konzerten in der Londoner Wembley-Arena zu Ende ging, wobei dort Wayne Hussey und Mick Brown im Publikum saßen. Die beiden kamen nach der Show hinter die Bühne, um den berüchtigten Firmennamen-Krieg endgültig ad acta zu legen, den sie in den letzten fünf Jahren mal unausgesprochen, mal wahrlich voller Inbrunst gegeneinander geführt hatten. Eldritch feierte den Waffenstillstand im Monat darauf mit der nächsten Sisters-Single, „Doctor Jeep“, dem verdrehten Riffmonster von *Vision Thing,* das als B-Seite eine etwa 1985 aufgenommene Version von „Knockin' On Heaven's Door“ erhielt.

Aber selbst dieser Vollblutrocksong war Teil eines Plans, der mit den Träumen anderer Bands nichts zu tun hatte, wie Eldritch bewies, als ihn ein MTV-Moderator fragte, ob er mit diesem Song eventuell einen Hit in Amerika erzielen wollte. Wenn das seine Absicht gewesen wäre, antwortete Eldritch, hätte er ihn als Instrumental aufgenommen.

Während die Sisters Amerika also nach wie vor auf Abstand hielten, konzentrierten sich viele ihrer Zeitgenossen hingegen immer mehr auf ihre dortigen Fans.

Es mochte Absicht oder Zufall gewesen sein, dass Peter Murphy während des Jahrs, als Love and Rockets ihre größten Hits dort feierten, besonders still war, aber 1990 kehrte er mit seinem zweiten Klassiker, dem dynamischen „Cuts You Up“, und dem ebenso erfolgreichen Album *Deep* mit einem Knall zurück. Dieses Mal wurde er mit zwei kleineren Hits in den USA und mit Verkaufszahlen um die zweihundertfünfzigtausend belohnt. Die Single erreichte Platz fünfundfünfzig, das Album kam bis auf vierundvierzig.

Gene Loves Jezebel nahmen selbstbewusst ebenfalls die unteren Chartregionen in Angriff, auch wenn sich die Entstehung ihres jüngsten Albums, des 1990 erschienenen *Kiss Of Life,* als ebenso problembeladen erwiesen hatte wie die seiner Vorgänger.

Nach Michael Astons Ausstieg hatten die verbliebenen Musiker darüber nachgedacht, aus Respekt gegenüber all dem, was die vorige Besetzung geleistet hatte, den Bandnamen zu ändern – eine Idee, die Geffen sofort rundheraus ablehnte. Gene Loves Jezebel beugten sich dem Druck höherer Weisheit und verwarfen sämtliche Aufnahmen, die sie im Herbst zuvor noch mit dem inzwischen fehlenden Zwilling eingespielt hatten, um im Frühjahr 1989 mit dem Produzenten Paul Fox erneut ins Studio zu gehen.

Fox, der sich mit seiner Arbeit für XTC, Phish und Sky Cries Mary einen Namen gemacht hatte, war überhaupt nicht nach dem Geschmack der Jezebels. Jay Aston fauchte: „Wir kamen nach San Francisco und sollten mit einem Typen namens Paul Fox arbeiten, der wirklich nur genervt hat. Und es hat uns ein Vermögen gekostet, weil wir am Schluss nämlich das Album in London mit [dem Mission-Produzenten] Tim Palmer retten, hier und da etwas neu aufnehmen oder etwas neu überspielen mussten. Letzten Endes waren die Aufnahmen total stressig – dabei hatten wir gerade erst den ganzen Ärger mit Mike und mit *House Of Dolls* hinter uns, und nun wurde die neue Platte schon wieder genauso nervig. Mittendrin in dieser verdammten Geschichte gab es auch noch das große Erdbeben in San Francisco – das hätte uns ein Zeichen sein sollen."

Was die Band in jener Zeit weitermachen ließ, war das Wissen, dass *Kiss Of Life* einige ihrer besten Songs enthielt. „Als wir die Demos einspielten, dachten wir, dass nun unser bestes Album entstünde. Es war total überwältigend, zum Sterben schön, um das Klischee zu benutzen, aber es war ja so. Eine wunderschöne Platte."

Der Wendepunkt, an dem dann doch alles seiner Zerstörung entgegenging, kam mit den Anweisungen, die Geffen Fox gegeben hatte: Es sollte eine saubere, eine fröhliche, eine *Pop*platte werden. Die Demos, die von einer dunklen, intensiven Atmosphäre geprägt waren, wanderten in den Papierkorb. Dann wurden Strophen aus den Songs geschnitten, Tempi verändert und Rhythmen in andere Muster gezwängt. „Evening Star" war live ein überwältigendes Erlebnis. Auf der Platte gab es kaum einen Mucks von sich. „Jealous" wiederum, das im Juni 1990 als erste Single veröffentlicht wurde, verlor einen ganzen Textblock, der Aston zufolge für das Verständnis absolut notwendig war.

Derartiges Gerangel hinter den Kulissen hielt „Jealous" allerdings nicht davon ab, auf MTV in die Rotation zu kommen und wochenlang die Modern-Rock-Charts zu beherrschen. Als „Tangled Up In You" ebenfalls an die Spitze vorrückte, war sonnenklar, dass zum endgültigen Durchbruch nur noch ein kleiner Schritt fehlte – zu dem die Band prompt nicht bereit war.

„Was wollen diese verweichlichten Briten eigentlich?", fragte ein hohes Tier einer amerikanischen Plattenfirma ein oder zwei Jahre später. „Sie kommen hierher, arbeiten sich den Arsch ab, ebenso wie die Leute um sie herum, und wenn dann das, was alle erreichen wollten, endlich in Reichweite gerät, klemmen sie den Schwanz ein und hauen wieder ab auf ihre verregnete Insel, wo sie dann rumjammern, dass man sie in Amerika bei lebendigem Leib auffressen wollte. Und da fragen sich die Leute noch, warum amerikanische Plattenfirmen sich nicht mehr die Mühe machen wollen, für so was überhaupt Promotion zu machen!"

In diesem Fall jedoch lag die Schuld nicht bei Gene Loves Jezebel. Amerika ging einer Rezession entgegen, die dieses Mal auch der Schallplattenindustrie schwer zu schaffen machte. Als die geplante Sommertour nicht zustande kam, bei der Gene Loves Jezebel gemeinsam mit den ebenfalls gerade im Aufwind befindlichen Concrete Blonde durchs Land ziehen sollten, fand die Band keinen besseren Ersatz als ein knappes Dutzend Konzerte mit dem schon reichlich angeschlagenen Billy Idol, der kaum noch Zuschauer anlockte – kein Vergleich mit dem Triumphzug von vor drei Jahren, als er mit den damals erst aufstrebenden Cult unterwegs gewesen war. Weniger als dreitausend Fans verirrten sich in die achtzehntausend Plätze fassende Sandstone-Arena in Kansas, gerade mal achttausend verteilten sich auf den vierzigtausend Sitzen im *Alpine Valley Music Theatre,* und so ging es weiter.

Wieder im heimischen Großbritannien, konnten Gene Loves Jezebel im Vorprogramm bei David Bowies Konzerten in Milton Keynes unterkommen und lieferten dort eine überwältigende Show vor dem größten Publikum ab, das sie in England je gehabt hatten. Aber der amerikanische Traum war unweigerlich ausgeträumt. Auf ihrer Tour im November spielten sie (begleitet von den Newcomern Posies) wieder in denselben kleinen Hallen, in denen sie bei ihrem ersten US-Besuch aufgetreten waren, und die Gigs im April und Mai 1991 waren noch deprimierender, da sie selbst in diesen Clubs einfach nicht mehr vor ausverkauftem Haus standen. Ihr einziger Trost dabei war der, dass es ihnen nicht allein so ging – viele ihrer Zeitgenossen hatten ebenfalls mit den Fallstricken zu kämpfen, die sich durch eigentümliche Praktiken bei der Konzertpromotion ergaben.

Anlässlich des zehnten Jahrestags des ersten Konzerts der Sisters of Mercy im Februar 1991 plante man zwei exklusive „Fanklub"-Konzerte in Leeds, wobei das erste in der Universität Leeds (eben jenem Veranstaltungsort, der sich damals glatt geweigert hatte, die aufstrebende Band zu buchen) auf den Tag genau zehn Jahre nach dem Livedebüt in York stattfand. Anschließend kehrte die Band in ihr Studio in Sussex zurück, um sich auf eine Südeuropatournee vorzubereiten, die am 26. Februar in Lissabon begann, dann durch Spanien und Italien führte und schließlich am 11. März in Jugoslawien endete.

Achtzehn Konzerte in den USA schlossen sich an, darunter ein äußerst köstliches Festival im *Irvine Amphitheatre,* bei dem die Sisters Gesellschaft von Gene Loves Jezebel, Danielle Dax und Lush hatten, die damals noch sehr der kranken Klangwelt von Cocteau-Twins-Mastermind Robin Guthrie verhaftet waren. Aus den Staaten kehrten die Sisters nach Europa zurück, und dann ging es wieder in die USA, wo sie mit glänzenden Augen entdeckten, dass ihnen möglicherweise doch der Durchbruch bevorstand, und das ganz und gar zu ihren eigenen Bedingungen. Die speziell für den Radioeinsatz abgemischte Version von „Detonation Boulevard" kam allmählich in Fahrt, und MTV fand das dazugehörige, absichtlich nicht kontrovers geratene Video ebenfalls ganz wunderbar.

Leider machte die kommende Tournee alle Hoffnungen zunichte. In einem ambitionierten Versuch, die Errungenschaften von Ian Astburys Gathering of the Tribes und dem von Perry Farrell in ähnlicher Manier gestalteten Lollapalooza-Festival zu toppen, buchte man die Sisters für ein paar Stadionkonzerte gemeinsam mit Gang of Four und den Rappern von Public Enemy. Aber die schleppenden Ticketverkäufe, die jede größere Packagetour der letzten zwei Jahre gekennzeichnet hatten, machten sich auch hier bemerkbar und gingen sogar noch mehr in den Keller. Ein Gig nach dem anderen wurde gestrichen, bis schließlich das ganze Unternehmen abgesagt wurde. Die Sisters kehrten nach England zurück und hüllten sich völlig in Schweigen.

Das dadurch entstehende schwarze Loch, das sich im Jahr 1991 auftat, hätte eigentlich von den Fields of the Nephilim zu ihren eigenen Zwecken genutzt werden können. Aber auch die strebten gerade ihrer Auflösung entgegen.

Ihr zweites Album, *The Nephilim,* hatte den Erfolg von *Dawnrazor* weiter ausbauen und ihnen die Tür in die Stratosphäre öffnen können. Zudem hatten die Fields ihr eigenes Image ausgefeilt: Sie waren längst nicht mehr die illegitimen Nachkommen irgendwelcher ungeduldigen Sisters-Kopisten, als die ihre bösesten Kritiker sie bezeichneten, sondern hatten eine Stimme gefunden – und vor allem eine Vision, die ganz und gar ihre eigene war.

Natürlich fuhren die Medien noch immer wegen der alten Kritikpunkte mit ihnen Schlitten, und natürlich nahmen sie sich in ihrem Sound und in ihrem Auftreten immer noch viel zu ernst. Aber *The Nephilim* war dennoch ein Beweis für ihre wachsenden Qualitäten und deutete nun nicht mehr die Richtung an, die ihre Vorbilder möglicherweise hätten eingeschlagen können, wenn sie nur gewollt hätten, sondern beschäftigte sich mit dem, was große Teile des eigenen Publikums bekümmerte oder faszinierte.

„Moonchild", die erste, im Mai 1988 aus dem Album ausgekoppelte Single, „Shiva" und das bebende Finale „Last Exit For The Lost" zeigten äußerst deutlich, dass die Band und vor allem Carl McCoy ihr Soundspektrum auf eine Weise erweitert hatten, die sie selbst wohl kaum für möglich gehalten hätten. Zwar hing ihnen nach wie vor das beliebte Image an, dass es sich bei ihrer Band um ein verrücktes Genie und vier Durchschnittstypen aus der Vorstadt handelte, aber in seinen besten Momenten bewies *The Nephilim* eindeutig, dass bei allen persönlichen Konflikten, die vielleicht unter der Oberfläche schlummern mochten, momentan die gemeinsame Vision alles andere zur Seite schob. Davon einmal abgesehen, hatten die frühen Pink Floyd mit einer ähnlichen Kombination gearbeitet, und *The Piper At The Gates Of Dawn* war schließlich auch ganz nett geworden.

Fields of the Nephilim umgaben sich mit einer geheimnisvollen Aura, hüllten sich in ein Image und einen Mystizismus, die komplett aus einem allumfassenden Gothic-Lexikon hätten stammen können, bedienten sich dabei aber bei Quellen, die aus verschiedenen Kulturbereichen stammten. Sie klauten Samples aus Filmen – Elemente aus *Blutgericht in Texas, Die Nacht der reitenden Leichen* und *Nightmare On Elm*

Street tauchten überall auf *Dawnrazor* auf, *Der Name der Rose* wurde in *The Nephilim* erwähnt, und die berüchtigte Bibel der schwarzen Künste, das Necronomicon, wurde in „Psychonaut" zitiert, der 1989 erschienenen Single, mit der die Karriere der Fields plötzlich ungeahnte Höhen erreichte – als Vorbote eines Albums, das zu ihrem ränkevollen Meisterwerk wurde.

Die Fields konstruierten in jedem Bereich eine Welt in einer Welt, eine persönliche Mythologie, die zwar nur einer Hand voll der ergebensten Fans oder Schüler zugänglich (oder überhaupt auch nur verständlich) war, die sich aber auch jenseits der Grenzen der Fields-Fans, die bisher nur eine kleine Kultgemeinde darstellten, vermitteln ließ. Ob ihre Musik oder das Artwork, ihre Konzerte oder ihr Merchandising – jeder Aspekt der Band an sich war unlösbar mit einem einzigen Identitätsanker verbunden.

Allerdings handelte es sich dabei um keine so grellen Elemente wie die berühmt-berüchtigten treibenden Inseln von Yes, und die Konzeptgerüste waren auch nicht ansatzweise so offensichtlich wie die, auf denen Jethro Tull ihre Fans herumturnen ließen. Als die Band daher bekannt gab, ihr für 1990 geplantes nächstes Album, das intensive und ambitionierte *Elizium,* beinhalte ein philosophisches Konzept, das auf die persönlichen Überzeugungen und Mythen der Bandmitglieder aufgebaut sei, zuckten noch nicht einmal ihre Gegner mit der Wimper. Was sonst hätte man erwarten können?

Elizium fiel insgesamt weitaus sanfter aus als seine beiden Vorgänger, jedenfalls vom Sound her. Die Kritiker sahen sich stattdessen gezwungen, es mit den dunkleren Alben der Cocteau Twins und Dead Can Dance zu vergleichen, und das nicht, weil man sich absichtlich mit bedeutungsschwerer Reife an die Arbeit gemacht oder gar zu Weltmusikelementen gegriffen hätte, sondern vielmehr, weil dieses Album zur Heraufbeschwörung von Gefühlen stark auf düstere Soundscapes und Strukturen aufbaute, die in Bombast und Härte gehüllt worden waren. Die amerikanische Gothic-Szene Anfang bis Mitte der Neunzigerjahre, die so stark von ätherischem Flüstern und gedrosseltem Gedröhn geprägt war, erwies dem Minimalismus, der *Elizium* seine enorme Kraft verlieh, eine tiefe Reverenz, und eingeschlossen in dieser kleinen Welt hätten Fields of the Nephilim für immer weiterproduzieren können. Ihre Gigs waren keine einfachen Konzerte mehr – sie waren geradezu Feierstunden geworden, in denen eine knisternde Verehrung in der Luft hing, die auf dem aus der *Elizium*-Ära stammenden Livealbum *Earth Inferno* so deutlich hörbar wie auf dem dazugehörigen Video *Visionary Heads* deutlich sichtbar war.

Aber die Unsterblichkeit war für die Fields natürlich keine echte Option. Die Energie ihrer Auftritte und die Ergebenheit ihres Publikums hatten die Band in eine Situation gebracht, in der sie praktisch nicht gewinnen konnte – auf einem derart intensiven, schwerkraftlosen Schlachtfeld war es für die Musiker unmöglich, das Gleichgewicht zu halten. Die berühmten musikalischen Differenzen, mit denen sich so viele Bands herumschlugen, wurden nun von noch komplizierteren philosophischen Streitfragen an den Rand gedrängt. Die gesamte Existenz der Band, die einst auf der Basis einer Vision einzigartiger Reinheit gegründet worden war, stand auf der Kippe. Es musste etwas passieren – und 1991 tat es das auch. Die Fields of the Nephilim kündigten, beinahe übertönt von den Entsetzensschreien der Bonanzas, ihre letzten Konzerte an, die Fire Festivals im Londoner *Town and Country Club*.

Die Konzerte waren triumphal, ihre Nachwirkungen eher tragisch. Zwar blieben Pettit, Yates und die Wright-Brüder zusammen und engagierten für ihre neue Band Rubicon den Sänger Andy Delaney, aber ohne die Vision McCoys hatten sie wenig zu bieten, was auch nur ansatzweise mit der Qualität ihrer früheren Arbeiten vergleichbar gewesen wäre.

Aber auch McCoy schien sich festgefahren zu haben. Zwar verkündete er sofort die Gründung der nächsten Neph, wobei er dieses Mal die alternative hebräische Schreibweise Nefilim verwendete, aber auch er geriet in eine künstlerische Flaute. 1992, in einem Jahr, in dem sich auch viele andere Gothic-Institutionen auf ewig verabschiedeten, war alles so, als hätte es die Fields of the Nephilim nie gegeben. Im Nachhinein könnte man jedoch darüber nachdenken, ob sie vielleicht genau das Richtige getan hatten – jedenfalls angesichts der Ereignisse in den ersten Monaten nach ihrer Trennung.

Ein weiser Mann sagte einmal, der Trick beim Überleben sei, „den Kopf zu behalten, während alle anderen den ihren verlieren". Genau das wurde ab September 1991 immer schwieriger, weil die Axt immer öfter ohne Ansehen der Person zuschlug. Die Hand am Beil hatten natürlich Nirvana.

Bei Nirvana handelte es sich um ein Trio aus Seattle, das bis dato außerhalb der Reviews-Seiten im *Melody Maker* kaum jemandem aufgefallen war, allenfalls nahmen noch ein paar Blätter an der amerikanischen Nordwestküste Notiz von der Band. Niemand erwartete viel von ihrem zweiten Album, die Band selbst oder ihre Plattenfirma Geffen schon gar nicht. Wenn davon in den USA zweihundertfünfzigtausend Stück über die Ladentische gehen würden, wäre das bereits ein Grund zum Feiern gewesen, und bei mehr war schon eine Dosis Beruhigungsmittel fällig.

Aber dann kam „Smells Like Teen Spirit", dröhnte plötzlich aus jedem Radio und lief nonstop bei MTV – und dann kam *Nevermind*. Es mag absurd melodramatisch klingen, aber ab diesem Augenblick war die etablierte Musikszene nie wieder so wie früher.

Der Durchbruch von Nirvana kam plötzlich und mit tief greifenden Auswirkungen – die Liste seiner Opfer war so lang wie das Jahrzehnt, das hinter ihm lag. Robyn Hitchcocks Album *Perspex Island* stand an der Spitze der amerikanischen Alternative-Charts, als das Album von Nirvana erschien. Die Seattle-Band verdrängte ihn vom ersten Platz, und später meinte Hitchcock: „Einige der Leute, die zur selben Zeit wie wir ihren Durchbruch hatten, hatten inzwischen eine höhere Stufe der Karriereleiter erreicht ..." – Depeche Mode, R.E.M., die Replacements, U2 natürlich. „Aber alle anderen wurden von dieser Entwicklung überrollt, darunter auch wir. Wir waren noch immer eine Alternative-Band, aber es hatte sich alles verändert, es war plötzlich wieder ‚Rock' geworden, lange Haare waren wieder in, man streckte wieder die Fäuste in die Luft, kaufte Brezeln und brüllte: ‚Here we go!' Die Musiklandschaft hatte sich verändert, und für das, was wir machten, gab es keinen Platz mehr. Unser Stil war zu musikbetont und abgehangen."

Zwar war es letzten Endes kaum mehr als eine kurze kalte Dusche, aber für viele Bands war der Temperatursturz fatal und zerstörte sie auf dieselbe Weise, wie Punk vierzehn Jahre zuvor auf jene Bands gewirkt hatte, deren Karrieren ebenfalls irreparable Schäden zurückbehalten hatten. Andere wiederum begrüßten die Ankunft des „Grunge" als eben jenen frischen Wind, auf den sie selbst so lange hingearbeitet hatten.

Ian Astbury war besonders begeistert, zumal es sich bei zweien der Bands, die am ehesten mit Nirvana gleichziehen konnten – den ebenfalls aus Seattle stammenden Pearl Jam und Soundgarden –, um alte Freunde handelte. Pearl Jam waren aus den Überresten von Mother Love Bone entstanden, einer Band, die nach dem Tod von Astburys Freund Andrew Wood 1990 zerfallen war, und Soundgarden zählten zu den Musikern, die auf triumphale Weise beim Gathering of the Tribes beteiligt waren.

Am Vorabend jenes Festivals hatten Cult zudem begonnen, den eigenen Scherbenhaufen wieder ein wenig zu kitten. Astbury und Billy Duffy hatten bei der Organisation des Festivals wieder neuen Elan entwickelt, und sie verspürten wieder Lust am Musizieren. Im September 1990 setzten sie sich zusammen und begannen mit den Vorbereitungen für ein neues Album, eines, das als Richtungsweiser für ihre eigene musikalische Zukunft dienen sollte.

Doch das Projekt kam nie wirklich in Schwung, auch wenn Astbury sich das noch so sehr wünschte. Gemeinsam mit den Sessionmusikern Charley Drayton am Bass und Mick Curry, der schon auf *Sonic Temple* getrommelt hatte, gingen sie, wie Astbury sich erinnert, „ins Studio, und die Songs waren eigentlich auch nicht so schlecht. Aber wir haben aberwitzig viel Geld dafür verbraucht, und die Aufnahmen an sich waren richtig übel."

Rückblickend stand das Projekt von Anfang an unter keinem guten Stern. Bei den Sessions arbeitete die Band mit dem Produzenten Richie Zito, aber Astbury gab zu: „Wir nahmen ihn nur deshalb, weil er der Erste war, der ins Studio kam und nicht gleich wieder rausging. Rick Rubin sah uns einmal an und meinte, es wäre jetzt nicht die richtige Zeit, Bob Rock arbeitete gerade mit Metallica, und deswegen meinten wir: ‚Okay, Richie, du hast schon eine Menge leckerer Sachen produziert, du hast den Job.' Er hatte mit Heart fünf Millionen Platten verkauft und sonst noch so ähnlichen Scheiß gemacht, und wir dachten, vielleicht schafft er das mit uns auch. Und es war eine totale Katastrophe."

Würde man die loyalsten Überfans von Cult versammeln, wäre sich wohl die ganze Gemeinschaft darüber einig, dass jedes Cult-Album seine Haken hat. Keines geriet allerdings so durchgängig schwach wie die aufgeblasene Karikatur, die schließlich als *Ceremony* das Licht der Welt erblickte – ein Album, dessen Titel wohl an Joy Division erinnerte (deren Einfluss die Schöpfer dieses Werks schließlich auch ins Musikgeschäft gebracht hatte), aber das bis heute wie ein toter Pferdekopf in dem Bett des ohnehin schon reichlich in Misskredit gebrachten Gothic-Boudoirs von Astbury und Duffy liegt. Die beiden Musiker gaben sich hinsichtlich seiner Qualitäten keiner Illusion hin. Astbury kam aus dem Studio und versuchte sich sofort mit anderen Dingen zu trösten, diesmal jedoch weder mit Alkohol noch mit Dro-

gen. „Ich traf damals meine spätere Frau, Heather, und daher war ich ständig mit ihr zusammen. Ich hatte eine super Zeit und begann langsam wieder, meine Persönlichkeit zu entdecken, ich trank nicht mehr so viel und begann mich als Mensch allmählich mehr zu öffnen.
Es machte den Anschein, als ob ich plötzlich mit unheimlich vielen Leuten in Kontakt kam, die in einer ähnlichen Situation waren wie ich, die ganz ähnliche Erfahrungen gemacht hatten und ähnliche Trauer und Belastungen mit sich herumschleppten. Wir hatten alle unsere Vorbilder und Freunde verblassen oder sterben sehen, wir hatten alle schon ein bisschen was erlebt und merkten, dass der Weg vieler Musiker, mit denen wir aufgewachsen waren, nirgendwo mehr hinführte und unsere Helden fett und zynisch geworden waren … dass sie sich in John Lydon oder so verwandelt hatten. Wobei, ich mag John Lydon sehr. Auch Joe Strummer ist so ein Beispiel, zumindest in gewissem Maß. Mir wurde klar, dass ich selbst nicht so werden wollte."

Es war zu spät, um der Fäulnis Einhalt zu gebieten, die das neue Album bereits befallen hatte – Astbury versuchte Zeit zu schinden und ließ die Sessions einfach laufen, bis der Karren komplett in zähem Soundbrei feststeckte. Er sagte auch zu, die dazugehörige („beschissen unvermeidliche") Welttournee mitzumachen, einen sechsmonatigen Marathon, dem er mit ähnlichem Unbehagen entgegensah, wie es die meisten Leute vor Bluttests oder Zahnarztbesuchen hegen. Aber das gehörte alles, sagte er sich, zu einer Zeit des Heilens.

Als sich die *Ceremony*-Tour dem Ende neigte, lud Astbury persönlich Pearl Jam zum Finale ein, dem groß angelegten Cult in the Park Festival in London im Juni 1992. Es wurde ein Triumph, sowohl musikalisch (schließlich hatten Pearl Jam bei allen Verästelungen der neuen Bewegung mehr mit Cult gemeinsam als mit dem Rest der Grunge-Szene) als auch persönlich. „Ich hing wieder mehr mit Billy ab, und wir wurden wieder Freunde. Außerdem stand für uns fest: Wenn die Tour vorbei war, wollten wir wieder richtig auf die Füße kommen.
Wir mussten uns sehr mit uns selbst auseinander setzen, denn wir waren seit zehn Jahren zusammen, und es kam ziemlich viel Scheiße dabei zutage, zum Beispiel, was die gemeinsame Arbeit anging und so. Aber wir hielten durch. Wir suchten uns einen neuen Manager, der sehr eng mit uns zusammenarbeitete und ein echter Cult-Fanatiker war, wir bauten viele Dinge rund um die Band auf und bekamen auch viel von dem finanziellen Scheiß geregelt, der noch so lief."

Nachdem sie sich von der Vielzahl juristischer und persönlicher Probleme losgemacht hatten, markierten Cult ihre Rückkehr mit einem musikalischen Beitrag zum Kultfilm des Jahres 1992, *Cool World,* dem knallharten Electro-Thrash-Titel „The Witch".

Der mit Rick Rubin eingespielte Song war dennoch unverkennbar Cult. Aber er klang gleichzeitig lockerer und dreckiger als alles, was sie seit langem veröffentlicht hatten – es war ein brutaler Schocker aus bedingungslosem Industrial-Noise und präsentierte einen Sound, mit dem die Band sich damals hätte neu erfinden können, wie Astbury meinte: „‚The Witch' war ein Song, den ich schon im Dezember 1989 geschrieben hatte, und der Titel war seiner Zeit ziemlich voraus. Es war ein beeindruckender Song, ein einflussreicher Song, der die Richtung von Cult völlig hätte verändern können. Diesen Weg hätten wir schon während der ganzen *Ceremony*-Sessions einschlagen sollen – wir hätten uns die Köpfe rasieren und ‚The Witch' aufnehmen sollen. Aber rund um die Band gab es viel kommerziellen Druck, der das nicht zuließ, und emotional war ich auch nicht in der Lage, das durchzufechten. Mir war das zu viel Stress, ein Märtyrer für meine Musik zu werden. Daher gab ich Billy sozusagen die Zügel in die Hand. Während der ganzen Zeit gingen wir seitwärts. ‚The Witch' war nur ein kleiner Schritt, den wir am Ende dann doch nach vorn machten." Der Song ging auf dem Soundtrack unter, schaffte es nie in die Clubs und verschwand schließlich spurlos – Cult, so schien es, erwartete das gleiche Schicksal. In diesem neuen musikalischen Klima reichte es nicht, einen neuen Sound anzubieten. Das Publikum forderte auch neue Namen. Denn wer will schon zu den gleichen Bands abrocken wie seine Eltern?

Gene Loves Jezebel standen ebenfalls vor dem Aus. Chris Bell hatte die Band Anfang 1991 verlassen und war von Robert Adam ersetzt worden, der früher bei Promise und in einer der Bands des Fleetwood-Mac-Mitbegründers Peter Green gespielt hatte (wobei Jay zufälligerweise kürzlich einen Track für ein Green-Tributalbum aufgenommen hatte, aber das nur am Rande). Der neue Mann hätte sich für seinen Einstieg keinen schlechteren Augenblick aussuchen können.

Nach dem Debakel um *Kiss Of Life* hatten sich Gene Loves Jezebel von Geffen getrennt und zu Savage locken lassen, einem energiegeladenen neuen Label, das sich hochtrabende Ziele gesteckt hatte, die sich toll anhörten, den nüchternen Tatsachen jedoch nicht ganz entsprachen.

Gene Loves Jezebel waren dabei nicht die Einzigen, die auf die schöne Fassade hereinfielen. David Bowie hatte sich ebenfalls bei Savage verpflichtet und geriet schwer ins Trudeln, als die ganze Chose über Bord ging. „Wir hätten auch zu Atlantic gehen können", erinnerte sich Jay Aston, „aber wir entschieden uns für Savage. Wir brauchten das Geld. Wir waren pleite, und sie boten eine sehr hohe Summe. Und sie liebten uns wie wahnsinnig. Dann nahmen sie David Bowie unter Vertrag, gingen Pleite, und uns wurde mitten in der Tour der Saft abgedreht."

Dass sie einen schweren Fehler gemacht hatten, war den Jezebels allerdings schon vorher bewusst gewesen, als sie nämlich das, was sie für ein fertiges neues Album hielten, ablieferten – das Material für die 1992 veröffentlichte *Heavenly Bodies*. Erst mussten sie erleben, wie die Vertriebsabteilung das Album in Stücke riss, und dann wurde die Platte noch mit einem grellen Cover versehen, das Jay Aston zufolge „ein im Grunde sehr sensibles Album völlig falsch darstellte. Aber das war wohl das Schicksal dieser Platte."

Mit dem unvermittelten Zusammenbruch von Savage kam natürlich auch das Ende für *Heavenly Bodies*. Nur wenige Wochen nach der ersten Lieferung verschwand das Album aus den Läden. Gene Loves Jezebel, die mit ungläubigem Blick zusahen, wie ihnen das Schicksal einen neuen Stoß versetzte, verschwanden gleich mit ihm.

Auch Mission fanden offenbar 1992 keine neuen Hürden mehr, die sie überspringen konnten, und der Auflösungsprozess, der zwei Jahre zuvor mit dem Ausstieg Simon Hinklers begonnen hatte, war nun fast abgeschlossen. *Masque,* das letzte Album, war gefloppt, und die Totenglocke läutete bereits, als eine knappe Presseerklärung Wayne Husseys im September verlauten ließ, dass Adams rausgeflogen war. Er hatte das Interesse an der Band verloren und glaubte nicht mehr daran, dass Mission je wieder aus ihrem Loch herauskommen würden. Beobachter wunderten sich lediglich darüber, dass er es überhaupt so lange ausgehalten hatte.

Die *Carved In Sand*-Ära war am 12. Dezember 1990 mit dem Abschlusskonzert in der Londoner Brixton Academy zu Ende gegangen, wobei niemand einen Hehl aus den bitteren Streitigkeiten machte, die in der Band bei jeder Begegnung ausbrachen. Die Mitglieder teilten nur einen gemeinsamen Gedanken: Was hatte es überhaupt noch für einen Sinn, mit Mission weiterzumachen?

Sie verpassten sich ihre Letzte Ölung in typisch untypischer Manier: Sie taten sich für einen augenzwinkernden Glam-Tribut an die frühen Siebziger unter dem Bolan-inspirierten Namen Metal Gurus wieder mit Hinkler zusammen. Weihnachten 1990 präsentierten sie in ausgesprochen spaßigem Outfit eine köstlich respektlose Version des alten Weihnachtshits von Slade „Merry Xmas Everybody", aber die Aktion hatte bereits an Schwung verloren, noch bevor die letzte Weihnachtsgans auf den Tisch gekommen war.

Auch die Gurus gingen ihrer eigenen Wege, und Anfang 1991 dachte Wayne Hussey ernsthaft darüber nach, bei All About Eve einzusteigen und dort dauerhaft den abtrünnigen Tim Bricheno zu ersetzen. Marty Willson-Piper von der australischen Band The Church hatte seinen Job befristet übernommen, und wenn der sich nicht zum Bleiben entschlossen hätte, wäre Hussey vielleicht seiner spontanen Idee gefolgt. Stattdessen hielt er sich bei Mission alle Optionen offen. Aber auch wenn er sich langsam wieder mit seiner eigenen Band anfreunden konnte, lag der Weg immer noch voller Stolpersteine.

Abgesehen von den internen Problemen hatten Mission inzwischen auch heftigen Streit mit ihrem Label Mercury. Der britische Zweig des Unternehmens unterstützte die Band längst nicht mehr so wie zu Beginn, auch wenn die Kollegen in Übersee immer begeisterter wurden. Noch bevor die Bandmitglieder selbst sich sicher waren, ob es überhaupt noch ein neues Mission-Album geben würde, stand Manager Tony Perrin in Verhandlungen mit anderen Plattenfirmen – sowohl innerhalb des Phonogram-Konzerns, zu dem auch Mercury gehörte, wie auch außerhalb –, um ein neues Zuhause für die Band zu finden.

Er entschied sich schließlich für Vertigo, eines der Mercury-Schwesterunternehmen, das vor zwanzig Jahren als elegante Adresse für die Crème de la Crème der britischen Progressive- und Heavy-Metal-Szene gegolten hatte. Zudem konnte er beeindruckenderweise die Garantie erwirken, dass alles, was Mission tun wollten, für das Label in Ordnung ging. Man würde sich nicht einmischen, es würde keinen Streit geben, keine Versuche, die Richtung der Band zu beeinflussen. Ganz gleich, was und wann sie aufnehmen wollten, das Label stand hinter ihnen.

Als neue Basis wurde das neue Studio auserkoren, das sich Hussey und seine Frau Kelly in ihrer Scheune hatten bauen lassen, und dort kamen Adams, Brown und Hussey Ende 1991 mit dem Produzenten

Mark Saunders zusammen. Saunders hatte bereits „Into The Blue“ als Single abgemischt und war zudem am aktuellen und absolut revolutionären Projekt von Cure beteiligt gewesen, dem Sampler *Mixed Up,* auf dem sich neu aufgenommene Remixversionen ihrer Hits befanden und das die Wartezeit überbrücken sollte, bis der Nachfolger von *Disintegration* erschien.

Saunders erwies sich als gute Wahl, da sowohl Hussey als auch Adams die derzeit alles beherrschende Danceszene mit wachsendem Interesse betrachteten und sich dabei weiter und weiter von den Standards entfernten, die sie selbst einmal für Mission festgeschrieben hatten. Letzten Endes war auf *Masque,* das im Juni 1992 erschien, davon nur wenig offensichtlich erkennbar, aber zumindest als Inspiration hatte es genügt.

Masque stellte Mission vielmehr erneut ein gutes Zeugnis für Rock nach Led-Zeppelin-Muster aus, wobei ein für alle Mal Schluss war mit den versponnenen Texten, die selbst die treuesten Anhänger mittlerweile etwas nervig fanden. Ein Song, „She Conjures Me Wings“, war vielleicht sogar als endgültiger Schlussstrich unter Husseys frühere Lieblingsthemen zu verstehen – die Drachen waren verschwunden, die Elfen geflohen und die Apfelbäume Avalons verwitterten und starben. Auch wenn dieser Titel als gut aufgelegter Kneipensong daherkam, wie er auch von den Small Faces oder den Kinks hätte stammen können, eine bessere Zusammenfassung der momentanen Einstellung im Hause Mission wäre kaum denkbar gewesen.

Das Album bezog einen großen Teil seiner Stärke, wie Hussey erklärte, aus dem Umfeld, in dem es entstanden war. The Barn, sein Scheunenstudio, lag etwa achtzig Kilometer von der nächsten größeren Fernstraße entfernt im Herzen des englischen Nirgendwo.

„Eigentlich hatte ich mich dorthin zurückgezogen, um meine Wunden zu lecken“, berichtete Hussey. „1990 war ziemlich viel Scheiße gelaufen, und am Ende des Jahres hatte ich keine Selbstachtung mehr und glaubte auch nicht mehr an mich, ich war ganz unten – weiter unten als je zuvor.“ Sein Selbstbewusstsein kehrte jedoch langsam zurück, als sich The Barn mit geliehenem Aufnahmeequipment füllte und er langsam wieder einen Weg sah, mit seiner negativen Grundstimmung aufzuräumen. „Die Songs auf *Masque* wurden eine ganze Zeit nach diesen Geschichten geschrieben. Ich versetzte mich in eine bestimmte Situation zurück und versuchte die ganze Wut, das Gefühl des Betrogenseins und dergleichen noch einmal spüren, es aber nun objektiver zu sehen. Wenn ich die Songs gleich im Anschluss verfasst hätte, wäre die Platte wesentlich düsterer ausgefallen."

Die Runderneuerung gestaltete sich für Mission jedoch nicht leicht. Nachdem sie zunächst einen großen Teil des neuen Materials bei ihrem eigenen Festival am 1. Juni 1991 im Londoner Finsbury Park vorgestellt hatten, gaben sie zunächst bekannt, dass sie dieses Album nicht auf einer Tour vorstellen würden. Für eine Band, die ihren Ruf – und letztlich auch ihre Plattenverkäufe – auf ihre überzeugende Livepräsenz aufgebaut hatte, war das eine überraschende Entscheidung. Eine, die prompt nach hinten losging.

Mission hatten gehofft, wenn sie sich rar machten, würde dadurch eine gewisse geheimnisvolle Aura entstehen. Stattdessen wurde ihre erste Single nach eineinhalb Jahren, die im April 1992 erscheinende „Never Again", ein Flop, der es gerade auf Platz vierunddreißig in England schaffte. *Masque* kam mit Ach und Krach ein wenig höher und erreichte Platz dreiundzwanzig – das Album erhielt zudem einige der negativsten Kritiken, welche die Band in ihrer ganzen Karriere hatte sammeln müssen.

Und als es gerade so aussah, als könne es nun wirklich nicht mehr schlimmer kommen, kam noch ein kräftiger Tritt ins Gesicht hinterher, als Andrew Eldritch, der für die Albumretrospektive *Some Girls Wander By Mistake* bereits seine Archive geplündert hatte, jetzt mit einer kühnen Neubearbeitung des Klassikers „Temple Of Love" an den Start ging, bei dem auch die jemenitische Sängerin Ofra Haza zu hören war.

Während Mission irgendwo im unteren Drittel der britischen Hitparaden herumkrebsten, schnellte „Temple Of Love" ganz nach oben und erreichte schließlich Platz drei. *Some Girls Wander By Mistake,* das einerseits vom Erfolg der Single profitierte und davon abgesehen, da die Platte sogar so rares altes Material wie „Damage Done" enthielt, natürlich auch ein Leckerbissen für Sammler war, kam bis auf Platz fünf. Im folgenden Jahr präsentierte sich die Geschichte der Sisters auf einer zweiten Compilation, *A Slight Case Of Overbombing,* das mit „Under The Gun" wieder eine mutige neue Single enthielt. Bei diesem Titel handelte es sich um ein Duett mit der Sängerin Terri Nunn, die mit der Band Berlin kurz zu Starruhm gelangt war. Die ersten drei Minuten waren dabei nichts weiter als eine kraftstrotzende Powerballade, ein Liebesduett, bei dem Nunn immer wieder fragte: „Are you living for love?“ – „Lebst du für die Liebe?“, und Eldritch offenbar zögerte, ob es sich überhaupt zu antworten lohne. Verglichen mit den Soundschlachten früherer Sisters-Epen fiel „Under The Gun“ dabei etwas konventioneller und eingängiger aus.

Aber das traf nur auf die ersten drei Minuten zu. Wenn man dem Stück etwas länger folgte, nahm die Angelegenheit eine völlig andere Wendung, als Eldritch nämlich die aufwändige Zerlegung all dessen in Angriff nahm, von dem Nunn da trällerte, und unvermittelt in eine bittere Hasstirade verfiel. Noch klarer wurde die Sache bei den Fernsehauftritten, bei denen die Band die neue Single promotete. Schon zu Beginn des Songs war eine befremdliche Distanz zwischen den Sängern spürbar, und wenn Eldritch dann seinen Monolog begann, hätte er genauso gut allein dort stehen können. Was er, während seine musikalischen Zeitgenossen einer nach dem anderen in der Versenkung verschwanden, letzten Endes auch tat.

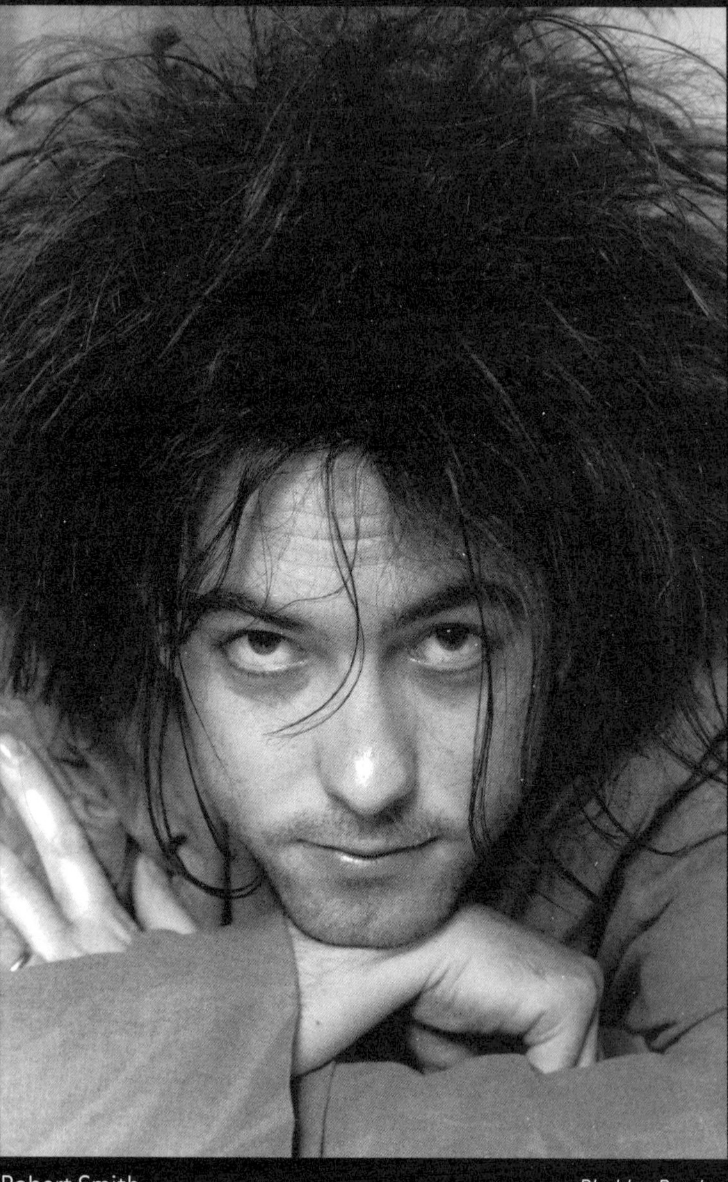

Robert Smith *Bleddyn Butcher*

FÜNFZEHNTES KAPITEL

LIEBESLIEDER UND COMEBACKS

Wie es Cure zu überleben gelang, während alle anderen ihre Köpfe verloren – und wie eine Hand voll Leute die ihren wiederfanden.

„Ich mache mir keine Sorgen darüber, dass Cure in die zweite Liga absteigen könnten. Das ist mir egal, weil ich nie erwartet hatte, in die erste zu gelangen."
Robert Smith

Allein Cure schienen die Erschütterungen nichts auszumachen, die nun die gesamte Ordnung der Musikwelt zerstörten. Gut abgefedert durch das groteske Spiegelkabinett des Remixsamplers *Mixed Up,* verbrachten sie den größten Teil des Jahres 1991 damit, den richtigen Nachfolger für *Disintegration* aufzunehmen und dabei völlig zu ignorieren, was um sie herum passierte.

Über *Disintegration* sagte Smith rückblickend: „Für mich war das Überschreiten der Dreißig ein Wendepunkt. Ich wollte meine gesamte Herangehensweise ändern, und daraus entstand das Album. Danach wurde alles anders, und die Band an sich wurde auch lockerer. Ob die Alben nach Meinung der Leute nun deswegen schlechter wurden oder nicht, ist irrelevant. Die Arbeitsweise innerhalb der Band war in unschätzbarem Maß besser als bei den Alben vor meinem dreißigsten Geburtstag."

Das erste Album, das nach dieser neuen egalitären Maxime entstand, war 1992 *Wish,* eines der umstrittensten und sicherlich am meisten missverstandenen Alben im Cure-Repertoire. Sein Erfolg war unbestreitbar: In den USA schoss es auf Platz zwei der Albumcharts, und in seinem Gefolge rutschte auch die Single „Friday I'm In Love" bis in die Top Twenty, bevor die Band auf eine endlos scheinende Welttournee aufbrach.

Aber war es auch ein gutes Cure-Album? Teilweise schon – „From The Edge Of The Deep Green Sea" verdiente mit Sicherheit alles Lob, das der Titel bekam, und „High" zählt zweifelsohne auch zu den besseren späten Smith-Kompositionen. „This Twilight Garden", ein Session-Outtake, der als B-Seite verwendet wurde, war so großartig, dass Smith später selbst klagte: „Ich kann nicht glauben, dass ich den nicht aufs Album genommen habe."

Insgesamt gesehen war *Wish* jedoch uneinheitlich, und „Friday I'm In Love" stellte einen Tiefpunkt dar, der sich auch durch Smiths „augenzwinkernde" Verteidigung nicht retten ließ. Aber als Konsolidierung, um zu beweisen, dass die gefürchtete Grunge-Szene nicht tatsächlich alles verändert hatte, reichte es völlig aus – mehr als das sogar.

Nach *Wish* erschienen zwei neue Livealben: *Show,* das Smith als den „offiziellen" Set beschrieb, und *Paris,* das er ausschließlich für die alten Fans zusammenstellte, die nach den alten, „obskureren" Songs verlangten, die Cure bei ihrer Tour 1992/93 gelegentlich in überwältigenden Versionen gespielt hatten.

„*Show* ist ein fantastisches Album", schwärmte Smith. „Es zeigt Cure von ihrer besten Seite, und es gibt in unserer ganzen Geschichte keine bessere Zusammenstellung von Songs als diese Tour. Jeder spielte so gut – das wollte ich einfach einfangen. Ich dachte damals: ‚So will ich das, das ist mein Vermächtnis.' Und so waren wir, wenn wir diese Sachen brachten.

Paris wiederum erschien tatsächlich wegen der Nachfrage der Fans. Ich wollte Sachen wie ‚Drowning Man' nicht auf ein Livealbum nehmen, das für mich so eine Art Visitenkarte war, aber viele Leute wollten unsere Interpretationen – in einem guten Umfeld und gut aufgenommen – von alten Songs, die mehr die Hardcorefans ansprachen, und das war *Paris*. Irgendwie hatte es auch nichts mit mir zu tun, das war komisch – mir war wirklich egal, ob es erschien oder nicht. Wir haben es nicht promotet und keine Werbung dafür gemacht, es war einfach da, und wir verkauften eine Hand voll Exemplare. Es war schon ungewöhnlich, gleich zwei Livealben zu veröffentlichen, aber sie waren so völlig verschieden."

Simon Gallup ergänzte: „Während der *Wish*-Tour wussten wir, dass Porl [Thompson] aussteigen wollte ... Dass Boris [Williams] ebenfalls vor dem Absprung stand, war uns zwar nicht klar, aber es war auf alle Fälle ein guter Abschluss für dieses Kapitel. Und um ehrlich zu sein: Wir wussten nicht, ob wir jemals noch eine Platte machen würden. Wir sind nicht so schlau, dass wir vielleicht planen würden, in zwei Jahren wieder an die Arbeit zu gehen. Meist ist es eher so, dass wir wieder zusammenkommen und es plötzlich klickt, wenn einer von uns eine gute Melodie mitbringt, wie es beispielsweise bei *Wish* begann." Beide Alben hätten daher auch gut den endgültigen Abschied der Band einleiten können, doch das taten sie natürlich nicht. Sie gingen lediglich einer Pause voraus, die mitunter nicht enden zu wollen schien.

Cult hatten ihre Auszeit derweil gehabt und bereiteten sich 1993 auf ihren größten Schlag seit drei Jahren vor. Der sang- und klanglose Untergang von „The Witch" hatte ihnen sehr zu schaffen gemacht, und nun war die Band gleichermaßen überrascht und dankbar, als der 1993 erschienene Sampler aus Live- und Studiomaterial *Pure Cult For Rockers, Ravers, Lovers And Sinners* sie nicht nur wieder in die Charts brachte, sondern auch anzudeuten schien, dass Medien und Öffentlichkeit bereit waren, Cult zu rehabilitieren.

Im Mai holten Astbury und Duffy den früheren Drummer von Dag Nasty, Scott Garrett, und den Ex-Mission-Bassisten Craig Adams ins Boot. Dieses Line-up vermittelte eine Stabilität, die den beiden Gründungsmitgliedern lange Zeit gefehlt hatte – vor allem Adams erwies sich als sehr willkommene Ergänzung. Astbury und Duffy hatten nie einen Hehl daraus gemacht, dass sie seine Art zu spielen sehr bewunderten, und nach seinem Rauswurf bei Mission verging kein halbes Jahr, bis sie sich bei ihm meldeten. Auch in Interviews versuchte Astbury gar nicht erst, seine Freude zu verbergen. „Craig war mit Mission einfach durch, als sie noch mal so eine Glamrock-Weihnachtsplatte oder so eine ähnliche Spaßnummer machen wollten. Mission – ein Jahr sind sie der Weihnachtsmann, nächstes Jahr sind sie Slade.
Das hat ihn ziemlich gelangweilt, und er und Wayne [Hussey] waren auch fertig miteinander, also nahmen wir Kontakt zu ihm auf, und es lief super. Er hat den gleichen Background wie wir, ist im gleichen Alter und mit den gleichen kulturellen Fixpunkten aufgewachsen. Wir brauchten zum Beispiel nur einen Namen wie Billy Bremner zu nennen [die britische Fußballlegende von Leeds United], und er wusste, worum es ging."

In dieser neuen Besetzung gaben Cult über den Sommer eine Hand voll Konzerte in England und traten beispielsweise auch vor Guns N' Roses beim Festival in der Milton Keynes Bowl auf – anschließend folgte eine vierzig Gigs umfassende Europatour mit Metallica. „Siebenmal fragten sie bei uns an, und jedes Mal sagte ich nein. Aber dann verrieten sie uns schließlich, dass auch Alice In Chains dabei sein würden, und das klang doch ein bisschen vielseitiger als nur wir und Metallica. Da willigte ich ein."

Letzten Endes sagten die Grunge-Meister ab und wurden durch Suicidal Tendencies ersetzt, „und wir klemmten dazwischen", wie Astbury sich schaudernd erinnert. „Wir dachten echt, dass das überhaupt keinen Zweck hat, denn wir trugen zu der Zeit weite Levi's-Jeans, alte Punk-T-Shirts und Stiefel und hatten uns alle die Haare abgeschnitten. Wir sahen aus wie ein Haufen Kunsthochschul-Punks aus den Siebzigern. Aber wir gingen raus und spielten. Zuerst waren wir ziemlich genervt, weil wir dachten, wir sollten gar nicht hier sein, das ist nicht die richtige Umgebung. Aber nach einiger Zeit sagten wir uns: ‚Scheiß drauf, Hauptsache, wir haben unseren Spaß.' Und von da an wurde es großartig, total wild. Anschließend gingen wir allein auf Tour und stellten fest, dass wir noch immer ein Publikum hatten, das nie wirklich verschwunden war. Wir hatten selbst da noch volle Hallen, wo wir vorher schon mit Metallica gespielt hatten, und das war echt überwältigend. Die Leute waren so begeistert – es war, als würden wir noch einmal von vorn anfangen. Für mich waren wir eine brandneue Band, und als wir die Platte aufnahmen, floss diese Energie mit hinein."

Rick Rubin, der sich inzwischen hatte überzeugen können, dass Cult 1993 nicht mehr die abgewirtschaftete Truppe waren, die ihn vor der Aufnahme von *Ceremony* angesprochen hatte, war ursprünglich als Produzent vorgesehen, aber, wie Astbury berichtete, „sollte es nicht sein. Wenn wir drauf warteten, dass er zu den Proben kam, arbeitete er gerade mit Tom Petty. Das nächste Mal, als wir ihn erwarteten, war er mit Mick Jagger im Studio. Dann hing er mit Donovan rum, hatte gerade Joe Cocker unter Vertrag genommen oder arbeitete mit Johnny Cash … und irgendwann haben wir dann auch gesagt: ‚Scheiße, dann nicht', und das Ganze abgehakt. Und außerdem meldete sich dann Bob Rock bei mir und sagte, dass er wirklich gern wieder mit uns arbeiten wolle. In gewisser Weise war ich zwar nicht sonderlich wild auf *Sonic Temple,* obwohl sie kommerziell sehr erfolgreich gewesen war, aber ich traf mich mit ihm, und er haute mich einfach um. Er sagte, dass er meine Kritik an der Platte durchaus verstanden habe, aber damals auch gar nicht richtig hätte durchgreifen können. Also fuhren wir nach Vancouver und begannen mit den Aufnahmen in einem kleinen Studio. Es war super."

Der schlichte Titel des Albums sollte bereits die neue Bescheidenheit widerspiegeln, die seine Entstehung geprägt hatte – er lautete schlicht *The Cult.* Bei den Aufnahmen, so Astbury „backten wir wirklich kleine Brötchen. Wir hatten keine Allüren, wir gingen nicht in Nightclubs oder so, wir erschienen pünktlich jeden Tag gegen zwei im Studio und arbeiteten bis nachts um eins, und so lief das jeden Tag, dreieinhalb Monate lang. Wir waren diesmal nicht größenwahnsinnig und dachten, dass wir gerade an einer Platte werkelten, welche die ganze Welt erschüttern würde, wir wollten einfach Musik machen, die uns jeden Tag wieder heiß machte, und genau das taten wir auch. Wir probierten alle möglichen Ideen aus.

Außerdem wussten wir, dass wir eine recht schlichte Platte machen wollten. Von diesen überzogenen, groß angelegten Platten hatten wir genug, wichtiger war uns, dass es ehrlich, wahrhaftig und nicht aufgesetzt klang. Ehrlich gesagt, das war die größte Herausforderung. Es ist komisch, aber ich hatte das Gefühl, dass ich so eine Platte mit siebzehn oder achtzehn hätte machen sollen, aber damals hätte ich das nicht gekonnt. Damals hätte ich mich mit den Themen noch gar nicht auseinander setzen können." Kurz bevor *The Cult* im September 1994 erschien, verriet er: „Ich kann es überhaupt nicht erwarten, bis sie endlich veröffentlicht wird, es ist, als würde man noch mal Vater werden!"

Auf der Bühne meldeten sich Cult im Oktober 1994 mit einer bewusst klein gehaltenen Show im *Commodore Ballroom* von Vancouver zurück. Das Line-up hatte sich erneut verändert: Der Gitarrist James Stevenson war zu ihnen gestoßen, der während des andauernden Winterschlafs von Gene Loves Jezebel zwischendurch wieder einmal Musik machen wollte – und der fünfzehn Jahre zuvor Gitarrist bei Generation X gewesen war, als an einem Abend in Sheffield ein neunzehnjähriger Punk namens Ian Astbury als Gegenleistung für freien Eintritt sein Equipment getragen hatte. „Früher war er mein Roadie", lachte Stevenson, „heute ist er mein Boss."

Die Tour führte anschließend durch Europa und Australien, bevor Cult im Februar 1995 in die USA zurückkehrten. Später im Jahr folgten einige Konzerte in Südamerika. Zu ihrem Programm gehörten dabei neues Material ebenso wie die beliebten Klassiker, und es war nicht zuletzt Astbury zu verdanken (der sich auf der Bühne völlig dämonisch gebärdete und zudem eine Schwäche für furchtloses Stagediving entwickelt hatte), dass Cult überall vor ausverkauftem Haus spielten und dabei überwältigte Fans zurückließen. „Früher hielten die Leute Cult für eine abgehalfterte Rockband", meinte Astbury. „Aber wer uns live gesehen hat, der weiß, dass wir das genaue Gegenteil sind."

Nur wenige Wochen später löste er die Band auf.

Zwischen 1994 und 1995 fragten sich derweil Love and Rockets, weshalb sie nicht genau das längst getan hatten.

Ihre Solopause hatte die Musiker komplett verjüngt. Es spielte auch keine Rolle, dass sowohl Ashs wie auch Js Soloalben lediglich die bereits bestehende Meinung bestätigt hatten, dass Love and Rockets zusammen mehr waren als nur die Summe ihrer Musiker – sie hatten trotzdem ihren Zweck erfüllt. J erklärte: „Es war gesund für uns, weil es bestimmte Sachen gibt – vor allem bei meinen Songs –, die nicht zu Love and Rockets passen. Die konnten wir anderweitig ausleben. Und es ist auch gesund, mal sein eigener Boss zu sein, einmal die letzte Entscheidungsgewalt darüber zu haben, was man tut, und keine Kompromisse eingehen zu müssen. Dann fällt es einem auch leichter, wenn man wieder im Bandverbund arbeitet und sich anpassen muss."

J veröffentlichte sein drittes Soloalbum, *Songs From Another Season,* im Juni 1990. Es bildete das letzte Element eines Triptychons, das er 1983 mit *The Etiquette Of Violence* begonnen und 1985 mit *Crocodile Tears And The Velvet Cosh* fortgeführt hatte – Ash überfiel die Welt mit dem bedrohlichen Wechselbad der Gefühle *Coming Down.* Mitte 1992 „hatten wir uns mit unseren Solosachen ausgetobt, und es war an der Zeit, weiterzuarbeiten."

Damit begannen die Aufnahmen zu einem Album, auf dem sich Love and Rockets ausgiebig mit der Welt der Elektronika beschäftigten und auf dem eine Reihe von Gedanken nun tatsächlich ausformuliert wurden, mit denen auf *Love And Rockets* lediglich gespielt worden war. Sie gingen mit einer Begeisterung zu Werke, von der sie gar nicht mehr gewusst hatten, dass es sie gab, und das machte die Sessions zu einer kompletten und gewaltigen Wiedergeburt, bei der die Band tatsächlich von Grund auf neu strukturiert wurde und man sogar zugunsten elektronischer Loops und Samples auf Ashs typische Gitarrenriffs verzichtete, die zuvor als Markenzeichen der Band gegolten hatten. Statt auf straff strukturierte Songs legten Love and Rockets nun mehr Wert auf brodelnde Atmosphäre. Wer hier nach einer Spur von „So Alive" suchte, blickte ins Leere. RCA hasste natürlich jede Minute des neuen Materials.

Bei der Plattenfirma wünschte man sich eine Neuauflage von „So Alive", während die Band durchaus zufrieden gewesen wäre, wenn sie gerade diesen Song nie wieder hätte hören müssten – er war schließlich der Hauptgrund für ihre Auszeit gewesen. Love and Rockets hatten sich stets um schöpferische Innovation bemüht und wollten Stagnation vermeiden. Für sie hätte das Zurückrudern in bekannte Gewässer alles zerstört. Zwar versuchte das Label, sie zur Vernunft zu bringen, aber das Trio hatte keinerlei Diskussionsbedarf. „RCA entdeckten in dem Material nichts, was für eine Single geeignet gewesen wäre", sagte J achselzuckend. „Sie hörten darauf keine Gitarren und hatten keine Ahnung, was wir eigentlich trieben. Daher ließen sie uns ziehen."

Acht weitere Monate gingen ins Land, bevor Love and Rockets einen neuen Plattenvertrag bekamen – diesmal bei Rick Rubins Label American. Diese Zeit nutzten Ash und J, um sich erneut um ihre Soloprojekte zu kümmern, während sie das neue Meisterwerk von Love and Rockets weiter reifen ließen und wohl auch noch einmal um eine Neueinschätzung seiner Position bemühten.

„Es hatte eine sehr dichte Struktur und war sehr düster und ambientmäßig“, überlegte Ash. „Als wir nach einem Jahr wieder auf die Songs zurückkamen, dachte ich schließlich auch, dass vielleicht noch ein paar konventionelle Elemente fehlten“ – ein paar Gitarren, eine Hand voll Soli, etwas mehr Gesang und etwas mehr Melodien.

Hot Trip To Heaven, das im September 1994 zur gleichen Zeit erschien, als Cult gerade ihr Comeback feierten, hätte zum größten Albumerfolg der Band werden sollen. Stattdessen ging es sang- und klanglos unter. „Ursprünglich sollte *Hot Trip To Heaven* ohne viel Aufwand, ganz unauffällig veröffentlicht werden“, berichtete J. „Rick Rubin überlegte eine Zeit lang sogar, es ohne Namen auf der Hülle, in einem schlichten weißen Cover und mit weißem Label herauszubringen. So richtig unauffällig. Die Idee dahinter war die, dass die Leute erst darüber reden und dann feststellen würden, dass es Love and Rockets waren.“

Leider „ging dieser Plan für uns komplett nach hinten los“, und auch als schnell zwei großartige Singles, „This Heaven“ und „Body And Soul“, in den USA ausgekoppelt wurden, ließ sich der Absturz nicht aufhalten. Die überwiegende Zahl der Mainstream-Kritiker verstand nicht, weshalb *ihre* Love and Rockets eine Platte gemacht hatten, die *so wenig* nach Love and Rockets klang – die Mainstream-Radiosender ignorierten sie völlig. Als das offiziell geplante Veröffentlichungsdatum von *Hot Trip To Heaven* näher rückte, hatte Beggars Banquet beschlossen, die Platte in England nicht einmal herauszubringen. Durch American kam sie in den USA in die Läden, aber ihr Schicksal war besiegelt. „Kommerziell gesehen war es eine Katastrophe“, erinnerte sich Ash. „Wir alle glaubten, es würde entweder ein *Dark Side Of The Moon* werden oder untergehen. Und wie sich herausstellte, ging es unter. Wir hatten alles Vertrauen verloren. Und es kam noch schlimmer.“

Noch ganz erschüttert, begann die Band mit der Arbeit an einem neuen Album. „Unterbewusst dachten wir wohl: ‚Okay, das hat nicht geklappt, also lasst uns die Gitarren wieder rausholen‘“, meinte Ash, aber selbst diese Überlegung brachte sie nicht weiter. „Wir hatten eine komplette Identitätskrise und fragten uns ständig, wohin unser Weg eigentlich führen sollte.“

Das versuchten sie noch immer herauszufinden, als ein katastrophales Feuer das Studio zerstörte, in dem sie aufnahmen – dabei verbrannten ihre Demos und ihr Equipment komplett. J: „Wir verloren all unsere Instrumente, die wir seit Bauhaus-Zeiten hatten. Man kann das mit Worten nicht beschreiben. Wenn man ein Instrument gehabt hat, seit man fünfzehn war, dann hat so ein Ding eine Seele. Aber andererseits war das auf gewisse Weise auch reinigend und schön."

Love and Rockets hatten gerade beschlossen, wieder neu anzufangen, als eine neue Katastrophe über sie hereinbrach: American hatte unbeeindruckt von den bisherigen musikalischen Bemühungen beschlossen, das Aufnahmebudget einzufrieren. Die Band beendete die Aufnahmen, wie Ash sagte, in der Garage eines Freundes und sah dann zu, wie die Welt dieses neue, von all ihren Alben wohl uneinheitlichste Werk, das den Namen *Sweet F. A.* erhalten hatte, ignorierte. Promotion gab es jedenfalls kaum, und entsprechend wenig Wellen schlug das Album bei seiner Veröffentlichung.

Daher waren auch langjährige Fans, die zu den Konzerten kamen, erstaunt, dass die Band plötzlich unangekündigt in ihrer Stadt auftauchte und scheinbar nicht einmal ein neues Produkt am Start hatte. Viele erfuhren überhaupt erst von dem neuen Album, als sie die Songs bei den Gigs hörten. American hatte das Interesse verloren – und konsequenterweise ließen sie Love and Rockets wenig später fallen.

Während Love and Rockets allmählich von der Bildfläche verschwanden, begannen Cure – neben denen sie fünf Jahre zuvor ganz oben an der Spitze gestanden hatten –, sich ebenso allmählich wieder sehen zu lassen.

Sie hatten Ende 1993 mit der Arbeit an einem neuen Album begonnen. „Wir machten ein paar Demos, aber weil wir keinen Drummer hatten, entwickelte sich wenig daraus – es ist ein bisschen komisch, mit einer Drum Machine zu proben", erklärte Simon Gallup. „Dann, nach etwa zwei Jahren, stieß Jason [Cooper] zu uns, und wir merkten, dass er dauerhaft für uns der Richtige war. Ab da kamen die Dinge in Schwung."

Die Aufnahmen fanden schließlich größtenteils in einem Landhaus in der Nähe von Bath statt, das die Band von der Schauspielerin Jane Seymour gemietet hatte, und dort nahm *Wild Mood Swings* langsam Gestalt an. Sehr langsam – das Album erschien erst 1996.

Der erste Titel, der aus diesen Sessions erschien, war das höchst bizarre „13th". Die Presse feierte es einmütig als große Weiterentwicklung für Cure – ganz ähnlich, wie sie auch schon „The Lovecats" oder „Hot Hot Hot" bewertet hatte, wie Gallup bemerkte.

„Wenn man von einer Weiterentwicklung spricht, klingt das immer, als sei das künstlich so geplant worden. Wenn ich ‚13th' als Außenstehender betrachtete, könnte ich sagen: ‚Oh, da sind jetzt ein südamerikanischer Rhythmus und viele andere Elemente drin.' Aber da wir alle dran beteiligt waren, ist es für uns schlicht ein guter Song. Und ganz ehrlich: Wir haben nicht bewusst versucht, Neuland zu betreten, denn schließlich ist der Song gleichzeitig auch etwas lasziv und schmuddelig. Aber wenn wir heute Abend irgendwohin ausgingen und der Titel liefe dort, dann würden wir dazu tanzen."

„Ich glaube, wir haben unsere Angriffslust schon vor Jahren verloren", fuhr Smith fort. „Ich denke, die Leute haben sich daran gewöhnt, dass wir nun mal unser Ding durchziehen. Wir versuchen dabei nicht, jemanden zu erschrecken, zu schockieren oder zu amüsieren. Wir wollen nur den Eindruck erwecken, dass das alles Spaß macht."

Gemessen an den hohen Standards der alten Zeiten, wurde *Wild Mood Swings* jedoch von vielen Leuten nicht gerade als Spaß betrachtet. In der Presse wurde die Platte durchweg kritisiert – in den Charts stieg sie von null auf eins und rutschte dann sofort wieder ab. Jüngsten Berichten zufolge verkaufte sie nur halb so viele Exemplare wie *Wish.* Smith ließ sich davon jedoch nicht aus der Fassung bringen. „Das spiegelte wohl einen gewissen Trend wider. Mir sagte man, es hätte daran gelegen, dass keine Hits drauf waren, bla bla bla, aber ich glaube vielmehr, dass wir zu lange daran herumgewerkelt haben. Zwar würde ich, wenn ich noch einmal zurückgehen könnte, gar nichts anders machen, weil es wirklich Spaß gemacht hat, aber die Kritik an der Platte akzeptiere ich.
Andererseits habe ich Cure-Alben nie nach ihren Verkaufszahlen bewertet. *Seventeen Seconds* hat sich weltweit vielleicht fünfundzwanzigtausendmal verkauft, aber das ändert überhaupt nichts daran, was diese Platte für mich bedeutet. Daher mache ich mir keine Sorgen darüber, dass Cure in die zweite Liga absteigen könnten. Das ist mir egal, weil ich nie erwartet hatte, in die erste zu gelangen."

Auch bei der folgenden Tournee gab es Probleme. Wegen technischer Probleme musste der gesamte England-Abschnitt ganze sechs Monate verschoben werden. Die Live-EP *Five Swings Live,* die bei diesen Shows entstand und in einer auf fünftausend Stück limitierten Auflage ausschließlich über die Webseite der Band erhältlich war, war binnen weniger Tage ausverkauft. Darauf präsentierte sich das aktuelle Material in einem wesentlich besseren Gewand als auf dem Album selbst.

Ganz gelang es Smith allerdings nicht, das relative Scheitern von *Wild Mood Swings* zu ignorieren. „Es brachte mich dazu, darüber nachzudenken, weshalb ich das tue und weshalb ich einmal damit angefangen habe. Und daraufhin beschloss ich, einfach wieder darauf zurückzukommen, Dinge hauptsächlich deswegen zu tun, weil sie mir Spaß machten." *Bloodflowers,* das 2000 als einziges aktuelles Lebenszeichen zwischen den beiden Retrospektiven *Galore* und *The Cure's Greatest Hits* erschien, war das erste Ergebnis dieser Überlegung, wobei seine sperrige Wiederaufnahme des Sounds von *Pornography* und *Disintegration,* den Smith als die wahre Seele der Band betrachtete, sich aggressiv gegen all jene Entwicklungen wandte, die Cure im letzten Jahrzehnt durchlaufen hatten. Viele Hörer waren zudem der Meinung, es sei das Beste, was sie seitdem zustande gebracht hatten.

Auch Ian Astbury, inzwischen wieder in Los Angeles, überlegte, einen Schraubenschlüssel ins Getriebe der Maschine fallen zu lassen, die um ihn herum entstanden war. Über das sturmische Ende der Cult-Besetzung von 1994 und 1995 berichtete Astbury: „Ich stieg im März 1995 aus. Wir hatten an der Copacabana einen leidenschaftlichen, riesigen Streit. Seit 1983 waren wir mehr oder weniger nonstop zusammen gewesen, immer im Rhythmus Tour, Album, Tour, Album, und das einzige Mal, als ich versucht hatte, zehn Tage Urlaub zu machen, kam ich damit nicht mal klar. Also: 1995 ging es nur darum, den Ausstieg zu finden."

Er ging nicht weit. Vier Wochen nach dem Showdown in Brasilien hatten Astbury und Schlagzeuger Scott Garrett schon wieder eine neue Band auf die Beine gestellt, die Holy Barbarians. „So ist es nun mal. Ich hatte einen Monat Pause gehabt und konnte es nicht erwarten, wieder loszulegen. Ich war raus bei Cult, aber ich hatte noch einen Stapel Songs, die ich aufnehmen wollte. Aber dieses Mal sollten die Dinge anders laufen. Bei Cult ging es nur noch um Steuerberater und Plattenfirmen und wie man alles in möglichst großem Maßstab macht. Die Holy Barbarians probten in meiner Garage.
Da machten wir wieder Musik aus authentischen Gründen, einfach um Musik zu machen. Das sollte keine große kommerzielle Sache werden, wir hatten einfach Bock drauf. Es war super, auf Tour waren wir mit einem kleinen Bus unterwegs, und wir machten nichts, worauf wir keine Lust hatten. Wenn wir mal wieder völlig abstürzen wollten, dann konnten wir das. Es war, als sei ich wieder in meiner ersten Band – das gab mir wieder ganz und gar die Liebe zur Musik zurück."

Cream, das Album der Holy Barbarians, erhielt jedoch kaum Beachtung, als es 1996 erschien, und dort, wo Astbury einst so hübsch herumgeprahlt hatte, herrschte nun Schweigen. Vier weitere Jahre sollten vergehen, bevor der Sänger wieder von sich hören ließ. Seine jüngsten Mitstreiter hingegen verstreuten sich in alle Winde – und hielten bald wieder auf heimische Gefilde zu.

James Stevenson tauchte als Erster wieder auf. Seine Erfahrungen mit Cult hatten nicht nur seine eigenen Ansichten neu aufpoliert, sondern ihm auch genug Mut gemacht, um die Aston-Brüder wieder in die Mangel zu nehmen.

Michael war dabei in jüngster Zeit der Aktivere von beiden gewesen. Während sein Bruder nach New York umzog und über eine Solokarriere nachdachte, die mit dem Akustikalbum *Unpopular Songs* ihren Höhepunkt erreichte und dann wegen mangelnden Anschubs schließlich einschlief, hatte Michael eine neue Band, Edith Grove, gegründet, bei dem in L. A. beheimateten Indie-Label Triple X unterschrieben und mit der Arbeit an einem neuen Album begonnen.

Edith Grove entwickelte sich zu einer äußerst esoterischen Platte, die sowohl Platz für einen vom Hackbrettklang dominierten Song wie „Venus In Rags“ oder das schlichte Madrigal „Kings Horsemen“ hatte, aber auch einen Tribut an Marc Bolan enthielt, während „Wheel“ ein wenig in Richtung „All The Young Dudes“ ging. Es handelte sich um eine extrem nach vorn ausgerichtete Platte, und da mit *Why Me, Why This, Why Now?* ein hervorragendes Soloalbum darauf folgte, hätte Aston eigentlich in der richtigen Position sein sollen, um diese Erfolge weiter auszubauen.

Stattdessen entschied er sich für eine Reunion. Sowohl Stevenson als auch Jay Aston waren als Gastmusiker auf *Edith Grove* dabei gewesen, und nachdem er die Platte im Frühjahr 1996 live vorgestellt hatte, wandte sich Michael im Juni wieder an Jay, um drei neue Songs aufzunehmen: „When We Were Young“, „The Goodbye Girl“ und „Who Wants To Go To Heaven“, eine wunderschöne Ballade, die zumindest teilweise auf den Birthday-Party-Song „Sonny's Burning“ aufbaute und ursprünglich für den Soundtrack zum Film *Interview mit einem Vampir* gedacht gewesen war.

Unterstützt wurden sie dabei von den Musikern von Edith Grove, Tommy Andrews, Dick Hawkins und Morad. Als jedoch Avalanche, das US-Label, auf dem das Edith-Grove-Album erschien, den Vorschlag machte, dass die Zwillinge mit Gene Loves Jezebel ein paar neue

Songs für die geplante Best-of-Collection (die 1995 erschienene *From The Mouths Of Babes*) aufnehmen könnten, war mit Edith Grove einstweilen Schluss, und Stevenson kehrte zur Gruppe zurück.

Die drei Musiker spielten zwei Songs ein, „Body And Soul“ und „No Sweat“, die beide nicht gerade so geraten waren, als dass sie lieb gewonnene Erinnerungen an die Originalbesetzung hätten wachrufen mögen, und die auch nicht ohne Kämpfe zustande kamen. Jay erklärte jedoch rückblickend: „Es war nicht ungemütlich, wir hatten Spaß bei den Aufnahmen. Es war keine große Sache.“ Die Sessions waren kaum vorbei, als die Astons nach weiteren Projekten Ausschau hielten, die man gemeinsam in Angriff nehmen konnte.

Es entstanden einige neue Demos, aus denen sich jedoch weiter nichts entwickelte. Dann, erinnerte sich Michael, „rief ich Jay in England an und fragte ihn, ob wir nicht gemeinsam auf eine kleine Tour gehen sollten und warum nicht? Es war fünfzehn Jahre her, dass wir mit Gene Loves Jezebel angefangen hatten.“ Bei der so genannten *Pre-Raphaelite*-Tour handelte es sich jedoch nicht um eine komplette Reunion – der ursprüngliche Plan hatte eigentlich sogar vorgesehen, noch nicht einmal den Namen Gene Loves Jezebel ins Spiel zu bringen.

Jay Aston fuhr fort: „Ursprünglich hatten wir überlegt, dass ich fünf oder sechs meiner Songs bringen würde und dann er mit seinem Material auf die Bühne kam – gemeinsam wollten wir dann ein paar ältere Sachen von Gene Loves Jezebel bringen. Dann stellte Mike fest, dass die Promoter zwanzigmal mehr Geld für Gene Loves Jezebel boten, und damit öffnete sich natürlich eine neue Schlangengrube. Aber ich war derselben Meinung wie Mike: Ich dachte, wir sollten es tun.“

Die Zwillinge waren sich bewusst, dass es keine Zusammenstellung früherer Bandmitglieder geben würde, mit der sie beide zufrieden sein würden, und daher beschlossen sie, ein völlig neues Line-up zusammenzustellen – das bestand aus dem von Human Drama ausgeliehenen Gitarristen Michael Ciravolo, Schlagzeuger Pete Parada und einem jugoslawischen Bassisten, der schlicht den Namen Slobo trug.

Dennoch, betonte Jay, sei es ihre Absicht gewesen, nur gegen Schluss der Show die alten Sachen zu spielen. „Aber wir hatten kaum mit den Proben angefangen, da hatte der Agent viele Gigs schon als so eine Art Achtziger-Revival angepriesen.“ Die Würfel waren gefallen.

Die Band war daraufhin über den Sommer 1997 in den USA unterwegs, und viele Fans nutzten die Gelegenheit, um etwas erleben zu können, von dem sie nicht geglaubt hatten, dass sie es je wieder sehen würden. Die beiden Brüder wiederum bemühten sich um die Wiedererweckung jener Prinzipien, die sie zu Beginn ihrer Karriere für Gene Loves Jezebel aufgestellt hatten. „Das Wichtigste für mich war, dass Gene Loves Jezebel anders sein sollten als alles andere auf dieser Erde", erklärte Michael. „Wenn Jay dabei war, hatten wir etwas so Einzigartiges, Seltenes, das eine so schmerzhafte und schlichte Ehrlichkeit besaß, dass es den Leuten die Köpfe wegriss. Ob uns das immer noch gelingen würde, wusste ich nicht genau, aber mir war klar, dass diese Kraft noch sehr stark wirkte. Das war die Vision dahinter. Es war in jeder Hinsicht eine bemerkenswerte Angelegenheit. Schlicht unglaublich. Aber Jay und ich mussten uns auch mit vielen Dingen auseinander setzen. Ich wusste, dass das ein schmerzhafter Prozess sein würde. Wir betrachten beide die Ereignisse aus einer völlig anderen Perspektive, aber darin liegt die Wahrheit. Wir mussten da durch, weil wir beide uns sehr lieben, und wir mussten beide aus dieser Erfahrung lernen."

Es war wohl eine ungewöhnliche Herangehensweise, die Bühne zur Therapiecouch zu machen, aber andererseits waren Gene Loves Jezebel auch immer eine ungewöhnliche Band. „Wir stellten auf dieser Tour beide fest, dass der Kampf zwischen uns weitergeht und dass sich daran auch nichts ändern wird", gab Jay zu, als die Hälfte der geplanten Gigs hinter ihnen lag. „Es überrascht mich, dass wir überhaupt aus L. A. herausgekommen sind. Wir sind noch nicht mal auf dem Highway, da schreien wir uns schon an. Aber letzten Endes haben wir gemeinsam eine enorme Power, und wir mögen uns manchmal noch so sehr hassen, in der Regel sind wir auf der Seite des anderen. Die Lektion für mich ist wohl die: Wenn Mike und ich zusammenarbeiten, läuft alles gut, und wenn nicht, dann läuft's schief."

Sein Bruder stimmte dem zu. „Man sollte Gene Loves Jezebel als den Versuch der bösen Zwillinge betrachten, ihre Beziehung weiter aufrechtzuerhalten. Und deswegen ist das alles auch interessant, reinigend oder was auch immer. Der Schmerz lohnt sich."

Leider war dieser Waffenstillstand nicht von langer Dauer. Zwar gab es wohl bereits ausgefeilte Pläne für weitere Tourneen und neue Aufnahmen, aber die beiden waren kaum wieder zuhause, als die Streitigkeiten von neuem ausbrachen und dieses Mal schwerer und ausgedehnter ausfielen als je zuvor. Es gibt nur wenige Formen von Familienzwist, der tiefer gehen und giftiger werden können als ein Streit unter

Zwillingen, und die Astons fielen bei aller Liebe, die sie zweifelsohne tief in ihrem Herzen füreinander empfanden, mit größter Gehässigkeit und Wut übereinander her. Beide gingen vor Gericht, um die Ansprüche des anderen in die Schranken zu weisen, beide lösten innerhalb ihrer Fangemeinde neuerliche Verwirrung aus, als sie mit ihren rivalisierenden Versionen ihrer alten Band versuchten, den jeweils anderen zu übertreffen.

Jays schlicht Gene Loves Jezebel betitelte Band startete mit ihrem Album *VII* als Erste durch – er hatte dafür das klassische Line-up aus Stevenson, Rizzo und Bell erneut zusammengetrommelt. Das Projekt seines Zwillingsbruders, Gene Loves Jezebel Featuring Michael Aston gab sich einstweilen damit zufrieden, das dunkel-atmosphärische „All The Young Dudes" für ein Gothic-lastiges David-Bowie-Tributalbum einzuspielen, bevor 1999 das Album *Love Lies Bleeding* erschien. Beide Parteien betrachteten ihre jeweiligen Bands als einen Neuanfang. Für die Fans sah das möglicherweise anders aus.

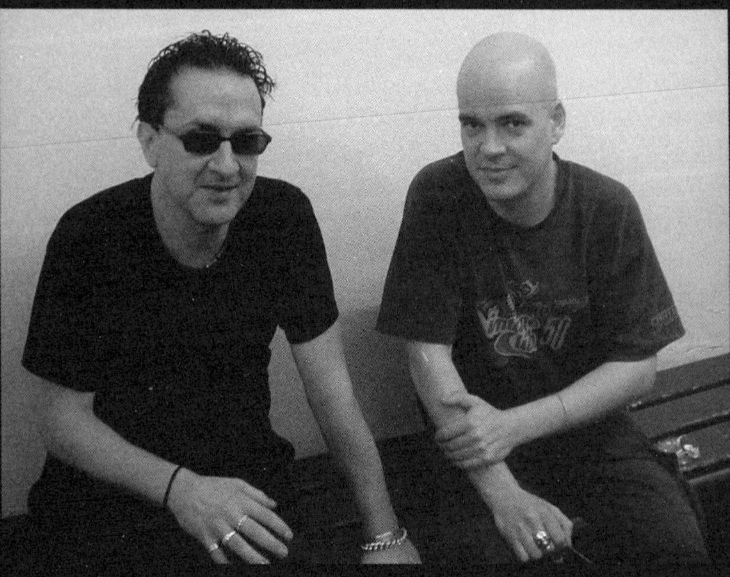

Kahl, aber cool: Nach der Auferstehung von The Mission sind Wayne Hussey und Craig Adams 2001 im Vorprogramm von HIM unterwegs.
Kirsten Borchardt

SECHZEHNTES KAPITEL

GEBT DEN LEUTEN, WAS SIE WOLLEN

in dem die Reunion-Roadshow durchs Land zu rattern beginnt und die Vergangenheit immer häufiger um die Ecke lugt. Nicht unbedingt das glücklichste Ende für eine Geschichte, aber andererseits – wer sagt denn, dass sie schon zu Ende ist?

„Wayne und ich haben eine Abmachung. Aber ich wünsche mir trotzdem, er würde einem nicht immer die Zunge ins Ohr stecken, wenn er seine zärtlichen fünf Minuten hat."
Andrew Eldritch

Während Gene Loves Jezebel gerade in zwei Teile zerfielen, dachten die zwei Bauhaus-Hälften gerade über die entgegengesetzte Aktion nach. Auch sie näherten sich einem Fünfzehn-Jahre-Jubiläum – in ihrem Fall dem ihrer ursprünglichen Auflösung, aber auch dieses Ereignis schien Beachtung wert zu sein, zumal beide Parteien sich inzwischen von Beggars Banquet getrennt hatten und seitdem bei dem Indie-Label Red Ant untergekommen waren.

Die Horrorachterbahn der letzten Jahre hatte Love and Rockets an den Rand eines ziemlich öffentlichen Zusammenbruchs gebracht. Peter Murphy hingegen war recht zufrieden ein Weilchen abgetaucht. Er nahm sich zwei Jahre Zeit, um einen Nachfolger für das 1990 erschienene *Deep* zu erarbeiten. Ein Triptychon bemerkenswerter Singles fand mit dem angemessen klaustrophobischen „You're So Close" seinen Abschluss, aber als das dazugehörige Album *Holy Smoke* erschien, war der magische Moment, den er beinahe zu fassen bekommen hatte, ganz klar schon vorbei. Von dem Album wurden gerade mal einhunderttausend Exemplare verkauft, und es wurde – ebenso wie alles andere zu jener Zeit – von der amerikanischen Begeisterung für alles, was mit der Grunge-Welle zusammenhing, an die Wand gedrückt (wobei ironischerweise gerade Seattle stets eine Bastion von Murphy-Fans gewesen war).

Gleichzeitig begann in den USA die wachsende Düsternis eines Gothic-Revivals allmählich Gestalt anzunehmen, wobei diese besondere Ausprägung wenig mit den künstlerischen Höhenflügen zu tun hatte, die die Bewegung zumindest zu ihren Bestzeiten in Großbritannien erreicht hatte – stattdessen schien man vielmehr daran interessiert, die selbst festgelegten und äußerst eng gesteckten Grenzen eines bestimmten Melancholieverständnisses auf keinen Fall zu verlassen.

Aber unabhängig von diesen strikten Dogmen begann diese neue Szene, möglichst viele der alten Ikonen wieder aus der Versenkung herauszuholen. Sie umarmte die wiederauferstandenen Sex Gang Children, deren aktuelles und wiederveröffentlichtes Material nun gleichzeitig mit den Neuauflagen von Andi Sex Gangs Solowerken auf den Markt strömte. Sowohl Gene Loves Jezebel als auch Cult fiel auf, dass sich wieder verstärkt Schwarzkittel unter ihr Publikum mischten, und bei Cure hatten sie ohnehin stets das Zuschauerbild beherrscht.

Kistenweise wurden in den USA nun verspätet all jene Alben veröffentlicht, die zuvor nur als Import erhältlich gewesen waren – Beggars Banquet, die in ihrem Backkatalog wohl über die größte Auswahl entsprechenden Materials verfügten, versorgten Amerika nun erstmals mit Dali's Car, den Frühwerken von Peter Murphy, Astburys Songs aus den Zeiten vor Cult und den Fields of the Nephilim. Das in Los Angeles beheimatete Label Cleopatra trieb einige wirklich faszinierende Sampler von Specimen, Red Lorry Yellow Lorry, Alien Sex Fiend oder Theatre of Hate auf und verstärkte sein eigenes Programm mit den Vertretern der amerikanischen Gothic-Szene der frühen Achtziger, Christian Death, 45 Grave und den Superheroines.

Auch neue Bands begannen sich in den USA und Europa durchzusetzen, darunter Children On Stun, London After Midnight, Rosetta Stone und viele andere. Das Widersinnige ihrer Existenz zu einer Zeit, in der die Düsterrock-Szene so viele einschneidende Veränderungen hatte durchleben müssen, war für das ursprüngliche Publikum bereits an sich ein Schock – kam vielleicht demnächst auch noch ein Zauberwürfel-Revival? Man kann sich vorstellen, wie dieses Phänomen auf Gothic-Fans gewirkt haben muss, die nicht im Geringsten mit einer solchen Wiederkehr gerechnet hatten. Aber nun, da dieses neu erwachte Interesse einmal bestand, war jemand wie Peter Murphy, der sich in seinen dunklen Grübeleien nie wirklich grundsätzlich weit von den Dogmen einer leicht (wenn nicht sogar stark) gothischen Sicht der Dinge entfernt hatte, leichte Beute.

Als er auf seiner *Holy Smoke*-Tournee 1992 in die USA reiste, war er dennoch entsetzt über diese Wendung und die Tatsache, dass er das Etikett des „Gothic-Paten", das er mit *Deep* so erfolgreich abgeschüttelt hatte, aufs Neue aufgeklebt bekam. Bei einigen der Interviews, die er während dieser Tour und auch drei Jahre später gab, als er sein fünftes Album, *Cascade,* vorstellte, kam es zu brenzligen Situationen, als er versuchte, sich von diesem immer wieder aufkommenden Thema zu distanzieren, wobei ihm gar nicht klar war, dass ihn hier weniger seine eigene Vergangenheit einholte als vielmehr ein Teil der zu jener Zeit in den USA durchaus aktiven Szene.

Dabei war es nicht die reine Halsstarrigkeit, dass Murphy so darauf pochte, nichts mit den Fans zu tun haben zu wollen, die andere Künstler wohl als ihr Kernpublikum betrachtet hätten. Er lebte mittlerweile in Ankara, der Heimatstadt seiner Frau, und er gab gern zu, dass sein Kenntnisstand über den westlichen Musikmarkt hoffnungslos veraltet war – was er jedoch durchaus in Ordnung fand.

„Ich habe keine Ahnung, wie der neueste Sequenzer heißt oder wie viele Beats per Minute gerade angesagt sind. Der Vorteil dabei ist, dass ich so völlig uninformiert in der Lage bin, Musik zu schaffen, die aus dem Nichts kommt und sich nicht daran orientiert, was der Massengeschmack gerade vorgibt. Ich bin ohnehin ein recht isolierter Mensch. Nicht introvertiert, aber gemäß meiner eigenen Ästhetik und meiner Position im Musikgeschäft stehe ich völlig isoliert da und bin nicht im Geringsten mit der allgemeinen Musikergemeinde in Kontakt. Dadurch kann ich mein eigenes psychodramatisches Alter Ego ausleben. Das läuft eher unbewusst ab, aber ich erhalte mir dadurch eine gewisse Reinheit. Meist sammle ich in mir eine große Menge Energie, die ich dann in einem großen Ausbruch herauslasse, und das ist die Power, die man auf den Platten hört. Ich bin auch wie der schwebende Nebel, den ich aus dem Schrank hole, um mit ihm zu spielen.
Wenn ich darüber nachdenke, dann gefällt es mir sehr, in der Wüste zu leben und gelegentlich mal in die Stadt zu reisen, um es mal metaphorisch auszudrücken. Denn wenn ich in die Stadt komme, dann versieht sie meine Arbeit mit einer Originalität, die kein bisschen durch Vertrautheit oder jene Dinge, die zurzeit gerade angesagt sind, entwertet wurde.“

Cascade aus dem Jahr 1995, das letzte Album, das Murphy in den USA auf einem großen Label veröffentlichte (Beggars Banquet ließ ihn zur gleichen Zeit fallen wie Love and Rockets), war das letzte Werk, auf dem er noch entfernt mit kommerzieller Anerkennung spielte, und das erste, auf dem er sich Richtungen zuwandte, die seine nächsten beiden Platten, die EP *Recall* aus dem Jahr 1999 und das 2002 erschienene Album *Dust,* weiter prägen sollten. Mit ihnen entfernte er sich mit Lichtgeschwindigkeit vom Mainstream und machte sich daran, seinen Status als ernsthafter Künstler endgültig unter Beweis zu stellen.

Diese Lektion hätten andere seiner Generation besser auch gelernt. Murphy selbst war das auch nur gelungen, nachdem er sich dem Druck, der in den letzten eineinhalb Jahrzehnten entstanden war, gebeugt hatte – er hatte einer Bauhaus-Reunion zugestimmt.

Schon Anfang der Neunziger hatte es Bemühungen gegeben, die Band wieder zusammenzubringen, und es kursierten regelmäßig wieder Gerüchte darüber, bis einer der Musiker – meist entweder Murphy oder Ash – in letzter Minute dann doch wieder kniff. 1998 waren jedoch alle Mitglieder bereit, obwohl beide Parteien ein jeweils neues

Produkt in den Startlöchern stehen hatten: Murphys *Recall*-EP und das Abschiedsalbum von Love and Rockets, *Lift*. Vielleicht hoffte man, dass die Publicity rund um eine Bauhaus-Tournee beiden Projekten zusätzlichen Auftrieb geben würde. Vielleicht hatte es solche Überlegungen auch niemals gegeben. So oder so, eine Bauhaus-Tournee stand ins Haus, ein viermonatiger Gewaltmarsch, der nach seinem Start Mitte August in den USA und Europa für volle Häuser sorgte.

Es kam zu einem heftigen Zusammenstoß von Vergangenheit und Gegenwart, aber der härteste Schlag bestand für viele Zuschauer in der dazwischen eingeklemmten Realität: Bauhaus waren Bauhaus und nicht die idealisierte Gothic-Legende, die von der Rockgeschichte um sie herum aufgebaut worden war.

Eine Reihe ausgefeilter Compilations hatten die Sage entstehen lassen, dass es sich bei Bauhaus um eine Band mit einem unvergleichlich bestialischen Sound handelte: Da waren die knirschende Gitarre von „Double Dare", der Opferschritt von „Terror Couple Kill Colonel", der ruppige Dub von „She's In Parties" und natürlich die Coverversion von „Ziggy Stardust", die Bowies Interpretation übertraf.

Die Wahrheit sah jedoch ein wenig anders aus und wirkte weniger angenehm beruhigend: Hier mischten sich ungeschulte Lust am Experiment und idealistische Spontaneität mit dem wilden Niedermetzeln konventioneller Muster. Das zeigte sich zum Beispiel bei „Party Of The First Part" oder bei „King Volcano", bei der eisigen Coverversion von John Cales „Rosegarden Funeral Of Sores" und selbst bei „Bela Lugosi's Dead", das trotz seiner inzwischen gewonnenen Vertrautheit noch immer kühl und isoliert wirkte. Dieser Zehnminutensong hatte Gothic überhaupt erst geschaffen, und, wie das amerikanische Magazin *Goldmine* so treffend schrieb, „Bauhaus in ihr jetziges Dilemma gebracht. Wenn es diesen Song nicht gegeben hätte, würden sie heute wie Pere Ubu und die Pop Group als soziopathische Pioniere mit einer Schwäche fürs Pikante gelten. So aber konnten sie einfach nicht gewinnen."

Beim ersten Konzert der Tournee in Seattle mussten zunächst einmal böse Geister ausgetrieben werden. Bauhaus hatten auf einen alten visuellen Trick zurückgreifen wollen, der für die Band in ihrer Anfangszeit typisch gewesen war, und für den geplanten ersten Song „Double Dare" eine Überwachungskamera auf Murphys Platz auf der Bühne aufgebaut. Als die Band zu spielen begann, sollte der Bildschirm zu flackern beginnen und Murphy zeigen, wie er irgendwo in den Gängen der Halle verborgen die ersten Zeilen des Titels sang. Leider spielte die Technik nicht mit, und Bauhaus entschieden sich für einen ganz anderen Song als Opener: „Bela Lugosi's Dead". Weder die Band noch das Publikum erholten sich von diesem Schlag.

Anschließend grinste Murphy zwar: „Ich mag es, wenn wir gefordert werden", aber das Publikum, das aus einhundertfünfzigprozentigen Goths bestand, hatte mit diesem Song genau das gehört, worauf es so lange gewartet hatte, und bewegte für den Rest des Konzerts keinen Muskel mehr. Es sah reglos und mit wachsendem Unglauben zu, wie ihre Idole eine zerstückelte Coverversion von „Wild Thing" ablieferten, scheinbar endlos lang den Dead-Can-Dance-Titel „Severance" bearbeiteten und schließlich den Set mit „The Passion Of Lovers" beendeten, das in dieser Version weder Leidenschaft noch Liebe spüren ließ – aber zumindest dieselbe Widersprüchlichkeit einfing, wie sie die Band in ihren Anfangstagen mit blinder Wut offenbart hatte.

Sie waren nie eine geleckte Band gewesen, und sie hatten nie versucht, dem Publikum jeden Willen zu gewähren. Im Verlauf der Tour behauptete Daniel Ash zwar später: „Wir wollen den Leuten das geben, was sie haben wollen." Aber das stand vermutlich im Gegensatz zur Absicht der ursprünglichen Band, stattdessen mit Songs aufzuwarten, die das Publikum nicht hören wollte, sondern hören *sollte*. Dennoch – Bauhaus lebten von Uneinigkeit und Widerspruch, und je mehr sie kämpften, um das Publikum an jenem Abend zurückzugewinnen, desto stärker erinnerte das Konzert an die alten Zeiten.

Beim folgenden Gig lief wiederum alles wie am Schnürchen – „Double Dare" diente als perfekter Einstieg in die Show, und ab da passte eins zum anderen. Songs, die am ersten Abend auf völliges Unverständnis gestoßen waren, wurden nun mit Überraschung begrüßt, und die Band reagierte entsprechend. Vielleicht hatten sie ein wenig von der zuvor gezeigten Brillanz verloren und verließen sich gelegentlich auf die bandinterne Automatik, die brav ein paar gut einstudierte Strukturen und Riffs abspulte. Aber selbst jetzt, als Bauhaus versuchten, so perfekt wie möglich zu erscheinen, verloren sie nie das Gefühl für den Drahtseilakt, den sie absolvierten, und für das Bewusstsein, dass der völlige Zusammenbruch möglicherweise nur ein paar Takte entfernt lag.

Dessen ungeachtet kam er nie. Über siebzig Minuten lang spielten Bauhaus Abend für Abend eine Show, die es verdient gehabt hätte, auf einem Livealbum für die Nachwelt konserviert zu werden (was im nächsten Jahr auch tatsächlich geschah). Sie knallten „Telegram Sam" auf das unvermeidliche „Ziggy Stardust" und hörten mit einem halsbrecherischen „Bela" auf, der nicht besonders tot, sondern höchstens ein wenig außer Atem zu sein schien. „Die Tour war überwältigend, es war wie eine einzige lange Show", bemerkte Murphy, als alles vorbei war. „Es war unglaublich."

Um noch einen draufzusetzen, gingen Bauhaus zum ersten Mal seit fünfzehn Jahren gemeinsam ins Studio. Dabei entstanden lediglich zwei Songs, die jedoch zweifelsohne bewiesen, dass der alte Zauber ungebrochen war. Es handelte sich zum einen um die auf kleiner Flamme köchelnde Version von „Severance", die für das Livealbum *Gotham* gedacht war. Murphy sagte darüber: „Es war einer der Songs, bei denen von Anfang an alles stimmte. Er passte schon thematisch zu Bauhaus, weil er so sehnsuchtsvoll, düster und lang ist, aber auch etwas Spirituelles hat, was sehr gut kommt. Und natürlich haben wir damit auch sehr viel experimentiert, und er entwickelte sich zu einer sehr mächtigen Herausforderung, der wir uns jeden Abend stellten."

Die zweite Aufnahme, „The Dog's A Vapour", war hingegen einer von mehreren neuen Songs, die Bauhaus ursprünglich hatten aufnehmen wollen – eigentlich war er für den Soundtrack zu *Heavy Metal 2* gedacht. Murphy fuhr fort: „Wir begannen mit selbst geschriebenem Material herumzuspielen, das sich auch recht gut entwickelte, aber da wir nur einen Tag Zeit im Studio hatten, konnten wir nicht viel machen. Es war eine sehr selbstbewusste, sehr starke Session." Es war leider auch die einzige. Als die Tour zu Ende ging, war auch die Wiedervereinigung vorüber.

Daniel Ash, David J und Kevin Haskins waren kaum von den Konzerten in Europa in die USA zurückgekehrt, als sie auch schon begannen, alles für die kommende Rockets-Veröffentlichung vorzubereiten. *Lift* wurde bei einer Reihe einzelner Shows vorgestellt, die Ash zufolge lediglich einem einzigen Zweck dienen sollten: der Welt zu beweisen, dass Love and Rockets keinesfalls aus dem Jurassic Park ausgebrochen waren.

„In der Musikindustrie herrscht derzeit die Vorstellung, dass jeder, der in den Achtzigern schon aktiv war und heute noch Musik macht, Teil irgendeiner Nostalgiegeschichte sein muss. Aber wenn wir schon eine Achtziger-Band haben, wozu sollten wir dann eine zweite brauchen?"

Für ihn waren Love and Rockets weiterhin eine echte, funktionierende und nach vorn gerichtete Band, und *Lift* erwies sich als ein Album, das harten Electrorock mit einigen der bisher wildesten Riffs und bösartigsten Beats ihrer Karriere verband. Die Songs hatten sich vielfach aus Livejams entwickelt, die auf der Bühne aus den Songs von *Hot Trip To Heaven* entstanden waren. Eigentlich hätte diese Platte Love and Rockets völlig rehabilitieren sollen – stattdessen wurde sie ihr Sargnagel. Die Tour war kaum vorüber, da redete bereits niemand mehr von diesem Album, und die letzten Kritiken waren kaum gedruckt, da war die Band auch schon am Ende, und David J machte sich daran, seine Souvenirs bei eBay und übers Internet zu verkaufen. Die Ära war nicht nur vorbei, sie war komplett aus den Annalen gelöscht.

Ende der Neunziger war generell die Zeit der Reunions, die jedoch gelegentlich unvorhergesehene Folgen hatten. Kurz hintereinander formierten sich Mission, Fields of the Nephilim, die Sisters of Mercy und unvermeidlicherweise auch Cult neu, um auf den Spuren von Bauhaus und Gene Loves Jezebel zu wandeln. Sie alle überraschten Nörgler und Zweifler mit einigen fantastischen Auftritten und präsentierten in zumindest zwei Fällen zudem äußerst spannende neue Musik.

Nach der Veröffentlichung von *Masque* (oder vielmehr nach dem Ausstieg von Craig Adams) war bei Mission überhaupt nichts mehr wie geplant verlaufen. Anfang 1993 stellte Wayne Hussey nur wenige Monate nach dem Abschied seines Langzeitpartners ein ehrgeiziges neues Mission-Line-up vor, das aus dem ehemaligen Gitarristen von Spear of Destiny, Mark Thwaite, dem Keyboarder Rik Carter und Andy Cousin bestand, dem Bassisten von All About Eve, die sich eben aufgelöst hatten (2001 brachte Regan die Band erneut zusammen).

Es dauerte jedoch nicht lange, und selbst die fanatischsten Fans wurden vom eigentlichen Ereignis durch ein Gerücht abgelenkt, das letztlich vor allem auf wild wucherndem Wunschdenken beruhte. Andrew Eldritch plante, im August 1993 zum ersten Mal seit zwei Jahren wieder live aufzutreten – beim Benefizfestival Off the Streets in Leeds, neben den Technospezialisten von den Utah Saints. Interessant wurde das Ganze wegen der Bands, die außerdem noch auf der Liste standen: Da waren zum einen die zu neuem Leben erwachten Red Lorry Yellow Lorry und zum anderen Wayne Hussey und Mission, die zum ersten Mal seit acht Jahren wieder mit Eldritch in derselben Halle spielten.

Das Programm war kaum bekannt geworden, da kochte die Gerüchteküche auch schon über. Hussey wollte erstmals seine neue Bandbesetzung ohne Adams vorstellen. Aus der Sicht der Musikpresse (der *Melody Maker* gebärdete sich besonders konspirativ) wäre es überhaupt kein Problem gewesen, bei den Proben noch ein paar zusätzliche Songs vorzubereiten.

Dabei spielten allerdings weder Eldritch noch Hussey mit. Zwar kamen die beiden weiterhin gut miteinander aus, aber Hussey witzelte lediglich, er würde nur dann zu seinem alten Partner auf die Bühne kommen, „wenn er mir eine Menge Geld dafür zahlt“. Eldritch hingegen verließ kommentarlos den Raum, als er nach dieser Möglichkeit gefragt wurde. Später erklärte er sich bereit, darüber zu reden, erwies sich jedoch als ebenso unkooperativ wie Hussey. „Wayne und ich habe eine Abmachung. Aber ich wünsche mir trotzdem, er würde einem nicht immer die Zunge ins Ohr stecken, wenn er seine zärtlichen fünf Minuten hat.“

Das Festival an sich blieb reichlich blass – eine Entwicklung, wie sie leider typisch für diese letzte Phase der Mission-Karriere werden sollte. Auf den EPs und den zwei letzten Alben, *Neverland* aus 1995 und dem im darauf folgenden Jahr veröffentlichten Sampler *Blue,* offenbarte sich wenig mehr als der vorsichtige Versuch, frühere Großtaten noch einmal aufzukochen. Bezeichnenderweise war der größte Hit, den Mission in dieser Zeit feiern konnten, ein Youth-Remix von „Tower Of Strength“ – das erfolgreichste Album war die Hitscompilation *Sum And Substance.*

Hussey schmiedete weiter eifrig Pläne, aber nur wenige trugen Früchte. Schließlich zog er den Schlussstrich unter Mission, veranstaltete ein eindrucksvolles Abschiedskonzert und zog dann mit seiner Familie nach Los Angeles, der Heimatstadt seiner Ehefrau Kelly.

„Meiner Meinung nach hörten Mission in dem Moment auf, eine demokratische und funktionierende Band zu sein, als Simon 1990 unangekündigt aus unserem Hotel in Toronto auscheckte“, gab er zu. „Danach wurde die Band mit jedem Album und mit jeder Tournee weniger eine richtige Gruppe, sondern eher ein Vehikel für meine eigenen Vorstellungen. Und auch als Leute wie Mark Thwaite und Rik Carter zu uns stießen und wirklich fantastische Arbeit leisteten, funktionierten Mission trotzdem einfach nicht mehr als Band.
Es gab Zeiten, in denen ich andere ermutigte, sich aktiver einzubringen, sowohl in den kreativen Prozess als auch in die Promotion und die

geschäftliche Seite, aber es ergriff niemand die Initiative, und die schwere Last der Verantwortung lag immer mehr auf meinen Schultern."

Nun übernahm er sie völlig. Hussey arbeitete zwar allein, nutzte aber immer noch den Namen Mission, als er zwei Songs für den Soundtrack zum Film *Schatten eines Zweifels* beisteuerte – im folgenden Mai geriet er wieder einmal in die Schlagzeilen, als der wiederauferstandene Gary Numan auf seiner hochgelobten *Exile*-Tour in Los Angeles auftrat: Hussey kam zu ihm auf die Bühne, um ein paar knackige Gitarrenelemente zu „Metal" und „Dead Heaven" beizusteuern. Die beiden Musiker hatten 1995 bereits über eine Zusammenarbeit geredet und sogar über eine gemeinsame Band nachgedacht, aber daraus hatte sich nichts entwickelt. Dieser eine Abend in Los Angeles vermittelte zumindest eine gewisse Vorstellung davon, was hätte sein können.

Davon abgesehen, mischte Hussey ein paar Tracks für die südafrikanische Gothic-Band No Friends of Harry ab, und diese Beschäftigung führte zu einem längeren Flirt mit der Remixkultur allgemein.

In den vorangegangenen Jahren hatte das Remixen klassischer Rocktracks enorm an Beliebtheit gewonnen – alte Hits wurden aufgefrischt (gelegentlich auch nur verstümmelt), um, wie die Befürworter dieser Technik sagten, modernen Hörern ein neues Klangerlebnis zu gewähren. Diese Mode hatte nun auch die Rocksongs der Achtziger und sogar noch weiter zurückliegende Musik ergriffen. Hussey begann nun damit, älteres Material für eine Albumreihe zu bearbeiten, die das Label Cleopatra ins Leben gerufen hatte. Unter der in den USA bevorzugten Bezeichnung „Mission UK" machte er sich an neue Versionen von „Desire" von Gene Loves Jezebel, „WORK" von Bow Wow Wow und „Spiritual Cramp" von Christian Death.

Dabei betrachtete er diese Beschäftigung nicht als Nebenprojekt, das er seinem früheren Publikum als Herz legen wollte: „Es handelt sich da nicht um einen neuen Mission-Track oder auch nur um eine Coverversion, sondern lediglich um die Interpretation eines bestimmten Songs durch Wayne Hussey. Bei diesen Songs verwende ich stets nur die echten Vocals, alles andere stammt von mir. Gitarren, Backingvocals, Produktion und Programming et cetera. [Aber] ich würde unbedingt raten, vor dem Kauf einmal in diese Sachen reinzuhören."

Er nahm zudem eine Version des alten Livehammers der Sisters of Mercy, den Stooges-Klassiker „1969", für eine von Cleopatra produzierte Gothic-Box auf und lieferte für das Tributalbum *Goth Oddity* eine überraschend frische Fassung von David Bowies „After All" ab, das schön zu Michael Astons „All The Young Dudes" passte. Auch auf Tributsamplern für U2, A Flock of Seagulls, Madonna und die Doors fanden sich „neue" Mission-Aufnahmen, bis 1999 schließlich sogar ein ganzes neues Mission-Album erschien, das fast ausschließlich aus Neuaufnahmen der größten Hits der Band bestand.

Natürlich war diese Aktion äußerst umstritten, aber zumindest machte Hussey sich die Mühe, seinen Schritt zu rechtfertigen. „Zwar halte ich die Songs an sich für gut, aber einige der Originalaufnahmen waren nicht so, wie sie hätten sein können, und sie haben dem Zahn der Zeit nicht besonders gut widerstanden. Songs wie ‚Like A Child Again' waren an sich immer besser als die Aufnahme dazu, und ich hatte schon immer auf einen Anlass und eine Möglichkeit gewartet, um ein paar dieser Titel neu aufnehmen zu können." Dennoch war das Gefühl, dass das Abenteuer endgültig vorüber war, nie stärker gewesen. Und niemals machte es trauriger.

Andererseits entsprang diesem wilden Revivaltreiben auch eine neue Hoffnung: Es kam zu einer Reunion mit Craig Adams, der seit dem Auseinanderbrechen von Cult arbeitslos gewesen war, und einer umfassenden Amerikatournee im Oktober und November 1999, bei der Jay Astons Version von Gene Loves Jezebel sie begleitete. Das Mission-Line-up bestand derweil neben Hussey und Adams aus dem ehemaligen Cult- und Holy-Barbarians-Drummer Scott Garrett und Mark Thwaite, dem Gitarristen der *Neverland*-Phase, und das Unternehmen erwies sich als überraschend erfolgreich – es zeigte nicht nur eine frische Herangehensweise an das alte Material der beiden Bands, sondern ließ auch für die Zukunft hoffen.

Gene Loves Jezebel erfüllten dieses Versprechen jedoch nicht – seit dieser Zeit haben sie kein neues Material veröffentlicht, nur Liveaufnahmen aus dem Archiv. Mission hingegen stürzten sich anschließend in ihre erste Welttournee seit zehn Jahren, *Mission Recon2000,* und veröffentlichten im November 2001 das Comeback-Album *Aura.* Das britische Magazin *Q* bezeichnete die Platte als „ihre beste Leistung bisher", eine Einschätzung, die offenbar aus Begeisterung über das Comeback ein wenig über das Ziel hinausschoss. Aber zumindest konnte *Aura* durchaus als bestes Album seit dem Meisterwerk durchgehen, das *Carved In Sand/Grains Of Sand* hätte werden können. Wie schrieb *Alternative*

Press in den USA so schön: „Ein echter Goth lässt sich nicht unterkriegen – nicht mal von anderen echten Goths." Ganz egal, auf welche Irrwege Wayne Hussey seine lustigen Düstermusikanten in den letzten zehn Jahren geführt hatte, tief in seinem Herzen war er immer noch der Schwerter-und-Magie-Kobold, als den wir ihn kennen und lieben gelernt hatten. *Aura* hatte reichlich von den Qualitäten zu bieten, die einst den Charakter der Band ausgemacht hatten, und wenig von dem Ballast, der sie später ins Trudeln gebracht hatte.

Das zeigte schon der Opener „Angeline", der mit der typisch hymnischen Gitarre ausgestattet war, die alle Mission-Klassiker auszeichnete, mit Gesang, der an „Severina" erinnerte, und einem Titel, der sich auf „whiplash queen" – „Peitschenkönigin" – reimte. Sicher, die dreizehn Tracks, zu denen auch zwei schöne Monsterepen am Schluss des Albums gehörten, waren ein bisschen mehr Mission, als man aus Nostalgiegründen gebraucht hätte, aber sie waren ohne Frage atmosphärische Kracher erster Ordnung. Die Jungs waren zweifelsohne wieder zurück.

Würde aber die Band lange genug intakt bleiben, um ihren neuen Erfolg auch zu genießen? Am 19. April 2002 begann mit vier Konzerten in Brasilien eine Mission-Tour durch Südamerika. Fünf Tage später, am Vorabend der Weiterreise nach Argentinien, erklärte Craig Adams „aus persönlichen Gründen" seinen Abschied.

Hussey beendete die Tour mutig im Alleingang – wieder zuhause angekommen, erklärte er, noch sei nicht alles verloren: „Craig wird uns zwar sehr fehlen, aber die Europatournee wird mit einem Ersatzmann stattfinden. Wir werden auch bei allen für diesen Sommer geplanten Festivalshows in Europa spielen." Er räumte jedoch ein: „Als Mission 1999 wieder ins Leben gerufen wurden, habe ich mir selbst das Versprechen gegeben, dass es dieses Mal Spaß machen würde. Nun, seit der Veröffentlichung von *Aura* gab es sehr viel Geschäftliches zu erledigen, das nichts mit Musikmachen zu tun hatte, und um ehrlich zu sein: In den letzten Monaten hat es überhaupt keinen Spaß gemacht, als Mission zu arbeiten." Im Juli 2002 war Hussey allerdings noch immer nicht bereit, Mission endgültig zu begraben, und das nicht, um die Beerdigungskosten zu sparen. Er startete eine neue Solo-Akustiktournee durch Europa.

Auch im Vorfeld der Reunion von Fields of the Nephilim hatte es reichlich Durcheinander und Chaos gegeben. Das zögerliche Wiederauftauchen der Band im Jahr 2000 war lediglich einer der zahlreichen unsicheren Schritte auf einem Weg, der bereits ganze drei Jahre zuvor begonnen hatte, als die Urbesetzung – Carl McCoy, Tony Pettit sowie Paul und Nod Wright – zum ersten Mal seit fünf Jahren wieder zusammengekommen war, um an neuem Material zu arbeiten.

In den fünf Jahren davor waren sie weit hinter ihren Möglichkeiten zurückgeblieben. Sowohl Rubicon als auch Nefilim hatten es schließlich zu ein paar Aufnahmen gebracht, wobei die zwei Rubicon-LPs, *What Starts, Ends* und *Room 101,* lediglich ein Schatten der früheren großen Taten waren. Und die Gerüchte, die vor allem durch die deutsche Presse geisterten – dass Carl McCoy in psychiatrischer Behandlung sei –, erregten weitaus mehr Interesse als *Zoon,* das 1996 erschienene Album von Nefilim.

Eine geplante Nefilim-Tour wurde abgesagt, aber McCoy beeilte sich, den Geschichten von seinem psychischen Zusammenbruch zu widersprechen, und erklärte, dass die wahren Gründe für die Absage wesentlich prosaischerer Natur waren. Dem Fanzine *Zillo* sagte er: „Ich habe viele Gerüchte gehört, die meisten davon sind ziemlich komisch, weil wirklich nicht viel Wahres dran ist. Die Tour wurde abgesagt, weil es Meinungsverschiedenheiten zwischen der Plattenfirma Beggars Banquet und mir gab. Die Tour sollte nicht stattfinden, weil ich sie geplant hatte, also haben wir sie nicht gemacht. Wir mussten alles so durchziehen, wie es für uns richtig war, auf unsere Weise und zur rechten Zeit. Diese Auseinandersetzungen waren der Hauptgrund für die Absage.“

Die Auseinandersetzungen waren, wie sich alsbald herausstellte, der Grund für die Rückkehr der alten Band. Wieder stritt McCoy das schnell ab – die Bandmitglieder waren während der langen Pause miteinander in Kontakt geblieben, und Pettit behauptete sogar, das Comeback sei Teil eines Siebenjahresplans gewesen, den man zur Zeit von *Elizium* gefasst habe.

Welche Gründe nun auch immer dahinter steckten – es passierte nichts. Eigentlich hatte Ende 1998 ein neues Album kommen sollen, aber nichts geschah. Als Fields of the Nephilim schließlich im Jahr 2000 wieder auftauchten, waren McCoy und Pettit als Einzige der alten Garde noch an Bord.

McCoy dazu: „Einige der früheren Bandmitglieder hatten nicht das richtige Gespür für das, was wir machten, und außerdem schien uns das Material, das damals entstand, nicht zukunftsweisend genug, und daher hatten wir das Gefühl, wir müssten die Band ein wenig beschneiden. Das taten wir dann, um damit später unsere Qualitäten am besten umsetzen zu können. Tony und ich waren die Bandgründer und Schöpfer der Nephilim."

Im Hinblick auf die Sessions von 1997 erklärte er: „Wir machten ein paar Aufnahmen ... sie waren im Vergleich zu dem älteren Material okay, aber mit Blick auf die Zukunft war es definitiv nicht radikal genug, um in der heutigen Zeit wieder an Profil zu gewinnen. Daher gingen wir auf die Suche nach zusätzlicher Power."

Während die Wright-Brüder sich an die Gründung ihrer eigenen Band, Last Rites, machten, begannen die neu erwachten Fields of the Nephilim damit, sich wieder ihren frühen Wurzeln anzunähern: Sie nahmen zwei ihrer ersten Songs neu auf. Sowohl „Trees Come Down" als auch „Dark Cell" waren ursprünglich auf der EP *Burning The Fields* zu Beginn ihrer Karriere erschienen. Und auch live ließen sie sich wieder sehen, als sie nach wochenlanger Spekulation im Juni 2000 auf dem Woodstage-Openair in Glauchau auftraten und wenig später im gleichen Sommer auf dem M'era-Luna-Festival in Hildesheim spielten.

Angesichts der Songs, die bei diesen Auftritten auf der Setlist standen, war es jedoch schwer, die Shows als etwas anderes als einen Rückschritt zu betrachten. Neben altem Fields-Material wurden Tracks von McCoys *Zoon* gespielt, aber das Versprechen McCoys und Pettits, bereits mit neuem Material in den Startlöchern zu stehen, schien sich nicht zu bewahrheiten. Erst im Herbst 2002 erschien *Fallen,* eine hübsche Neph-Kollektion aus (hauptsächlich) neuem Material, die nicht nur ein Update ihrer bisherigen Aktivitäten bot, sondern gleich noch den in der Zwischenzeit aktiv gewordenen Erbschleichern einen Pflock ins Herz stieß.

Den meisten Beobachtern genügte es jedoch, die Band einfach wieder einmal livehaftig nach so langer Abwesenheit auf der Bühne zu erleben – zumal sich in Hildesheim auch andere Idole alter Zeiten zurückmeldeten, die offenbar so lebendig waren wie zu ihren besten Zeiten.

Zu den Headlinern beim M'era-Luna -Festival zählten nämlich auch die Sisters of Mercy, die wieder einmal einen ihrer sporadischen Auftritte spielten, der seit acht langen Jahren die einzige Möglichkeit für Fans bot, ihre Lieblingsband live zu hören ... was bis heute so geblieben ist.

Eldritch, der sich in einem scheinbar endlosen Streit mit Warner Brothers befand, die nach wie vor seinen Plattenvertrag bewachten, hatte nach *A Slight Case Of Overbombing* die Arbeit niedergelegt und befand sich im Streik. Seitdem hatte er sich nur gelegentlich gerührt, hier und da ein Konzert gegeben oder bei einem Festival mitgemacht.

Die *Roadkill*-Tour von 1996 sowie einige Europagigs im Sommer 1997 bewiesen, dass Eldritch, der inzwischen von einer völlig neuen Musikergruppe begleitet wurde, nach wie vor ein höchst dynamischer Performer war. Wenn man die Power seiner Shows direkt oder auf einem der zahllosen Bootleg-Videos oder einer CD miterlebte, die jeden seiner Schritte sorgfältig dokumentierten, dann war man umso mehr geneigt, die Umstände zu verfluchen, die ihn derart ausbremsten.

Mit einer Karriere im Rücken, die von den amateurhaften, dicht gewebten Soundexperimenten der frühesten Sisters-Aufnahme bis zu dem rücksichtslosen Sturmangriff von *Vision Thing* reichte, galt Andrew Eldritch zu Beginn der Neunziger als lebende Verkörperung des Düsterrock in all seinen Ausprägungen und Extremen, von den verrücktesten Grübeleien der ätherischen Fraktion bis zu den krachlüsternen Mutationen der Black-Metal-Szene. Vor allem aber erwies er sich erneut als *die* Leitfigur der Gothic-Szene, zu der alle anderen richtungsuchend blickten, ob sie das nun zugaben oder nicht.

Die Bedeutung, die Eldritch hatte, glich der, die Bowie in den Siebzigern zukam – und die Tatsache, dass ihn die Verehrung seiner Bewunderer so wenig zu interessieren schien, vergrößerte seinen Stellenwert zusätzlich. Wenn er die Möglichkeit gehabt hätte, weiterhin Platten aufzunehmen, hätte seine Dominanz nicht nur die Richtung diktiert, in die sich die Szene in den Neunzigern entwickelte, sondern möglicherweise auch den Aufstieg der Epigonen verhindert, die aus seiner Abwesenheit Kapital schlugen – darunter beispielsweise Trent Reznor und Marilyn Manson. Doch die Pattsituation mit seinem Label blieb bestehen, und Eldritch behielt seine kompromisslose, wenn auch unproduktive Einstellung bezüglich neuer Aufnahmen bei.

Die Plattenfirma verlangte ein neues Album, Eldritch verlangte seine künstlerische Freiheit. Schließlich gab er offenbar doch nach. Mitte 1997 ließ er das Label wissen, dass ein neues Album eingespielt habe, und da ihm das, entsprechend den Bedingungen des ursprünglichen Vertrags, völlige Kontrolle über jeden Bereich seiner Karriere gab, stünde es ihm nun frei, die Firma zu verlassen. Bei Warner hörte man das Material kurz an und weigerte sich schlicht, auch nur eine Sekunde davon zu akzeptieren.

Das hatte Eldritch allerdings auch nicht anders erwartet, wie er Ende 1997 in einer Presseerklärung verlauten ließ. „Da absolut keine Ähnlichkeit mit den Sisters of Mercy zu erkennen ist, wird dieses Album – wenn überhaupt – unter einem völlig anderen Namen veröffentlicht werden, und das ist auch völlig in Ordnung ..., [denn] die ziemlich schlechte technoähnliche Musik [darauf] war schon unterdurchschnittlich und langweilig, bevor mysteriöserweise die Schlagzeugtracks von dem Band gelöscht wurden."

Er beabsichtigte stattdessen, das Album unter dem Akronym SSV-NSMABAAOTWMODAACOTIATW herauszubringen – „Screw Shareholder Value – Not So Much A Band As Another Opportunity To Waste Money On Drugs And Ammunition Courtesy Of The Idiots At Time Warner" („Scheiß auf den Unternehmenswert – eigentlich keine Band, sondern eher eine neue Gelegenheit, Geld für Drogen und Munition mit freundlicher Genehmigung der Idioten bei Time Warner zu verschwenden"). Time Warner wiederum hatte jedenfalls keineswegs die Absicht, die Platte zu veröffentlichen, und so kümmerten sich weiterhin die Anwälte um die festgefahrene Situation.

1998 ließ Eldritch die Welt schließlich wissen, dass der Streit nun doch beendet sei, da sein Vertrag ausgelaufen war – gleichzeitig wurde eine neue Single der Sisters of Mercy angekündigt, die gemeinsam mit dem neuen Bandmitglied Adam Pearson entstanden war. „Der Sommer", versprach Eldritch, „war schön und wahrscheinlich wirklich grausam. Wie ein Güterzug, der in leuchtendem Blau und Gelb gestrichen wurde."

Leider hatte die Nachricht kaum die Runde gemacht, da wurde sie schon widerrufen: „Es tut uns leid", hieß es auf Eldritchs Webseite, „aber aufgrund verschiedener Umstände sollte es wohl nicht sein. Wir arbeiten tatsächlich unter anderem an einem Album, aber Singleveröffentlichungen wurden einstweilen auf unbestimmte Zeit verschoben."

Vier Jahre später war dieses Album immer noch in der Entstehung begriffen, aber immerhin ließen sich die Sisters in unregelmäßigen Abständen immer mal wieder auf einer Bühne blicken. 2001 begingen sie ihren zwanzigsten Jahrestag – wie schon den zehnten – am 17. Februar mit einem Konzert im Club der Universität Leeds. Am Abend zuvor hatten sie ihre beinahe zwei Monate lange Europatournee mit einem Gig im Club der Universität York eröffnet – dort, wo alles einmal angefangen hatte.

Während die Arbeitshaltung der Sisters weiterhin davon geprägt war, dass sie sich weigerten, irgendetwas von dem neuen Material, das ihre Liveshows zunehmend dominierte, auf Platte zu bannen, und andere Bands sich auf der „Comeback"-Schiene mit den Erfolgen zufrieden gaben, die sie auf diese Weise einheimsen konnten, gab es dennoch eine Band, die weitaus weniger verschämt zur Sache ging.

Cult hatten 2000 mit der Arbeit an einem neuen Album begonnen, ihrem ersten seit 1994. Nach der Auflösung der Holy Barbarians hatte Astbury endlich das Soloalbum fertig gestellt, von dem er jahrelang geträumt hatte und dessen Richtung sich mit „The Witch" von Cult 1992 bereits anzudeuten schien. Tatsächlich nahm die stark von Electro und Techno geprägte *Spirit/Light/Speed* Elemente dieses Songs wieder auf, wobei sie insgesamt zorniger und dreckiger ausfiel. Als Astbury jedoch im Juli 1999 wieder auf die Bühnen zurückkehrte, um den Boden für die Veröffentlichung der Platte zu bereiten, geschah das unter einem völlig unerwarteten Namen. Cult waren wieder da.

Astbury, der Billy Duffy von seinem jüngsten Projekt Coloursound zurückrief, das jener gemeinsam mit Ex-Alarm-Sänger Mike Peters gegründet hatte, erklärte: „Billy und ich kamen wieder zusammen und sagten uns: ‚Wenn wir diese Sache angehen wollen, dann müssen wir es richtig anfangen. Wir müssen uns das beste Line-up suchen, das wir je hatten, und dann einfach loslegen, ohne uns hinter einem fetten Rocksound zu verstecken oder uns Gedanken darüber zu machen, ob die Platte sich zehn oder zwanzig Millionen Mal verkaufen wird. Einfach die Musik machen, die wir beide machen wollen, und auf genau die Weise, die wir uns vorstellen.' Daher holten wir Martyn LeNoble [früher Porno For Pyros] an Bord, Matt Sorum kehrte zu uns zurück, und der alte Kitzel war plötzlich wieder da."

Beyond Good And Evil war von Anfang bis Ende typisch Cult. Schon beim ersten Gitarrenton war klar, wer dahinter steckte, und wenn auch im Folgenden einige Überraschungen warteten – die kantigen Riffs, die pumpenden Rhythmen, die Soloanflüge, die durch den dicken Soundteppich blitzten –, in seinem Herzen war es immer noch Cult. Und dafür sollte man, wie mehr als ein Kritiker seinen Lesern erklärte, einfach dankbar sein. Zu viele Wiedervereinigungsversuche scheitern daran, dass sich die Bandmitglieder daran erinnern, weshalb sie sich ursprünglich überhaupt aufgelöst hatten, und viele erschöpfen sich in uninspirierten Runderneuerungen. Cult hingegen machten einfach da weiter, wo sie das letzte Mal aufgehört hatten, blieben heavy im besten und modernsten Sinn des Wores und von einer derart donnernden Gewalt, dass die gelegentlichen nachdenklichen Momente nur kleine Oasen der Ruhe in dem Sturm darstellten, der um sie herum tobte.

Und das war schließlich auch, wie Astbury begeistert hinzufügte, „genau das, was Cult stets sein sollten".

EPILOG

Letzten Endes ging Gothic unter wie ein sinkendes Schiff, nur unter verkehrten Bedingungen. Der Kapitän und die Crew gingen zuerst von Bord, während ihnen die Passagiere und die Ratten nur zögernd folgten. Als die Schwimmwesten zum Einsatz kamen, war nur noch eine Hand voll blinder Passagiere an Bord, und die wussten noch nicht einmal, welchen Kurs das Schiff eingeschlagen hatte. Also drehten sie den Bug entgegengesetzt zur Sonne und ließen die Gezeiten den Rest erledigen.

Amerikaner – und sie stellten den größten Teil jener verbliebenen Passagiere – haben sich mit britischer Rockmusik stets schwer getan. Erstens einmal nehmen sie alles immer gleich fürchterlich ernst. Wir Briten gaben ihnen vier witzige Pilzköpfe, sie gaben uns Bob Dylan. Wir gaben ihnen die Animals, sie gaben uns Bob Dylan mit E-Gitarre. Wir gaben ihnen Glam, sie gaben uns Kiss, wir gaben ihnen Punk, sie gaben uns Black Flag.

Die Korrelation an sich stimmte in jeder Hinsicht. Es war vielmehr die Interpretation, das unterschwellig vorhandene Gespür für Übermut, Ironie und *Fun* – ironischerweise ein durch und durch amerikanisches Konzept –, das bei der Übertragung zufällig oder absichtlich verloren ging, um dann als verzerrter Exzess, aufgeblasene Parodie, als böser Zwilling zurückzukehren. Wir Briten gaben ihnen Def Leppard, sie gaben uns Metallica, wir gaben ihnen Cult, sie gaben uns Cult. Und wir gaben ihnen Goth.

Die amerikanische Gothic-Szene wurzelte in der Death-Metal-Bewegung, die sich während des Niedergangs des Punk im Underground von Los Angeles ausgebreitet hatte und dort von Bands wie 45 Grave, den Superheroines, Castration Squad, den Speed Queens und vor allem Christian Death proklamiert worden war. Letztere konnten mit einem beeindruckenden Frontmann punkten, dem jugendlichen Transvestiten Rozz Williams, einem bedingungslosen Bowie-Freak, der es völlig in Ordnung fand, Ziggy mit dem Zeitgeistsound seiner von Hardcorepunk beeinflussten Bandkollegen zu paaren. Die

Originalbesetzung von Christian Death trennte sich 1982, und Williams tat sich sofort mit einer anderen Band aus L. A., Pompeii 99, zusammen, um die anstehenden Tourneeverpflichtungen in Europa zu erfüllen. Zu den ersten Bands, denen er nach seiner Ankunft in der Alten Welt begegnete, zählten die Sisters of Mercy.

Eva O von den Superheroines (die Williams später heiratete) erinnert sich an den Moment, an dem „ganz eindeutig etwas in der Luft lag und der Übergang von Postpunk zu Death Rock zur gleichen Zeit geschah, als in England diese Gothic-Sache losging. Und als der englische Gothic und der amerikanische Death Rock aufeinander prallten, da wurde es wirklich spannend."

Später bestritt Williams vehement den Einfluss, den die Sisters auf seine Band und ihre Zeitgenossen gehabt hatten: „Ich höre mir lieber ein halbstündiges Gitarrensolo von Jimmy Page an als irgendwas von den Sisters of Mercy!"

Zu jener Zeit wurde die gegenseitige Befruchtung seiner und ihrer Wurzeln in der Szene von L. A. als wichtiger Schritt betrachtet, aus dem sich nicht nur eine ernsthaft ergebene Subkultur „echter" Goths entwickelte, sondern die darüber hinaus auch den ersten Regungen der Industrial-Bewegung die Tür öffnete, die sich in den frühen Neunzigern zu voller Blüte entfalten sollte.

„Wenn jemand zu einem Drumcomputer auf einer zweisaitigen Gitarre sang", erinnerte sich Eva O, „hieß es, wenn es eine männliche Stimme war: ‚Das ist der Sound der Sisters.' Und wenn eine Frau sang: ‚Das ist der Sound der Banshees.'" Daraus entwickelten sich zwei grundverschiedene Richtungen, die den Verlauf der Rockmusik für den Rest des Jahrzehnts prägten – einerseits entstand ein immer ätherischer werdender Sound mit einer gelegentlich etwas stickigen Atmosphäre, andererseits ein immer aggressiverer, gewalttätigerer und hässlicherer Krach, der es offenbar darauf anlegte, alle Spuren von Melodie dauerhaft auszulöschen.

Die Verschmelzung des Gothic Rock im reinsten Sinn mit Industrial Rock in seiner medienfreundlichsten Ausprägung vollzog schließlich Trent Reznor, ein Musiker aus Cleveland, der sich bereits in anderen musikalischen Bereichen ausgetobt hatte, bevor er sich auf einen dunklen, existenzialistischen Mix konzentrierte, der sich zu gleichen Teilen aus deprimierten (sprich: „selbstmitleidigen") Texten und intensiven (sprich: „krachigen") Klängen zusammensetzte. Wollte man die

Sache zynisch betrachten, so war es wohl eine zwangsläufige Entwicklung, obwohl niemand wirklich ahnte, mit welcher Leichtigkeit sein Debütalbum *Pretty Hate Machine* 1989 in eine gut zu vermarktende Lücke rutschte, die sich zwischen der reinen Wut von Ministry und der aufstrebenden Opferkultur des „Alternative" Rock auftat.

Mit dem musikalischen Stil an sich hatte diese Leichtigkeit sehr wenig zu tun. Es war mehr eine philosophische Verbindung, die dadurch bestärkt wurde, dass sich beide Musikformen am Rand der Konventionen bewegten. Dennoch wurde sie so intensiv, dass die amerikanische Öffentlichkeit Mitte der Neunziger Gothic und Industrial überhaupt nicht voneinander zu unterscheiden wusste.

Einige Bands fanden in dieser gegenseitigen Befruchtung bezüglich der Bildersprache (wenn auch nicht unbedingt in ihrer reinen Ausformung) eine willkommene Ergänzung bereits existierender Bezugspunkte. Thomas Thorn von Electric Hellfire Club räumte ein: „Es spricht außerdem vieles für eine Rockband, die von Kopf bis Fuß im Psycho-Goth-Stil daherkommt und dabei größer und gemeiner ist als die kahl rasierten Industrialjungs mit ihrer grob gestrickten Aggression."

Von den Höhen ihrer arroganten Doppelmoral sahen die erklärten ernsthaften Goths – die mit der einzigartigen Ausprägung des Genres aufgewachsen und dann an den immer enger werdenden Tunnel gewöhnt worden waren, in den diese Einflüsse mit der Zeit geraten waren – auf solche extremen Auswüchse mit wachsender Verachtung herab und betrachteten Reznor von Nine Inch Nails lediglich als einen aufgeblasenen Modernisten, der sich hemmungslos der Hässlichkeit hingab und damit die lebende Antithese des dem Gothic eigenen (wenn auch ebenso stereotypen) Ideals darstellte, das auf die Romantik des neunzehnten Jahrhunderts und auf Schönheit aufgebaut war.

Rozz Williams hingegen wies bereitwillig darauf hin, dass diese Vision ebenso hässlich und aufgeblasen war. „Das ist irgendwie irritierend. Wie halten die Leute das alles aufrecht? *Aufwachen, die Vampirzähne einsetzen, das Haar toupieren ... und dann schnell zum Friedhof, bevor das Tor geschlossen wird.* Es wird wirklich übel, wenn die Leute in diesen beschränkten Vorstellungen feststecken und nicht mehr herausfinden aus einer derart streng reglementierten Welt."

Zu dieser Zeit wurden jedoch viele Musikhörer, die sich zuvor nie für den Gothic-Lifestyle interessiert hatten, zumindest an die Randbereiche dieser Szene herangeführt – zunächst von Reznor, in dessen

Fußstapfen dann der selbst ernannte Antichrist-Superstar folgte: Showman Marilyn Manson.

Dennoch konnten sich noch nicht einmal die pessimistischsten Beobachter vorstellen, dass genau dieser so oberflächlich erscheinende Klüngel, dem das Internet ein williger Partner bei der Verbreitung seiner Fantasien werden sollte, dafür sorgte, dass Gothic Rock erstmals weltweit von den Medien verdammt wurde.

„Es ist ja das Schöne am Internet“, erklärte Rozz Williams, „dass es jedem eine Stimme verleiht. Man muss nicht schreien, um gehört zu werden. Das Problem ist jedoch, dass vor allem die extremen Härtefälle wohl das Bedürfnis haben, gehört zu werden, und wenn man sich dann in eine Seite einloggt, die nach Gothic aussieht, kann man ebenso leicht auf Verstümmelung, Fetischismus, Massenmord und Faschismus stoßen wie auf Vampirgeschichten und die besten Tipps zum Kauf kleiner Steinfratzen. Ich kann mir vorstellen, dass Außenstehende dadurch einen sehr seltsamen Eindruck von der ganzen Sache bekommen können.“

Tatsächlich verbreiteten sich schnell äußerst seltsame Vorstellungen. Im Dezember 1996 stand ein sechsundzwanzigjähriger, selbst ernannter Vampir namens Jon C. Bush in Washington vor Gericht und musste sich wegen sexueller Belästigung und Vergewaltigung von dreizehn Mädchen verantworten, allesamt im Alter zwischen dreizehn und sechzehn Jahren, die er angeblich in seinen eigenen „Vampirklub“ hatte einführen wollen.

Nur einen Monat später wurde in Bellevue, einem Vorort von Seattle, eine vierköpfige Familie von dem siebzehnjährigen Alex Baranyi abgeschlachtet, der Mitglied in einem von Gothic beeinflussten Rollenspielklub, der Dark Ballad Gaming Society, war. Etwas über ein Jahr danach, im März 1998, standen vier Teenager-Vampire vor Gericht, weil sie eine Kirche in Dallas entweiht und angezündet hatten. Im darauf folgenden April spazierten zwei schwer bewaffnete und schwer gestörte Jugendliche in die Cafeteria der Columbine High School in Littleton, Colorado, und gaben dort die Schüsse ab, die den Auftakt zu einem Massaker bildeten, dem zwölf Studenten und ein Lehrer zum Opfer fielen – dann richteten sich die Schützen selbst.

Überall in den Medien beeilten sich die Journalisten, harte „Fakten“ zum bösen „neuen“ Gothic-Kult zusammenzutragen, der Amerikas Jugend verdarb – eine verdammenswerte Mischung aus Vampirritualen, apokalyptischen Prophezeiungen und zelebrierten Sexualverbrechen, deren Soundtrack aus dem verzerrten Rhythmus verrückt spielender Maschinen bestand. Diese Informationen hatten sie natürlich aus dem Internet recherchiert, wo es genügend belastende digitale DNS gab, um eine ganze Generation zu verurteilen.

Die deutsche Industrialband KMFDM (die überhaupt nichts mit Gothic zu tun hatte) war mit ihren Songtexten prominent auf der apokalyptischen Webseite der Todesschützen vertreten und sah sich schließlich gezwungen, sich für Ereignisse zu entschuldigen, die sie nie für möglich gehalten hätte. Marilyn Manson, dessen für die darauf folgende Woche im benachbarten Denver geplantes Konzert nur wenige Stunden nach den Schüssen abgesagt wurde, cancelte die komplette US-Tournee, um sich der Nation nicht mit Konzepten zu präsentieren, die nun derart verteufelt wurden. Und die wenigen mutigen Verteidiger wurden von den hysterischen Hetzrufen niedergebrüllt.

In ganz Amerika blühten im Anschluss an die Trauer statt einer nötigen Wiederannäherung lediglich Ignoranz, Vorurteile und Heuchelei. Gothic-Kleidung – sprich: alles Schwarze – wurde landesweit an den Schulen verboten. Wachsame Banden „besorgter", „anständiger" Bürger begannen jeden, der irgendwie nach Gothic aussah, zu beobachten, anzupöbeln und sogar anzugreifen. Zwar ebbte die Welle des Hasses letztendlich wieder ab, aber die Narben, die diese irrsinnigen Wochen hinterlassen hatten, blieben bestehen – in Gestalt der schwachen kommerziellen Resonanz auf die neuen Alben von Ministry und Nine Inch Nails sowie, zwei Jahre später, von Marilyn Manson. Während die Aufmerksamkeit der Öffentlichkeit jedoch wieder von diesen Künstlern abließ, die die Verklärung der Hässlichkeit als Quelle musikalischen Irrsinns nutzten, begann sie sich wieder jenen zuzuwenden, die zumindest teilweise für die Entstehung dieses Genres verantwortlich gewesen waren. Als Peter Murphy 2002 in den USA auf Tournee ging und Mission nur wenige Monate später ebenfalls dort unterwegs waren, spielten sie vor einem Publikum, das wesentlich jünger war, als sie es während des großen Teils des vorangegangenen Jahrzehnts gewöhnt gewesen waren – jünger, aber den Idealen, für die jene Künstler standen, deswegen nicht weniger ergeben.

Es heißt, dass keine Musikrichtung in der Lage sei, sich nach zwei oder drei Jahren im Scheinwerferlicht nennenswert weiterzuentwickeln. Geschichtlich betrachtet scheint sich das zu bestätigen. Die Rockgeschichte teilt selbst die kraftvollste Bewegung in bequem zu bewältigende kleine Phasen auf – 1967–1969 (Psychedelia), 1971–1973 (Glam), 1976–1978 (Punk), 1991–1993 (Grunge) –, aber selbst unter Anwendung härtester Kriterien wäre man gezwungen, die Zeit, in der Gothic eine lebendige, atmende Kraft war, auf drei oder vier Jahre auszudehnen, und selbst dann würde man entscheidende Entwicklungen vorher oder nachher dabei ausklammern. Zwischen dem Durchbruch der Banshees und dem Hervortreten von Fields of the Nephilim vergingen ganze acht Jahre. Wenn man die Amerikaner ebenfalls zu ihrem Recht kommen lässt, dann gähnt zwischen der Gründung von Nine Inch Nails und dem schaurigen Tiefpunkt des Massakers an der Columbine High School ein ganzes Jahrzehnt, das einer genaueren Untersuchung harrt.

Auch haben die „klassischen" Künstler des Genres sich nicht völlig von der Lehre abgewandt, mit der sie einst berühmt wurden, ob sie sich nun für ein Comebackalbum (wie das erstaunlich stimulierende *Aura* von Mission oder das brennend heiße *Fallen* der Fields of the Nephilim) auf ihre Wurzeln besannen oder sich so engagiert wie immer einer neuen Zukunft zuwandten (wie Cult auf *Beyond Good And Evil* oder Peter Murphy auf *Dust*). Mit Ausnahme weniger Künstler, die man schon vor zwanzig Jahren ausmachen konnte, spielen jene Bands, die zu Beginn der Bewegung von Bedeutung waren, auch heute noch eine entscheidende Rolle und haben die musikalischen Werte, auf die sie damals bauten, nicht nur wiederentdeckt, sondern durchgängig beibehalten.

Wenn es einen einzigen Satz gibt, mit dem man Düsterrock, Gothic Rock oder wie man ihn auch immer nennen will, beschreiben kann, dann hat man ihn in seiner Musik, unter seinen Musikern oder in seiner Geschichte bisher noch nie gehört. Die zwanzig Jahre umfassende Entwicklung, der zwei Jahrzehnte wegbereitender Ereignisse vorausgingen, kennt nur einen einzigen gemeinsamen roten Faden: die Individualität, um die sich jeder Künstler in jedem Bereich bemühen muss.

Es spielt keine Rolle, dass der Erfolg, dem viele so nahe kamen, ihnen letzten Endes doch nicht zuteil wurde, und auch nicht, dass sich heute – abgesehen von den treuen Fans – nur wenige darum kümmern, was die Musiker des goldenen Gothic-Zeitalters heute treiben. Ian Astbury fasst zusammen, was auch seine Zeitgenossen über ihre andauernden Bemühungen hätten sagen können: „Wir machen Musik, die düster, sexy … mutig ist. Es ist keine Nostalgiegeschichte. Wir wollen Musik machen, die die Zukunft beeinflusst. Die Vergangenheit ist uns egal."

Seine Worte waren keine hohle Prahlerei. Sie basierten auf einem Vermächtnis und einer Gewaltigkeit, die ein Vierteljahrhundert zurückreichte bis zu dem Moment, als Iggy Pop beschloss, seinen gebeutelten, zerstörten Ruf hinter sich zu lassen, um sich der schönen neuen Welt von *The Idiot* zuzuwenden. Auch er betonte, nicht auf seine alten Großtaten bauen zu wollen, auch er erklärte, die Geschichte sei tot. Und auch er hatte Recht.

The Idiot macht heute noch Sinn.

DAS SCHWARZE BUCH DER DUNKLEN TATEN

Chronologischer Abriss der wichtigen Ereignisse, Sessions und Plattenveröffentlichungen.

1976

März
Doctors of Madness: Veröffentlichung der LP *Late Night Movies, All Night Brainstorms*.
Doctors of Madness: Englandtournee.

30. März
Doctors of Madness: Auftritt im *Marquee*, London.

September
Doctors of Madness: Veröffentlichung der LP *Sons Of Survival*.

20. September
Siouxsie and the Banshees: Livedebüt beim *100 Club*-Punkfestival, London.

25. November
Doctors of Madness: Aufnahme der ersten John-Peel-Session: „Out"/Brothers"/ „Suicide City".

7. Dezember
Doctors of Madness: Ausstrahlung der ersten John-Peel-Session auf BBC Radio One.

21. Dezember
Siouxsie and the Banshees: Auftritt im *Roxy*, London, im Vorprogramm von Generation X.

1977

1. März
Iggy Pop: Beginn der ersten Englandtournee im *Friars*, Aylesbury.

7. März
Iggy Pop: Auftritt im *Rainbow*, London.

April
The Cure/Easy Cure: Beteiligung am Talentwettbewerb von Ariola/Hansa, den die Band gewinnt.

2. April
The Unwanted: Livedebüt im *Roxy*, London, bei dem der Sampler *Live At The Roxy* aufgenommen wird.

9. April
Iggy Pop: Das Album *The Idiot* steigt in die Independent-Charts ein
(höchste Chartnotierung: Platz 30).

18. Mai
The Cure/Easy Cure: Vertragsabschluss mit Ariola/Hansa.

29. Mai
Joy Division: Umbenennung in Warsaw.

3. Juni
The Cure/Easy Cure: Auftritt auf dem Queen's Square, Crawley (ein Ausschnitt des dabei entstandenen Filmmaterials erscheint später in *Staring At The Sea*).

29. Juni
Rikki and the Last Days of Earth: Auftritt im *Roxy*, London (Vorspielabend).

30. Juni
Joy Division: Warsaw spielen im Vorprogramm von Johnny Thunders im *Rafters*, Manchester, mit dem neuen Drummer Steve Brotherhood.

18. Juli
Joy Division: Warsaw nehmen erste Demos auf.

21. Juli
Siouxsie and the Banshees: Auftritt im *Roxy*, London, mit Unwanted.

August
Doctors of Madness: Veröffentlichung der Single „Bulletin".
Doctors of Madness: Englandtournee.

4. August
Rikki and the Last Days of Earth: Auftritt im *Roxy*, London

19. August
Boys Next Door: erstes großes Konzert im Swinburne Tech, Melbourne.

24. August
Joy Division: Steve Brotherhood steigt aus und wird durch Stephen Morris ersetzt.

Oktober
The Cure/Easy Cure: Aufnahme erster Demos für Ariola/Hansa.

2. Oktober
Joy Division/Warsaw: *Electric Circus,* Manchester (Abschiedskonzert des Clubs).

18. November
Boys Next Door: Rowland Howard, damals noch Journalist, besucht zu Rezensionszwecken das Konzert der Band im *Bananas,* Melbourne.

21. November
Siouxsie and the Banshees: Auftritt im *Vortex,* London

29. November
Siouxsie and the Banshees: Aufnahme der ersten John-Peel-Session: „Love In A Void"/„Mirage"/„Metal Postcard"/„Suburban Relapse".

3. Dezember
Sounds berichtet in seiner aktuellen Ausgabe über die New Musick. Siouxsie and the Banshees erscheinen auf dem Cover.

4. Dezember
The Cure/Easy Cure: Auftritt im *Rocket,* Crawley (ein Track davon erscheint später auf dem Sampler *Curiosities*)

5. Dezember
Siouxsie and the Banshees: Ausstrahlung der ersten John-Peel-Session auf BBC Radio One.

11. Dezember
Siouxsie and the Banshees: Auftritt im *Roundhouse,* London.

31. Dezember
The Cure/Easy Cure: Auftritt im Orpington Hospital.

1978

Demon Preacher: Veröffentlichung der Single „Royal Northern (N7)".

25. Januar
Joy Division: Namensänderung.

27. Januar
Siouxsie and the Banshees: Auftritt im College of Fashion, London.

6. Februar
Siouxsie and the Banshees: Aufnahme der zweiten John-Peel Session: „Hong Kong Garden"/„Overground"/„Carcass"/„Helter Skelter".

9. Februar
Demon Preacher: Auftritt im *Roxy,* London.

19. Februar
Doctors of Madness: Auftritt im *Roundhouse,* London.

23. Februar
Siouxsie and the Banshees: Ausstrahlung der zweiten John-Peel-Session auf BBC Radio One.

März
Doctors of Madness: unveröffentlichte Single „Sons Of Survival".
The Cure/Easy Cure: Trennung von Ariola/Hansa.

April
Doctors of Madness: Veröffentlichung der LP *Sons Of Survival.*

4. April
The Cramps: Veröffentlichung der Single „Surfin' Bird".

14. April
Joy Division: Auftritt bei der Stiff/Chiswick Challenge im *Rafters,* Manchester.

19. April
Siouxsie and the Banshees, Nico: Auftritt im *Music Machine,* London.

29. April
Nico: Auftritt im *Music Machine,* London, gemeinsam mit den Adverts.

Mai
Doctors of Madness: Veröffentlichung der LP *Doctors Of Madness* in den USA.

3. Mai
The Cure: Namensverkürzung.

27. Mai
The Cure: Aufnahme neuer Demos, die ihnen später einen Vertrag mit dem Label Fiction einbringen werden.

Juni
Doctors of Madness: Dave Vanian (Damned) ersetzt Urban Blitz.
Joy Division: Veröffentlichung der EP *An Ideal For Living.*

4. Juni
Joy Division: Veröffentlichung der Single „An Ideal For Living".

9. Juni
Siouxsie and the Banshees: Vertragsabschluss mit Polydor.

16. Juni
Joy Division: sind auf dem Livealbum *Short Circuit* vertreten.

28. Juni
Doctors of Madness: Auftritt im *Lyceum,* London.

31. Juli
Demon Preacher: Veröffentlichung der Single „Little Miss Perfect".

18. August
Siouxsie and the Banshees: Veröffentlichung der Single „Hong Kong Garden".

26. August
Siouxsie and the Banshees: „Hong Kong Garden" steigt in die britischen Charts ein (höchste Chartnotierung: Platz 7).

9. September
Joy Division: Auftritt im *Eric's* in Liverpool im Vorprogramm von Tanz Der Youth.

13. September
The Cure: Vertragsabschluss mit Fiction.

Oktober
Siouxsie and the Banshees: Englandtournee.

10. Oktober
Joy Division: Wiederveröffentlichung der Single „An Ideal For Living".

26. Oktober
Doctors of Madness: Auftritt im *Music Machine,* London – Abschiedskonzert.

November
Bauhaus: Daniel Ash, Peter Murphy, Kevin Haskins, Chris Barber gründen die Band SR.

14. November
Siouxsie and the Banshees: Veröffentlichung der LP *The Scream.*

20. November
The Cure: Auftritt im Vorprogramm der UK Subs im *Moonlight Club,* West Hampstead.

24. November
The Cure: Start der Englandtournee im Vorprogramm von Generation X.

Dezember
Bauhaus: SR geben ihr Livedebüt im *Racehorse Pavilion,* Northampton. David J spielt an diesem Abend ebenfalls dort.

2. Dezember
Siouxsie and the Banshees: Die LP *The Scream* steigt in die britischen Charts ein (höchste Chartnotierung Platz 12).

4. Dezember
The Cramps: Veröffentlichung der Single „Human Fly".
The Cure: Aufnahme der ersten John-Peel-Session: „Killing An Arab"/„10.15 Saturday Night"/„Fire In Cairo"/„Boys Don't Cry".

5. Dezember
The Cure: Entlassung als Vorgruppe von Generation X.

11. Dezember
The Cure: Ausstrahlung der ersten John-Peel-Session auf BBC Radio One.

16. Dezember
The Cure: Das erste größere Interview mit der Band erscheint im *New Musical Express.*

22. Dezember
The Cure: Veröffentlichung der Single „Killing An Arab" auf dem Label Small Wonder.

25. Dezember
Joy Division: sind auf der Compilation-EP *A Factory Sample* vertreten.

27. Dezember
Joy Division: Auftritt im *Hope & Anchor,* London.

31. Dezember
Bauhaus: David J ersetzt Chris Barber bei SR und ändert den Namen der Band in Bauhaus 1919.

1979

UK Decay: Veröffentlichung einer Splitsingle.

26. Januar
Bauhaus: Bauhaus 1919 nehmen ihr erstes Demo auf, darunter auch den Song „Bela Lugosi's Dead".

31. Januar
Joy Division: Aufnahme der ersten John-Peel-Session: „Exercise One"/„Insight"/„She's Lost Control"/„Transmission".

Februar
The Cure: Start der Englandtournee in Newport.

9. Februar
The Cure: Wiederveröffentlichung der Single „Killing An Arab" auf Fiction.

14. Februar
Joy Division: Ausstrahlung der ersten John-Peel-Session auf BBC Radio One.

23. März
Siouxsie and the Banshees: Veröffentlichung der Single „The Staircase (Mystery)".

31. März
Siouxsie and the Banshees: Die Single „The Staircase (Mystery)" steigt in die britischen Charts ein (höchste Chartnotierung: Platz 24).

3. April
The Cure: Start eines vierwöchigen Dauerengagements im *Marquee,* London.

7. April
Siouxsie and the Banshees: Auftritt im *Rainbow,* London (Benefizkonzert für MENCAP).

9. April
Siouxsie and the Banshees: Aufnahme der dritten John-Peel-Session: „Placebo Effect"/ „Playground Twist"/„Regal Zone"/„Poppy Day".

16. April
Siouxsie and the Banshees: Ausstrahlung der dritten John-Peel-Session auf BBC Radio One.

25. April
The Cure: Abschlusskonzert des Dauer-engagements im *Marquee,* im Vorprogramm spielen Joy Division.

Mai
Boys Next Door: Veröffentlichung der LP *Door Door* in Australien.
The Cure: Die neue Single „Grinding Halt" wird nach einer schlechten Kritik im *NME* wieder zurückgezogen.

5. Mai
The Cure: Veröffentlichung der LP *Three Imaginary Boys.*

9. Mai
The Cure: Aufnahme der zweiten John-Peel-Session: „Desperate Journalist In On-going Meaningful Review Situation"/„Grinding Halt"/„Subway Song"/„Plastic Passion"/ „Accuracy".

16. Mai
The Cure: Ausstrahlung der zweiten John-Peel-Session auf BBC Radio One.

17. Mai
Joy Division: Auftritt in der *Acklam Hall,* London, mit ACR, OMD, John Dowie.
The Cure: Start einer Englandtournee in der *Memorial Hall,* Northwich.

26. Mai
Bauhaus: Bauhaus 1919 spielen im Vorprogramm von Throbbing Gristle und verkürzen ihren Namen.

Juni
Bauhaus: Abschluss eines Deals über eine Single mit Small Wonder.
Siouxsie and the Banshees: Veröffentlichung der Single „Mittageisen" in Deutschland.
The Cramps: Englandtournee mit Police.

2. Juni
The Cure: Die LP *Three Imaginary Boys* steigt in die britischen Charts ein (höchste Chartnotierung: Platz 44).

14. Juni
Joy Division: Veröffentlichung der LP *Unknown Pleasures.*

15. Juni
Joy Division: Auftritt im *Royalty Theatre,* London, im Vorprogramm von John Cooper Clarke.

17. Juni
The Cure: Auftritt im *Lyceum,* London.

20. Juni
The Cramps: Veröffentlichung der EP *Gravest Hits.*

26. Juni
The Cure: Veröffentlichung der Single „Boys Don't Cry".

30. Juni
Siouxsie and the Banshees: Veröffentlichung der Single „Playground Twist".

1. Juli
The Cure: Auftritt im *Lyceum,* London.

5. Juli
Bauhaus: erstes Konzert in London, wobei sie im Vorprogramm von Patrick Fitzgerald, Wall und The Teardrop Explodes im *Music Machine,* London, als „Bauhouse" angekündigt werden.

6. Juli
The Cure: Auftritt im *Factory,* Manchester.

7. Juli
Siouxsie and the Banshees: Die Single „Playground Twist" steigt in die britischen Charts ein (höchste Chartnotierung: Platz 28).

13. Juli
Bauhaus: Auftritt im *Nashville,* London.

29. Juli
The Cure: Erstes Konzert außerhalb Großbritanniens bei einem Festival in Holland.

13. August
Joy Division: Auftritt im *Nashville,* London.
The Cure: Aufnahme der ersten David-Jensen-Session: „Boys Don't Cry"/„Do The Hansa"/„Three Imaginary Boys".

24. August
The Cure: Auftritt beim Reading-Festival.

27. August
Joy Division: Auftritt beim Leigh-Festival

28. August
Nightmares In Wax, The Damned: Auftritt im *Eric's,* Liverpool.

29. August
The Cure: Ausstrahlung der ersten David-Jensen-Session auf BBC Radio One.
The Cure: Start der Englandtournee im Vorprogramm von Siouxsie and the Banshees.

31. August
Joy Division: Auftritt im *Electric Ballroom,* London.
Siouxsie and the Banshees: Veröffentlichung der LP *Join Hands.*

September
Bauhaus: Veröffentlichung der Single „Bela Lugosi's Dead".

6. September
Siouxsie and the Banshees: Kenny Morris und John McKay verlassen während der Englandtournee die Band.

7. September
Bauhaus: Auftritt im *Marquee,* London.

8. und 9. September
Futurama 1.

9. und 10. September
Joy Division: Auftritt im *Rainbow* in London im Vorprogramm der Buzzcocks.

10. September
The Cure: Auftritt als Headliner beim New Pop Festival in Rotterdam.

18. September
Siouxsie and the Banshees: Neustart der Englandtournee; Robert Smith (The Cure) und Budgie (früher bei den Slits) ersetzen Morris und McKay.

22. September
Siouxsie and the Banshees: Die LP *Join Hands* steigt in die britischen Charts ein (höchste Chartnotierung: Platz 13).

28. September
Joy Division: Auftritt im *Factory,* Manchester, mit The Teardrop Explodes.

29. September
Siouxsie and the Banshees: Die Import-Single „Mittageisen" steigt in die britischen Charts ein (höchste Chartnotierung: Platz 47).

Oktober
Joy Division: Start der Englandtournee im Vorprogramm der Buzzcocks.

15. Oktober
Siouxsie and the Banshees/The Cure: Auftritt im *Hammersmith Odeon.*

November
The Cure/The Cult Heroes: Wiederveröffentlichung der Single „I'm A Cult Hero".
The Cure: Michael Dempsey verlässt die Band. Für ihn kommen Simon Gallup und Matthieu Hartley.

2. November
The Cure: Veröffentlichung der Single „Jumping Someone Else's Train".

16. November
The Cure: Erstes Konzert in der neuen Besetzung beim Auftakt einer Englandtournee im *Eric's* in Liverpool.

17. November
Joy Division: Veröffentlichung der Single „Transmission".

26. November
Joy Division: Aufnahme der zweiten John-Peel-Session: „Love Will Tear Us Apart"/„24 Hours"/„Colony"/„Sound Of Music".

Dezember
The Cure: Europatournee.

4. Dezember
Bauhaus: Aufnahme der ersten John-Peel-Session: „A God In An Alcove"/„The Spy In The Cab"/„Double Dare"/„Telegram Sam".

7. Dezember
Bauhaus: Auftritt im *11 Club* bei der Gründungsparty von Axis Records.

8. Dezember
Joy Division: Auftritt im *Eric's,* Liverpool.

10. Dezember
Bauhaus: Auftritt im *Rock Garden,* London. Anschließend wird die Band von Axis Records (der späteren 4AD) angesprochen.
Joy Division: Ausstrahlung der zweiten John-Peel-Session auf BBC Radio One.

1980

Demons (ehemals Demon Preacher): Veröffentlichung der Single „Action By Example".

3. Januar
Bauhaus: Ausstrahlung der ersten John-Peel-Session auf BBC Radio One.

10. Januar
Bauhaus: Auftritt im *Rock Garden,* London.

19. Januar
Joy Division: Die LP *Unknown Pleasures* steigt in die Independent-Charts ein (höchste Chartnotierung: Platz 1).
Joy Division: Die Single „Transmission" steigt in die Independent-Charts ein (höchste Chartnotierung: Platz 4).

26. Januar
Bauhaus: Die Single „Bela Lugosi's Dead" steigt in die Independent-Charts ein (höchste Chartnotierung: Platz 8).

28. Januar
UK Decay: Auftritt im *Moonlight Club,* London.

29. Januar
Bauhaus: Start ihres Dauerengagements im *Billy's,* London.

Februar
Birthday Party: Die Band zieht nach London.

8. Februar
Joy Division: Auftritt an der University of London.

16. Februar
Bauhaus: Erstes großes Interview mit der Band in *Sounds.* Die Single „Dark Entries" steigt in die Independent-Charts ein (höchste Chartnotierung: Platz 17).
Birthday Party: Veröffentlichung der Single „Riddle House".
Richard Strange: Die Single „International Language" steigt in die Independent-Charts ein (höchste Chartnotierung: Platz 48).
UK Decay: Die EP *The Black 45* steigt in die Independent-Charts ein (höchste Chartnotierung: Platz 42).

29. Februar
Joy Division: Auftritt im *Lyceum,* London (mit Killing Joke, ACR, Section 25).

3. März
The Cure: Aufnahme der dritten John-Peel-Session: „A Forest"/„Seventeen Seconds"/„Play For Today"/„M".

6. März
Siouxsie and the Banshees: Veröffentlichung der Single „Happy House".

6. bis 8. März
The Cure: Auftritt im *Marquee,* London.

10. März
The Cure: Ausstrahlung der dritten John-Peel-Session auf BBC Radio One.

15. März
Richard Strange: Auftritt im *Nashville,* London.
Siouxsie and the Banshees: Die Single „Happy House" steigt in die britischen Charts ein (höchste Chartnotierung: Platz 17).
UK Decay: Auftritt in der *Acklam Hall,* London.

18. März
Joy Division: Veröffentlichung der Single „Sordide Sentimentale".

22. März
The Cramps: Die LP *Songs The Lord Taught Us* steigt in die Independent-Charts ein (höchste Chartnotierung: Platz 1).

23. März
The Cure/The Cult Heroes: Auftritt im *Marquee,* London, im Vorprogramm der Passions.

27. März
Bauhaus: Start der ersten Europatournee in Moers in Deutschland.

27. und 28. März
Siouxsie and the Banshees: Auftritt im *Music Machine,* London.

29. März
Nightmares In Wax: Veröffentlichung der EP *Birth Of A Nation.*

April
Bauhaus: Englandtournee mit Magazine.
The Cure: Veröffentlichung der LP *Seventeen Seconds.*

3. April
The Cure: Robert Smith tritt als Gast beim Konzert der Stranglers im *Rainbow* in London auf.

4. April
Joy Division: Ian Curtis hat während des Auftritts im Vorprogramm der Stranglers im *Rainbow* einen epileptischen Anfall, der sich beim zweiten Gig später am Abend im *Moonlight Club* wiederholt.

5. April
The Cure: Veröffentlichung der Single „A Forest".

10. April
Bauhaus: Auftritt im Vorprogramm von Gary Glitter im *Lyceum,* London.
The Cure: Start der ersten Nordamerika-tournee in Cherry Hill, New Jersey.

12. April
The Cure: Die Single „A Forest" steigt in die britischen Charts ein (höchste Chart-notierung: Platz 31).

15. April
The Cure: Auftritt im *Hurrah's,* New York City.

18. April
Joy Division: Veröffentlichung der Single „Komakino".

22. April
UK Decay: Aufnahme der ersten John-Peel-Session: „Rising From The Dead"/„Unwind Tonight"/„Sexual"/„For My Country".

24. April
The Cure: Fernsehauftritt bei *Top of the Pops* mit „A Forest".

25. April
The Cure: Start einer Englandtournee im *West Runton Pavilion,* Cromer; im Vorprogramm spielen die Passions.

26. April
Joy Division: Auftritt im *Rock Garden,* London.

29. April
UK Decay: Ausstrahlung der ersten John-Peel-Session auf BBC Radio One.

Mai
The Cure: Europatournee.

1. Mai
Bauhaus: Auftritt im *Lyceum* in London im Vorprogramm von Magazine.

2. Mai
Joy Division: Auftritt in der Birmingham University.

3. Mai
The Cure: Die LP *Seventeen Seconds* steigt in die britischen Charts ein (höchste Chartnotierung: Platz 20).

9. Mai
Nightmares In Wax: Auftritt im *Factory,* Manchester.

15. Mai
Bauhaus: Auftritt bei der großen Neueröffnung des *Moonlight Club,* West Hampstead.

18. Mai
Joy Division: Ian Curtis stirbt.

29. Mai
Birthday Party: Veröffentlichung der LP *Birthday Party.*

30. Mai
Siouxsie and the Banshees: Veröffentlichung der Single „Christine".

7. Juni
Siouxsie and the Banshees: Die Single „Christine" steigt in die britischen Charts ein (höchste Chartnotierung: Platz 22).

28. Juni
Joy Division: Die Single „Love Will Tear Us Apart" steigt in die Independent-Charts (höchste Chartnotierung: Platz 1) und in die britischen Charts ein (höchste Chartnotierung: Platz 13).

Juli
The Cure: Festivaltournee durch Holland.

26. Juli
Joy Division: Die LP *Closer* steigt in die Independent-Charts (höchste Chartnotierung: Platz 1) und in die britischen Charts ein (höchste Chartnotierung: Platz 6).

29. Juli
The Cure: Auftritt in Auckland, Neuseeland.

August
The Cure: Australientournee.

1. August
Siouxsie and the Banshees: Veröffentlichung der LP *Kaleidoscope.*

1. und 2. August
Virgin Prunes: Auftritt im *Project Arts Centre* in Dublin.

2. August
Birthday Party: Die Single „Mr. Clarinet" steigt in die Independent-Charts ein (höchste Chartnotierung: Platz 43).

9. August
Bauhaus: Die Single „Terror Couple Kill Colonel" steigt in die Independent-Charts ein (höchste Chartnotierung: Platz 5).

11. August
Bauhaus: Start der ersten Englandtournee als Headliner im *Scamps,* Oxford.

16. August
Siouxsie and the Banshees: Die LP *Kaleidoscope* steigt in die britischen Charts ein (höchste Chartnotierung: Platz 5).

19. August
UK Decay: Auftritt im *#1 Club,* London, im Vorprogramm von Wasted Youth.

30. August
Joy Division: Die LP *Unknown Pleasures* steigt in die britischen Charts ein (höchste Chartnotierung: Platz 71).

5. September
Bauhaus: erstes Konzert in den USA im *Tier 3,* New York City.

6. September
UK Decay: Die Single „For My Country" steigt in die Independent-Charts ein (höchste Chartnotierung: Platz 13).

13. September
The Cramps: Die Single „Drug Train" steigt in die Independent-Charts ein (höchste Chartnotierung: Platz 5).

13. und 14. September
Futurama 2.

15. September
UK Decay: Auftritt im *Music Machine,* London.

18. September
Bauhaus: Auftritt im *Music Machine,* London; im Vorprogramm spielen Dead Or Alive.
Birthday Party: Auftritt im *Hope & Anchor,* London; die Band feiert ihren Vertrag mit 4AD.

23. September
UK Decay: Auftritt im *Dingwalls,* London.

25. September
Birthday Party: Ausstrahlung der ersten John-Peel-Session auf BBC Radio One.

29. September
Demons/Demon Preacher: Veröffentlichung der Single „Action By Example".

Oktober
Siouxsie and the Banshees: Englandtournee, im Vorprogramm spielen Altered Images.
The Cure: Europatournee.

4. Oktober
Joy Division: Die Single „Atmosphere" steigt in die Independent-Charts ein (höchste Chartnotierung: Platz 1).

8. Oktober
Birthday Party: Auftritt im *Moonlight Club,* London, im Vorprogramm von DAF.
UK Decay: Auftritt im *Music Machine,* London, im Vorprogramm der Dead Kennedys.

15. Oktober
Bauhaus: Start der zweiten Englandtournee im *Granary,* Bristol.

16. Oktober
Demons: Auftritt im *#1 Club,* London, im Vorprogramm von Dark.

23. Oktober
Birthday Party: Auftritt im *Music Machine,* London.

24. Oktober
Theatre of Hate: Auftritt im *Clarendon,* London, im Vorprogramm von Killing Joke.

28. Oktober
Demons: Auftritt im *Music Machine,* London, im Vorprogramm von Discharge.

29. Oktober
Joy Division: Die Single „Love Will Tear Us Apart" steigt erneut in die britischen Charts ein (höchste Chartnotierung: Platz 19).

November
The Cure: Englandtournee.

1. November
Birthday Party: Die Single „The Friend Catcher" steigt in die Independent-Charts ein (höchste Chartnotierung: Platz 21).

3. November
The Damned: Veröffentlichung von *The Black Album.*

5. November
Sisters of Mercy: Veröffentlichung der Single „Damage Done".

15. November
Bauhaus: Die LP *In The Flat Field* steigt in die Independent-Charts (höchste Chartnotierung: Platz 1) und in die britischen Charts ein (höchste Chartnotierung: Platz 72).
Virgin Prunes: Auftritt in der *McMordie Hall,* Belfast.

17. November
Theatre of Hate: Auftritt im *Music Machine,* London.

19. November
Bauhaus: Start einer Europatournee im *Klacik,* Brüssel.

22. November
Bauhaus: Die Single „Telegram Sam" steigt in die Independent-Charts ein (höchste Chartnotierung: Platz 3).
Birthday Party: Auftritt im *Crystal Ballroom,* St. Kilda; ihr erstes Konzert in Australien seit zehn Monaten.

28. November
Siouxsie and the Banshees: Veröffentlichung der Single „Israel".

29. November
The Damned: *The Black Album* steigt in die britischen Charts ein (höchste Chartnotierung: Platz 29).

1. Dezember
Theatre of Hate: Aufnahme der ersten John-Peel-Session: „Rebel Without A Brain"/ „The Wake"/„63"/„It's My Own Invention".

4. Dezember
The Cramps: Die Single „Fever" steigt in die Independent-Charts ein (höchste Chartnotierung: Platz 12).

6. Dezember
Siouxsie and the Banshees: Die Single „Israel" steigt in die britischen Charts ein (höchste Chartnotierung: Platz 41).

8. Dezember
Theatre of Hate: Auftritt im *Rock Garden,* London.

9. Dezember
Theatre of Hate: Ausstrahlung der ersten John-Peel-Session auf BBC Radio One.

13. Dezember
Theatre of Hate: Die Single „Original Sin" steigt in die Independent-Charts ein (höchste Chartnotierung: Platz 5).

18. Dezember
The Cure/Siouxsie and the Banshees: Auftritt in der *Notre Dame Hall,* London.
Theatre of Hate: Auftritt im *Music Machine,* London.

20. Dezember
Dead Or Alive: Die Single „I'm Falling" steigt in die Independent-Charts ein (höchste Chartnotierung: Platz 22).

30. Dezember
Siouxsie and the Banshees: Auftritt im *Hammersmith Palais,* London.

1981

Danse Society: Veröffentlichung der Single „The Clock".

7. Januar
The Cure: Aufnahme der vierten John-Peel-Session: „Holy Hour"/„Forever"/ „Primary"/„All Cats Are Grey".

9. Januar
UK Decay: Auftritt in der *Acklam Hall,* London.

15. Januar
The Cure: Ausstrahlung der vierten John-Peel-Session auf BBC Radio One.

25. Januar
Richard Strange, Theatre of Hate: Auftritt im *Lyceum,* London.

28. Januar
Richard Strange: Veröffentlichung der Live-LP *The Live Rise Of Richard Strange* in den USA.

4. Februar
Dead Or Alive: Aufnahme der ersten John-Peel-Session: „Nowhere To Nowhere"/ „Running Wild"/„Flowers"/„Number 11".

7. Februar
Virgin Prunes: Die Single „Twenty Tens" steigt in die Independent-Charts ein (höchste Chartnotierung: Platz 5).

10. Februar
Siouxsie and the Banshees: Aufnahme der vierten John-Peel-Session: „Halloween"/ „Voodoo Dolly"/„But Not Them"/„Into The Light".

12. Februar
Virgin Prunes: Auftritt im *Ladbroke Grove Tabernacle,* London.

13. Februar
Virgin Prunes: Auftritt im *Poly,* North London, im Vorprogramm von Pere Ubu.

16. Februar
Sisters of Mercy: Livedebüt im Alcuin College, York, im Vorprogramm der Thompson Twins.

16. und 17. Februar
Siouxsie and the Banshees: Auftritt im *Hammersmith Palais,* London.

17. Februar
Dead Or Alive: Ausstrahlung der ersten John-Peel-Session auf BBC Radio One.

18. Februar
Siouxsie and the Banshees: Ausstrahlung der vierten John-Peel-Session auf BBC Radio One.

19. Februar
Theatre of Hate: Auftritt im *Marquee,* London.

24. Februar
Bauhaus: Start der zweiten Nordamerika-tournee im *Blitz,* New York City.

26. Februar
The Cure: Aufnahme der ersten Richard-Skinner-Session: „Funeral Party"/„Drowning Man"/„Faith".

27. Februar
UK Decay: Auftritt im *Clarendon Hotel,* London.

März
Birthday Party: Rückkehr nach London.
Theatre of Hate: Englandtournee.

2. März
The Cure: Ausstrahlung der ersten Richard-Skinner-Session auf BBC Radio One.

7. März
UK Decay: Die Single „Unexpected Guest" steigt in die Independent-Charts ein (höchste Chartnotierung: Platz 4).
UK Decay: Die EP *The Black Cat* steigt in die Independent-Charts ein (höchste Chartnotierung: Platz 21).

11. März
Birthday Party: Auftritt im *Moonlight Club,* London.

12. März
Bauhaus: Erster Auftritt im US-Fernsehen bei *New York Dancestand* mit „Kick In The Eye"/ „Stigmata Martyr".

18. März
Birthday Party: Auftritt im *Rock Garden,* London.

19. März
Birthday Party: Auftritt im *Venue,* London.

27. März
The Cure: Veröffentlichung der Single „Primary".

28. März
Theatre of Hate: Die Live-LP *He Who Dares, Wins* steigt in die Independent-Charts ein (höchste Chartnotierung: Platz 1).

April
Richard Strange: Veröffentlichung der Single „International Language" (in neuer Version).
Sisters of Mercy: Das erste Demotape mit „Teachers"/„Floorshow"/„Lights"/„Adrenochrome" kommt in Umlauf.

4. April
The Cure: Die Single „Primary" steigt in die britischen Charts ein (höchste Chartnotierung: Platz 43).

11. April
The Cure: Veröffentlichung der LP *Faith.*

12. April
Theatre of Hate: Auftritt im Hyde Park, London, mit Classix Nouveaux, den Specials und anderen.

13. April
Bauhaus: Veröffentlichung der Single „Kick In The Eye".

18. April
Theatre of Hate: Die Single „Rebel Without A Brain" steigt in die Independent-Charts ein (höchste Chartnotierung: Platz 3).
Birthday Party: Die LP *Prayers On Fire* steigt in die Independent-Charts ein (höchste Chartnotierung: Platz 4).
The Cure: Start einer Englandtournee im *Friars* in Aylesbury. Vor den Konzerten spielt keine Supportband, es wird stattdessen der Film *Carnage Visors* gezeigt.
Bauhaus: Die Single „Kick In The Eye" steigt in die britischen Charts ein (höchste Chartnotierung: Platz 59).

21. April
Birthday Party: Aufnahme der zweiten John-Peel-Session: „Release The Bats"/„Rowland Around In That Stuff"/„Pleasure Heads Must Burn"/„Loose".

25. April
The Cure: Die LP *Faith* steigt in die britischen Charts ein (höchste Chartnotierung: Platz 14).

29. April
Birthday Party: Ausstrahlung der zweiten John-Peel-Session auf BBC Radio One.

Mai
Theatre of Hate: Englandtournee.
UK Decay: Englandtournee.
Richard Strange: Veröffentlichung der LP *The Phenomenal Rise Of Richard Strange.*

1. Mai
Theatre of Hate, Birthday Party: Auftritt in der University of London.

3. Mai
UK Decay: Auftritt im *Lyceum,* London, im Vorprogramm von 9.

11. Mai
Play Dead: Veröffentlichung der Single „Poison Takes Hold".

15. Mai
Siouxsie and the Banshees: Veröffentlichung der Single „Spellbound".

19. Mai
UK Decay/Play Dead: Auftritt im *Venue,* London.

30. Mai
Siouxsie and the Banshees: Die Single „Spellbound" steigt in die britischen Charts ein (höchste Chartnotierung: Platz 22).

Juni
The Cure: Europatournee.
Richard Strange: Veröffentlichung der Single „The Phenomenal Rise Of Richard Strange".

4. Juni
Siouxsie and the Banshees: Aufnahme der ersten Richard-Skinner-Session: „Arabian Nights"/„Red Over White"/„Headcut"/„Supernatural Thing".

7. Juni
Siouxsie and the Banshees: Die LP *juju* steigt in die britischen Charts ein (höchste Chartnotierung: Platz 7).

14. Juni
Theatre of Hate: Auftritt im *Lyceum,* London.

16. Juni
Siouxsie and the Banshees: Ausstrahlung der ersten Richard-Skinner-Session auf BBC Radio One.

17. Juni
Bauhaus, Birthday Party: Start einer Englandtournee in der University of Newcastle.

19. Juni
Siouxsie and the Banshees: Veröffentlichung der LP *juju.*

25. Juni
Bauhaus, Birthday Party: Auftritt im *Lyceum,* London.

27. Juni
Dead Or Alive: Die Single „Number Eleven" steigt in die Independent-Charts ein (höchste Chartnotierung: Platz 15).

29. Juni
Bauhaus: Veröffentlichung der Single „The Passion Of Lovers".

Juli
Siouxsie and the Banshees: Englandtournee.
Doctors of Madness: Veröffentlichung der Compilation *Revisionism 1975–1978.*

2. Juli
Sisters of Mercy: Auftritt im *F Club,* Leeds.

4. Juli
Bauhaus: Die Single „The Passion Of Lovers" steigt in die britischen Charts ein (höchste Chartnotierung: Platz 56).

20. Juli
Artery: Aufnahme der ersten John-Peel-Session: „The Clown"/„Into The Garden"/„Potential Silence"/„Afterwards".
Danse Society: Veröffentlichung der Single „Clock".

23. Juli
The Cure: Start einer Nordamerikatournee im *Ritz,* New York City.

24. Juli
Siouxsie and the Banshees: Veröffentlichung der Single „Arabian Nights".

27. Juli
UK Decay: Aufnahme der zweiten John-Peel-Session: „Last In The House Of Flames"/„Stagestruck"/„Glass Ice"/„Duel".

28. Juli
Artery: Ausstrahlung der ersten John-Peel-Session auf BBC Radio One.

29. Juli
Specimen: letzter Auftritt für ein Jahr bei einer Party anlässlich der Hochzeit von Prinz Charles und Lady Di in Bristol.

August
The Cure: Tournee durch Australien und Neuseeland.
Danse Society: Veröffentlichung der Single „There Is No Shame In Death".

1. August
Siouxsie and the Banshees: Die Single „Arabian Nights" steigt in die britischen Charts ein (höchste Chartnotierung: Platz 32).

5. August
UK Decay: Ausstrahlung der zweiten John-Peel-Session auf BBC Radio One.

8. August
Virgin Prunes: Die Single „In The Grey Light" steigt in die Independent-Charts ein (höchste Chartnotierung: Platz 50).

15. August
Theatre of Hate: Aufnahme der zweiten John-Peel-Session: „Love Is A Ghost"/„Conquistador"/„Propaganda"/„Westworld".
Theatre of Hate: Die Single „Nero" steigt in die Independent-Charts ein (höchste Chartnotierung: Platz 2).
Nico: Die LP *Drama Of Exile* steigt in die Independent-Charts ein (höchste Chartnotierung: Platz 14).

24. August
Theatre of Hate: Ausstrahlung der zweiten John-Peel-Session auf BBC Radio One.

29. August
Birthday Party: Die Single „Release The Bats" steigt in die Independent-Charts ein (höchste Chartnotierung: Platz 3).

5. und 6. September
Futurama 3.

10. September
Birthday Party: Auftritt im *Venue,* London.

23. September
Birthday Party: Start der ersten Amerikatournee im *Underground,* New York City.

25. September
Siouxsie and the Banshees: Die Creatures, das Nebenprojekt von Siouxsie Sioux und Drummer Budgie, veröffentlichen die EP *Wild Thing.*

26. September
Days of Future Past, Leeds.

30. September
The Cure: Frankreichtournee.

Oktober
Bauhaus: David J/René Halkett veröffentlichen die Single „Nothing".
Bauhaus: Veröffentlichung der LP *Mask.*
Theatre of Hate: Englandtournee, einige Konzerte gemeinsam mit Clash.
Virgin Prunes: Englandtournee mit Fall.

2. Oktober
The Creatures: Aufnahme der ersten David-Jensen-Session: „Mad Eyed Screamer"/„So Unreal"/„But Not Them"/„Wild Thing".

3. Oktober
The Creatures: Die Single „Mad Eyed Screamer" steigt in die britischen Charts ein (höchste Chartnotierung: Platz 24).

6. Oktober
Nico: Auftritt im *Imperial Cinema,* Birmingham, mit Fall.

8. Oktober
Siouxsie and the Banshees: Start einer Nordamerikatournee in Vancouver, Kanada.

13. Oktober
The Creatures: Ausstrahlung der ersten David-Jensen-Session auf BBC Radio One.

17. Oktober
Joy Division: Die Compilation *Still* steigt in die britischen Charts ein (höchste Chartnotierung: Platz 5).
Nico: Die Single „Saeta" steigt in die Independent-Charts ein (höchste Chartnotierung: Platz 13).
The Cure: Die Single „Charlotte Sometimes" steigt in die britischen Charts ein (höchste Chartnotierung: Platz 44).

19. Oktober
Virgin Prunes: Auftritt im *Poly,* North London, im Vorprogramm von Fall.

22. Oktober
Bauhaus: Start einer Englandtournee in der Reading University.

24. Oktober
UK Decay: Die Single „Sexual" steigt in die Independent-Charts ein (höchste Chartnotierung: Platz 10).
Bauhaus: Die LP *Mask* steigt in die britischen Charts ein (höchste Chartnotierung: Platz 30).
Joy Division: Die LP *Still* steigt in die Independent-Charts ein (höchste Chartnotierung: Platz 1).
Richard Strange: Auftritt im Chelsea College.

28. Oktober
Bauhaus: Auftritt im *Fagin's,* Manchester. Nico kommt für eine gemeinsame Version von „Waiting For The Man" zu der Band auf die Bühne.

November
Virgin Prunes: Veröffentlichung der EP *A New Form Of Beauty Part Two.*

3. November
Birthday Party: Start der ersten Europatournee in Berlin.

8. November
Theatre of Hate: Auftritt im *Lyceum,* London.

13. November
Southern Death Cult: Auftritt in der *Queen's Hall,* Bradford.

14. November
Virgin Prunes: Die EP *A New Form Of Beauty Part One* steigt in die Independent-Charts ein (höchste Chartnotierung: Platz 44).

17. November
Bauhaus: Start einer Europatournee in Brüssel.

21. November
Danse Society: Aufnahme der ersten John-Peel-Session: „Sanity Career"/„We're So Happy"/„Woman's Own"/„Love As Positive Narcotic".

22. November
Richard Strange: Auftritt im *Maestro's,* Glasgow.

25. November
Play Dead: Veröffentlichung der Single „TV Eye".
The Cure: Start einer Englandtournee im *Lyceum,* Sheffield, mit And Also the Trees.

26. November
Birthday Party: Auftritt im *Venue,* London, mit Lydia Lunch.

30. November
Danse Society: Ausstrahlung der ersten John-Peel-Session auf BBC Radio One.
Flesh For Lulu: Auftritt im *Rock Garden,* London.

Dezember
Virgin Prunes: Veröffentlichung der EP *A New Form Of Beauty Part Three.*
X-Mal Deutschland: Veröffentlichung der Single „Schwarze Welt".

2. Dezember
Birthday Party: Aufnahme der dritten John-Peel-Session: „Big Jesus Trash Can"/„She's Hit"/„Bully Bones"/„Six Inch Gold Blade".
Danse Society: Veröffentlichung der Single „There Is No Shame In Death".

4. Dezember
Siouxsie and the Banshees: Veröffentlichung der Compilation *Once Upon A Time.*
Theatre of Hate, UK Decay: Auftritt im *Central Poly,* London.

5. Dezember
UK Decay: Die LP *For Madmen Only* steigt in die Independent-Charts ein (höchste Chartnotierung: Platz 8).

7. Dezember
Ritual: Aufnahme der ersten John-Peel-Session: „Playtime"/„Mind Disease"/„Human Sacrifice"/„Brides".
Play Dead: Auftritt im *Golf Club,* London.

10. Dezember
Birthday Party: Ausstrahlung der dritten John-Peel-Session auf BBC Radio One.

11. Dezember
Birthday Party: Auftritt im *Central Poly,* London. Es ist ihre letzte Show, bevor sie für neue Aufnahmen nach Australien zurückkehren.

12. Dezember
Siouxsie and the Banshees: Die Compilation *Once Upon A Time* steigt in die britischen Charts ein (höchste Chartnotierung: Platz 21).

14. Dezember
Southern Death Cult: Auftritt im *Marquee,* London, mit Chelsea.

17. Dezember
X-Mal Deutschland: Veröffentlichung der Maxisingle „Schwarze Welt".

21. Dezember
The Cure: Aufnahme der fünften John-Peel-Session: „Figurehead"/„100 Years"/„Siamese Twins"/„The Hanging Garden" (dieser letzte Song wurde später nicht gesendet).

28. Dezember
Lords of the New Church: Auftritt im *Venue,* London, mit den Members.

30. Dezember
Gene Loves Jezebel: Livedebüt am ICA in London im Vorprogramm der Higsons und der Electric Guitars.

1982

Januar
Nico: Englandtournee.

4. Januar
The Cure: Ausstrahlung der fünften John-Peel-Session auf BBC Radio One.

8. Januar
Lords of the New Church: Auftritt im *Dingwalls,* London, mit den Lightning Raiders.

13. Januar
Play Dead: Aufnahme der ersten John-Peel-Session: „Effigy"/„Metallic Smile"/„Pray To Mecca"/„Propaganda".

14. Januar
Virgin Prunes: Auftritt im *Venue,* London.

16. Januar
Birthday Party: Auftritt als Cavemen im *Tiger Lounge,* Richmond, Australien.
Lords of the New Church: Auftritt im *Hope & Anchor,* London.

17. Januar
Birthday Party: Tracy Pew wird wegen Trunkenheit festgenommen und später deswegen zu acht Monaten Haft verurteilt.

21. Januar
Gene Loves Jezebel: Auftritt im *Venue,* London, The Sound und King Trigger.

23. Januar
Theatre of Hate: Die Single „Westworld" steigt in die Independent-Charts (höchste Chartnotierung: Platz 1) und in die britischen Charts ein (höchste Chartnotierung: Platz 40).

25. Januar
Lords of the New Church: Auftritt im *Bridegouse,* London.

26. Januar
Sisters of Mercy: Veröffentlichung der Single „Body Electric".
Nico: Auftritt im *New Albany Empire,* London.

28. Januar
Play Dead: Ausstrahlung der ersten John-Peel-Session auf BBC Radio One.

29. Januar
Flesh For Lulu: Auftritt im *Clarendon Hotel,* London.

30. Januar
Artery: Aufnahme der zweiten John-Peel-Session: „The Ghost Of A Small Tour Boat Captain"/„Louise"/„The Slide"/„The Sailor Situation".

Februar
Bauhaus: Veröffentlichung der EP *Searching For Satori.*
Bauhaus: erster britischer Fernsehauftritt bei *Riverside* mit „Kick In The Eye"/„Bela Lugosi's Dead".
Death In June: Veröffentlichung der Single „Heaven Street".
Theatre of Hate: Englandtournee.

4. Februar
Vampire Bats From Lewisham: Aufnahme der ersten David-Jensen-Session: „Ordinary Scheme"/„Real Lovers"/„Petrol"/„Milk With Knives".

5. Februar
Sisters of Mercy: Auftritt im Vanbrugh College, York.

8. Februar
Theatre of Hate: Aufnahme der dritten John-Peel-Session: „Dreams Of The Poppy"/„Incinerator"/„The Hop"/„The Klan".

14. Februar
Flesh For Lulu: Auftritt im *Starlight Club,* London.

15. Februar
Artery: Ausstrahlung der zweiten John-Peel-Session auf BBC Radio One.

16. Februar
Lords of the New Church: Auftritt im *Marquee,* London.

18. Februar
Theatre of Hate: Veröffentlichung der LP *Westworld*.
Theatre of Hate: Ausstrahlung der dritten John-Peel-Session auf BBC Radio One.
Gene Loves Jezebel: Auftritt im *Rock Garden*, London.

19. Februar
Vampire Bats From Lewisham: Ausstrahlung der ersten David-Jensen-Session auf BBC Radio One.

20. Februar
Flesh For Lulu: Auftritt im *Clarendon*, London.
UK Decay: Auftritt im *Ladbroke Grove Tabernacle*, London.

23. Februar
Virgin Prunes: Veröffentlichung der Compilation *A New Form Of Beauty*.
Danse Society: Auftritt im *Venue*, London, mit Zeitgeist und Airstrip One.
UK Decay: Auftritt im *Hammersmith Palais*, London, mit Killing Joke.

24. Februar
Bauhaus, Gene Loves Jezebel: Auftritt im *New Victoria Theatre*, London. Das Konzert wird für die spätere Veröffentlichung als Livealbum und Film mitgeschnitten.

März
Birthday Party: Englandtournee mit den Cocteau Twins.
Danse Society: Veröffentlichung der Single „Woman's Own".
Marc and the Mambas: Veröffentlichung der Single „Fun City".
Theatre of Hate: Englandtournee.
Virgin Prunes: Englandtournee.

1. März
Dead Or Alive: Aufnahme der zweiten John-Peel-Session: „Misty Circles"/„Number 12"/„Untitled".

5. März
Birthday Party: Auftritt im *Venue*, London; Barry Adamson springt für Pew ein.

6. März
Virgin Prunes: Die Single „A New Form Of Beauty" steigt in die Independent-Charts ein (höchste Chartnotierung: Platz 47).
Bauhaus: Die EP *A Kick In The Eye* steigt in die britischen Charts ein (höchste Chartnotierung: Platz 45).

13. März
Bauhaus: Aufnahme der zweiten John-Peel-Session: „The Party Of The First Part"/„3 Shadows: Departure".
Birthday Party: Die EP *Drunk On The Pope's Blood* steigt in die Independent-Charts ein (höchste Chartnotierung: Platz 2).
Theatre of Hate: Die LP *Westworld* steigt in die britischen Charts ein (höchste Chartnotierung: Platz 17).

18. März
Dead Or Alive: Ausstrahlung der zweiten John-Peel-Session auf BBC Radio One.

22. März
Bauhaus: Dreharbeiten für den Film *The Hunger* (deutscher Titel: *Begierde*). Die Band spielt „Bela Lugosi's Dead".

26. März
UK Decay: Auftritt im *City Poly*, London.

27. März
Dead Or Alive: Die EP *It's Been Hours Now* steigt in die Independent-Charts ein (höchste Chartnotierung: Platz 13).
Sex Gang Children: Auftritt im *Clarendon Hotel*, London.

April
Bauhaus: Start einer Italientournee.
The Cure: Veröffentlichung der LP *Pornography*.

1. April
Flesh For Lulu: Auftritt im *Le Kilt*, London.

8. April
Danse Society: Veröffentlichung der EP *Continent*.

12. April
Bauhaus: Ausstrahlung der zweiten John-Peel-Session auf BBC Radio One.

15. April
Southern Death Cult: Auftritt im *Rock Garden*, London.

16. April
Southern Death Cult, Sex Gang Children: Auftritt im *Clarendon*, London.

17. April
Southern Death Cult, UK Decay, Danse Society, 13 At Midnight: Auftritt im *Zig Zag Club*, London.

18. April
The Cure: Start einer Englandtournee im *Skating Bowl*, Plymouth, begleitet von Richard Jobson und Zerra 1.

Mai
Gene Loves Jezebel: Veröffentlichung der EP *Shaving My Neck*.

1. Mai
Lords of the New Church: Die Single „New Church" steigt in die Independent-Charts ein (höchste Chartnotierung: Platz 34).
The Cure: Auftritt im *Hammersmith Odeon,* London.
Danse Society: Auftritt im *Clarendon Hotel,* London.

2. Mai
The Cure: Start einer Europatournee.
Southern Death Cult: Auftritt im *Moonlight Club,* London.

4. Mai
Theatre of Hate: Veröffentlichung der Single „The Hop".

8. Mai
Tones On Tail: Die EP *Tones On Tail* steigt in die Independent-Charts ein (höchste Chartnotierung: Platz 15).
Birthday Party: Auftritt im *Zig Zag Club,* London.

9. Mai
Lords of the New Church: Auftritt im *Marquee,* London.

13. Mai
Siouxsie and the Banshees: Aufnahme der ersten David-Jensen-Session: „Coal Mind"/ „Greenfingers"/„Painted Bird"/„Cascade".
Sex Gang Children: Auftritt im *Zig Zag Club,* London, mit Johnny Thunders und den Dirty Strangers.

15. Mai
The Cure: Die LP *Pornography* steigt in die britischen Charts ein (höchste Chartnotierung: Platz 8).

16. Mai
Theatre of Hate: Die Live-LP *He Who Dares, Wins (Live In Berlin)* steigt in die Independent-Charts ein (höchste Chartnotierung: Platz 3).

18. Mai
Gene Loves Jezebel: Auftritt im *Venue,* London, mit Modern English.

21. Mai
Siouxsie and the Banshees: Veröffentlichung der Single „Fireworks".
Southern Death Cult: Aufnahme der ersten John-Peel-Session: „Fatman" /„Today"/ „False Faces"/„Or Glory".

23. Mai
Sex Gang Children: Veröffentlichung der Livecassette *Naked.*

24. Mai
Siouxsie and the Banshees: Ausstrahlung der ersten David-Jensen-Session auf BBC Radio One.

26. und 27. Mai
Birthday Party: Auftritt im *Clarendon Ballroom,* London, mit den Go-Betweens.

27. Mai
The Cure: Zwischen Robert Smith und Simon Gallup kommt es nach einem Konzert zu einer Schlägerei, die das Ende der Band beschleunigt.

29. Mai
Siouxsie and the Banshees: Die Single „Fireworks" steigt in die britischen Charts ein (höchste Chartnotierung: Platz 22).
Theatre of Hate: Die Single „The Hop" steigt in die britischen Charts ein (höchste Chartnotierung: Platz 70).

31. Mai
Gene Loves Jezebel: Veröffentlichung der Single „Shaving My Neck".

Juni
Bauhaus: Veröffentlichung der Single „Spirit".

3. Juni
Birthday Party: Nachdem Pew nach drei Monaten Haft aus dem Gefängnis entlassen worden ist, startet die Band in Eindhoven, Holland, eine Europatournee.

4. Juni
Birthday Party: Im *Paradiso,* Amsterdam, lernt die Band Blixa Bargeld kennen.

5. Juni
Virgin Prunes: Die Single „Pagan Lovesong" steigt in die Independent-Charts ein (höchste Chartnotierung: Platz 13).
Danse Society: Auftritt im *Clarendon,* London.

7. Juni
Nico, Sisters of Mercy: Auftritt im *Venue,* London.
Sex Gang Children: Auftritt im *Embassy Club,* London.

10. Juni
Southern Death Cult: Ausstrahlung der ersten John-Peel-Session auf BBC Radio One.

11. Juni
Bauhaus: Nach gewalttätigen Zwischenfällen bei ihrem Konzert im Londoner *Adelphi Theatre* wird die geplante zweite Show abgesagt.
The Cure: Auftritt im *Ancien Belgique* in Brüssel; es ist einstweilen ihr letztes Konzert.

17. Juni
Bauhaus: Start einer kurzen Nordamerika-tournee mit drei Konzerten.
Theatre of Hate: Aufnahme der ersten David-Jensen-Session: „Legion"/„The Solution"/ „The Americans"/„Anniversary".

18. Juni
Southern Death Cult: Auftritt im *Moonlight Club,* London.

19. Juni
Bauhaus: Die Single „Spirit" steigt in die britischen Charts ein (höchste Chartnotierung: Platz 42).

24. Juni
Theatre of Hate: Ausstrahlung der ersten David-Jensen-Session auf BBC Radio One.

25. Juni
Birthday Party: Start einer Deutschland-tournee unter dem schönen Motto „Oops, I've Got Blood on the End of my Boot".

26. Juni
Southern Death Cult: Auftritt im *Central Iberico,* London.

27. Juni
Lords of the New Church: Auftritt am ICA, London.

29. Juni
Specimen: Veröffentlichung der Videosingle „Returning From A Journey".

Juli
Birthday Party: Englandtournee.
Lords of the New Church: Englandtournee.
The Cure: Veröffentlichung der Single „The Hanging Garden".
Theatre of Hate: Der Titel „Ghost Of Love" ist als Flexidisc dem Magazin *Masterbag* beigelegt.

1. Juli
Bauhaus: Aufnahme der ersten David-Jensen-Session: „Third Uncle"/„Silent Hedges"/„Swing The Heartache"/„Ziggy Stardust".

3. Juli
Theatre of Hate: Billy Duffy verlässt die Band.

4. Juli
Theatre of Hate, Southern Death Cult: Auftritt im *Hammersmith Odeon,* London.

10. Juli
Birthday Party, Sisters of Mercy: Auftritt im *Zig Zag Club,* London.
March Violets: Aufnahme der ersten John-Peel-Session: „Radiant Boys"/„Steam"/„1-2 I Love You"/„Grooving In Green"
X-Mal Deutschland: Veröffentlichung der EP *Incubus Succubus.*

11. Juli
Danse Society, 13 At Midnight: Auftritt im *Zig Zag Club,* London, mit den Nightingales.

15. Juli
UK Decay, Sex Gang Children: Auftritt im *Zig Zag Club,* London

21. Juli
Specimen: Die Band spielt bei der Eröffnung des Batcave.

22. Juli
Bauhaus: Ausstrahlung der ersten David-Jensen-Session auf BBC Radio One.
Danse Society: Auftritt im *Klub Foot,* London, mit Wasted Youth und New Model Army.

24. Juli
Birthday Party: Die LP *Junkyard* steigt in die Independent-Charts (höchste Chartnotierung: Platz 1) und in die britischen Charts ein (höchste Chartnotierung: Platz 73).
Lords of the New Church: Die LP *Lords Of The New Church* steigt in die Independent-Charts ein (höchste Chartnotierung: Platz 3).
The Cure: Die Single „The Hanging Garden" steigt in die britischen Charts ein (höchste Chartnotierung: Platz 34).

29. Juli
Sex Gang Children: Auftritt im *White Lion,* Putney.
Southern Death Cult: Auftritt im *Clarendon,* London.

30. Juli
Southern Death Cult: Auftritt im *Brixton Fair Deal,* London, mit Clash.

31. Juli
Lords of the New Church: Auftritt im Gateshead-Stadion mit Police, U2, Beat und Gang of Four.
Lords of the New Church: Die Single „Open Your Eyes" steigt in die Independent-Charts ein (höchste Chartnotierung: Platz 7).
March Violets: Veröffentlichung der EP *Religious As Hell.*

August
The Cure: Veröffentlichung einer Flexidisc-Single als Beilage des Magazins *Flexipop.*

2. August
March Violets: Ausstrahlung der ersten John-Peel-Session auf BBC Radio One.

3. August
Lords of the New Church: Auftritt im *Venue,* London.

5. August
Birthday Party: Auftritt im *Venue,* London. Es ist das letzte Konzert mit Phill Calvert und das letzte vor ihrem Umzug nach Berlin.

9. August
Sex Gang Children, Ritual: Auftritt im *Marquee,* London.

12. August
Gene Loves Jezebel: Auftritt im *Le Beat Route,* London.

21. August
UK Decay: Die EP *Rising From The Dead* steigt in die Independent-Charts ein (höchste Chartnotierung: Platz 9).
Flesh For Lulu: Aufnahme der ersten John-Peel-Session: „Dancer"/„Walk Tired"/„Missionary"/„Spy In Your Mind".

25. August
Sisters of Mercy: Aufnahme der ersten John-Peel-Session: „19"/„Alice"/„Good Things"/„Floorshow".

26. August
Red Lorry Yellow Lorry: Veröffentlichung der Single „Beating My Head".

28. August
Danse Society: Aufnahme der zweiten John-Peel-Session: „Clock"/ „Ambition"/„Godsend"/„The Seduction".

4. September
Sex Gang Children: Die Single „Beasts" steigt in die Independent-Charts ein (höchste Chartnotierung: Platz 8).

6. September
Flesh For Lulu: Ausstrahlung der ersten John-Peel-Session auf BBC Radio One.

6. bis 8. September
Nico: Auftritte im *Band on the Wall,* Manchester.

7. September
Sisters of Mercy: Ausstrahlung der ersten John-Peel-Session auf BBC Radio One.

9. September
UK Decay, Sex Gang Children, Ritual: Auftritt im *Klub Foot,* London.

11. und 12. September
Futurama 4, *Deeside Leisure Centre*

13. September
Danse Society: Ausstrahlung der zweiten John-Peel-Session auf BBC Radio One.

17. September
Birthday Party: erster Gig in Viererbesetzung bei einem Festival in Athen.

18. September
March Violets: Die EP *Religious As Hell* steigt in die Independent-Charts ein (höchste Chartnotierung: Platz 32).
Dead Or Alive: Die Single „The Stranger" steigt in die Independent-Charts ein (höchste Chartnotierung: Platz 7).

19. September
Sex Gang Children, March Violets: Auftritt im *Lyceum,* London, mit Wasted Youth und anderen.

22. September
Undead: Veröffentlichung der Single „This Place Is Burning".

23. September
Gene Loves Jezebel: Auftritt im *Rock Garden,* London.

24. September
Theatre of Hate: Auflösung der Band.
Tones On Tail: Veröffentlichung der Single „There's Only One".

29. September
Danse Society: Auftritt im *Marquee,* London.

Oktober
Sex Gang Children: Englandtournee.
The Cure: Veröffentlichung der Single „Let's Go To Bed".

1. Oktober
Siouxsie and the Banshees: Veröffentlichung der Single „Slowdive".

2. Oktober
Bauhaus: Veröffentlichung der Flexidisc „God In An Alcove".
Nico: Die Single „Procession" steigt in die Independent-Charts ein (höchste Chartnotierung: Platz 33).

4. Oktober
Bauhaus: Veröffentlichung der Single „Ziggy Stardust".

6. Oktober
Danse Society: Veröffentlichung der EP *Seduction.*
Ritual: Veröffentlichung der ersten Single, „Mind Disease".

7. Oktober
Bauhaus: Auftritt im britischen Fernsehen bei *Top of the Pops* mit „Ziggy Stardust".
Southern Death Cult: Auftritt im *Brixton Ace,* London.

8. Oktober
Bauhaus: Auftritt im britischen Fernsehen bei *Old Grey Whistle Test* mit „The Spy In The Cab" /„Ziggy Stardust".

9. Oktober
Bauhaus, Southern Death Cult: Start ihrer Englandtournee im *Dome,* Brighton.
Bauhaus: Die Single „Ziggy Stardust" steigt in die britischen Charts ein (höchste Chartnotierung: Platz 15).
Danse Society: Die LP *Seduction* steigt in die Independent-Charts ein (höchste Chartnotierung: Platz 3).
Siouxsie and the Banshees: Die Single „Slowdive" steigt in die britischen Charts ein (höchste Chartnotierung: Platz 41).

14. Oktober
Bauhaus: Veröffentlichung der LPs *The Sky's Gone Out* and *Press The Eject & Give Me The Tape.*
Sisters of Mercy, March Violets, Ritual: Auftritt im *Klub Foot,* London.

16. Oktober
Marc and the Mambas: Die LP *Untitled* steigt in die britischen Charts ein (höchste Chartnotierung: Platz 42).

21. Oktober
Bauhaus, Southern Death Cult: Auftritt im *Lyceum,* London.

24. Oktober
The Cure: Aufnahme der zweiten David-Jensen-Session: „Lets Go To Bed"/„Just One Kiss"/„100 Years"/„Ariel".

27. Oktober
Sex Gang Children: Aufnahme der ersten John-Peel-Session: „Kill Machine"/„German Nun"/„State Of Mind"/„Sebastiane".

30. Oktober
Bauhaus: Die LP *The Sky's Gone Out* steigt in die britischen Charts ein (höchste Chartnotierung: Platz 4).
Virgin Prunes: Die Single „Baby Turns Blue" steigt in die Independent-Charts ein (höchste Chartnotierung: Platz 15).

31. Oktober
Virgin Prunes: Auftritt im *Heaven,* London.

November
Birthday Party: Englandtournee.
Death In June: Veröffentlichung der Single „State Laughter".
Marc and the Mambas: Veröffentlichung der Single „Big Louise".
Siouxsie and the Banshees: Robert Smith (Cure) ersetzt auf der aktuellen Englandtournee John McGeoch.

1. November
The Cure: Ausstrahlung der zweiten David-Jensen-Session auf BBC Radio One.

5. November
Siouxsie and the Banshees: Veröffentlichung der LP *A Kiss In The Dreamhouse.*
Der britische Fernsehsender Channel Four strahlt erstmals die Musiksendung *The Tube* aus, die mehr auf Rock als auf Pop ausgerichtet ist und auch Bands vorstellt, die abseits des Mainstreams operieren.

6. November
Sex Gang Children: Die Single „Into The Abyss" steigt in die Independent-Charts ein (höchste Chartnotierung: Platz 7).
Theatre of Hate: Die Single „Eastworld" steigt in die Independent-Charts ein (höchste Chartnotierung: Platz 3).

11. November
Lords of the New Church: Veröffentlichung der Single „Russian Roulette".

13. November
Siouxsie and the Banshees: Die LP *A Kiss In The Dreamhouse* steigt in die britischen Charts ein (höchste Chartnotierung: Platz 11).

15. November
Birthday Party: Aufnahme der vierten John-Peel-Session: „Pleasure Avalanche"/„Deep In The Woods"/„Sonny's Burning"/„Marry Me".

19. November
Bauhaus: Auftritt im britischen Fernsehen bei der *Oxford Road Show* mit „The Passion Of Lovers"/„Lagartija Nick"/„Antonin Artaud".

22. November
Bauhaus: Start einer Nordamerikatournee im *Reds,* Levittown, New York.
Birthday Party: Ausstrahlung der ersten John-Peel-Session auf BBC Radio One.

23. November
Nico: Auftritt im *Venue,* London.

25. November
Birthday Party, Virgin Prunes: Auftritt im *Brixton Ace,* London.
March Violets, Ritual, Brigandage: Auftritt im *Klub Foot,* London.
X-Mal Deutschland: Aufnahme der ersten John-Peel-Session: „Incubus Succubus"/„Geheimnis"/„Qual"/„Zinker".

26. November
Siouxsie and the Banshees: Veröffentlichung der Single „Melt!".

27. November
Virgin Prunes: Die LP *If I Die I Die* steigt in die Independent-Charts ein (höchste Chartnotierung: Platz 8).

28. November
Sisters of Mercy: Auftritt im *Lyceum,* London, mit Aswad und anderen.

1. Dezember
Alien Sex Fiend: Livedebüt im Batcave, London.

4. Dezember
Lords of the New Church: Die Single „Russian Roulette" steigt in die Independent-Charts ein (höchste Chartnotierung: Platz 12).
Siouxsie and the Banshees: Die Single „Melt!" steigt in die britischen Charts ein (höchste Chartnotierung: Platz 49).

5. Dezember
Marc and the Mambas: Auftritt im *Drury Lane Theatre,* London.

11. Dezember
Sisters of Mercy: Single „Alice" steigt in die Independent-Charts ein (höchste Chartnotierung: Platz 8).

12. Dezember
Red Lorry Yellow Lorry: Aufnahme der ersten John-Peel-Session: „Sometimes"/„Happy"/„Silence"/„Conscious Decision".

13. Dezember
Specimen, Alien Sex Fiend: Auftritt im *Heaven,* London.

17. Dezember
X-Mal Deutschland: Ausstrahlung der ersten John-Peel-Session auf BBC Radio One.

22. Dezember
Lords of the New Church: Auftritt im *Marquee,* London.

23. Dezember
UK Decay, Sisters of Mercy, Blood and Roses: Auftritt im *Klub Foot,* London.

25. Dezember
Southern Death Cult: Die Single „Moya" steigt in die Independent-Charts ein (höchste Chartnotierung: Platz 1).

26. Dezember
Sex Gang Children, Sisters of Mercy, Alien Sex Fiend, Ritual: Auftritt beim Christmas-on-Earth-Festival im *Lyceum,* London.

28. und 29. Dezember
Siouxsie and the Banshees, Marc and the Mambas: Auftritt im *Hammersmith Odeon,* London.

30. Dezember
Damned, Danse Society, UK Decay, Ritual: Auftritt im *Brixton Ace,* London.

1983

Specimen: Veröffentlichung der Batcave-Compilation *Young Hymns And Numb Limbs,* der Debütsingle „The Beauty Of Poison", der zweiten Single „Returning" und der EP *Batastrophe* in den USA.

Januar
Siouxsie and the Banshees: Asientournee.

8. Januar
The Cure: Die Single „Let's Go To Bed" steigt in die britischen Charts ein (höchste Chartnotierung: Platz 44).

13. Januar
Red Lorry Yellow Lorry: Ausstrahlung der ersten John-Peel-Session auf BBC Radio One.

15. Januar
Bauhaus: Veröffentlichung der Single „Lagartija Nick".
March Violets: Die Single „Grooving In Green" steigt in die Independent-Charts ein (höchste Chartnotierung: Platz 14).

20. Januar
Southern Death Cult: Aufnahme der ersten David-Jensen-Session: „Apache"/„The Patriot"/„Flower In The Desert"/„False Faces".

22. Januar
Bauhaus: Die Single „Lagartija Nick" steigt in die britischen Charts ein (höchste Chartnotierung: Platz 44).

24. Januar
Southern Death Cult: Ausstrahlung der ersten David-Jensen-Session auf BBC Radio One.

27. Januar
Bauhaus: Auftritt im britischen Fernsehen bei *Top of the Pops.*

Februar
Birthday Party: kurze Englandtournee.

1. Februar
Marc and the Mambas: Aufnahme der ersten John-Peel-Session: „Empty Eyes"/„The Bulls"/„Once Was"/„Your Aura".

17. Februar
Bauhaus: Aufnahme der zweiten David-Jensen-Session: „She's In Parties"/„In The Night-time"/„Terror Couple Kill Colonel".

19. Februar
Birthday Party: Die EP *The Bad Seed* steigt in die Independent-Charts ein (höchste Chartnotierung: Platz 3).

24. Februar
Marc and the Mambas: Ausstrahlung der ersten John-Peel-Session auf BBC Radio One.

26. Februar
Southern Death Cult: Auftritt im Polytechnic, Manchester; das letzte Konzert der Band.

März
The Cure: Die ehemaligen Bandmitglieder Simon Gallup und Matthieu Hartley gründen die Band Cry.
The Cure: Auftritt im britischen Fernsehen bei *Riverside;* Robert Smith, Lol Tolhurst und Steve Severin spielen „Siamese Twins".

5. März
Danse Society: Die Single „Somewhere" steigt in die Independent-Charts ein (höchste Chartnotierung: Platz 2).
Sex Gang Children: Die LP *Song And Legend* steigt in die Independent-Charts ein (höchste Chartnotierung: Platz 1)

6. März
Sisters of Mercy: Aufnahme der ersten David-Jensen-Session: „Heartland"/ „Jolene"/„Valentine"/„Burn".

10. März
Sisters of Mercy: Ausstrahlung der ersten David-Jensen-Session auf BBC Radio One.

19. März
March Violets: Aufnahme der zweiten John-Peel-Session: „Strange Head"/„Slow Drip Lizard"/„The Undertow"/„Crow Baby".

23. März
Bauhaus: Ausstrahlung der zweiten David-Jensen-Session auf BBC Radio One.

24. März
March Violets: Ausstrahlung der zweiten John-Peel-Session auf BBC Radio One.
Birthday Party: Start ihrer letzten Nordamerikatournee in Boston, Massachusetts.

26. März
Blood and Roses: Die Single „Love Under Will" steigt in die Independent-Charts ein (höchste Chartnotierung: Platz 4).
Sisters of Mercy: Die Single „Anaconda" steigt in die Independent-Charts ein (höchste Chartnotierung: Platz 3).

29. März
Auto da Fe: Aufnahme der ersten Janice-Long-Session: „Girl Boy Difference"/„Blood Into Life"/„Sensitive Eyes".

April
Bauhaus: Veröffentlichung der Single „She's In Parties".
The Cure: Auftritt im britischen Fernsehen bei der *Oxford Road Show* mit „Figurehead"/ „100 Years".
Birthday Party: Mick Harvey steigt nach dem Konzert im Londoner *Electric Ballroom* aus.

3. April
Danse Society: Aufnahme der ersten David-Jensen-Session: „Wake Up"/„The Sway"/„So Lonely In Your Crowd"/„We Know The Place".

6. April
Virgin Prunes: Auftritt im *Brixton Ace,* London.

9. April
Bauhaus: Die Single „She's In Parties" steigt in die britischen Charts ein (höchste Chartnotierung: Platz 26).
Ritual: Die EP *Kangaroo Court* steigt in die Independent-Charts ein (höchste Chartnotierung: Platz 28).

12. April
Danse Society: Ausstrahlung der ersten David-Jensen-Session auf BBC Radio One.

14. April
Bauhaus: Auftritt im britischen Fernsehen bei *Top of the Pops* mit „She's In Parties".

16. April
Sex Gang Children: Die Single „Song And Legend" steigt in die Independent-Charts ein (höchste Chartnotierung: Platz 6).
Skeletal Family: Die Single „Just A Friend" steigt in die Independent-Charts ein (höchste Chartnotierung: Platz 50).

20. April
Blood and Roses: Aufnahme der ersten John-Peel-Session: „Theme From *Assault On Precinct 13*"/„Possession"/„Spit Upon Your Grave"/„Curse On You".

23. April
Artery: Die LP *One Afternoon In A Hot Air Balloon* steigt in die Independent-Charts ein (höchste Chartnotierung: Platz 15).
The Creatures: Die Single „Miss The Girl" steigt in die britischen Charts ein (höchste Chartnotierung: Platz 21).
X-Mal Deutschland: Die LP *Fetisch* steigt in die Independent-Charts ein (höchste Chartnotierung: Platz 3).

26. April
Blood and Roses: Ausstrahlung der ersten John-Peel-Session auf BBC Radio One.

30. April
Auto da Fe: Ausstrahlung der ersten Janice-Long-Session auf BBC Radio One.

3. Mai
Birthday Party: Start einer Tournee durch Australien und Neuseeland im *Mainstreet Cabaret,* Auckland.

7. Mai
The Cramps: Die wiederveröffentlichte EP *Gravest Hits* steigt in die Independent-Charts ein (höchste Chartnotierung: Platz 41).
March Violets: Die Single „Crow Baby" steigt in die Independent-Charts ein (höchste Chartnotierung: Platz 6).

11. Mai
Skeletal Family: Aufnahme der ersten John-Peel-Session: „Black Ju Ju"/„The Wind Blows"/„Someone New"/„And I"

12. Mai
Bauhaus: Start einer Welttournee in Paris.

14. Mai
Brigandage: Aufnahme der ersten John-Peel-Session: „Let It Rot"/„Heresy"/„Hope"/ „Fragile".
Die Compilation *The Whip* steigt in die Independent-Charts ein (höchste Chartnotierung: Platz 3).

17. Mai
Nico: Auftritt im *Ace,* Brixton.

18. Mai
Brigandage: Ausstrahlung der ersten John-Peel-Session auf BBC Radio One.

19. Mai
Skeletal Family: Ausstrahlung der ersten John-Peel-Session auf BBC Radio One.

21. Mai
Play Dead: Die LP *The First Flower* steigt in die Independent-Charts ein (höchste Chartnotierung: Platz 10).

26. Mai
Dead Or Alive: Aufnahme der ersten David-Jensen-Session: „Far Too Hard"/„Give It To Me"/„What I Want"

28. Mai
Tones On Tail: Die Single „Burning Skies" steigt in die Independent-Charts ein (höchste Chartnotierung: Platz 11).
Gene Loves Jezebel: Die Single „Screaming" steigt in die Independent-Charts ein (höchste Chartnotierung: Platz 18).
The Creatures: Die LP *Feast* steigt in die britischen Charts ein (höchste Chartnotierung: Platz 17).

1. Juni
Dead Or Alive: Ausstrahlung der ersten David-Jensen-Session auf BBC Radio One.

2. Juni
Marc and the Mambas: Die Single „Black Heart" steigt in die britischen Charts ein (höchste Chartnotierung: Platz 49).

4. Juni
UK Decay: Die LP *A Night For Celebration* steigt in die Independent-Charts ein (höchste Chartnotierung: Platz 9).

9. Juni
Birthday Party: Auftritt im *Seaview Ballroom,* Melbourne. Es ist das letzte Konzert der Band.

11. Juni
Bauhaus: Start einer Englandtournee im *Friars,* Aylesbury.
X-Mal Deutschland: Die Single „Qual" steigt in die Independent-Charts ein (höchste Chartnotierung: Platz 9).

15. Juni
Play Dead: Aufnahme der zweiten John-Peel-Session: „The Tenant"/„Total Decline"/ „Gaze".

16. Juni
Bone Orchard: Aufnahme der ersten John-Peel-Session: „The Mission"/„Shall I Carry The Budgie Woman"/ „Fat's Terminal".
Gene Loves Jezebel: Aufnahme der ersten David-Jensen-Session: „Sticks And Stones"/ „Bruises"/„Upstairs"/„Scheming".

18. Juni
Southern Death Cult: Die LP *Southern Death Cult* steigt in die Independent-Charts ein (höchste Chartnotierung: Platz 43).

22. Juni
X-Mal Deutschland: Aufnahme der zweiten John-Peel-Session: „In Motion"/„Vito"/ „Reigen"/„Sehnsucht".

23. Juni
Play Dead: Ausstrahlung der zweiten John-Peel-Session auf BBC Radio One.

25. Juni
The Cramps: Die LP *Off The Bone* steigt in die britischen Charts ein (höchste Chartnotierung: Platz 44).

27. Juni
X-Mal Deutschland: Ausstrahlung der zweiten John-Peel-Session auf BBC Radio One.

30. Juni
Gene Loves Jezebel: Ausstrahlung der ersten David-Jensen-Session auf BBC Radio One.

Juli
The Cure: Veröffentlichung der Single „The Walk". Zwei Auftritte im britischen Fernsehen bei *Top of the Pops*.
The Cure: Robert Smith und Steve Severin stellen mit dem Titel „Punish Me With Kisses" ihr Nebenprojekt The Glove im britischen Fernsehen in der Sendung *Riverside* vor.

2. Juli
Death In June: Die LP *The Guilty Have No Pride* steigt in die Independent-Charts ein (höchste Chartnotierung: Platz 13).
The Cramps: Die LP *Off The Bone* steigt in die Independent-Charts ein (höchste Chartnotierung: Platz 1).

5. Juli
Bauhaus: Letztes Konzert der Band im *Hammersmith Palais,* London.
Red Lorry Yellow Lorry: Die Single „Take It All" steigt in die Independent-Charts ein (höchste Chartnotierung: Platz 23).

7. Juli
Specimen: Aufnahme der ersten David-Jensen-Session: „Lovers"/„Syria"/ „Wolverines"/„Stand Up Stand Out".

9. Juli
Birthday Party: Die EP *Birthday Party* steigt in die Independent-Charts ein (höchste Chartnotierung: Platz 8).
Sex Gang Children: Die Single „Sebastiane" steigt in die Independent-Charts ein (höchste Chartnotierung: Platz 19).
Sisters of Mercy: Die EP *Reptile House* steigt in die Independent-Charts ein (höchste Chartnotierung: Platz 4).
The Cure: Die Single „The Walk" steigt in die britischen Charts ein (höchste Chartnotierung: Platz 12).

14. Juli
Specimen: Ausstrahlung der ersten David-Jensen-Session auf BBC Radio One.

15. Juli
Bauhaus: Veröffentlichung der LP *Burning From The Inside.*

16. Juli
Danse Society: Die Single „Clock" steigt in die Independent-Charts ein (höchste Chartnotierung: Platz 11).
The Creatures: Die Single „Right Now" steigt in die britischen Charts ein (höchste Chartnotierung: Platz 14).

23. Juli
Danse Society: Die Single „We're So Happy" steigt in die Independent-Charts ein (höchste Chartnotierung: Platz 22).
Bauhaus: Die LP *Burning From The Inside* steigt in die britischen Charts ein (höchste Chartnotierung: Platz 13).

28. Juli
Bone Orchard: Ausstrahlung der ersten John-Peel-Session auf BBC Radio One.

30. Juli
Danse Society: Die Single „There Is No Shame In Death" steigt in die Independent-Charts ein (höchste Chartnotierung: Platz 26).
Death Cult: Die EP *Brothers Grimm* steigt in die Independent-Charts ein (höchste Chartnotierung: Platz 2).

August
The Cure: Auftritt beim Elephant-Fayre-Festival, St. Germains, Cornwall.
Birthday Party: Auflösung der Band.
The Cure: Nordamerikatournee

4. August
Bauhaus: Die Band gibt offiziell ihre Trennung bekannt.
Peter Murphy: erster Soloauftritt im britischen Fernsehen bei *Riverside* mit „Hollow Hills" (mit Tanzbegleitung).
Lords of the New Church: Auftritt im *Clarendon,* London.

13. August
The Cure: Die EP *The Walk* steigt in die amerikanischen Charts ein (höchste Chartnotierung: Platz 179).

20. August
Marc and the Mambas: Das Album LP *Torment & Toreros* steigt in die britischen Charts ein (höchste Chartnotierung: Platz 28).

26. August
The Cure: Aufnahme der dritten David-Jensen-Session: „Speak My Language"/ „Mr. Pink Eyes"/„The Lovecats".

27. August
Alien Sex Fiend: Die Single „Ignore The Machine" steigt in die Independent-Charts ein (höchste Chartnotierung: Platz 16).
Danse Society: Die Single „Wake Up" steigt in die britischen Charts ein (höchste Chartnotierung: Platz 61).
Skeletal Family: Die Single „The Night" steigt in die Independent-Charts ein (höchste Chartnotierung: Platz 41).

September
Bauhaus: Veröffentlichung der Compilation-EP *4AD*.
Sisters of Mercy: US-Tournee.

3. September
The Cure: Das erste Cure-Album *Three Imaginary Boys* wird unter dem Titel *Boys Don't Cry* mit leicht geändertem Tracklisting wiederveröffentlicht und steigt in die britischen Charts ein (höchste Chartnotierung: Platz 71).

10. September
Gene Loves Jezebel: Die Single „Bruises" steigt in die Independent-Charts ein (höchste Chartnotierung: Platz 7).
X-Mal Deutschland: Die Single „Incubus Succubus" steigt in die Independent-Charts ein (höchste Chartnotierung: Platz 5).

15. September
Under Two Flags: Aufnahme der ersten David-Jensen-Session: „Land Of The Rising Guns"/„Masks"/„Can't Take Love"/„The Feeling Of Resistance".

17. September
Gene Loves Jezebel: Aufnahme der ersten John-Peel-Session: „Pop Tarantula"/„Brittle Punches"/„Upstairs"/„Screaming For Emmalene".
The Glove: Die LP *Blue Sunshine* steigt in die britischen Charts ein (höchste Chartnotierung: Platz 35).

18. September
Futurama 5.

21. September
The Cure: Ausstrahlung der dritten David-Jensen-Session auf BBC Radio One.

24. September
Salvation: Die Single „Girl Soul" steigt in die Independent-Charts ein (höchste Chartnotierung: Platz 24).

26. September
Gene Loves Jezebel: Ausstrahlung der ersten John-Peel-Session auf BBC Radio One.

29. September
Under Two Flags: Ausstrahlung der ersten David-Jensen-Session auf BBC Radio One.

30. September
Siouxsie and the Banshees: Das erste von zwei Konzerten in der Royal Albert Hall, London, findet statt und wird für das Livealbum *Nocturne* mitgeschnitten.

1. Oktober
Bauhaus: Die Compilation-EP *The Singles* steigt in die Independent-Charts ein (höchste Chartnotierung: Platz 5).
Play Dead: Die Single „Shine" steigt in die Independent-Charts ein (höchste Chartnotierung: Platz 14).
Siouxsie and the Banshees: Die Single „Dear Prudence" steigt in die Independent-Charts ein (höchste Chartnotierung: Platz 3).

15. Oktober
Sisters of Mercy: Die Single „Temple Of Love" steigt in die Independent-Charts ein (höchste Chartnotierung: Platz 1).
Under Two Flags: Die Single „Lest We Forget" steigt in die Independent-Charts ein (höchste Chartnotierung: Platz 32).

16. Oktober
Death Cult: Aufnahme der ersten David-Jensen-Session: „Too Young"/„Butterflies"/„With Love"/„Flower In The Desert".

17. Oktober
Birthday Party: Die wiederveröffentlichte Single „Mr. Clarinet" steigt in die Independent-Charts ein (höchste Chartnotierung: Platz 18).

20. Oktober
Danse Society: Aufnahme der ersten Janice-Long-Session: „Lizard Mad"/„Red Light"/„Where Are You Now"/„The Night".

27. Oktober
Death Cult: Ausstrahlung der ersten David-Jensen-Session auf BBC Radio One.

29. Oktober
Bauhaus: Die Compilation-EP *The Singles* steigt in die britischen Charts ein (höchste Chartnotierung: Platz 52).
Danse Society: Ausstrahlung der ersten Janice-Long-Session auf BBC Radio One.
Gene Loves Jezebel: Die LP *Promise* steigt in die Independent-Charts ein (höchste Chartnotierung: Platz 8).
Sex Gang Children: Die Single „Mauritia Mayer" steigt in die Independent-Charts ein (höchste Chartnotierung: Platz 7).
The Cure: Die Single „The Lovecats" steigt in die britischen Charts ein (höchste Chartnotierung: Platz 7).

31. Oktober
Lords of the New Church: Auftritt im *Lyceum*, London.

November
And Also the Trees: Veröffentlichung der Single „Shantell".
Bone Orchard: Veröffentlichung der EP *Stuffed To The Gills.*
Flesh For Lulu: Veröffentlichung der Single „Roman Candle".
Marc and the Mambas: Veröffentlichung der Single „Torment".
The Cure: Auftritt im britischen Fernsehen bei *Top of the Pops* mit „The Lovecats".

4. November
David J: Veröffentlichung der LP *The Etiquette Of Violence.*

5. November
Danse Society: Die Single „Heaven Is Waiting" steigt in die Independent-Charts ein (höchste Chartnotierung: Platz 60).
Red Lorry Yellow Lorry: Aufnahme der zweiten John-Peel-Session: „See The Fire"/„Strange Dream"/„Monkeys On Juice".

12. November
Death Cult: Die Single „God's Zoo" steigt in die Independent-Charts ein (höchste Chartnotierung: Platz 4).

16. November
Red Lorry Yellow Lorry: Ausstrahlung der zweiten John-Peel-Session auf BBC Radio One.

19. November
Alien Sex Fiend: Die Single „Lips Can't Go" steigt in die Independent-Charts ein (höchste Chartnotierung: Platz 12).
Red Lorry Yellow Lorry: Die Single „He's Read" steigt in die Independent-Charts ein (höchste Chartnotierung: Platz 20).

26. November
The Cramps: Die LP *Smell Of Female* steigt in die Independent-Charts (höchste Chartnotierung: Platz 1) und in die britischen Charts ein (höchste Chartnotierung: Platz 74).

Dezember
Bauhaus: Veröffentlichung der Single „Sanity Assassin" (exklusiv nur für Fanklubmitglieder).
Sex Gang Children: Veröffentlichung der Compilation *Beasts.*
The Cure: Veröffentlichung der Compilation *Japanese Whispers.*

1. Dezember
Flesh For Lulu: Aufnahme der ersten David-Jensen-Session: „Restless"/„Dog Dog Dog"/„Lame Train"/„Hyena".

3. Dezember
Birthday Party: Die EP *Mutiny* steigt in die Independent-Charts ein (höchste Chartnotierung: Platz 8).
Siouxsie and the Banshees: Die Live-LP *Nocturne* steigt in die britischen Charts ein (höchste Chartnotierung: Platz 29).

10. Dezember
Alien Sex Fiend: Die LP *Who's Been Sleeping In My Brain* steigt in die Independent-Charts ein (höchste Chartnotierung: Platz 10).

15. Dezember
Flesh For Lulu: Ausstrahlung der ersten David-Jensen-Session auf BBC Radio One.

17. Dezember
Carcrash International: Die Single „The Whip" steigt in die Independent-Charts ein (höchste Chartnotierung: Platz 34).

24. Dezember
The Cure: Die Compilation *Japanese Whispers* steigt in die britischen Charts ein (höchste Chartnotierung: Platz 26).

25. Dezember
The Cure: Auftritt im britischen Fernsehen bei *Top of the Pops.* Robert Smith tritt gleich zweimal auf: Mit seiner eigenen Band spielt er „The Lovecats", mit Siouxsie and the Banshees „Dear Prudence".

1984

Januar
Bauhaus: Veröffentlichung des Videos *Shadow Of Light.*

11. Januar
Play Dead: Aufnahme der dritten John-Peel-Session: „Break"/„Return To The East"/„No Motive".

18. Januar
Play Dead: Ausstrahlung der dritten John-Peel-Session auf BBC Radio One.

2. Februar
The Cure: Aufnahme der vierten David-Jensen-Session: „Bananafishbones"/„Piggy In The Mirror"/„Give Me It"/„The Empty World".

11. Februar
Danse Society: Die LP *Heaven Is Waiting* steigt in die britischen Charts ein (höchste Chartnotierung: Platz 39).

12. Februar
March Violets: Aufnahme der ersten David-Jensen-Session: „Walk Into The Sun"/„Deep"/„Kill The Delight"/„Big Soul Kiss".

18. Febuar
March Violets: Die Single „Snakedance" steigt in die Independent-Charts ein (höchste Chartnotierung: Platz 2).
Skeletal Family: Die Single „Alone She Cries" steigt in die Independent-Charts ein (höchste Chartnotierung: Platz 8).

22. Februar
The Cure: Ausstrahlung der vierten David-Jensen-Session auf BBC Radio One.

25. Februar
The Cure: Die Compilation-LP *Japanese Whispers* steigt in die amerikanischen Charts ein (höchste Chartnotierung: Platz 1).

28. Februar
March Violets: Ausstrahlung der ersten David-Jensen-Session auf BBC Radio One.

März
And Also the Trees: Veröffentlichung der LP *And Also The Trees.*
Danse Society: Veröffentlichung der Single „2,000 Light Years From Home".
Siouxsie and the Banshees: Veröffentlichung der Single „Dear Prudence" und Start einer Englandtournee.

2. März
Tones On Tail: Veröffentlichung der Single „Performance".

10. März
Red Lorry Yellow Lorry: Die EP *This Today* steigt in die Independent-Charts ein (höchste Chartnotierung: Platz 18).
Sex Gang Children: Die LP *Live* steigt in die Independent-Charts ein (höchste Chartnotierung: Platz 15).

17. März
Alien Sex Fiend: Die Single „RIP" steigt in die Independent-Charts ein (höchste Chartnotierung: Platz 4).
The Cramps: Die Single „Faster Pussycat" steigt in die Independent-Charts ein (höchste Chartnotierung: Platz 7).

24. März
Dead Or Alive: Die Single „That's The Way I Like It" steigt in die britischen Charts ein (höchste Chartnotierung: Platz 22).
Siouxsie and the Banshees: Die Single „Swimming Horses" steigt in die britischen Charts ein (höchste Chartnotierung: Platz 28).

28. März
Nick Cave and the Bad Seeds: Aufnahme der ersten John-Peel-Session: „Saint Huck"/„I Put A Spell On You"/„From Her To Eternity".

30. März
The Cure: Veröffentlichung der Single „The Caterpillar".

April
And Also the Trees: Veröffentlichung der Single „The Secret Sea".
Bone Orchard: Veröffentlichung der EP *Swallowing Havoc.*
Furyo: Veröffentlichung der LP *Furyo.*
Tones On Tail: Veröffentlichung der LP *Pop.*

7. April
And Also the Trees: Aufnahme der ersten John-Peel-Session: „There Was A Man Of Double Deed"/„Wallpaper Dying"/„Impulse Of Man"/„The Secret Sea".
The Cramps: Die Single „Gorehound" steigt in die Independent-Charts ein (höchste Chartnotierung: Platz 2).
Sisters of Mercy: Auftritt im *Tin Can Club,* Birmingham; erstes Konzert mit Wayne Hussey.
The Cure: Die Single „The Caterpillar" steigt in die britischen Charts ein (höchste Chartnotierung: Platz 14).

8. April
Skeletal Family: Aufnahme der ersten David-Jensen-Session: „Don't Be Denied"/„11.15"/„Burning Oil"/„Promised Land".

9. April
Nick Cave and the Bad Seeds: Ausstrahlung der ersten John-Peel-Session auf BBC Radio One.

11. April
Sisters of Mercy: Start einer Nordamerikatournee in Boston, Massachusetts.
X-Mal Deutschland: Aufnahme der dritten John-Peel-Session: „Nachtschatten"/„Tag für Tag"/„Mondlicht"/„Augenblick".

25. April
X-Mal Deutschland: Ausstrahlung der dritten John-Peel-Session auf BBC Radio One.

26. April
And Also the Trees: Ausstrahlung der ersten John-Peel-Session auf BBC Radio One.
The Cure: Start einer Englandtournee im *Playhouse,* Edinburgh.

28. April
Dead Or Alive: Die LP *Sophisticated Boom Boom* steigt in die britischen Charts ein (höchste Chartnotierung: Platz 29).
Death In June: Die LP *Burial* steigt in die Independent-Charts ein (höchste Chartnotierung: Platz 9).
Gene Loves Jezebel: Die Single „Influenza" steigt in die Independent-Charts ein (höchste Chartnotierung: Platz 11).
March Violets: Die Single „Respectable" steigt in die Independent-Charts ein (höchste Chartnotierung: Platz 48).
Play Dead: Die Single „Break" steigt in die Independent-Charts ein (höchste Chartnotierung: Platz 9).

30. April
Skeletal Family: Ausstrahlung der ersten David-Jensen-Session auf BBC Radio One.

Mai
Flesh For Lulu: Veröffentlichung der Single „Subterraneans".

2. Mai
Alien Sex Fiend: Aufnahme der ersten John-Peel-Session: „Attack"/„Dead And Buried"/ „Hee Haw"/„Ignore The Machine".

5. Mai
The Cure: Auftritt im *Apollo,* Oxford. Vier Songs werden für das Livealbum *Concert* mitgeschnitten.
Carcrash International: Die Single „All Passion Spent" steigt in die Independent-Charts ein (höchste Chartnotierung: Platz 47).
Sex Gang Children: Die Livecassette *Ecstacy & Vendetta* steigt in die Independent-Charts ein (höchste Chartnotierung: Platz 20)

8. bis 10. Mai
The Cure: Auftritt im *Hammersmith Odeon.* Hier entstehen die übrigen Titel für das *Concert*-Album.

11. Mai
Tones On Tail: Veröffentlichung der Single „Lions".

12. Mai
Gene Loves Jezebel: Aufnahme der zweiten John-Peel-Session: „Waves"/„Shame"/ „Five Below".
The Cure: Die LP *The Top* steigt in die britischen Charts ein (höchste Chartnotierung: Platz 10).
Under Two Flags: Die Single „Masks" steigt in die Independent-Charts ein (höchste Chartnotierung: Platz 20).

13. Mai
The Cure: Beginn einer Europatournee.

15. Mai
Alien Sex Fiend: Ausstrahlung der ersten John-Peel-Session auf BBC Radio One.

20. Mai
The Cult: Der Auftritt im *Lyceum* in London wird für die LP *Dreamtime Live* mitgeschnitten.
The Cure: Die LP *The Top* steigt in die deutschen Charts ein (höchste Chartnotierung: Platz 44).

24. Mai
Gene Loves Jezebel: Ausstrahlung der zweiten John-Peel-Session auf BBC Radio One.

25. Mai
The Cult: Ausstrahlung der ersten Richard-Skinner-Session auf BBC Radio One.

26. Mai
Play Dead: Die LP *From The Promised Land* steigt in die Independent-Charts ein (höchste Chartnotierung: Platz 5).
Siouxsie and the Banshees: Robert Smith steigt aus. Er wird von John Carruthers ersetzt.
Skeletal Family: Die Single „Recollects" steigt in die Independent-Charts ein (höchste Chartnotierung: Platz 7).
The Cult: Die Single „Spiritwalker" steigt in die Independent-Charts ein (höchste Chartnotierung: Platz 1).

Juni
Siouxsie and the Banshees: Veröffentlichung der LP *Hyaena.*

2. Juni
Siouxsie and the Banshees: Die Single „Dazzle" steigt in die britischen Charts ein (höchste Chartnotierung: Platz 33).

12. Juni
March Violets: Aufnahme der dritten John-Peel-Session: „Lights Go Out"/„Love Hit"/ „Electric Shades"/„Don't Take It Lightly"

16. Juni
Gene Loves Jezebel: Die Single „Shame" steigt in die Independent-Charts ein (höchste Chartnotierung: Platz 14).
Siouxsie and the Banshees: Die LP *Hyaena* steigt in die britischen Charts ein (höchste Chartnotierung: Platz 15).
Sisters of Mercy: Die Single „Body And Soul" steigt in die britischen Charts ein (höchste Chartnotierung: Platz 46).

19. Juni
March Violets: Ausstrahlung der dritten John-Peel-Session auf BBC Radio One.
Sisters of Mercy: Aufnahme der zweiten John-Peel-Session: „Walk Away"/„Emma"/ „Poison Door"/„No Time To Cry".

23. Juni
The Cure: Die LP *The Top* steigt in die amerikanischen Charts ein (höchste Chartnotierung: Platz 1).

7. Juli
The Cramps: Die Single „Smell Of Female" steigt in die Independent-Charts ein (höchste Chartnotierung: Platz 4).
Siouxsie and the Banshees: Die LP *Hyaena* steigt in die amerikanischen Charts ein (höchste Chartnotierung: Platz 157).
X-mal Deutschland: Die LP *Tocsin* steigt in die Independent-Charts (höchste Chartnotierung: Platz 1) und in die britischen Charts ein.

12. Juli
The Cult: Aufnahme der ersten Richard-Skinner-Session: „Ghost Dance"/„Bad Medicine Waltz"/„Resurrection Joe"/„Go West".

13. Juli
Sisters of Mercy: Ausstrahlung der zweiten John-Peel-Session auf BBC Radio One.

14. Juli
Play Dead: Die Single „Isobel" steigt in die Independent-Charts ein (höchste Chartnotierung: Platz 9).
Red Lorry Yellow Lorry: Die Single „Monkeys On Juice" steigt in die Independent-Charts ein (höchste Chartnotierung: Platz 3).

15. Juli
Lords of the New Church: Auftritt im *Savoy,* London.
Sex Gang Children: Die Single „Deiche" steigt in die Independent-Charts ein (höchste Chartnotierung: Platz 15).

28. Juli
Skeletal Family: Die Single „So Sure" steigt in die Independent-Charts ein (höchste Chartnotierung: Platz 2).

August
Death In June: Veröffentlichung der Single „The Calling".
Flesh For Lulu: Veröffentlichung der Single „Restless".

1. August
The Cult: Livedebüt in den USA. In ihrem Vorprogramm spielen Psi-Com (mit Perry Farrell, später bei Jane's Addiction).

4. August
March Violets: Die Single „Walk Into The Sun" steigt in die Independent-Charts ein (höchste Chartnotierung: Platz 1).

11. August
Ausgang: Die Single „Solid Glass Spine" steigt in die Independent-Charts ein (höchste Chartnotierung: Platz 28).
Theatre of Hate: Die Compilation *Revolution* steigt in die Independent-Charts ein (höchste Chartnotierung: Platz 1).

18. August
Theatre of Hate: Die LP *Revolution* steigt in die britischen Charts ein (höchste Chartnotierung: Platz 67).

25. August
Alien Sex Fiend: Aufnahme der zweiten John-Peel-Session: „In God We Trust"/„EST (Trip To The Moon)"/„Boneshaker Baby".
Death In June: Die LP *She Said Destroy* steigt in die Independent-Charts ein (höchste Chartnotierung: Platz 13).
The Cure: Auftritt im britischen Fernsehen bei *Rock Around the Clock.*

September
Bone Orchard: Veröffentlichung der Single „Jack".

1. September
Alien Sex Fiend: Die Single „Dead And Buried" steigt in die Independent-Charts ein (höchste Chartnotierung: Platz 4).

3. September
Alien Sex Fiend: Ausstrahlung der zweiten John-Peel-Session auf BBC Radio One.

6. September
Red Lorry Yellow Lorry: Aufnahme der ersten Janice-Long-Session: „Sometimes"/„This Today"/„Head All Fire"/ „Secret".

8. September
Sisters of Mercy: Auftritt beim Golden-Summernight-Festival in Ahlen.
The Cult: Die LP *Dreamtime* steigt in die britischen Charts ein (höchste Chartnotierung: Platz 21).

11. September
The Cult: Englandtournee beginnt in Sheffield.

15. September
Skeletal Family: Die LP *Burning Oil* steigt in die Independent-Charts ein (höchste Chartnotierung: Platz 1).
Skeletal Family: Aufnahme der zweiten John-Peel-Session: „Far And Near"/„Hands On The Clock"/„Move"/„No Chance".
Sisters of Mercy: Auftritt im *Racecourse,* York.

27. September
Red Lorry Yellow Lorry: Ausstrahlung der ersten Janice-Long-Session auf BBC Radio One.

30. September
The Cure: Beginn einer Asientournee.

Oktober
Flesh For Lulu: Veröffentlichung der LP *Flesh For Lulu.*
Furyo: Veröffentlichung der Single „Legacy (Andante)".
The Cure: Start einer Nordamerikatournee. Drummer Andy Anderson wird durch Vince Ely (früher Psychedelic Furs) ersetzt.

3. Oktober
Tones On Tail: erster US-Auftritt im *Channel,* Boston.

4. Oktober
Sisters of Mercy, Skeletal Family: Start der *Black Planet*-UK-Tour in Edinburgh.

8. Oktober
Skeletal Family: Ausstrahlung der zweiten John-Peel-Session auf BBC Radio One.

20. Oktober
Sisters of Mercy: Die Single „Walk Away" steigt in die britischen Charts ein (höchste Chartnotierung: Platz 45).

21. Oktober
Flesh For Lulu: Aufnahme der ersten Janice-Long-Session: „Black Tattoo"/„Cat Burglar"/„Peace And Love"/„Endless Sleep".

22. Oktober
The Cure: Start einer Nordamerikatournee im *Commodore Ballroom,* Vancouver.

27. Oktober
Siouxsie and the Banshees: Die EP *The Thorn* steigt in die britischen Charts ein (höchste Chartnotierung: Platz 47).
The Cure: Veröffentlichung des Livealbums *Concert* und der limitierten Raritäten-compilation *Curiosity.*

3. November
Dali's Car: Die Single „The Judgement Is The Mirror" steigt in die britischen Charts ein (höchste Chartnotierung: Platz 66).
The Cure: Die Live-LP *Concert* steigt in die britischen Charts ein (höchste Chartnotierung: Platz 26).

6. November
Flesh For Lulu: Ausstrahlung der ersten Janice-Long-Session auf BBC Radio One.

7. November
The Cure: Auftritt in Minneapolis. Boris Williams ersetzt Vince Ely.

9. November
Dali's Car: Veröffentlichung der LP *The Waking Hour.*
Tones On Tail: Veröffentlichung der Single „Christian Says".

10. November
Play Dead: Die Single „Propaganda (19 Mix)" steigt in die Independent-Charts ein (höchste Chartnotierung: Platz 17).

13. November
Dali's Car: Auftritt im britischen Fernsehen bei *Old Grey Whistle Test* mit „His Box".

17. November
Alien Sex Fiend: Die Single „EST (Trip To The Moon)" steigt in die Independent-Charts ein (höchste Chartnotierung: Platz 3).
March Violets: Die LP *Natural History* steigt in die Independent-Charts ein (höchste Chartnotierung: Platz 3).
Play Dead: Die Single „Conspiracy" steigt in die Independent-Charts ein (höchste Chartnotierung: Platz 18).

18. November
Lords of the New Church: Auftritt im *Lyceum,* London.

25. November
The Cult, Play Dead: Auftritt im *Lyceum,* London.

Dezember
Bauhaus: Veröffentlichung des Livevideos *Archive.*
The Cult: Auftritt im britischen Fernsehen bei *Old Grey Whistle Test.*

1. Dezember
Dali's Car: Die LP *The Waking Hour* steigt in die britischen Charts ein.
Alien Sex Fiend: Die LP *Acid Bath* steigt in die Independent-Charts ein (höchste Chartnotierung: Platz 4).
Red Lorry Yellow Lorry: Die Single „Hollow Eyes" steigt in die Independent-Charts ein (höchste Chartnotierung: Platz 6).

8. Dezember
Bone Orchard: Die LP *Jack* steigt in die Independent-Charts ein (höchste Chartnotierung: Platz 18).

13. und 14. Dezember
The Cult: Auftritt in der Londoner Wembley-Arena im Vorprogramm von Big Country.

22. Dezember
The Cult: Die Single „Resurrection Joe" steigt in die britischen Charts ein (höchste Chartnotierung: Platz 74).

1985

Specimen: Veröffentlichung der Single „Sharp Teeth Pretty Teeth".

25. Januar
Tones On Tail: Veröffentlichung der Compilation-EP *Tones On Tail.*

Februar
The Cure: Phil Thornally verlässt die Band. Für ihn kehrt Simon Gallup als Bassist zurück.
Death In June: Veröffentlichung der LP *Nada.*

9. Februar
Red Lorry Yellow Lorry: Die LP *Talk About The Weather* steigt in die Independent-Charts ein (höchste Chartnotierung: Platz 3).

16. Februar
And Also the Trees: Die EP *A Room Lives In Lucy* steigt in die Independent-Charts ein (höchste Chartnotierung: Platz 30).

März
David J: Veröffentlichung der LP *Crocodile Tears And The Velvet Cosh.*
Death In June: Veröffentlichung der Single „Born Again".

6. März
Skeletal Family: Aufnahme der ersten Janice-Long-Session: „Waltz"/„Mixed Feelings"/„Trees"/„Watch Me".

9. März
Play Dead: Die Single „Sacrosanct" steigt in die Independent-Charts ein (höchste Chartnotierung: Platz 4).
Sisters of Mercy: In Glasgow beginnt die *Tune In Turn On Burn Out*-Tournee durch Großbritannien.
Sisters of Mercy: Die Single „No Time To Cry" steigt in die britischen Charts ein (höchste Chartnotierung: Platz 63).
Skeletal Family: Die Single „Promised Land" steigt in die Independent-Charts ein (höchste Chartnotierung: Platz 2).

19. März
Skeletal Family: Ausstrahlung der ersten Janice-Long-Session auf BBC Radio One.

23. März
Alien Sex Fiend: Die wiederveröffentlichte Single „Ignore The Machine" steigt in die Independent-Charts ein (höchste Chartnotierung: Platz 22).
Sisters of Mercy: Die LP *First And Last And Always* steigt in die britischen Charts ein (höchste Chartnotierung: Platz 14).

1. April
Sisters of Mercy: Auftritt in Brighton; das letzte Konzert der Band mit Gary Marx.

2. April
Sisters of Mercy: Auftritt im britischen Fernsehen bei *Old Grey Whistle Test* mit „Marian"/„First And Last And Always".

6. April
Red Lorry Yellow Lorry: Die Single „Chance" steigt in die Independent-Charts ein (höchste Chartnotierung: Platz 11).

8. April
Sisters of Mercy: Die LP *First And Last And Always* steigt in die deutschen Charts ein (höchste Chartnotierung: Platz 40).

13. April
Birthday Party: Die Live-LP *It's Still Living* steigt in die Independent-Charts ein (höchste Chartnotierung: Platz 19).
Specimen: Die Single „Sharp Teeth Pretty Teeth" steigt in die Independent-Charts ein (höchste Chartnotierung: Platz 22).

21. April
Nico: Auftritt im *Ronnie Scott's,* London, mit John Cale.

24. April
Specimen: Auftritt im *Underground,* Croydon.

27. April
Lords of the New Church: Die LP *Method To Our Madness* steigt in die amerikanischen Charts ein (höchste Chartnotierung: Platz 158).

30. April
X-Mal Deutschland: Aufnahme der vierten John-Peel-Session: „Polarlicht"/„Der Wind"/„Jahr um Jahr"/„Autumn".

Mai
The Cult: Europatournee.

11. Mai
The Batfish Boys: Die Single „Swamp Liquor" steigt in die Independent-Charts ein (höchste Chartnotierung: Platz 22).
March Violets: Die Single „Deep" steigt in die Independent-Charts ein (höchste Chartnotierung: Platz 2).

12. Mai
Flesh For Lulu: Auftritt im *Clarendon,* London.

13. Mai
X-Mal Deutschland: Ausstrahlung der vierten John-Peel-Session auf BBC Radio One.

17. Mai
Love and Rockets: Veröffentlichung der Single „Ball Of Confusion".

18. Mai
Flesh For Lulu: Die EP *Blue Sisters Swing* steigt in die Independent-Charts ein (höchste Chartnotierung: Platz 6).
Lords of the New Church: Die Single „Like A Virgin" steigt in die Independent-Charts ein (höchste Chartnotierung: Platz 2).
Virgin Prunes: Die Compilation *Over The Rainbow* steigt in die Independent-Charts ein (höchste Chartnotierung: Platz 22).

25. Mai
Skeletal Family: Die LP *Futile Combat* steigt in die Independent-Charts ein (höchste Chartnotierung: Platz 7).
The Cult: Die Single „(She Sells) Sanctuary" steigt in die britischen Charts ein (höchste Chartnotierung: Platz 15).

28. Mai
The Rose of Avalanche: Aufnahme der ersten John-Peel-Session: „Goddess"/„1,0 Landscapes"/„Gimme Some Lovin'"/„Rise To The Groove".

Juni
The Cure: Die Band stellt sich in Barcelona mit neuem Line-up vor.
Bone Orchard: Veröffentlichung der Single „Princess Epilepsy".

1. Juni
Blood and Roses: Die Single „Some Like It Hot" steigt in die Independent-Charts ein (höchste Chartnotierung: Platz 16).

8. Juni
Gene Loves Jezebel: Die Single „Cow" steigt in die Independent-Charts ein (höchste Chartnotierung: Platz 9).

12. Juni
The Rose of Avalanche: Ausstrahlung der ersten John-Peel-Session auf BBC Radio One.

15. Juni
Play Dead: Die LP *Into The Fire* steigt in die Independent-Charts ein (höchste Chartnotierung: Platz 19).

16. Juni
The Cult: Aufnahme der ersten Janice-Long-Session: „Spiritwalker"/„Big Neon Glitter"/„Revolution"/„All Souls Avenue".

18. Juni
Sisters of Mercy: Altamont – A Festival of Remembrance findet in der Londoner Royal Albert Hall statt.

26. Juni
The Cult: Ausstrahlung der ersten Janice-Long-Session auf BBC Radio One.

Juli
All About Eve: Veröffentlichung der Single „D For Desire".
Danse Society: Veröffentlichung der Single „Say It Again".
The Batfish Boys: Veröffentlichung der LP *The Gods Hate Kansas.*

10. Juli
Gene Loves Jezebel: Start einer Nordamerikatournee.

20. Juli
Alien Sex Fiend: Die LP *Liquid Head In Tokyo* steigt in die Independent-Charts ein (höchste Chartnotierung: Platz 7).

27. Juli
The Cure: Die Single „In-between Days" steigt in die britischen Charts ein (höchste Chartnotierung: Platz 15).

30. Juli
The Cure: Aufnahme der sechsten John-Peel-Session: „The Exploding Boy"/„Six Different Ways"/„Screw"/„Sinking".

August
The Cure: Veröffentlichung der LP *The Head On The Door.*
Fields of the Nephilim: Veröffentlichung der EP *Burning The Fields.*

7. August
The Cure: Ausstrahlung der sechsten John-Peel-Session auf BBC Radio One.

10. August
Rose of Avalanche: Die Single „L.A. Rain" steigt in die Independent-Charts ein (höchste Chartnotierung: Platz 10).

22. August
Sex Gang Children: *Re-enter The Abyss (The 19 Remixes)* steigt in die Independent-Charts ein (höchste Chartnotierung: Platz 22).

September
The Cure: Veröffentlichung der Single „Close To Me".
The Cult: Japantournee.

2. September
The Cure: Die Single „In-between Days" steigt in die deutschen Charts ein (höchste Chartnotierung: Platz 45).

3. September
Fields of the Nephilim, Christian Death: Auftritt im *#1 Club,* London.

7. September
The Cure: Die LP *The Head On The Door* steigt in die britischen Charts ein (höchste Chartnotierung: Platz 7).

8. September
The Cure: Start einer Englandtournee im *Colisseum,* St. Austell.

9. September
The Cure: Die LP *The Head On The Door* steigt in die deutschen Charts ein (höchste Chartnotierung: Platz 15).

13. September
Love and Rockets: Veröffentlichung der Single „If There's A Heaven Above".

14. September
Alien Sex Fiend: Die Single „Maximum Security Twilight Zone" steigt in die Independent-Charts ein (höchste Chartnotierung: Platz 6).
Nico: Die Compilation *The Blue Angel* steigt in die Independent-Charts ein (höchste Chartnotierung: Platz 27).

21. September
Skeletal Family: Auftritt in der Markthalle, Hamburg. Andrew Eldritch und Wayne Hussey kommen zu ihnen auf die Bühne.
The Cure: Die Single „Close To Me" steigt in die britischen Charts ein (höchste Chartnotierung: Platz 24).

26. September
Love and Rockets: Livedebüt beim Start ihrer Nordamerikatournee im *Spit,* Boston.

28. September
The Cure: Start einer Nordamerikatournee.
Red Lorry Yellow Lorry: Die Single „Spinning Round" steigt in die Independent-Charts ein (höchste Chartnotierung: Platz 9).

Oktober
The Cult: Englandtournee.

5. Oktober
The Cult: Die Single „Rain" steigt in die britischen Charts ein (höchste Chartnotierung: Platz 17).
The Cure: Die LP *The Head On The Door* steigt in die amerikanischen Charts ein (höchste Chartnotierung: Platz 59).

11. Oktober
Love and Rockets: Veröffentlichung der LP *Seventh Dream Of Teenage Heaven.*
Peter Murphy: Sein erster Solosong „The Light Pours Out Of Me" erscheint auf der Compilation *One Pound Ninety Nine.*

12. Oktober
Alien Sex Fiend: Die LP *Maximum Security* steigt in die Independent-Charts ein (höchste Chartnotierung: Platz 5).
Play Dead: Die Single „This Side Of Heaven" steigt in die Independent-Charts ein (höchste Chartnotierung: Platz 5).

19. Oktober
Rose of Avalanche: Die Single „Goddess" steigt in die Independent-Charts ein (höchste Chartnotierung: Platz 16).

26. Oktober
Siouxsie and the Banshees: Die Single „Cities In Dust" steigt in die britischen Charts ein (höchste Chartnotierung: Platz 21).
The Cult: Die LP *Love* steigt in die britischen Charts ein (höchste Chartnotierung: Platz 4).

November
Bone Orchard: Veröffentlichung der LP *Penthouse Poultry.*

1. November
The Cure: Auftritt in der Radio City Music Hall, New York.

2. November
Flesh For Lulu: Die Single „Baby Hurricane" steigt in die Independent-Charts ein (höchste Chartnotierung: Platz 8).

9. November
Flesh For Lulu: Die LP *Big Fun City* steigt in die Independent-Charts ein (höchste Chartnotierung: Platz 10).
The Cramps: Die Single „Can Your Pussy Do The Dog" steigt in die britischen Charts (höchste Chartnotierung: Platz 68) und in die Independent-Charts ein (höchste Chartnotierung: Platz 1).
X-Mal Deutschland: Die Single „Sequenz" steigt in die Independent-Charts ein (höchste Chartnotierung: Platz 5).

10. November
Skeletal Family: Aufnahme der zweiten Janice-Long-Session: „What Goes Up"/ „Restless"/„Split Him In Two"/„The Wizard".

15. November
Bauhaus: Veröffentlichung der Compilation *1979–1983.*
Peter Murphy: Veröffentlichung der Single „Final Solution".

19. November
The Cure: In der britischen Fernsehsendung *Old Grey Whistle Test* werden Ausschnitte des Konzerts im *Camden Palace* gezeigt, das zugunsten des Behindertenhilfswerks MENCAP veranstaltet wurde.

20. November
Love and Rockets: Start der zweiten Nordamerikatournee im *Kennel Club,* Philadelphia.

23. November
Play Dead: Die LP *Company Of Justice* steigt in die Independent-Charts ein (höchste Chartnotierung: Platz 3).

25. November
Skeletal Family: Ausstrahlung der zweiten Janice-Long-Session auf BBC Radio One.

30. November
Bauhaus: Die Compilation *1979–1983* steigt in die britischen Charts ein (höchste Chartnotierung: Platz 36).
The Cult: Die Single „Revolution" steigt in die britischen Charts ein (höchste Chartnotierung: Platz 30).

Dezember
Birthday Party: Veröffentlichung der Compilation *A Collection: Best & Rarest.*
Red Lorry Yellow Lorry: Mick Brown verlässt die Band und geht zu Mission.
The Cure: Frankreichtournee.

6. Dezember
The Cult: Auftritt im *Ritz,* New York.

14. Dezember
Gene Loves Jezebel: Die Single „Desire" steigt in die Independent-Charts ein (höchste Chartnotierung: Platz 4).

15. Dezember
March Violets: Aufnahme der ersten Janice-Long-Session: „Close To The Heart"/„South Country"/„High Times"/„Avalanche Of Love".

28. Dezember
Death In June: Die Single „And Murder Love" steigt in die Independent-Charts ein (höchste Chartnotierung: Platz 22).
Lords of the New Church: Die Compilation *Killer Lords* steigt in die Independent-Charts ein (höchste Chartnotierung: Platz 22).
The Cult: Die LP *Love* steigt in die amerikanischen Charts ein (höchste Chartnotierung: Platz 87)
Theatre of Hate: Das Livealbum *Original Sin Live* steigt in die Independent-Charts ein (höchste Chartnotierung: Platz 12).

1986

Specimen: Die Band, inzwischen im Grunde ein Soloprojekt von Sänger Ollie Wisdom, veröffentlicht in Kanada die Single „Indestructible".

13. Januar
March Violets: Ausstrahlung der ersten Janice-Long-Session auf BBC Radio One.

19. Januar
Wayne Hussey and Craig Adams Band: Aufnahme der ersten Janice-Long-Session: „Sacrilege"/„And The Dance Goes On"/ „Severina"/„Like A Hurricane".

20. Januar
The Sisterhood (Eldritch): Veröffentlichung der Single „Giving Ground".
The Sisterhood (Hussey/Adams): erster Liveauftritt im *Alice In Wonderland,* London.

28. Januar
Siouxsie and the Banshees: Aufnahme der fünften John-Peel-Session: „Candy Man"/ „Cannons"/„Lands End".

Februar
Danse Society: Veröffentlichung der Single „Hold On".
Play Dead: Veröffentlichung der Compilation *In The Beginning: The 19 Singles.*
The Cult, The Sisterhood (Hussey/Adams): Europatournee.

1. Februar
In Two A Circle: Die Single „Rise" steigt in die Independent-Charts ein (höchste Chartnotierung: Platz 5).
The Sisterhood (Eldritch): Die Single „Giving Ground" steigt in die Independent-Charts ein (höchste Chartnotierung: Platz 1).

2. Februar
Fields of the Nephilim: Auftritt im *Dingwalls,* London.

3. Februar
Siouxsie and the Banshees: Ausstrahlung der fünften John-Peel-Session auf BBC Radio One.
Wayne Hussey and Craig Adams Band: Ausstrahlung der ersten Janice-Long-Session auf BBC Radio One.

15. Februar
The Cure: Die Single „In-between Days" steigt in die amerikanischen Charts ein (höchste Chartnotierung: Platz 99).
X-Mal Deutschland: Die Single „Incubus Succubus II" steigt in die Independent-Charts ein (höchste Chartnotierung: Platz 29).

19. Februar
The Cramps: Ausstrahlung einer Session in der *John Peel Show* auf BBC Radio One: „What's Inside A Girl"/„Cornfed Dame"/ „Give Me A Woman".

23. Februar
The Cult: Aufnahme der zweiten Janice-Long-Session: „Love Removal Machine"/ „Conquistador"/„King Contrary Man"/ „Electric Circus".

27. Februar
The Sisterhood: Wayne Hussey und Craig Adams erklären auf der Bühne des Londoner *Electric Ballroom,* der Name ihrer Band sei ab sofort The Mission.

März
Skeletal Family: Veröffentlichung der Single „Restless".
The Cult: Start einer Nordamerikatournee in Ontario, Kanada.

1. März
The Cramps: Die LP *A Date With Elvis* steigt in die Independent-Charts (höchste Chartnotierung: Platz 1) und in die britischen Charts ein (höchste Chartnotierung: Platz 34).
Rose of Avalanche: Die LP *First Avalanche* steigt in die Independent-Charts ein (höchste Chartnotierung: Platz 3).

4. März
The Cult: Ausstrahlung der zweiten Janice-Long-Session auf BBC Radio One.

5. März
Rose of Avalanche: Aufnahme der ersten Janice-Long-Session: „Velveteen"/„A Stick In The Woods"/„Too Many Castles"/„Never Another Sunset".

8. März
Siouxsie and the Banshees: Die Single „Candyman" steigt in die britischen Charts ein (höchste Chartnotierung: Platz 34).

11. März
Rose of Avalanche: Ausstrahlung der ersten Janice-Long-Session auf BBC Radio One.

12. März
The Cramps: Ausstrahlung einer Session in der *Janice Long Show* auf BBC Radio One: „Hot Pearl Snatch"/„Hot Pool Of Woman Need"/„How Far Can Too Far Go"/„Aloha From Hell".

15. März
Red Lorry Yellow Lorry: Die LP *Paint Your Wagon* steigt in die Independent-Charts ein (höchste Chartnotierung: Platz 1).

29. März
Gene Loves Jezebel: Die Single „Sweetest Thing" steigt in die Independent-Charts ein (höchste Chartnotierung: Platz 75).

6. April
Ghost Dance: Aufnahme der ersten Janice-Long-Session: „Last Train"/„Can The Can"/ „Only The Broken Hearted"/„River Of No Return".

7. April
The Damned: Die Single „Eloise" steigt in die deutschen Charts ein (höchste Chartnotierung: Platz 58).

13. April
Gene Loves Jezebel: Start einer Nordamerikatournee in Washington, D. C.

16. April
Ghost Dance: Ausstrahlung der ersten Janice-Long-Session auf BBC Radio One.

25. April
The Cure: Auftritt in der Royal Albert Hall, London (Benefizkonzert für Greenpeace).

26. April
Siouxsie and the Banshees: Die LP *Tinderbox* steigt in die britischen Charts ein (höchste Chartnotierung: Platz 13).

Mai
The Cure: Veröffentlichung der Compilation *Standing On A Beach.*
Play Dead: Veröffentlichung der Single „Burning Down".
The Batfish Boys: Veröffentlichung der EP *Crocodile Tears.*

3. Mai
All About Eve: Die Single „In The Clouds" steigt in die Independent-Charts ein (höchste Chartnotierung: Platz 31).
The Cure: Die Single „Boys Don't Cry" steigt in die britischen Charts ein (höchste Chartnotierung: Platz 22).

10. Mai
Ghost Dance: Die Single „River Of No Return" steigt in die Independent-Charts ein (höchste Chartnotierung: Platz 16).
Chatshow: Die Single „Red Skies" steigt in die Independent-Charts ein (höchste Chartnotierung: Platz 32).
Rose of Avalanche: Die Single „Too Many Castles In The Sky" steigt in die Independent-Charts ein (höchste Chartnotierung: Platz 8).

16. Mai
The Cure: Auftritt beim Pink-Pop-Festival, Holland.

17. Mai
Alien Sex Fiend: Die Single „I Walk The Line" steigt in die Independent-Charts ein (höchste Chartnotierung: Platz 12).
The Cramps: Die Single „What's Inside A Girl" steigt in die Independent-Charts ein (höchste Chartnotierung: Platz 2).

22. Mai
Peter Murphy: Livedebüt beim Eröffnungsgig seiner Italientour in Bologna.

24. Mai
Love and Rockets: erster Auftritt in Großbritannien in der University Warwick.
Red Lorry Yellow Lorry: Die Single „Walking On Your Hands" steigt in die Independent-Charts ein (höchste Chartnotierung: Platz 21).
Siouxsie and the Banshees: Die LP *Tinderbox* steigt in die britischen Charts ein (höchste Chartnotierung: Platz 13).
The Mission: Start der *Expedition I*-UK-Tournee im *QMU,* Glasgow.

25. Mai
Love and Rockets: Auftritt im *Marquee,* London.

30. Mai
Love and Rockets: Start der dritten Nordamerikatournee in Santa Clara, Kalifornien.

31. Mai
The Cure: Die Compilation *Standing On A Beach* steigt in die britischen Charts ein (höchste Chartnotierung: Platz 4).
The Mission: Die Single „Serpent's Kiss" steigt in die Independent-Charts ein (höchste Chartnotierung: Platz 2).

Juni
And Also the Trees: Veröffentlichung der LP *Virus Meadow.*

2. Juni
Love and Rockets: Veröffentlichung der Single „Kundalini Express".

7. Juni
Peter Murphy: Veröffentlichung der LP *Should The World Fail To Fall Apart.*

9. Juni
The Cure: Die Compilation *Standing On A Beach* steigt in die deutschen Charts ein (höchste Chartnotierung: Platz 11).

14. Juni
Skeletal Family: Aufnahme der dritten Janice-Long-Session: „Just A Minute"/ „Now"/„Big Love"/„Put It On Brown".
The Cramps: Die Single „Kizmiaz" steigt in die Independent-Charts ein (höchste Chartnotierung: Platz 15).
Gene Loves Jezebel: Die Single „Heartache" steigt in die britischen Charts ein (höchste Chartnotierung: Platz 71).
The Cure: Die Compilation *Standing On A Beach* steigt in die amerikanischen Charts ein (höchste Chartnotierung: Platz 48).
The Mission: Die Single „Serpent's Kiss" steigt in die britischen Charts ein (höchste Chartnotierung: Platz 70).

16. Juni
Peter Murphy: Veröffentlichung der Single „Blue Heart".
The Cure: Die Single „Boys Don't Cry" steigt in die deutschen Charts ein (höchste Chartnotierung: Platz 19).

21. Juni
The Cure: Auftritt beim Glastonbury-Festival.

24. Juni
Skeletal Family: Ausstrahlung der dritten Janice-Long-Session auf BBC Radio One.

28. Juni
The Cult: Auftritt in der Brixton Academy.

Juli
Play Dead: Veröffentlichung der Compilation *The Singles.*
The Cure: Nordameriktournee.

5. Juli
Peter Murphy: erster Auftritt in Großbritannien im *Royal Court Theatre,* Liverpool.
Virgin Prunes: Die Single „Love Lasts Forever" steigt in die Independent-Charts ein (höchste Chartnotierung: Platz 18).

6. Juli
The Cure: Start einer Nordamerikatournee im *Great Woods Centre,* Mansfield, Massachusetts.

7. Juli
The Mission: Vertragsabschluss mit Phonogram.

12. Juli
Christian Death: Die LP *Atrocities* steigt in die Independent-Charts ein (höchste Chartnotierung: Platz 17).
Play Dead: Die Compilation *The Singles* steigt in die Independent-Charts ein (höchste Chartnotierung: Platz 16).

19. Juli
Virgin Prunes: Die LP *The Moon Looked Down And Laughed* steigt in die Independent-Charts ein (höchste Chartnotierung: Platz 5).

26. Juli
Peter Murphy: Die LP *Should The World Fail To Fall Apart* steigt in die britischen Charts ein (höchste Chartnotierung: Platz 82).
The Mission: Die Single „Garden Of Delight" steigt in die Independent-Charts (höchste Chartnotierung: Platz 1) und in die britischen Charts ein (höchste Chartnotierung: Platz 49).
The Sisterhood: Die LP *Gift* steigt in die Independent-Charts ein (höchste Chartnotierung: Platz 2).

August
The Cure: Auftritte auf zahlreichen Festivals in Europa.
Alien Sex Fiend: Veröffentlichung der Single „Get Into It".
Danse Society International: Veröffentlichung der LP *Looking Through.*
Play Dead: Veröffentlichung des Livealbums *Caught From Behind.*
Skeletal Family: Veröffentlichung der Single „Just A Minute".

2. August
Ghost Dance: Die Single „Heart Full Of Soul" steigt in die Independent-Charts ein (höchste Chartnotierung: Platz 4).

22. August
The Mission, March Violets: Auftritt beim Reading-Festival.

September
Rose of Avalanche: Veröffentlichung der LP *Always There.*
X-Mal Deutschland: Veröffentlichung der Single „Matador".

8. September
Love and Rockets: Veröffentlichung der Single „Yin & Yang".

14. September
X-Mal Deutschland: Aufnahme der ersten Janice-Long-Session: „Ozean"/„If Only"/„Sicklemoon"/„Eisengrau".

15. September
Love and Rockets: Veröffentlichung der LP *Express.*

19. September
Gene Loves Jezebel: Start einer Nordamerikatournee in Phoenix, Arizona.

24. September
The Mission: Aufnahme der ersten Janice-Long-Session: „Wasteland"/„Shelter From The Storm"/„Tomorrow Never Knows"/„Wishing Well".
X-Mal Deutschland: Ausstrahlung der ersten Janice-Long-Session auf BBC Radio One.

27. September
Love and Rockets: Start der ersten Englandtournee im *Leadmill,* Sheffield.

Oktober
Gene Loves Jezebel: Veröffentlichung der Single „Desire".
Skeletal Family: Veröffentlichung der Compilation *Ghosts.*

6. Oktober
The Mission: Ausstrahlung der ersten Janice-Long-Session auf BBC Radio One.

11. Oktober
Fields of the Nephilim: Die Single „Power" steigt in die Independent-Charts ein (höchste Chartnotierung: Platz 24).
Rose of Avalanche: Die Single „Velveteen" steigt in die Independent-Charts ein (höchste Chartnotierung: Platz 9).

13. Oktober
Peter Murphy: Veröffentlichung der Single „Tale Of The Tongue".

16. Oktober
Peter Murphy: Start einer Englandtournee in der University Brighton.

18. Oktober
Ghost Dance: Die Single „Grip Of Love" steigt in die Independent-Charts ein (höchste Chartnotierung: Platz 19).
Gene Loves Jezebel: Die LP *Discover* steigt in die amerikanischen Charts ein (höchste Chartnotierung: Platz 155).
Love and Rockets: Start einer Nordamerikatournee im *Moore Theatre,* Seattle.
The Mission: Die Single „Stay With Me" steigt in die britischen Charts ein (höchste Chartnotierung: Platz 30).

28. Oktober
The Mission: Der britische Abschnitt der *World Crusade*-Tour startet mit einem Auftritt im *Rock City,* Nottingham.

November
Brigandage: Veröffentlichung der LP *Pretty Little Thing.*
Flesh For Lulu: Veröffentlichung der Single „Idol".
Virgin Prunes: Veröffentlichung der Single „Don't Look Back".

1. November
Alien Sex Fiend: Die Single „Smells Like Shit" steigt in die Independent-Charts ein (höchste Chartnotierung: Platz 7).
Love and Rockets: Die LP *Express* steigt in die amerikanischen Charts ein (höchste Chartnotierung: Platz 72).
Red Lorry Yellow Lorry: Die Single „Cut Down" steigt in die Independent-Charts ein (höchste Chartnotierung: Platz 6).

7. November
Birthday Party: Tracy Pew stirbt.

8. November
Peter Murphy: geheimes Konzert unter dem Namen Bela Lugosi Returns im Londoner *Flag.*
The Batfish Boys: Die LP *Head* steigt in die Independent-Charts ein (höchste Chartnotierung: Platz 16).

22. November
Alien Sex Fiend: Die LP *It* steigt in die Independent-Charts ein (höchste Chartnotierung: Platz 7).
The Mission: Die LP *God's Own Medicine* steigt in die britischen Charts ein (höchste Chartnotierung: Platz 14).

3. Dezember
The Batfish Boys: Die Single „Justine" steigt in die Independent-Charts ein (höchste Chartnotierung: Platz 16).

13. Dezember
Joy Division: Die EP *The Peel Session* steigt in die Independent-Charts ein (höchste Chartnotierung: Platz 4).

20. Dezember
Into A Circle: Die Single „Inside Out" steigt in die Independent-Charts ein (höchste Chartnotierung: Platz 12).

27. Dezember
X-Mal Deutschland: Die EP *The Peel Session* steigt in die Independent-Charts ein (höchste Chartnotierung: Platz 29).

1987

11. Januar
Siouxsie and the Banshees: Aufnahme der ersten Janice-Long-Session: „Shooting Sun"/ „Song From The Edge"/„Little Johnny Jewel"/ „Something Blue".

16. Januar
The Mission: erster Auftritt im britischen Fernsehen bei *The Tube* mit „Wasteland".

17. Januar
Siouxsie and the Banshees: Die Single „This Wheel's On Fire" steigt in die britischen Charts ein (höchste Chartnotierung: Platz 14).
The Mission: Die Single „Wasteland" steigt in die britischen Charts ein (höchste Chartnotierung: Platz 11).

Februar
X-Mal Deutschland: Veröffentlichung der Single „Sicklemoon".

2. Februar
Peter Murphy: Veröffentlichung der Single „Should The World Fail To Fall Apart".
Siouxsie and the Banshees: Ausstrahlung der ersten Janice-Long-Session auf BBC Radio One.

10. Februar
Peter Murphy: erstes Konzert in den USA im *Paradise,* Boston.

12. Februar
Alien Sex Fiend: Die Single „Hurricane Fighter Plane" steigt in die Independent-Charts ein (höchste Chartnotierung: Platz 12).

14. Februar
Siouxsie and the Banshees: Die EP *The Peel Sessions* steigt in die Independent-Charts ein (höchste Chartnotierung: Platz 6).

16. Februar
The Mission: Die LP *God's Own Medicine* steigt in die deutschen Charts ein (höchste Chartnotierung: Platz 59).

21. Februar
Birthday Party: Die EP *The Peel Session* steigt in die Independent-Charts ein (höchste Chartnotierung: Platz 7).

28. Februar
The Cult: Die Single „Love Removal Machine" steigt in die britischen Charts ein (höchste Chartnotierung: Platz 18).

März
The Cure: Start ihrer Südamerikatournee in Buenos Aires.
Flesh For Lulu: Veröffentlichung der Single „Siamese Twins".
Play Dead: Veröffentlichung des Livealbums *The Final Epitaph.*
The Cult: Englandtournee.
X-Mal Deutschland: Veröffentlichung der LP *Viva.*

7. März
The Mission: Die LP *God's Own Medicine* steigt in die amerikanischen Charts ein (höchste Chartnotierung: Platz 18).

8. März
Love and Rockets: Veröffentlichung der Single „No New Tale To Tell".

14. März
Rose of Avalanche: Die Single „Always There" steigt in die Independent-Charts ein (höchste Chartnotierung: Platz 3).
Siouxsie and the Banshees: Die LP *Through The Looking Glass* steigt in die britischen Charts ein (höchste Chartnotierung: Platz 15).
The Mission: Die Single „Severina" steigt in die britischen Charts ein (höchste Chartnotierung: Platz 25).

18. März
The Mission: Der britische Abschnitt der *World Crusade II*-Tour startet mit einem Auftritt in der *City Hall* in Sheffield.

19. März
The Mission, All About Eve (Julianne Regan): Auftritt im britischen Fernsehen bei *Top of the Pops* mit „Severina".

28. März
Siouxsie and the Banshees: Die Single „The Passenger" steigt in die britischen Charts ein (höchste Chartnotierung: Platz 41).

4. April
Fields of the Nephilim: Die Single „Preacher Man" steigt in die Independent-Charts ein (höchste Chartnotierung: Platz 2).
The Batfish Boys: Die Single „Bomb Song" steigt in die Independent-Charts ein (höchste Chartnotierung: Platz 18).

6. April
Siouxsie and the Banshees: Das Album „Through The Looking Glass" steigt in die deutschen Charts ein (höchste Chartnotierung: Platz 59).

10. April
The Cure: Veröffentlichung der Single „Why Can't I Be You".

11. April
Siouxsie and the Banshees: Die LP *Through The Looking Glass* steigt in die amerikanischen Charts ein (höchste Chartnotierung: Platz 1).
The Cult: Start einer Nordamerikatournee in Philadelphia im Vorprogramm von Billy Idol.

18. April
The Cult: Die LP *Electric* steigt in die britischen Charts ein (höchste Chartnotierung: Platz 4).
The Cure: Die Single „Why Can't I Be You" steigt in die britischen Charts ein (höchste Chartnotierung: Platz 21).

23. April
The Cure: Premiere ihres Konzertfilms *The Cure In Orange.*

24. April
The Mission: Auftritt im *Ritz,* New York City.

25. April
All About Eve: Die Single „Our Summer" steigt in die Independent-Charts ein (höchste Chartnotierung: Platz 2).
The Cult: Die LP *Electric* steigt in die amerikanischen Charts ein (höchste Chartnotierung: Platz 38).

Mai
And Also the Trees: Veröffentlichung der Compilation *A Retrospective 1983–1986.*
And Also the Trees: Veröffentlichung des Livealbums *The Night Of The 24th.*
Rose of Avalanche: Veröffentlichung der Compilation *Rose Of Avalanche.*
Virgin Prunes: Veröffentlichung des Livealbums *The Hidden Lie.*

2. Mai
The Cult: Die Single „Lil' Devil" steigt in die britischen Charts ein (höchste Chartnotierung: Platz 11).

9. Mai
The Lorries (ehemals Red Lorry Yellow Lorry): Die Single „Crawling Mantras" steigt in die Independent-Charts ein (höchste Chartnotierung: Platz 3).

15. Mai
The Mission: Craig Adams verlässt die Band während ihrer US-Tournee in Los Angeles. Bei der nächsten Tournee ist er wieder dabei.
The Cure: Die Single „Why Can't I Be You" steigt in die deutschen Charts ein (höchste Chartnotierung: Platz 29).

22. Mai
The Cure: Veröffentlichung der LP *Kiss Me Kiss Me Kiss Me.*

23. Mai
Fields of the Nephilim: Die LP *Dawnrazor* steigt in die Independent-Charts ein (höchste Chartnotierung: Platz 1).

30. Mai
Fields of the Nephilim: Die LP *Dawnrazor* steigt in die britischen Charts ein (höchste Chartnotierung: Platz 62).

Juni
The Cure: Veröffentlichung der Single „Breathe".
And Also the Trees: Veröffentlichung der Single „The Critical Distance".
The Cult: Start einer Headliner-Tour durch Nordamerika. Im Vorprogramm spielen Guns N' Roses.

6. Juni
Death In June: Die Single „To Drown A Rose" steigt in die Independent-Charts ein (höchste Chartnotierung: Platz 18).
The Cramps: Die Live-LP *Rockin' 'N Reelin'* ... steigt in die Independent-Charts ein (höchste Chartnotierung: Platz 4).
The Cure: Die LP *Kiss Me Kiss Me Kiss Me* steigt in die britischen Charts ein (höchste Chartnotierung: Platz 6).

8. Juni
The Cure: Die LP *Kiss Me Kiss Me Kiss Me* steigt in die deutschen Charts ein (höchste Chartnotierung: Platz 4).

20. Juni
The Cure: Die LP *Kiss Me Kiss Me Kiss Me* steigt in die amerikanischen Charts ein (höchste Chartnotierung: Platz 35).
The Cure: Die Single „Why Can't I Be You" steigt in die amerikanischen Charts ein (höchste Chartnotierung: Platz 54).

27. Juni
Alien Sex Fiend: Die Single „The Impossible Mission" steigt in die Independent-Charts ein (höchste Chartnotierung: Platz 11).

Juli
Flesh For Lulu: Veröffentlichung der Single „Postcards From Paradise".

1. Juli
The Mission: Auftritt im Elland-Road-Stadion, Leeds, im Vorprogramm von U2.

4. Juli
Fields of the Nephilim: Die EP *Burning The Fields* steigt in die Independent-Charts ein (höchste Chartnotierung: Platz 2).
The Cure: Die Single „Catch" steigt in die britischen Charts ein (höchste Chartnotierung: Platz 27).
The Mission: Die Compilation *The First Chapter* steigt in die britischen Charts ein (höchste Chartnotierung: Platz 35).

11. Juli
All About Eve: Die Single „Flowers In Our Hair" steigt in die Independent-Charts ein (höchste Chartnotierung: Platz 1).

14. und 15. Juli
The Cure: zwei Auftritte als Headliner im *Inglewood Forum,* Kalifornien.

19. Juli
Gene Loves Jezebel: Die LP *Discover* steigt in die britischen Charts ein (höchste Chartnotierung: Platz 32).

25. Juli
Salvation: Die LP *Diamonds Are Forever* steigt in die Independent-Charts ein (höchste Chartnotierung: Platz 9).
Siouxsie and the Banshees: Die Single „Song From The Edge Of The World" steigt in die britischen Charts ein (höchste Chartnotierung: Platz 59).

August
(Danse) Society: Veröffentlichung der Single „Saturn Girl".

1. August
The Mission: Auftritt in Edinburgh im Vorprogramm von U2.

5. August
All About Eve: Aufnahme der ersten Janice-Long-Session: „Every Angel"/„Wild Hearted Woman"/„In The Meadow"/„Martha's Harbour".

10. August
Gene Loves Jezebel: Start einer Nordamerikatournee in Minneapolis.

11. August
The Cult: Die Single „Wild Flower" steigt in die britischen Charts ein (höchste Chartnotierung: Platz 24).

15. August
Ghost Dance: Die EP *A Word To The Wise* steigt in die Independent-Charts ein (höchste Chartnotierung: Platz 4).

17. August
The Cure: Die Single „Catch" steigt in die deutschen Charts ein (höchste Chartnotierung: Platz 59).

26. August
All About Eve: Ausstrahlung der ersten Janice-Long-Session auf BBC Radio One.

September
The Cure: Veröffentlichung der Single „Just Like Heaven".

5. September
Gene Loves Jezebel: Die Single „The Motion Of Love" steigt in die britischen Charts ein (höchste Chartnotierung: Platz 56).

9. September
Love and Rockets: Veröffentlichung der LP *Earth, Sun, Moon.*

12. September
Into A Circle: Die Single „Forever" steigt in die Independent-Charts ein (höchste Chartnotierung: Platz 8).

26. September
Alien Sex Fiend: Die Single „Here Cum Germs" steigt in die Independent-Charts ein (höchste Chartnotierung: Platz 14).
Death In June: Die LP *Oh, How We Laughed* steigt in die Independent-Charts ein (höchste Chartnotierung: Platz 26).

3. Oktober
Sisters of Mercy: Die Single „This Corrosion" steigt in die britischen Charts ein (höchste Chartnotierung: Platz 7).

6. Oktober
Love and Rockets: Veröffentlichung der Single „The Light".

7. Oktober
Love and Rockets: Start einer Englandtournee.

10. Oktober
Alien Sex Fiend: Die LP *Here Cum Germs* steigt in die Independent-Charts ein (höchste Chartnotierung: Platz 22).
Death In June: *Brown Book* steigt in die Independent-Charts ein (höchste Chartnotierung: Platz 24).
Christian Death: Ihre Singlesbox steigt in die Independent-Charts ein (höchste Chartnotierung: Platz 49).
The Cure: Die Single „Just Like Heaven" steigt in die amerikanischen Charts ein (höchste Chartnotierung: Platz 40).

14. Oktober
Ghost Dance: Aufnahme der zweiten Janice-Long-Session: „Born To Be Your Slave"/„I Will Wait"/„Dr. Love"/„If Only You Were Here Now".

17. Oktober
Fields of the Nephilim: Die Single „Blue Water" steigt in die Independent-Charts ein (höchste Chartnotierung: Platz 1)
The Cure: Die Single „Just Like Heaven" steigt in die britischen Charts ein (höchste Chartnotierung: Platz 29).

22. Oktober
The Cure: Start einer Europatournee in Oslo; erster Auftritt Roger O'Donnells mit der Band.

24. Oktober
Fields of the Nephilim: Die LP *Return To Gehenna* steigt in die Independent-Charts ein (höchste Chartnotierung: Platz 15).
Fields of the Nephilim: Die Single „Blue Water" steigt in die britischen Charts ein (höchste Chartnotierung: Platz 75).
Gene Loves Jezebel: Die LP *House Of Dolls* steigt in die britischen Charts ein.
Joy Division: Die EP *The Peel Session* steigt in die Independent-Charts ein (höchste Chartnotierung: Platz 3).

28. Oktober
Ghost Dance: Ausstrahlung der zweiten Janice-Long-Session auf BBC Radio One.

31. Oktober
All About Eve: Die Single „In The Clouds" steigt in die britischen Charts ein (höchste Chartnotierung: Platz 47).
Love and Rockets: Die LP *Earth, Sun, Moon* steigt in die amerikanischen Charts ein (höchste Chartnotierung: Platz 64).

November
And Also the Trees: Veröffentlichung der Single „Shaletown".

7. November
Love and Rockets: Start einer Nordamerikatournee im *Stoney Brook,* Long Island.

12. November
The Cure: Veröffentlichung des Videos *The Cure In Orange.*

14. November
Gene Loves Jezebel: Die LP *House Of Dolls* steigt in die amerikanischen Charts ein (höchste Chartnotierung: Platz 18).

16. November
Sisters of Mercy: Die Single „This Corrosion" steigt in die deutschen Charts ein (höchste Chartnotierung: Platz 17).

21. November
Fields of the Nephilim: Abschlusskonzert ihrer Englandtournee im *Astoria,* London.

28. November
Red Lorry Yellow Lorry: Die Single „Open Up" steigt in die Independent-Charts ein (höchste Chartnotierung: Platz 6).
Sisters of Mercy: Die LP *Floodland* steigt in die britischen Charts ein (höchste Chartnotierung: Platz 9).

5. Dezember
Gene Loves Jezebel: Die Single „Gorgeous" steigt in die britischen Charts ein (höchste Chartnotierung: Platz 68).

7. bis 9. Dezember
The Cure: Auftritte in der Londoner Wembley-Arena.

12. Dezember
Alien Sex Fiend: Die Single „Stuff The Turkey" steigt in die Independent-Charts ein (höchste Chartnotierung: Platz 14).
Flesh For Lulu: Die LP *Long Live The New Flesh* steigt in die amerikanischen Charts ein.

14. Dezember
Sisters of Mercy: Die LP *Floodland* steigt in die deutschen Charts ein (höchste Chartnotierung: Platz 32).

1988

Januar
Gene Loves Jezebel: unveröffentlichte Single „Every Door".
The Batfish Boys: Veröffentlichung der Single „Purple Dust".
Tones On Tail: Veröffentlichung der Compilation *Night Music.*
Virgin Prunes: Veröffentlichung der LP *Heresie.*

23. Januar
All About Eve: Die Single „Wild Hearted Woman" steigt in die britischen Charts ein (höchste Chartnotierung: Platz 33).
Gene Loves Jezebel, Flesh For Lulu: Start einer Nordamerikatournee in Washington, D. C.

Februar
The Mission: Start einer Nordamerikatournee.

6. Februar
Gene Loves Jezebel: Die Single „The Motion Of Love" steigt in die amerikanischen Charts ein.
Red Lorry Yellow Lorry: Die Compilation *Smashed Hits Album* steigt in die Independent-Charts ein (höchste Chartnotierung: Platz 10).
Sisters of Mercy: Die LP *Floodland* steigt in die amerikanischen Charts ein (höchste Chartnotierung: Platz 11).

13. Februar
The Mission: Die Single „Tower Of Strength" steigt in die britischen Charts ein (höchste Chartnotierung: Platz 12).

15. Februar
Peter Murphy: Veröffentlichung der Single „All Night Long".

20. Februar
The Cure: Die Single „Hot Hot Hot!!!" steigt in die britischen Charts ein (höchste Chartnotierung: Platz 45).

23. Februar
Fields of the Nephilim: Auftritt im *Cat Club,* New York City; im Vorprogramm spielen White Zombie.

27. Februar
All About Eve: Die LP *All About Eve* steigt in die britischen Charts ein (höchste Chartnotierung: Platz 7).
Sisters of Mercy: „Dominion" steigt in die britischen Charts ein (höchste Chartnotierung: Platz 13).

März
Alien Sex Fiend: Veröffentlichung der Compilation *All Our Yesterdaze.*
The Mission, All About Eve, Ghost Dance: einwöchiges Engagement im Londoner *Astoria.*
The Mission, Red Lorry Yellow Lorry: Start einer Englandtournee.

5. März
The Cure: Die Single „Hot Hot Hot!!!" steigt in die amerikanischen Charts ein (höchste Chartnotierung: Platz 65).

12. März
Ghost Dance: Die Compilation *Gathering Dust* steigt in die Independent-Charts ein (höchste Chartnotierung: Platz 10).
The Mission: Die LP *Children* steigt in die britischen Charts ein (höchste Chartnotierung: Platz 2).

21. März
Peter Murphy: Veröffentlichung der LP *Love Hysteria.*
The Mission: Die LP *Children* steigt in die deutschen Charts ein (höchste Chartnotierung: Platz 33).

22. März
Peter Murphy: Beginn eines drei Abende umfassenden Engagements im *La Locomotive,* Paris.

27. März
Peter Murphy: Auftritt im *Sadlers Wells Theatre,* London.

28. März
The Mission: Die Single „Tower Of Strength" steigt in die deutschen Charts ein (höchste Chartnotierung: Platz 50).

April
Gene Loves Jezebel: Veröffentlichung der Single „Suspicion" in den USA.

2. April
Into A Circle: Die Single „Evergreen" steigt in die Independent-Charts ein (höchste Chartnotierung: Platz 5).

5. April
The Mission: Start einer Europatournee im französischen Bourgen. Im Anschluss führt die Tournee in die USA und nach Südamerika.

9. April
All About Eve: Die Single „Every Angel" steigt in die britischen Charts ein (höchste Chartnotierung: Platz 30).
Red Lorry Yellow Lorry: Die Single „Nothing Wrong" steigt in die Independent-Charts ein (höchste Chartnotierung: Platz 5).

13. April
Red Lorry Yellow Lorry: Aufnahme der ersten Liz-Kershaw-Session: „Big Stick"/„Hands Off Me"/„The Rise"/ „Chance".

14. April
Love and Rockets: Start einer Nordamerikatournee im *Warner Theatre,* Washington, D. C.

18. April
Peter Murphy: Veröffentlichung der Single „Indigo Eyes".

19. April
Red Lorry Yellow Lorry: Ausstrahlung der ersten Liz-Kershaw-Session auf BBC Radio One.

21. April
Peter Murphy: Start einer Nordamerikatournee im *Paradise,* Boston.

23. April
The Mission: Die Single „Beyond The Pale" steigt in die britischen Charts ein (höchste Chartnotierung: Platz 32).

30. April
The Mission: Die LP *Children* steigt in die amerikanischen Charts ein (höchste Chartnotierung: Platz 126).

Mai
And Also the Trees: Veröffentlichung der LP *The Millpond Years* und der Single „The House Of The Heart".
Sex Gang Children: Veröffentlichung des Livealbums *Nightland (Performance USA 83).*

7. Mai
Rose of Avalanche: Die LP *In Rock* steigt in die Independent-Charts ein (höchste Chartnotierung: Platz 10).

11. Mai
Brigandage: Veröffentlichung der Compilation-LP *Brigandage.*

14. Mai
Peter Murphy: Die LP *Love Hysteria* steigt in die amerikanischen Charts ein (höchste Chartnotierung: Platz 135).

21. Mai
The Cure: Die EP *The Peel Session* steigt in die Independent-Charts ein (höchste Chartnotierung: Platz 7).

25. Mai
Peter Murphy: Auftritt im *Town and Country Club,* London.

28. Mai
Red Lorry Yellow Lorry: Die LP *Nothing Wrong* steigt in die Independent-Charts ein (höchste Chartnotierung: Platz 3).

30. Mai
Love and Rockets: Veröffentlichung der Single „Mirror People".

4. Juni
Fields of the Nephilim: Die Single „Moonchild" steigt in die Independent-Charts (höchste Chartnotierung: Platz 1) und in die britischen Charts ein (höchste Chartnotierung: Platz 28).

6. Juni
Love and Rockets: Veröffentlichung der Bubblemen-Single „The Bubblemen Are Coming".

7. Juni
Peter Murphy: Start einer Japantournee im *Fukoka,* Osaka.

11. Juni
Into A Circle: Die LP *Assassins* steigt in die Independent-Charts ein (höchste Chartnotierung: Platz 7).

18. Juni
Joy Division: Die wiederveröffentlichte Single „Atmosphere" steigt in die Independent-Charts (höchste Chartnotierung: Platz 2) und in die britischen Charts ein (höchste Chartnotierung: Platz 34).
Sisters of Mercy: Die Single „Lucretia My Reflection" steigt in die britischen Charts ein (höchste Chartnotierung: Platz 20).

19. Juni
Love and Rockets: Auftritt im *Dominion Theatre,* London.

26. Juni
Love and Rockets: Start einer Europatournee im *Sardines,* Oslo.

2. Juli
Christian Death: Die Single „Church Of No Return" steigt in die Independent-Charts ein (höchste Chartnotierung: Platz 6).

23. Juli
Joy Division: Die Compilation *Substance* steigt in die Independent-Charts (höchste Chartnotierung: Platz 1) und in die britischen Charts ein (höchste Chartnotierung: Platz 7).

30. Juli
All About Eve: Die Single „Martha's Harbour" steigt in die britischen Charts ein (höchste Chartnotierung: Platz 10).
Siouxsie and the Banshees: Die Single „Peek-A-Boo" steigt in die britischen Charts ein (höchste Chartnotierung: Platz 16).

August
Fields of the Nephilim: Veröffentlichung der Compilation-LP *Return To Gehenna.*

12. August
Peter Murphy: Start einer Nordamerika-tournee im *California Theatre,* San Diego.

15. August
Love and Rockets: Veröffentlichung der Single „Lazy".

20. August
Salvation: Die Single „Sunshine Superman" steigt in die Independent-Charts ein (höchste Chartnotierung: Platz 12).

17. September
Fields of the Nephilim: Die LP *The Nephilim* steigt in die Independent-Charts (höchste Chartnotierung: Platz 2) und in die britischen Charts ein (höchste Chartnotierung: Platz 14).
Siouxsie and the Banshees: Die LP *Peepshow* steigt in die britischen Charts ein (höchste Chartnotierung: Platz 20).

21. September
The Mission: Aufnahme der ersten Liz-Kershaw-Session: „In The Grip Of Disease"/„Belief"/„Deliverance"/„Kingdom Come".

28. September
The Mission: Ausstrahlung der ersten Liz-Kershaw-Session auf BBC Radio One.

Oktober
Alien Sex Fiend: Veröffentlichung der LP *Another Planet* und der Single „Bun Ho!".
Flesh For Lulu: Veröffentlichung der Single „I Go Crazy".

1. Oktober
Red Lorry Yellow Lorry: Die Single „Only Dreaming" steigt in die Independent-Charts ein (höchste Chartnotierung: Platz 9).
Siouxsie and the Banshees: Die LP *Peepshow* steigt in die amerikanischen Charts ein (höchste Chartnotierung: Platz 68).

8. Oktober
Siouxsie and the Banshees: Die Single „Killing Jar" steigt in die britischen Charts ein (höchste Chartnotierung: Platz 41).

10. Oktober
Siouxsie and the Banshees: Die LP *Peepshow* steigt in die deutschen Charts ein (höchste Chartnotierung: Platz 64).

15. Oktober
Siouxsie and the Banshees: Die Single „Peek-A-Boo" steigt in die amerikanischen Charts ein (höchste Chartnotierung: Platz 53).

November
Rose of Avalanche: Veröffentlichung des Livealbums *Live At The Town And Country*.
The Mission: Veröffentlichung der Single „Kingdom Come".

5. November
Birthday Party: Die EP *The Peel Session Vol. 2* steigt in die Independent-Charts ein (höchste Chartnotierung: Platz 11).

12. November
All About Eve: Die Single „What Kind Of Fool" steigt in die britischen Charts ein (höchste Chartnotierung: Platz 29).

19. November
Christian Death: Die Single „What's The Verdict" steigt in die Independent-Charts ein (höchste Chartnotierung: Platz 11).

22. November
Dawn After Dark: Die Single „The Groove" steigt in die Independent-Charts ein (höchste Chartnotierung: Platz 17).

25. November
The Mission: Start einer Stadiontournee durch Großbritannien.

3. Dezember
Siouxsie and the Banshees: Die Single „The Last Beat Of My Heart" steigt in die britischen Charts ein (höchste Chartnotierung: Platz 44).

24. Dezember
Christian Death: Die LP *Sex & Drugs & Jesus Christ* steigt in die Independent-Charts ein (höchste Chartnotierung: Platz 10).
Rose of Avalanche: Die Single „The World Is Ours" steigt in die Independent-Charts ein (höchste Chartnotierung: Platz 8).

1989

Andi Sex Gang: Veröffentlichung der LP *Arco Valley*.

3. Januar
Love and Rockets: Veröffentlichung der Single „Motorcycle".

Februar
Siouxsie and the Banshees: Veröffentlichung der EP *The Peel Sessions Volume 2*.
The Cult: Start einer Nordamerikatournee im Vorprogramm von Metallica.
The Cure: Lol Tolhurst verlässt die Band.
X-Mal Deutschland: Veröffentlichung der LP *Devils*.

März
Alien Sex Fiend: Veröffentlichung der Single „Haunted House".

4. März
Rose of Avalanche: Die Single „Never Another Sunset" steigt in die Independent-Charts ein (höchste Chartnotierung: Platz 19).

April
And Also the Trees: Veröffentlichung der Single „Lady D'Arbanville".

1. April
Rose of Avalanche: Die LP *Never Another Sunset* steigt in die Independent-Charts ein (höchste Chartnotierung: Platz 10).
The Cult: Die Single „Fire Woman" steigt in die britischen Charts ein (höchste Chartnotierung: Platz 15).

22. April
The Cult: Die LP *Sonic Temple* steigt in die britischen Charts (höchste Chartnotierung: Platz 3) und in die amerikanischen Charts ein (höchste Chartnotierung: Platz 10).
The Cure: Die Single „Lullaby" steigt in die britischen Charts ein (höchste Chartnotierung: Platz 5).

29. April
The Mission: Auftritt beim Benefizkonzert für die Opfer der Hillsborough-Katastrophe [bei der am 15. April 1989 bei einem Fußballspiel nach dem Zusammenbruch eines Tribünenzauns sechsundneunzig Menschen zu Tode gequetscht worden waren; *Anm. d. Ü.*].

30. April
The Mission: Auftritt beim Benefizkonzert für die Opfer des Flugzeugabsturzes von Lockerbie.

Mai
The Cure, The Mission: Auftritte bei drei Festivals in Europa.

1. Mai
The Cure: Die Single „Lullaby" steigt in die deutschen Charts ein (höchste Chartnotierung: Platz 3).

5. Mai
Fields of the Nephilim: Auftritt im *Marquee*, London; mit diesem Geheimkonzert beginnt die nächste Tour durch Großbritannien.

8. Mai
The Cult: Die LP *Sonic Temple* steigt in die deutschen Charts ein (höchste Chartnotierung: Platz 39).

13. Mai
The Cure: Die LP *Disintegration* steigt in die britischen Charts ein (höchste Chartnotierung: Platz 3).
The Cure: Die Single „Fascination Street" steigt in die amerikanischen Charts ein (höchste Chartnotierung: Platz 46).

15. Mai
The Cure: Die LP *Disintegration* steigt in die deutschen Charts ein (höchste Chartnotierung: Platz 2).

20. Mai
Love and Rockets: Die Single „So Alive" steigt in die amerikanischen Charts ein (höchste Chartnotierung: Platz 3).
Love and Rockets: Die LP *Love And Rockets* steigt in die amerikanischen Charts ein (höchste Chartnotierung: Platz 14).
Salvation: Die Single „All And More" steigt in die Independent-Charts ein (höchste Chartnotierung: Platz 18).
The Cure: Die LP *Disintegration* steigt in die amerikanischen Charts ein (höchste Chartnotierung: Platz 12).

27. Mai
Fields of the Nephilim: Die Single „Psychonaut" steigt in die Independent-Charts (höchste Chartnotierung: Platz 2) und in die britischen Charts ein (höchste Chartnotierung: Platz 35).
The Cult: Die Single „Fire Woman" steigt in die amerikanischen Charts ein (höchste Chartnotierung: Platz 46).

17. Juni
Ghost Dance: Die Single „Down To The Wire" steigt in die britischen Charts ein (höchste Chartnotierung: Platz 66).

22. Juni
Love and Rockets: Start einer Nordamerika-tournee im *Tupperware Auditorium*, Kissimmee.

8. Juli
The Cult: Die Single „Edie (Ciao Baby)" steigt in die britischen Charts ein (höchste Chartnotierung: Platz 32).

10. Juli
Bauhaus: Veröffentlichung der BBC-Anthologie *Swing The Heartache*.

31. Juli
Love and Rockets: Veröffentlichung der Single „So Alive" in Großbritannien.

August
The Cure: Start einer Nordamerikatournee im Giants Stadium von New Jersey.

12. August
The Cure: Die Single „Love Song" steigt in die amerikanischen Charts ein (höchste Chartnotierung: Platz 2).

29. August
James Ray Gangwar: Livedebüt im *Camden Palace*, London.

September
Alien Sex Fiend: Veröffentlichung der Live-LP *Too Much Acid?*.
Ghost Dance: Veröffentlichung der LP *Stop The World* und der Single „Celebrate".
Love and Rockets: Veröffentlichung der LP *Love And Rockets*.
The Batfish Boys: Veröffentlichung der LP *The Batfish Brew*.

2. September
Red Lorry Yellow Lorry: Die Single „Temptation" steigt in die Independent-Charts ein (höchste Chartnotierung: Platz 13).
The Cure: Die Single „Love Song" steigt in die britischen Charts ein (höchste Chartnotierung: Platz 18).

6. September
The Cult, The Cure: Auftritt bei den MTV Music Awards.

10. September
The Cure: Die Single „Love Song" steigt in die deutschen Charts ein (höchste Chartnotierung: Platz 21).

23. September
Love and Rockets: Die Single „No Big Deal" steigt in die amerikanischen Charts ein (höchste Chartnotierung: Platz 82).

30. September
All About Eve: Die Single „Road To Your Soul" steigt in die britischen Charts ein (höchste Chartnotierung: Platz 37).
The Cult: Die Single „Edie (Ciao Baby)" steigt in die amerikanischen Charts ein (höchste Chartnotierung: Platz 93).

Oktober
And Also the Trees: Veröffentlichung der LP *Farewell To The Shade.*
James Ray Gangwar, Ghost Dance: zwei Auftritte in London und Leeds.
Love and Rockets: Veröffentlichung der Videocompilation *The Haunted Fishtank.*

7. Oktober
Red Lorry Yellow Lorry: Die LP *Blow* steigt in die Independent-Charts ein (höchste Chartnotierung: Platz 6).

14. Oktober
The Creatures: Die Single „Standing There" steigt in die britischen Charts ein (höchste Chartnotierung: Platz 53).

23. Oktober
Love and Rockets: Veröffentlichung der Single „No Big Deal" in Großbritannien.

28. Oktober
All About Eve: Die LP *Scarlet & Other Stories* steigt in die britischen Charts ein (höchste Chartnotierung: Platz 9)

November
The Creatures: Veröffentlichung der LP *Boomerang.*

18. November
The Cult: Die Single „Sun King" steigt in die britischen Charts ein (höchste Chartnotierung: Platz 39).

Dezember
The Batfish Boys: Veröffentlichung der Single „Another One Bites The Dust".
The Cult: Start einer Nordamerikatournee als Headliner.

2. Dezember
The Cure: Die Single „Lullaby" steigt in die amerikanischen Charts ein (höchste Chartnotierung: Platz 74).

16. Dezember
All About Eve: Die Single „December" steigt in die britischen Charts ein (höchste Chartnotierung: Platz 34).

1990

Januar
Flesh For Lulu: Veröffentlichung der Single „Time And Space".

9. Januar
The Cult: Start einer Nordamerikatournee in Tempe, Arizona.

13. Januar
The Mission: Die Single „Butterfly On A Wheel" steigt in die britischen Charts ein (höchste Chartnotierung: Platz 12).

22. Januar
James Ray Gangwar: Das Konzert im *Greyhound* in Fulham wird gefilmt.

31. Januar
Peter Murphy: Start einer Nahost- und Asientournee in Tel Aviv.

Februar
The Cure: Das „Lullaby"-Video wird bei den BPI Awards [einer jährlichen Preisverleihung der britischen Musikindustrie; *Anm. d. Ü.*] als bestes Video ausgezeichnet.
Flesh For Lulu: Veröffentlichung der LP *Plastic Fantastic.*
The Creatures: Veröffentlichung der Single „Fury Eyes".
The Mission: Veröffentlichung des Videos *Waves Upon The Sand* erscheint.

3. Februar
Peter Murphy: Die LP *Deep* steigt in die amerikanischen Charts ein (höchste Chartnotierung: Platz 44).

10. Februar
The Mission: Auftritt in der britischen Radiosendung *Saturday Sequence* mit „Butterfly On A Wheel"/„Bird Of Passage".
The Cramps: Die Single „Bikini Girls With Machine Guns" steigt in die britischen Charts ein (höchste Chartnotierung: Platz 35).

17. Februar
The Mission: Die LP *Carved In Sand* steigt in die britischen Charts ein (höchste Chartnotierung: Platz 7).

18. Februar
The Cure: Die Band wird für das beste Video („Lullaby") bei den Brit Awards [eine jährliche Preisverleihung der britischen Musikindustrie; *Anm. d. Ü.*] ausgezeichnet.

19. Februar
The Mission: Die LP *Carved In Sand* steigt in die deutschen Charts ein (höchste Chartnotierung: Platz 16).

24. Februar
The Cramps: Die LP *Stay Sick!* steigt in die britischen Charts ein (höchste Chartnotierung: Platz 62).

1. März
The Mission: Start der *Deliverance*-Tournee durch Großbritannien.

6. März
Peter Murphy: Start einer Nordamerika-tournee im *Mesa Amphitheatre,* Phoenix, Arizona.

10. März
The Cult: Die Single „Sweet Soul Sister" steigt in die britischen Charts ein (höchste Chartnotierung: Platz 42).
The Mission: Die Single „Deliverance" steigt in die britischen Charts ein (höchste Chartnotierung: Platz 27).

17. März
The Mission: Die LP *Carved In Sand* steigt in die amerikanischen Charts ein (höchste Chartnotierung: Platz 11).

24. März
Peter Murphy: Die Single „Cuts You Up" steigt in die amerikanischen Charts ein (höchste Chartnotierung: Platz 55).

31. März
The Cure: Die Single „Pictures Of You" steigt in die britischen Charts ein (höchste Chartnotierung: Platz 24).

April
Peter Murphy: Die Single „Cuts You Up" steigt in die amerikanischen Modern-Rock-Charts ein (höchste Chartnotierung: Platz 1).

16. April
The Cure: Die Single „Pictures Of You" steigt in die deutschen Charts ein (höchste Chartnotierung: Platz 18).

17. April
Peter Murphy: Veröffentlichung der Single „Cuts You Up" in Großbritannien.

20. April
The Mission: Start einer Nordamerikatournee in Montreal.

21. April
The Cure: Die Single „Pictures Of You" steigt in die amerikanischen Charts ein (höchste Chartnotierung: Platz 71).
The Mission: Simon Hinkler verlässt die Band.

28. April
All About Eve: Die Single „Scarlet" steigt in die britischen Charts ein (höchste Chartnotierung: Platz 34).

7. Mai
David J: Veröffentlichung der Single „I'll Be Your Chauffeur".

14. Mai
Peter Murphy: Veröffentlichung der LP *Deep*.

17. Mai
Peter Murphy: Auftritt im *Town and Country Club*, London.

2. Juni
The Mission: Die Single „Into The Blue" steigt in die britischen Charts ein (höchste Chartnotierung: Platz 32).

18. Juni
David J: Veröffentlichung der LP *Songs From Another Season*.

23. Juni
Sisters of Mercy: Auf dem Bizarre-Festival auf der Loreley kündigt Andrew Eldritch ein neues Album an.

24. Juni
The Cure: Auftritt beim Glastonbury-Festival.

5. Juli
Peter Murphy: Start einer Nordamerikatournee in Indianapolis.

August
And Also the Trees: Veröffentlichung der Compilation *12-inch Box Set*.

4. August
Fields of the Nephilim: Die Single „For Her Light" steigt in die britischen Charts ein (höchste Chartnotierung: Platz 54).

18. August
Gene Loves Jezebel: Die LP *Kiss Of Life* steigt in die amerikanischen Charts ein (höchste Chartnotierung: Platz 123).
Gene Loves Jezebel: Die Single „Jealous" steigt in die amerikanischen Charts ein (höchste Chartnotierung: Platz 68).

23. August
Gene Loves Jezebel: Start einer Nordamerikatournee im Vorprogramm von Billy Idol.
The Mission: Start einer Mexikotournee, im Anschluss geht es weiter nach Asien.

September
Alien Sex Fiend: Veröffentlichung der Single „Now I'm Feeling Zombiefied".
Joy Division: Veröffentlichung der LP *Complete Peel Sessions*.

1. September
The Cure: Über einen Piratensender schickt die Band ein vierstündiges Programm über den Äther, das in ganz London zu hören ist.

4. September
David J: Start seiner ersten Nordamerikatournee in Los Angeles.

22. September
Peter Murphy: Start einer Europatournee in Lissabon.

29. September
The Cure: Die Single „Never Enough" steigt in die britischen Charts ein (höchste Chartnotierung: Platz 13).

Oktober
Alien Sex Fiend: Veröffentlichung der LP *Curse.*
Rose of Avalanche: Veröffentlichung der LP *String'a'Beads.*

6. Oktober
Fields of the Nephilim: Die LP *Elizium* steigt in die britischen Charts ein (höchste Chartnotierung: Platz 22).

6. und 7. Oktober
The Cult: Das Gathering-of-the-Tribes-Festival findet statt.

13. Oktober
Sisters of Mercy: Die Single „More" steigt in die britischen Charts ein (höchste Chartnotierung: Platz 14).

15. Oktober
The Cure: Die Single „Never Enough" steigt in die deutschen Charts ein (höchste Chartnotierung: Platz 17).

20. Oktober
Sisters of Mercy: Start einer Irlandtournee in Drogheda.

22. Oktober
Sisters of Mercy: Die Single „More" steigt in die deutschen Charts ein (höchste Chartnotierung: Platz 14).

November
Gene Loves Jezebel: Start einer Clubtour durch Nordamerika.

2. November
Sisters of Mercy: Die LP *Vision Thing* steigt in die britischen Charts ein (höchste Chartnotierung: Platz 11).
The Mission: Die LP *Grains Of Sand* steigt in die britischen Charts ein (höchste Chartnotierung: Platz 28).

3. November
The Cure: Die Single „Close To Me (Remix)" steigt in die britischen Charts ein (höchste Chartnotierung: Platz 13).
The Cure: Die Single „Never Enough" steigt in die amerikanischen Charts ein (höchste Chartnotierung: Platz 72).

5. November
Sisters of Mercy: Die LP *Vision Thing* steigt in die deutschen Charts ein (höchste Chartnotierung: Platz 13).

8. November
Sisters of Mercy: Start einer Jugoslawien-tournee.

12. November
The Cure: Die LP *Mixed Up* steigt in die deutschen Charts ein (höchste Chartnotierung: Platz 19).

17. November
The Cure: Die LP *Mixed Up* steigt in die britischen Charts (höchste Chartnotierung: Platz 8) und in die amerikanischen Charts ein (höchste Chartnotierung: Platz 14).
The Mission: Die Single „Hands Across The Ocean" steigt in die britischen Charts ein (höchste Chartnotierung: Platz 28).

19. November
The Mission: Die LP *Grains Of Sand* steigt in die deutschen Charts ein (höchste Chartnotierung: Platz 61).

24. November
Fields of the Nephilim: Die Single „Sumerland (Dreamed)" steigt in die britischen Charts ein (höchste Chartnotierung: Platz 37).

24. und 26. November
Sisters of Mercy: Auftritte in der Londoner Wembley-Arena.

26. November
The Mission: Veröffentlichung der Single „Merry Xmas Everybody" unter dem Namen Metal Gurus.
The Cure: Die Single „Close To Me (Remix)" steigt in die deutschen Charts ein (höchste Chartnotierung: Platz 49).

Dezember
Gene Loves Jezebel: Veröffentlichung der Single „Tangled Up In You".

1. Dezember
Sisters of Mercy: Die LP *Vision Thing* steigt in die amerikanischen Charts ein (höchste Chartnotierung: Platz 136).

22. Dezember
Sisters of Mercy: Die Single „Dr. Jeep" steigt in die britischen Charts ein (höchste Chartnotierung: Platz 37).

1991

19. Januar
The Cure: Auftritt beim Great British Music Weekend, Wembley.
The Cure: Die Single „Close To Me (Remix)" steigt in die amerikanischen Charts ein (höchste Chartnotierung: Platz 97).

28. Januar
Sisters of Mercy: Die Single „Dr. Jeep" steigt in die deutschen Charts ein (höchste Chartnotierung: Platz 45).

Februar
All About Eve: Veröffentlichung der Live-LP *Thirteen.*

10. Februar
The Cure: Auftritt bei den Brit Awards.

11. Februar
Daniel Ash: Veröffentlichung der LP *Coming Down.*

16. und 17. Februar
Sisters of Mercy: Fanklub-Shows in Leeds.

26. Februar
Sisters of Mercy: Start einer Europatournee.

9. März
Daniel Ash: Die LP *Coming Down* steigt in die amerikanischen Charts ein (höchste Chartnotierung: Platz 19).

18. März
Sisters of Mercy: Die Single „When You Don't See Me" steigt in die britischen Charts ein (höchste Chartnotierung: Platz 74).

25. März
Sisters of Mercy: Start einer Nordamerikatournee in der Waterloo University, Kanada.

April
Gene Loves Jezebel: Start einer Nordamerikatournee.

6. April
Fields of the Nephilim: Die Live-LP *Earth Inferno* steigt in die britischen Charts ein (höchste Chartnotierung: Platz 39).
The Cure: Die Live-LP *Entreat* steigt in die britischen Charts ein (höchste Chartnotierung: Platz 10).

8. April
The Cure: Die Live-LP *Entreat* steigt in die deutschen Charts ein (höchste Chartnotierung: Platz 15).

28. April
Gene Loves Jezebel, Sisters of Mercy: Auftritt in Irvine, Kalifornien.

28. bis 30. April
Fields of the Nephilim: Abschiedskonzerte im *Town and Country Club,* London.

30. April
Sisters of Mercy: Start einer Europatournee im polnischen Wroclaw.

25. Mai
Siouxsie and the Banshees: Die Single „Kiss Them For Me" steigt in die britischen Charts ein (höchste Chartnotierung: Platz 32).

1. Juni
The Mission: Festivalauftritt im Londoner Finsbury Park.

15. Juni
All About Eve: Die Single „Farewell Mr. Sorrow" steigt in die britischen Charts ein (höchste Chartnotierung: Platz 36).

22. Juni
Siouxsie and the Banshees: Die LP *Superstition* steigt in die britischen Charts ein (höchste Chartnotierung: Platz 25).

25. Juni
Daniel Ash: Veröffentlichung der Single „Walk This Way".

29. Juni
Siouxsie and the Banshees: Die LP *Superstition* steigt in die amerikanischen Charts ein (höchste Chartnotierung: Platz 65).

13. Juli
Siouxsie and the Banshees: Die Single „Shadowtime" steigt in die britischen Charts ein (höchste Chartnotierung: Platz 57).

August
And Also the Trees: Veröffentlichung der Single „The Pear Tree".

10. August
All About Eve: Die Single „Strange Way" steigt in die britischen Charts ein (höchste Chartnotierung: Platz 50).

17. August
Siouxsie and the Banshees: Die Single „Kiss Them For Me" steigt in die amerikanischen Charts ein (höchste Chartnotierung: Platz 23).

19. August
The Cure: Veröffentlichung des Boxsets *Assemblage.*

September
Flesh For Lulu: Veröffentlichung des Livevideos *Live From London.*

7. September
All About Eve: Die LP *Touched By Jesus* steigt in die britischen Charts ein (höchste Chartnotierung: Platz 17).

14. September
The Cult: Die Single „Wild Hearted Son" steigt in die britischen Charts ein (höchste Chartnotierung: Platz 40).

5. Oktober
The Cult: Die LP *Ceremony* steigt in die britischen Charts ein (höchste Chartnotierung: Platz 9).

12. Oktober
The Cult: Die LP *Ceremony* steigt in die amerikanischen Charts ein (höchste Chartnotierung: Platz 25).

14. Oktober
The Cult: Die LP *Ceremony* steigt in die deutschen Charts ein (höchste Chartnotierung: Platz 38).

19. Oktober
All About Eve: Single „The Dreamer" steigt in die britischen Charts ein (höchste Chartnotierung: Platz 41).

November
Rose of Avalanche: Veröffentlichung der LP *ICE.*

22. November
The Cult: Start einer Englandtournee im *NEC,* Birmingham.

Dezember
Sex Gang Children: Veröffentlichung der Compilation-LP *The Hungry Years.*

5. Dezember
The Cure: Ausstrahlung eines Konzerts im amerikanischen Bezahlfernsehen.

30. Dezember
The Cult: Start einer Nordamerikatournee in Hamilton, Ontario.

31. Dezember
The Cult: Auftritt im *Maple Leaf Gardens,* Toronto.

1992

5. Februar
Sisters of Mercy: Auftritt im Vanburgh College, York.

29. Februar
The Cult: Auftritt beim Festival Kick Out the Jams in Detroit, Michigan.

März
Alien Sex Fiend: Veröffentlichung der LP *Open Head Surgery.*

28. März
The Cure: Die Single „High" steigt in die britischen Charts ein (höchste Chartnotierung: Platz 8).

4. April
The Cure: Die Single „High" steigt in die amerikanischen Charts ein (höchste Chartnotierung: Platz 42).

6. April
The Cure: Die Single „High" steigt in die deutschen Charts ein (höchste Chartnotierung: Platz 14).

10. April
The Cure: Start der Konzertreihe *10 Cure Party Nights* am Portsmouth Pier.

11. April
The Cure: Die Single „High (Remix)" steigt in die britischen Charts ein (höchste Chartnotierung: Platz 44).

21. April
Peter Murphy: Veröffentlichung der LP *Holy Smoke.*

22. April
Peter Murphy: Auftritt in der amerikanischen Fernsehsendung *Dennis Miller Show* mit „The Sweetest Drop"/„Cuts You Up".

25. April
The Mission: Die Single „Never Again" steigt in die britischen Charts ein (höchste Chartnotierung: Platz 34).

2. Mai
Peter Murphy: Die LP *Holy Smoke* steigt in die amerikanischen Charts ein (höchste Chartnotierung: Platz 18).
Sisters of Mercy: Die Single „Temple Of Love (1992 - Touched By The Hand Of Ofra Haza)" steigt in die britischen Charts ein (höchste Chartnotierung: Platz 3).
The Cure: Die LP *Wish* steigt in die britischen Charts ein (höchste Chartnotierung: Platz 1).

4. Mai
The Cure: Die LP *Wish* steigt in die deutschen Charts ein (höchste Chartnotierung: Platz 6).
Sisters of Mercy: Die Single „Temple Of Love (1992 - Touched By The Hand Of Ofra Haza)" steigt in die deutschen Charts ein (höchste Chartnotierung: Platz 5).

7. Mai
Theatre of Hate, Sex Gang Children, The Cult: Nigel Preston stirbt.

9. Mai
Sisters of Mercy: Die Compilation *Some Girls Wander By Mistake* steigt in die britischen Charts ein (höchste Chartnotierung: Platz 5).
The Cure: Die LP *Wish* steigt in die amerikanischen Charts ein (höchste Chartnotierung: Platz 2).

11. Mai
Sisters of Mercy: Die Compilation *Some Girls Wander By Mistake* steigt in die deutschen Charts ein (höchste Chartnotierung: Platz 9).

14. Mai
The Cure: Start einer Nordamerikatournee (der ersten seit drei Jahren) im *Civic Centre,* Providence.

23. Mai
The Cure: Die Single „Friday I'm In Love" steigt in die britischen Charts ein (höchste Chartnotierung: Platz 6).

Juni
And Also the Trees: Veröffentlichung der LP *Green Is The Sea.*
Fields of the Nephilim: Veröffentlichung des Livealbums *BBC Radio 1 In Concert.*
Play Dead: Veröffentlichung der Compilation *Resurrection.*

5. Juni
Peter Murphy: Start einer Nordamerikatournee im *Riviera,* Chicago.

6. Juni
The Cult: Das Festival Cult in the Park findet im Londoner Finsbury Park statt.

8. Juni
The Cure: Die Single „Friday I'm In Love" steigt in die deutschen Charts ein (höchste Chartnotierung: Platz 16).

13. Juni
The Cure: Die Single „Friday I'm In Love" steigt in die amerikanischen Charts ein (höchste Chartnotierung: Platz 18).

20. Juni
The Mission: Die Single „Like A Child Again" steigt in die britischen Charts ein (höchste Chartnotierung: Platz 30).

Juli
Andi Sex Gang/Sex Gang Children: Veröffentlichung der LP *Blind.*

4. Juli
The Mission: Die LP *Masque* steigt in die britischen Charts ein (höchste Chartnotierung: Platz 23).

6. Juli
The Mission: Die LP *Masque* steigt in die deutschen Charts ein (höchste Chartnotierung: Platz 49).

15. Juli
Peter Murphy: Veröffentlichung der Single „Hit Song".

25. Juli
Siouxsie and the Banshees: Die Single „Face To Face" steigt in die britischen Charts ein (höchste Chartnotierung: Platz 21).

August
Bauhaus: Veröffentlichung des Livealbums *Rest In Peace,* aufgenommen bei ihrem Abschiedskonzert.
Rubicon: Veröffentlichung der Single „Watch Without Pain".

17. bis 19. August
The Cure: Auftritte im *Sydney Entertainment Centre,* Australien.

September
David J: Veröffentlichung der LP *Urban Urbane,* die nur in den USA erscheint.
Red Lorry Yellow Lorry: Veröffentlichung der LP *Blasting Off.*

1. September
Birthday Party: Während des Konzerts von Nick Cave and the Bad Seeds im Londoner *Town and Country Club* kommt es zu einer Mini-Reunion von Birthday Party.

9. September
The Cure: Das Video zu „Friday I'm In Love" wird bei den MTV Awards als bestes internationales Video prämiert.

21. September
The Cure: Start einer Europatournee.

Oktober
Birthday Party: Veröffentlichung der Compilation *Hits.*
Rubicon: Veröffentlichung der LP *What Starts, Ends* und der Single „Crazed".

10. Oktober
All About Eve: Die EP *Phased* steigt in die britischen Charts ein (höchste Chartnotierung: Platz 38).

17. Oktober
Siouxsie and the Banshees: Die Compilation *Twice Upon A Time* steigt in die britischen Charts ein (höchste Chartnotierung: Platz 26).
The Cure: Die Single „A Letter To Elise" steigt in die britischen Charts ein (höchste Chartnotierung: Platz 28).
The Mission: Die Single „Shades Of Green" steigt in die britischen Charts ein (höchste Chartnotierung: Platz 49).

November
All About Eve: Veröffentlichung der Compilation-LP *Winter Words.*
The Mission: Craig Adams verlässt die Band.

7. November
All About Eve: Die LP *Ultraviolet* steigt in die britischen Charts ein (höchste Chartnotierung: Platz 46).

16. November
David J: Start einer Nordamerikatournee in Atlanta, Georgia.

18. November
The Cure: Start einer Englandtournee.

28. November
All About Eve: Die Single „Some Finer Day" steigt in die britischen Charts ein (höchste Chartnotierung: Platz 57).

1993

30. Januar
The Cult: Die Single „(She Sells) Sanctuary (Remix)" steigt in die britischen Charts ein (höchste Chartnotierung: Platz 15).

Februar
Alien Sex Fiend: Veröffentlichung der LP *Altered States Of America.*

13. Februar
The Cult: Die Compilation *Pure Cult* steigt in die britischen Charts ein (höchste Chartnotierung: Platz 1).

15. Februar
The Cult: Die Compilation *Pure Cult* steigt in die deutschen Charts ein (höchste Chartnotierung: Platz 32).

22. Februar
Daniel Ash: Mit seinem ersten Liveauftritt als Solokünstler im *Mercury Café* in Denver beginnt eine Nordamerikatournee.

März
Rubicon: Veröffentlichung der Single „Before My Eyes".

22. März
Daniel Ash: Veröffentlichung der Single „Get Out Of Control".

April
Gene Loves Jezebel: Start einer Nordamerikatournee.

26. April
Daniel Ash: Veröffentlichung der LP *Foolish Thing Desire.*

Mai
Gene Loves Jezebel: Veröffentlichung der Single „Jospehina".
The Cult: Craig Adams als neuer Bassist bestätigt.
Sex Gang Children: Veröffentlichung der LP *Medea.*

6. Mai
Daniel Ash: Livedebüt als Solokünstler in Großbritannien im *Underworld,* London.

29. und 30. Mai
The Cult: Auftritte beim Milton Keynes National Bowl im Vorprogramm von Guns N' Roses.

Juni
And Also the Trees: Veröffentlichung der Compilation *From Horizon To Horizon.*
Gene Loves Jezebel: Veröffentlichung der LP *Heavenly Bodies.*

13. Juni
The Cure: Auftritt beim XFM-Radio-Festival im Londoner Finsbury Park.

Juli
Fields of the Nephilim: Veröffentlichung der Compilation *Revelations.*
The Mission: Veröffentlichung der BBC-Live-LP *No Snow No Show For The Eskimo.*
Sex Gang Children: Veröffentlichung der Compilation *Deiche.*
Play Dead: Veröffentlichung der Compilation *The First Flower.*

21. August
The Mission, Andrew Eldritch, Red Lorry Yellow Lorry: Auftritte beim „Off the Street"-Benefizkonzert im *Town and Country Club,* Leeds.

28. August
Sisters of Mercy: Die Single „Under The Gun" steigt in die britischen Charts ein (höchste Chartnotierung: Platz 19).

September
March Violets: Veröffentlichung der Compilation *The Botanic Verses.*

4. September
Sisters of Mercy: Die Compilation *A Slight Case Of Overbombing* steigt in die britischen Charts ein (höchste Chartnotierung: Platz 14).

6. September
Sisters of Mercy: Die Compilation *A Slight Case Of Overbombing* steigt in die deutschen Charts ein (höchste Chartnotierung: Platz 11).

7. September
The Mission: Start der *Club Mission*-Tour durch Europa.

13. September
Sisters of Mercy: Die Single „Under The Gun" steigt in die britischen Charts ein (höchste Chartnotierung: Platz 19).

25. September
The Cure: Das Livealbum *Show* steigt in die britischen Charts ein (höchste Chartnotierung: Platz 29).

27. September
The Cure: Das Livealbum *Show* steigt in die deutschen Charts ein (höchste Chartnotierung: Platz 37).

Oktober
Alien Sex Fiend: Veröffentlichung des Livealbums *The Legendary Batcave Tapes.*

4. bis 9. Oktober
The Mission: Die Tour endet mit sechs aufeinander folgenden Gigs in Londoner Clubs.

9. Oktober
The Cure: Die Live-LP *Show* steigt in die amerikanischen Charts ein (höchste Chartnotierung: Platz 42).

25. Oktober
All About Eve: Veröffentlichung des Livealbums *BBC Radio 1 In Concert.*

6. November
The Cure: Die Live-LP *Paris* steigt in die britischen Charts ein (höchste Chartnotierung: Platz 56).

13. November
The Cure: Die Live-LP *Paris* steigt in die amerikanischen Charts ein (höchste Chartnotierung: Platz 118).

Dezember
And Also the Trees: Veröffentlichung der LP *The Klaxon.*
Michael Aston/Edith Grove: Veröffentlichung der LP *Edith Grove.*

1994

8. Januar
The Mission: Die Single „Tower Of Strength (Remix)" steigt in die britischen Charts ein (höchste Chartnotierung: Platz 33).

Februar
Red Lorry Yellow Lorry: Veröffentlichung der Compilation *The Singles 1982–1987.*
The Mission: Die Compilation *Sum And Substance* steigt in die britischen Charts ein (höchste Chartnotierung: Platz 49).

15. Februar
The Cult: Start einer Nordamerikatournee in Seattle, Washington.

März
Skeletal Family: Veröffentlichung der Compilation *The Singles Plus 1983–1985.*

26. März
The Mission: Die Single „Afterglow" steigt in die britischen Charts ein (höchste Chartnotierung: Platz 53).

11. April
The Cure: Auftritt bei *MTV Unplugged.*

Mai
The Mission: Europatournee.

Juni
Red Lorry Yellow Lorry: Veröffentlichung der US-Compilation *Generation: The Best Of.*

26. Juni
The Mission: Veröffentlichung der Compilation *Salad Daze* (BBC-Sessions).

27. Juni
Love and Rockets: Veröffentlichung der Single „This Heaven".

Juli
Alien Sex Fiend: Veröffentlichung der Single „Inferno".

August
Alien Sex Fiend: Veröffentlichung der US-Compilation *Drive My Rocket.*

20. August
Siouxsie and the Banshees: Die Single „Interlude" steigt in die britischen Charts ein (höchste Chartnotierung: Platz 25).

5. September
Love and Rockets: Veröffentlichung der Single „Body And Soul".

26. September
Love and Rockets: Veröffentlichung der LP *Hot Trip To Heaven.*

Oktober
Alien Sex Fiend: Veröffentlichung der LP *Inferno.*
The Mission: Veröffentlichung der Single „Raising Cain".

8. Oktober
The Cult: Die Single „Coming Down" steigt in die britischen Charts ein (höchste Chartnotierung: Platz 50).

29. Oktober
The Cult: Die LP *The Cult* steigt in die amerikanischen Charts ein (höchste Chartnotierung: Platz 69).

31. Oktober
The Cult: Die LP *The Cult* steigt in die deutschen Charts ein (höchste Chartnotierung: Platz 45).

1995

7. Januar
Siouxsie and the Banshees: Die Single „Oh Baby" steigt in die britischen Charts ein (höchste Chartnotierung: Platz 34).
The Cult: Die Single „Star" steigt in die britischen Charts ein (höchste Chartnotierung: Platz 65).

22. Januar
The Cult: Auftritt beim Big-Day-Out-Festival in Melbourne, Australien.

Februar
The Mission: Englandtournee.

4. Februar
The Mission: Die Single „Swoon" steigt in die britischen Charts ein (höchste Chartnotierung: Platz 73).

18. Februar
Siouxsie and the Banshees: Die Single „Stargazer" steigt in die britischen Charts ein (höchste Chartnotierung: Platz 64).

25. Februar
The Mission: Die LP *Neverland* steigt in die britischen Charts ein (höchste Chartnotierung: Platz 58); gleichzeitig startet die Band in Norwich eine Englandtournee.

27. Februar
The Mission: Die LP *Neverland* steigt in die deutschen Charts ein (höchste Chartnotierung: Platz 59).

4. März
Siouxsie and the Banshees: Die LP *The Rapture* steigt in die amerikanischen Charts ein (höchste Chartnotierung: Platz 127).

April
Rubicon: Veröffentlichung der LP *Room 11*.
Rubicon: Veröffentlichung der Single „Insatiable".
The Mission: Europatournee.

3. April
Peter Murphy: Veröffentlichung der Single „The Scarlet Thing In You".

10. April
Peter Murphy: Veröffentlichung der LP *Cascade*.

11. April
Love and Rockets: Ein Brand im Studio verzögert die Fertigstellung des neuen Albums.

Mai
Andi Sex Gang: Veröffentlichung der LP *Western Songs For Children*.

Juni
Alien Sex Fiend: Veröffentlichung der US-Compilation *I'm Her Frankenstein*.
Joy Division: Veröffentlichung der Compilation *Permanent*.

17. Juni
Joy Division: Die Single „Love Will Tear Us Apart (Remix)" steigt in die britischen Charts ein (höchste Chartnotierung: Platz 19).

25. Juni
The Cure: Auftritt beim Glastonbury-Festival.

7. Juli
Peter Murphy: Start einer Nordamerikatournee im *Roseland Theatre*, Portland.

19. Juli
The Mission: Wayne Hussey und Mark Thwaite starten eine Akustiktournee durch Südafrika.

September
Gene Loves Jezebel: Veröffentlichung der US-Compilation *From The Mouths Of Babes*.

12. September
Michael Aston: Veröffentlichung der LP *Why Me, Why This, Why Now?*.

20. September
Peter Murphy: Start einer Tour durch Portugal und Spanien in Lissabon.

Oktober
Alien Sex Fiend: Veröffentlichung der Compilation *The Singles 1983–1995*.

November
Gene Loves Jezebel: Veröffentlichung des Livealbums *In The Afterglow*.

1996

Januar
Love and Rockets: Veröffentlichung der Single „Glittering Darkness".

Februar
Bauhaus: Das Tributalbum *The Passion Of Covers* erscheint in den USA.
Alien Sex Fiend: Veröffentlichung der Single „Evolution".
Holy Barbarians: erste Livekonzerte in Los Angeles.
March Violets: Veröffentlichung der Single „Turn To The Sky".

März
Nefilim: Veröffentlichung der LP *Zoon* und der Single „Penetration".
David J/Alan Moore: Veröffentlichung der LP *The Moon & Serpent Grand Egyptian Theatre Of Marvels*.

17. März
Love and Rockets: Start einer Nordamerikatournee in Palo Alto.

19. März
Love and Rockets: Veröffentlichung der LP *Sweet F. A.* (nur in den USA).

April
Gigantic: Veröffentlichung der LP *Disenchanted*.

6. April
Love and Rockets: Die Single „Sweet Love Hangover" steigt in die amerikanischen Airplay-Charts ein.
Love and Rockets: Die LP *Sweet F. A.* steigt in die amerikanischen Charts ein (höchste Chartnotierung: Platz 172).

4. Mai
The Cure: Die Single „The 13th" steigt in die britischen Charts ein (höchste Chartnotierung: Platz 15).

6. Mai
The Cure: Die Single „The 13th" steigt in die deutschen Charts ein (höchste Chartnotierung: Platz 55).

11. Mai
Love and Rockets: Start der zweiten Nordamerikatournee in Pensacola, Florida.
The Cure: Die Single „The 13th" steigt in die amerikanischen Charts ein (höchste Chartnotierung: Platz 44).
The Cure: erster Fernsehauftritt in der US-Show *Saturday Night Live.*

20. Mai
The Cure: Die LP *Wild Mood Swings* steigt in die deutschen Charts ein (höchste Chartnotierung: Platz 17).

25. Mai
The Cure: Die LP *Wild Mood Swings* steigt in die amerikanischen Charts ein (höchste Chartnotierung: Platz 12).

15. Juni
The Mission: Die Compilation *Blue* steigt in die britischen Charts ein (höchste Chartnotierung: Platz 73).

28. Juni
The Mission: Die vorerst letzte Tournee [1999 sind sie wieder auf Tour!; *Anm. d. Ü.*] beginnt, die Band spielt auf Festivals in Europa.

29. Juni
The Cure: Die Single „Mint Car" steigt in die britischen Charts ein (höchste Chartnotierung: Platz 31).

2. Juli
The Cure: Start einer Nordamerikatournee (der ersten seit vier Jahren) im *Centrum Centre,* Worcester, Massachusetts.

6. Juli
The Mission: Abschiedskonzert im *Rock City,* Nottingham (tatsächlich findet der einstweilen letzte Auftritt der Band beim Doctor-Festival in Escallere am 13. Juli statt.)

8. Juli
The Cure: Auftritt in der Continental-Airlines-Arena, East Rutherford, New Jersey.

19. Juli
Sisters of Mercy: Start der *Roadkill/Goldkill*-Europatournee in Leeds.

20. Juli
The Cure: Die Single „Mint Car" steigt in die amerikanischen Charts ein (höchste Chartnotierung: Platz 58).

August
And Also the Trees: Veröffentlichung der LP *Angelfish.*
Holy Barbarians: Veröffentlichung der LP *Cream.*
Peter Murphy/Love and Rockets: Die ehemaligen Bauhaus-Mitglieder werden von Beggars Banquet fallen lassen.

5. November
The Cult: Veröffentlichung der US-Compilation *High Octane Cult.*

4. Dezember
The Cure: Englandtournee.

14. Dezember
The Cure: Die Single „Gone" steigt in die britischen Charts ein (höchste Chartnotierung: Platz 60).

1997

9. Januar
The Cure: Robert Smith tritt beim Geburtstagskonzert für David Bowie in New York auf.

Februar
James Ray: Veröffentlichung der LP *Psychodalek.*

März
Alien Sex Fiend: Veröffentlichung der LP *Nocturnal Emissions.*
Virgin Prunes: Veröffentlichung der LP *Greatest Hits.*

28. März
Sisters of Mercy: Absage eines Einzelkonzerts in Birmingham.

April
Gene Loves Jezebel: Start einer Reunion-Tournee durch Nordamerika.

3. Juni
Sisters of Mercy: Start ihrer *Distance Over Time*-Tournee durch Europa.

13. Juni
The Cure: Auftritt beim Radio-Show-Festival im *Shoreline Amphitheatre,* Kalifornien.

14. Juni
The Cure: Auftritt im *Irvine Meadows Amphitheatre,* Kalifornien.

Juli
Specimen: Veröffentlichung der Compilation *Azoic* und der US-Compilation *Wet Warm Cling Film Red Velvet Crush.*

August
Alien Sex Fiend: Veröffentlichung der Single „On A Mission".

31. Oktober
The Cure: Auftritt im *Irving Plaza,* New York.

15. November
The Cure: Die Compilation *Galore – The Singles 1987–1997* steigt in die amerikanischen Charts ein (höchste Chartnotierung: Platz 32).

17. November
The Cure: Die Compilation *Galore – The Singles 1987–1997* steigt in die deutschen Charts ein (höchste Chartnotierung: Platz 51).

29. November
The Cure: Start einer Nordamerikatournee im *Tower Theatre,* Philadelphia.
The Cure: Die Single „Wrong Number" steigt in die britischen Charts ein (höchste Chartnotierung: Platz 62).

16. und 17. Dezember
The Cure: Auftritte im *Shepherds Bush Empire,* London.

1998

Januar
Joy Division: Veröffentlichung des Boxsets *Heart And Soul.*
Virgin Prunes: Veröffentlichung der Compilation *Sons Find Devils.*

14. Januar
Sisters of Mercy: Start der *Event Horizon*-Tour durch Europa und Nordamerika.

Februar
Alien Sex Fiend: Veröffentlichung der Compilation *Wardance Of The Alien Sex Fiend.*

18. Februar
The Cure: In einer Folge der Zeichentrickserie *South Park* kämpft Robert Smith gegen Barbra Streisand.

März
Sex Gang Children: Veröffentlichung der Compilation *Welcome To My World.*

Juni
The Creatures: Veröffentlichung der Single „Sad Cunt".

August
The Creatures: Veröffentlichung der EP *Eraser Cuts.*
Peter Murphy: Veröffentlichung der EP *Recall.*

15. August
Fields of the Nephilim: Carl McCoy und Tony Pettit kündigen auf dem Zillo-Festival in Hildesheim bei einem Liveinterview ein neues Album an.

22. August
The Cure: Auftritt beim Bizarre-Festival in Köln.

25. August
Jay Aston: Veröffentlichung der LP *Unpopular Songs.*

20. September
The Cult: Billy Duffy gründet mit Mike Peters (früher bei Alarm) die Band Coloursound.

Oktober
Gene Loves Jezebel: Veröffentlichung des Remixalbums *Desire: Greatest Hits remixed* in den USA; darunter befindet sich auch ein Remix von Mission.
The Creatures: Veröffentlichung der Single „2nd Floor".

November
Alien Sex Fiend: Veröffentlichung der Single „Tarot".

1999

23. März
Gene Loves Jezebel: Veröffentlichung der LP *VII.*

27. März
The Creatures: Die Single „Say" steigt in die britischen Charts ein (höchste Chartnotierung: Platz 72).

April
Sex Gang Children: Veröffentlichung der Compilation *Shout And Scream.*

17. Juli
The Cult: Start einer Nordamerikatournee in Seattle, Washington.

3. August
Gene Loves Jezebel (Michael Aston): Veröffentlichung der LP *Love Lies Bleeding.*

September
Sex Gang Children: Veröffentlichung der LP *Veil.*

7. September
Gene Loves Jezebel: Veröffentlichung der Compilation *Voodoo Dollies.*

14. September
Gene Loves Jezebel: Veröffentlichung der Live-LP *Live In Voodoo City.*

23. September
Sisters of Mercy: Start der *To The Planet Edge*-Tournee durch Nordamerika.

Oktober
The Mission, Gene Loves Jezebel: Nordamerikatournee.
Sex Gang Children: Veröffentlichung der Compilation *Pop Up.*

16. Oktober
The Mission, Gene Loves Jezebel: Start einer Nordamerikatournee in Boston, Massachusetts.

November
Sex Gang Children: Veröffentlichung der Compilation *The Hungry Years.*

7. November
The Mission: Veröffentlichung von *Resurrection,* einer Sammlung neu aufgenommener Greatest Hits.

Dezember
Andi Sex Gang/Mick Rossi: Veröffentlichung der LP *Gabriel And The Golden Horn.*

2000

Februar
The Mission: Veröffentlichung der Compilation *Tower Of Strength.*
Peter Murphy: Nordamerikatournee.

17. Februar
The Cure: Start einer Nordamerikatournee im *Hollywood Palace.*

22. Februar
Peter Murphy: Veröffentlichung der Compilation *Wild Birds 1985–1995.*

28. Februar
The Cure: Die LP *Bloodflowers* steigt in die deutschen Charts ein (höchste Chartnotierung: Platz 5).

4. März
The Cure: Die LP *Bloodflowers* steigt in die amerikanischen Charts ein (höchste Chartnotierung: Platz 16).

April
Andi Sex Gang: Veröffentlichung der LP *Faithfull Covers.*

Mai
Andi Sex Gang: Veröffentlichung der LP *Last Of England.*

4. Mai
The Cure: Start einer Europatournee in Mailand.

18. Mai
The Cure: Start einer Nordamerikatournee in Atlanta, Georgia.

Juni
Sex Gang Children: Veröffentlichung der Compilation *Anthology.*

3. Juni
Fields of the Nephilim: Auftritt beim Woodstage-Festival in Glauchau.

6. Juni
The Cult: Veröffentlichung der Compilation *The Singles 1984–95.*

8. August
All About Eve: Veröffentlichung des ersten Teils der zweiteiligen Live-LP *Fairy Light Nights.*

12. August
Sisters of Mercy: Start der *Trip The Light Fantastic*-Tournee durch Europa beim M'era-Luna-Festival in Hildesheim.

13. August
Fields of the Nephilim: Auftritt beim M'era-Luna-Festival in Hildesheim.

September
Sex Gang Children: Veröffentlichung der Compilation *The Dark Archives,* die auch das unveröffentlichte zweite Album enthält.

21. September
Ian Astbury: Veröffentlichung der LP *Spirit/Light/Speed.*

26. September
The Mission: Veröffentlichung der Live-LP *Ever After: Live.*

Oktober
Sex Gang Children: Veröffentlichung der Compilations *Demonstration!* und *The Dark Archives Volume 1.*

21. Oktober
The Cult: Auftritt beim When-Bands-Attack-Festival in Chula Vista, Kalifornien.

21. November
The Cult: Veröffentlichung des Boxsets *Rare Cult.*

2001

Januar
Sex Gang Children: Veröffentlichung der Compilation *Empyre And Fall.*

Februar
Sex Gang Children: Veröffentlichung der LP *The Wrath Of God* und der Compilation *The Legends Collection.*

16. Februar
Sisters of Mercy: Start der *Exxile Of Euphoria*-Tour anlässlich ihres 20-Jahre-Jubiläums in der York University.

März
The Cult: Start einer Amerikatournee.
Gene Loves Jezebel (Michael Aston): Veröffentlichung der LP *Giving Up The Ghost.*

Mai
Sex Gang Children: Veröffentlichung der LP *Helter Skelter.*
Danse Society: Veröffentlichung der Compilation *Seduction: The Society Collection.*

8. Juni
Fields of the Nephilim: Absage von drei geplanten Festivalauftritten in Europa.

23. Juni
The Cult: Die LP *Beyond Good And Evil* steigt in die amerikanischen Charts ein (höchste Chartnotierung: Platz 37).

Juli
Fields of the Nephilim: Veröffentlichung der Compilation *From Here To Gehenna.*

31. Juli
Peter Murphy: Veröffentlichung der Live-LP *Alive Just For Love.*

September
Last Rites: Veröffentlichung der LP *Guided By Light.*
Play Dead: Veröffentlichung der LP *Company Of Justice.*

November
The Mission: Veröffentlichung der LP *Aura.*
Sex Gang Children: Veröffentlichung der Compilation *Fall: The Complete Singles.*
Skeletal Family: Veröffentlichung der Compilation *The Promised Land.*

13. November
The Cure: Veröffentlichung der LP/DVD-Compilation *Greatest Hits.*

2002

19. Februar
All About Eve: Veröffentlichung der LP *Live & Electric at Union Chapel.*

März
The Mission: Veröffentlichung der Single „Shine Like The Stars".
Daniel Ash: Veröffentlichung der LP *Daniel Ash.*
Gene Loves Jezebel: Veröffentlichung der Live-LP *Live At Nottingham* (einer aus dem Jahr 1985 stammenden Aufnahme).

April
Gene Loves Jezebel: Veröffentlichung der Live-LP *Accept No Substitute.*

19. April
The Mission: Beginn des Südamerika-Abschnitts ihrer *Aura*-Tournee.

23. April
Peter Murphy: Veröffentlichung der LP *Dust.*

24. April
The Mission: Nach vier Konzerten in Südamerika verlässt Craig Adams die Band. Hussey absolviert die restlichen Gigs allein.

27. April
Siouxsie and the Banshees: kurzfristige Wiedervereinigung der Band; Auftritt beim Coachella-Festival.

15. Juli
The Mission: Wayne Hussey startet eine Solotournee durch Europa.

27. Juli
The Cure: Auftritt im Londoner Hyde Park.

10. August
Sisters of Mercy: Auftritt beim M'era-Luna-Festival in Hildesheim.

Der Hannibal Verlag bedankt sich bei Taurus Press, Norderstedt, für die freundliche Bereitstellung der deutschen Chartplatzierungen aus den CD-ROM-Datensammlungen *Hit Bilanz – Deutsche Chart Singles 1956–1998* sowie *Hit Bilanz – Deutsche Chart LPs 1962–2000;* siehe auch www.taurus-press.de.